KB074299

東洋古典百選 · 18

牧民心書

丁 若 鏞
趙 洙 翼 譯解

一信書籍出版社

해　설

이 《목민심서》는 조선 정조·순조 때의 실학자이며 학자인 다산(茶山) 정약용(丁若鏞) 선생이 오랜 기간을 두고 심혈을 쏟아 저술한 치민(治民)의 지침서이다.

예나 지금이나 한 고을을 맡아서 직접 백성들을 대하며 행정을 한다는 것은 중앙의 어느 관직보다도 중요하다. 그래서 수령 노릇을 하고자 하는 자에게는 여러 자질이 갖추어져 있어야 하며, 실무 면에서도 해박한 지식과 경륜이 있어야 하는데, 그중에서도 가장 중요한 것은 청렴·봉공·애민의 정신이다.

다산은 그의 자서(自序)에서 이 《목민심서》를 자신의 길지 않은 수령 생활에서 얻은 경험은 물론 자기 아버지의 경험까지를 바탕으로 하여 엮었다고 술회하고 있으니, 그가 한 나라의 조직 가운데 수령의 위치가 얼마나 중요한가를 통감한 것이며, 또 당시의 폐단이 어떠하였는지를 엿볼 수가 있다.

《목민심서》는 당시 국가의 기본법전인 《경국대전(經國大典)》 등 많은 법전과 우리 나라는 물론 중국의 여러 책에서 수령들이 본받아야 할 사항을 추려서 모두 12편(篇)으로 삼고, 각편을 다시 6조(條)로 나누어 모두 72조로 구성되어 있다. 또 각조를 세분하여 강(綱)과 목(目)으로 나누었는데, 본서에서는 강은 원문을 병기하였으나 목은 너무 분량이 호대하므로 약간만 요약하여 원문 없이 실었다. 그리고 세부적인 사항은 오늘날 별 의미가 없으므로 생략하는 대신 모범이 될 만한 역대 순리(循吏)들의 사적을 많이 실었다.

저자 정약용 선생은 영조 38년인 1762년 6월 16일 광주(廣州) 초부면(草阜面) 마현리(馬峴里)에서 목사를 지낸 아버지 정재원(丁載遠)과 어머니 파평윤씨(坡平尹氏) 사이에서 넷째 아들로 태어났는데 자는 미용(美鏞), 호는 다산(茶山), 시호는 문도(文度)이다.

28세 때 문과에 급제한 후, 여러 벼슬을 거쳐 우부승지(右副承旨)를 지내고 36세 때는 곡산부사(谷山府使)를 지냈는데, 이때의 경험이 이 《목민심서》를 저술하는데 큰 도움이 되었다.

2년 후 다시 내직으로 옮겨 형조 참의 등을 역임했으나 천주교 탄압이 시작되자 황사영(黃嗣永) 백서(帛書) 사건에 연루되어 강진(康津)으로 유배되어 이후 18년 동안 그곳에서 경학을 연구하는 한편 많은 저술을 남겼는데, 이 《목민심서》도 이때에 이루어진 것이다. 유배에서 풀린 후에는 다시 벼슬하지 않고 향리에서 저술에 전념하다가 헌종(憲宗) 2년, 75세를 일기로 졸하였다.

이 《목민심서》 이외에도 《경세유표(經世遺表)》·《흠흠신서(欽欽新書)》 등 많은 저술을 남겼으며, 이 저술들은 후에 《여유당전서(與猶堂全書)》라는 이름으로 묶어 간행되었다.

自 序

昔에 舜紹堯咨十有二牧하여 俾之牧民하고 文王立政하여 乃立司牧하여 以爲牧夫하고 孟子之平陸하여 以芻牧을 喩牧民하니 養民之謂牧者는 聖賢之遺義也니라. 聖賢之敎에 原有二途하니 司徒는 敎萬民하여 使各修身하고 大學은 敎國子하여 使各修身而治民하니 治民者는 牧民也라. 然則君子之學은 修身爲半이요, 其半은 牧民也라.

聖遠言湮하여 其道寢晦하니 今之司牧者는 唯征利是急而不知所以牧之라. 於是에 下民羸困 乃瘰乃瘯相顚連以實溝壑而爲牧者는 方且鮮衣美食하여 以自肥하니 豈不悲哉아.

吾先子 受知聖朝하여 監二縣守一郡 護一府牧一州에 咸有成績이라. 雖以鏞之不肖로 從以學之하여 竊有聞焉하고 從而見之하여 竊有悟焉이라. 退而試之하니 竊有驗焉이로되 旣而流落하여 無所用焉이라.

窮居絶徼이 十有八年에 執五經四書하여 反復硏究하여 講修己之學하니 旣而日學學半이라. 乃取二十三史 及吾東諸史 及子集諸書하여 選古司牧牧民之遺迹하여 上下細繹하고 彙分類聚하여 以次成編 而南徼之地의 田賦所出은 吏奸胥猾 弊瘼棼興이러니 所處旣卑하여 所聞頗詳이

라. 因亦以類疏錄하여 用著膚見하니 共十有二篇이라. 一日赴任二日律己 三日奉公 四日愛民 次以六典이요, 十一日賑荒이요 十二日解官이라. 十有二篇 各攝六條하니 共七十二條이라. 或以數條合之하여 爲一卷하고 或以一條를 分之爲數卷하니 通共四十八卷으로 以爲一部라. 雖因時順俗하여 不能上合乎先王之憲章이나 然이나 於牧民之事條例具矣라.

高麗之季에 始以五事考課守令하고 國朝因之後에 增爲七事하니 所謂責其大指而已라. 然이나 牧之爲職은 靡所不典 歷擧衆條라도 猶懼不職이니 矧冀其自考而自行哉아. 是書也 首尾二篇之外 其十篇所列도 尙爲六十이 誠有良牲思盡其職이면 庶乎其不迷矣리라.

昔傅琰이 作理縣譜하고 劉彝는 作法範하고 王素는 有獨斷하고 張詠은 有戒民集하고 眞德秀는 作政經하고 胡太初는 作緖言하고 鄭漢奉은 作宦澤篇하니 皆所謂牧民之書也라. 今其書多不傳하고 唯淫辭奇句만 覇行一世하니 雖吾書라도 惡能傳矣리오. 雖然이나 易日 多識前言往行하여 以畜其德이라 하니 是固所以畜吾之當宁二十一年辛巳莫春 冽水丁鏞序

자 서(自序)

옛날 순(舜) 임금은 요(堯) 임금의 뒤를 이어 12목(牧)을 두어 그들로 하여금 백성을 다스리게 하였고, 주문왕(周文王)이 정사를 할 때는 사목(司牧)을 세워 수령으로 삼았으며, 맹자는 평륙(平陸)에 가서 가축 사육하는 것을 백성 다스리는 데 비유하였다. 이로 미루어 본다면, 백성을 양육함을 목(牧)이라 하는 것은 성현이 남긴 뜻이다.

성현의 가르침에 원래 두 가지 방법이 있다. 사도(司徒)는 만백성을 가르쳐서 각기 수신(修身)하도록 하고, 태학(太學)에서는 국자(國子)를 가르쳐 각자 수신하여 백성을 다스리도록 하는 것이니, 백성을 다스리는 것이 곧 목민(牧民)하는 것이다. 따라서 군자(君子)의 학문은 수신이 반이요 반은 목민이라 할 수 있다.

성인의 시대가 오래되고 말씀도 사라져 그 도(道)가 점점 어두워져서 오늘날 백성을 다스리는 자들은 이익 추구에만 급할 뿐 어떻게 목민해야 할지를 알지 못한다. 이 때문에 백성들은 곤궁하고 병들어서 줄지어 진구렁에 빠져 죽는데도, 수령이 된 자는 고운 옷과 맛있는 음식으로 자기만 살찌우고 있으니 이 어찌 슬픈 일이 아니겠는가.

나의 선친께서 성조(聖朝)의 지우(知遇)를 받아 두 곳의 현감, 한 곳의 군수, 한 곳의 도호부사(都護府使), 한 군데 목사를 지냈는데, 모두 치적(治績)이 있었다. 비록 못난 약용이지만 선친을 따라다니면서 보고 배워 얼마간 듣고 깨달은 바 있었으며, 뒤에 수령이 되어 이를 시험해 보니 얼마간 체험한 바가 있었다. 그러나 이제 유락(流落)하게 되어 이를 쓸 곳이 없게 되었다.

먼 곳에서 18년 동안 귀양살이를 하면서 사서(四書)와 오경(五經)을 반복 연구하여 자신을 수양하는 학문을 익혔으나, 이는 학문의 반에 지나지 않는 것이다. 그래서 중국 역사서 23사(史)와 우리 나라의 역사 및 문집 등 여러 서적에서 옛날의 수령들이 백성을 다스린 유적을 골라 세밀히 고찰하여 이를 분류한 다음 차례로 편집하였다. 남쪽 먼 고장은 전세(田稅) 나오는 곳이어서 간악하고 교활한 아전들이 농간을 부려 여러 가지 폐단이 어지럽게 일어났는데, 내 처지가 비천(卑賤)하므로 들은 것이 매우 상세하여 이것 역시 그대로 분류하여 대강 기록

하고 나의 소견을 덧붙였다.

이 책은 모두 12편으로 되어 있다. 1. 부임(赴任), 2. 율기(律己), 3. 봉공(奉公), 4. 애민(愛民)이며, 그 다음은 육전(六典)에 관한 것이고, 11. 진황(賑荒), 12. 해관(解官)인데, 12편이 각각 6조(條)씩 나뉘었으니 모두 72조이다. 혹 몇 조를 합하여 한 권으로 만들기도 하고, 혹 한 조를 나누어 몇 권으로 만들기도 하여, 모두 48권이 한 부(部)가 되었다. 비록 시대를 따르고 습속에 순응하여 위로 선왕(先王)의 법도에 부합되지는 못하였지만, 목민하는 일에 있어서는 조례(條例)가 갖추어졌다고 하겠다.

고려 말에 처음 오사(五事)로써 수령들을 고과(考課)하였고, 우리 조선에서도 그대로 하다가 나중에 칠사(七事)로 늘렸는데, 수령이 해야 할 대략만을 들었을 뿐이다. 그러나 수령이라는 직책은 관장하지 않는 일이 없으니, 여러 조목을 열거하여도 제대로 다하지 못할까 두려운데, 더군다나 스스로 상고해서 실행하기를 기대할 수 있겠는가.

이 책은 첫머리의 부임과 맨 끝의 해관 두 편을 뺀 나머지 10편에 들어 있는 것만 해도 60조나 되어, 참으로 어진 수령이 자신의 직분을 다할 것을 생각한다면 아마도 그 방법에 어둡지는 않을 것이다.

옛날 부염(傅琰)은 《이현보(理縣譜)》를, 유이(劉彝)는 《법범(法範)》을 지었으며, 왕소(王素)에게는 《독단(獨斷)》이, 장영(張詠)에게는 《계민집(戒民集)》이 있으며, 진덕수(眞德秀)는 《정경(政經)》을, 호태초(胡太初)는 《서언(緖言)》을, 정한봉(鄭漢奉)은 《작비암일찬(作非菴日纂)》의 《환택편(宦澤篇)》을 지었는데, 모두가 이른바 목민의 책이다. 지금은 이런 책들이 대부분 전해 오지 않고, 음란한 말과 기이한 구절만이 세상에 돌아다니고 있으니 비록 내 책인들 어찌 전해질 수 있겠는가. 그러나 《주역(周易)》에 이르기를,

"앞사람의 말씀이나 지나간 행적들을 많이 익혀서 자기의 덕을 기른다."

하였으니, 이는 본디 내 덕을 쌓기 위함이지 어찌 꼭 목민하기 위해서만이겠는가. '심서(心書)'라고 한 것은 무슨 까닭인가. 목민할 마음은 있으나 몸소 실행할 수 없기 때문에 이렇게 이름한 것이다. 순조 21년 신사(辛巳 : 1821) 늦봄에 열수(洌水) 정약용(丁若鏞)은 서(序)함.

目　次

부임육조(赴任六條)

제1조 수령에 임명됨〔除拜〕

타관가구 他官可求나 목민지관 牧民之官은 불가구야 不可求也니라.

【解釋】 다른 벼슬은 다 구해도, 목민의 벼슬은 구해서는 안 된다.

【解說】 윗사람을 섬기는 자를 백성이라 하고, 백성을 다스리는 자를 사(士)라 한다. 사란 벼슬살이 하는 사람이니, 벼슬살이 하는 자는 모두 백성을 다스리는 자들이다. 그러나 중앙의 관원은 왕을 받들어 모시는 것을 직분으로 삼거나 각 기관의 직무를 맡아 지키는 것을 직분으로 삼기 때문에 삼가고 조심하면 대개 죄가 되고 뉘우칠 일은 없을 것이다.

오직 수령만은 만민을 다스리는 자로서, 하루에 갖가지 일을 처리함이 임금과 같아서, 그것의 크고 작음만 다를 뿐 처지는 실로 같은 것이다. 이런데도 어찌 스스로 구할 수 있겠는가.

수령 노릇의 어려움은 옛날 공후(公侯)[1]보다도 백 배나 더하니, 이 어찌 구할 수 있는 것이겠는가. 비록 덕망을 갖추었다 하더라도 위엄이 없으면 하기 어렵고, 하고 싶은 뜻이 있다 하더라도 명철하지 못하면 하지 못한다. 능력이 없는 자가 수령이 되면 백성들은 그 해를 입어 곤궁하고 고통스러우며, 사람이 비난하고 귀신이 책망하여 재앙이 자손들에게까지 미칠 것이니, 이 어찌 구할 수 있는 것이겠는가.

그런데도 아래에서는 부모에 대한 효성 때문에 지방관 되기를 청하고, 위에서는 그 효도 때문에 허락하는데, 이런 일이 풍습이 되어서 당연한 것으로 여기고 있다.

대체로 집은 가난하고 어버이는 늙었으되, 끼니도 잇기 어려운 것은 그 사정으로 보아서는 진실로 딱한 일이기는 하다. 그러나 공정한 도리로 말하면 벼슬을 위해서 사람을 고르는 것이요, 사람을 위해서 벼슬을 고르는 법은 없으니 한 집안의 생계를 위하여 만민의 수령이 되기를 구하는 것이 옳은 일이겠는가. 신하 된 자가 만민에게 거두어다가 자기 부모 봉양하기를 바라는 것은 이치에 당치 않은 일이요, 임금 된 이가 만민에게 거두어다가 그 사람의 부모를 봉양하라 허락하는 것도 이치에 당치 않은 일이다.

만약, 재주를 가지고 도(道)를 지닌 사람이 스스로 제 능력을 헤아려 보아, 목민(牧民)할 만하면 글을 올려 자신을 천거하여 한 군을 다스리기를 청하는 것은 좋다.

퇴계(退溪) 이황(李滉)[2]이 이정(李楨)[3]에게 보낸 글에서 이렇게 말하였다.

"맛있는 음식이 없으면 자식으로서 큰 걱정거리가 되겠지만, 요새 사람들은 매양 부모 봉양을 빙자하여 의롭지 못한 국록(國祿)을 받고 있으니, 이는 공동묘지에서 제사 음식을 빌어다가 봉양하는 것과 다를 것이 없다."

【註釋】 ***牧民之官(목민지관)**：지방에서 백성을 직접 다스리는 행정 조직의 장(長). 수령(守令).

1) **公侯(공후)**：제후(諸侯). 옛날 벼슬을 공(公)·후(侯)·백(伯)·자(子)·남(男)의 등급으로 나누었음.

2) **李滉(이황：1501～1570)**：조선 명종(明宗)·선조(宣祖) 때의 학자. 자는 경호(景浩), 호는 퇴계(退溪), 본관은 진보(眞寶). 시호는 문순(文純).

3) **李楨(이정：1512～1571)**：호는 귀암(龜巖), 본관은 사천(泗川). 이황의 제자.

【字義】 **他**：다를 타　**官**：벼슬 관　**求**：구할 구
牧：기를 목　**民**：백성 민

제배지초　재불가남시야 除拜之初에 財不可濫施也니라.

【解釋】 임명 초에 재물을 함부로 나누어 주어서는 안 된다.

【解說】 바라던 관직에 임명되었다 하여 공연히 마음이 들떠서 그동안 신세를 진 사람이나, 아랫사람들에게 선심을 쓰기 쉬운데 이는 결국 나중에 그 비용을 백성들의 주머니를 털어 보충해야 하는 결과를 초래한다.

수령의 봉록은 달로 배정되지 않음이 없고, 매달의 액수를 따져보면 결국 일당(日當)인 셈이다. 그런데도 앞당겨서 재물을 쓰는 것은 모두 써서는 안 될 재물을 쓰게 되는 셈이며, 써서는 안 될 재물을 쓰는 것은 탐욕스러울 조짐이다. 수령이 도임하기 전에는 봉급이 없는데, 아직 서울을 떠나지 않아서 어떻게 그 고을 재물을 쓸 수 있겠는가. 부득이한 경우에는 쓰되 함부로 써서는 안 된다.

수령으로 나가는 사람에게 재촉하기를,

"그대는 부유한 고을을 얻어 나가 백성의 고혈(膏血)을 먹을 것이니 미리 대접하고 가라."

함은 예가 아니며, 수령은 이에 순응하여 이렇게 말하는 것도 예가 아니다.

"내가 풍부한 고을을 얻어 백성의 고혈을 먹을 것이니 그런 비용쯤 어찌 사양하랴."

【註釋】 ***除拜**(제배) : 벼슬에 제수(除授)됨.

***濫施**(남시) : 함부로 베풀어 줌.

【字義】 **除** : 제수할 제, 제외할 제　**初** : 처음 초
財 : 재물 재　**濫** : 넘칠 람, 함부로 람　**施** : 베풀 시

저 보 하 송 지 초　기 가 생 폐 자　생 지
邸報下送之初에 **其可省弊者**는 **省之**니라.

【解釋】 저보(邸報)를 내려 보내는 처음에 줄일 수 있는 폐단은 줄여야 한다.

【解說】 새로 수령이 부임한다는 소식을 들으면 그 고을에서는 관사를 수리하고, 맞을 준비에 많은 비용과 인력이 들게 마련이니,

발령이 나면 부임지에 이런 법석을 떨지 못하도록 단속하여 폐단을 줄여야 한다.

수령을 새로 맞이하는 예절에, 첫째 예물(禮物)을 바치는 일, 둘째 관아 사택을 수리하는 일, 셋째 각종 깃발을 들고 영접하는 일, 넷째 풍헌(風憲)과 약정(約正)들이 문안드리는 일, 다섯째 중도에서 문안드리는 일인데, 그 폐단 중에는 생략해도 될 것이 더러 있다.

새로 맞이하는 깃발은 으레 속오군(束伍軍)[1]을 잡아다가 받들어 잡도록 하는데, 고을에 들어오는 자는 수십 일씩 묵어 농사철을 당하면 더욱 백성들의 폐해가 되니 유의하지 않아서는 안 된다. 촌백성들이 읍에 와서 머물게 되면 민폐가 된다. 그러므로 풍헌과 약정 등이 문안드리는 일은 생략하는 것이 좋다.

새로 맞이하는 처음에는 고을 아전의 문안이 잇달아 끊이지 않는데, 필경 그들이 왕래하는 비용은 모두 백성들에게서 나온 것임을 알아야 한다.

【註釋】 ***邸報**(저보) : 서울에 와 있는 지방 고을의 서리(胥吏)가 자기 고을에 보내는 통지문.
***省弊**(생폐) : 폐단을 줄임.
***風憲**(풍헌)과 **約正**(약정) : 한 동네의 일을 맡아보던 고을의 직임.
1) **束伍軍**(속오군) : 임진왜란 이후, 지방에서 군역(軍役)이 없는 양인(良人)이나 공사(公私)의 노예를 골라 조직한 군대.

【字義】 **邸** : 집 저 **報** : 소식 보, 갚을 보 **送** : 보낼 송
省 : 줄일 생, 살필 성 **弊** : 폐단 폐

신영쇄마지전 기수공사 우수민부 시 익군지혜이략민재 불가위야
新迎刷馬之錢은 旣受公賜인데 又收民賦면 是匿君之惠而掠民財니 不可爲也라.

【解釋】 부임하는 쇄마(刷馬)의 비용을 이미 국비로 지급받고 다시 백성에게서 거둬들인다면, 이는 임금의 은혜를 숨기고 백성들의

재물을 빼앗는 짓이니, 그렇게 해서는 안 된다.

【解說】 관직에 부임하고, 전근을 가는 데는 모두 나라에서 경비를 따로 지급하는데도, 그걸 빙자해서 별도로 백성들에게서 징수해 주머니를 채우는 일은 청렴하지 못한 일이다.

조정에서 수령을 맞이하고 보낼 때 혹 쇄마를 핑계하여 백성을 괴롭힐까 염려하여, 경비를 주어 거두어들이는 버릇을 막은 것이다. 이제 신·구관이 교체할 때 그 경비를 민간에게 거두되, 혹 국비의 갑절이 되기도 하고, 혹 국비와 맞먹기도 하는 것이 하나의 풍습이 되어, 이를 조금도 부끄럽게 여기는 기색이 없으니, 이는 실로 예(禮)가 아니니, 일체 거두지 못하게 해야 한다.

새 관원이 처음 나타나면 백성들이 그 풍채를 상상하고 기대할 것인데, 이럴 때 이런 영이 내려가면 환호성이 우레와 같고, 칭송하는 노래가 먼저 일어날 것이다. 위엄은 청렴에서 나오는 것이니 간악하고 교활한 무리들은 겁을 낼 것이며, 백성들은 명령을 따르지 않음이 없을 것이다. 아, 손해보는 것은 3백 냥에 불과한데 이렇듯 환심을 사는 것이 또한 좋은 일이 아니겠는가. 그런데도 지금까지 도임하기 전에 이처럼 경비를 거두지 말라는 영을 내린 사람이 하나도 없다. 이는 수령으로 나가는 사람마다 모두 청렴하지 않아서가 아닐 것이다. 일을 겪어보지 않은 사람은 이런 줄을 모르고, 도임한 후에는 이 일이 당연하다고 여기기 때문에 그렇게 하지 못한 것이다. 나부터 먼저 이런 의로운 영을 내린다면 어찌 통쾌하지 않겠는가.

【註釋】 *公賜(공사) : 나라에서 하사함. 공비(公費).
*刷馬(쇄마) : 부임하기 위해 지방에 비치해 두어 관원이 타도록 허가된 말.

【字義】 新 : 새로울 신 刷 : 씻을 쇄 馬 : 말 마
錢 : 돈 전 賜 : 내릴 사 賦 : 세금 부 匿 : 숨길 닉
掠 : 빼앗을 략

제2조 행장을 꾸림〔治裝〕

치 장	기 의 복 안 마	병 인 기 구	불 가 신 야
治裝에는	其衣服鞍馬는	並因其舊요	不可新也니라.

【解釋】 행장을 꾸릴 때, 의복과 말은 모두 헌것을 그대로 쓰고 새로 마련해서는 안 된다.

【解說】 떠날 행장을 너무 사치스럽게 해서는 안 되고, 있던 것을 그대로 쓰는 것이 좋다. 백성을 사랑하는 근본은 비용을 절약하는 데 있고, 비용을 절약하는 근본은 검소한 데 있다. 검소해야만 청렴하고, 청렴해야만 자애로울 것이니, 이 검소야말로 목민(牧民)하는 데 먼저 힘써야 할 것이다. 어리석은 사람은 산뜻한 옷차림에 고운 갓을 쓰고, 좋은 안장에 날랜 말을 타고 위풍을 떨치면서 세상에 자랑하려고 하지만, 늙고 경험이 많은 아전은 먼저 신관(新官)의 의복과 말 장식을 묻고 만일 사치스럽고 화려하다면 비웃지만 만일 검소하고 허술하다고 하면 놀라면서 두려워한다. 거리의 애들이야 부러워할 줄 모르나 식자들이 비루하게 여기니, 도대체 무슨 이익이 있겠는가. 어리석은 자는 남들이 자기를 부러워하는 줄 착각하고 있지만, 부러워하지 않을 뿐만이 아니라 도리어 미워한다. 자기 재산을 털어다가 자기 명예마저 손상시키고, 게다가 남의 미움까지 사게 되니 이 또한 어리석은 짓이 아닌가. 무릇 사치스러운 짓은 어리석은 자나 하는 것이다.

명(明) 나라 사람 해서(海瑞)가 남총헌(南總憲)이 되어 처음 부임할 때, 겨우 상자 두 개를 휴대하여 배가 강 안에 닿아도 사람들이 오히려 알지 못하였다. 한번은 병이 들어 의원(醫員)을 불렀는데, 의원이 방 안을 둘러보니 깔고 덮는 이부자리가 모두 흰 베로 쓸쓸하기가 가난한 선비 이상이었다.

영조 때 사람 참판(參判) 유의(柳誼)가 홍주목사(洪州牧使)로 있을 때, 찢어진 갓과 굵은 베 도포에 간장 빛깔의 낡은 띠를 두르고 느릿느릿한 말을 탔으며, 이부자리는 남루하고, 깔고 자는 요나 베개도 없었다. 이런데도 위엄이 서서 형벌을 쓰지 않아도 교활한 무리들이 두려워하는 것을 내가 직접 보았다.

【註釋】 ＊치장(治裝)：행장을 꾸림.
＊안마(鞍馬)：안장을 얹은 말. 말 안장과 장식.

【字義】 治：다스릴 치 裝：꾸릴 장 衣：옷 의 服：옷 복, 복종할 복 鞍：안장 안 並：아우를 병 舊：옛 구

동행자불가다
同行者不可多니라.

【解釋】 함께 가는 사람이 많아서는 안 된다.

【解說】 부임하는 길에 일행이 많으면 고을에 피해를 주니, 자제 한 사람 정도만 데리고 가면 좋을 것이다.

요즈음 풍속에 책객(冊客)[1]을 두어 회계를 맡기고 있는데, 이는 예가 아니니 없애야 한다. 만약 자기의 글씨가 거칠고 좋지 못하면, 한 사람쯤 데리고 가서 서기(書記)의 일을 맡겨도 좋다.

청지기는 청의 큰 좀이니, 절대로 데리고 가서는 안 된다. 하인도 데리고 가서는 안 되지만, 한 사람쯤은 내행(內行)[2] 때 따라오도록 한다.

명(明) 나라 허자(許滋)가 가선령(嘉善令)이 되었는데 청렴하고 강직하여, 부임할 때 아들 하나와 종 하나를 데리고 갔다. 겨울철에 그 아들이 추위에 떨면서 공에게 밖에 나가서 숯을 구해 오겠다고 청하였더니, 공은 창고에서 나무막대기 한 개를 가져다가 주면서 이렇게 말했다.

"이것을 밟아 굴리면 발이 저절로 따뜻해질 것이다."

송(宋)나라 사람 조변(趙抃)이 성도(成都)로 부임할 때, 거북 한 마리, 학 한 마리를 가지고 갔으며, 재임(再任) 때는 그 거북과 학마저 버리고 종 하나뿐이었다. 장공유(張公裕)가 시를 지어 전송하였다.

말은 옛길 알아 오가기에 수월하고 馬諳舊路行來滑 / 거북은

장강에 놓아 주어 함께 오지 않았네 龜放長江不共流

【註釋】 1) 책객(册客) : 비서(秘書). | 2) 내행(內行) : 부인 등 가족 일행.

【字義】 同 : 같을 동 者 : 놈 자 多 : 많을 다

금침포견지외 衾枕袍繭之外에 능재서일거 能載書一車면 청사지장야 淸士之裝也니라.

【解釋】 이부자리와 솜옷 외에, 책을 한 수레를 싣고 간다면 청렴한 선비의 행장이라 하겠다.

【解說】 생활에 꼭 필요한 의복과 침구 정도만 가져가고, 학문이나 업무 수행에 필요한 서적은 반드시 가져가야 한다.

요즈음 현령으로 부임하는 사람들은 겨우 책력(冊曆) 한 권을 가지고 가고, 그 밖의 서적들은 한 권도 행장 속에 넣지 않는다. 가면 으레 많은 재물을 얻게 되어 돌아오는 행장이 무겁게 마련이어서 한 권의 책일망정 짐이 된다고 여기기 때문이다.

문사(文士)가 벼슬을 살게 되면, 이웃에 사는 선비들이 학문에 대해 물어 오는 일이 있을 것이요, 또 선비에게 글을 권장하기 위해 글 제목을 낼 때에도 반드시 서적이 있어야 하고, 또 이웃 고을 수령이나 벼슬아치들과 한자리에 모여 놀이를 할 때 시운(詩韻)을 내야 할 경우도 있으니, 옛사람의 시집(詩集)도 있어야 한다. 더군다나 각종 법(法)을 시행함에 있어서도 옛책을 상고하지 않고서 어찌 처리할 수 있겠는가.

【字義】 衾 : 이불 금 枕 : 베개 침 袍 : 솜옷 포
繭 : 풀이름 견

제3조 하직 인사〔辭朝〕

기 서 양 사 내 사 조
旣署兩司라야 乃辭朝니라.

【解釋】 양사(兩司)의 서경(署經)이 끝나고 임금에게 하직 인사를 드린다.

【解說】 조선시대의 관원 임명 절차는 이렇다. 먼저 문관(文官)은 이조(吏曹)에서, 무관(武官)은 병조(兵曹)에서 세 명의 후보자를 추천하면 임금이 그 세 사람 가운데서 한 사람에게 낙점(落點)한다. 그런 다음, 사헌부(司憲府)와 사간원(司諫院)에서 요즈음으로 말하면 신원조회와 같은 서경(署經)을 거침으로써 임명 절차가 끝나게 된다.

《속대전(續大典)》에는 다음과 같이 규정하였다.

"각도의 도사(都事)나 수령으로서 처음 임명받은 자는 모두 서경을 받아야 하고, 일찍이 시종(侍從)이나 당상관(堂上官)을 지낸 사람은 모두 서경을 받지 않아도 된다. 50일이 지나도 서경을 받지 못하면 아뢰어 임명이 취소된다."

서경이란 내외 사조(內外四祖)를 갖추어 기록하고 흠이 있는지의 여부를 고찰하여 가부를 결정하는 것인데, 임금의 특별 분부가 있으면 한 부서의 서경은 그만두어도 된다. 옛법은 수령의 임명을 가장 중히 여겨, 임명하기 전에 천거(薦擧)의 절차를 두었고, 임명 후에는 서경의 절차를 두었으며, 또 경서(經書)와 법률을 시험하여, 그 재주와 학식을 고찰했는데, 이제 이 법은 형식만 남아 있을 뿐 유명무실해져서, 용렬하고 무식한 자도 거리낌없이 다 수령으로 나가게 되었다.

【註釋】 ***양사(兩司)**: 조선 때 임금의 잘못을 간하고 관원의 기강을 맡았던 사헌부(司憲府)와 사간원(司諫院).

***서경(署經)**: 관원에 임명된 자의 신원(身元)을 조회하여 서명하는 일.

***내외사조(內外四祖)**: 아버지·조부·증조부·외조부(外祖父). 내외란 자기 집 및 외가(外家)란 뜻.

【字義】 旣：이미 기　　署：서명할 서　　司：맡을 사

역사공경대간 의자인재기불칭 봉지후 박 불가언야
歷辭公卿臺諫에는 宜自引才器不稱이요 俸之厚薄은 不可言也니라.

【解釋】 공경(公卿)과 대간(臺諫)에게 들러 하직 인사를 드리면서는 자신의 재주와 그릇이 맞지 않다고 말할 뿐, 봉록의 많고 적음을 말해서는 안 된다.

【解說】 부임지로 떠나기 전에 여러 재상들과 대간들을 찾아가 인사를 나누면서는 자신의 재능이 감당하기 어렵다고 겸손하게 말할 뿐, 봉급이나 직책의 좋고 나쁨을 말하는 것은 실례이다.

고을의 수령의 녹봉(祿俸)이 박할지라도 열 식구가 굶주릴 정도는 아니다. 수령으로 나가는 자나 보내는 자가 다같이 그 고을의 폐단되는 것, 백성들의 걱정되는 것을 논할 일이요, 녹봉의 후하고 박함을 말하는 것은 부끄러운 일이다. 녹봉이 후할 것이라고 치하하는 자에게는 마땅히,

"대개가 부정한 물건일 터인데 기뻐할 일이 무엇이겠습니까?"

하고, 그 박함을 근심해 주는 자에게는 이렇게 말하면 될 것이다.

"열 식구가 굶주리지는 않을 터인데 근심할 것이 무엇이겠습니까?"

재상이나 대신(臺臣) 가운데에 일찍이 그 도의 감사나 이웃 고을의 수령을 역임한 자가 있으면, 그곳 풍속이나 폐단되는 일을 상세히 묻고, 또 그것을 바로잡을 방책을 말해 달라고 청해서 지성으로 도움을 구할 일이요, 형식에만 따라서는 안 될 것이다.

【註釋】 *歷辭(역사)：두루 찾아뵈며 하직 인사를 함.
*公卿(공경)：나라의 재상 지위에 있는 사람.
*재기불칭(才器不稱)：자신의 재능과 기량이 그 벼슬에 맞지 않음.
*厚薄(후박)：많고 적음.

【字義】 歷 : 두루 력, 역사 역　　辭 : 하직할 사, 말씀 사
卿 : 벼슬 경　　臺 : 터 대　　諫 : 간할 간　　宜 : 마땅 의
引 : 이끌 인　　才 : 재주 재　　器 : 그릇 기
稱 : 알맞을 칭, 일컬을 칭　　厚 : 두터울 후　　薄 : 얇을 박

역사전관　불가작감사어 歷辭銓官에 不可作感謝語니라.

【解釋】 전관(銓官)에게 들러 하직 인사를 하면서 감사하다는 말을 해서는 안 된다.

【解說】 전관은 나라를 위하여 사람을 뽑아 쓴 것이니 사사로운 은혜를 끌어대서는 안 되며, 수령은 자격에 따라 관직을 얻은 것이니 사사로운 은혜라는 생각을 마음 속에 품어서는 안 된다. 한 자리에서 이야기를 나누더라도 말이 자신을 추천해 준 데에 미쳐서는 안 될 것이다.

조선 숙종 때 사람 참의(參議) 김변광(金卞光)이 병조 낭관(兵曹郎官)을 지내고 물러나 시골에 궁하게 살면서 벼슬을 구하지 않았는데, 윤씨(尹氏) 성을 가진 어떤 사람이 전관이 되자 그를 용강현령(龍岡縣令)으로 임명하였는데, 그 후에 윤씨가 딸을 혼인시키면서 말[馬]을 보내달라고 도움을 청하였다. 김변광은 이런 답서를 보냈다.

"가난하면 서로 도와주는 것이 사람이 마땅히 해야 할 도리이나 혐의받을 만한 경우에는 군자(君子)로서 삼가야 할 것 같습니다. 제가 공과는 전부터 서로 사귀던 사이가 아니었으며, 후에는 천거해서 발탁해 준 힘을 입었으니, 비록 명분이 있는 선물일 뿐 재물을 취하는 일이 아니겠지만, 모르는 자들은 반드시 이러쿵저러쿵 말을 할 것입니다. 변변치 못한 이 사람이 수십 년 스스로 지켜온 바를 하루아침에 잃게 된다면, 어찌 청덕(淸德)에 누가 되고 아름다운 명예에 손상이 되지 않겠습니까? 심부름꾼을 그냥 돌려보내니 부끄럽고 송구하기 그지없습니다."

【註釋】 *銓官(전관) : 관원을 추천하여 임명하는 지위에 있는 사람.
*清德(청덕) : 청렴한 덕.

【字義】 銓 : 가릴 전　感 : 감동할 감　謝 : 사례할 사

新迎吏隸至어든(신영이예지) 其接之也에(기접지야) 宜莊和簡默이니라.(의장화간묵)

【解釋】 맞이하러 아전과 하인이 오면 그들을 접대함에 장중하고 화평하고 간결하고 과묵하게 해야 한다.

【解說】 수령을 맞이하기 위해 온 수리(首吏)의 주머니 속에는 으레 《읍총기(邑總記)》라는 작은 책 한 권이 들어 있으니, 거기에는 봉록의 쌀과 돈의 숫자와 농간하여 남는 것을 사사로이 취하는 방법이 나열되어 있다. 수리가 와서 뵙는 날에 이를 꺼내어 바치면, 수령이 받아 기쁜 빛을 띠고 조목조목 캐어물어서 그 묘리(妙理)와 방법을 알아내게 마련인데 이는 아주 큰 수치이다. 아전이 바치는 날에 즉시 돌려 주고 묵묵히 다른 말이 없어야 할 것이요, 이어서 자제나 친척·빈객들에게 단속하여 억지로 요구하여 보는 일이 없도록 해야 한다.

그리고 이튿날 아침에 수리를 불러서 그 고을의 폐단되는 일 한두 가지를 물어보고, 듣고 나서는 묵연히 다른 대답을 하지 말아야 한다. 만약 그 폐단이 커서 반드시 고쳐야 할 일이라면 두루 하직 인사 다니는 날에, 전에 그 지방 감사(監司)를 지낸 자와 고쳐 바로잡을 방법을 의논해야 한다.

맞이하러 온 아전과 하인을 대할 적에는 경솔히 체모를 손상해서는 안 되며, 또 뽐내고 잘난 체해서도 안 된다. 장중하되 화평하면 될 것이며, 묵묵히 말을 하지 않는 것이 더 없는 묘법인 것이다.

조선 인조 때 사람 박정(朴炡)이 새로 남원부사(南原府使)로 임명되었을 적에, 맞이하러 온 아전이 제 고을에 사사로이 이렇게 통지하였다.

"젊은 학사(學士)가 말도 않고 웃지도 않으며 오똑하게 단정히

앉아 있으니, 그 심중을 헤아릴 수가 없다."

【註釋】 ＊新迎(신영)：새로 맞이함.
＊吏隷(이예)：아전이나 하인.
＊莊和簡默(장화간묵)：장중하고 화평스러우며, 간결하고 말이 없음.

【字義】 新：새로울 신　迎：맞이할 영
吏：벼슬아치 리, 아전 리　隷：종 례　接：접할 접
莊：장중할 장　和：화평할 화
簡：간결할 간, 편지 간　默：말없을 묵

> 辭陛出門(사폐출문)에 慨然以酬民望(개연이수민망)하며 報君恩(보군은)을 說于內心(설우내심)하라.

【解釋】 임금을 하직하고 대궐문을 나서면 개연히 백성들의 바람에 부응하고, 임금의 은혜에 보답하기를 마음으로 다짐해야 한다.

【解說】 임금은 하직하는 날에는 수령이 지켜야 할 일곱 가지 일을 임금 앞에서 외우거나 혹은 승정원(承政院)에서 강론하게 마련이니, 이를 소홀히 해서는 안 된다. 전폐(殿陛)에서 오르내리는 절차와 연석(筵席)에서 엎드리고 일어나는 자세를 잘 아는 자에게 익숙히 배워두어야 실수가 없을 것이다.

중국 우연릉(于延陵)이란 사람이 건주자사(建州刺史)를 임명받고 들어가 임금에게 하직하자, 임금이,

"건주가 서울에서 얼마나 먼가?"

하고 묻자,

"8천 리입니다."

하고 대답하니, 임금은 이렇게 말하였다.

"경이 거기에 도착하여 정사를 잘하고 잘못하는 것을 짐(朕)이 모두 다 알 수 있으니, 그곳이 멀다고 생각지 마라. 이 섬돌 앞이 바로 만 리이다."

【註釋】 *辭陛(사폐) : 임금 앞에서 하직함.
*慨然(개연) : 마음에 느낌이 있어 서글퍼짐.
*民望(민망) : 백성들의 소망.
*君恩(군은) : 임금의 은혜.

【字義】 辭 : 사양할 사, 사퇴할 사 慨 : 슬퍼할 개
酬 : 갚을 수 報 : 갚을 보 恩 : 은혜 은

移官隣州하여 便道赴任 則無辭朝之禮니라.
(이관인주 편도부임 즉무사조지례)

【解釋】 이웃 고을로 관직을 옮겨 가까운 길로 부임하게 되는 경우에는 사조(辭朝)하는 예(禮)가 없다.

【解說】 당(唐)나라 영호도(令狐綯)가 일찍이 옛친구를 이웃 지방의 자사(刺史)로 옮겨 발령하여 편리한 길로 부임하게 하였다. 임금이 그가 사례하는 글을 보고서 물으매, 영호도가 대답하기를,

"그 길이 가까우므로 보내고 맞이하는 폐단을 줄이게 하였습니다."

하였다. 임금이 말하기를,

"짐은 자사가 흔히 적임자가 아니어서 백성들에게 해가 되므로 한 번 만나서 그 다스릴 방책을 알아보고, 그 우열을 알아서 벼슬을 내치거나 올려주고자 하였는데, 이러한 명령이 이미 반포되어 있는데도 바로 폐하고 쓰지 않으니, 재상은 권력이 있다고 할 만하다."

하니, 때가 마침 추웠는데도 영호도는 땀이 흘러 두터운 갖옷에 밸 정도였다.

【註釋】 *便道(편도) : 조정에 들어와 사은숙배하지 않고 가까운 길로 곧장 가는 것.
*辭朝(사조) : 임금께 사은숙배(謝恩肅拜)함.

【字義】 移 : 옮길 이 隣 : 이웃 린 便 : 편할 편
赴 : 다다를 부 任 : 맡길 임, 임소 임 朝 : 조정 조
禮 : 예의 례

제4조 부임 행차〔啓行〕

계 행 재 로 　 역 유 장 화 간 묵 　 사 불 능 언 자
啓行在路에는 亦唯莊和簡默하여 似不能言者니라.

【解釋】 부임하는 길에서는 정중하고 화평하며 간결하고 과묵하기를 마치 말 못하는 사람처럼 해야 한다.

【解說】 행차는 반드시 일찍 출발하고 저녁에는 반드시 일찍 쉬도록 해야 한다. 말에 올라서 동이 트기 시작하고, 말에서 내릴 때 해가 아직 지지 않으면 좋다.

도중에서의 매일 세 끼 반찬으로는 국 한 그릇, 김치 한 접시, 장 한 종지의 네 접시를 초과해서는 안 된다. 쓰이는 물품은 하인들에게 맡겨 잔소리를 하지 말며, 쓰는 바가 많고 적은 것도 따져서는 안 된다.

송(宋) 나라 여혜경(呂惠卿)이 연주지사(延州知事)가 되어 길이 서도(西道)를 지나게 되었는데, 그 무렵 정이천(程伊川)[1]이 문인(門人)들에게 이르기를,

"내가 여혜경의 이름은 들었으나 아직 안면이 없으니, 아침에 내 집 문앞을 지나면 한 번 보리라."

하고 물어보니 지나간 지 오래 되었다고 하였다. 그러자 이천은 이렇게 감탄하였다.

"수행하는 사람 수백 명과 말 수십 필이 조용히 소리없이 지나갔으니, 이와 같이 여러 사람을 부리는 것은 정숙하다고 할 만하다. 조정에서 한 일은 비난할 것이 많았지만, 그 재주는 어찌 감출 수 있겠는가."

【註釋】 *啓行(계행) : 길을 떠나 부임함.
*莊和(장화) : 장엄하되 온화함.
*簡默(간묵) : 간결하고 과묵함.
1) 정이천(程伊川) : 송(宋)의 학자. 정이(程頤).

【字義】 啓 : 열 계 　 路 : 길 로 　 莊 : 장엄할 장
簡 : 간이할 간 　 默 : 말 없을 묵 　 似 : 같을 사

도로소유 기유기휘 사정추우자 의유
道路所由에 其有忌諱하여 舍正趨迂者는 宜有
정로 이파사괴지설
正路하여 以破邪怪之說하라.

【解釋】 지나가는 길에 미신으로 꺼리는 일이 있어 큰길을 버리고 먼 길로 돌아가는 일이 있으면, 큰길로 지나가 사특하고 괴이한 말을 타파해야 한다.

【解說】 노준(盧遵)이 전의령(全義令)이 되어 성(城)을 보니 북문을 틀어막고 다른 곳을 뚫어서 출입하였다. 그가 물으니, 문지기는 백년도 넘었다고 말하고, 어떤 자는,

"무당이 현령(縣令)에게 이롭지 못하다고 하여 막았다."

말하고, 또 어떤 자는,

"손님들이 너무 많아서 음식 접대 비용이 들어 손님들의 길을 돌아가게 하기 위하여 문을 막았다."

라고 하였다. 노준은,

"이는 인색한 속임수가 아닌가? 어진 사람의 하는 일은 사람들에게 이롭게 하기를 생각해야 하는데, 이에 반대되는 것은 죄가 되는 것이다. 내가 그 문을 다시 트리라."

하고 상급 관청에 아뢰니, 상급 관청에서는 이를 허락하였고 고을 사람들은 편리하게 여겨 기뻐 춤추었다. 주민들은 그냥 그대로 눌러 살려고 하였으며, 나그네는 기꺼이 그 고을 길을 드나들었다.

조선 성종 때 사람 손순효(孫舜孝)가 영남순찰사가 되었는데, 영해(寧海)에 서읍령(西泣嶺)이란 재가 있었다. 속담에,

"사신(使臣)이 만약 이 재를 처음 넘으면 반드시 흉한 일이 있을 것이다."

하여 사람들이 모두 그 고개를 피해 다녔는데 그는 고개 위에 바로 이르러 고목나무 껍질을 벗기고 거기에 시를 지어 쓰고 지나가니, 이에 고개의 이름이 파괴현(破怪峴)이라 고쳐졌다.

【註釋】 *忌諱(기휘) : 꺼리는 일.

*舍正趨迂(사정추우) : 큰길을 버리고 돌아가는 길로 감.

【字義】 路 : 길 로　由 : 말미암을 유　忌 : 꺼릴 기
諱 : 숨길 휘　趨 : 나갈 추　迂 : 돌 우
宜 : 마땅할 의　破 : 깨뜨릴 파　邪 : 사특할 사
怪 : 괴이할 괴　說 : 말 설

해유귀괴 廨有鬼怪하여 이고구기 吏告拘忌어든 의병물구 宜並勿拘하여 이진 以鎭 선동지속 煽動之俗하라.

【解釋】 공청에 귀신과 요괴가 있다고 하거나 아전들이 금기(禁忌)가 있다고 말하더라도 모두 구애받지 말고 현혹된 습속들을 진정시켜야 한다.

【解說】 후한(後漢) 때에 왕돈(王沌)이 미현(楣縣)의 수령을 임명받고 부임하여 시정(柴亭)이란 곳에 이르니, 정장(亭長)이,

"이 정에는 귀신이 있어 지나가는 나그네를 자주 죽이어 잘 수가 없습니다."

하였다. 이에 왕돈이,

"인(仁)은 흉악하고 사악함을 이기고, 덕(德)은 상서롭지 못한 것을 물리치는데 어찌 귀신을 피하랴."

하고는 바로 정에 들어가 머물러 잤다. 밤중에 들으니 여자가 억울함을 호소하면서 정장에게 죽임을 당하였다고 하였다. 왕돈이 이튿날 아침 유격을 불러 따져 물으니, 죄를 낱낱이 자백하므로 곧 정장을 잡아 가두었다.

조극선(趙克善)이 면천군수(沔川郡守)가 되어 부임하러 가는데, 아전이 금기가 있다 하여 길을 둘러 갈 것을 청하고, 귀신과 요괴가 있다 하여 아사(衙舍)를 옮길 것을 청하였으며, 또 날짜를 가려 부임할 것을 요청하였으나 모두 들어 주지 않았다.

【註釋】 ＊拘忌(구기) : 꺼리는 일.

＊煽動(선동) : 남을 부추겨 세움.

【字義】 廨 : 관청 해　　鬼 : 귀신 귀　　告 : 알릴 고
拘 : 잡을 구　　並 : 나란히 병　　鎭 : 진정할 진
煽 : 부추길 선　　動 : 움직일 동　　俗 : 풍속 속

역입관부　의종선지자　숙강치리　불
歷入官府하여는 宜從先至者하여 熟講治理요 不
가해학경석
可諧謔竟夕이니라.

【解釋】 지나다가 들르는 관부(官府)에서는 마땅히 선배 수령들에게서 다스리는 이치를 깊이 강구할 것이고, 해학으로 밤을 새워서는 안 된다.

【解說】 해당 도(道)에 들어서면, 여러 고을의 수령은 모두 동료로서의 우의가 있는 것이다. 참으로 혐의 있는 집안 사이가 아니면 마땅히 바로 찾아가 볼 것이고, 그대로 지나쳐서 스스로 교만하게 보여서는 안 된다. 하물며 저쪽은 고을살이를 한 지가 오래여서 그곳 풍속과 인정 그리고 새로 생긴 폐단과 오래 된 백성의 고통 등 물어보아야 할 것이 반드시 있는데, 새로 부임하는 자가 스스로 그런 견문을 넓히지 않아서야 되겠는가.

【註釋】 *歷入(역입) : 두루 들러 찾아봄.
*熟講(숙강) : 자세히 잘 강구함.

【字義】 府 : 고을 부　　從 : 좇을 종　　至 : 이를 지
熟 : 익을 숙　　講 : 강구할 강　　諧 : 농지거리 해
謔 : 농지거리 학　　竟 : 마칠 경, 끝날 경　　夕 : 저녁 석

상관전일석　의숙인현
上官前一夕은 宜宿隣縣이니라.

【解釋】 부임 전 하룻밤은 이웃 고을에서 자야 한다.

【解說】 《치현결(治縣訣)》에 이렇게 말하였다.

"부임하기 전 하룻밤은 이웃 고을에서 자야 하고, 임지인 고을의 경내에서 자서는 안 된다. 대개 신관의 행차에는 수행하고 맞이하는 사람의 숫자가 매우 많아서, 경내에서 자게 되면 관하 백성들이 피해를 입게 된다."

혹 고을의 경계에 있는 정원(亭院)에 대해서는 그 부역을 면제해 주고, 오로지 이러한 일에만 종사하는 자는 특별히 생각해 줄 것 없이 그 형편을 물어서 편리한 대로 따라하기를 허용해야 한다.

제5조 부임〔上官〕

> 上官(상관)에는 不須擇日(불수택일)이니 雨則待晴(우즉대청)이 可也(가야)니라.

【解釋】 부임할 때에 날을 받을 것이 없고, 비가 오면 개기를 기다리는 것이 좋다.

【解說】 날짜를 가리지 않는 사람이 없지만, 봉고파직(封庫罷職)을 당하는 사람도 있고, 폄하(貶下)되어 파직되는 사람도 있고, 사고를 만나 떠나는 사람도 있다. 앞사람들의 징험이 없었는데 무엇 때문에 그것을 따르겠는가?

대개 보면, 새 관원이 가까운 곳에 당도하여서 혹은 하루에 겨우 한 역참(驛站)만 가기도 하고, 혹은 종일 지체해서 길일을 기다리기도 하는데, 고을에 남아 있는 이속(吏屬)들은 수군수군 비웃으며 그의 슬기롭지 못함을 헤아려서 알게 될 것이요, 부임 행차를 따르는 관속들은 집 생각에 마음이 초조한데 앉아서 노자만 소비하므로, 모두 원망할 것이다. 좋은 날을 가린다는 것이 도리어 원망을 당해내지 못하니 필경 무슨 이익이 되겠는가. 다만 부임하는 날, 비바람이 치고 일기가 흐리면 백성들의 이목을 새롭게 할 수 없을 것이니, 청명한 날씨를 잠깐 기다림이 좋을 것이다.

고을의 경계에 들어서면 말을 달리지 말고 길가에 나와서 구경하는 사람을 금하지 말 것이며, 읍에 들어서면 더욱 말을 달리지 못하도록 해야 할 것이니, 이것은 백성들에게 무겁게 보이는 방법이다. 말 위에서는 눈을 두리번거리지 말고, 몸을 비스듬히 하지 말고, 의관을 엄숙하게 정제해야 할 것이니, 이것은 백성들에게 장엄하게 보이는 방법이다.

【註釋】 *上官(상관) : 관직에 나아감. 부임(赴任).

*待晴(대청) : 날이 개기를 기다림.

【字義】 須 : 모름지기 **수**　擇 : 가릴 **택**　待 : 기다릴 **대**　晴 : 날씨 갤 **청**

乃上官(내상관)하여 受官屬參謁(수관속참알)이니라.

【解釋】 부임해서 관속들의 인사를 받는다.

【解說】 좌수(座首)를 불러 이렇게 말해야 한다.

"급하지 않은 일은 며칠 기다리되, 만일 시급한 공사(公事)가 있으면 오늘이나 내일이라도 구애치 말고 아뢰어도 좋다."

공청이 굉장하고 화려하더라도 좋다는 말을 하지 말며, 공청이 퇴락하였더라도 누추하다는 말을 하지 말아야 하며, 좌우의 온갖 기물들이 아름답거나 추하더라도 일체 못본 체하여, 눈은 마치 보이지 않고 입은 마치 말을 못 하는 것같이 해야 할 것이다.

아침 일찍 조례(朝禮)를 행하는 것이 옛날의 예법이다. 고을이 작더라도 조례는 마땅히 그래야 한다. 매양 보면, 수령들의 기거(起居)가 절도가 없어서, 해가 세 발이나 떠오르도록 깊이 잠들어 있고, 아전이나 장교 등 여러 일을 맡은 자들이 문 밖에 모여서 느릅나무나 버드나무 그늘 아래서 서성거리고 있으며, 송사하러 온 백성들이 머물러서 드디어 하루품을 버리게 된다. 모든 사무가 지체되고 만사가 엉망이 되니 매우 옳지 못한 일이다. 혹 너무 일찍 일어나도 아전들이 괴롭게 여긴다. 비나 눈으로 땅이 질척거리면 인사를 생략하도록 한다.

【註釋】 *官屬(관속) : 벼슬아치들.

*參謁(참알) : 어른을 찾아뵘.

【字義】 受 : 받을 수　　屬 : 무리 속　　謁 : 뵐 알

참알기퇴　목연단좌　사소이출치지방
參謁旣退면 穆然端坐하여 思所以出治之方이니라.
관엄간밀　예정규모　유적시의　확연이
寬嚴簡密하고 豫定規模하되 唯適時宜요 確然以
자수
自守니라.

【解釋】 인사하고 물러가면 조용히 단정하게 앉아서 백성을 다스릴 방도를 생각해야 한다. 너그럽고 엄숙하고 간결하고 치밀하게 규모를 미리 정하되, 오직 시의(時宜)에 알맞도록 할 것이며, 굳게 스스로 지켜 나가도록 해야 한다.

【解說】 옛날 당(唐)나라 사람 유중영(柳仲郢)이 경조윤(京兆尹)이 되었을 때 한 아전이 곡식의 납입 기일을 어기자 곤장을 쳐 죽이니, 정령이 엄하고 밝아졌다. 뒤에 하남윤(河南尹)이 되어서는 관대하고 은혜로움으로써 정사를 행하였다. 어떤 사람이 경조윤 시절과 같지 않다고 말하니, 유중영은 이렇게 말하였다.

"임금이 계시는 곳에서는 위엄이 앞서야 하고, 군읍을 다스릴 때는 은혜와 사랑을 근본으로 삼아야 한다."

장영(張詠)이 촉(蜀) 지방을 다스릴 때, 처음에는 엄하게 다루다가 두 번째 부임해서는 백성들이 자기를 믿는 줄을 알고, 드디어 엄한 태도를 고쳐 너그럽게 대하였다. 이는 모두 풍속에 따라 변통할 줄을 안 것이다.

【註釋】 *穆然(목연) : 조용하게.

*時宜(시의) : 때에 알맞음.

【字義】 退 : 물러날 퇴　　端 : 단정할 단　　寬 : 너그러울 관
密 : 빽빽할 밀　　適 : 알맞을 적

厥明(궐명)에 謁聖于鄕校(알성우향교)하고 遂適社稷壇(수적사직단)하여 奉審(봉심) 唯謹(유근)이니라.

【解釋】 그 다음날 향교(鄕校)에 나아가 선성(先聖)을 알현(謁見)하고 이어 사직단(社稷壇)으로 가서 봉심(奉審)하되 오직 공손히 해야 한다.

【解說】 이 날 동이 트기 전에 일어나 횃불을 들고 향교에 가서 촛불을 켜고 절을 한다. 절이 끝나면 전상(殿上)에 올라가 봉심하고, 다시 동쪽 채와 서쪽 채로 가서 봉심한다.

나와서는 명륜당(明倫堂)에 앉아서 배례에 참여한 유생(儒生)들을 불러 만나 보되 답배(答拜)해야 한다. 유생들과 이렇게 약속한다.

"현임 향교 유생들은 앞으로 서로 만나게 되겠지만, 사철 첫달의 분향은 내가 몸소 거행할 것이요, 봄·가을의 석채(釋菜)도 내가 몸소 거행할 것이니, 그날에는 서로 만나볼 수 있을 것이다. 또 때때로 백일장(白日場)을 열어 선비들을 시험할 적에 재임(齋任)은 예의상 자리를 정리해야 할 것이니 그날은 서로 보게 될 것이요, 또 백성의 일이나 고을의 폐단에 대해서 공론을 알고자 하면 내가 응당 부를 것이니 그날 서로 보게 될 것이다. 제군들은 관아에 와서 만나보기를 청하는 일이 없도록 해야 할 것이다."

한 고을의 신으로는 사직(社稷)이 가장 큰데 근래 수령들이 전혀 삼가서 하지 않으니 매우 옳지 못하다. 여단이나 성황단도 몸소 가지는 않더라도, 수령은 모든 신의 주재자이니, 부임한 처음에 예를 차려 사람을 보내어 봉심하는 것이 옳다.

【註釋】 ＊鄕校(향교)：고을에 있는 공자(孔子)의 사당. 여기에서 유생들이 공부를 함.

＊社稷壇(사직단)：토지신과 곡식의 신에게 제사 지내는 곳.

＊奉審(봉심)：살펴봄.

【字義】 鄕：고을 향　遂：마침내 수　適：나아갈 적

審：살필 심　　**謹**：삼갈 근

제6조 집무를 시작함〔莅事〕

궐명개좌 내이관사 厥明開坐하고 乃莅官事니라.

【解釋】 이튿날 새벽에 개좌(開坐)하여 정사를 본다.

【解說】 상사(上司)에 올리는 보고 문서 가운데 전례에 따라야 할 것은 곧바로 서명 날인하고, 따져 보아야 할 것은 이속이 만든 초안(草案)을 가져다가 가다듬어 문안을 만들고 다시 쓰도록 한다.

민간에 내리는 명령은 함부로 결재해서는 안 된다. 반드시 법전을 참고하여 하나하나 검사하고, 그 안에 털끝만큼도 간사한 계책이나 허위가 들어 있지 않음을 분명히 안 뒤에 서명하는 것이 옳다. 어리석은 사람일수록 일을 잘 아는 체하고 아랫사람에게 묻기를 부끄러워하여 의심스러운 것을 그냥 덮어둔 채, 다만 문서 끝에 서명하는 것만 착실히 하다가 아전들의 술수에 빠지는 사람이 많다.

【註釋】 **＊厥明(궐명)**：그 이튿날 아침.

＊개좌(開坐)：관원이 출근하여 사무를 봄.

【字義】 **厥**：그 궐　　**開**：열 개　　**坐**：앉을 좌
莅：나갈 리

시일 발령어사민 순막구언 是日에 發令於士民하여 詢瘼求言이니라.

【解釋】 이 날 사족(士族)과 백성들에게 명을 내려 폐해가 되는 것을 묻고 할 말이 있으면 하도록 해야 한다.

【解說】 관내의 사족과 각층의 인민들에게 공문을 내려 다음과 같이 말한다.

"본관은 적임자가 아닌데도 외람되게 나라의 은혜를 입고 이 고을에 부임하여 아침 저녁으로 근심과 두려움으로 어찌할 바를 모르고 있다. 오래 된 폐단이나 새로운 병폐로 백성들의 고통이 되는 것이 있으면 한 동네에서 일을 잘 아는 사람 대여섯 명이 한곳에 모여 의논해서 조목을 들어 문서를 갖추어 가져오게 하라.

혹 아전이나 군교, 토호들이 들으면 싫어할 일이어서, 후환이 두려워 드러내어 말하지 않는다면, 내가 부임 초에 폐단을 묻는 본의에 어긋나는 것이다. 각각 엷은 종이로 피봉을 만들어 풀로 붙이고 그 겉에 표지하여 어느 날 정오에 함께 읍내에 들어와 함께 관아의 뜰에 와서 본관의 면전에 직접 바치라."

민폐를 물어 알기는 쉬우나 개혁하기는 극히 어려운 일이다. 고칠 만한 것은 고치고 고칠 수 없는 일은 그대로 둘 수밖에 없다.

조선 광해군 때 사람 범재(泛齋) 심대부(沈大孚)가 성산현감(星山縣監)이 되었을 때 성문에 방을 붙여서 말하였다.

"몸가짐을 맑고 근실하게 하며 정사를 공평히 하는 것은 수령이 할 일이니 수령이 힘쓸 것이요, 효도와 우애를 돈독히 하고 약속을 잘 지켜 법령을 어기지 않는 것은 백성의 할 일이니, 백성들은 이를 힘쓰라."

【註釋】 ＊**發令**(발령)：명령을 내림.
＊**詢瘼**(순막)：폐해를 물어봄.
＊**求言**(구언)：훌륭한 말을 해 달라고 청함.

【字義】 **詢**：물을 순 **瘼**：폐단 막

是日(시일)에 有民訴之狀(유민소지장)어든 其題批宜簡(기제비의간)이니라.

【解釋】 이 날에 백성들의 소장(訴狀)이 들어오면 그 판결하는 제사(題辭)를 간결하게 해야 한다.

【解說】 《치현결(治縣訣)》에는 이렇게 되어 있다.

"백성들의 소장에서 아뢰는 바는 엄하게 판결할 것이 아니다. 마땅히 양편을 대질시켜서 해야지 한편의 말만으로 가볍게 논단(論斷)해서는 안 된다. 싸우고 때린 일로 와서 고소하는 자는 더욱 그 말만을 믿고 가볍게 체포해서는 안 된다."

백성들이 와서 호소하는 것은 억울함이 있기 때문이다. 군포(軍布)[1]의 일로 호소하면 나의 군정(軍政)이 잘못된 것이요, 전세(田稅)에 대한 호소가 있으면 나의 전정(田政)이 잘못된 것이요, 요역(徭役)의 일로 호소가 있으면 이것은 내가 부역을 공평하게 매기지 못한 것이요, 창곡(倉穀)의 일로 호소가 있으면 내가 재무(財務)의 관리를 잘못한 것이요, 침탈을 당했다 호소하는 일이 있으면 이것은 토호(土豪)들을 누르지 못한 것이요, 백성들이 재물을 빼앗기고 호소하는 일이 있으면 이것은 아전들을 단속하지 못하였기 때문이다. 백성들의 호소를 보고서 내가 잘 다스리는지 잘못 다스리는지 알 수 있다. 정치를 하는 사람이 그 큰 강령(綱領)을 바로 잡으면 백성들은 저절로 억울한 일이 없어질 것이니 어찌 소장이 분분하게 들어오겠는가?

【註釋】 ***題批**(제비) : 소송에 대한 판결문.

1) **軍布**(군포) : 군역(軍役) 대신 내는 베.

【字義】 **訴** : 호소할 **소** **狀** : 글 **장** **題** : 제목 **제** **批** : 비답 **비** **簡** : 간결할 **간**

是日(시일)에 發令以數件事(발령이수건사)하여 與民約束(여민약속)하되 遂於外門之楔(수어외문지설)에 特懸一鼓(특현일고)라.

【解釋】 이 날 명을 내려서 백성들과 몇 가지 일을 약속하고, 관아 바깥 기둥에 특별히 북 하나를 걸어 둔다.

【解說】 다음과 같은 사항을 쓴다.

관가와 백성 사이에 마땅히 약속이 있어야 하니, 다음에 기록하는 조항을 일일이 깨우치고 살펴서 이에 의하여 준행하되 어기는 일이 없게 해야 한다. 만약, 어기는 사람이 있으면 용서하지 않고 다스릴 것이니 각별히 주의하라.

1. 백성들의 소장(訴狀)[1]은 일일이 직접 가져와서 바치지 않아도 된다. 그 가운데 긴급한 것은 본인이 와서 바치고 긴급하지 않은 것은 서류로 갖추어 풍헌·약정 등에게 주어서 그들이 고을에 들어오는 날 함께 바쳐 관의 판결을 받게 하거나, 그 마을 사람 가운데 소장을 가지고 고을로 오는 사람이 있으면 그 편에 부치도록 하라.
1. 연명(聯名)으로 된 등소(等訴)[2]의 소장은 그것을 의논할 때는 10여 명이 함께 서명하였더라도 소장을 가지고 고을에 들어올 때는 일의 내용을 잘 아는 사람 하나를 특별히 골라서 그 사람이 혼자서 가져오게 하라.
1. 물건이나 문권(文券)을 잃었거나, 사람이나 소와 말이 없어져서 증명서를 얻고자 하는 사람이 있으면 반드시 그가 사는 마을에서 증거할 만한 문서를 첨부해 와서 바치도록 하라.
1. 소장을 가지고 관아에 오는 사람은, 형리(刑吏)를 만나거나 사령에게 묻지 말고 곧바로 관아의 바깥문으로 해서 안문으로 들어와 직접 수령 앞에 바치면 형리나 문례가 뒤따라와서, 이를 가로막는 폐단이 없을 것이다.
1. 소장의 제사(題詞)[3]에 양편이 대질하게 한 것은, 만약 그들이 스스로 화해하면 아무 일도 없거니와 만약 화해하지 않고, 또 피고인이 판결할 때에 나오지 않아서 원고인으로부터 거역하였다는 호소가 있으면 관에서는 부득이 저졸(邸卒)을 보내지 않을 수 없고, 심한 경우는 관아의 문지기를 보내거나 혹은 군교(軍校)를 보내게 된다. 이렇게 되면 마을이 매우 소란하게 될 것이다. 무릇 거역하고 나오지 않는 사람은 마땅히 엄하게 징계하여 마을을 조용하게 할 것이다. 소송의 내용은 비록 피고측이 옳더라도 죄는 죄대로 다스릴 것이니, 이를 잘 알라."

조선 숙종 때 사람 김익경(金益炅)이 여러 번 수령이 되었는데 대체를 지킬 뿐 까다롭고 자잘한 일은 일삼지 않았다. 관아의 바깥문을 활짝 열어놓고 억울함이 있는 백성은 모두 뜰 아래에 와서 직접 호소하게 하였더니, 그 사정을 모두 털어놓고 말하지 않는 사람이 없었다.

송(宋) 나라 장횡거(張橫渠)가 운암현령(雲巖縣令)이 되었을 때, 교시(敎示)하는 포고를 할 때마다 그 문서가 백성들에게 제대로 도달하지 못함을 근심하여, 향장(鄕長)들을 관아의 뜰에 불러서 거듭 깨우쳐 주고 마을로 돌아가서 알리게 하고, 간혹 백성들이 일이 있어 관아에 오거나 또 길에서 만나면 반드시 그때 아무에게 명하여 아무 일을 말한 것을 들었는지 못 들었는지 물어, 들었다고 하면 그만이지만 못 들었다 하면 그 명령을 받은 사람을 죄주었다. 그러므로 한 마디 영이 내려지면 비록 우매한 백성이나 어린아이까지도 모두 알고 있었다.

【註釋】 1) **訴狀(소장)** : 고소장 또는 호소하는 글.
2) **等訴(등소)** : 여러 사람이 함께 호소하는 글.
3) **題詞(제사)** : 소장의 내용에 대한 판결문.

【字義】 **與** : 더불어 여 **束** : 묶을 **속** **楔** : 문설주 **설**
懸 : 내걸 **현** **鼓** : 북 **고**

官事有期(관사유기)니 期之不信(기지불신)이면 民乃玩令(민내완령)이니 期不可不信也(기불가불신야)니라.

【解釋】 관청의 일은 기한이 있는데, 기한을 믿지 않음은 백성들이 명령을 희롱하는 것이어서, 기한은 믿게 하지 않을 수 없다.

【解說】 대중을 통솔하는 방법은 반드시 먼저 약속을 밝히고 세 번 알리고 다섯 번 일깨워 주며, 또 반드시 그 기한을 넉넉하게 하여 주선할 수 있게 한 뒤에 이를 어기는 사람이 있으면 약속대로 시행하여도 딴소리를 하지 못한다.

송(宋) 나라 증공(曾鞏)이 고을을 다스릴 때 완급을 헤아려서 기한을 정해 주고, 기한이 다가기 전에는 다시 공문을 보내어 독촉하는 일이 없다가 기한이 다하여도 보고하지 않으면 그 죄를 다스렸다. 기한과 일이 서로 맞지 않으면 각 고을의 의견을 들어서 따로 기한을 정해 주고. 그래도 어긴 사람은 벌을 주어 용서하지 않았다. 이에 감히 일을 게을리하지 않고 모두 기한 전에 이루어지게 되었다.

명(明) 나라 서구사(徐九思)가 구용(句容)을 다스릴 때, 소송 심리에 매질은 10대를 넘지 않았고, 여러 가지 세금의 독촉에도 미리 기한을 정해두고, 기한이 넘으면 마을의 부로(父老)들로 하여금 체포하게 할 뿐 관가의 하인들이 향리로 나가지 못하게 하였다.

【註釋】 ＊**玩令**(완령)：명령을 우습게 여김.

不可不(불가불)：……하지 않을 수 없음.

【字義】 **期**：기일 기　**信**：믿을 신　**玩**：희롱할 완

시일　작적력소책　개록제당지정한　이
是日에 **作適曆小冊**하여 **開錄諸當之定限**하여 **以**
보유망
補遺忘하라.

【解釋】 이 날 책력(冊曆)에 맞추어서 작은 책자를 만들고, 모든 일의 정해진 기한을 기록하여 비망록을 삼아야 한다.

【解說】 주자(朱子)가 말하였다.

"벼슬살이할 때에는 모름지기 방통력(旁通曆)[1]을 두어서 날마다 공사(公事)의 진행 상황을 낱낱이 기록하되, 일이 완료되었으면 곧 지워버리고, 완료되지 않았으면 완료되도록 하여야 공무가 폐해지는 일이 없음.

【註釋】 ＊**開錄**(개록)：기록함. ＊**遺忘**(유망)：잊어버림.

1) **旁通曆**(방통력)：관리들의 업무용 달력.

【字義】 **曆**：달력 력　**錄**：기록할 록　**遺**：잃을 유
忘：잊을 망

궐명일 厥明日에 소노리 召老吏하여 영모화공 令募畫工하여 작본현사 作本縣四 경도 境圖하여 게지벽상 揭之壁上하라.

【解釋】 다음날 늙은 아전을 불러서 화공(畫工)을 모아 그 고을의 경내 지도를 그려 관아의 벽에 걸어두도록 한다.

【解說】 이 지도는 가장 긴요한 것이다. 그 고을에 만약 화공이 없으면 이웃 현에서 데려오되 솜씨가 졸렬하더라도 괜찮다. 우리 나라의 지도는 지형의 길고 짧음을 따지지 않고 모두 네모꼴로 만들어서 쓸모가 없다. 모름지기 먼저 경위선(經緯線)을 그어놓고 1칸을 10리로 하여 동쪽으로 1백 리 거리에 있는 것이면 지도상에는 동쪽 10칸에 있게 하고, 서쪽으로 10리 거리에 있는 것이면 지도상에는 1칸이 서쪽에 있게 그려야 하며, 현의 관아가 꼭 중앙에 그려져 있게 할 필요는 없다. 1백 호가 있는 마을은 호수를 다 그려 넣을 수 없으나 집이 조밀하게 있는 모양을 그려서 큰 마을임을 알게 하면 된다. 한 집 두 집이 산골짜기에 끼여 있는 것도 빠뜨리지 말아서 사람이 살고 있음을 알게 하여야 한다. 기와집과 큰 집도 또한 각각 표시하여 토호(土豪)의 집임을 알게 하는 것이 좋다.

【註釋】 ＊老吏(노리)：늙은 아전.
＊畫工(화공)：그림 그리는 사람.
＊四境圖(사경도)：관할 지역의 지도.

【字義】 召：부를 소　募：모을 모　畫：그림 화
境：지경 경　圖：그림 도　壁：바람벽 벽

인문 印文은 불가만멸 不可漫滅이요 화압 花押은 불가초솔 不可草率이니라.

【解釋】 도장의 글씨는 마멸되어서는 안 되고, 서명(署名)은 조잡해서는 안 된다.

【解說】 도장의 글씨가 모호하면 아전들이 농간질하기 쉽다. 그러므로 아전들은 말을 만들어서,

"인장을 바꾸는 이는 벼슬이 속히 갈린다."

라고 한다. 이에 어리석은 수령은 이 말을 깊이 믿어서 감히 인장을 고쳐 새기지 못하고 글자가 뭉그러지고 획이 없는 것으로 난잡하게 찍는다. 그래서 호박껍질이나 삿갓 조각으로 찍어도 공문서와 증빙서가 되니 그것을 뒷날의 사람들이 어찌 분별할 수 있겠는가. 부임하는 당초에 도장의 글씨가 분명하지 않음을 발견하면 바로 예조(禮曹)에 보고하여 다시 만들도록 하고 달을 넘기지 않는 것이 옳다.

서명 역시 그러하다. 만약 그린 법이 조잡하여 하나하나가 모두 같지 못하면 간교한 폐단이 생겨서 물정을 잘 살피고자 한다면 유의하지 않을 수 없다.

【註釋】 ***印文**(인문) : 도장의 글씨.
***漫滅**(만멸) : 마모됨.
***花押**(화압) : 도장 대신 서명하는 글자 모양. 수결(手決).

【字義】 **印** : 도장 **인** **漫** : 함부로 **만** **滅** : 없어질 **멸**
押 : 누를 **압**

> 是日(시일)에 刻木印幾顆(각목인기과)하여 頒于諸鄕(반우제향)이니라.

【解釋】 이 날에 나무 인장 몇 개를 새겨 각 면에 나누어 주어야 한다.

【解說】 향촌의 풍헌(風憲)과 약정(約正)에게는 모두 인장이 없다. 그래서 관아에 올라오는 보고서들이 혹 중간에 가짜로 만든 것이 많으니, 그 소홀함이 이와 같다. 마땅히 목각으로 인장을 만들어 먹으로 찍고 인주를 사용할 필요는 없다. 인장이 만들어지면 나누어 주면서 도장이 찍히지 않는 것은 시행하지 말라고 약속해야 한다.

【註釋】 *木印(목인) : 나무로 만든 도장. | *幾顆(기과) : 몇 개.

【字義】 刻 : 새길 각　　幾 : 몇 기　　顆 : 낟개 과
頒 : 펼 반

율기육조(律己六條)

제1조 몸가짐을 단정히 함〔飭躬〕

興居有節(흥거유절)하고 冠帶整飭(관대정칙)하여 莅民以莊(이미이장)은 古之道(고지도)也(야)니라.

【解釋】 일상 생활에는 절도가 있고, 복장(服裝)을 단정히 하며, 백성들을 만날 때에 장중하게 하는 것이 옛사람의 도(道)이다.

【解說】 동이 트기 전에 일어나 촛불을 밝히고 세수하며, 옷을 단정히 입고 띠를 띠고 묵묵히 꿇어앉아서 정신을 함양(涵養)한다. 얼마쯤 있다가 생각을 정리하여 오늘 해야 할 일들을 놓고 먼저 처리할 차례를 정한다. 제일 먼저 무슨 문서를 처리하며, 다음에는 무슨 명령을 내릴 것인가를 마음 속에 분명히 정해야 한다. 그런 다음 제일 먼저 할 일에 대하여 선처할 수 있는 방법을 생각하며, 다음 할 일에 대하여 선처할 법을 생각하되, 힘써 사욕(私慾)을 끊어버리고 한결같이 천리(天理)를 따르도록 한다.

먼동이 트면 촛불을 끄고 그대로 꿇어앉아 있다가, 날이 밝아 하인이 시간이 되었다고 아뢰면 창을 열고 이속(吏屬)들의 인사를 받는다.

여공저(呂公著)는 고을살이할 적에 오경(五更)이 되면 일어나서 촛불을 밝히고 공문서를 살피고, 새벽이 되면 관아에 나아가 백성들의 송사를 처결하였다. 물러나 편히 앉아서 한가롭게 있을 때에도 마치 재계(齋戒)하듯 하였으며, 손님이나 아랫사람들이 때에 구애받지 않고 찾아왔다. 그래서 군에는 밀린 일이 없고, 아랫사람의 사정이 위로 통하였다. 모두 여섯 군을 다스렸는데, 항상 이같이 하였다.

당(唐)나라 배요경(裵耀卿)이 정사에 부지런하였다. 관아 앞에 큰 오동나무 한 그루가 있어 새벽이 되면 세떼가 날아들어 모이므로 이로써 관아에 나가는 시간을 정하여 시간을 알리는 새라 불렀는데, 그때 사람들이 이를 아름답게 여겼다.

조선 영조 때 사람 한지(韓祉)가 감사로 있을 적에, 동이 트기 전에 세수하고 관(冠) 쓰고 도포 입고 나아가 앉았는데, 앉는 자리 곁에는 베개나 안석(案席)을 두지 않으며, 몸을 바로 세우고 꿇어앉아 손을 꽂고 종일 몸을 틀거나 흔드는 일이 없으며, 창가 난간에 기대는 적이 없었다. 그와 함께 3년을 함께 지낸 자도 그가 피곤해서 하품하거나 기지개 켜는 모습을 본 적이 없었다. 저녁 식사가 끝나면 언제나 뒤뜰을 거닐었는데, 꺾어 도는 곳이 곡척(曲尺)으로 그어놓은 듯하여 정확하기가 시종 한결 같았다.

【註釋】 *飭躬(칙궁) : 자기 몸 가짐을 단속함.
*興居(흥거) : 일상 생활. 기거(起居.)
*冠帶(관대) : 머리에 쓰는 관과 허리에 매는 띠. 복장을 뜻함.
*整飭(정칙) : 정돈하여 가지런히 함.

【字義】 興 : 일어날 흥, 홍성할 흥 節 : 절도 절, 마디 절
冠 : 관 관 帶 : 띠 대 飭 : 단속할 칙 莅 : 나아갈 리
莊 : 장엄할 장

公事有暇(공사유가)면 必凝神靜慮(필응신정려)하고 思量安民之策(사량안민지책)하여 至誠求善(지성구선)이니라.

【解釋】 공사에 틈이 날 때, 반드시 정신을 집중하여 고요히 생각하며 백성을 편안히 할 방책을 헤아려 지성으로 잘 되기를 구해야 한다.

【解說】 《치현결(治縣訣)》[1]에 말하였다.

"벼슬살이의 요체는 두려워할 '외(畏)' 한 자뿐이다. 의(義)를 두려워하고 법을 두려워하며, 상관을 두려워하고 백성을 두려워하여 마음에 언제나 두려움을 간직하면, 혹시라도 방자하게 됨이 없을 것이니, 이렇게 하면 허물을 적게 할 수 있다."

《정관정요(貞觀政要)》에는 이렇게 되어 있다.

"벼슬살이하는 데에 석 자의 오묘한 비결이 있으니, 첫째는 맑음이고, 둘째는 삼감이고, 셋째는 부지런함이다."

여씨(呂氏)의 《동몽훈(童蒙訓)》[2]에 말하였다.

"임금 섬기기를 내 어버이를 섬기듯하고, 아전들 대하기를 내 하인처럼 하며, 백성 사랑하기를 내 처자처럼 하며, 공무 처리하기를 집안일처럼 한 뒤에야 내 마음을 다한 것이다. 만약 조금이라도 미진한 일이 있다면 이는 내 마음을 다하지 않음이 있는 것이다."

송(宋)나라 한기(韓琦)가 개봉부(開封府)의 추관(推官)[3]이 되어 일을 처리하면서 게으르지 않아서 더운 철에는 땀이 흘러 등을 적셨다. 부윤(府尹) 왕박문(王博文)이 중히 여겨 이렇게 말하였다.

"이 사람은 앞으로 좋은 벼슬자리가 보장되어 있는데도 백성 다스리기를 이와 같이 하니 참으로 재상의 그릇이다."

【註釋】 ***凝神靜慮**(응신정려) : 정신을 모아 조용히 생각함.

***至誠求善**(지성구선) : 정성을 다하여 잘하기를 구함.

1) **治縣訣**(치현결) : 고을을 다스리는 요결이란 뜻인데, 누가 지은 것인지 미상.

2) **童蒙訓**(동몽훈) : 송(宋)나라 학자 여본중(呂本中)이 어린아이들을 가르치기 위해 지은 책.

3) **推官**(추관) : 주로 형벌을 맡은 벼슬.

【字義】 **暇** : 겨를 가　**凝** : 모을 응　**靜** : 고요할 정

策 : 계책 책　**誠** : 정성 성

무 다 언   무 폭 노 **毋多言**하며 **毋暴怒**니라.

【解釋】 말을 많이 하지 말고 갑자기 성내지 말아야 한다.

【解說】 백성의 윗사람이 된 자는 한 번 움직이고 한 마디 말도 아랫사람들은 모두 엿들어 살피며 추측하여, 방에서 문으로, 문에서 고을로, 고을에서 사방으로 새어 나가서 한 도(道)에 다 퍼지게 된다. 군자는 집에 있을 때도 오히려 말을 삼가야 하는데, 더군다나 벼슬살이할 때이겠는가? 시동(侍童)이 비록 어리고 시노(侍奴)가 비록 어리석다 하더라도 여러 해 관청에 있어 백번 단련된 쇠붙이와 같아서, 눈치 빠르고 영리해져서 엿보고 살피는 데는 귀신 같다. 관청문을 벗어나자마자 낱낱이 누설하게 된다. 정선(鄭瑄)이 말하였다.

"백성의 수령이 되면 화살의 표적이 되는 것 같으므로 한 마디 말이나 한 번의 행동도 삼가지 않을 수 없다."

또 이렇게 말하였다.

"한 마디 말로 천지의 화기(和氣)를 상하게 할 수도 있고, 한 가지 일로 평생의 복을 끊어버리는 수가 있으니 모름지기 잘 단속해야 한다."

과격하게 성내는 성품을 걱정하는 자는 평소에 마음으로 맹세하고 법을 세워, '화가 나면 가두어 둔다〔怒則囚〕'라는 세 글자를 가슴 깊이 새겨두도록 하라. 성이 날 때에는 과감히 깨달아 힘써 누르고 곧 마음의 범인(犯人)을 잡아서 옥에 가두어 두라. 혹 하룻밤을 새워 생각하거나 사흘을 두고 생각하면 순리대로 풀려 온당하게 되지 않는 일이 없다. 또 과격하게 성내는 사람은 성내는 것이 과격했기 때문에 풀리는 것도 그처럼 빠를 것이니, 이른바 '회오리바람은 아침을 넘기지 못하고, 소나기는 하루 종일 오는 일이 없다'는 것이다. 얼마 못가서 본성으로 돌아올 것이니 그것을 기다리기는 어렵지 않다. 다른 사람은 화를 면하고 나는 허물이 없게 되니 또한 좋은 일이 아니겠는가. 정선(鄭瑄)이 말하였다.

"성났을 때 한 말은 모두 체면을 잊어버리기 때문에 성내고 난 뒤에 생각하면 자신의 비루한 속마음을 죄다 남에게 드러내보이고 만 셈이 된다."

한지(韓祉)가 감사로 있을 때에 한 번도 빠른 말씨를 쓰거나 성난 기색을 보인 일이 없었고, 하루에 사람을 매질하는 것이 두세 번에 지나지 않았으나 부(府) 안팎이 숙연하였으며 그의 신발 끄는 소리만 나도 사람들이 벌벌 떨었다. 그가 순행하여 이른 곳마다 떠드는 것을 금지하지 않아도 조용함이 마치 사람이 없는 것 같았으되, 명령은 행해지고 금법은 지켜졌는데, 그렇게 되는 까닭을 알 수 없었다.

어하이관 민망불순 고 공자왈 거상
御下以寬이면 民罔不順이라. 故로 孔子曰 居上
불관 위례불경 오하이관지 우왈
不寬하고 爲禮不敬이면 吾何以觀之리오 하고 又曰
관즉득중
寬則得衆이리라 하니라.

【解釋】 아랫사람을 너그럽게 거느리면 순종하지 않는 백성이 없다. 그러므로 공자(孔子)는 '윗사람이 되어 너그럽지 아니하고, 예를 차리되 공경하지 않으면 그에게서 무엇을 보겠는가' 라고 하였고, 또 '너그러우면 대중(大衆)을 얻는다' 하였다.

【解說】 송(宋) 나라 장영(張詠)이 익주지사(益州知事)로 재임하여 백성들이 자기를 신임하는 줄을 알고 엄격하던 것을 너그러움으로 바꾸었으나, 한 번 명령이 내려지면 백성들이 기꺼이 받아들였다. 이전(李畑)에게 묻기를,

"백성들이 나를 신임하는가?"

하니, 이전이,

"위엄과 은혜가 백성들에게 미치어 백성들이 모두 신복합니다."

하였다. 그러자 장영은 이렇게 말하였다.

"전에 초임 때는 그렇게 되지 않더니 이제 재임하고 보니 다소 나아졌으니 5년 만에야 백성들의 신임을 받게 된 셈이다."

송 나라 범순인(范純仁)이 제주지주(齊州知州)로 있을 때 어떤 사람이 공을 격려하여 말하기를,

"공께서는 정사를 너그럽게 하시지만, 제주 백성들은 흉악하고 사나워서 노략질하고 겁탈하기를 좋아하니 엄하게 다스려야 마땅합니다."

하니, 범순인은 이렇게 말하였다.

"너그러움은 내 성품에서 나오는 것인데, 만일 억지로 사납게 다스리면 오래 갈 수 없을 것이요, 사나움으로 흉한 백성들을 다스리다가 오래 계속하지 못하면 백성들의 놀림을 받게 될 것이다."

【註釋】 **＊居上不寬(거상불관)**：윗자리에 있으면서 너그럽지 못함. 이 말은 《논어(論語)》〈팔일편(八佾篇)〉에 보임.
＊爲禮不敬(위례불경)：예(禮)를 차리기는 하되 공경하지 않음.

【字義】 **御**：거느닐 어　**寬**：너그러울 **관**　**罔**：없을 **망**
觀：볼 관　**衆**：무리 중

관부체모 官府體貌는 무재엄숙 務在嚴肅이니 좌측불가유타인 坐側不可有他人이니라.

【解釋】 관부(官府)의 체모는 엄숙하게 하기를 힘써야 하므로 수령의 자리 옆에 다른 사람이 있어서는 안 된다.

【解說】 수령의 지위는 존엄하여 여러 아전들은 그 앞에 엎드리고 서민들은 뜰 아래에 있는 법인데, 다른 사람이 그 곁에 있어서 되겠는가? 비록 자제와 친척·빈객이라 하더라도 모두 물리치고 혼자 우뚝 앉아 있는 것이 예에 알맞다. 밝은 낮에 공청(公廳)에서 물러나왔을 때나 일이 없는 고요한 밤에는 불러서 만나보는 것도 좋을 것이다.

어버이를 모시고 있는 자는 새벽에 일어나서 어버이 있는 곳에 나아가 문안하고 나온 후 인사를 받는다. 혹 부형이나 어른이 안채에서 식사를 할 때에는 공사가 끝난 후에 잠깐 들어가 인사를 드려야지 부형이나 어른이 정당(政堂)에 둘러앉아 있도록 해서는 안 된다.

《상산록(象山錄)》에 말하였다.

"관청 뜰에서 푸닥거리를 하고 안채에서는 굿을 하며, 중과 무당이 뒤섞여서 징과 북을 시끄럽게 울려대게 하는 것은 결코 관부(官府)의 체모가 아니다. 만약 수령이 밖에 나간 틈을 타서 이런 괴상한 짓을 한다면 이는 처자들이 명령을 따르지 않는 것이니 더욱 그 집안의 법도가 없어졌음을 알 수 있다."

【註釋】 ＊**體貌**(체모)：체면. 체통. ＊**坐側**(좌측)：자리 옆. 옆자리.

【字義】 **貌**：모양 모 **務**：힘쓸 무 **肅**：엄숙할 숙 **側**：곁 측

君子不重則不威(군자부중즉불위)니 爲民上者(위민상자)는 不可不持重(불가불지중)이니라.

【解釋】 군자가 무게가 없으면 위엄이 없으니, 백성의 윗사람이 된 자는 몸가짐을 신중히 하지 않아서는 안 된다.

【解說】 당(唐) 나라 배도(裵度)가 중서성(中書省)에 있을 때, 보좌관이 인장을 잃었다고 아뢰었으나 배공은 여전히 계속해서 술을 마셨다. 얼마 후에 다시 원래 두었던 자리에서 인장을 찾았다고 아뢰었으나 배도는 역시 아무런 대꾸도 하지 않았다. 어떤 사람이 그 까닭을 물으니,

"이는 반드시 아전이 인장을 훔쳐서 문서에 찍고 있는 중일 텐데, 급하게 되면 물이나 불 속에 던져버릴 것이요, 늦추어 주면 다시 제자리에 갖다 놓을 것이 아니겠는가?"

하니, 모두 그의 도량에 탄복하였다.

당 나라 유공권(柳公權)이 한번은 은술잔을 상자에 넣어 두었는데, 동여매고 봉해 놓은 것은 전과 다름없었으나 넣어 둔 물건이 모두 없어졌는데도, 종들은 모른다고 속였다. 유공권은 웃으면서,

"은술잔에 날개가 돋혀서 날아간 모양이구나."

하고는 더 따지지 않았다.

송 나라 왕문정(王文正)은 평생토록 노여움을 밖으로 나타낸 일

이 없었다. 음식이 불결하면 먹지 않을 뿐 나무라는 말이 없었다. 집안 사람들이 그의 도량을 시험하기 위해서 먼지를 국물 속에 넣었더니, 공은 밥만 먹을 뿐 역시 말이 없었다. 왜 국을 먹지 않느냐고 묻자,

"어쩐지 고기가 먹기 싫다."

하였다. 하루는 또 먹물을 밥 위에 끼얹었더니, 공은 보고서 또 이렇게 말하였다.

"어쩐지 밥이 싫으니 죽을 쑤어 오라."

송 나라 여조겸(呂祖謙)이 젊을 적에 성질이 거칠고 사나워서 음식이 마음에 들지 않으면 문득 집안 물건을 부수었다. 후에 오랫동안 병을 얻어《논어(論語)》를 아침 저녁으로 한가로이 읽더니, 홀연히 깨달은 바가 있어 마음이 평화롭고 조용해져 그 후로는 평생 갑자기 성내는 일이 없었으니 이야말로 기질(氣質)을 변화시키는 방법이라 할 수 있다.

송 나라 한기(韓琦)가 정무(定武)를 다스릴 때 밤중에 공문을 쓰면서 한 병사에게 촛불을 들고 서 있도록 하였다. 병사가 한눈을 팔다가 촛불로 공의 수염을 태웠으나 공은 옷소매로 문지르고서 여전히 공문을 계속해서 썼다. 얼마 후에 돌아다보니 그 병사가 교대되어 있었다. 공은 그 병사가 매를 맞을까 걱정하여 속히 불러오도록 하면서 말했다.

"그를 바꾸지 말라. 이제는 촛불을 잡을 줄 알 것이다."

명 나라 장요(蔣瑤)는 성품이 너그러웠다. 양주지부(揚州知府)로 있을 때 어느 날 저자에 나갔는데, 한 아이가 띄운 연이 잘못하여 공의 모자에 떨어졌다. 아랫사람들이 그 아이를 붙들어 오려고 하자, 공은 이렇게 말렸다.

"아이가 어리니 놀라게 하지 말라."

또 어떤 부인이 창문으로 물을 버리다가 잘못하여 공의 옷을 더럽혔다. 그 부인의 남편을 잡아 묶어 오니 장요가 아랫사람들을 꾸짖어 돌려 보내게 하였다. 어떤 사람이 공이 너무 관대함을 의아스럽게 여기자 이렇게 말하였다.

"내가 명예를 좋아하는 것이 아니라 그 부인이 실수하였을 뿐

인데 그 남편이 무슨 죄가 있겠는가."

명 나라 장형(張鎣)이 수령으로 있을 때 급히 보고해야 할 옥사(獄事)가 있어서 밤중에 촛불을 잡고 관리들을 재촉하여 문서를 작성하였다. 밤중에 문서가 완성되었는데, 한 관리의 옷소매가 촛불을 스치는 바람에 문서 위에 초가 넘어져서 문서가 못쓰게 되었다. 그 사람이 머리를 조아리며 죽음을 청하니, 공은,

"실수한 것을 어찌겠느냐?"

하고 재촉하여 다시 쓰게 하고는 태연히 앉아 기다리면서 새벽이 되도록 잠자리에 들지 않았다.

【註釋】 ＊不重則不威(부중즉불위)：장중함이 없으면 위엄이 없음.
＊持重(지중)：무게를 지님.

【字義】 重：무거울 중　威：위엄 위　持：가질 지

단주절색		병거성악		제속단엄		여승
斷酒絕色	을	屛去聲樂	하며	齊速端嚴	하며	如承
대제		망감유예		이황이일		
大祭	하며	罔敢游豫	하여	以荒以逸	이니라.	

【解釋】 술을 금하고 여색을 멀리하며, 음악을 물리치며 공손하고 엄숙하기를 큰 제사를 지내듯하며, 유흥에 빠져 정사를 어지럽히고 시간을 헛되이 보내는 일이 없어야 한다.

【解說】 송나라 조변(趙抃)이 촉(蜀)을 다스릴 때, 한 기녀가 살구꽃을 머리에 꽂았으므로 공이 우연히 시를 지어 희롱하자 그 기녀 역시 시로써 응수했다.

저녁이 가까워지자 공이 늙은 군사를 시켜 그 기녀를 불러오게 하였는데 밤이 늦도록 오지 않으므로 사람을 시켜 재촉하고는 공이 방안을 거닐고 있다가 문득 혼자 외치기를,

"조변아, 무례해서는 안 된다."

하고, 곧 불러오지 말도록 명령하였다. 그러자 그 군사가 장막 뒤에서 나오면서 이렇게 말하였다.

"저는 상공께서 몇 시각이 못 되어 그런 마음이 식으리라 짐작하고 처음부터 부르러 가지 않았습니다."

한지(韓祉)가 감사(監司)로 있을 때에 기생 수십 명을 항상 한 방에 두고 끝내 범하는 일이 없으니, 여러 속관(屬官)들도 감히 가까이 하는 자가 없었다. 하루는 조용히 속관들에게 묻기를,

"오랜 나그네 생활을 하는 동안에 더러 여색을 가까이해 본 일이 있는가?"

하니, 모두 사실대로 대답하였다. 한지는 웃으면서 다음과 같이 말하였다.

"어찌 내 자신이 금하고 있다 하여 다른 사람까지 막을 수 있겠는가? 다만 난잡하게 하지 않으면 되는데 색정을 참기란 참으로 어려운 일이다. 내가 일찍이 호서에 있을 적에 토지를 점검하는 일로 청주(淸州)에 보름 동안 머물러 있었는데, 재색(才色)이 뛰어난 강매(絳梅)란 기생이 늘 곁에 있었다. 사흘째 되던 날 밤, 잠결에 무심코 발을 뻗으니 사람의 살결이 닿아 물어보니 강매였다. 그녀가 말하기를 '청주 수령께서 제가 공의 잠자리를 모시지 못하면 죄를 주겠다고 명하시기에 부끄러움을 무릅쓰고 몰래 들어왔습니다.' 하였다. 나는 '그것이야 쉬운 일이다.' 하고 곧 이불 속으로 들어오게 하였다. 그후 13일 동안 동침하였으나 끝내 어지러운 짓은 하지 않았다. 일이 끝나서 돌아올 적에 강매가 울기에 내가 '아직도 정이 남아 있느냐?' 하니, 강매가 대답하기를 '무슨 정이 있겠습니까. 다만 무안했기 때문에 운 것입니다.' 하였다. 수령이 희롱하기를, '강매는 좋지 못한 이름을 만년에 남기고 공은 좋은 이름을 백대에 남기게 되었습니다.' 하였다."

조선 세종 때 사람 박신(朴信)이 젊어서부터 명성이 있었는데, 강원도안렴사(江原道按廉使)가 되어 강릉 기생 홍장(紅粧)을 사랑하여 정이 아주 두터웠다. 임기가 차서 돌아가게 되자 부윤 조운흘(趙云仡)이 거짓으로,

"홍장은 이미 죽었습니다."

하자 박신은 슬퍼하여 어쩔 줄 몰랐다. 강릉에 경포대(鏡浦臺)가

있는데 부윤이 박신과 놀이를 하면서 몰래 홍장을 곱게 단장시키고 고운 의복 차림을 하게 하여, 따로 놀잇배 한 척을 마련하고 눈썹과 수염이 센 늙은 관인 한 사람을 골라 의관을 크고 훌륭하게 차리도록 한 다음 홍장과 함께 배에 태웠다. 또 배에다 채색 액자를 걸고 그 위에 이런 시를 지어 썼다.

태평 성대 신라의 늙은 안상[1]이 新羅聖代老安詳 / 천년 풍류 아직도 못잊어 千載風流尙未忘 / 사신이 경포대에 노닌다는 말 듣고서 聞說使華游鏡浦 / 그림배에 홍장을 싣고 왔네 蘭舟聊復載紅粧

천천히 노를 저으며 포구로 들어와서 바닷가를 배회하는데 풍악 소리가 맑고 그윽하여 마치 공중에 떠 있는 듯하였다. 조운흘이,

"이곳에 신선이 있어 왕래하는데 바라보기만 해야지 가까이 가서는 안 됩니다."

하니, 박신은 눈물이 눈에 가득하였다. 갑자기 배가 순풍을 타고 잠깐 사이에 바로 앞에 다다르니, 박신이 놀라서 신선이 분명한 것으로 여겼는데 자세히 보니, 바로 홍장이어서 한자리에 있던 사람들이 손뼉을 치면서 크게 웃었다.

조선 영조 때 사람 유관현(柳觀鉉)은 성품이 검소하였다. 그는 벼슬살이할 때 성대한 음식상을 받으면,

"시골의 미꾸라지찜만 못하다."

하였고, 기생의 노래를 들으면 이렇게 말했다.

"논두렁의 농부 노래만도 못하다."

【註釋】 **＊斷酒絶色(단주절색)**：술을 끊고 여자를 가까이 하지 않음.
＊聲樂(성악)：노래. 음악.
＊如承大祭(여승대제)：마치 제사를 지내듯 엄숙히 함.
＊游豫(유예)：놀기를 즐거워함.
1) **安詳(안상)**：신라 때의 국선(國仙).

【字義】 **斷**：끊을 단　**酒**：술 주　**絶**：끊을 절
屛：물리칠 병　**聲**：소리 성　**承**：받들 승　**游**：놀 유
豫：편안할 예　**荒**：거칠 황　**逸**：편안할 일

연유반락 비민유열 막여단거이부동야
燕游般樂은 匪民攸悅이니 莫如端居而不動也니라.

【解釋】 한가히 놀면서 풍류로 세월을 보내는 일을 백성들이 좋아하지 않으니, 단정하게 앉아서 움직이지 않는 것만 못하다.

【解說】 한(漢) 나라 주박(朱博)이 전후 세 번이나 현령이 되었는데, 청렴 검소하여 주색과 놀이를 즐기지 않았다. 미천하던 시절로부터 부귀한 지위에 오른 뒤에도 식사는 두 가지 고기를 차리지 않았고, 상 위에는 음식이 세 그릇을 넘지 않았으며, 밤 늦게 잠자고 아침 일찍 일어나므로 부인이 그의 얼굴을 대하는 일이 드물었다.

조선 영조 때 사람 판서 정상순(鄭尙淳)이 평안감사(平安監司)가 되었다가 2년 만에 갈렸는데, 끝내 연광정(練光亭)에 올라가 보지 않고 돌아왔는데 평소 집에 있을 때에도 그의 도움을 받고서야 끼니를 이을 수 있는 집이 40여 호나 되었다. 아우가 목에 병이 나서 의원이 뱀회를 먹게 하자, 공이 먼저 먹으면서 권했다.

"맛이 정말 좋구나. 너도 먹어 보아라."

【註釋】 ＊燕游般樂(연유반락)：한가로이 놀고 풍류를 즐김.

＊端居而不動(단거이부동)：단정히 앉아서 움직이지 않음.

【字義】 燕：편안할 연　匪：아닐 비, 도적 비
攸：바 유　悅：기뻐할 열

치리기성 중심기락 풍류분식 여민
治理旣成이요 衆心旣樂이면 風流賁飾하여 與民
개락 역전배지성사야
皆樂도 亦前輩之盛事也니라.

【解釋】 다스림이 이미 이루어지고 대중의 마음도 이미 즐거워하면 풍류(風流)를 꾸며서 백성들과 함께 즐기는 것도 선배들의 성대한 일이었다.

【解說】 송 나라 황간(黃幹)이 안경부(安慶府)의 수령으로 있을 때 치적이 이루어졌는데, 마침 정월 보름날에 등불놀이를 벌이니 사민(士民)들이 늙은이는 부축하고 어린아이는 손을 잡고 오가는 자가 끊이지 않았다.

1백 세된 한 노파가 있었다. 두 아들이 가마로 모시고 손자들이 그 뒤를 따라 관아로 와서 사례하였다. 황간이 예로 대우하며 술과 안주를 준비하게 하고 금과 비단을 주어 위로하니 노파가 사양하면서 말했다.

"이 늙은 사람이 온 것은 온 고을의 백성들을 위해 감사드리려 함이지 태수께서 주시는 것을 바라서가 아닙니다."

강진(康津)의 수령에게 사랑하는 기생이 있었는데, 연등(燃燈)놀이를 보고 싶어하므로 사월초파일에 성안에 영을 내려 등불을 켜도록 하되, 등의 장대 길이가 높은 자에게 상을 주기로 하였다. 그러자 아전들과 군교(軍校)들이 포구로 나가서 배 안의 돛대를 모조리 빼앗으니 섬 백성들이 어장으로 나가려면 잠시도 지체할 수 없으므로 돈으로 이를 대신 납부하였다. 그리하여 배 1척에 모두 2백 전씩을 내놓게 되니 원성이 바다에 가득하였다. 그러므로 수령의 한 번 행동은 어렵다는 것이다.

【註釋】 ***賁飾**(분식) : 꾸밈. 장식함.
***與民皆樂**(여민개락) : 백성들과 함께 즐김.
***盛事**(성사) : 성대한 일. 훌륭한 일.

【字義】 **賁** : 아름다울 분　**飾** : 꾸밀 식　**皆** : 다 개
輩 : 무리 배

> 簡其騶卒(간기추졸)하고 溫其顔色(온기안색)하여 以詢以訪(이순이방) 則民無不悅矣(즉민무불열의)니라.

【解釋】 따르는 사람을 간략하게 하고 얼굴빛을 부드럽게 하여 민정(民情)을 묻는다면 좋아하지 않을 사람이 없을 것이다.

【解說】 조선 숙종 때 사람 박세량(朴世樑)이 신창현감(新昌縣監)으로 있을 때에 매사가 간략하였다. 관아에 들 때도 북·피리 소리가 없었고, 밖에 나갈 때에도 호위하는 하인이 없었으며, 병이 날 때가 아니면 여러 가지 반찬을 먹지 않았고, 아주 더울 때가 아니면 일산(日傘)을 받지 않았다. 매양 농사철이 되면 이속들이 농사일 보러 가는 것을 다 들어주어 관아를 지키는 자는 겨우 몇 사람뿐이었고, 땔나무 같은 것은 종들을 시켜서 마련하게 하였다. 틈이 나면 두건에 편복(便服)차림으로 지팡이를 짚고 거닐었는데 때로는 백성들이 그를 알아보지 못하였다.

조선 영조 때 사람 유의(柳誼)가 홍주목사(洪州牧使)로 있을 때 조랑말 한 필에 종 둘을 데리고 야외로 순행하다가 들밥을 가지고 가는 아낙네를 만나면 밥보자기를 벗겨 보아 나물반찬이 보잘것 없으면 그 게으름을 나무라고, 반찬이 너무 많으면 그 지나침을 나무라니 백성들이 크게 기뻐하였다.

【註釋】 **＊騶卒(추졸)**：뒤따르는 사람이나 말몰이꾼.

＊以詢以訪(이순이방)：방문하여 자문함.

【字義】 **簡**：간편할 **간**, 가릴 **간** **騶**：말몰이꾼 **추** **顔**：얼굴 **안** **詢**：물을 **순** **訪**：방문할 **방**

> 정 당 유 독 서 성 사 가 위 지 청 사 야
> 政堂有讀書聲이면 斯可謂之淸士也니라.

【解釋】 정당(政堂)에서 글 읽는 소리가 나면 이는 청렴한 선비라 할 수 있다.

【解說】 임금은 정무(政務)가 지극히 번거로워도 오히려 날마다 경연(經筵)에 나오고자 하는 것은 성현(聖賢)의 격언을 폐부 속에 스며들게 하여 이를 정치에 펴면 그 이익됨이 많기 때문이다. 수령도 공사의 여가에 《서경(書經)》·《논어(論語)》·《중용(中庸)》·《대학(大學)》·《송명신록(宋名臣錄)》·《자경편(自警編)》 등을 항상 외우도록 해야 한다.

조선 인조 때 사람 완평부원군(完平府院君) 이원익(李元翼)이 말하였다.

"나는 평상시에는 책보기를 좋아하지만 벼슬에 있게 될 때에는 책을 묶어서 책장에 넣어 두고 밤낮으로 공사에만 마음을 썼다. 요즈음 사람들은 수령으로 나가서도 책을 책대로 읽으니, 이는 내 재주로서는 따라갈 수 없는 일이다."

조선 정조 때 무신(武臣) 원영주(元永冑)가 장흥부사(長興府使)로 있을 적에 판서 권엄(權儼)이 그때 감사로 있으면서 그의 치적을 상등 성적으로 매겨 올리기를,

"관아에서 글을 읽습니다."

하였더니, 정조(正祖)께서 낮은 등급에 두도록 명하였다.

글만 읽고 일을 처리하지 않는 자는 참으로 낮은 등급을 매겨야 하겠지만, 내가 말하는 것은 때때로 성현의 책을 한두 장씩을 읽고 그것이 마음속에 젖어들게 하여 착한 마음이 느껴서 일어나게 하려는 것뿐이다.

약 부 아 시 도 기 / 若夫哦詩賭棋하여 위 정 하 리 자 / 委政下吏者는 대 불 가 야 / 大不可也니라.

【解釋】 만약 시를 읊조리고 바둑이나 두면서 정사를 아래 아전들에게 맡겨 두는 것은 크게 옳지 못하다.

【解說】 조선 성종 때 유호인(兪好仁)이 부모 봉양하기를 청하여 산음현감(山陰縣監)이 되었다. 영남의 감사가 임금에게 하직을 고하니 임금이 불러 보시면서,

"나의 친구 유호인이 산음현감으로 임명되었으니, 경은 그를 잘 보살펴 주도록 하라."

하였다. 그러나 그 감사는 마침내 유호인이 백성의 괴로움을 돌보지 않고 시만 읊조리고 있다 하여 파면시켰다.

조선 중종 때 사람 김현성(金玄成)이 여러 차례 주군(州郡)을 맡아 다스렸는데, 깨끗하게 직무에 봉사하여 청렴한 명성이 세상에 드러났다. 그러나 성품이 매우 소탈하고 담백하여 사무 처리에 익

숙하지 못하고 죄인 다스리는 것을 일삼지 않고서 담담하게 관아에 앉아서 종일토록 시만 읊조렸다. 말하기 좋아하는 자들이.그를 두고 이렇게 비웃었다.

"김현성은 백성을 자신처럼 아끼는데도 온 경내가 원망하고, 털끝만큼도 침범하는 일이 없는데도 관고(官庫)는 바닥이 났다."

【註釋】 **＊若夫**(약부)：그. 대저 등의 뜻.
＊哦詩(아시)：시를 읊음.
＊賭棋(도기)：도박이나 장기.
＊委政(위정)：정사를 위임함.

【字義】 **哦**：읊을 아　**賭**：노름할 도　**棋**：장기 기
委：맡길 위

순 례 생 사 무　지 대 체　역 일 도　유 시 청 속
循例省事務하고 持大體도 亦一道나 唯時淸俗
순　위 고 명 중 자　내 가 위 야
淳하고 位高名重者라야 乃可爲也니라.

【解釋】 전례에 따라 사무를 줄이고 대체(大體)를 힘써 지키는 것도 한 가지 방법이다. 그러나 시대의 풍속이 맑고 순후하며 지위도 높고 명망도 두터운 사람이라야 그렇게 할 수 있다.

【解說】 한(漢) 나라 급암(汲黯)이 동해태수(東海太守)로 있을 적에 백성을 다스리되 맑고 깨끗한 것을 좋아하여 보좌관을 골라 일을 맡기고 다스림은 대체만을 살필 뿐이요, 조금도 까다롭게 하지 않았다. 급 암은 병이 잦아서 내아(內衙)에 누워 나가지를 않았어도 한 해 남짓 지나자 동해가 잘 다스려졌다.

당(唐)나라 육상선(陸象先)이 포주(蒲州)를 다스리게 되었는데, 일찍이 이렇게 말하였다.

"천하에는 본래 일이 없는데 못난 사람들이 요란스럽게 만들 따름이다. 참으로 그 근원을 맑게 하면 일이 간략하지 않음을 어찌 걱정하랴."

【註釋】 ***循例**(순례) : 전례를 따름.
***大體**(대체) : 큰 일. 대강.
***時淸俗淳**(시청속순) : 그 시대의 풍속이 맑고 순박함.
***位高名重**(위고명중) : 지위가 높고 이름이 알려짐.

【字義】 **循** : 따를 순 **省** : 줄일 생, 살필 성 **淳** : 순박할 순

제2조 마음을 깨끗이 함〔淸心〕

> 염자 목지본무 만선지원 제덕지근
> 廉者는 牧之本務이며 萬善之源이며 諸德之根이니
> 불렴이능목자 미지유야
> 不廉而能牧者는 未之有也니라.

【解釋】 청렴은 수령의 기본 임무로, 모든 선(善)의 근원이요 모든 덕(德)의 근본이니, 청렴하지 않고서 수령 노릇할 수 있는 자는 없다.

【解說】 《상산록(象山錄)》에 이렇게 말하였다.

"청렴에 세 등급이 있다. 최상은 봉급 외에는 아무것도 먹지 않고, 먹고 남는 것이 있더라도 가지고 돌아가지 않으며, 임기를 마치고 돌아가는 날에는 한 필의 말로 아무것도 지닌 것 없이 떠나는 것이니, 이것이 옛날의 이른바 염리(廉吏)라는 것이다. 그 다음은 봉급 외에 명분이 바른 것은 먹고 바르지 않는 것은 먹지 않으며, 먹고 남는 것이 있으면 집으로 보내는 것이니, 이것이 중고(中古)의 이른바 염리(廉吏)라는 것이다. 최하로는 이미 규례가 된 것은 명분이 바르지 않더라도 먹되 아직 규례가 되지 않은 것은 자신이 먼저 시작하지 않으며, 향임(鄕任)의 자리를 팔지 않고, 재감(災減)을 훔쳐 먹거나 곡식을 농간하지 않고, 송사(訟事)와 옥사(獄事)를 돈을 받고 처리하지 않으며, 세금을 더 부과하여 남는 것을 착복하지 않는 것이니, 이것이 오늘날의 이른바 염리라는 것이다."

명(明) 나라 충의공(忠毅公) 산운(山雲)은 청렴 정직함이 비할

데 없었다. 정뢰(鄭牢)라는 늙은 종이 있었는데, 성품이 강직하여 바른말을 잘하였다. 공이 그에게 묻기를,

"세상에서 장군이 되면 탐욕해도 탓하지 않는다고 말하는데 나 역시 탐해도 되겠는가?"

하니, 정뢰가,

"공이 처음 도임하셨으니 마치 깨끗하게 새로 지은 흰 도포 같은데, 한 점 먹물로 더럽히면 끝내 씻을 수가 없을 것입니다."

하였다. 공이 또 묻기를,

"사람들이, 지방 오랑캐들이 보내오는 선물을 받아주지 않으면 저들이 반드시 의심을 품고 성낼 것이라고 하는데 어찌하면 좋겠느냐?"

하니, 정뢰가,

"벼슬에 있으면서 재물을 탐하면 조정에서 중한 벌이 있을 것인데, 조정을 두려워하지 않고서 도리어 오랑캐를 두려워하겠습니까?"

하니 공이 웃으면서 그 말을 받아들였다. 그후, 광서 지방을 진무(鎭撫)한 지 10년이 되도록 청렴한 지조는 끝내 변하지 않았다.

【字義】 廉: 청렴할 렴　　源: 근원 원　　根: 뿌리 근
未: 없을 미

염자　　천하지대고야　　고　　대탐필렴　　인 廉者는 天下之大賈也라 故로 大貪必廉이니 人 지소이불렴자　　기지단야 之所以不廉者는 其智短也니라.

【解釋】 청렴은 천하의 큰 장사와 같기 때문에 크게 탐하는 자는 반드시 청렴하려 한다. 사람이 청렴하지 않은 것은 그 지혜가 부족하기 때문이다.

【解說】 송(宋) 나라의 농부가 밭갈이를 하다가 옥(玉)을 얻었는데, 이를 사성(司成)인 자한(子罕)에게 바쳤더니 그는 받지 않았다. 농부가 청하기를,

"이것은 저의 보배이니 받으소서."

하니, 자한은 이렇게 말하였다.

"그대는 옥을 보배로 삼고 나는 받지 않는 것을 보배로 삼으니, 내가 받는다면 그대와 내가 모두 보배를 잃는 셈이다."

공의휴(公儀休)란 사람이 노(魯)나라 정승으로 있을 적에 어떤 손이 물고기를 선물하였는데 받지 않았다. 그 손이 말하기를,

"당신이 물고기를 즐긴다고 해서 선물하는 것인데 왜 받지 않으십니까?"

하니, 공의휴는 이렇게 말했다.

"물고기를 즐기기 때문에 받지 않소. 이제 재상이 되었으니 스스로 물고기를 마련해 먹을 수 있는데, 지금 물고기를 받다가 면직당하면 다시 누가 내게 물고기를 주겠소. 그래서 받지 않는 것이오."

【字義】 賈 : 장사 고　　貪 : 탐욕 탐　　智 : 지혜 지

> 고　자고이래　범지심지사　무불이염위
> 故로 自古以來로 凡智深之士는 無不以廉爲
> 훈　이탐위계
> 訓하고 以貪爲戒하니라.

【解釋】 그러므로 예로부터 지혜가 깊은 선비는 청렴을 교훈으로 삼고, 탐욕을 경계하지 않은 사람이 없었다.

【解說】 송(宋) 나라 개거원(蓋巨源)이 현령이 되어 비단을 사면서, 손수 잣대로 재니 여종이 병풍 사이로 엿보고 미워하여,

"뜻밖에 오늘날 비단 홍정하는 상전을 섬기게 되었구나."

하고는 떠나기를 청하여, 만류했으나 듣지 않았다. 요즈음 한 현령이 정당(政堂)에서 손수 베를 자로 재었다 하니, 어느 시대인들 개거원 같은 자가 없겠는가.

명 나라 석박(石璞)이 관직을 역임한 지 40여 년이나 되었지만 청렴하고 깨끗함이 한결같았다. 하루는 고향 사람 중에 벼슬자리에

있다가 돌아온 자가 있어서 석박이 인사를 갔더니, 그 집 책상 위에 은그릇과 10여 개의 금술잔이 진열되어 있었다. 석박이 물었다.

"네가 벼슬한 지 몇 년이 되는가?"

"3년을 채우지 못하였습니다."

"어찌하여 돌아왔는가?"

"고약한 백성이 나의 탐욕을 고발하여 직책을 빼앗겼습니다."

그러자 석박은 옷자락을 떨치고 나오면서 말했다.

"슬프다. 내가 네 죄를 다스렸다면 어찌 돌아올 수 있었겠는가?"

【字義】 古 : 예 고 來 : 올 래 深 : 깊을 심
訓 : 가르칠 훈 戒 : 경계할 계

牧之不淸(목지불청)이면 民指爲盜(민지위도)하여 閭里所過(여리소과)에 醜罵以騰(추매이등)이리니 亦足羞也(역족수야)니라.

【解釋】 수령이 청렴하지 않으면 백성들은 그를 도적으로 지목하여 마을을 지날 때는 더럽게 욕하는 소리가 드높을 것이니 역시 수치스러운 일이다.

【解說】 고려 때 나득황(羅得璜)이 백성들을 수탈하여 세금을 긁어모아 최항(崔沆)에게 아첨하여 제주부사(濟州副使)가 되었다. 그전에 송소(宋佋)가 제주의 수령으로 있다가 횡령죄를 지어 면직되었는데 나득황이 그 뒤에 부임하니, 사람들이 말하였다.

"제주가 전에는 작은 도적을 겪었는데 이제 큰 도적을 만났구나."

【註釋】 *閭里(여리) : 마을.
*醜罵(추매) : 추잡한 욕설과 꾸짖음.

【字義】 閭 : 마을 려 醜 : 더러울 추 罵 : 꾸짖을 매
騰 : 오를 등 羞 : 부끄러울 수

화뢰지행 수불비밀 중야소행 조이
貨賂之行을 誰不秘密이리오만 中夜所行이 朝已
창의
昌矣니라.

【解釋】 뇌물을 주고받는 것을 누가 비밀히 하지 않으랴만 밤중에 한 일이 아침이면 드러난다.

【解說】 후한 때 사람 양진(楊震)이 형주자사(荆州刺史)로 있을 때 왕밀(王密)을 창읍령(昌邑令)으로 임명하자, 밤에 금 10근을 품고 와 주었다.

"어두운 밤이라 아무도 모릅니다."

"하늘이 알고 신(神)이 알고 내가 알고 그대가 아는데 어찌하여 아무도 모른다 하오."

그러자 왕밀이 부끄럽게 여기고 물러갔다.

송 나라 손신(孫薪)과 황보광(黃葆光)은 태학(太學)에서 함께 공부하던 사이였다. 후에 황보광은 어사로 있다가 처주(處州)에 나갔다. 그때 아전 한 사람이 황보광에게 뇌물을 쓰고자 하여 손신을 통해서 바치려 하니, 손신은 이렇게 말하였다.

"절대 말하지 말라. 내가 들으면 이것은 입이장(入耳臟)[1]이 된다."

【註釋】 ＊貨賂(화뢰)：뇌물.
＊中夜(중야)：한밤중.

1) 入耳臟(입이장)：귀로 들어온 뇌물.

【字義】 貨：재물 화　賂：뇌물 뢰　誰：누구 수
秘：감출 비　昌：창성할 창, 드러날 창

궤유지물 수약미소 은정기결 사이
饋遺之物은 雖若微小라도 恩情旣結이라 私已
행의
行矣니라.

【解釋】 선물로 보내온 물건은 비록 작은 것이라 하더라도 은혜의

정이 맺어졌으니 이미 사사로운 정이 행해진 것이다.

【解說】 진(晉) 나라 원의(袁毅)가 조정 신하에게 뇌물을 바쳐 명예를 사려고 하였다. 일찍이 산도(山濤)에게 실 1백 근을 보냈는데, 산도는 남다르게 하지 않고자 하여 받아서 들보 위에 얹어놓았다. 얼마 후에 원의의 일이 탄로되자, 산도는 들보 위에서 그 실을 가져다가 아전에게 내어주었다. 이미 몇 해가 되어 실이 먼지가 끼고 검고 누렇게 되었는데 봉인(封印)은 처음 그대로였다.

후한 때 사람 양속(羊續)이 여강태수(廬江太守)로 있을 적에 고을의 아전이 물고기를 선물하자, 받아서 먹지 않고 그것을 걸어 놓았다. 뒤에 다시 또 보내오므로 양속이 전에 받은 물고기를 내어보이니, 그는 부끄럽게 여기고 그만두었다.

【註釋】 ＊饋遺(궤유) : 선물로 보낸 물건.

＊恩情(은정) : 은혜와 정분.

【字義】 饋 : 보낼 궤 微 : 작을 미 恩 : 은혜 은 結 : 맺을 결

所貴乎廉吏者(소귀호염리자)는 其所過山林泉石(기소과산림천석)도 悉被清光(실피청광)이니라.

【解釋】 청렴한 관리를 귀하게 여기는 까닭은 그가 지나가는 곳은 산림(山林)과 천석(泉石) 같은 자연까지도 모두 맑은 빛을 입게 되기 때문이다.

【解說】 진(晉) 나라 오은지(吳隱之)가 광주자사(廣州刺史)가 되었는데, 산해군(山海郡)에서 20리 떨어진 곳에 탐천(貪泉)이라는 샘이 있었다. 이 샘물을 마시는 자는 반드시 탐욕해진다고 하였는데 오은지는 바로 가서 떠마시고, 청렴한 행실을 더욱 닦았으므로 돌아올 때에는 남은 재물이 없었다. 후에 상서(尙書)가 되었다가 태복(太僕)으로 옮겼는데 가족들이 끼니를 걸러도 태연하였다.

당 나라 이백(李白)이 우성현령(虞城縣令)이 되었다. 관사에 오래 된 우물이 있는데, 맑으나 물맛이 썼다. 이백은 부임하여 이 우물의 물맛을 보고 빙그레 웃으면서,

"나는 쓰고도 맑은 사람이니 내 뜻과 부합되는구나."
하고, 길어다 먹으며 고치지 않았는데, 쓴 우물물이 변하여 단 샘물이 되었다고 한다.

송 나라 우원(虞愿)이 진안태수(晋安太守)가 되었다. 바닷가에 월왕석(越王石)이란 바위가 있었는데, 항상 구름과 안개 속에 감추어져 있었다. 전해오는 말에,

"청렴한 태수라야 이를 볼 수 있다."
하므로 곧 가서 보니 구름과 안개가 씻은 듯이 걷히고 맑고도 깨끗하여 조금도 가리는 것이 없었다.

【註釋】 ***廉吏**(염리) : 청렴한 관리. | ***泉石**(천석) : 샘물과 바위. 모든 자연을 뜻함.

【字義】 **貴** : 귀할 귀　**泉** : 샘 천　**石** : 돌 석
悉 : 다 실

범 진 물 산 본 읍 자　　필 위 읍 폐　　불 이 일 장 귀
凡珍物産本邑者는 **必爲邑弊**니 **不以一杖歸**
　　사 가 왈 염 자 야
라야 **斯可曰廉者也**니라.

【解釋】 무릇 그 고을에서 나오는 진귀한 물건은 반드시 고을에 폐단이 될 것이니, 지팡이 하나도 가지고 돌아가지 않아야만 청렴하다고 할 수 있을 것이다.

【解說】 운남(雲南)의 대리부(大理府)에서 석병(石屛)이 나는데, 이 지방에 벼슬살이하는 자는 매양 백성들을 괴롭히고 재물을 허비해가며 그 석병을 실어다 남에게 선물한다. 이방백(李邦伯)이란 사람이 홀로 이에 뜻을 붙여 다음과 같이 전송하는 시를 지었다.

서로 그리워도 석병 보내지 말고　相思莫遣石屛贈 / 남겨서 남

쪽 지방에 덕정비 새기게 하라 留刻南中德政碑

송 나라 당개(唐介)가 담주통판(潭州通判)으로 있을 때에 큰 상인이 진주를 사사로이 간직하고 있다가 관문의 관리들에게 수색을 받게 되었는데, 태수 이하가 그 값을 깎아서 모조리 사들였다. 뒤에 진주를 나누어 가진 사건이 발각되자, 인종(仁宗)이 근시(近侍)에게,

"당개는 결코 사지 않았을 것이다."

하여 다시 조사해 보니 과연 그러하였다. 당 나라 계주도독(桂州都督) 이홍절(李弘節)이 죽자 그 집에서 진주를 팔았다. 태종(太宗)이 그 말을 듣고는,

"그 사람은 재상이 청렴하다고 말했던 사람인데 이제 진주를 팔고 있으니, 그를 천거한 사람이 어찌 죄가 없겠는가."

하였는데, 위징(魏徵)이 그 천거한 사람을 구해 풀어주었다. 토산물의 두려움이 이와 같은 것이다.

합포(合浦)에서는 진주가 나는데, 수령되는 사람이 탐욕스러워 사람을 속여서 진주를 채취해가니, 진주가 마침내 점점 교지군(交趾郡) 경계로 옮겨가버렸다. 그래서 나그네와 상인들이 오지 않고 사람과 물건이 힘입을 데가 없게 되었다.

그 후 맹상(孟嘗)이 합포태수가 되어 전날의 폐단을 고쳐 없애자 1년도 채 못되어 전에 없어졌던 진주가 다시 돌아오고 상인도 왕래하니, 사람들이 맹상을 신명(神明)이라고 말하였다.

동사의(董士毅)가 촉주(蜀州)의 수령이 되어 부임하자 여러 자제들이 청하기를,

"아버님의 절조는 저희들도 다 잘 아는 일이니 일체 생계에 대해서는 조금도 넘보지 않겠습니다. 다만 생각하건대, 아버님께서는 연세가 많으시고, 촉땅에는 좋은 재목이 많으니 늙으신 후의 일을 대비하시는 것이 좋을까 합니다."

하니, 공이 알았다고 하였다. 벼슬 살고 돌아올 때 자제들이 마중하러 강가에 나와서 그의 일에 관해 물으니, 공이,

"내가 듣건대, 전나무 관(棺)은 잣나무 관만 못하다 하더라."

하였다. 자제들이,

"아버님께서 마련하신 관이 잣나무 관입니까?"

하자, 공은 빙그레 웃으면서 이렇게 말하였다.

"내가 여기 잣나무 씨를 싣고 왔으니 심도록 하라."

【註釋】 ＊**珍物**(진물) : 진귀한 물건.

＊**本邑**(본읍) : 그 고을.

【字義】 **珍** : 보배 진　**産** : 산출될 산　**杖** : 막대 장　**歸** : 돌아올 귀

> 약 부 교 격 지 행　각 박 지 정　불 근 인 정
> 若夫矯激之行이나 刻迫之政은 不近人情이니
> 군 자 소 출　비 소 취 야
> 君子所黜하고 非所取也니라.

【解釋】 과격한 행동이나 각박한 정사는 인정에 맞지 않으므로 군자가 내치는 바이니 취할 바가 못 된다.

【解說】 북제(北齊) 때 사람 고적간(庫狄干)의 아들 사문(士文)은 성품이 청렴하여 나라의 월급도 받지 않았다. 그의 아들이 관청의 음식을 먹었다고 해서 칼을 씌워 옥에 여러 날 가두고 곤장 2백 대를 때린 후 걸려서 서울로 돌려 보냈다. 간사하고 아첨하는 자를 적발하여, 베 한 자나 쌀 한 말 받은 장물도 관대하게 보아 주는 일이 없이 탄핵해서 영남(嶺南)으로 귀양보낸 자가 1천 명이나 되었는데, 모두가 풍토병으로 죽으니, 그의 가족들이 울부짖었다. 사문이 그들을 잡아다 매를 때리니 때리는 매가 그 앞에 가득하였고 울부짖는 소리는 더욱 심해 갈 뿐이었다. 임금이 이를 듣고는,

"그의 포악함이 맹수(猛獸)보다 더하다."

하였다. 그로 인해 죄를 받아 파면되었다. 정선은 이렇게 말하였다.

"전에 어른들의 말을 들으니, '상관이 탐욕스러우면 백성들은 오히려 살 길이 있으나, 청렴하고 각박하면 바로 살 길이 끊어진다.'고 하였다. 고금을 통해서 청백리(淸白吏)의 자손이 흔히 떨치지 못하는 것은 바로 그 각박함 때문이다."

【註釋】 **＊矯激**(교격)：과격함. | **＊刻迫**(각박)：지나치게 야박함.

【字義】 **矯**：바로잡을 **교** **刻**：새길 **각** **黜**：내칠 **출** **取**：취할 **취**

청 이 불 밀 손 이 무 실 역 부 족 칭 야
淸而不密하여 損而無實도 亦不足稱也니라.

【解釋】 청렴하면서도 치밀하지 못하여 재물을 내놓되 실효가 없으면 또한 칭찬할 일이 못 된다.

【解說】 《상산록(象山錄)》에 이렇게 말하였다.

"수령이 청렴하면서도 치밀하지 못하여 오직 재물을 내놓는 것에만 힘쓰며, 쓰는 방법을 몰라 혹 기생이나 광대에게 뿌리고, 혹은 절간에 시주하니 이는 본디 잘못이다. 그러나 스스로 실효있게 쓰려고 생각하는 자는 소를 사서 백성에게 나누어 주거나 빚을 주어서 부역에 도움이 되게 하지만, 돌아가는 행차가 문밖에 나가면 약조(約條)가 곧 무너져서, 소를 산 돈은 모두 토호(土豪)들에게 돌아가서 아전들과 그것을 나누어 먹고, 빚진 돈은 가난뱅이들에게 억지로 배정하니 백성들이 그 때문에 살림을 망치게 됨을 모른다.

신관(新官)이 들고는 매가 고기를 만난 듯, 범이 땅을 허비듯, 이미 없어진 물건을 다시 더 긁어들여서 한없는 욕심을 채우니, 약조(約條)가 모두 허물어져서 학정(虐政)이 제거된 것 같으니, 이처럼 천하에 의리도 없고 슬기도 없는 일은 없다. 그러면 어떻게 할 것인가. 만약 큰 재산이 있으면 전답을 장만하여 요역(徭役)을 덜게 하고, 그렇지 못할 경우에는 곧 노인을 봉양하고 어린애를 키우며 결혼이나 초상·장사를 도우며, 병든 자를 도와주거나 늙은 이를 구호해 주는 것을 목전에서 실행하여 자기 마음이라도 만족하게 할 것이다. 자기 지위가 확고하지 않은데 어찌 후일을 위한 계획을 세울 수 있겠는가?"

【字義】 **密**：빽빽할 **밀** **實**：열매 **실** **亦**：또 **역**

稱：일컬을 **칭**

범 매 민 물　기 관 식 태 경 자　의 이 시 치 취 지 凡買民物에 其官式太輕者는 宜以時直取之리라.

【解釋】 무릇 민간의 물건을 사들일 때에 그 관청에의 정가가 너무 헐한 것은 시가(時價)로 사들여야 한다.

【解說】 호태초(胡太初)는 다음과 같이 말하였다.

"벼슬살이의 요점은 청렴과 근면이니, 털끝만큼이라도 잘못되면 정사에 미치는 해독이 아주 심하다. 또 누구나 염치가 당연히 할 일인 것을 모르랴만, 물욕이 얽히고 형세가 급박하여 점차로 마음대로 하지 못하게 된다. 본래 빈천한 사람은 처자들의 울부짖는 소리에 흔들리고, 본래 부귀한 사람은 호사스런 생활의 비용이 있어야 하며, 명예를 좋아하는 사람은 음식을 잘 차려 손님을 즐겁게 해주고, 요로에 결탁을 힘쓰는 사람은 선물 보따리를 후하게 하여 호의를 통하며, 또 그보다 심한 것은 아들을 장가들이고 딸을 시집보낼 때 비단과 금으로 짐을 꾸리니 청렴하려 한들 되겠는가?

탐욕에 사로잡혀 부끄러움을 모르는 사람은 본디 생각할 여지도 없겠지만, 다소나마 맑은 논의를 두려워하는 자라도 '나는 위로는 공금을 도둑질하지 않았고, 아래로는 백성들의 재물을 함부로 취하지 않은 것으로 족하다. 음식물을 사는 데는 본래 관에서 정한 값이 있으니 내가 이를 시행하면 무엇이 부끄러우며, 빈객을 접대하는 데도 전례가 열거되어 있으니 그대로 따르면 무엇이 부끄러우랴.' 하는 데 지나지 않을 것이니, 어찌 부끄러운 말이 아니겠는가?"

【註釋】 ***官式**(관식)：관청의 격식.

***時直**(시치)：시가(市價).

【字義】 **買**：살 매　　**輕**：가벼울 경　　**直**：값 치. 値와 같음

범유례지연습자 각의교혁 혹기난혁자
凡謬例之沿襲者는 刻意矯革이니 或其難革者는
아즉물범
我則勿犯하라.

【解釋】 무릇 전부터 내려오는 그릇된 관례는 굳은 결심으로 고치도록 하고, 혹 고치기 어려운 것이 있더라도 나는 범하지 말아야 한다.

【解說】 고려 때 사람 권단(權胆)이 경주유수(慶州留守)가 되었다. 전부터 백성들에게 비단을 거두어들여 저장하는 창고가 있었는데, 갑방(甲坊)이라 하였다. 이 비단을 공물(貢物)로 바치는 액수에 충당하고 남는 것이 매우 많았는데, 모두 수령의 사유물이 되었다. 권단은 갑방 제도를 없애고, 1년 동안 거두어들인 것으로 3년 동안의 공물에 충당하였다.

송 나라 가황중(賈黃中)이 승주지주(昇州知州)로 있을 적에 하루는 창고를 조사하다가 자물쇠가 단단히 채워진 것을 보고 열어보니, 보화(寶貨) 수천 궤짝이 나왔다. 이는 모두 이씨(李氏) 궁중의 물건으로서 장부에 기록되지 않은 것들이었다. 가황중이 목록을 작성하여 위에 올리니 태종(太宗)이 감탄하기를,

"부고의 물건은 장부에 기록되어 있더라도 탐욕스러운 자는 오히려 금법을 어기면서 차지하려고 하는데, 더구나 이런 물건이야 말할 것이 있겠느냐."

하고, 돈 2백만 전을 주어 그의 깨끗함을 표창하였다.

【註釋】 ***謬例**(유례) : 잘못된 관례.
***沿襲**(연습) : 답습함. 이어받음.
***矯革**(교혁) : 바로잡음.
***勿犯**(물범) : 범하지 않음.

【字義】 **謬** : 잘못될 류 **襲** : 이을 습 **革** : 고칠 혁
我 : 나 아

범 포 백 무 입 자　의 유 인 첩
凡布帛貿入者는 宜有印帖이니라.

【解釋】 무릇 포목과 비단을 사들일 경우에 인첩(印帖)이 있어야 한다.

【解說】 고을마다 반드시 시장이 있는데, 물건을 사들이는 아전이나 하인들이 관에서 사들인다는 것을 빙자하여 포백을 강제로 헐값으로 사거나, 또는 안채나 책방(册房)이 사사로이 사들이면서 몰래 그 값을 깎거나 하면 이노들이 그 모자라는 돈을 물어넣기도 하고, 혹은 장사꾼이 앉아서 값을 손해보기도 한다. 이것은 모두 원한을 사게 되는 일인데, 관에서는 이런 사정을 알지 못하고 있다.

【字義】 布 : 베 포　貿 : 바꿀 무　印 : 도장 인
帖 : 문서 첩

범 일 용 지 부　불 의 주 목　서 미 여 류
凡日用之簿는 不宜注目이니 署尾如流니라.

【解釋】 날마다 쓰는 장부는 자세히 볼 것이 아니니 끝에 서명을 빨리 해야 한다.

【解說】 향교나 여러 창고의 지출 기록을 자세히 살펴보아야 하지만, 주방이나 푸줏간의 지출은 절대로 자세히 보지 말고 속히 서명하는 것이 좋다. 비록 지나친 지출이 있더라도 절대로 깎아서는 안 된다.

【字義】 注 : 물댈 주　目 : 눈 목　署 : 서명할 서　尾 : 끝 미

목 지 생 조　이 교 제 청　혹 진 은 찬　불 가
牧之生朝에 吏校諸廳이 或進殷饌이라도 不可
수 야
受也니라.

【解釋】 수령의 생일에 아전과 군교 등 여러 부서에서 혹 성찬(盛饌)을 올리더라도 받아서는 안 된다.

【解說】 여러 부서에서 바치는 성찬은 모두 백성들의 재물과 노력에서 나온 것이니, 계방(契房)[1]의 돈을 거두기도 하고 보솔(保率)[2]의 돈을 거두기도 하는데, 이것을 빙자하여 온갖 방법을 다해 가혹하게 거두어들인다. 어민들의 물고기를 빼앗고 민촌의 개를 때려잡으며, 밀가루와 기름은 절에서 가져오고 주발과 접시는 옹기전에서 가져오니, 이는 원한을 사는 물건인 것이다. 어떻게 그런 것들을 받아들이겠는가.

【註釋】 *生朝(생조) : 생일날 아침.
*殷饌(은찬) : 성대한 음식.
1) 契房(계방) : 공역(公役)의 면제나 다른 혜택을 입으려고 미리 관아의 아전에게 돈이나 곡식을 주는 일.
2) 保率(보솔) : 정군(正軍)의 가사를 돕기 위해 정한 사람.

【字義】 校 : 장교 교　進 : 올릴 진　殷 : 성할 은
饌 : 음식 찬

凡有所捨(범유소사)라도 毋聲言(무성언)하며 毋德色(무덕색)하며 毋以語人(무이어인)하며 毋說前人過失(무설전인과실)이니라.

【解釋】 받지 않고 내어놓는 것이 있더라도 큰소리치지 말고, 자랑하는 기색을 나타내지도 말며, 남에게 이야기하지도 말며, 전임자의 허물도 말하지 말라.

【解說】 청렴하되 덕이 부족한 사람은, 혹 잘못된 전례로 생긴 재물을 내어놓아 공적인데 사용하기도 하고, 자기의 봉급을 떼어내어 백성들에게 은혜를 끼치기도 하는데, 그 일이 착하기는 하지만 그것을 내어놓을 때에 큰소리치기를,

"사대부로 어찌 이런 물건을 쓸 수 있겠는가."

하고, 아전들이 혹 전례에 의하여 말하면 반드시 꾸짖거나 곤장을 쳐서 자기의 청렴함을 나타낸다. 또,

"봉급의 남은 것으로 내 어찌 돌아가서 전답을 살 수 있겠는가."

하면서, 큰소리로 과장하며 잘했다는 기색이 있고, 백성을 대할 때나 손님을 대할 때나 항상 자랑하니, 그의 마음에는 수백 냥 돈을 가지고 큰 것처럼 여기고 있으나, 식자가 곁에서 보면 어찌 비웃지 않겠는가.

재물을 내어놓고 봉급을 떼어낼 때에는 지나가는 말로 몇 마디 해당 아전에게 분부하고 다시는 끄집어내어 말하지 말아야 한다. 만약 묻는 사람이 있으면,

"이번에는 그렇게 내놓았지만 다음에는 그렇게 하지 못할 것 같다."

라고 답하고 화제를 돌려 딴 일을 이야기하여 장황하게 늘어놓지 않는 것이 좋다. 송 나라 두연(杜衍)이 이렇게 말하였다.

"벼슬살이의 첫째 요건은 청렴이다. 그러나 남이 알아주기를 바라지 말라. 진실로 남이 알아주기를 바라면 동료 중에 근신하지 않는 사람이 많으므로 반드시 자기를 참소하고, 윗사람이 또 자세히 살피지 않으면 화를 당하기에 알맞을 뿐이다. 오직 묵묵히 실행하고 마음에 부끄러움이 없게 하는 것이 좋다."

삼국 때 위(魏)의 호질(胡質)이 형주자사(荊州刺史)로 있었다. 아들 호위(胡威)가 서울에서 형주로 가서 문안을 드리고 돌아오려 하니, 호질이 비단 1필을 주어 행장을 차리도록 하였다. 무제(武帝)가 호위에게,

"경의 청렴이 경의 아버지의 청렴에 비해 어떠한가?"

하니, 호위는 이렇게 대답하였다.

"신의 아비는 청렴하되 남이 알까 두려워하고, 신은 청렴하되 남이 모를까 두려워하니, 신이 아비만 훨씬 못합니다."

조선 인조 때 사람 동악(東岳) 이안눌(李安訥)이 청백리로 뽑혔다. 일찍이 어떤 사람에게 이렇게 말하였다.

"내가 수령과 감사를 지낼 때 어찌 흠이 없었겠는가. 다만 집사람이 집안 살림을 잘하지 못하여, 내 의복과 음식과 거처에 쓰

이는 물건이 남의 눈에 아름답게 보이지 않았기 때문에 보는 자들이 나를 청렴하다고 인정하였으니, 나는 이를 매우 부끄럽게 여긴다."

【註釋】 ＊聲言(성언) : 큰 소리로 말함. | ＊德色(덕색) : 자랑하는 얼굴빛.

【字義】 捨 : 버릴 사　毋 : 말 무　說 : 말할 설　過 : 허물 과

廉者寡恩(염자과은)이면 人則病之(인즉병지)니라. 躬自厚而薄責於人(궁자후이박책어인)이면 斯可也(사가야)요 干囑不行焉(간촉불행언)이면 可謂廉矣(가위렴의)이리라.

【解釋】 청렴한 자는 은혜롭게 용서하는 일이 적어서 사람들이 이를 병통으로 여긴다. 자기는 잘하려고 애쓰고 남에게 책임지우는 일이 적은 것이 좋으며, 청탁이 행해지지 않으면 청렴하다 할 수 있다.

【解說】 아전이나 종의 무리들은 배우지 못하고 아는 것이 없어서 오직 욕심만 있고 천리(天理)는 모른다. 자신이 바야흐로 청렴하려고 애쓰는데 어찌 남을 책하랴. 자신은 예(禮)로써 가다듬고 남에게는 보통 사람으로 기대하는 것이 원망을 사지 않는 길이다. 규정 외에 백성을 침해하는 것은 법으로 엄금해야 하며, 잘못 전해오는 것을 그대로 따르고 다소 너그럽게 보아 주는 것이 좋다.

조선 효종 때 사람 조극선(趙克善)이 수령으로 있을 때에, 아전이 관청의 새 매를 잃어버리고 다른 매 한 마리를 사서 바치니, 공이 이렇게 말하면서 그것을 물리치고 따지지 않았다.

"매가 스스로 날아갔을 뿐이니 네게 무슨 죄가 있겠느냐."

【註釋】 ＊寡恩(과은) : 은혜로움이 적음. | ＊干囑(간촉) : 청탁(請託).

【字義】 寡 : 적을 과　　厚 : 두터울 후　　責 : 책임 책
囑 : 부탁할 촉

청성사달 영문일창 역인세지지영야
清聲四達하여 令聞日彰도 亦人世之至榮也니라.

【解釋】 청렴하다는 명성이 사방에 퍼져서 좋은 소문이 날로 드러나면 역시 인생의 지극한 영화이다.

【解說】 고려 충숙왕 때 사람 윤선좌(尹宣佐)가 한양부윤(漢陽府尹)이 되었다. 얼마 후에 왕과 왕비가 용산(龍山)에 갔는데, 왕이 옆의 신하를 보고 이르기를,

"그곳 수령 윤선좌는 청렴하고 검소해서 목민관을 삼았으니, 너희들은 조심하여 괴롭히거나 번거롭게 하지 말라."

하였다. 후에 왕이 친히 수령을 발탁하다가 계림부윤(鷄林府尹)을 뽑는 데 이르러 붓을 놓고 생각하다가 곧 그를 임명하면서 이렇게 말하였다.

"조정에 신하들이 가득하지만 윤선좌 같은 사람은 없다."

조선 숙종 때 사람 이규령(李奎齡)이 수원부사(水原府使)가 되어 정사를 청렴하고 자애롭게 하였다. 우암(尤菴) 송시열(宋時烈)이 편지를 보내어 치하하였다.

"큰물과 산이 막혀 지척에서도 남의 말을 듣지 못하지만, 어진 소문만은 귓전에 쟁쟁하다."

【字義】 達 : 이를 달　　令 : 아름다울 령　　聞 : 소문 문
彰 : 드러날 창

제3조 집안을 다스림〔齊家〕

수신이후제가 제가이후치국 천하지통
修身而後齊家하고 齊家而後治國은 天下之通

의 야 　 욕 치 기 읍 자 　 선 제 기 가
義也니 欲治其邑者는 先齊其家니라.

【解釋】 자신을 수양한 뒤에 집안을 다스리고, 집안을 다스린 뒤에 나라를 다스림은 천하의 공통된 원칙이다. 고을을 다스리고자 하는 자는 먼저 제집부터 잘 다스려야 한다.

【解說】 한 고을을 다스리는 것은 마치 한 나라를 다스리는 것과 같으니, 제집을 다스리지 못하고 어떻게 한 고을을 다스릴 수 있겠는가.

집안을 다스리는 데는 몇 가지 요점이 있다. 첫째는 데리고 가는 사람의 숫자를 규정대로 해야 하고, 둘째는 꾸리는 짐이 검소해야 하고, 셋째는 음식은 절약해야 하고, 넷째는 규문(閨門)이 근엄해야 하고, 다섯째는 청탁은 끊어 버려야 하고, 여섯째는 물건 사들이는 것이 청렴해야 한다. 이 여섯 가지에 법을 세우지 못하면 수령으로서의 정사를 알 수 있는 것이다.

【註釋】 ＊修身(수신)：자신을 수양함. ＊齊家(제가)：집안을 다스림.

【字義】 齊：가지런히 할 제　治：다스릴 치　通：통틀어 통　家：집 가

국 법 　 모 지 취 양 　 즉 유 공 사 　 부 지 취 양
國法에 母之就養는 則有公賜하고 父之就養는
불 회 기 비 　 의 유 재 야
不會其費는 意有在也니라.

【解釋】 국법에 어머니를 모셔다가 봉양하면 나라에서 그 비용을 대주지만, 아버지의 경우에는 그 비용을 회계해 주지 않는 것은 뜻이 있다.

【解說】 아버지가 아들의 임지에 가서 있으면 친구들은 춘부(春府)라 부르고, 아전과 하인들은 대감(大監)이라 부른다. 대감의 나이

60이 넘어 노쇠해져서 봉양을 받아야 할 처지이면 부득이 따라가지만, 그렇지 않은 사람은 비록 효자가 간청하더라도 경솔하게 따라가서는 안 된다.

만약 부득이 따라가야 할 처지라면 안채에 따뜻한 방 한 칸을 택하여 깊이 거처하면서 병을 조리하도록 하고, 외인과의 접촉을 피하는 것이 예에 맞는 일이다. 매양 보면, 수령의 아버지들이 흔히 예를 모르고 바깥채에 나가 앉아서 아전들을 꾸짖고 종들을 호령하며, 기생들을 희롱하고 손님들을 끌어들이며, 심지어는 송사(訟事)와 옥사(獄事)를 팔아서 정사를 어지럽히므로 저주하는 자가 성 안에 가득 차고, 비방하는 자가 경내에 가득하게 된다. 이와 같이 되면 부모의 자애와 아들의 효도가 다 상하게 되며, 공과 사가 모두 병들게 되니 알아 두지 않을 수 없다.

【註釋】 **＊就養(취양)**：가서 봉양을 받음.

＊公賜(공사)：공적으로 줌.

【字義】 **就**：나아갈 **취**　**養**：기를 **양**　**賜**：내려줄 **사**　**會**：회계 **회**

청사부관 / 淸士赴官에 불이가루자수 / 不以家累自隨라 하니 처자지위야 / 妻子之謂也니라.

【解釋】 청렴한 선비가 수령으로 나갈 때에 가족을 데리고 가지 않는다 하였는데, 가족이란 처자를 두고 이른 말이다.

【解說】 양속(羊續)이 남양태수(南陽太守)로 있을 적에 그의 아내가 아들과 함께 관아로 찾아갔더니, 양속이 문을 닫고 받아들이지 않았다. 그의 아내가 스스로 아들을 데리고 가는데, 행장은 베이불, 떨어진 홑옷에 소금과 보리 몇 말뿐이었다. 이는 지나친 행동으로 인정이 아니니 본받을 것이 못 된다.

어린 자녀가 따라가고 싶어하면 인정상 말릴 수가 없다. 나이가 들어서 결혼한 자녀들은 차례로 와서 뵙도록 하고, 일시에 함께 오는 것은 좋지 않다. 옛사람의 이런 말은 훌륭하다.

"수령으로 나가는 자는 세 가지를 버리게 된다. 첫째는 가옥을 버리는 것이니, 가옥을 비워 두면 허물어지게 마련이다. 둘째는 종들을 버리는 것이니, 종들이 놀고 한가하면 방자하게 되게 마련이다. 셋째는 아이들을 버리는 것이니, 어린 자제들이 호사스러우면 게으르고 방탕해진다."

【註釋】 *赴官(부관) : 관직에 나아감. | *家累(가루) : 가족.

【字義】 赴 : 나아갈 부　家 : 집 가　累 : 걸릴 루
隨 : 따를 수　謂 : 말할 위

> 곤 제 상 억　이 시 왕 래　불 가 이 구 거 야
> 昆弟相憶하여 以時往來나 不可以久居也니라.

【解釋】 형제간에 서로 생각이 날 때는 가끔 왕래할 것이나 오래 묵어서는 안 된다.

【解說】 형제간에 우애가 돈독하더라도 잠시 이별하지 않을 수 없다. 아우는 따라가도 좋으나 형은 더욱 안 된다.

내가 본 바로는 수령의 형이 아우를 따라가서 관사(官舍)에 있게 되면, 아전과 하인들이 그를 관백(官伯)이라 부르는데, 왜국의 천황(天皇)은 자리만 지키고 관백(關白)이 집권하는 것이 마치 현령(縣令)은 자리만 지키고 관백이 일을 다하는 것과 같으므로 이와 같이 비난하는 것이다. 착한 아우가 함께 모여 있자고 울며 애걸하더라도 형은 거절해야 한다. 만약 한번 발을 들여놓게 되면 관백의 칭호를 면할 수 없다. 고모·형수·제수·누이들 중에 가난한 과부가 있어서 따라가기를 원한다면 어찌 딱하지 않으랴. 그러나 국법이 워낙 엄하니 데리고 가서는 안 된다.

【註釋】 *昆弟(곤제) : 형제. | *久居(구거) : 오랫동안 있음.

【字義】 昆 : 형 곤　弟 : 아우 제　憶 : 생각 억
往 : 갈 왕　居 : 있을 거

빈 종 수 다　　온 언 유 별　　장 획 수 다　　양 순
賓從雖多라도 溫言留別하고 臧獲雖多라도 良順
시 선　　불 가 이 견 전 야
是選이요 不可以牽纏也니라.

【解釋】 손님이나 하인이 많더라도 따뜻한 말로 작별하고, 종이 많더라도 양순한 자를 고를 것이요, 사사로운 정에 끌려서는 안 된다.

【解說】 종족간에는 화목해야 하나 데리고 가서는 안 되며, 빈객(賓客)에게는 후하게 해야 하나 불러들여서는 안 되며, 하인들은 노고가 있더라도 따라가게 해서는 안 된다. 이와 같은 자들에게는 선물을 보내 줄 것을 약속하여 따뜻한 말로 만류시키고 관부 안에는 많은 친지들이 있어서는 안 된다는 것을 알려 주어야 원망이 없을 것이다.

조선 정조 때 사람 좌상(左相) 정홍순(鄭弘淳)이 평안감사가 되어서의 일이다. 하인 중에 오랫동안 부지런히 일한 사람이 있어서 그는 당연히 따라갈 것으로 알고 사사로이 행장을 갖추었으나, 공은 이를 거절하고 허락하지 않았는데, 그 하인은 분한 나머지 병이 되었다. 그 후 반 년만에 체면을 돌보지 아니하고 평안 감영으로 갔더니, 공은 3일 동안 묵게 한 후 곧 돌려보냈는데, 아무것도 주지 않고 말 한 필만 주자 하인은 더욱 분하게 여겨 공이 임기가 차서 돌아왔는데도 그 하인은 종적을 끊었다. 달포가 지나서 공이 불러 책망하고 낡은 종이 한 축(軸)을 주었다. 하인은 더욱 불평을 품고 돌아와 어미 앞에 그 종이를 내던지자 어미가 펴보니, 기인공물(其人貢物)[1] 2인의 교권(交券)이었다.

【註釋】 ＊賓從(빈종) : 손님이나 하인.
＊臧獲(장획) : 하인. 종.
＊牽纏(견전) : 끌려감.

1) 其人貢物(기인공물) : 궁중에 쓸 때 나무와 숯 등을 바치는 사람.

【字義】 賓 : 손님 빈　　溫 : 따뜻할 온　　臧 : 하인 장
牽 : 끌릴 견　　纏 : 묶을 전

내 행 하 래 지 일 기 치 장 의 십 분 검 약 內行下來之日에 其治裝을 宜十分儉約이니라.

【解釋】 내행(內行)이 내려오는 날에는 행장을 아주 검소하게 해야 한다.

【解說】 쌍마교(雙馬轎)[1]는 좋은 제도가 아니다. 그러나 여자가 태어나면 쌍교 탈 것을 축원하니 어머니를 모시는 자는 쌍교를 사용하지 않을 수 없지만, 아내에 대해서는 꼭 그럴 필요가 있겠는가. 무식한 부녀자들이 마음으로 원한다면 남의 쌍교를 빌리되, 한 역참(驛站)만 가거나, 아니면 하룻길을 가서 그만두는 것이 좋다. 한 필의 말이 끄는 수레로 푸른 휘장에 주렴을 드리우고 고을에 이르더라도 영화롭지 않겠는가. 하루만 타더라도 태어났을 때의 축원을 이룬 셈인데 꼭 10일을 타야만 마음이 시원하단 말인가.

어머니가 타는 가마와 아내가 타는 가마 외의 일행은 관의 말이나 하인을 사용해서는 안 되고, 집의 하인이나 집의 말이나 혹 사람을 사거나 말을 세내서 사용하는 것이 예에 맞는 것이다.

송(宋) 나라 한억(韓億)과 이약곡(李若谷)이 아직 급제하지 못하였을 때 모두 가난하였다. 함께 서울에 가서 시험을 치를 적에, 나아가 알현(謁見)할 적마다 서로 바꾸어서 하인 노릇을 하였다. 이약곡이 먼저 과거에 급제하여 장사현 주부(長社縣主簿)를 제수받고 부임할 때, 손수 아내가 탄 나귀의 고삐를 끌었으며, 한억은 상자 하나를 지고 갔다. 고을 30리 못미치는 지점에 이르자, 이약곡이 한억에게,

"현 사람들이 올까 두렵네."

하면서, 상자 안에 돈이 6백 전이 있었는데 그 절반을 한억에게 주고 서로 붙들고 크게 통곡한 후 이별하였다. 그 뒤에 한억도 급제하여 다같이 벼슬이 참지정사(參知政事)에 이르렀다.

연산군 때 윤석보(尹碩輔)는 풍기군수(豊州郡守)가 되어 부임할 때에 오직 사내종 하나와 계집종 하나를 데리고 갔고, 뒤에 성주목사(星州牧使)가 되어서는 그의 처 박씨가 임신한 지 8개월이 되었는데도 말을 타고 가도록 하고 가마는 쓰지 못하게 하였다. 박

씨의 남동생이 상주목사(尙州牧使)가 되어서 찾아와 보니 관에서 공급하는 것이 매우 빈약하므로 소금 몇 말을 보내 주었더니 공은 즉시 돌려보내며, 마치 자신이 더러워지는 것처럼 하였다.

【註釋】 ***內行**(내행) : 부인의 행차.
***儉約**(검약) : 검소함.

1) 쌍마교(雙馬轎) : 말 두 필이 끄는 수레.

【字義】 **內** : 안 내 **裝** : 꾸릴 장 **儉** : 검소할 검 **約** : 줄일 약

衣服之奢(의복지사)는 衆之所忌(중지소기)요 鬼之所疾(귀지소질)이니 折福之道也(절복지도야)니라.

【解釋】 의복이 사치스런 것은 여러 사람이 꺼리는 바이고, 귀신이 질투하는 바이니 복을 꺾는 길이다.

【解說】 주신(周新)이 절강안찰사(浙江按察使)로 있을 적에 하루는 아랫사람들이 구운 거위 고기를 바쳤다. 그는 그것을 방안에 걸어 놓고 후에 또 바치려는 자가 있으면 이를 가리켜 보여 주었다. 동료 관원의 아내들이 잔치를 벌여 초청되어 갔는데 다른 사람들은 성대히 차렸지만, 주신의 부인은 나무 비녀와 베치마 차림으로 참석하니, 아주 촌부인 같았다. 성대히 차린 부인들은 서로 부끄럽게 여기고 그 후로는 검소한 의복으로 바꾸어 입었다 한다.

형공악(衡公岳)이 경양(慶陽)을 맡아 다스릴 때 동료의 부인들이 함께 모여 노는데, 그 자리에 모였던 부인들은 모두 금붙이와 비단이 빛났지만, 공의 부인만은 나무 비녀에 베옷 차림일 뿐이었다. 모임이 끝난 후에 부인이 언짢아 하자, 공이,

"그대는 어디에 앉았었소?"

하니 부인은,

"상석(上席)에 앉았었습니다."

하였다. 그러자 공이,

"이미 상석에 앉았으면서 또 좋은 의복에 화려한 치장을 바라니, 부귀를 다 겸할 수가 있겠소?"

하였는데, 이 일화는 지금까지 미담으로 전해 온다.

【字義】 **奢**: 사치할 사 **衆**: 무리 중 **忌**: 꺼릴 기 **鬼**: 귀신 귀 **折**: 꺾을 절 **福**: 복 복

음식지치 재지소미 물지소진 초재지 飮食之侈는 財之所靡요 物之所殄이며 招災之 술야 術也니라.

【解釋】 음식을 사치스럽게 하는 것은 재물을 소비하고 물자를 탕진하는 것이며 재앙을 불러들이는 길이다.

【解說】 조선 세종 때 사람 조어(趙䎡)가 합천군수(陜川郡守)가 되어 청렴한 절조가 비길 데가 없었다. 군수로 있을 적에 아들과 사위, 노비들이 왕래하는 경우에는 모두 자기 양식을 가지고 다녔으며 또 그 고을에 은어(銀魚)가 났는데, 여름철에 고기가 썩게 되더라도 처자들에게는 먹지 못하게 하였다.

명 나라 호수안(胡壽安)이 영락(永樂) 연간에 신번지현(新繁知縣)이 되었는데, 벼슬살이할 적에 고기를 먹지 않았다. 그 아들이 문안드리기 위해 와서 한 달 동안 묵으면서 닭 두 마리를 삶아 먹자 호수안이 노하여 꾸짖었다.

"음식을 밝히는 사람은 사람들이 천하게 여긴다. 나는 벼슬살이 한 지 20여 년이 되도록 항상 사치함을 경계하고 있으나 오히려 끝을 잘 맺지 못할까 걱정하는데, 네가 이처럼 먹기를 좋아하니 내게 누를 끼치지 않겠느냐."

【字義】 **飮**: 마실 음 **侈**: 사치할 치 **靡**: 없앨 미 **殄**: 다할 진 **招**: 부를 초

규 문 불 엄 閨門不嚴이면 가 도 난 의 家道亂矣라. 재 가 유 연 在家猶然이온 황 어 況於 관 서 호 官署乎아. 입 법 신 금 立法申禁을 의 여 뢰 여 상 宜如雷如霜이니라.

【解釋】 규문(閨門)이 엄하지 않으면 집안의 법도가 문란해진다. 가정에 있어서도 그러한데 하물며 관서에 있어서랴. 법을 마련하여 거듭 금하되 우레와 같고 서리와 같이 해야 한다.

【解說】 내사(內舍)의 문을 옛날에는 염석문(簾席門)이라 하였다. 옛날에는 발을 쳐서 가리고 자리로 막아서 집안의 종들과 관의 노복들이 상면할 수 없었으니 이는 내외의 구분을 엄하게 하려는 것이었다. 근세에 와서는 이 법이 문란해져서 집안 종들이 이 문을 멋대로 드나들고 관비(官婢)들도 이 문에 함부로 들어와서, 발과 자리를 걷어치우고 서로 귀에 입을 대거나 무릎을 맞대고 소곤거려, 명령이 여러 곳에서 나오게 되어 온갖 폐단이 생겨나니, 이 어찌 한심하지 않은가.

조선 숙종 때 사람 권일(權佾)이 수령이 되자, 그의 어머니 안부인(安夫人)이 이렇게 경계하였다.

> "백성에게 임할 때는 반드시 관대하게 하여 늙은 어미가 봉양받을 때에 부끄럽게 하지 말라. 안팎이 엄하지 않으면 뇌물을 주고받는 길이 트일 것이니, 더욱 삼가야 한다."

【字義】 **閨**:안방 **규** **亂**:어지러울 **란** **猶**:같을 **유** **雷**:우레 **뢰**, 천둥 **뢰**

간 알 불 행 干謁不行하고 포 저 불 입 苞苴不入이라야 사 가 위 정 가 의 斯可謂正家矣니라.

【解釋】 청탁이 행해지지 않고 뇌물이 들어오지 못하게 하면 이것이 집을 바로잡았다고 할 수 있다.

【解說】 양계종(楊繼宗)이 가흥군(嘉興郡)을 맡아 다스릴 때 마부

가 삶은 돼지머리를 보내 왔는데 부인이 그걸 받았다. 양계종이 돌아와서 그것을 먹고 어디서 온 것인가를 묻자 부인은 사실대로 고하였다. 양계종은 크게 후회하고 북을 두들겨 부하 이속들을 불러놓고,

"양계종이 집단속을 잘못하여 처로 하여금 뇌물을 받아 자신을 불의에 빠지게 하였다."

하면서, 약을 먹고 토해 낸 후 그날로 처자들을 돌려보냈다.

고려 유응규(庾應圭)는 행실이 곧고 굳건하였다. 일찍이 양주(楊州)의 원으로 있을 때 정사를 청렴하게 하였다. 그의 아내가 해산 후에 유종(乳腫)이 심했는데, 나물국만 먹을 따름이었다. 어떤 아전이 몰래 꿩 한 마리를 선물하였더니, 그의 아내는,

"남편이 평소에 남의 선물을 받지 않았는데 어찌 내가 배를 채우기 위해 남편의 청덕(淸德)에 누를 끼칠 수 있겠는가."

하니, 그 아전은 부끄러워서 물러갔다.

조선 인조 때 사람 청음(淸陰) 김상헌(金尙憲)이 벼슬살이할 때 청백하였다. 어떤 관리가 자기 아내가 뇌물을 받아 비방이 있음을 걱정하자, 공이,

"부인의 소청을 한 가지도 들어 주지 않으면 비방이 그칠 것이다."

하니, 그 관리가 크게 깨닫고 그 말대로 하였다. 그러자 관리의 부인이 늘 김상헌을 욕하면서 이렇게 말하였다.

"저 늙은이가 자기만 청백리가 되었으면 그만이지 왜 남까지 본받게 하여 나를 이렇게 고생하도록 하는가."

【註釋】 ＊干謁(간알)：청탁. | ＊苞苴(포저)：뇌물.

【字義】 干：구할 간 謁：뵐 알 苞：쌀 포 苴：깔 저

무 판 불 문 기 가 　 역 사 불 이 기 위 　 즉 규 문 존 　 의

貿販不問其價하고 **役使不以其威** **則閨門尊矣**니라.

【解釋】 물건을 살 때에 가격을 따지지 않고, 위력으로 사람을 부리지 않으면 규문이 존엄해질 것이다.

【解說】 《상산록(象山錄)》에 이렇게 되어 있다.

“법도 없는 집은 아전과 종들이 늘 염석문(簾席門) 밖에 섰다가 무명·삼베·명주·생모시 따위를 보따리로 싸서 지게에 잔뜩 지워 안채로 보내어 고르도록 하면, 억센 노비들이 거칠다느니 성글다느니 값이 비싸다느니 하며 좋은 물건을 골라 싼값으로 팔기를 강요하여 시끄러운 소리가 바람결에 흘러나가고 얕은 속셈이 여러 사람의 눈에 훤히 드러나 보인다. 그래서 포목 장수가 밖으로 나오자 나쁜 소문이 사방에 퍼지니 이것은 천하의 큰 부끄러움이다.

【註釋】 *貿販(무판) : 매매함. 물건을 삼.
*役使(역사) : 부림.
*閨門(규문) : 안채.

【字義】 貿 : 바꿀 무　販 : 팔 판　價 : 값 가
威 : 위세 위　閨 : 문지방 규

房之有嬖閨則疾之요 擧措一誤면 聲聞四達이니라. 早絕邪慾하여 毋裨有悔하라.
(방지유폐규즉질지 거조일오 성문사달 조절사욕 무비유회)

【解釋】 집안에 애첩(愛妾)을 두면 부인이 질투하게 마련이고, 행동이 한 번 잘못되면 소문이 사방에 퍼진다. 일찍이 사특한 정욕을 끊어 후회함이 없도록 해야 한다.

【解說】 질투 없는 부인은 드문 것이다.

진(晋)나라 사막(謝邈)이 오흥태수(吳興太守)가 되었는데, 그의 아내는 질투가 심해서 사막이 첩을 얻자 원망한 나머지 절연하자는 글을 보내왔다. 사막은 문하생 구현달(仇玄達)이 자기 처를 위하여 지어 준 것으로 의심하고 구현달을 내쫓았는데, 구현달은 손은(孫恩)에게로 도망쳤다가 마침내 사막을 해쳤다.

【註釋】 *嬖闈(폐규) : 애첩(愛妾). | *擧措(거조) : 행동. *四達(사달) : 사방에 들림.

【字義】 嬖 : 사랑할 폐　疾 : 미워할 질　措 : 둘 조
早 : 일찍 조　邪 : 사악할 사　慾 : 욕심 욕
悔 : 뉘우칠 회

慈母有教(자모유교)하고 妻子守戒(처자수계)면 斯之謂法家(사지위법가) 而民法之矣(이민법지의)니라.

【解釋】 어머니의 교훈이 있고 처자들이 계율을 지키면 이는 법도 있는 집안이라 말할 수 있고, 백성들도 이를 본받을 것이다.

【解說】 송 나라 조찬(曹璨)이 절도사로 있을 적에 그의 어머니가 하루는 집안 창고를 둘러보다가 돈 수천 꿰미가 쌓여 있는 것을 보고 아들을 불러 그것을 가리키면서 이렇게 말하였다.

"네 선친(先親)은 안팎의 여러 벼슬을 역임하였지만 이렇듯 재물을 모은 일이 없었다. 네가 네 아버지만 훨씬 못함을 알겠다."

송 나라 양동산(楊東山)이 수령으로 있을 때 그의 어머니 나대부인(羅大夫人)은 밭에 모시를 심고 몸소 길쌈을 해서 옷을 지어 입었으며, 양동산은 달마다 월급을 떼어서 어머니를 봉양하였다. 나부인이 갑자기 대단치 않은 병이 났다가 낫게 되자, 모아 놓은 월급을 내놓으면서,

"내가 이것을 모아두면서부터 마음이 즐겁지 않아서 병이 났다. 이제 이 돈을 모두 의원에게 사례로 주어버리면 병나는 일이 없을 것이다."

하였다. 4남 3녀를 낳았는데, 모두 자기 젖을 먹이면서 이렇게 말하였다.

"유모를 두어 남의 자식을 굶겨가면서 내 자식에게 젖을 먹이는 것은 실로 무슨 심보인가."

조선 성종 때 사람 윤석보(尹碩輔)가 풍기군수(豊基郡守)로 있

을 때 처자들은 본가에 있었는데 굶주림과 추위로 살아갈 수가 없었다. 그의 부인 박씨(朴氏)가 집에 전해 오는 비단옷을 팔아서 전답 한 뙈기를 샀다. 공이 이 말을 듣고 편지를 급히 보내서 그 전답을 돌려 주도록 하며,

"이제 내가 대부(大夫)의 반열에 참여하여 국록을 먹으면서 전지와 집을 마련한대서야 옳겠소. 백성과 매매하여 나의 죄과를 더욱 무겁게 하지 마오."

하니, 박씨는 부득이 그 전답을 되돌려 주었다.

【字義】 慈 : 인자할 **자**　　戒 : 경계 **계**　　斯 : 이것 **사**
法 : 법 **법**, 본받을 **법**

제4조 손님을 사절함〔屛客〕

凡官府에 不宜有客이니 唯書記一人으로 兼察內事니라.

【解釋】 관아에 책객(冊客)을 두는 것은 좋지 않다. 오직 서기(書記) 한 사람이 겸임하여 안의 일을 보살피도록 해야 한다.

【解說】 요즈음 풍속에 이른바 책객(冊客) 한 사람을 두어 회계를 맡겨서 장부를 살피게 하는 것은 예가 아니다. 관부의 회계는 공용이든 사용이든 기입하지 않는 것이 없고, 여러 아전이나 하인들이 관계되지 않는 자가 없는데, 지위도 없고 명분도 없는 사람에게 이런 권리를 총괄하게 하여, 날마다 재정을 맡은 아전이나 노비들과 많다 적다, 비었다 찼다 하도록 하니 어찌 사리에 맞겠는가.

이 책객이 아전들의 부정과 숨긴 것을 적발하면 그 원망은 수령 자신에 돌아오고 잘못된 일들을 용서하면 해는 수령 자신에게 돌아올 것이니 무슨 이익이 있겠는가. 잗다란 장부 기록은 지나치게 따질 것이 못 된다.

수령이 밝으면 아전들은 저절로 속이지 못하는 것이다. 매양 보면, 인색한 사람은 책객에게 거듭 일러서 장부를 자세히 밝혀내게 하는데, 그 때문에 책객은 아전과 이렇게 약속하게 된다.

"수령의 성품이 깎기를 좋아하니 나도 괴롭다. 모든 소비되는 비용을 네가 더 기록하면 내가 그것을 깎겠다. 소용되는 기름이 5홉이면 너는 7홉으로 늘리고 나는 5홉으로 깎으면 네게도 손해가 없고 관에서도 잃는 것이 없으며, 나는 중간에서 허물과 책망을 면하게 되니 또한 서로 좋지 않겠는가."

【字義】 宜 : 마땅 의　　客 : 손 객　　兼 : 겸할 겸
事 : 일 사

범 읍 인 급 인 읍 지 인　불 가 인 접　대 범 관 부
凡邑人及隣邑之人은 不可引接이니라. 大凡官府
지 중　의 숙 숙 청 청
之中은 宜肅肅淸淸이니라.

【解釋】 본 고을 백성과 이웃 고을 사람들을 만나서는 안 된다. 무릇 관아는 엄숙하고 맑아야 한다.

【解說】 요즈음 풍속에 이른바 수령이 찾아가 인사를 하는 법이 있다. 토호와 간사한 백성이 조정의 고관들과 결탁하여, 수령이 부임 인사를 드리는 날에 조정의 고관들이 존문(存問)[1]을 부탁하고 일에 따라 비호해 주도록 한다.

옛날 정조 때 참판 유의(柳誼)가 홍주목사(洪州牧使)로 있으면서 인사드리라는 부탁은 하나도 시행하지 않았다. 내가 공에게 지나치게 융통성이 없다고 하니 공은,

"주상께서 이미 홍주 백성을 나에게 부탁하여 그들을 보존하고 비호하도록 하셨으니 조정에 있는 고관들의 부탁이 중하다 하더라도 어찌 이보다 중할 수야 있겠소. 만일 내가 한 사람만을 찾아보고 인사를 드려 치우치게 두둔하면, 이는 임금의 명령을 어기고 한 사람의 사사로운 명령을 받드는 것이니 어찌 그렇게 하겠소."

하여, 나는 유공의 말에 깊이 감복하여 다시 더 논란하지 못하였다. 대저 존문은 경솔하게 해서는 안 된다.

【註釋】 *隣邑(인읍) : 이웃 고을.
*引接(인접) : 만나 봄.
*肅肅淸淸(숙숙청청) : 엄숙하고 맑음.
1) 存問(존문) : 수령이 고을의 어른을 찾아보는 일.

【字義】 隣 : 이웃 린　　接 : 만날 접　　肅 : 엄숙할 숙
淸 : 맑을 청

親戚故舊가 多居部內면 宜申嚴約束하여 以絕疑謗하여 以保情好니라.

【解釋】 친척이나 친구가 관내에 많이 살면 단단히 약속하여 의심하거나 헐뜯는 일이 없게 하고, 서로 우정을 보존하도록 해야 한다.

【解說】 친척이나 친구 중에 혹 그 고장에 살거나 혹 이웃 읍에 살거나 하면 한 번 초청하고 한 번 가서 만나되 때에 따라 선물을 보내면서 이렇게 약속한다.

"날마다 만나고 싶지만 예에는 한계가 있으니 초청하기 전에는 절대로 만나러 오지 말기 바란다. 편지 왕래도 의심과 비방을 살 염려가 있으므로 만일 질병이나 우환이 있어서 서로 알려야 할 경우에는 몇 자의 편지를 쓰되 풀로 봉하지도 말고 직접 아전에게 주어서 공공연히 받아들이도록 해주기 바란다."

당(唐)나라 장진주(張鎭周)가 서주도독(舒州都督)이 되었는데, 서주는 본래 그의 고향이었다. 서주에 도착하여 자기 옛집에 나아가 술과 안주를 많이 준비해서 친척들을 초대하여 그들과 잔치를 즐기는데, 머리는 흐트러지고 두 다리는 뻗고 앉아 마치 벼슬 없던 선비(布衣) 시절과 같았다. 그렇게 한 지 무릇 10일이 되자 돈과 비단을 나누어 주면서 눈물을 흘리며 작별하기를,

"오늘은 장진주가 친구들과 기꺼이 마실 수가 있지만, 내일부터

는 서주도독으로 백성을 다스릴 따름입니다. 관장과 백성의 예는 각별하여 다시 사귀며 놀 수가 없습니다."

하였다. 이 뒤부터는 친척이나 친구가 법을 어기면 일체 용서하는 바가 없자 경내가 숙연하였다.

【註釋】 *故舊(고구) : 친구. *申嚴(신엄) : 엄히 신칙함. *疑謗(의방) : 의심과 비방. *情好(정호) : 좋은 정분.

【字義】 戚 : 인척 척　舊 : 예 구　絶 : 끊을 절　疑 : 의심 의　謗 : 비방할 방　好 : 좋을 호

범조귀사서 이관절상탁자 불가청시
凡朝貴私書로 以關節相託者는 不可聽施니라.

【解釋】 무릇 조정의 고관이 사신(私信)을 보내어 뇌물로 청탁하는 것은 들어 주어서는 안 된다.

【解說】 한(漢) 나라 질도(侄都)가 제남(濟南)의 수령이 되었는데, 공평하고 청렴하여 사신은 떼어보지 않고, 선물도 받지 않으며 청탁도 들어 주지 않았다.

삼국 위(魏)의 진태(陳泰)가 병주태수(幷州太守)로 있을 때에 서울의 귀인들이 편지를 많이 보내왔으나, 그는 모조리 벽에 걸어 놓고 그 편지를 뜯어보지 않았다. 다시 부름을 받아 상서(尙書)가 되자, 편지를 죄다 본인에게 돌려주었다.

조염(趙琰)이 청주자사(靑州刺史)로 있을 때에 요직에 있는 귀인으로부터 온 청탁 서신을 모조리 물 속에 던져버리고 그 이름도 알아보려고 하지 않았다. 진(晉) 나라 공익(孔翊)이 낙양령(洛陽令)으로 있을 때에 청탁 편지를 받으면 모조리 물 속에다 던져 버렸다.

참판 유의(柳誼)가 홍주목사로 있을 때 내가 금정역(金井驛)에 있으면서 편지를 띄워 공사(公事)를 의논하였으나 답이 없었다. 그뒤에 홍주에 가서 만나보고서,

"왜 답서를 하지 않았소?"

하니, 유공은,

"내가 벼슬 살 때는 본래 편지를 뜯어 보지 않소."

하고, 시동에게 명하여 편지함을 쏟으니, 한 상자의 편지가 모두 뜯기지 않았는데, 이는 모두 조정의 귀인들이 보낸 편지였다.

"그야 본래 그렇지만, 내가 말한 것은 공사(公事)였는데, 어찌 뜯어 보지 않았소?"

"만일 공사였다면 왜 공문으로 보내지 않았소?"

"마침 비밀에 속한 일이었기 때문이었소."

"비밀에 속한 일이라면 왜 비밀 공문으로 하지 않았소?"

나는 거기에 대답할 말이 없었는데, 그가 사사로운 청탁을 끊어버림이 이와 같았다.

【註釋】 *朝貴(조귀) : 조정의 귀한 신하.
*私書(사서) : 사사로운 개인 편지.
*關節(관절) : 뇌물.
*聽施(청시) : 들어 주어 시행함.

【字義】 朝 : 아침 조　關 : 뇌물 관　託 : 부탁할 탁
聽 : 들을 청　施 : 베풀 시

빈 교 궁 족　자 원 방 래 자　의 즉 연 접　후 우
貧交窮族으로 自遠方來者는 宜即延接하여 厚遇
이 견 지
以遣之니라.

【解釋】 가난한 친구와 딱한 친척이 먼 데서 찾아오면 곧 맞이하여 후히 대접하여 돌려보내야 한다.

【解說】 내 아버님께서 일찍이 이렇게 말씀하셨다.

"가난한 친구와 궁한 친척은 잘 대접하기가 가장 어렵다."

참으로 맑은 선비와 고상한 벗은 비록 매우 가난하고 궁할지라도 친구나 친척을 찾아 관아에 오려 하지 않을 것이다. 나를 찾아오는 자는 대개 못난이거나 구차스럽고 비루한 자들로서 혹 얼굴이 밉살스럽고 말이 재미가 없으며, 혹 무리한 청탁을 하고 요구

가 한이 없으며, 해어진 옷과 닳아빠진 신에 이가 득실거리며, 혹 내가 일찍이 액운을 만나 궁했을 때는 전혀 돌보거나 근심해 주지 않던 자들로 세력 있는 자만 따르는 자들이어서 반갑게 접대하기가 극히 어려운 것이다.

【註釋】 *貧交(빈교) : 가난할 때 사귄 친구. *窮族(궁족) : 가난한 일가. *延接(연접) : 맞아들임..

【字義】 貧 : 가난할 빈　交 : 사귈 교　遠 : 멀 원　延 : 맞이할 연　遇 : 만날 우　遣 : 보낼 견

閽禁(혼금)은 不得不嚴(부득불엄)이니라.

【解釋】 문단속을 엄하게 하지 않아서는 안 된다.

【解說】 요즈음 사람들이 혹 중문(重門)을 활짝 열어놓는 것을 덕(德)으로 여기지만, 이것이 덕이기는 하되 정사를 할 줄은 모르는 것이다. 내 직책은 목민하는 것이지 손을 대접하는 것이 아니니 생전에 한번도 보지 못한 사람들을 어찌 다 만나줄 수 있겠는가? 문지기와 이렇게 약속하면 실수가 없을 것이다.

"무릇 손이 문 밖에 이르면 먼저 따뜻한 말로 사절하고, 곧 가만히 보고하여 처분을 듣도록 하라."

《경국대전(經國大典)》에는 이렇게 규정하고 있다.

"사사로 관부를 출입하는 자는 곤장 1백 대를 치는데, 아버지·아들·사위·형·아우만은 이 규정에 들지 않는다."

【字義】 閽 : 대궐문 혼　禁 : 금할 금　嚴 : 엄할 엄

제5조 절약해서 씀〔節用〕

善爲牧者(선위목자)는 必慈(필자)하고 欲慈者(욕자자)는 必廉(필렴)이요 欲廉者(욕염자)는

> 필약 절용자 목지수무야
> 必約이니 節用者는 牧之首務也니라.

【解釋】 수령 노릇을 잘하려는 자는 반드시 인자해야 하고, 인자하려면 반드시 청렴해야 하며, 청렴하려면 반드시 절약해야 하는데, 절약해서 씀은 수령이 맨 먼저 힘써야 할 일이다.

【解說】 배우지 못하고 무식한 자는 한 고을을 얻기만 하면 방자교만하고 사치스러워서 절제할 줄을 모른다. 닥치는 대로 함부로 써서 빚이 많아지고 따라서 반드시 탐욕하게 마련이다. 탐욕하면 아전들과 공모하고, 아전들과 공모하면 그 이익을 나누어 먹으며, 그 이익을 나누어 먹으면 백성의 고혈(膏血)을 짜내게 된다. 그러므로 절약해서 씀은 백성을 사랑하는 데에 있어서 맨 먼저 힘써야 할 일이다.

【字義】 **牧**：기를 목　**慈**：인자할 자　**廉**：청렴할 렴
約：절약할 약　**首**：머리 수　**務**：힘쓸 무

> 절자한제야 한이제지 필유식언 식야
> 節者限制也니 限以制之라. 必有式焉이니 式也
> 자 절용지본야
> 者는 節用之本也니라.

【解釋】 절(節)이란 말은 한계를 두어 억제하는 것이다. 한계를 두어 억제하는 데는 반드시 법식이 있어야 하니, 법이란 것은 절약해 쓰는 근본이다.

【解說】 《주례(周禮)》에 의하면, 아홉 가지 법식으로 재용을 절약하였다. 천자(天子)와 같은 부(富)를 가지고서도 반드시 먼저 법식을 정하고서 그 재용을 절약하였는데, 하물며 한 작은 고을 수령에 있어서 법식은 정하지 않을 수 없다. 고을의 크고 작음을 헤아리고 봉급의 많고 적음을 계산해서 대략 정하여 일정한 규범으로 삼아야 한다.

【字義】 節：절약할 절　　限：한계 한　　制：제도 제
本：근본 본

> 의복음식　이검위식　경유기식　사용무
> 衣服飮食은 以儉爲式이니 輕踰其式이면 斯用無
> 절의
> 節矣니라.

【解釋】 의복과 음식은 검소함을 법식으로 삼아야 하니, 조금이라도 법식을 넘으면 지출에 절제가 없게 되는 것이다.

【解說】 의복은 수수하고 검소하게 입도록 힘써야 한다. 아침저녁의 밥상은 밥 한 그릇, 국 한 그릇, 김치 한 접시, 장 한 종지로, 이 네 접시를 넘어서는 안 된다.

내 직분을 다하지 못하면 변변찮은 음식일지라도 그것이 오히려 벼슬자리만 차지하고 녹만 받아 먹는 것임을 모르고, 제 직책은 힘쓰지 않고 먹을 것만 찾으니 어찌 우습지 않은가.

경비를 남용하면 재정이 딸리게 되고, 재정이 딸리면 백성의 재물을 약탈하게 된다. 보이는 것이라고는 노복과 기녀뿐이라 눈에 보이는 것만 알고 보이지 않은 것은 모든 셈으로 백성에게서 약탈해다가 기생들을 살찌게 하니 장차 무슨 이익이 있겠는가.

제(齊)나라 유회위(劉懷慰)가 제군태수(齊郡太守)로 있었는데, 햅쌀 한 섬을 보내온 사람이 있었다. 유회위는 보리밥을 그 사람에게 보이면서 이렇게 말했다.

"식생활이 넉넉하니 이런 폐를 끼치지 않아도 된다."

조선 영조 때 사람 유정원(柳正源)이 여러 번 군현의 수령을 지냈는데, 매양 그만두고 돌아올 때는 채찍 하나로 길을 나섰고, 의복과 살림 도구도 늘지 않았었다. 자인(慈仁)에서 휴가로 돌아와 집에 있는데, 현아(縣衙)에 있던 자제들이 쓰던 헌 농짝을 집으로 돌려보내되 속이 비면 쉽게 찌그러질까 염려하여 그 안을 짚으로 채웠었다. 동네 부녀자들은 그것이 관(官)에서 온 것이라 하여 다투어 모여서 보았는데, 농짝 속에 든 것이 짚단임을 알고는 모두 한바탕 웃고 갔다.

【字義】 衣：옷 의　服：입을 복　飮：마실 음
儉：검소할 검　輕：가벼울 경　踰：넘을 유
式：법 식

제사빈객 祭祀賓客이 수계사사 雖係私事나 의유항식 宜有恒式이니 잔소지 殘小之 읍 邑은 시식의감 視式宜減이니라.

【解釋】 제사와 손님 접대는 비록 개인적인 일이지만 일정한 법식이 있어야 한다. 가난하고 작은 고을에서는 법식보다 줄여야 한다.

【解說】 공적으로 오는 손님에게는 정해진 법제가 있다. 송(宋) 나라 사마온공(司馬溫公)은 이렇게 말하였다.

"선친이 군목판관(郡牧判官)으로 있을 때, 손이 오면 술을 대접하지 않은 적이 없었다. 혹 세 순배, 혹은 다섯 순배를 하며 일곱 순배를 넘지 않되 술은 저자에서 사왔다. 과일은 배·밤·대추·감 뿐이고, 안주는 포·젓·나물국뿐이며, 그릇은 사기와 칠기를 사용하였는데, 당시 사대부들이 다 그러하였으므로 사람들이 서로 그르게 여기지 않았다. 모임은 잦았으나 예는 간곡하였고, 물질은 박하였으나 정분은 두터웠다."

【註釋】 *賓客(빈객)：손님.
*恒式(항식)：일정한 법식.
*殘小(잔소)：가난하고 작음.

【字義】 祀：제사 사　賓：손님 빈　恒：항상 항
殘：잔폐할 잔　視：볼 시

범내궤지물 凡內饋之物은 함정궐식 咸定厥式이로되 일월지용 一月之用은 함이 咸以

삭 납 朔納이니라.

【解釋】 무릇 안채에 보내는 물건은 다 법식을 정하되, 한 달에 쓰는 것은 모두 초하룻날 바치게 해야 한다.

【解說】 아내가 집에 있을 때에는 병과 항아리는 텅텅 비고 상자와 농짝도 휑하니 비어 있어, 비녀를 팔고 옷을 잡혀 지저분한 저자에서 말린 생선만 사먹으면서도 오히려 즐겁게 살았는데, 이제 크고 넓은 집에 살면서 매월 초하루에 푸줏간 사람과 창고지기가 일용의 온갖 물건을 굽실거리며 바치니, 하루아침에 얻은 부귀가 무슨 불만이 있기에 때마다 불러서 요구한단 말인가. 이 법은 불가불 고쳐야 할 것이다.

조선 인조 때 사람 다산(茶山) 목대흠(睦大欽)은 총명하고 기억력이 뛰어났다. 연안부사(延安府使)로 있을 적에 날마다 쓰는 모든 물건들을 장부에 기록하지 않고서도 하나도 잊어버리지 않으니 아전들이 감히 속이지 못하였다. 한번은 큰 항아리 속에 게 수백 마리를 절여 두고서 아침저녁으로 바치게 하였다. 하루는 주방 아전이 게가 떨어졌다고 알리니, 공은,

"아직 두 마리가 남아 있을 것이다."

하였다. 그 사람이 황공해서 물러가 항아리 속을 뒤져보니, 과연 작은 게 두 마리가 젓국 속에 들어 있었다. 이런 일이 있은 후부터는 공사간에 털끝만큼도 장부를 숨기는 일이 없어졌다.

이 아무개가 강진현감(康津縣監)으로 있을 적에 무슨 일로 서울로 잡혀갔다가 석방되어 감옥 밖에서 9일 동안 있었는데, 매양 식사 후에는 복숭아를 먹었다. 아전이 1전(錢)으로 2개를 사서 드리는데, 한 개는 크고 한 개는 작았다. 수령은 큰 것을 차지하고 작은 것을 남기니 시동(侍童)이 먹었다. 다시 강진현으로 돌아와서 아전이 장부에 9전을 기록하자, 그는

"어찌된 것이냐? 나는 그 반을 먹었고, 남은 것은 모르겠다."

하고 5전으로 깎아버렸다. 아전이 시동더러,

"네가 반을 먹었으니, 네가 4전을 물어야 한다."

하니, 시동은,

"억울하다. 이럴 줄 미리 알았으면 누가 그것을 먹었겠는가?"

하였다. 아전이,

"원망하지 말라. 법으로는 고르게 나누어야 한다. 관에서 그 5전을 내어 네게 5문(文)을 덜 내게 해주었으니 네가 이익을 본 셈이다."

하니, 시동이,

"억울하다. 나는 그 중 작은 것을 먹었으니 그 모자라는 것을 모아 계산하면 어찌 5문(文)어치만 되겠는가."

하고 제 주머니 속에서 4전을 내어 침을 뱉으면서 던져버렸다.

생각건대, 이와 같이 절약해 쓰는 것은 낭비만도 못한 것이다.

【註釋】 *內舍(내사) : 안채. 살림집. *朔納(삭납) : 초하루에 보냄.

【字義】 饋 : 보낼 궤 咸 : 모두 함 厥 : 그 궐 朔 : 초하루 삭 納 : 들일 납

> 公賓之餼(공빈지희)는 亦先定厥式(역선정궐식)이로되 先期辦物(선기판물)하여 以(이) 授禮吏(수예리)하며 雖有贏餘(수유영여)라도 勿還追也(물환추야)니라.

【解釋】 공적인 손을 대접하는 데도 먼저 법식을 정하고, 기일 전에 물건을 마련하여 예리(禮吏)에게 주며 비록 남는 것이 생기더라도 도로 찾지 말아야 한다.

【解說】 관찰사를 대접하는 음식은 고례(古禮)를 따라야 한다. 만약 불편한 것이 있으면 읍의 전례를 따라야 하되, 모름지기 10년 동안의 전례에 의하여 그 중에서 너무 사치스러운 것은 버리고, 너무 검소한 것도 버리며, 그 중간을 취하여 일정한 법식으로 삼아야 한다. 주방 아전에게 명하여, 모든 물자를 마련하여 아전에게 주되 남든지 모자라든지 다시 말하지 말고 미리 장부를 조사하여 회

계를 기다린다. 설령 남은 술이나 식어 버린 고기구이가 남았더라도 수고한 사람의 차지이니 넘겨다보아서는 안 된다.

【註釋】 *公賓(공빈) : 공적인 손님.
*辦物(판물) : 물건을 준비함.
*贏餘(영여) : 나머지.
*還追(환추) : 다시 찾아옴.

범이노소공 기무회계자 우의절용
凡吏奴所供이 其無會計者는 尤宜節用이니라.

【解釋】 아전과 노복들이 바치는 물건으로서 회계가 없는 것은 더욱 절약해야 한다.

【解說】 관청에서 쓰는 모든 물건은 다 백성의 힘에서 나오는 것이니, 회계하지 않는 것은 백성에게 해를 끼치는 것이다. 하늘에서 비처럼 내리고 땅에서 물처럼 솟는 것이 아니니, 씀씀이를 절약하면서 그 폐해를 살펴 백성들의 힘이 다소나마 펴지게 하는 것이 또한 좋지 않겠는가.

채소·오이·박은 원정(園丁)이 바친다. 이런 공로 때문에 으레 창고지기가 되어서 좁쌀이나 쌀을 함부로 거두어다가 그 바치는 것을 충당한다. 함부로 거두는 것을 금하지 않으면 백성들이 그 해를 입고 갑자기 그런 짓을 엄금하면 창고지기들이 파산하게 되니, 어찌 그 근원을 맑게 해서 말단의 폐단을 막아버리는 것만 하겠는가.

조선 세종 때 사람 최윤덕(崔潤德)이 안주목사(安州牧使)로 있으면서, 공무의 틈을 타 청사 뒤 빈터에 손수 오이를 심고 호미질을 하였다. 소송하려고 온 사람이 목사인 줄을 모르고,

"상공(相公)은 지금 어디 계십니까?"

하고 물으면 공은 거짓으로 말하기를,

"아무 곳에 계시오."

하고는 들어가 옷을 갈아입고 소송을 처리하였다.

송(宋) 나라 임효택(林孝澤)이 벼슬 살 때 가는 곳마다 청렴과

공평으로 일컬어졌다. 청장(淸漳)에 있을 때, 어느 날 저녁에 일을 마치자 촛불을 들고 안채까지 배웅나온 사람이 있었다. 임효택이 말하기를,

"이는 관용의 초인데 어찌 개인적인 방에서 쓸 수가 있겠는가."

하고, 빨리 가지고 가도록 하였다. 정선(鄭瑄)은 이렇게 말하였다.

"옛날 어떤 현령이 지극히 청렴하고 개결하였다. 서울에서 문서가 왔는데 관용의 초를 켜고 봉함을 뜯어 보니, 그 중에 집안의 안부가 있었다. 곧 관용의 초를 끄게 하고 글을 다 보고 나서야 관용의 초를 켜게 했다. 비록 너무 지나치기는 하지만 이것으로 풍속을 격려하는 것이 좋다."

무릇 타다가 남은 초도막을 거두어 두고서 돌아갈 날을 기다리는 자는 이 글을 읽으면 저절로 부끄러움을 느끼게 될 것이다.

【字義】 奴：종 노　　供：바칠 공　　尤：더욱 우
節：마디 절

> 사용지절　범인능지　공고지절　선능지
> 私用之節은 凡人能之요, 公庫之節은 鮮能之니
> 시공여사　사현목야
> 視公如私라야 斯賢牧也니라.

【解釋】 사용(私用)의 절약은 보통 사람도 할 수 있지만, 공고(公庫)를 절약하는 이는 드물다. 공물을 사물처럼 보아야 어진 수령이라 할 수 있다.

【解說】 고을마다 반드시 공용의 재정이 있어 여러 창고가 설립되어 있다. 처음에는 이름을 공용이라 하여 설립하지만 그것이 차차 오래 가게 되면 사용으로 지출되어 그릇된 관례가 겹겹이 생기고 절제없이 낭비하게 된다. 그것이 본래 공용의 창고이기 때문에 수령이 살피지 않고 감독하는 아전과 창고 맡은 종들이 온갖 방법으로 속여서 도둑질에만 뜻을 둔다. 재정이 바닥나면 또 거듭 거두어들이니 이는 모든 도의 공통된 폐단이다.

조선 현종 때 사람 정만화(鄭萬和)는 여러 번 감사를 지냈는데,

가는 곳마다 저축이 넘쳐 그득하게 되었다. 처음 부임하였을 때는 조금 남았으나 나중에는 헤아릴 수 없을 만큼 남게 되었는데 일찍이 이렇게 탄식하였다.

"내가 빼돌리고 사기하는 것을 막아버렸더니 1년 동안에 이만큼 남게 된 것이다. 절약하여 쓰는 것이야말로 어찌 백성을 사랑하는 근본이 아니겠는가."

【字義】 私：사사로이 사　庫：창고 고　鮮：드물 선　視：볼 시　斯：이 사　賢：어질 현

遞歸之日(체귀지일)에 必有記付(필유기부)니 記付之數(기부지수)를 宜豫備(의예비)야也(야)니라.

【解釋】 갈려서 돌아가는 날에는 반드시 기재한 장부가 있어야 하니, 기재할 액수를 미리 준비해야 한다.

【解說】 관아에 전해오는 돈이나 곡식, 기타 모든 물건들은 장부가 있는데 그것을 중기(重記)라 한다. 갈려서 돌아가게 될 때에는 대략 쓰다 남은 것을 그대로 중기에 기록해 두는 것을 기부라 한다. 평상시에 유의하지 않으면 급함을 당하여 어떻게 갑자기 마련할 수 있겠는가. 매달 초하루, 보름의 회계하는 날에 관용의 모든 물건의 나머지를 대략 준비해 두었다가 갑자기 갈리게 되는 날에 대비하도록 하는 것이 좋다.

【註釋】 *遞歸(체귀)：벼슬이 갈려 돌아옴.　*記付(기부)：장부에 기록함.

【字義】 遞：바뀔 체　歸：돌아올 귀　記：기록할 기　豫：미리 예　備：갖출 비

天地生物(천지생물)하여 令人享用(영인향용)하나니 能使一物無棄(능사일물무기)면

사 가 왈 선 용 재 야
斯可曰善用財也니라.

【解釋】 천지가 만물을 낳아 사람으로 하여금 누려서 쓰게 한 것이니, 한 물건이라도 버림이 없게 해야 재물을 잘 쓴다고 할 수 있다.

【解說】 진(晉) 나라 도간(陶侃)이 형주(荊州)에서 벼슬살이할 때 선관(船官)을 시켜 톱밥은 모조리 챙겨 두게 했다가 눈 녹은 진창을 막는 데 썼고, 대나무의 두터운 밑동을 산처럼 쌓아 놓게 했다가 후에 촉(蜀)을 칠 적에 배 수선하는 데 못으로 사용하였다.

조선 선조 때 사람 윤현(尹鉉)이 호조판서(戶曹判書)로 있을 때에 해진 자리 · 지의(地衣)[1] · 청연포(靑緣布)[2]를 모두 창고 안에 저장해 두니, 여러 사람들이 비웃었다. 그후에 해진 자리는 조지서(造紙署)에 보내어 맷돌에 갈아서 종이를 만들게 하니 종이의 품질이 가장 좋았고, 청연포는 예조(禮曹)에 보내어 야인(野人)들의 옷단추를 만들게 하였다.

고을 백성이 나무로 송덕비(頌德碑)를 만들어 세우거든 바로 뽑아서 창고에 저장해 두었다가 그 중에서 큰 것은 상(喪)을 당하고도 관(棺)이 없는 백성에게 주고, 작은 것은 자잘한 기구를 만들어 써서, 다시 백성의 동산에서 재목을 요구하지 않도록 하는 것이 좋다.

【註釋】 1) 地衣(지의) : 제사 때 쓰는 돗자리.
2) 靑緣布(청연포) : 푸른 선을 두른 베.

【字義】 生 : 살 생　物 : 물건 물　享 : 누릴 향
棄 : 버릴 기　財 : 재물 재

제 6 조 기꺼이 베풂〔樂施用〕

절 이 불 산　친 척 반 지　낙 시 자　수 덕 지 본
節而不散이면 親戚畔之니 樂施者는 樹德之本

也(야)니라.

【解釋】 절약만 하고 쓰지 않으면 친척도 멀어지니 베풀기를 좋아하는 것이 바로 덕을 심는 근본이다.

【解說】 못에 물이 괴어 있는 것은 흘러내려서 만물을 적셔 주려는 것이다. 그러므로 절약하는 자는 남에게 은혜를 베풀 수 있고, 절약하지 못하는 자는 남에게 은혜를 베풀지 못한다. 기생을 가까이 하고 광대를 부르며, 가야금을 타고 피리를 불게 하며, 비단옷을 걸치고 높은 말 좋은 안장을 사용하며, 상관에게 아첨하고 권세 있고 귀한 자에게 뇌물을 쓴다면 그 비용이 날마다 수만 전이 넘을 것이며, 한 해 동안 계산하면 천억 전이나 될 터이니, 어떻게 친척들에게까지 은혜를 베풀 수 있겠는가. 절용은 은혜 베풀기를 좋아하는 근본이다.

내가 귀양살이할 때 매양 보면, 수령이 나 같은 사람을 늘 가엾게 생각하여 도움을 주는 이는 그의 의복을 보면 으레 검소하였고, 의복이 화려하고 얼굴에 기름기가 흐르면서 음란하고 방탕한 짓을 즐기는 자는 나를 돌보지 않았다.

【註釋】 ＊節而不散(절이불산) : 절약만 할 줄 알고 흩어 주지 않음.
＊樹德(수덕) : 덕을 심음.

【字義】 節 : 절약할 절, 마디 절　散 : 흩을 산　戚 : 친척 척　畔 : 배반할 반　施 : 베풀 시　樹 : 심을 수

貧交窮族(빈교궁족)을 量力以周之(양력이주지)니라.

【解釋】 가난한 친구나 딱한 친척들은 힘을 헤아려서 돌보아 주어야 한다.

【解說】 한집안 사람들을 임지에 데리고 오지는 못하더라도 이들 중에 가난하여 끼니를 잇지 못하는 사람에게는 식구를 따져서 매

월 생활비를 대주지 않을 수 없으며, 소공친(小功親) 중에서 가난하여 끼니를 잇지 못하는 사람에게는 보름치의 생활비를 대주어야 하며, 그 외의 사람들에게는 곤경에 처했을 때만 돌보아 주면 될 것이다.

가난한 친구가 와서 도움을 청할 때에는 후히 대접을 하고, 물건을 줄 적에는 노자까지 계산하여 집에 돌아가서도 남는 것이 있게 하는 것이 좋다.

명(明) 나라 나유덕(羅惟德)이 영국지부(寧國知府)로 있을 때, 하루는 유인(劉寅)을 만나 얼굴에 기쁜 빛을 띠며,

"오늘 아주 기분 좋은 일이 있었습니다."

하므로 유인이 무슨 일이냐고 묻자, 이렇게 말하였다.

"요즈음 가난한 일가 10여 명이 굶주리다가 멀리까지 와서 도와주기를 청하기에 그 동안 모아 둔 월급을 모두 털어서 주었는데도 아버님 이하 온 가족들이 한 사람도 내가 하는 일을 막지 않았으니 이 때문에 기분이 유쾌합니다."

조선 광해군 때 사람 감사 이창정(李昌庭)이 순천부사(順天府使)로 있을 때, 공과 성명이 같은 사람이 있었는데 관(官)의 품계도 공과 같았다. 성명이 같은 그 사람의 친구 중에 가난한 선비가 있었는데, 딸의 혼수(婚需)를 도움받기 위해서 찾아와 공을 보니 그의 친구가 아니었다. 실망하여 머뭇거리므로 공이 자리에 앉힌 후 서서히 그 까닭을 물으니, 그 사람이 사실대로 말하였다. 공이 웃으면서,

"본인이 아니라도 상관없다."

하면서 후히 대접하고 혼수를 마련해 주되 한 가지도 빠진 것이 없게 해주었다. 그 사람이 감사히 여기며 말하였다.

"비록 그 친구가 마련하더라도 이와 같이 하지는 못할 것입니다."

【註釋】 ***貧交**(빈교) : 가난한 친구.
***窮族**(궁족) : 곤궁한 처지에 있는 친족.
***量力**(양력) : 자신의 능력을 헤아림.

【字義】 貧 : 가난할 빈　交 : 사귈 교　窮 : 궁할 궁
賙 : 도울 주, 두루 주

아름유력 / 방가시인 / 절공화 / 이주사 / 인 / 비례야
我廩有力이라야 方可施人이요 竊公貨하여 以賙私人은 非禮也니라.

【解釋】 내 녹봉에 남는 것이 있어야 남에게 베풀 수 있고, 관가의 재물을 훔쳐 사사로이 아는 사람을 돌보아 주는 것은 예가 아니다.

【解說】 만약 공채(公債)가 실지로 많으면 그런 실정을 친척과 친구들에게 두루 알려, 여유가 생길 때까지 기다렸다가 와서 요구하게 해야 한다. 기분을 함부로 내다가 관고(官庫)를 탕진하여 아전들은 목을 매고 종들은 도망가며, 그 해독이 온 경내에 미치게 되면 은혜 베푸는 일이 덕일 수 없다.

나의 벗 윤외심(尹畏心)의 아우가 해남(海南)의 수령으로 있을 때, 공채(公債)가 많았는데도 형에게 제수(祭需)를 보내왔다. 윤외심은 보내온 제수를 받지 않고 물리치며 이렇게 말하였다.

"아래로 백성들의 재물을 빼앗아다가 조상의 제사를 모시는 일은 내가 차마 할 수 없다."

그러나 여유가 있은 뒤에 남을 구제하려 한다면 반드시 남을 구제할 날이 없을 것이며, 시간이 남은 뒤에 책을 읽으려 한다면 결코 책 읽을 기회가 없을 것이다.

절용하는 것이 본래 원칙이기는 하지만, 만일 눈앞에 불쌍한 것을 보고 급히 구원해 주고 싶은 경우에는 또한 여유가 있고 없는 것을 헤아려서는 안 된다.

【註釋】 *公貨(공화) : 관청의 재물.　*私人(사인) : 사사로운 관계에 있는 사람.

【字義】 廩 : 녹봉 름, 창고 름　餘 : 남을 여　竊 : 훔칠 절
貨 : 재화 화　賙 : 도울 주

절기관봉 節其官俸하여 이환토민 以還土民하고 산기가색 散其家穡하여 이섬 以贍 친척 親戚 즉무원의 則無怨矣니라.

【解釋】 관에서 받는 녹봉을 절약하여 그 곳 백성에게 돌려주고, 자기 전답의 수입으로 친척들을 돌보아 주면 원망이 없을 것이다.

【解說】 사람들이 항상 말하기를,

"벼슬 살이가 왜 즐거운가, 남는 것은 집안 살림이다."

하는데, 벼슬살이 하는 동안 자기 농토에서 수확되는 것은 집으로 가져가지 않고 저축하기도 하고 팔기도 하니, 이 남는 것으로 토지를 더욱 늘릴 수 있음을 말하는 것이다.

율곡(栗谷) 이이(李珥)의 종손(從孫) 이집(李緝)이 여러 차례 수령을 지냈는데, 벼슬살이할 때는 서(庶)동생 구(構)에게 자기 대신 집안일을 맡도록 하였다. 흉년이 들면 이집은 편지를 보내어,

"집안에 저축된 것은 반드시 먼저 친족들에게 나누어 주고, 여유가 있거든 종들이나 이웃 사람들에게 나누어 주어라."

하였다. 어떤 사람이 기회를 타서 전답과 집을 더 늘리라고 권고하니, 이집은 이렇게 말하였다.

"자신의 이익을 도모하기 위하여 차마 저들을 굶주리게 할 수 있겠는가."

그리고는 집에 돌아와서는 집 종이 바치는 장리(長利) 놓은 문서를 불살라 버리고 그 종을 매때렸다.

【註釋】 *官俸(관봉) : 관에서 받는 봉급.
*土民(토민) : 그 지방 사람.
*家穡(가색) : 집안 농사.

【字義】 俸 : 봉급 봉　穡 : 농사 색　贍 : 넉넉할 섬
怨 : 원망할 원

적도지인 謫徒之人이 여쇄곤궁 旅瑣困窮이면 연이섬지 憐而贍之도 역인인 亦仁人

之務也니라.

【解釋】 귀양살이하는 이가 객지에서 곤궁하게 지내면 불쌍히 여겨도와 주는 것 역시 어진 사람의 할 일이다.

【解說】 김영구(金永耉)가 전주판관(全州判官)이 되었는데, 그때 가벼운 죄 이하 모든 죄수에게 돈으로 속죄(贖罪)하게 하는 영이 내렸다. 이때 김수(金粹)가 만경(萬頃)에서 귀양살이하고 있었는데, 가난하여 속전(贖錢)을 마련할 수가 없었다. 김영구는 김수의 집안과 본래 좋게 지냈으므로, 노비 7명과 한강 가의 석 섬지기 전답을 속전으로 주고, 고을 백성에게는 누를 끼치지 않았다.

【註釋】 *謫徒(적도) : 귀양. 유배(流配)하는 형벌.
*仁人(인인) : 어진 사람.

【字義】 謫 : 귀양 살 적 徒 : 유배할 도, 무리 도 旅 : 나그네 려 憐 : 불쌍할 련 務 : 힘쓸 무

干戈搶攘에 流離寄寓는 撫而存之가 斯義人之行也니라.

【解釋】 전쟁 때 난을 피해 떠돌아다니며 붙어 사는 사람을 불쌍히 여겨 보호해 주는 것은 의로운 사람의 할 일이다.

【解說】 조선 현종 때 사람 홍이일(洪履一)이 대구판관(大丘判官)으로 있으면서, 병자호란(丙子胡亂)을 만났는데 조령(鳥嶺) 이남에는 난리가 미치지 않았기 때문에 피란 온 사대부들이 많았다. 공은 그들을 잘 돌보아 주었기 때문에 모두 분수에 지나친 대우를 고맙게 여겼다. 공은 말하기를,

"이런 때에 나는 한 고을의 부유함을 차지하고 있는데, 어찌 자신의 생활만 풍요롭게 하고서 남의 굶주림을 그대로 볼 수 있

겠는가."

하였다. 하루는 관찰사(觀察使)가 회롱하기를,

"벼슬살이하면서 청렴한 것은 본디 좋은 일이지만, 자손들은 어찌할 셈이오."

하니, 공은 웃으면서 말하였다.

"자신의 행동에 본심을 저버리지 않았으니 만족합니다. 이 청렴함을 자손에게 남겨 주면 어찌 후하지 않겠습니까?"

【註釋】 ***干戈**(간과) : 방패와 창. 전쟁을 뜻함.
***搶攘**(창양) : 몹시 어수선함.
***流離**(유리) : 떠돌아다님.
***寄遇**(기우) : 임시로 붙어 삶.
***撫而存之**(무이존지) : 돌보아 살려 줌.

【字義】 **干** : 방패 **간** **戈** : 창 **과** **搶** : 어수선할 **창**
攘 : 밀칠 **양** **寄** : 부칠 **기** **寓** : 부칠 **우** **撫** : 어루만질 **무**

권문세가 불가이후사야 權門勢家를 不可以厚事也니라.

【解釋】 권세 있는 집안을 후히 섬겨서는 안 된다.

【解說】 권세 있는 사람에게 후한 선물이나 뇌물을 보내서는 안 된다. 내가 은혜를 입었거나 혹시 의뢰하여 서로 좋게 지내는 사이에는 때때로 선물을 보내 주되 먹는 것 몇 가지에 지나지 않아야 하며, 그 밖에 초피(貂皮)·인삼(人蔘)·비단 같은 값진 물품들을 바쳐서는 안 된다. 왜냐하면 청렴하고 맑고 식견이 있는 재상은 받지 않을 뿐만 아니라, 또한 나를 비루하고 간사한 사람으로 여길 것이며, 혹 임금께 아뢰어 죄주기를 청하기도 할 것이다. 이는 재물을 손상하고 자신을 망치는 것이니 위험한 일이다.

현종(顯宗) 때 우의정 김수항(金壽恒)이 왕에게 아뢰기를,

"사대부의 대소상(大小喪)에는 친지들이 부의(賻儀)를 보내는 규례가 있으나, 10세 이전 아이의 죽음에 어찌 이런 일이 있겠습니까. 신이 지난 겨울에 어린 자식을 잃었는데, 충청병사 박

진한(朴振翰)이 무명 50필을 부의로 보내왔습니다. 신이 대신의 자리에 있으니 아첨하는 것이 아니면 필시 저를 시험하려 하는 것입니다. 비록 즉시 물리치기는 하였지만 결단코 그대로 둘 수 없습니다. 법관에게 죄를 다스리게 하는 것이 어떻겠습니까?"

하니, 숙종이 그렇게 하라고 하였다.

숙종 때 한 늙은 아전이 대궐에서 돌아와서 그의 처자에게 눈물을 흘리며 말하였다.

"근래에 이름 있는 관리들이 모여서 종일토록 하는 이야기가 한 마디도 나라의 계책이나 백성들의 걱정은 전혀 없고, 오직 여러 고을에서 바치는 선물의 많고 적음과 좋고 나쁨을 논하면서, '어느 원이 보낸 물건은 극히 정묘하고 어느 수령이 보낸 물건은 매우 많다' 한다. 이름 있는 관리들이 이와 같으니 외방에서 거두어들이는 것이 반드시 더 많을 것이다. 나라가 어찌 망하지 않겠는가."

조선 연산군 때 사람 정붕(鄭鵬)이 청송부사(靑松府使)가 되었는데, 재상 성희안(成希顔)이 잣과 꿀을 요구하자, 이렇게 대답하였다.

"잣나무는 높은 산봉우리에 있고, 꿀은 백성들의 집 벌통 속에 있으니 수령이 어떻게 구할 수 있겠습니까?"

【註釋】 ***權門勢家(권문세가)**：권력과 세력이 있는 집.

***厚事(후사)**：후하게 섬김. 잘 섬김.

【字義】 **權**：권세 **권**, 성씨 **권**　**勢**：형세 **세**　**厚**：두터울 **후**　**事**：섬길 **사**, 일 **사**

봉공육조(奉公六條)

제1조 교화를 폄〔宣化〕

郡守縣令(군수현령)은 本所以承流宣化(본소이승류선화)인데 今唯監司謂(금유감사위)有是責(유시책)은 非也(비야)라.

【解釋】 군수(郡守)나 현령(縣令)은 본래 은택을 입히어 교화(敎化)를 펴는 것인데, 요즈음 감사(監司)에게만 이 책임이 있다고 말하는 것은 잘못이다.

【解說】 한(漢) 나라 동중서(董仲舒)는 이렇게 말하였다.

"요즈음 군수나 현령은 백성의 스승이요 지도자이니, 그들로 하여금 은택을 입히어 교화를 펴게 하는 것이다. 그러므로 수령이 현명하지 못하면 임금의 덕이 선양되지 못하고 은택이 입혀지지 못한다. 오늘날 관리들은 아랫사람을 교훈함이 없고, 임금의 법을 이어받아 쓰지 않고 백성들에게 포학하게 하여 간악한 아전들과 부동하여 이익을 추구한다. 그래서 가난하고 외롭고 약한 백성들은 원통하고 괴로워서 생업을 잃어버리게 되니 심히 폐하의 뜻에 맞지 않다. 이러므로 음양(陰陽)이 순조롭지 못하고 나쁜 기운이 충만하여, 많은 백성들이 제대로 살지 못하고 제대로 구제되지 못하니, 이는 모두 수령이 현명하지 못하여 이런 지경에 이른 것이다.

【註釋】 *宣化(선화) : 백성들에게 교화(敎化)를 폄.

【字義】 縣 : 고을 현. 행정 단위의 하나. 宣 : 펼 선
唯 : 오직 유 監 : 맡을 감

綸音到縣(윤음도현)하면 宜娶集黎民(의취집여민)하여 親口宣諭(친구선유)하여 俾(비) 知德意(지덕의)니라.

【解釋】 윤음(綸音)이 고을에 도착하면 백성들을 모아 놓고 친히 선포하여 국가의 은덕을 알게 하여야 한다.

【解說】 윤음이란 임금이 백성을 위로하는 말인 것이다. 어리석은 백성들은 문자를 모르기 때문에, 귀에 대고 말하거나 얼굴을 맞대고 명령하지 않고서는 알아듣지 못한다. 임금의 말씀이 내려올 적마다 수령은 선포하여, 조정의 은덕을 널리 선양하여 백성들로 하여금 국가의 은혜를 깊이 마음 속에 새기도록 하여야 한다.

내가 영남 지방으로 귀양갔을 때 보니, 쓸쓸하고, 작은 마을에도 윤음각(綸音閣)이 있었다. 한 칸 집인데, 북쪽 담벽에다 긴 판자를 가로 걸어 놓고, 윤음이 있을 때마다 판자 위에 붙여 놓고, 부로(父老)들이 그 앞에 늘어서서 절을 한다. 국가에 경사가 있어도 늘어서서 절을 하고, 나라에 상사(喪事)가 있어도 늘어서서 절을 하며, 중요한 의논이 있어도 반드시 그 아래에서 모인다. 이는 천하의 아름다운 풍속이니, 이 풍속은 모든 곳에서 통용하면 좋을 것이다.

【註釋】 ＊綸音(윤음) : 임금의 명령. ＊綸音閣(윤음각) : 윤음을 선포하는 집.

【字義】 綸 : 실가닥 륜 宜 : 마땅 의 娶 : 모을 취
黎 : 백성 려 諭 : 유시할 유 俾 : 하여금 비

教文赦文到縣(교문사문도현)이라도 亦宜撮其事實(역의촬기사실)하여 宣諭下(선유하)

민　　비 각 지 실
民하여 俾各知悉이니라.

【解釋】 교문(敎文)이나 사문(赦文)이 현에 도착하면 사실의 요점을 뽑아 백성들에게 선유(宣諭)하여 제각기 다 잘 알도록 하여야 한다.

【解說】 나라에 큰 경사가 있으면 교문을 반포한다. 또 왕의 환후(患候)가 회복되었거나, 세자 탄생의 경사가 있거나, 임금의 나이가 많아졌거나, 혹은 가례(嘉禮)를 거행하거나 하면 교문을 반포하고 따라서 사면(赦免)을 선포한다. 어려운 말로 수식된 문장을 백성들은 이해하지 못하므로, 수령은 그런 사실을 쉬운 말로 만들어서, 백성들에게 선포하여 백성들과 함께 경사로 삼아야 한다.

【註釋】 **＊敎文(교문)**：임금의 명령을 적은 글.

＊赦文(사문)：죄를 사면(赦免)하는 글.

【字義】 **赦**：놓아 줄 **사**　**到**：이를 **도**　**撮**：모을 **촬**
諭：깨울칠 **유**　**悉**：모두 **실**

범 망 하 지 례　의 숙 목 치 경　사 백 성 지 조 정
凡望賀之禮는 宜肅穆致敬하여 使百姓知朝廷
지 존
之尊이니라.

【解釋】 망하례(望賀禮)는 엄숙하고 조용히 하여 경건을 다해서 백성들로 하여금 조정의 존엄함을 알게 해야 한다.

【解說】 관청 뜰에 들어와서 예식을 행하고 나면, 반드시 얼마 동안 엎드려서 지난 15일 동안에 한 일이, 우리 임금께 부끄러운 일이나 없었던가 조용히 생각해 보되 마치 임금께서 머리 위에서 내려다 보시는 것같이 하고, 만약 마음에 부끄러운 것이 있으면, 빨리 고쳐서 나의 양심을 기르도록 해야 한다.

요즈음 풍속에는 초하루·보름에만 망하례를 거행하지만, 임금

의 탄생일이나 나라에 경사가 있는 날에는 다 망하례를 거행해야 할 것이나, 비록 남이 하지 않는 것이라 하더라도 행해야 한다.

【註釋】 ***望賀禮**(**망하례**) : 명절 날 등에 수령이 전패(殿牌)에 나아가 축하하면서 절하던 의식. 전패는 각 고을에 설치해 둔 궁궐을 상징하는 곳.
***肅穆致敬**(**숙목치경**) : 엄숙하고 경건하게 함.

【字義】 **望** : 바라볼 **망**　**賀** : 축하할 **하**　**穆** : 아름다울 **목**　**廷** : 조정 **정**　**尊** : 높을 **존**

> 望慰之禮(망위지례)는 一遵儀注(일준의주) 而古禮不可以不講(이고례불가이불강)也(야)이니라.

【解釋】 망위례(望慰禮)는 일체 의주(儀注)를 따라야 하지만, 옛날의 예(禮)를 강구하지 않을 수 없다.

【解說】 망위례는 아주 정성스럽고 신중하게 해야 한다. 만약 고례를 논한다면, 국상(國喪)을 처음 듣고는 오사모(烏紗帽)[1]·천담복(淺淡服)[2]·흑각대(黑角帶)[3]로 뜰 가운데에 나아가 곡하고, 바깥 뜰로 물러나와서 옷을 갈아입고 들어가서 우곡(又哭)[4]해야 한다.

【註釋】 ***望慰禮**(**망위례**) : 국상(國喪) 때 대궐 쪽을 향해 조위(弔慰)를 표하는 의식.
***儀注**(**의주**) : 나라의 의식 절차를 적은 책.
1) **烏紗帽**(**오사모**) : 관복을 입을때 쓰던 깁으로 만든 모자.
2) **淺淡服**(**천담복**) : 옅은 옥색 천으로 지은 제복(祭服).
3) **黑角帶**(**흑각대**) : 검은색의 띠.
4) **又哭**(**우곡**) : 상(喪) 때 다섯 번 곡하는 것 가운데 두 번째 하는 곡.

【字義】 **慰** : 위로할 **위**　**遵** : 따를 **준**　**講** : 강구할 **강**

국기 國忌에는 폐사불용형 廢事不用刑하고 불용악 不用樂을 개여법례 皆如法例이니라.

【解釋】 나라의 제삿날에는 공무를 보지 않고, 형벌도 집행하지 않으며, 음악도 베풀지 않기를 모두 법례대로 해야 한다.

【解說】 나라의 제사 하루 전에 앉아서 재계(齋戒)하고, 태형(笞刑)은 쓰되 장형(杖刑)은 쓰지 않는다. 문을 열고 닫을 때에도 군악을 쓰지 않으며, 이튿날 제사가 끝난 뒤에야 태형과 장형을 쓴다.

요즈음 수령들은 나라의 제삿날에도 연회를 베풀고 풍악을 울려서, 아전과 백성이 예에 어긋남을 비방하는 소리가 경내에 떠들썩하건만, 수령만은 듣지 못한 척하니, 이는 삼가야 할 일이다.

내가 섬겼던 부왕(父王)이나 조왕(祖王)의 기일에는 엄숙히 재계하고 추모의 정을 다하되, 술도 끊고 고기도 먹지 않기를 부모의 제사나 다름없이 하는 것이 예에 알맞는 것이다.

조선 현종 때 사람 조극선(趙克善)이 온양군수(溫陽郡守)로 있을 때 일이다. 인조대왕(仁祖大王)의 상을 당하자, 죽을 마시고 거적자리 위에서 자면서 조석으로 슬퍼하고 곡하였다. 내외 주방의 술과 고기를 거두어 버리니, 부녀자나 어린이도 감히 고기를 먹는 자가 없었다.

【註釋】 *國忌(국기) : 나라의 제사.
*法例(법례) : 법과 격식의 예.

【字義】 忌 : 제사 기, 꺼릴 기　廢 : 폐지할 폐
刑 : 형벌 형　例 : 격식 례

조령소강 朝令所降에 민심불열 民心弗悅하여 불가이봉행자 不可以奉行者는 의 宜 이질거관 移疾去官이니라.

【解釋】 조정의 법령이 내려왔는데 백성들이 좋아하지 않아서 봉행할 수 없으면 병을 핑계하고 벼슬을 그만두어야 한다.

【解說】 송(宋) 나라 강잠(姜潛)이 도임한 지 몇 달이 안 되어서 청묘령(靑苗令)이 내려왔다. 그는 문(門)에 방을 써 붙이고, 또 고을에 공문을 보냈으나 3일이 되어도 와서 보는 자가 없었다. 강잠은 드디어 방을 떼어 아전에게 주면서,

"백성들이 원하지 않는다."

하고는 즉시 병을 핑계하고 떠나 버렸다. 이때에 진순유(陳舜兪)는 글을 올려 신법(新法)을 반대하다가 좌천되자 다시 글을 올려,

"청묘법은 매우 편리한 것인데, 처음에 몽매하여 알지 못했다."

하니, 식자들은 그를 비웃었다.

【註釋】 ＊**朝令**(조령) : 조정의 명령.
＊**弗悅**(불열) : 좋아하지 않음.
＊**移疾**(이질) : 질병이라고 핑계함.

【字義】 **降** : 내릴 **강** **悅** : 기쁠 **열** **奉** : 받들 **봉**
移 : 옮길 **이** **疾** : 병 **질** **官** : 벼슬 **관**

> 璽書遠降(새서원강)이면 牧之榮也(목지영야)요 責諭時至(책유시지)는 牧之懼也(목지구야)니라.

【解釋】 새서(璽書)가 멀리 내려오는 것은 수령의 영광이요, 꾸짖는 유시(諭示)가 때때로 오는 것은 수령의 두려움이다.

【解說】 나라에서 조서(詔書)를 내려 장려하는 것은 나를 기리는 것이 아니요, 조정에서 유시를 내려 몹시 꾸짖는 것은 나를 미워하는 것이 아니라, 모두 백성을 위해서이다. 장려를 받든, 꾸중을 받든 모두 조정의 은덕을 선포해야 할 것이요, 감추어서는 안 된다.

송 태종(宋太宗)이 각 지방에 수령을 경계하는 비석을 세웠는데, 그 비문에는 이렇게 씌어 있었다.

"네 녹봉은 백성들의 피와 기름이다. 백성을 학대하기는 쉽지만, 하늘은 속이기 어렵다."

【註釋】 *璽書(새서) : 임금의 명령을 적은 글. 교서(敎書). *諭示(유시) : 임금이 백성들에게 내리는 훈시.

【字義】 璽 : 옥새 새 牧 : 수령 목 榮 : 영화 영
責 : 꾸짖을 책 懼 : 두려울 구

제2조 법을 준수함〔守法〕

법자 군명야 불수법 시부준군명자야
法者는 君命也이니 不守法이면 是不遵君命者也라.
위인신자 기감위시호
爲人臣者는 其敢爲是乎아.

【解釋】 법이란 임금의 명령이다. 법을 지키지 않음은 임금의 명령을 따르지 않는 것이 되는데, 신하로서 감히 그래서야 되겠는가.

【解說】 책상 위에는《대명률(大明律)》[1] 한 권과《대전통편(大典通編)》[2] 한 권을 놓아두고, 항상 보아서 조례(條例)를 알도록 하며, 거기에 따라 법을 지키고, 영을 행하고, 송사를 결단하며, 사무를 처리하되, 무릇 법의 조례에 금하는 것은 조금이라도 범해서는 안 된다. 비록 고을의 전례가 되어 오래도록 내려오는 것이라 하더라도, 진실로 국법에 뚜렷이 어긋난 것은 범해서는 안 된다.

【註釋】 *君命(군명) : 임금의 명령.
*守法(수법) : 법을 지킴.
1) 大明律(대명률) : 중국 명(明)나라의 기본 형법(刑法)을 적은 책.
2) 大典通編(대전통편) : 조선 때의 기본 법전(法典).

【字義】 君 : 임금 군 敢 : 용감할 감

확연지수 불요불탈 변시인욕퇴청
確然持守하여 不撓不奪이면 便是人慾退聽이요
천리유행
天理流行이니라.

【解釋】 법을 굳게 지켜서, 굽히지도 흔들리지도 않으면 인욕(人慾)이 물러가고 천리가 유행하게 될 것이다.

【解說】 조선 태종 때 사람 정승 허조(許稠)가 전주판관(全州判官)으로 있을 적에, 청렴한 절개를 지키고, 강직하고 밝아 일을 잘 처결하였다. 일찍이 스스로 맹세하기를,

"법 아닌 것으로 일을 처리하면 하늘이 법을 내린다.[非法斷事 皇天降罰]는 여덟 글자를 작은 현판에 써서 청사에 걸어 놓았다."

【註釋】 *確然持守(확연지수) : 확실하게 지켜 나감.
*不撓不奪(불요불탈) : 흔들리지도 않고 빼앗기지도 않음.
*人慾(인욕) : 사람의 사사로운 욕심.
*天理(천리) : 하늘의 떳떳한 이치.

【字義】 確 : 확실할 확　撓 : 흔들릴 요　奪 : 빼앗길 탈　便 : 문득 변　聽 : 들을 청

凡國法所禁과 刑律所載는 宜慄慄危懼하여 毋敢冒犯이니라.
(범국법소금 형율소재 의율율위구 무감모범)

【解釋】 국법이 금하는 것과 형률(刑律)에 실려 있는 것은 마땅히 두려워하여 감히 범하는 일이 없도록 해야 한다.

【解說】 한 가지 일을 당할 적마다 반드시 나라의 법을 상고하되, 만약 법률에 어긋난 것이 있으면 절대로 시행해서는 안 된다. 만약 전임 수령의 범법한 것이 그대로 전해오면서 내게 뒤집어씌워진 것이 있다면, 마땅히 편지를 주고받아 바로잡기를 강구하고, 그래도 저쪽에서 듣지 않으면 감영(監營)에 보고해야지. 그대로 용서해서는 안 된다.

일체 법만 지킨다면 때에 따라서는 너무 구애받게 된다. 다소 융통성을 두더라도 백성들을 이롭게 할 수 있는 것은 옛사람들도

변통하여 처리하는 수가 있었다. 요컨대, 자기 마음이 천리(天理)의 공정한 데서 나왔다면 법이라고 해도 고집스럽게 지킬 필요는 없으며, 자기 마음이 인욕(人慾)의 사정(私情)에서 나왔다면 조금이라도 법을 범해서는 안 된다.

법을 범하고 죄를 받는 날, 위로 하늘에 부끄럽지 않고 아래로 사람에게 부끄럽지 않다면, 법을 범했더라도 반드시 백성에게 이롭고 편한 일일 것이니, 그런 경우에는 다소 융통성이 있더라도 괜찮을 것이다.

【註釋】 ＊**慄慄**(율율) : 무서워하는 모양.
＊**危懼**(위구) : 위태롭고 두려워함.
＊**毋敢**(무감) : 감히 하지 않음.
＊**冒犯**(모범) : 함부로 범함.

【字義】 **禁** : 금지할 금　**律** : 법 률　**載** : 실을 재
慄 : 떨 률　**懼** : 두려워할 구　**冒** : 무릅쓸 모

> 불위이유　불위위굴　수지도야　수상사
> 不爲利誘하고 不爲威屈은 守之道也라. 雖上司
> 독지　유소불수
> 督之라도 有所不受니라.

【解釋】 이익에 유혹되지 않고 위협에 굴복되지 않는 것이 법을 지키는 도리이다. 비록 상관이 독촉하더라도 받아들이지 않음이 있어야 한다.

【解說】 조선 인조 때 사람 이명준(李命俊)이 고산찰방(高山察訪)이 되었는데, 그 역(驛)이 북쪽 국경의 요로에 놓여 있었다. 역마를 타는 자들이 흔히 법의 한계를 넘어서 지나치게 요구하는 수가 많으므로 역졸(驛卒)들이 명령을 견디어낼 수가 없었다.

그는 법대로 집행하면서 굽히지 않았고, 비록 감사가 오더라도 꼭 마패(馬牌)대로 역마를 지급하였더니, 감사가 화를 내어 듣지 않았다. 그는 다투다가 마침내 조정에 처분을 요청하였더니, 조정에서는

공이 옳고 감사가 잘못이라고 하여 폐단은 아주 고쳐졌으나 공은 마침내 벼슬을 버리고 돌아가버렸다.

【註釋】 ＊利誘(이유) : 이익으로 유혹함. | ＊威屈(위굴) : 위엄 앞에서 굴복함.

【字義】 誘 : 꾈 유　威 : 위세 위　屈 : 굽힐 굴
雖 : 비록 수　督 : 재촉할 독

法之無害者(법지무해자)는 守而無變(수이무변)하고 例之合理者(예지합리자)는 遵而勿失(준이물실)이니라.

【解釋】 해가 없는 법은 지키어 고치지 말고, 사리에 맞는 관례는 따라서 없어지지 않도록 해야 한다.

【解說】 송(宋) 나라 정자(程子)는 이렇게 말하였다.

"지금 시대에 살면서 지금의 법령을 지키지 않는 것은 의리가 아니다. 정치를 논할 것 같으면 모름지기 지금의 법도 안에서 선처해야 의리에 알맞게 될 것이요, 만약 그것을 고친 후에 행한다면 무슨 의리가 있겠는가."

조극선(趙克善)이 수령으로 있을 적에 반드시 동틀 무렵에 일찍 일어나서 관대(冠帶)를 차리고 일을 보았으며, 어지럽게 다시 뜯어 고치는 것을 좋아하지 않으면서 이렇게 말하였다.

"무릇 일을 하는 데는 모름지기 점차로 다루어야 한다. 도임하자마자 일체의 폐단을 제거해 놓고 그 뒤에 제대로 계속하지 못한다면, 반드시 처음만 있고 끝이 없는 결과를 가져오게 될 것이다. 먼저 지나친 것만을 제거한 후 점차로 완전히 하는 것이 좋다."

【字義】 害 : 해칠 해　變 : 고칠 변　失 : 잃을 실
理 : 이치 리, 다스릴 리

읍 례 자 일 읍 지 법 야 기 부 중 리 자 수 이 수 지
邑例者는 一邑之法也니 其不中理者는 修而守之니라.

【解釋】 한 고을의 예(例)란 그 고을의 법이다. 그것이 사리에 맞지 않을 때에는 수정하여 지켜야 한다.

【解說】 사리에 맞지 않게 관가에만 이롭게 하는 것은 고쳐서 없애도록 하여야 하며, 법에 없는 것이 섞여서 나와 있는 것은 한계를 분명히 하여야 할 것이다. 곰곰이 생각하고 샅샅이 살피고 널리 묻고 과감히 결단하되, 후폐를 염려하여 막아 버려야 한다. 여론에 순응하며, 입법(立法)하되 금석(金石)의 법전처럼 하고, 이를 지키되 공평하게 하면, 영을 내리는 것이 조금도 마음에 부끄러움이 없을 것이다.

【註釋】 **＊邑例(읍례)** : 그 고을에 내려오는 특별한 예(例).
＊中理(중리) : 이치에 맞음.
＊修而守之(수이수지) : 잘 정리하여 지켜나감.

【字義】 **邑** : 고을 읍 **中** : 맞을 중 **修** : 닦을 수
守 : 지킬 수

제3조 예로 사귐〔禮際〕

예 제 자 군 자 지 소 신 야 공 근 어 례 원 치 욕 야
禮際者는 君子之所愼也니 恭近於禮이면 遠恥辱也니라.

【解釋】 예의로 교제함은 군자가 신중히 여기는 바이니, 공손함이 예의에 가까우면 치욕을 멀리 할 것이다.

【解說】 자신이 하관(下官)이면 본분을 삼가 지키어 상관을 섬겨야

할 것이다. 나는 문관이요 상대는 무관일지라도 비교해서 괄시해서는 안 되며, 나는 혁혁하고 상대는 한미할지라도 교만을 부려서는 안 되며, 나는 잘났고 그는 어리석다 해도 말해서는 안 되며, 나는 늙고 그는 젊다 해도 서글퍼해서는 안 된다.

엄숙하고 공경하고 겸손하고 온순하여 감히 예를 잃지 않으면 평화롭고 통달하여 서로 막히는 일이 없어야 정과 뜻이 믿음으로 맺어지게 될 것이다. 오직 백성을 위하는 일에 있어서는 그가 만약 자애롭지 않은 일을 한다면 그의 뜻에 굽혀 따라서 백성들에게 해독을 끼쳐서는 안 된다.

조선 선조 때 사람 학봉(鶴峰) 김성일(金誠一)은 본디 굳세고 바르다는 평이 있었지만, 수령으로 있을 때 매양 상관이 경내에 들어왔다는 말을 들으면, 반드시 관대(冠帶)를 착용하고 문에서 기다렸다고 한다.

【註釋】 *禮際(예제) : 예의를 갖추어 교제함.
*恭近於禮(공근어례) : 공손함이 예(禮)에 가까움.
*恥辱(치욕) : 부끄러움과 욕됨.

【字義】 際 : 사귈 제　愼 : 삼갈 신　恭 : 공손할 공
遠 : : 멀 원　恥 : 부끄러울 치　辱 : 욕될 욕

外官之與使臣相見(외관지여사신상견)은 具有禮儀(구유예의)하니 見於邦典(견어방전)이니라.

【解釋】 외관(外官)이 사신(使臣)과 서로 만나 보는 데는 그 예의가 나라의 법전에 실려 있다.

【解說】 조선 영조 초년에 거만하고 자존심이 강한 어떤 사람이 감사가 되어 처음으로 수령들과 앉아서 읍하는 관례를 만들어내었는데, 하관은 감사의 미움을 사서 관직을 잃게 될까 걱정하여 고개를 숙여 이를 달게 받아들이니, 이것이 그대로 전해 내려오면

서 습속으로 젖어 오늘에 이르게 된 것이다. 이런 관례가 행하여진 지 이미 백 년이 가까워서 드디어 바꿀 수 없는 법이 되어 버렸다. 대신이 조정에 건의하여 조정의 명령으로 신칙하지 않으면 아래 있는 사람으로서는 풍속에 따를 뿐이니, 잘못이 그에게 있지 내게야 무슨 상관이 있으랴.

【註釋】 **＊外官(외관)**：조정 밖의 관원이란 뜻으로 수령을 뜻함. **＊邦典(방전)**：나라의 법전(法典).

【字義】 **使**：사신 사, 부릴 사 **具**：모두 구, 성씨 구 **邦**：나라 방 **典**：법 전

연명지부영행례 비고야
延命之赴營行禮는 非古也라.

【解釋】 연명(延命)의 예를 감영(監營)에 나아가서 행하는 것은 옛 예가 아니다.

【解說】 연명이란 지방관이 자기 경내에 있을 때 선화(宣化)의 임무를 띤 신하가 오면 교서를 공손히 받들어 맞이하는 예이다.

영조 초년에는 오히려 옛 도를 썼는데, 세상이 후대로 내려오면서 사대부(士大夫)의 기풍과 절개가 더욱 쇠퇴해져서, 상관을 아첨으로 섬기며 오직 미움이나 사지 않을까 걱정하여, 감사가 도임하면 열흘 안에 수령은 급히 감영으로 달려가서 연명의 예를 행하니, 이는 연명이 아니라 참알(參謁)인 것이며, 조정을 존중하는 것이 아니라 상관에게 아첨하는 것으로서 다 좋지 않은 풍습인 것이다. 감사로서 예법을 모르는 자는 수령이 즉시 연명의 예를 행하지 않은 것을 보면 허물을 책하려 드니, 이 또한 잘못이 아니겠는가.

요즈음은 습속이 이미 이루어졌으므로 옛 습속에 사로잡힐 수 없으나, 급급히 감영으로 달려가서 식자들의 웃음거리가 될 것까지는 없고, 수십 일을 기다렸다가 행하는 것이 좋을 것이다.

【註釋】 *延命(연명) : 임금의 명령을 맞이하여 받아들임. | *赴營(부영) : 감영에 나아감.

【字義】 延 : 맞이할 연　赴 : 나아갈 부　古 : 예 고

監司者(감사자)는 執法之官(집법지관)이니 雖有舊好(수유구호)라도 不可恃(불가시)也(야)니라.

【解釋】 감사는 법을 집행하는 관리이니, 비록 옛날부터 좋게 지내는 사이라 하더라도 그것을 믿어서는 안 된다.

【解說】 후한(後漢) 때 사람 소장(蘇章)이 기주자사(冀州刺史)가 되었을 때, 그의 친구 중에 청하태수(淸河太守)가 된 사람이 있었다. 소장은 순찰하러 가서 그 친구의 부정을 처리하게 되었는데 주연을 베풀어 마음껏 즐겼다. 태수가 기뻐하여,

"남들은 모두 하늘이 하나인데, 나만은 하늘이 둘이다."

하니, 소장은,

"오늘 저녁에 옛 친구와 함께 술을 마시는 것은 사사로운 은혜이고, 내일 기주자사로서의 일을 처리하는 것은 공법(公法)인 것이다."

하고, 드디어 그의 죄를 들추어 바르게 처리하니, 고을 안이 숙연하였다.

조선 현종 때 사람, 심지원(沈之源)이 홍주목사(洪州牧使)로 있을 적에, 판서 임담(林墰)이 본도의 감사가 되어 순행하여 홍주에 도착하였는데, 심지원은 감사가 평소의 친구라 해서 대접을 퍽 간소하게 하였다. 임 담은 홍주의 아전에게 태형(笞刑)을 가하면서 말하기를,

"네 상관이 나와 우정은 친밀하지만 상하관으로서의 체모는 엄하지 않아서는 안 된다. 네 상관이 실수하였으니 네가 대신하여 태형을 맞으라."

하였다. 심지원은 매양 그의 자제들에게 이렇게 말하였다.

"내가 먼저 체모를 잃은 바 있었는데, 다시 아전에게 태형을 가한 것을 노여워한다면, 법을 무시하는 것이므로 끝내 마음에 두지 않았다. 임판서(林判書)가 나를 깨우쳐 준 점이 실로 많다."

【註釋】 ＊執法之官(집법지관) : 법을 집행하는 관원.

＊舊好(구호) : 전부터 잘 지내는 사이. 옛친구.

【字義】 執 : 잡을 집　舊 : 옛 구　好 : 좋을 호
恃 : 믿을 시

營下判官(영하판관)은 於上營(어상영)에 宜恪恭盡禮(의각공진례)하여 不可忽也(불가홀야)니라.

【解釋】 영하 판관(營下判官)은 상급 영(營)에 대하여 각별히 공경하며 예를 극진히 하여 소홀한 점이 있어서는 안 된다.

【解說】 송 나라 정호(程顥)가 진녕판관(鎭寧判官)이 되었는데, 태수가 처음에는 정선생은 일찍이 조정에서 대헌(臺憲)으로 있던 사람이니, 직무에 힘을 다하지 않을 것이라 여기고 또 자기를 업신여길 것이라 염려하였는데, 지내보니 정 선생은 그를 섬기기를 매우 공손하게 하였다. 비록 여러 창고를 관리하는 자잘한 일일지라도 성심으로 하지 않는 일이 없었고, 일이 조금이라도 타당하지 못한 것이 있으면 반드시 함께 변론하니, 드디어 따르지 않는 것이 없었다. 서로 교분이 두터워져서, 여러 차례 중대한 옥사(獄事)를 심리하여 죽지 않게 된 자가 전후에 십여 명이 되었다.

조선 효종 때 사람 조석윤(趙錫胤)이 진주목사(晉州牧使)로 있을적에, 매일 새벽녘에 병마사에게 문안을 드리면서 말하기를,

"내가 지금 이렇게 하는 것은 임금의 명을 공경하는 까닭입니다."

하고, 끝내 그만두지 않았다.

조선 숙종 때 판서 권대재(權大載)는 몸가짐이 검소하고 벼슬살

이에 청렴하고 간편하였다. 일찍이 공주판관(公州判官)으로 있을 적에, 감사가 쓰는 물자도 모두 절약하여 보내줌으로써 남용하지 못하게 하였다. 감영의 아전들이 모의하여 배당한 땔나무를 몰래 빼돌렸으므로, 감사의 방은 항상 추웠다. 감사가 물으니 그들은,

"배당한 땔나무가 본래 적습니다."

하였다. 감사가 권 판관을 꾸짖으니 권 판관은,

"직접 살펴보겠습니다."

하고, 그날 몸소 감독하여 배당한 땔나무를 다 때니, 방이 화로같이 뜨거워서 감사가 견디어 내지 못하였다. 급히 사람을 보내어 사과하였다.

"내가 잘못했다. 내가 잘못했다."

【註釋】 ＊營下判官(영하판관)：각 감영에 있는 판관. 판관은 종5품의 벼슬.

＊恪恭盡禮(각공진례)：정성과 공손하게 예를 다함.

【字義】 恪：정성 각　恭：공손할 공　盡：다할 진
忽：소홀히 할 홀

> 上司推治吏校(상사추치이교)에 雖事係非理(수사계비리)라도 有順無違焉(유순무위언)可也(가야)니라.

【解釋】 상사가 아전과 군교(軍校)들을 죄를 조사하느라 다스릴 때에는, 일이 비록 사리에 어긋나더라도 순종하고 어기지 않는 것이 좋다.

【解說】 죄가 자기 고을에 있어서 상사가 다스릴 때는 본디 논할 것도 없다. 그러나 혹시 생트집을 잡아 이치에 당치 않은 일을 덮어씌우려고 하더라도, 나는 이미 그의 아랫자리에 있으니 그저 순종할 따름이다. 만일 상사의 뜻이 잘못에서 나왔고 악한 마음이 있은 것이 아닌 경우에는, 내가 죄인을 호송하는 문서에 그 사정을

자세히 기록하고 관대한 처분을 빌어서, 내 아전과 군교가 억울한 형벌에서 벗어날 수 있도록 하는 것이 겸손한 도리이다.

만약 감사의 본의가 해치기 위한 것이어서 말로 다툴 문제가 아닌 것은 공형 문장(公兄文狀)[1]으로 죄수들을 호송하고, 따라서 사직서를 써서 같이 올리도록 해야 하는데 사직서에는 '병이 갑자기 중하여 책임을 다 할 수 없다'고 써야 한다. 감사가 사과하면 그대로 힘써 일을 보고, 만약 끝내 무례하면 세 번 계속해서 사직서를 내어 거취를 결정해야 한다.

【註釋】 **＊推治(추치)**：죄를 조사하여 다스림.
＊吏校(이교)：아전과 군교(軍校).

1) **公兄文狀(공형문장)**：지방 관아의 호장(戶長)이나 이방(吏房) 등이 죄인을 조사해서 꾸민 문서.

【字義】 **推**：밀 추, 밀 퇴 **順**：따를 순 **違**：어길 위 **焉**：어조사 언

> 소실재목 이상사영목 자치기이교자
> 所失在牧 而上司令牧하여 自治其吏校者어든
> 의청이수
> 宜請移囚니라.

【解釋】 잘못은 수령인 자신에게 있는데 상사가 자기더러 아전과 군교의 죄를 다스리라고 하는 경우에는, 죄수를 다른 고을로 옮겨 다스리기를 청해야 한다.

【解說】 부하들이 죄를 지으면, 수령에게는 살피지 못하고 단속하지 못한 과실이 있다. 상사가 추문하여 다스릴 경우에, 혹 죄수를 이웃 고을로 옮겨서 벌을 주게 하더라도, 그 사건을 따져보아 과오에서 나온 것이면 수령끼리 서로 충고하는 것이니, 꼭 깊이 인책할 것까지는 없다.

그러나 만약 상사가 나로 하여금 스스로 다스리게 한다면 동헌(東軒)에 나가 곤장을 치는 것은 뻔뻔한 일이니, 작은 사건이라 하더라도 보고해야 한다.

【註釋】 *所失在牧(소실재목) : 잘못이 수령에게 있음.

*移囚(이수) : 다른 고을 감옥으로 옮겨 가둠.

【字義】 失 : 잘못 실　　牧 : 목사 목, 기를 목　　宜 : 마땅 의　移 : 옮길 이　　囚 : 가둘 수

唯上司所令이 違於公法하고 害於民生이면 當毅然不屈하고 確然自守니라.
(유상사소령 위어공법 해어민생 당의연불굴 확연자수)

【解釋】 상사가 명령한 것이 공법에 어긋나고 백성들에게 해가 되는 것이면 꿋꿋하게 굽히지 말고 확실하게 지켜야 한다.

【解說】 한(漢)나라 임연(任延)이 무위태수(武威太守)가 되자, 광무황제(光武皇帝)가 친히 접견하고 경계하기를,

"상관을 잘 섬겨 명예를 잃지 않도록 하라."

하니, 임연이 말하기를,

"신은 듣자옵건대, 충신은 사사로울 수 없고, 사정(私情)이 있는 신하는 불충(不忠)하다 합니다. 바른 것을 이행하고 공(公)에 봉사하는 것이 신하의 도리요, 상하가 부화뇌동하는 것은 폐하의 복(福)이 아닙니다. 상관을 잘 섬기라는 분부를 신은 감히 받을 수 없습니다."

하니, 황제는 감탄하였다.

이영휘(李永輝)가 안협현감(安峽縣監)으로 있을 때, 그 도 감사가 그의 처를 관내에 장사지내면서 물자를 각 고을에 요구하는 것이 매우 많았는데, 각 고을에서는 뒤질세라 요구대로 따랐다. 그는 말하기를,

"상관으로서 사적인 일 때문에 아랫사람에게 물자를 요구하는 것은 의(義)가 아니요, 하관으로서 상관의 비위를 맞추어 섬기는 것은 곧 아첨이 된다. 그러나 그가 상례(喪禮)를 핑계로 요구하니 거절할 수도 없다."

하고는 물건을 간략하게 하여 보냈더니, 감사가 노하여 고의로 모

함하여 중상하였다.

【字義】 毅 : 굳셀 의　　屈 : 굽힐 굴　　確 : 확실할 확
守 : 지킬 수

예불가불공 의불가불결 예의양전 옹
禮不可不恭이요 義不可不潔이니 禮義兩全하면 雍
용중도 사위지군자야
容中道이니 斯謂之君子也니라.

【解釋】 예(禮)는 공손히 하지 않으면 안 되고 의(義)는 결백하게 하지 않을 수 없으니, 예와 의가 아울러 온전하여 온화한 태도로 도(道)에 맞아야 이를 군자(君子)라 한다.

【解說】 사대부로서 벼슬살이하는 법은 버릴 기(棄)자 한 자를 벽에 써 붙여 놓고 아침저녁으로 눈여겨 보아, 행동하기에 장애가 있으면 벼슬을 버리고, 마음에 거리끼면 벼슬을 버리고, 상사가 무례하면 벼슬을 버리고, 내 뜻이 행해지지 않으면 벼슬을 버려서, 감사가 내가 벼슬을 가벼이 버릴 수 있는 사람으로 알아 쉽게 건드릴 수 없는 사람으로 여긴 뒤에야 수령 노릇을 할 수 있는 것이다.

만약 부들부들 떨면서 행여나 자리를 잃을까 염려하여 황송하고 두려운 말씨와 얼굴빛이 표정에 나타나 보이면, 상관이 나를 업신여겨 독촉과 꾸중이 따를 것이니, 참으로 그 직책에 오래 있을 수 없는 것은 필연의 이치이다.

그러나 상관과 하관의 예절이 본디 엄한 법이니, 사직서를 내 끝내 사직하고 돌아가는 경우에 이르더라도, 그 말씨와 태도만은 온순하고 겸손하여 털끝만큼이라도 울분을 터뜨리는 기미가 없어야 예에 알맞다고 할 수 있다.

송 나라 장구성(張九成)이 진동(鎭東)의 첨판(簽判)으로 있을 적에, 군민(軍民)이 사사로이 소금을 구워서는 안 된다는 금령을 범하여 일이 이웃 고을까지 번지게 되었다. 장구성이,

“마땅히 처벌받아야 할 사람은 몇 사람뿐이요, 그 나머지는 모두

양민입니다."

하니, 감사가 성낸 빛을 얼굴에 띠며 거친 말씨로 장구성을 나무라므로 장 구성은,

"일을 행할 수 없는데 어찌 구차하게 따르랴."

하고는, 임명장을 던지고 떠나버렸다.

【註釋】 **＊不可不恭(불가불공)**：공손하게 하지 않을 수 없음. **＊禮義兩全(예의양전)**：예와 의리를 다 온전하게 함. **＊雍容中道(옹용중도)**：온화하고 도리에 맞음.

【字義】 **潔**：깨끗할 결　**全**：온전할 전　**雍**：아름다울 옹　**容**：조용할 용

隣邑相睦(인읍상목)하고 接之以禮(접지이례) 則寡悔矣(즉과회의)니라. 隣官有兄第之誼(인관유형제지의)하니 彼雖有失(피수유실)이라도 無相猶矣(무상유의)니라.

【解釋】 이웃 고을과 서로 화목하고 예로써 대접하면 뉘우침이 적을 것이다. 이웃 수령과는 형제 같은 의(誼)가 있으니, 저쪽에 잘못이 있더라도 그와 같아져서는 안 될 것이다.

【解說】 이웃 수령과 화목하지 못하게 되는 까닭은, 송사(訟事)에 관계된 백성을 찾아내려 하는데 그를 비호하여서 보내주지 않으면 화목하지 못하게 되고, 혹 차역(差役)을 당연히 해야 하는데도 회피하여 서로 미루게 되면 화목하지 못하게 된다. 객기(客氣)를 서로 부려 지기를 싫어하고 이기기만 좋아하므로 이 지경에 이르는 것이다. 저쪽에서 만약 이치에 맞지 않게 사정(私情)을 써서 내 백성을 괴롭힌다면, 나는 백성의 수령으로서 직분상 당연히 비호해야 하겠지만, 저쪽에서 주장하는 일이 본래 공정한 데서 나왔고, 내 백성이 사납고 교만하여 나를 의지하는 숲으로 삼아 숨으려 한다면, 나는 당연히 그와 함께 분개하여 그로 하여금 죄를 다스리도록 해야 할 것인데, 도리어 사정을 끼고 간악한 일을 숨겨서야

되겠는가?

양(梁)나라 대부(大夫) 송취(宋就)가 현령으로 있을 적에 초(楚)나라와 경계가 되어 있었다. 두 경계에 다 함께 오이를 심었는데, 양나라 사람들은 힘을 다하여 자주 물을 주어 그 오이의 품질이 좋았고, 초나라 사람들은 게을러서 자주 물을 주지 않아 그 오이가 좋지 못하였다. 초나라 수령이 양나라 오이가 좋은 것을 시기하여 밤중에 몰래 손톱으로 긁어버리니, 양나라 오이 중에 말라버린 것이 생기게 되었다. 양나라 정장(亭長)이 앙갚음으로 초나라 오이를 긁어버리려 하니, 송취는,

"이는 화(禍)를 나누는 것이다."

하고는, 사람을 시켜 몰래 밤중이면 초나라 오이밭에 물을 대주게 하였다. 초나라 정장이 매일 아침 나가 오이를 보니 다 함께 물이 대어져 있고 날로 좋아져 까닭을 조사해 보니, 양나라 정장이 그렇게 한 것이었다. 초나라 수령이 매우 기뻐하여 초왕(楚王)에게 알리니, 초왕도 양나라에서 몰래 양보한 것을 기뻐하여 귀중한 물품으로 사례하고 양왕과도 우호를 맺었다.

【註釋】 *隣邑(인읍): 이웃 고을. *寡悔(과회): 후회가 적음.

【字義】 **睦**: 화목할 **목** **寡**: 적을 **과** **悔**: 후회할 **회**
隣: 이웃 **린** **誼**: 친분 **의** **猶**: 같을 **유**

> 交承有僚友之誼(교승유요우지의)하니 所惡於後(소오어후)라도 無以從前(무이종전)이면 斯寡怨矣(사과원의)이라.

【解釋】 교대한 사람과는 동료의 우의가 있으니, 뒷사람에게 미움 받을 일을 앞사람이 하지 않아야 원망이 적을 것이다.

【解說】 전관(前官)과는 동료의 우의가 있으므로 서로 교대할 때 옛사람들은 후하게 하여서 전관이 비록 탐욕스러워 불법을 저질러

여 독이 가시지 않았더라도, 잘못을 고치고 정리하는데 있어서 조용하고 간절하게 하여, 형적이 드러나지 않도록 힘썼다. 만약 급히 다그치고 시원하게 하여 예전 정사를 일체 뒤집어서 마치 큰 추위 뒤에 따뜻한 봄이 온 것처럼 자처하여 혁혁한 명예를 취하려는 자는 그 덕이 경박하고 또한 그 뒤를 잘할 수가 없을 것이다.

전관 가족들이 아직 떠나지 못하고 고을에 남아 있으면, 그의 행장이나 여러 가지 일들을 마음을 다해 살펴서 마치 자기 일처럼 돌봐 주어야 하고, 혹시 경박한 관속 중에 전임관을 배반하여 존경하지 않아서 그 정상이 좋지 않거든 신신 당부하여 그러지 말도록 깨우쳐 주고, 심한 자는 그 죄를 엄하게 다스려야 한다.

【註釋】 ***交承**(교승) : 교대(交代)함.

***僚友**(요우) : 동료(同僚).

【字義】 **僚** : 동료 료　**從** : 따를 종　**斯** : 이 사　**怨** : 원망할 원

> 前官有疵(전관유자)어든 掩之勿彰(엄지물창)하고 前官有罪(전관유죄)어든 補之勿成(보지물성)이니라.

【解釋】 전관에게 흠이 있으면 덮어주어 나타나지 않도록 하고, 전관이 죄가 있으면 도와서 죄가 되지 않도록 해야 한다.

【解說】 만약 전관이 공금에 손을 댔거나 창고의 곡식을 축내고, 혹 허위 문서를 만들어 놓은 것은 그것을 들추어 내지 말고 모름지기 기한을 정하여 배상하도록 하되, 기한이 지나도 배상하지 못하거든 상사와 의논하도록 한다.

혹 전관이 세력있는 집안이나 호족에 속해서 강함을 믿고 약한 자를 능멸하여, 일을 어긋나게 처리하면서 뒷일은 걱정하지 않는 자이면, 내가 그를 대응하는 데에는 강경하고 엄하게 하여 조금이라도 굽히지 말아야 한다. 비록 이 때문에 죄를 입어서 평생 불우하

게 되더라도 돌아보아서는 안 된다.

송 나라 부요유(傅堯兪)가 서주(徐州)를 맡아 다스리게 되었다. 전임 수령이 군량을 축내었는데, 부요유가 대신 보상하다가 다 채우지 못하고서 파직되어 떠났으나, 그는 끝내 변명하지 않았다. 강절(康節) 소옹(邵雍)이 이렇게 칭찬하였다.

"그는 맑으면서도 빛나지 않고, 곧으면서도 과격하지 않으며, 용감하면서도 온순하였는데, 이렇게 하기는 어려운 것이다."

명 나라 육방(陸邦)이 악주(岳州) 수령이 되었을 때였다. 전에 큰 나무가 강물에 떠서 그 고을 경내로 들어왔는데, 전임 수령은 그것이 황실에 쓰일 나무인 줄을 모르고 자기 고을에서 쓰도록 하였다. 나무를 관리하는 사람이 잘못 육방의 죄를 논하였으나 육방은 그 사실을 변명하지 않았다. 어떤 사람이 변명하라고 종용하니, 육방은,

"내가 위에 알리면 전임 수령이 죄를 받을 것이니, 차라리 내가 죄를 지고 돌아가는 것이 좋다."

하였는데, 오랜 시일이 지난 후에 사실이 밝혀졌다.

조선 숙종 때 상국(相國) 정지화(鄭知和)가 광주부윤(廣州府尹)으로 있을 적에 전 부윤이 장죄(贓罪)[1]를 지어 옥에 들어갔다. 정지화가 이 사실을 밝히는 일을 맡아서 몸소 어지러운 장부를 열람하다가, 한 가지 일이라도 그를 도와줄 만한 것이 있으면 기뻐하면서,

"교대하는 전관과 후임관의 의리는 본래 형제와 같은 것이니, 이것으로 그의 목숨을 구해야겠다."

하고는 감사에게 극력 변명하여 그를 죽음에서 벗어나게 하였다.

【註釋】 ***有疵掩之(유자엄지)**: 허물이 있더라도 덮어 줌. ***補之勿成(보지물성)**: 도와 주어 죄가 되지 않게 함.
1) **贓罪(장죄)**: 장물죄. 공금을 횡령한 죄.

【字義】 **疵**: 흠 자　**掩**: 가릴 엄　**彰**: 드러낼 창
補: 보충할 보　**勿**: 하지 말 물

약 부 정 지 관 맹 영 지 득 실 상 승 상 변 이
若夫政之寬猛과 令之得失은 相承相變하여 以
제 기 과
濟其過니라.

【解釋】 대체로 정사의 너그럽고 가혹한 것과 정령(政令)의 좋고 나쁜 것은 계승하기도 하고 변통하기도 하여 그 잘못된 점을 해결해야 한다.

【解說】 한 나라 한연수(韓延壽)가 영천태수(潁川太守)로 있을 때였다. 앞서 조광한(趙廣漢)이 태수로 있을 적에, 그 고을 풍속에 붕당(朋黨)이 많은 것을 걱정하여, 아전과 백성들을 얽어매어 놓고, 서로 잘못을 들추어 내도록 하여 그렇게 하는 것을 총명한 일로 여겨 이 때문에 백성들이 서로 원수가 된 사람이 많았다. 한연수는 예의와 겸양으로 가르치되 백성이 따르지 않을까 걱정하여, 이 고을의 장로(長老)로서 고을에서 신망을 받고 있는 자 수십 명을 차례로 불러다가 술과 음식을 차려놓고 친히 상대하여 예로 대접하면서 사람들에게 풍속과 백성들의 괴로움을 물으며 화목하고 친애하며 원망하고 허물하던 것을 풀어버릴 방도로 타일렀더니, 장로들이 모두 곧 그렇게 할 수 있는 일이라고 하였다.

【註釋】 *寬猛(관맹) : 너그러움과 사나움.
*得失(득실) : 잘하고 잘못함.
*相承相變(상승상변) : 이어받기도 하고 변경하기도 함.

【字義】 猛 : 사나울 맹　濟 : 건질 제

제4조 공문과 보고서〔文報〕

공 이 문 첩 의 정 사 자 찬 불 가 위 지 어 이 수
公移文牒은 宜精思自撰이요 不可委之於吏手니라.

【解釋】 공문서는 마땅히 정밀하게 생각하여 손수 써야지 아전들의

손에 맡겨서는 안 된다.

【解說】 송 나라 한기(韓琦)는 행정 실무에 부지런하여 모든 장부나 문서를 조사하고 따지는 일을 모두 몸소 하였다. 옆에 있는 어떤 사람이,

"공께서는 지위가 높고 나이가 많으시며 공명(功名)이 있어서 조정에서 한 고을을 내려 주어 봉양하도록 하였으니, 작은 일은 몸소 처리하지 마십시오."

하니, 한기는 이렇게 말하였다.

"내가 번거로운 수고를 꺼리면 아전들과 백성들이 그 폐해를 받게 될 것이다. 또 봉록이 하루 1만 전(錢)인데, 일을 보지 않으면 내 어찌 편안할 것인가. 명망과 지위가 조금 높은 자는 고을을 얻으면 대체만 지키고 작은 일은 몸소 하지 않으면서 오직 음악과 풍류만 즐기니, 이것이 옳겠는가?"

조선 영조 때 사람 한지(韓祉)가 군수나 감사로 있을 적에 항상 말하기를,

"천하의 일은 한 사람이 해낼 수 없다."

하고는 매양 문서를 만들 때 초안이 이루어지면, 반드시 막료들이나 향승(鄕丞), 군관들에게까지 두루 보여서 그들이 모두 좋다고 한 뒤에야 썼다.

【註釋】 ＊公移文牒(공이문첩) : 공이는 공문, 문첩은 보고서.

＊精思(정사) : 자세히 생각함.

【字義】 移 : 공문 이, 옮길 이 　 牒 : 공문 첩, 글 첩
撰 : 지을 찬 　 委 : 맡길 위

> 其格例文句(기격례문구)가 異乎經史(이호경사)하여 書生始到(서생시도)에 多以爲惑(다이위혹)이니라.

【解釋】 그 공문서는 격식과 문구가 경사(經史)와 다르기 때문에,

서생(書生)이 처음 부임하면 흔히 어리둥절하게 된다.

【解說】 한기(韓琦)가 위부(魏府)에 있을 때, 관원 가운데 노증(路拯)이란 이가 책상 앞에 나와서 일을 아뢰는데, 서류의 말미에 서명할 것을 잊었었다. 한기는 바로 그 자리를 소매로 덮고, 머리를 들고 이야기하면서 차츰 둘둘 말아서 이야기가 끝나자 조용히 그에게 넘겨 주었다. 노증은 이 사실을 스스로 보고 부끄럽기도 하고 일편 감탄하였다. 중국에서는 문서에 격식이 틀리면 반드시 크게 죄를 받는다. 그러므로 한기의 일을 훌륭한 덕이라 한 것이다.

세상에서 이두(吏讀)를 신라 설총(薛聰)이 지은 것이라 하는데, 그 중에는 간혹 알기 어려운 것이 있다. 수령은 경관(京官)으로 있을 때, 아는 사람들에게서 배워 익혀서 스스로 해득하도록 해야 한다. 또 전문(全文)의 취지를 서술하는 것을 '등보(謄報)'라 하고, 요점만 따서 적은 것을 '절해(節該)'라 하는데, 평소에 상세히 익히고 보아서 서투르다는 비난을 듣지 않도록 해야 한다.

【註釋】 ＊格例(격례) : 격식.
＊經史(경사) : 경전(經傳)과 역사책.

【字義】 格 : 격식 **격** 　異 : 다를 **이** 　經 : 경서 **경**
始 : 비로소 **시** 　史 : 역사 **사** 　到 : 이를 **도**
惑 : 미혹될 **혹**

> 上納之狀(상납지장)과 起送之狀(기송지장)과 知會之狀(지회지장)과 到付之狀(도부지장)은 吏自循例付之可也(이자순례부지가야)니라.

【解釋】 상납(上納)의 글, 기송(起送)의 글, 지회(知會)의 글, 도부(到付)의 글 등은 아전이 관례에 따라서 보내도 좋다.

【解說】 공물(貢物)·세포(稅布)·군전(軍錢)·군포(軍布) 등을 기한이 되어 진상하는 것을 상납이라 하고, 장인(匠人)·번군(番軍)·죄수(罪囚)·원역(員役) 등을 명에 따라서 보내 주는 것을

기송(起送)이라 하며, 조정에서 보낸 조유(詔諭)를 즉시 반포하는 것을 지회(知會)라 하며, 상사(上司)가 보낸 공문을 어느 날에 수령하였다 하는 것을 도부(到付)라 한다. 모든 이러한 보고서는 오로지 아전에게 일임하여도 해로울 것이 없다.

오직 상납에 있어서 상사가 퇴짜를 놓을 우려가 있는 것은 이에 본장(本狀)의 끝에 그 농간하는 폐단을 적어서, 환히 알 수 있도록 하는 것이 좋다.

【字義】 **納**：바칠 **납**　**狀**：글 **장**　**起**：일어날 **기**
知：알 **지**　**到**：이를 **도**

> 설폐지장 청구지장 방색지장 변송지장
> 說弊之狀과 請求之狀과 防塞之狀과 辨訟之狀
> 필기문사조창 성의측달 방가이동
> 은 必其文詞條暢이 誠意惻怛하여야 方可以動
> 인
> 人이니라.

【解釋】 폐단을 말하는 공문, 청구하는 공문, 방색(防塞)하는 공문, 변송(辨訟)하는 공문은 반드시 그 문장이 분명하고 성의가 간절하여야 사람을 움직일 수 있다.

【解說】 고을에 병폐(病弊)가 있어서 그것을 바로 고쳐야 할 경우에는, 반드시 그 정경을 그려내되 눈앞에 환히 알 수 있게 해야 뜻을 이룰 수 있다. 혹 식량을 옮겨 주기를 청하거나, 재정의 원조를 청하거나, 부세(賦稅)를 삭감해 줄 것을 청하거나, 부역을 면제해 줄 것을 청하거나 하는 경우에는 모름지기 조목조목 밝혀서 사리가 환해야 뜻을 이룰 수 있을 것이다.

상사의 잘못된 명령이 있을 때는 내가 막아야 하지만 반드시 그 말씨가 공손해야 노여움을 면할 것이요, 상사의 책망이 있을 때는 내가 변명하되, 반드시 그 문장이 간절해야 의혹을 풀 수 있을 것이다.

무릇 백성을 위하여 건의할 때는 마땅히 이해를 서술하되, 지성으로 해서 윗사람을 감동시켜야 하니, 두 번, 세 번 거듭한 후에 거취를 결정할 것이요, 비록 이 때문에 파면이 된다 하더라도 앞길은 다시 트이게 될 것이다. 앉아서 백성들의 곤란을 그대로 보고만 있다가 마침내 죄에 빠지는 경우와는 거리가 먼 것이다.

【註釋】 *防塞(방색) : 어떤 지시에 대해 실행을 거부하는 일. *辨訟(변송) : 어떤 일에 대하여 변명하여 해명함. *條暢(조창) : 조리가 있고 분명함. *惻怛(측달) : 간절하고 정성스러움.

【字義】 弊 : 폐단 폐　塞 : 막을 색　辨 : 변명할 변
惻 : 측은할 측　怛 : 슬퍼할 달

> 人命之狀(인명지장)은 宜慮其擦改(의여기찰개)하고 盜獄之狀(도옥지장)은 宜秘其封緘(의비기봉함)이니라.

【解釋】 인명에 관한 보고서는 고치고 지우는 것을 염려해야 하고, 도적에 관한 보장은 그 봉함(封緘)을 비밀히 해야 할 것이다.

【解說】 살인 옥사에 관한 회답 판결문을 쓰면서 아전이 만약 뇌물을 먹고 그 긴요한 자구를 지워 버리고 딴 자로 고쳐 놓으면 수령으로서는 알 길이 없는 것이다.

내가 장기(長鬐)에서 귀양살이할 때의 일이다. 어떤 아전이 사람을 죽였는데, 아전들이 짜고 농간을 부려서 검시(檢屍)한 보고서를 전부 고쳐버렸다. 감영으로부터 회답이 오자 현감이 놀라 의심스럽고 괴이함이 헤아릴 수 없었으나 끝내 그들의 농간을 들추어내지 못하고 살인자는 무죄가 되었다.

【註釋】 *擦改(찰개) : 지워서 고침. *封緘(봉함) : 문서를 넣어 봉함.

【字義】 慮 : 생각 려　擦 : 문지를 찰　盜 : 도적 도
獄 : 감옥 옥　秘 : 감출 비

> 농형지장 우택지장 유완유급 요개급
> 農形之狀과 雨澤之狀은 有緩有急하니 要皆及
> 기 내무사야
> 期라야 乃無事也니라.

【解釋】 농사 형편에 대한 보고서와 비가 온 데 대한 보고서에는 완급(緩急)이 있으니 요컨대 모두 제때에 맞추어야 무사하게 된다.

【解說】 오래 가물다가 비가 내리면, 그 보고서는 반드시 시각을 다투게 된다. 만일 5일이나 10일마다 농사 형편을 으레 보고하는 것은 형식만 갖추는 데 가깝다. 무릇 변방 고을이어서 상사(上司)가 있는 곳과 멀 때에는 이웃 고을편에 부쳐도 해로울 것이 없다. 감영과의 거리가 수백 리나 되면 노비가 적지 않으니, 이웃 고을편에 부쳐서 비용을 절약하고자 하는 것이 상정인데, 어찌 금하겠는가? 이런 경우는 하루 전에 공문서를 만들어야 기한에 맞출 수 있을 것이다.

【字義】 澤 : 은택 **택**　　緩 : 늦출 **완**　　急 : 급할 **급**
期 : 기일 **기**

> 마감지장 의정요례 연분지장 의찰간
> 磨勘之狀은 宜正謬例하고 年分之狀은 宜察奸
> 두
> 竇니라.

【解釋】 마감의 보고서는 잘못된 관례는 바로잡아야 하고, 연분(年分)의 보고서는 부정의 사단을 잘 살펴야 할 것이다.

【解說】 환곡(還穀)을 마감하는 서장은 그 지출하고 남은 숫자와, 전년도의 남은 것과 신년도의 모곡(耗穀)[1]의 숫자를 나열하여 회계(會計)한 것이니 어지러워 분명하지 않으면 이를 격식대로 바로잡아서 보는 이로 하여금 의혹을 갖지 않도록 해 놓아야 할 것이다.

연분은 대개 보고하는 공문서가 요긴한 것은 모두 8~9줄에 지나지 않는다. 전답의 등급을 살피거나 쌀과 콩의 세를 계산해서 한데 묶어서 계산하되, 평균해서 한 결(結)에 쌀 몇 말을 거두는 것이다. 수령으로서 눈여겨 둘 곳은 바로 여기에 있으니 조금이라도 분명하지 못한 점이 없도록 하는 것이 좋다.

【註釋】 *磨勘(마감) : 회계 장부 등을 결산함.
*謬例(요례) : 잘못된 예.
*年分(연분) : 매년 농사의 형편에 따라 정한 전세(田稅)의 율(率).
*奸竇(간두) : 간사한 짓을 하는 구멍.
1) 耗穀(모곡) : 곡식을 받아들일 때 축날 것에 대비해서 얼마씩 더 받아들이는 곡식.

【字義】 磨 : 갈 마　勘 : 감당할 감　謬 : 그릇될 료
察 : 살필 찰　竇 : 구멍 두

數目多者(수목다자)는 開列于成冊(개열우성책)하고 條段少者(조단소자)는 疏理(소리) 于後錄(우후록)하니라.

【解釋】 수목(數目)의 수가 많은 것은 장부에 나열하고, 조목이 적은 것은 후록(後錄)[1]에 정리한다.

【解說】 책자로 만들거나 후록하거나 하는 따위의 일은, 아전들이 관례에 따라서 할 것이니 그런 것에 마음을 쓸 것이 없다. 오직 사건의 내용과 그에 따른 조목들이 서로 어지럽게 얽혀 있을 경우에는 그 경위표(經緯表)[2]를 작성해야 훤하게 알 수 있을 것이다. 만약 세곡(稅穀)의 장부가 어지러우면 감영의 견책이 있을 것이니 마땅히 경위표를 작성해서 밝혀야 한다.

【註釋】 *數目(수목) : 숫자의 항목.
*成冊(성책) : 책자로 만듦.
*條段(조단) : 조목의 항수.
1) 後錄(후록) : 추가로 뒤에 기록함.
2) 經緯表(경위표) : 숫자를 가로 세로 일목 요연하게 적은 도표.

【字義】 開：열 개　　條：조목 조, 가지 조　　段：단 단
疏：드물 소

월종지장 月終之狀은 기가삭자 其可刪者는 의어상사 議於上司하여 도소이 圖所以 거지 去之니라.

【解釋】 월말의 보고서 가운데 없어도 좋을 것은, 상사와 의논하여 없애도록 해야 할 것이다.

【解說】 월말 보고서는 대부분 형식적인 것이지만 그 중에 남겨둘 만한 것은 그대로 두는 것이 좋다. 가령 황진기(黃震起)[1]를 체포하라는 보장 같은 것은 그것이 어찌 실지를 힘쓰는 의미가 있겠는가? 선전관(宣傳官) 황진기는 영종(英宗) 무신년(1728)에 도망한 자로서, 지금 이미 90년이 지나 그의 뼈에 서릿발이 생긴 지 오래인데 어떻게 체포한단 말인가. 이와 같은 것이 많으니 상사와 의논하여 모두 없애버리는 것이 좋다.

【註釋】 *月終之狀(월종지장)：월말 보고서.
*上司(상사)：상급 관청, 또는 상급자.

1) 黃震起(황진기)：조선 영조 4년에 일어난 이인좌(李麟佐)의 난리 때 도망해서 숨은 사람. 황진기(黃鎭起).

【字義】 終：마칠 종　　刪：깎을 삭　　圖：꾀할 도

제영지장 諸營之狀과 아영지장 亞營之狀과 경사지장 京司之狀과 사관지장 史館之狀은 병개순례 並皆循例이니 부족치의 不足致意니라.

【解釋】 여러 영(營)에 대한 보고서나, 아영(亞營)에 대한 보고서나, 경사(京司)에 대한 보고서나, 사관(史館)에 대한 보고서 등은 모두

관례에 따른 것이니 특별히 유의할 것은 없다.

【解說】 여러 영이란 병마영(兵馬營)·수군영(水軍營)·토포영(討捕營) 등이고, 아영이란 도사(都事)이고, 경사(京司)란 상납(上納)할 것이 있는 아문(衙門)이고, 사관이란 도내에 있는 수령으로서 춘추관(春秋館)[1]의 기주관(記注官)[2]을 겸한 자이니, 매양 날씨의 맑고 흐림을 적은 일기를 수령에게 보고하는데, 모두 형식적인 것이므로 논할 것이 없다.

【註釋】 *循例(순례) : 전례를 따름.
*致意(치의) : 마음을 씀.
1) 春秋館(춘추관) : 조선 때 역사 기록을 맡은 관청.
2) 記注官(기주관) : 역사 기록을 맡은 관원.

【字義】 諸 : 모두 제　營 : 다스릴 영　狀 : 문서 장
司 : 맡을 사　館 : 객사 관　並 : 나란히 병
循 : 좇을 순　例 : 법식 례　意 : 뜻 의

인읍이문　의선기사령　무비생흔
隣邑移文은 宜善其辭令하여 無俾生釁이니라.

【解釋】 이웃 고을로 보내는 문서는 말투를 좋게 하여, 틈이 생기지 않도록 해야 한다.

【解說】 이웃과 좋도록 지내야 한다는 것은 옛사람의 훈계이다. 지위가 같고 덕이 같아서 서로 양보하기를 싫어하는 경우에는 매양 사단이 있으면 문득 기를 쓰고 앞서고자 한다. 이로 말미암아 서로 불목하게 되어 한 도에 전해져서 웃음거리가 되니 예가 아니다. 공경하면서 예를 갖추면 자연히 감동하게 마련이다. 또 역승(驛丞)[1]·목관(牧官)[2]·변보(邊堡)[3]의 장수로 말하면 비록 그 지위나 문벌은 낮고 미약하지만 모두 관장(官長)이니, 사리에 맞게 서로 존경하고 말씨도 유의해서 오로지 공손하게 하면 또한 좋은 일이 아니겠는가.

【註釋】 ＊隣邑(인읍)：이웃 고을.
＊生釁(생흔)：틈을 만듦.
1) 驛丞(역승)：역(驛)의 책임자. 찰방(察訪).
2) 牧官(목관)：나라의 목장(牧場)을 맡은 관원.
3) 邊堡(변보)：변방의 보루. 국방의 요새지.

【字義】 隣：이웃 린 邑：고을 읍 文：글월 문
善：좋을 선 辭：말씀 사 生：날 생 釁：틈 흔

文牒稽滯(문첩계체)면 必遣上司督責(필조상사독책)하니 非所以奉公之道也(비소이봉공지도야)라.

【解釋】 공문이 지체되면, 반드시 상사의 독촉과 문책을 당하게 될 것이니, 이는 봉공(奉公)하는 도리가 아니다.

【解說】 보고서와 공문을 맡은 아전이 먼저 여비로 책정된 쌀을 먹어버리고, 여름·가을 이후에 부족함이 심해지면, 반드시 문서를 모아서 일시에 싸서 보내거나, 혹은 이웃 고을에 부탁하여 부치려 하니, 이것이 문서가 지체되어 기한에 맞추지 못하는 이유이다. 사건이 생긴 후에는 간사한 말로 거짓말을 꾸며서, 혹 전하는 사람이 병이 났다고 하고, 혹은 저리(邸吏)가 잊어버렸다 하는데, 모두 믿을 수 없는 일이다.

이영휘(李永輝)가 안협현감(安峽縣監)으로 있을 때였다. 그 현이 감영과 4백~5백 리나 떨어져 있었다. 그러므로 공문서의 왕래 비용이 적지 않아서, 백성들이 1년에 내는 베가 호당 수십 필이 밑돌지 않아 생업이 날로 위축되었다. 그는 봄·가을로 베 몇 필씩을 내게 하여 쌓아두고 수입과 지출을 장부에 기재하고, 무릇 진상할 물건은 반드시 모두 미리 갖추어 두니, 그 물건 값이 오를 염려가 없었다. 시급한 문서가 아니면, 흔히 이웃 고을의 편에 보내었다. 이와 같이 1년 동안 시행하니 베는 남는 것이 있고, 백성들이 부담하는 비용이 열에서 그 아홉은 감해졌다.

【註釋】 ＊文牒(문첩) : 공문.
＊稽滯(계체) : 지체됨.
＊督責(독책) : 독촉과 책망.

【字義】 牒 : 문서 첩 稽 : 상고할 계 滯 : 머무를 체
遭 : 만날 조 督 : 재촉할 독 責 : 책망할 책
道 : 도리 도

凡上下文牒은 宜錄之爲冊하여 以備考檢하되 其設期限者는 別爲小冊이니라.
(범상하문첩 의녹지위책 이비고검 기설기한자 별위소책)

【解釋】 무릇 위로 올리고 아래로 전하는 문서들은 마땅히 기록하여 책으로 만들어서 후일에 상고해 보는데 대비하되, 기한이 정해진 것은 따로 작은 책을 만들어야 한다.

【解說】 상사에게 보고한 것들은 한 책을 만들고, 백성들에게 내린 명령도 한 책을 만들되, 글자를 정하게 써서 항상 책상 위에 놓아두도록 해야 한다. 매달의 관례나 긴요하지 않은 문자들은 수록해 둘 필요가 없다.

상사가 공문을 보내어 본읍으로 하여금 시행하게 하는 것은 각각 기한이 있다. 아전들은 이를 등한히 하니 마땅히 따로 한 책을 만들어 놓고, 기한이 지났는지 일일이 고찰하여 그들의 근무 상태를 살펴야 할 것이다. 만약 어기는 자가 있으면, 용서하지 말고 죄를 주어야 한다. 그렇지 않으면 아전들은 눈치만 슬슬 보면서 잊어버리고 넘어가는 것을 요행으로 여기니, 모든 일들이 허물어지고 감영의 문책이 반드시 이르고야 말 것이다.

【字義】 凡 : 무릇 범 牒 : 문서 첩 錄 : 적을 록
冊 : 책 책 備 : 갖출 비 考 : 살필 고
檢 : 조사할 검 設 : 베풀 설 期 : 기한 기
限 : 한정 한 別 : 분별할 별 小 : 작을 소

약 변 문 장 약 직 달 장 계 자 우 의 명 습 격 례
若邊門掌鑰하여 直達狀啓者는 尤宜明習格例

긍 연 치 신
하여 兢然致愼이니라.

【解釋】 만약 국경 관문(關門)의 열쇠를 맡아 곧장 장계(狀啓)를 보낼 때는, 더욱 격식과 관례를 분명히 익혀 두려운 태도로 조심하도록 해야 한다.

【解說】 장계의 첫머리에는 체면 인사말이 금지되어 있으므로 곧장 본론을 서술하여 자세히 논해야 한다. 대저 장계의 문체는 항상 육지(陸贄)의 주의(奏議)[1]를 읽어서 그 간절함을 본받고, 겸하여 왕양명(王陽明)의 소의(疏議)[2]를 가져다가 명료함을 본받되, 가엾게 여기어 슬퍼하고 충실한 마음을 근본으로 한다면 아마도 상대방 마음을 움직일 수 있을 것이다.

【註釋】 ***掌鑰**(장약) : 열쇠를 관장함.
***狀啓**(장계) : 임금에게 보고하는 글.
***格例**(격례) : 격식.
***兢然**(긍연) : 조심함.

1) **奏議**(주의) : 신하가 임금에게 올리는 글.
2) **疏議**(소의) : 네 글자, 또는 여섯 글자로 대(對)를 이루는 문체의 하나.

【字義】 **若** : 만약 약　**邊** : 변방 변　**掌** : 맡을 장
直 : 곧 직　**啓** : 열 계, 인도할 계　**習** : 익힐 습
格 : 이를 격　**兢** : 조심할 긍　**愼** : 삼갈 신
鑰 : 자물쇠 약

제5조 공물 납부〔貢納〕

재 출 어 민 수 이 납 지 자 목 야 찰 리 간 즉 수
財出於民이요 受而納之者牧也니 察吏奸則雖

관 무 해 불 찰 리 간 즉 수 급 무 익
寬無害요 不察吏奸則雖急無益이라.

【解釋】 재물은 백성에게서 나오는 것이며, 이를 수납하는 자는 수령이다. 아전의 부정을 잘 살피기만 하면 비록 수령이 관대하게 하더라도 폐해가 없지만, 아전의 부정을 살피지 못하면 비록 엄하게 하더라도 이익이 없다.

【解說】 매양 보면 우둔한 수령 중에 어루만지고 돌본다고 하는 자는 반드시 상납의 기한을 어기고, 국가를 위해 일한다고 하는 자는 반드시 뼈에 사무치도록 백성들을 박탈한다. 수령이 진실로 현명하다면 너그럽게 해 주되 기한을 어기지 않아야 상하가 원망이 없을 것이니, 그 이치는 쉽게 깨칠 수 있을 것이다.

당(唐) 나라 양성(陽城)이 도주자사(道州刺史)로 있을 적에 납세를 때 맞추지 못하여 감사가 독촉하게 되었다. 그는 고공(考功)의 등급을 올릴 적에 자신의 것을 스스로 기록하기를,

"백성을 어루만져 기르는 데 마음이 피로하고, 부세 독촉하는 정치는 졸렬하니 고과(考課) 성적은 최하등이다."

하였다. 관찰사가 판관을 보내어 부세를 독촉하였다. 판관이 주에 이르러 양성이 마중 나오지 않음을 괴상히 여겨, 아전들에게 그 까닭을 물었더니 아전은,

"자사는 죄가 있다 하여 스스로 옥중에 갇혀 있습니다."

하므로 판관이 놀라서 달려들어가 뵙고는,

"사또께서 무슨 죄가 있습니까?"

하였다. 양성은 관사 밖에서 자며 명을 기다리니, 판관은 급히 떠나 버렸다.

【字義】 財 : 재물 **재** 受 : 받을 **수** 納 : 들일 **납**
察 : 살필 **찰** 吏 : 아전 **리** 奸 : 간교할 **간**
雖 : 비록 **수** 寬 : 넓을 **관** 急 : 급할 **급**
益 : 이익 **익**

전조전포 국용지소급수야 선집요호
田租田布는 國用之所急須也니 先執饒戶하여

무위이양　　사가이급기의
無爲吏攘이라야 斯可以及期矣니라.

【解釋】 전조(田租)나 전포(田布)는 국가의 재정에 가장 긴급한 것들이다. 넉넉한 민호의 것을 먼저 징수하되, 아전들이 훔쳐 빼돌리지 못하게 해야만 제 기한에 댈 수 있을 것이다.

【解說】 요즈음 국가의 재정은 날로 줄어들어 백관들의 봉록(俸祿)과 공인(貢人)[1]의 대가 지불이 항상 부족함을 걱정하고 있는데도 넉넉한 민호(民戶)나 기름진 토지를 가진 자의 부세는 아전의 전대 속으로 들어가고, 세곡(稅穀) 운반은 해마다 그 기한을 어겨서, 그 때문에 체포되어 문초당하고 파면당하는 자가 잇따르고 있으나 아직도 이를 깨닫지 못하고 있으니 아쉬운 일이다.

한(漢) 나라 예관(兒寬)이 좌내사(左內史)가 되어 조세를 바칠 때, 형편에 따라 재량하여 백성들에게 빌려 주었으므로 조세가 많이 납입되지 않았다. 조세의 빚을 져 고과(考課)에서 하등이 되어 파면을 당하게 되었다. 백성들은 행여나 그를 잃을까 염려하여, 큰 집에서는 수레로, 작은 집에서는 지게로 지고 조세를 수송하여 줄줄이 이어서 끊기지 않으니, 고과가 다시 상등이 되었다. 수령이 백성을 사랑하면 재촉하지 않더라도 과세는 저절로 이와 같이 완료되는 것이다.

조극선(趙克善)이 군읍에 있을 때, 부세를 거둬들이는 데 말질을 반드시 백성이 스스로 하게 하니, 백성들은 그의 청렴하고 공평함에 즐거워하여 벌을 주지 않아도 제 기한내에 자진 납부하였다.

당나라 위욱(韋澳)이 경조윤(京兆尹)으로 있을 적에 황제의 외삼촌인 정광장(鄭光莊)의 마름이 방자하여 여러 해 동안 관의 세곡을 바치지 않았다. 위욱은 그를 잡아 두고 황제에게 아뢰기를,

"폐하께서 신을 발탁하여 경조윤(京兆尹)[2]으로 삼았는데, 어찌 법을 제한하여 가난한 백성들에게만 실행하게 할 수 있겠습니까."

하였다. 황제는 들어가 태후(太后)에게 아뢰기를,

"위욱은 절대 압력을 넣을 수가 없습니다."

하니, 태후가 대신 조세를 바쳐서 죄를 면하였다.

고려 때, 왕해(王諧)가 영남을 안찰(按察)할 때, 도 전체가 두려워 복종하였다. 최이(崔 台)의 아들 중 만종(萬宗)과 만전(萬全)이 쌀 50여 만 석을 저축하여, 백성들에게서 이익을 취하였는데, 그들이 문도(門徒)를 보내어 징수하되 매우 혹심하게 독촉하기 때문에, 백성들은 그들이 가지고 있던 것을 모조리 보내 주니, 조세를 못 바치는 일이 자주 있었다. 왕해가 명령하기를,

"백성이 아직 세곡을 납부하기도 전에, 사채(私債)를 독촉하는 자는 죄를 주겠다."

하였다. 그제야 이 두 중이 감히 함부로 굴지 못하게 되어, 조세가 제때에 납부될 수 있게 되었다.

【註釋】 ＊田租(전조)：농지에 대한 조세(租稅). 전세(田稅).
＊田布(전포)：베로 대신 내는 전세(田稅).
＊饒戶(요호)：잘 사는 호구.

1) 貢人(공인)：나라에 물품을 먼저 납품하고, 나중에 돈을 받아내는 사람.
2) 京兆尹(경조윤)：중국 도성이 있던 지방을 다스리는 책임자.

【字義】 租：구실 조 布：베 포 須：모름지지 수, 기다릴 수
執：잡을 집 饒：넉넉할 요 戶：집 호
攘：훔칠 양 斯：이 사 期：기한 기

軍錢軍布(군전군포)는 京營之所恒督也(경영지소항독야)니 察其疊徵(찰기첩징)하고 禁其斥退(금기척퇴)라야 斯可以無怨矣(사사이무원의)니라.

【解釋】 군전(軍錢)·군포(軍布)는 경영(京營)에서 항상 독촉하는 것들이다. 거듭 징수하는가를 잘 살피고, 퇴짜 놓는 일이 없게 하여야 백성의 원망이 없을 것이다.

【解說】 전에 곡산(谷山) 아전이 군포를 함부로 거두어들여, 1필에 돈으로 9백 전까지 거두어 백성의 원망이 크게 일어나 변란이 일어날 뻔하였다. 내가 이 고을에 도임하여 영을 내리기를,

"무릇 군포를 납부하는 자는 관정(官庭)에서 납입하도록 하라."
하였더니, 몇 달이 지나서 백성들이 군포를 가지고 오게 되었다. 아전이 그 잣대를 내놓는데, 그 양쪽 끝을 보니 분명히 낙인(烙印)[1]이 있었다. 내가 묻기를,

"이 잣대는 어디서 나온 것인가?"

하니 아전이 대답하기를,

"감영에서 나누어 준 것입니다."

하였다. 내가,

"허허, 왜 이렇게 긴가?"

하고, 《오례의(五禮儀)》를 찾아오도록 하였다. 《오례의》에는 베를 재는 잣대의 도면이 있어서, 이 자를 가지고 그 낙인이 있는 것과 비교해 보니, 낙인이 있는 것이 두 치나 더 길었다. 이에 아전을 뜰에 엎드리게 하고 따져 묻기를,

"네 낙인이 있는 잣대는 어디서 나온 것이냐?"

하니, 아전은 머리를 조아리며 이 고을에서 만든 것이라고 자복하였다.

【註釋】 ***疊徵(첩징)**: 이중으로 거듭 징수함.
***斥退(척퇴)**: 물건을 퇴짜를 놓아 받아들이지 않음.
1) **烙印(낙인)**: 어떤 표시를 하기 위해 불로 지져서 찍은 도장.

【字義】 **錢**: 돈 전 **恒**: 항상 항 **督**: 재촉할 독
察: 살필 찰 **疊**: 겹칠 첩 **徵**: 거둘 징
禁: 금할 금 **斥**: 물리칠 척 **退**: 물러날 퇴
怨: 원망 원

貢物土物(공물토물)은 上司之所配定也(상사지소배정야)니 恪修其故(각수기고)하고 捍其新求(한기신구)라야 斯可以無弊矣(사가이무폐의)니라.

【解釋】 공물(貢物)이나 토산물(土産物)은 상사에서 배정하는 것이다. 전에 있던 것은 성심껏 이행하고 새로 요구하는 것을 막아야

폐단이 없게 될 것이다.

【解說】 양성(陽城)이 도주자사(道州刺史)가 되었는데, 그 주에서 난쟁이가 많이 나서 해마다 설날이면 바치고 있었다. 양성은 그들의 생이별을 불쌍히 여겨 아뢰기를,

"고을 백성이 모두 난쟁이라서 바치자니 누구를 바쳐야 할지 모르겠습니다."

하였더니, 이로부터 그만두게 되었다. 그 고을 백성들이 감복하여 양(陽) 자를 따서 아들의 이름을 지었다.

청(淸) 나라 송택(宋澤)이 액현(掖縣)을 다스릴 때, 호부(戶部)에서 우황(牛黃)을 할당하여 사들이도록 하였는데, 재촉이 성화 같았다. 백성들은 다투어 소를 잡아 우황을 취하였지만, 송택만은 글로써 보고하여 말하기를,

"소가 돌림병을 만나 병들어야 우황이 생기는데, 지금은 태평이 오래 되어 화기(和氣)가 온 고을에 충만하여 소들이 모두 살쪄서, 채취할 만한 우황이 없다."

하니, 사자도 따져 물을 수 없어 온 고을이 우황 부과를 면하게 되었다.

조선 현종 때 사람 조계원(趙啓遠)이 수원부사(水原府使)가 되었는데, 그 고을의 약과(藥果)가 중국에서 유명하였다. 인조(仁祖)가 병환 중에 있을 때 입에 맞는 음식이 없어 환관(宦官)이 사람을 시켜 그 약과를 구하자 조계원은 대답하기를,

"고을에서 사사로이 헌납하는 것은 신하로서 임금을 섬기는 체모가 아니니, 조정의 명령이 아니면 안 되겠다."

하였다. 인조가 이 말을 듣고 웃으면서 말씀하셨다.

"비록 군신의 사이라 하더라도 인척으로 얽힌 인정마저 없을 것인가."

【註釋】 ***貢物**(공물) : 나라에 진상하는 물건.

***土物**(토물) : 그 지방의 토산품.

【字義】 **貢** : 공물 공 **物** : 물건 물 **配** : 나눌 배
定 : 정할 정 **恪** : 삼갈 각 **修** : 닦을 수 **捍** : 막을 한

新:새로울 신　　**無**:없을 무　　**弊**:폐단 폐

> 잡 세 잡 물　하 민 지 소 심 고 야　수 기 이 획
> 雜稅雜物은 下民之所甚苦也니라. 輸其易獲하고
> 사 기 잡 판　사 가 이 무 이 무 구 의
> 辭其雜辦이라야 斯可以无二無咎矣니라.

【解釋】 잡세나 잡물은 가난한 백성들이 몹시 괴로워하는 것들이다. 쉽게 얻을 수 있는 것은 보내주고, 마련하기 어려운 것은 사절하여야 허물이 없게 된다.

【解說】 상국(相國) 이경여(李敬輿)가 광해군 때 충원현감(忠原縣監)이 되었다. 하루는 여름철에 칡을 캐게 하였는데, 백성들은 어디에 쓰려는 것인지 알 수가 없었다. 이듬해 봄이 되자 영건도감(營建都監)에서 과연 칡 수천 묶음을 징수하여 칡 값이 모시 값과 맞먹었는데, 이 고을 사람들만은 미리 준비되어 있었기 때문에 편안하였고, 여분으로는 이웃 고을의 급한 사정을 도와 주고, 그 값을 대략 쳐서 받아다가 다른 부역의 대가로 지급하기도 하였다.

도감(都監)에서 또 큰 나무 수만 그루를 징수하였다. 공은 전에 현의 북쪽에 위치한 산에 재목이 많은 것을 보고는 벌채를 특별히 금지해 두었었다. 이때에 이르러, 강가로 달려 가서 여러 상인들을 불러놓고 말하기를,

"너희들 중 저것을 베어서 도감에 바치는 자는 절반을 주겠다." 하니, 여러 상인들은 모두 좋아 날뛰며 명령에 따랐다. 이웃 고을의 산골 백성들은 큰 나무를 마련하느라 부산하였으나 그 고을 사람들만은 부역이 있는지조차 모르고 있었다.

【字義】 **雜**:여러 잡　　**稅**:세금 세　　**苦**:괴로울 고
輸:옮길 수　　**易**:쉬울 이　　**獲**:얻을 획
辦:갖출 판　　**咎**:허물 구

> 상 사 이 비 리 지 사　강 배 군 현　목 의 부 진 이
> 上司以非理之事로 强配郡縣커든 牧宜數陳利

해 기불봉행
害하여 期不奉行이니라.

【解釋】 상사가 이치에 맞지 않는 일을 군현에 강제로 배정하면 수령은 마땅히 그 이해를 차근차근 설명하여 봉행하지 않기를 기해야 한다.

【解說】 강제로 배정하는 영은 거의가 따르기 어려운 것들이다. 혹은 고르지 못한 요역(徭役)을 징수하기도 하고, 혹은 얻기 어려운 물건을 요구하기도 하고 혹 퇴짜 당한 물건을 변조하여 파는데 헐한 것을 비싸게 받기도 하고, 혹 백성들을 동원하여 부역에 나가도록 하되 가까운 곳을 두고 먼 데로 가게 하는 등 가지가지로 이치에 맞지 않아 봉행할 수 없는 것이면, 사리를 낱낱이 보고하고 그래도 들어 주지 않으면, 비록 이것 때문에 좌천을 당하더라도 굽혀서는 안 될 것이다.

명 나라 장요(蔣瑤)가 양주지부(揚州知府)로 있을 때였다. 총신(寵臣) 강빈(江彬)이 황제의 명이라 하며,

"조정에서 처녀를 간선하도록 하고 있소."

하니, 장요는,

"양주에는 겨우 세 사람의 처녀가 있소."

하였다. 강빈이,

"어디에 있소."

하니, 장요는,

"민간에는 전혀 없고 부내(府內)에 내 딸 셋이 있을 뿐이오. 조정에서 꼭 간선하려 하면 그 숫자에 넣겠소."

하니, 강빈은 말문이 막혀서 그 일은 드디어 정지되었다.

【字義】 强 : 억지로 강　縣 : 고을 현　敷 : 펼 부
陳 : 진술할 진　利 : 이로울 리　行 : 행할 행

내사제궁 기상납건기 역차생사 불가홀
內司諸宮 其上納愆期는 亦且生事니 不可忽

也니라.

【解釋】 내수사(內需司)나 제궁(諸宮)에의 상납은 그 기일을 어기면 역시 사단(事端)이 생기니 소홀히 해서는 안 된다.

【解說】 조선 인조 때 사람 상국(相國) 허적(許積)이 전라감사로 있을 적에 후궁(後宮) 조씨(趙氏) 집에서 보낸 종이 감영(監營)에 와서 어떤 일을 부탁하였으나 그는 사리에 부당함을 책망하고 시행하지 않았다. 그 종이,

"제 말씀대로 하지 않으시면 다른 직책으로 다시 옮겨 가실 수 있겠습니까?."

하므로, 그가 나졸들에게 명령하여 도리어 곤장으로 다스려서 죽여 버렸다. 후궁이 이 소식을 듣고 집안 사람들을 단속하여 이렇게 말하였다.

"임금께서 만일 보낸 종이 내 세력을 믿다가 죽었다는 소문을 들으시면 반드시 나를 문책하실 것이다."

【註釋】 *內司(내사) : 내수사(內需司). 대궐 안에서 쓰는 물건을 관리하는 관서.
*愆期(건기) : 기일을 어김.

【字義】 司 : 맡을 사　宮 : 궁궐 궁　愆 : 어길 건
事 : 일 사　忽 : 소홀히 할 홀, 잊을 홀

제6조 출장 근무〔往役〕

上司差遣이면 並宜承順하고 託故稱病하여 以圖自便은 非君子之義也니라.

【解釋】 상사(上司)에서 차출하여 보내면 모두 순순히 받들어 행해야 한다. 일이 있다거나 병이 났다고 핑계하여 스스로 편하기를

꾀하는 것은 군자의 도리가 아니다.

【解說】 상사에서 차출하여 나로 하여금 가서 일하게 하였는데 내가 만약 피하여 면하면 다른 사람을 차출해야 하니, 억지로 떠맡게 된 사람의 원망함이 없겠는가.

내가 하기 싫은 일을 남에게 하게 하지 말 것이다. 만약 실지로 사고가 없으면 순응하여 어김이 없는 것이 좋다. 차출하여 보내면 성심으로 직분을 다하여 하루의 책임을 다해야지 구차하게 해서는 안 될 것이다.

【註釋】 **＊差遣(차견)**：차출해서 보냄.

＊託故稱病(탁고칭병)：사고가 있다거나 병이 났다고 핑계함.

【字義】 **差**：사신갈 **차** **遣**：보낼 **견** **承**：받들 **승**
順：따를 **순** **託**：핑계할 **탁** **圖**：도모할 **도**
便：편할 **편** **非**：아닐 **비** **義**：의로울 **의**

> 상상봉전　　차원부경　　불가사야
> 上司封箋하여 差員赴京은 不可辭也니라.

【解釋】 상사의 공문서를 가지고 서울에 가는 인원으로 차출되었을 때는 사절해서는 안 된다.

【解說】 만약 고을에 포흠(逋欠)난 곡식을 징수하는 일, 묵은 밭을 측량하는 일과 같은 큰 정사가 있거나 또는 다른 긴요한 사정으로 잠시도 떠날 수 없는 경우에는 사실대로 진술하여 상사가 관대히 면제해 주기를 청해야 할 것이다.

【字義】 **封**：편지 **봉** **箋**：문서 **전** **赴**：이를 **부**
京：서울 **경** **辭**：사양할 **사**

> 궁묘지제　　차위향관　　의재숙　　이행사야
> 宮廟之祭에 差爲享官이면 宜齋宿하여 以行事也니라.

【解釋】 궁묘(宮廟)의 제사 때 제관(祭官)으로 차출되면 재숙(齋宿)하고 제사해야 한다.

【解說】 오늘날의 제관은 제단(祭壇)이나 사랑에서 기생을 끼고 오락을 하기도 하고, 술을 싣고 다니며 놀기도 하는데 이는 예가 아니다.

목욕 재계하고 경건하고 정결하게 하는 일을 소홀히 해서는 안 되며, 제사 때에 오르내리고 꿇고 구부리는 일을 함부로 해서는 안 되며, 제기(祭器)가 더럽거나 이지러진 것을 써서는 안 되며, 고기가 상하거나 술이 신 것을 그대로 써서도 안 된다. 군자의 마음가짐은 어디를 간들 성심을 다하지 않을 수 있겠는가?

【註釋】 *享官(향관): 제사지내는 관원. | *齋宿(재숙): 제사지내기 전에 경건한 마음으로 밤을 새는 일.

【字義】 廟: 묘당 묘　享: 제사지낼 향　宿: 잘 숙

試院(시원)에 同考差官赴場(동고차관부장)이면 宜一心秉公(의일심병공)하고 若京官行私(약경관행사)어든 宜執不可(의집불가)니라.

【解釋】 시원(試院)에 경관(京官)과 함께 고시관(考試官)으로 차출되어 과장(科場)에 나가게 되면 한결같은 마음으로 공정하게 집행하여야 하고, 만일 경관이 사정(私情)을 쓰려고 하면 불가함을 고집해야 할 것이다.

【解說】 수령으로서 고시관이 되면, 반드시 제 고을 유생(儒生)들과 서로 뇌물을 통하여 사정을 쓰려고 꾀하는데, 몇 사람이 은혜를 받으면 온 고을이 원망을 품을 것이니, 슬기로운 사람은 하지 않을 것이다. 또 수령으로서 고시관이 된 사람이 팔짱 끼고 입을 다물고 허수아비처럼 앉아만 있어도 또한 의리가 아니다.

방(榜)을 임금에게 아뢰는 날에는 자기도 그 끝에 서명하게 되니, 만약 경관이 사사로운 일을 행하였다면 그 죄를 수령도 마땅히 나누어 져야 할 것이다. 그 지위에 있으면서 어찌 자리만 차지하고 있겠는가.

경관이 좋지 않은 글을 뽑으려 하면 다투어야 하고, 좋은 글을 버리려 하면 다투어야 하고, 뇌물을 받은 흔적이 있으면 다투어서, 반드시 모든 합격자가 공도(公道)에서 나와야만 한 도(道)의 사람이 모두 그의 명성을 찬양할 것이다.

수령이 된 사람은 그릇이 작으면 그의 명예가 한 고을에 그치지만, 그 그릇이 크면 명성이 온 도내에 가득하여 인품이 여기서 정해지는 것이다.

【註釋】 ＊試院(시원) : 과거나 시험을 보이는 곳.

＊一心秉公(일심병공) : 한결같이 공평한 마음을 지님.

【字義】 試 : 시험 시　場 : 마당 장　秉 : 잡을 병　私 : 사사로울 사　執 : 잡을 집

人命之獄(인명지옥)에 謀避檢官(모피검관)은 國有恒律(국유항률)이니 不可犯也(불가범야)니라.

【解釋】 인명에 관한 옥사(獄事)에 검시관(檢屍官)이 되기를 피하려 하면 국가에는 그것을 다스리는 일정한 법률이 있으니 범해서는 안 된다.

【解說】 무릇 조사관이나 검시관이 된 수령은 의심스러운 옥사(獄事)가 있는 경우에는 자제나 채객(册客) 중에서 일을 잘 처리하는 줄 단정하고 결백한 사람 하나를 골라서, 그로 하여금 그 고을로 미행시켜 사건의 실정을 캐내게 하고, 내가 그 고을에 가서 밤을 타서 서로 만나거나 혹은 서찰로 서로 통한 후에 간악한 일이나 감추어진 일을 적발하여야 잘못 판결하는 허물이 없게 될 것이다.

매양 보면, 사관이나 검관이 미행하는 사람을 파견하지 않고 오직 데리고 온 이속을 심복으로 인정하여 여론을 묻지만, 아전이

뇌물을 받고 청탁을 들어서 중간에서 농간을 부리게 된다. 그래서 혹 처음 조사나 검시(檢屍)에는 잘못 판결한 일이 없다가도 두 번째 조사나 검시에서 이유없이 안건을 뒤엎어서 옥사의 내용을 의심스럽고 애매하게 하여 원통한 자가 벗어나지 못하게 된다.

【註釋】 ＊人命之獄(인명지옥) : 사람의 생명에 달린 옥사(獄事).

＊謀避(모피) : 피하기를 도모함.

【字義】 殺 : 죽일 살　獄 : 감옥 옥　檢 : 조사할 검
謀 : 꾀할 모　避 : 피할 피

추관취편　위식문서　이보상사　비고야
推官取便하여 僞飾文書하여 以報上司는 非古也니라.

【解釋】 추관(推官)이 편의를 취하여 문서만을 거짓 꾸며서 상사에게 보고하는 일은 옛사람의 도가 아니다.

【解說】 옛날에는 옥사를 결단하고 형을 집행하는 것이 그 해를 넘기지 못하였다. 그러므로 한 달에 세 번씩 이웃 고을 수령과 함께 조사하여 그 실정을 알도록 하였다.

오늘날에는 모든 일이 다 해이해져서 살인한 자도 죽이지 않고 해를 넘기며 세월이 흘러 옥중에서 늙어버린다. 그러므로 이웃 고을 수령과 함께 조사하는 법도 따라서 폐지되었다.

한번 모여서 조사한 후로는 한 달에 세 번씩 문서만 꾸며서 상사에게 보고하고, 상사도 그것을 알고도 용서하며, 비록 몇 해가 되더라도 다시 거행하지 않으니 이것이 어찌 법을 제정한 본의이겠는가.

수령이 추관이 되어, 비록 법대로 한 달에 세 번씩 하지는 못하더라도 직접 나가서 그 실정을 캐어 밝힘으로써 속히 판결을 하도록 하는 것이 좋다.

【註釋】 ＊推官(추관) : 죄를 조사하는 관원.

＊僞飾(위식) : 거짓으로 꾸밈.

【字義】 僞 : 속일 위　　飾 : 꾸밀 식　　書 : 글 서
報 : 보고할 보, 갚을 보

> 漕運督發差員하여 赴倉하여 能蠲其雜費하고 禁其橫侵이면 頌聲其載路矣니라.

【解釋】 조운(漕運)을 감독하는 차사원(差使員)이 되어, 조창(漕倉)에 가서 잡비를 견감하고 아전이 함부로 빼앗는 것을 금지하면, 칭송하는 소리가 길가에 가득할 것이다.

【解說】 내지에서 조세(租稅)를 운반하는 백성들은 지게로 지거나 수레에 싣고, 산을 넘고 계곡을 건너 조창에 도착하면, 사나운 창고의 종과 교활한 아전들이 뱃사공과 결탁하여 말질을 함부로 속이며, 관리의 침해는 더욱 악독하여 등을 때리고 볼기를 쳐서 울부짖는 소리가 거리에 가득한데도 차사원은 기생을 끼고 노래를 들으면서 귀머거리인 체하니 그래도 그 직책을 다한다고 할 수 있겠는가.

떠나는 날에 먼저 영리한 책객((冊客) 한 사람을 조창 있는 곳으로 몰래 보내어 백성들의 말을 염탐하게 하면 간사하고 사나운 무리를 억제하고 지치고 빈궁한 백성들을 구제할 수가 있을 것이니, 즉시 시행하여야 할 것이다.

매양 보면, 조운하는 선박이 떠나려 할 무렵에는 창졸(倉卒)과 진장(津長)이 장삿배를 강제로 잡아 조선을 호송하게 한다는 핑계로 키도 뺏고 노도 끌어가며 며칠씩 머무르게 하므로 배 한 척의 뇌물이 수백 전에 이르게 된다. 차사원은 마땅히 이런 일을 세밀히 살펴서 엄금하여야 할 것이다.

【註釋】 *漕運(조운) : 뱃길로 곡식 등을 운반하는 일.
*頌聲(송성) : 칭송하는 소리.
*載路(재로) : 길에 가득함.

【字義】 漕 : 배 저을 조　　員 : 인원 원　　倉 : 창고 창

蠲：덜 견　　費：소모할 비　　橫：방자할 횡
侵：침범할 침　　頌：기릴 송　　聲：소리 성
載：실을 재　　路：길 로

조선취재　재어오경　기증미쇄미　의여
漕船臭載가 在於吾境이면 其拯米晒米를 宜如
구화
救火니라.

【解釋】 조선이 자기 경내에서 침몰하면, 쌀을 건져 내고 쌀을 말리는 일은 불타는 것을 구해 내듯이 하여야 한다.

【解說】 배가 침몰한 곳의 백성들에게 그 물에 빠졌던 쌀을 나누어 주는 것이 백성들에게 큰 해가 되고 있다.

대개 이 쌀로는 밥을 지을 수도 없고 죽을 쑬 수도 없고 술을 빚을 수도 없고 장을 담을 수도 없으니, 천하에 억지스럽고 은혜롭지 못한 일이 이보다 심한 것이 없다.

물에 빠졌던 쌀은 한 섬에 6두 7승 5홉이 불어나고 쪄서 말린 쌀은 한 섬에 5두 8승 8홉이 줄어든다. 말려서 줄어든 양의 쌀로 불어난 양의 쌀을 갚게 하니 곧 한 섬마다 남은 양이 많게 되므로 이것이 백성들이 한숨 쉬며 원망하는 것이다.

더구나 배가 침몰되는 곳은 언제나 파도가 험난한 곳이므로 파선당하는 곳은 해마다 파선당한다. 그래서 이 지방 백성들은 영원히 이 쌀 때문에 괴로움을 당하니 어찌 불쌍하지 않은가?

또 무릇 파선에는 고의로 파선시킨 것도 많지만, 죄상(罪狀)이 분명하지 않은 것은 가볍게 처리하는 것이 옛날의 도리이다. 정상이 아주 명백하지 않은 것은 수령이 서둘러서 옥사를 성립시켜 고의로 파선한 것으로 단정해서는 안 되니, 만일 원통한 경우가 있으면 하늘의 벌이 없겠는가.

【註釋】 *臭載(취재)：물에 침몰함.

*拯米晒米(증미쇄미)：물에서 건져 내 햇볕에 말린 쌀.

【字義】 臭 : 냄새날 취　吾 : 나 오　境 : 지경 경
拯 : 건질 증　米 : 쌀 미　晒 : 쬘 쇄　救 : 구할 구

> 勅使迎送(칙사영송)에 差員護行(차원호행)엔 宜亦恪恭(의역각공)하여 毋俾生事(무비생사)니라.

【解釋】 칙사(勅使)를 맞이하고 보낼 때, 차사원(差使員)이 되어 호행(護行)하게 되면, 각별히 공경하여 사단이 생기지 않도록 해야 한다.

【解說】 영위사(迎慰使)나 문안사(問安使)는 혹 수령을 임시로 차출하며, 이밖에 호행차사(護行差使)·대강차사(擡杠差使) 등 그 명칭이 아주 많다. 이런 임무는 오직 유순하게 수행하여 트집잡는 일이 생기지 않게 하면 원망이 없다.

매양 보면 칙사를 맞이하는 여러 관원들은 복잡한 가운데서 또 스스로 트집잡는 일을 만들어 놓고 서로 옥신각신하니 참으로 민망스럽다.

칙사가 지나는 길가 여러 고을에서 아전과 군교들이 도로에 횃불 밝히는 일을 빙자하여 가난한 백성들을 괴롭히는데, 이런 일은 엄하게 금지하여야 한다.

【註釋】 ＊勅使(칙사) : 중국 황제의 사신.
＊恪恭(각공) : 정성스럽고 공경함.

【字義】 盡 : 다할 진　職 : 맡을 직　塞 : 막을 색
責 : 꾸짖을 책　苟 : 구차할 구

> 漂船問情(표선문정)은 機急而行艱(기급이행간)하니 勿庸遲滯(물용지체)하고 爭時刻以赴(쟁시각이부)니라.

【解釋】 표류(漂流)해 온 배에 대하여 실정을 물을 때는, 사정은 급하고 행하기는 어려운 것이니 지체하지 말고 시각을 다투어 달려가야 한다.

【解說】 지난 해에 한 표류선이 몇 천만 권의 책을 가득 싣고 무장(茂長) 외양(外洋)에 정박하였는데, 조사하던 여러 관리들이 의논하기를,

"이 책들을 베껴서 보고하자면, 정위조(精衛鳥)[1]가 나무와 돌을 물어다가 바다를 메우는 것 같을 것이요, 만약 그 중 몇 개만 골라서 베끼면 반드시 억울하게 화를 당하는 일이 있을 것이다."

하고는 마침내 모래밭을 파고 수만 권의 책을 파묻으니, 표류인들은 크게 분통히 여겼으나 어찌할 길이 없었다.

내 친구 이유수(李儒修)가 그 뒤에 무장현감이 되어, 모래 속에서 책 몇 질을 얻었는데, 《삼례의소(三禮義疏)》·《십대가문초(十大家文鈔)》 같은 것들로서, 그때에도 물에 젖은 흔적이 있었다.

일을 당할 적마다 오직 순리를 따르도록 마음을 가져야 할 것이며, 벼슬이 떨어질까 겁내는 일이 없으면 이런 일은 없을 것이다.

【註釋】 *漂船(표선) : 표류해 온 배.
*問情(문정) : 정상을 물음.

1) 精衛鳥(정위조) : 동해를 메우려고 돌을 물어나른다는 전설상의 새.

【字義】 漂 : 떠나닐 표　　船 : 배 선　　機 : 때 기, 틀 기
艱 : 어려울 간　　遲 : 늦을 지　　滯 : 막할 체

수제축성 차원왕독 열이영민 무득중
修堤築城에 差員往督하여 悅以營民하여 務得衆
심 사공기집의
心이면 事功其集矣니라.

【解釋】 제방을 수리하고 성을 쌓을 때, 차사원이 되어 가서 감독하게 되면, 기쁘게 백성들을 위로하여 인심을 얻도록 힘쓰면 그

일의 공이 이루어질 것이다.

【解說】 송 나라 정호(程顥)가 현령이 되어 부역을 감독하였는데, 비록 심한 추위나 뜨거운 여름철에도 가죽옷을 입거나 일산을 받치는 일이 없었다. 때때로 순행하여도 그가 오가는 때를 아무도 짐작하지 못하므로, 사람마다 힘껏 일하여 언제나 기한 전에 일을 끝내었다.

선생은 기상이 맑고도 공손해서 마치 속세 밖에 있는 듯하여 노고를 이겨내지 못할 것 같았으나, 일을 당하면 미천한 사람들과 생활을 함께 하며, 남이 견디기 어려운 일들도 선생은 대처함에 여유가 있었다.

한번은 일꾼들 중에 밤중에 떠드는 자가 많아서, 한 사람이 놀라게 되면 수만 명이 다투어 법석대고, 간사한 사람은 그 틈을 타서 도둑질하는 일이 셀 수 없었다. 선생은 이들을 군율로 다스리니, 마침내 그치게 되어 떠드는 자가 없어졌다. 부역이 끝나고 일꾼이 해산할 때도 대열이 평상시와 같이 정연하였다.

【字義】 **堤**：둑 제　**築**：쌓을 축　**悅**：기쁠 열
務：힘쓸 무　**功**：공적 공　**集**：모일 집

애민육조(愛民六條)

제1조 노인 우대〔養老〕

養老之禮廢而民不興孝하나니 爲民牧者는 不可以不擧也니라.

【解釋】 양로(養老)의 예가 폐지된 후로 백성들이 효도에 뜻을 두지 않으니 수령이 된 자는 거행하지 않아서는 안 된다.

【解說】 영조 때 사람 성호(星湖) 이익(李瀷)은 다음과 같이 말하였다.

"효도하고 우애하지 않는 자는 있어도 우애하는 자로서 효도하지 않는 자는 없다. 그러므로 선왕(先王)의 제도에 우애는 향당(鄕黨)에서 통하고, 우애는 길거리에서도 통하며, 우애는 군대에서도 통하니, 그 교화는 국가에서 양로하는 데에 근거하고 있는 것이다. 사람들은 비용이 많이 드는 것을 걱정하는데 혹 노인이 너무 많음을 꺼린다면, 그 중에서 가장 늙은 분을 골라 초청하거나, 혹은 마을을 돌려가면서 초청하면 안 될 것이 없다. 의식을 간략하게 정하여 아래의 정의(情誼)가 위로 통하게 하면 어찌 보탬이 적겠는가. 사마광(司馬光)이 말하기를, '모으기는 잦되 예는 극진하고 음식은 박하되 정의(情誼)는 두터웠다.' 하였으니 일정한 기일을 정해 놓고 계절이 지나면 한 번씩 모으는 것이 좋다."

【字義】 廢 : 폐할 폐　　興 : 일어날 흥　　擧 : 들 거

역굴이거영 불가광야 의선팔십이상
力詘而擧贏은 **不可廣也**니 **宜選八十以上**이니라.

【解釋】 재력(財力)이 부족하면 참석 범위를 넓혀서는 안 되니, 80세 이상만을 선발해야 한다.

【解說】 남자 80세 이상을 선발하여 잔치에 참여시키되, 80세 이상에게는 떡과 국 이외에 반찬이 네 접시이요, 90세 이상은 반찬이 여섯 접시이다. 동월(董越)의 《조선부(朝鮮賦)》에,

"나라 안에 80세 된 노인이 있으면, 남녀 모두에게 연회를 베풀어 임금의 은혜를 널리 펴게 한다."

하였는데, 스스로 이렇게 주석을 달았다.

"매년 늦가을에 임금은 80세 된 노인을, 왕비는 80세 된 부인을 궁전(宮殿)에서 잔치를 베풀어 준다."

【字義】 **詘**: 다할 굴 **贏**: 남을 영, 지나칠 영 **廣**: 넓을 광 **宜**: 마땅할 의 **選**: 뽑을 선

양로지례 필유걸언 순막문질 이사례
養老之禮에는 **必有乞言**이니 **詢莫問疾**하여 **以斯禮**니라.

【解釋】 양로하는 예에는 반드시 좋은 말(言)을 구하는 절차가 있으니, 백성의 폐해를 묻고 고통을 물어서 예에 맞추도록 해야 한다.

【解說】 송(宋)나라 장재(張載)가 운암현령(雲巖縣令)으로 있을 때, 매월 초하루에 술과 음식을 마련해 놓고 고을의 연세 많은 이들을 불러 뜰에 모아서 친히 술을 권하고, 사람들로 하여금 양로와 어른 섬기는 뜻을 알게 하였다. 그리고 민간의 괴로운 사정을 묻기도 하고 자제들을 훈계하는 도리를 물었으니 살피건대, 장재가 실행한 것은 곧 옛날 양로하고 말을 구하던 뜻이다.

조선 선조때 사람 장현광(張顯光)이 보은현감(報恩縣監)이 되어 부로(父老)들과 초하루와 보름날에 모이기로 약속하고, 그들로 하여금 백성들의 폐해와 잘못된 점을 말하게 하여 보완하여 바로잡고, 효도와 우애를 돈독히 하고 염치를 힘쓰며, 덕행을 존중하고 나쁜 풍속을 물리쳤다.

【註釋】 ＊乞言(걸언)：훌륭한 말을 구함.

＊詢瘼(순막)：폐단을 물음.

【字義】 乞：구할 걸　　詢：물을 순　　瘼：병 막
疾：질병 질　　斯：이 사

의어예법 　 간기문절 　 행지어학궁
依於禮法하되 簡其文節하고 行之於學宮이니라.

【解釋】 예법에 의하되 절차는 간략하게 하고, 이를 학궁(學宮)에서 거행하도록 한다.

【解說】 《대학(大學)》에 이르기를,

"위에서 어른을 어른으로 여겨야 백성들도 공경하는 마음을 일으킨다."

하였으니, 곧 태학(太學)에서의 양로를 말한 것이다. 수령이 이 예의를 거행하려고 한다면 학궁에서 거행하도록 해야 한다. 옛날에는 향음주례(鄕飮酒禮) 때에 반드시 거문고와 비파가 있었는데, 요즘 이른바 삼현(三絃)이란 것은 군악(軍樂)이어서 학궁에서는 쓸 수 없는 것이며, 반드시 거문고·비파·종과 북을 써야 한다.

또 길흉(吉凶)의 모든 예법에는 오직 한 사람의 빈(賓)과 한 사람의 주인이 있는데, 양로의 예에서도 마땅히 여러 노인들 중에서 가장 나이 많은 이를 빈으로 삼아야 예를 거행할 수 있다. 무릇 절하고 읍(揖)하는데 있어서는 오직 빈 한 사람만이 답읍(答揖)·답배(答拜)할 따름이요, 다른 빈은 함께 움직이지 않는 것이니, 이런 예법부터 먼저 밝혀야 한다.

【註釋】 *文節(문절) : 절차와 의식.

*學宮(학궁) : 학교. 향교(鄕校)나 성균관(成均館).

【字義】 依 : 의지할 의　法 : 법 법　簡 : 간단할 간

전철어차 수이행지 기성고 유유유휘
前哲於此에 修而行之하여 旣成故로 猶有遺徽

【解釋】 옛날 훌륭한 이들이 이를 닦아서 시행하여 이미 상례가 되었으므로 오히려 그 남은 운치가 있다.

【解說】 조선 성종 때 사람 정여창(鄭汝昌) 선생이 안음현감(安陰縣監)으로 있을 때다. 공무의 여가에 고을 안에서 총명한 자제들을 골라서 한 재실(齋室)을 지어 놓고 그곳에서 거처하게 하여 몸소 가르치고 날마다 강독하니, 학자들이 소문을 듣고 먼 데서 찾아왔다.

봄·가을로 양로의 예를 거행하되, 내청과 외청에 배설하여, 안에서는 부인이 접대하고, 밖에서는 공이 관대를 착용하고 접대하니, 늙은 남녀들이 모두 취하고 배불러서 노래하고 춤추며 즐기지 않는 사람이 없었다. 정사는 맑고 백성들은 기뻐하여 경내 사람들이 서로 경계하여 속임수로 공을 저버리는 일이 없었다.

조선 인조 때 사람 윤황(尹煌)이 영광군수(靈光郡守)가 되었는데, 그 고을은 본래 번거롭고 일이 많은 곳으로 알려졌다. 그는 부임 처음부터 일찍 관아에 나아가 정사를 보고 밤 늦게 물러나오곤 하였더니, 1년 뒤에는 맑고 조용하여 다른 일이 없게 되었다.

좋은 철이나 명절날에는 노인들을 많이 모아서 양로의 예를 거행하였는데, 자기 어머니를 모셔다가 연회에 참석하도록 하고, 그의 맏형은 화순(和順)으로부터 와서 술잔을 올려 장수를 빌면서 상하가 함께 즐겼는데, 고을 사람들은 서로 전하여 지금도 미담으로 삼고 있다.

【註釋】 *前哲(전철) : 옛날의 철인(哲人).

*遺徽(유휘) : 아름다움이 남아 있음.

【字義】 前 : 앞 전　　哲 : 밝을 철　　旣 : 이미 기
遺 : 남을 유　　徽 : 아름다울 휘

이시행우로지혜 사민지경로의
以時行優老之惠면 斯民知敬老矣니라.

【解釋】 때때로 노인을 우대하는 혜택을 베풀면 백성들이 노인에게 공경할 줄을 알 것이다.

【解說】 《상산록(象山錄)》에 이렇게 말하였다.

"80 세 이상 장수한 남자 21명과 여자 15명을 뽑아서 전모(氈帽) 36 개를 사서, 남자는 자주색으로 여자는 검은색으로 하여 입동(立冬) 날에 관에서 나누어 주니, 그 비용이 돈 10 냥에 불과하였는데 백성들은 진심으로 기뻐하였다.

계피와 생강을 넣은 엿을 법대로 36 근을 만들어서 기름종이에 싸 두었다가, 동짓날 관에서 나누어 주면, 그 비용이 열 냥도 채 못 되지만 백성들은 진심으로 기뻐한다.

엿을 만드는 방법은 다음과 같다. 먼저 검은 엿 30여 근을 만들고, 거기다가 계피(桂皮)·건강(乾薑)·진피(陳皮)·반하(半夏)·과루인(瓜蔞仁)·천초(川椒)·오매(烏梅)·칠엽(漆葉) 각 2냥, 호초(胡椒)·남성(南星) 각 1냥을 갈아서 골고루 섞고, 엿이 식기를 기다려서, 볶은 콩가루로 엿을 입힌다. 이 엿은 담(痰)을 누그러지게 하고, 기침을 멎게 하며, 회충을 가라앉히고 기운을 내려가게 하니, 노인에게는 겨울에 매우 좋은 것이다."

【字義】 時 : 때 시　　行 : 행할 행　　優 : 넉넉할 우
惠 : 은혜 혜　　敬 : 공경할 경

세제전이일 이식물귀기로
歲除前二日에 以食物歸耆老니라.

【解釋】 섣달 그믐 이틀 전에 노인들에게 음식물을 돌려야 한다.

【解說】 남자로서 80세 이상 된 노인에게는 각각 쌀 1말과 고기 2근씩을 예단(禮單)을 갖추어서 문안하고, 90세 이상 된 노인에게는 귀한 반찬 두 접시를 더 보탠다.

비록 큰 고을이라고 하더라도, 80세 이상 된 노인이 불과 수십 명일 것이요, 90세 이상 된 노인은 불과 몇 사람일 것이니, 쌀은 2섬에 불과하고 고기는 60근에 불과한데 이것이 어찌 쓰기 어려운 재물이겠는가?

기생을 끼고 광대를 불러서 하룻밤 놀이에 거액을 가볍게 내던지는 사람이 수두룩하다. 그리하여 선비들은 꾸짖고 백성들은 저주하여 그 방탕한 향락을 미워함이 이보다 더 심한 것이 없을 것이니 이것이 이른바 재물을 없애면서 원망을 산다는 격인 것이다. 감사가 이런 소문을 듣고 치적(治績)으로 삼지 않을 것이며, 자손으로서 이 일을 보고 그의 행장(行狀)에 기재하지 않을 것이니, 천하에 낭비하고 헛되이 버리는 것이 이런 일이 아니겠는가. 어찌 그 반액을 떼어 양로의 예를 거행하는 데 옮겨 쓰는 것만 하랴.

【註釋】 *歲除(세제) : 섣달 그믐.

*耆老(기로) : 나이가 많고 덕이 있는 사람.

【字義】 除 : 덜 제　食 : 먹을 식　物 : 물건 물
歸 : 돌아갈 귀　耆 : 늙은이 기

제2조 어린이를 사랑함〔慈幼〕

> 자유자　선왕지대정야　역대수지　이위
> 慈幼者는 先王之大政也니 歷代修之하여 以爲
> 영전
> 令典이니라.

【解釋】 자유(慈幼)란 선대 왕(王)들의 큰 정사여서 역대로 이를 닦아 행하여 법으로 삼았다.

【解說】 송(宋)나라 제도에, 군현(郡縣)에 자유국(慈幼局)을 두고,

가난한 집에서 자식을 기르지 못하고 내버릴 경우에는 그 아이를 데려오도록 하여, 생년월일을 기록하고 유모를 두어 기른다. 다른 사람 집에 혹시 자식이 없으면 곧 자유국에 와서 데려다 기르게 하였더니, 흉년이 들어도 길가에 아이를 버리는 일이 없어졌다.

덕생사(德生社)의 버린 아이를 거두어 길러야 한다는 글에 이렇게 말하였다.

"가뭄과 수재가 겹쳐 주린 자와 부황이 든 사람이 수두룩하고, 기근이 들고 질병이 나돌아, 부부와 부자가 서로 헤어집니다. 그 중에서도 가장 처참한 일은, 길에 버려진 갓난애가 숨결이 끊어지게 되어서도 아직 울고 있는데, 길가의 인덕(仁德) 있는 사람이 마음으로 불쌍히 여기면서도 한탄만 할 뿐입니다. 심지어는 죽은 어미가 산 자식을 안고 있으니, 어찌 그것이 노씨(盧氏) 집안의 귀신 자식이란 말입니까? 주린 아비가 굶주린 자식을 안고 있으니 어찌 곽거(郭巨)가 아이를 묻으려고 한 것과 같은 것입니까? 입이 있어도 말할 수 없으니 참으로 호소할 데가 없는 아이들이요, 발이 있어도 걸을 수가 없으니 진실로 빈궁한 백성입니다. 비록 하늘이 만물을 고르게 하지 못했으나 어진 사람으로서야 어찌 차마 그들의 죽음을 서서 보고만 있겠습니까."

【字義】 慈 : 자애로울 자 幼 : 어린아이 유 政 : 정사 정
修 : 닦을 수 典 : 법전 전

민기곤궁 생자불거 유지육지 보남녀
民旣困窮이면 生子不擧하니 誘之育之하여 保男女니라.

【解釋】 백성들이 곤궁하게 되면 자식을 낳아도 거두지 못하니, 이들을 타이르고 길러서 내 자식처럼 보호해야 한다.

【解說】 후한(後漢) 가표(賈彪)가 신식장(新息長)이 되었는데, 백성들이 가난하여 자식을 기르지 않는 자가 많으므로, 그는 그 제도를 엄중히 하여 살인죄와 같이 다스렸다. 성의 남쪽에서는 강도가 살

인한 자가 있었고, 북쪽에서는 부인이 자식을 죽인 자가 있었는데, 그가 나가서 조사하여 다스리려 하자, 아전들이 남으로 인도하려 하였다. 그는 노하여 말하기를,

"도적이 사람을 해치는 것은 통상 있는 일이지만, 어미와 자식이 서로 죽이는 것은 하늘을 거역하고 도를 어기는 것이다."

하고, 드디어 수레를 달려 북으로 가서 자식을 죽인 어미를 치죄하였는데, 도적도 제 손을 뒤로 묶고 자수하였다. 수년간에 자식을 기르는 자가 천 명이나 되었는데 그들은,

"이는 가부(賈父)가 낳아 준 것이다."

하고 모두 이름을 가(賈)로 지었다.

【字義】 誘 : 달랠 유, 가르칠 유　　窮 : 궁할 궁　　育 : 기를 육　保 : 보호할 보　　男 : 사내 남

세치황검 歲值荒儉에는 기아여유 棄兒如遺하니 수지양지 收之養之하여 작민 作民 부모 父母니라.

【解釋】 흉년에는 자식 버리기를 물건 버리듯하니, 거두어 주고 길러 주어 백성의 부모가 되어야 한다.

【解說】 후한(後漢) 때 사람 방삼(龐參)이 한양태수(漢陽太守)로 있을 적에 고을에 임당(任棠)이란 이가 은거하여 학도를 가르쳤다. 방삼이 부임하여 먼저 그를 찾았더니, 임당이 말은 하지 않고, 다만 부추 한 뿌리와 물 한 그릇을 병풍 앞에 놓고 스스로 어린애를 안고 문 밖에 나가 엎드렸다. 방삼은 그 숨은 뜻을 짐작하고 말하기를,

"물은 내가 청렴하기를 바라는 바이요, 부추는 내가 강한 족속을 치라는 뜻이요, 어린애를 안고 문앞에 엎드린 것은 내가 문을 열어놓고 불쌍한 어린애를 돌보아 주라는 뜻이다."

여기고, 그대로 시행하니 한양이 잘 다스려졌다.

송 나라 왕조(王詔)가 정주지주(定州知州)로 있을 적에 내버려진

애들을 거두어 기르니 정치의 교화가 크게 행하여졌다. 촉(蜀) 땅 사람이 정주를 지나다가 돈을 넣은 전대를 잃고 와서 말을 하니, 왕조가 말하기를,

"거기에 다시 가 보면 지키는 자가 있을 것이다."

하였는데 거기에 가서 보니 과연 돈을 지키고 있는 자가 있었다. 그 사람이 왜 가지고 가지 않았느냐고 물으니, 지키던 사람은 이렇게 말하였다.

"사람이 자식을 버린 경우에 우리 왕공(王公)이 차마 못하는 마음에 눈물을 흘리면서 말씀하시는데, 내가 어찌 돈 전대를 가지고 가서 당신으로 하여금 우리 왕공(王公)의 경내에서 떠돌아다니게 할 수 있겠소."

하였으니 고아를 돌보아 주는 정사가 이렇듯 사람을 감동시키는 것이다.

【註釋】 *荒儉(황검) : 흉년.
*棄兒如遺(기아여유) : 아이를 물건처럼 함부로 버림.

【字義】 値 : 만날 치　荒 : 거칠 황　收 : 거둘 수
養 : 기를 양

아조입법　허기수양　위자위노　조례상밀

我朝立法에 許其收養하여 爲子爲奴는 條例詳密이니라.

【解釋】 우리 나라에서도 법을 세워 거두어 기른 아이를 자식으로 삼거나 종으로 삼는 것을 허락하였으니, 그 조례(條例)가 상세하고도 치밀하다.

【解說】 전에 내가 경기 암행어사가 되었을 적에 정조(正祖)께서 나를 인견하시고 내버려진 아이를 거두어 기르는 일에 관해서 말씀하셨는데, 성상의 뜻이 가엾게 여기어 애처로워함이 간절하셨다. 그러나 각 고을을 다니며 사정을 가만히 살펴보니, 한 사람도 성

상의 뜻을 받들어 거행하는 자가 없었으니 수령이 되어 그 직분을 다하려 하지 않은 지 오래 된 것이다.

【字義】 **我**：나 아　　**朝**：아침 조　　**養**：기를 양
詳：자세할 상

약 비 기 세　유 유 기 자　모 민 수 양　관 조 기
若非饑歲에 有遺棄者면 募民收養하여 官助其
량
糧이니라.

【解釋】 기근이 든 해가 아닌데도 아이를 버리는 자가 있을 경우에는 민간에서 거두어 기를 사람을 모집하되 관에서 그 양식을 도와 주어야 한다.

【解說】 진휼(賑恤)해야 할 때에는 마땅히 양식을 도와 줄 것이나, 평년에는 민간에서 거두어 기를 사람을 모집해야 한다. 마침 스스로 기를 힘이 없는 가난한 부인이 응모하였을 경우에는, 수령이 양식을 내어 도와 주되, 한 달에 쌀 2말씩 지급하고, 여름에는 매월 보리 4말씩을 지급하여 2년 동안 계속해야 한다.

흉년에 아이를 내버리는 경우 외에도 서울 개천에는 간혹 버려지는 일이 있는데, 이는 흔히 간음하는 자의 소생이다. 그러나 천지가 만물을 내는 이치에 있어서 그 부모의 죄를 그 자식에게까지 미치게 하지 않는 법이니, 거두어 길러서 백성들이 자식이나 종으로 삼는 것을 허락해야 할 것이다.

【註釋】 ＊**饑歲**(기세)：기근이 든 해.
＊**遺棄**(유기)：내버림.
＊**收養**(수양)：거두어 기름.

【字義】 **饑**：굶을 기　　**遺**：버릴 유　　**棄**：버릴 기
募：뽑을 모　　**助**：도울 조　　**糧**：식량 량

제3조 가난한 자를 구제함〔振窮〕

환과고독 위지사궁 궁불자진 대인
鰥寡孤獨을 謂之四窮이라 하니 窮不自振하여 待人
이기 진자 거야
以起니 振者는 擧也라.

【解釋】 홀아비·과부·고아·늙어 자식 없는 사람을 사궁(四窮)이라 하는데, 궁하여 스스로 일어날 수 없고, 남의 도움을 받아야 일어날 수 있다. 진(振)이란 일으켜 준다는 말이다.

【解說】 문왕(文王)이 정책을 세워 인정(仁政)을 시행하되 반드시 이 사궁(四窮)을 먼저 걱정하였고, 《시경(詩經)》 소아(小雅) 정월(正月)에,

"넉넉한 이들이야 좋지만, 시들고 외로운 사람들 불쌍도 하네."

하였으니, 오직 가난하여 의탁할 곳이 없는 자를 사궁이라 한다. 자기 재산이 있는 자는 비록 육친(肉親)이 없다 하더라도 사궁으로 논할 수가 없다. 주자(朱子)는 이렇게 말하였다.

"무릇 천하에 노인 병자, 불구자, 외로운 자, 늙은 홀아비, 늙은 과부는 모두 나의 형제로서 아주 곤궁하여 호소할 곳이 없는 사람들이다. 군자가 정치를 할 적에는 이런 사람들을 위하여 힘을 많이 써야 할 것이다."

양(梁)나라 공환(孔奐)이 진릉태수(晉陵太守)로 있을 적에 몸가짐을 청백하게 하고 제 봉급을 나누어서까지 고아와 과부에게 나누어 도와 주니, 백성들이 신군(神君)이라 불렀다.

송 나라 정호(程顥)가 진성령(晉城令)이 되어 모든 외롭고 병든 자들은 그들의 친척들이나 마을 사람들에게 책임을 지워 그들이 살 곳을 잃는 일이 없게 하고, 여행자들이 경내를 지나다가 병든 자들도 모두 구료하였다.

【註釋】 ***鰥寡孤獨**(환과고독) : 도와 주어야 할 네 부류의 사람. 즉 홀아비·과부·고아, 그리고 늙어서 자식이 없는 사람.

***待人以起**(대인이기) : 남을 의지하여야만 살아갈 수 있음.

【字義】 謂 : 말할 위 窮 : 곤궁할 궁 振 : 떨칠 진
待 : 기다릴 대

과세불혼취자 관의성지 過歲不婚娶者는 官宜成之니라.

【解釋】 나이가 지나도록 혼인하지 못한 자는 관에서 성혼시키도록 해야 한다.

【解說】 월왕(越王) 구천(句踐)이 명령하였다.

"여자 17 세에 시집가지 않고, 남자 20 세에 장가들지 않으면 그 부모에게 죄가 있다."

한혜제(漢惠帝) 6 년에는 이런 영을 내렸다.

"민간의 여자로 나이 30 이 되도록 시집 보내지 않으면 벌로 100 전(錢)을 물린다."

옛날에는 30에 아내를 갖고, 20에 시집간다고 하였는데, 대개 그 나이를 넘어서는 안 되는 큰 한계이다. 그러나 남자는 25세로 한계를 정할 것이요, 여기에 구애할 필요는 없다.

함녕(咸寧) 사람 옹태(雍泰)가 양회(兩淮) 지방의 순염어사(巡鹽御史)로 있을 때, 가난한 홀아비가 거의 2천 명이나 되었는데, 2년 동안에 모두 처자를 갖게 해 주었다. 그가 떠난 뒤에 사람들이 노래를 읊었다.

> 어사의 전대 속에는 벼루조차 없는데 客邊橐渾無硯 / 바닷가 백성에게는 처자식이 있네 海上遺民盡有家 / 사천명 남녀의 원을 풀어 주고 了却四千男女願 / 춘풍에 닻줄 풀고 조정으로 들어가네 春風解綏去朝天

명 나라 양계종(楊繼宗)이 수주지사(秀州知事)로 있을 때에, 한 부자가 사윗감이 가난한 것을 걱정하여 혼인을 그만두겠다고 하자 양계종은 부자 백성에게 금 2백 근을 내게 하고 따로 다른 사위 고를 것을 허락하고는 얼마 후에 그에게 말하기를,

"나는 이것을 네 사위에게 주어 가업(家業)을 이루게 하였으니, 네 딸은 이제 시집갈 곳을 얻게 되었다."

하고 그날로 성혼하도록 하였다.

【字義】 過 : 지날 과　　歲 : 해 세　　婚 : 혼인할 혼
娶 : 장가들 취

권혼지정 시아열성유법 영장지소의각 준야
勸婚之政은 是我列聖遺法이니 令長之所宜恪遵也니라.

【解釋】 혼인을 장려하는 정책은 우리 나라 역대 임금들이 남겨준 법이니, 수령은 성심으로 준수해야 한다.

【解說】 정조(正祖) 15년 신해(1791) 2월에, 왕은 사(士)나 서민 중에 가난하여 혼기를 놓치는 자가 있음을 민망히 여기고, 서울의 오부(五部)에 신칙하여 성혼하도록 권하고 혼기가 먼 자는 재촉하되 관에서 혼수 비용으로 돈 5백 푼과 포목 2필을 도와 주고 날마다 아뢰게 하였다. 그때에 서부(西部)에 사는 신덕빈(申德彬)의 딸의 나이가 21세였고, 김희집(金禧集)의 나이가 28 세였는데, 두 사람이 모두 혼기를 놓치고 있었다. 6월 초이튿날 왕이 이르기를,

"내가 오부 안에 많은 홀아비와 과부가 있는 것을 생각하여 혼인을 권장하여 혼인을 이룬 자가 무려 백 수십 인이나 되지만, 오직 서부에 사는 두 사람만이 아직 예를 치르지 못하고 있으니, 어찌 천지의 화기를 이끌어내고 만물의 본성을 화합하게 할 수 있겠는가. 모든 일은 처음을 잘하는 것이 귀하고 정치는 끝을 잘 맺도록 힘을 써야 하는 것이니, 신덕빈과 김희진에게 권하여 좋은 일이 완성되게 하라."

하였다. 혼약이 결정되자, 왕은 기뻐하시며 이렇게 말씀하셨다.

"한 지어미와 한 지아비가 제 살 곳을 얻게 되는 일에 아직 김씨와 신씨의 두 부부처럼 그 기회가 공교롭게 맞아서 이처럼 기쁘고 기묘한 일은 다시 없을 것이다."

【字義】 勸 : 권할 권　　政 : 정사 정　　我 : 나 아

聖: 성인 성　　**遺**: 남길 유　　**恪**: 정성 각　　**遵**: 따를 준

매세맹춘 선과시미혼자 병어중춘성지
每歲孟春에 選過時未婚者하여 並於仲春成之니라.

【解釋】 매년 정월에, 나이가 지났는데도 아직 혼인을 하지 못하고 있는 자를 골라 모두 2월에 성혼하도록 해야 한다.

【解說】 고을 가운데서 남자는 25세, 여자는 20세 이상 된 자를 골라서 부모나 친척이 있고 또 재산이 있는 사람들에게는 독촉하여 성혼하도록 하며, 태만한 자는 벌을 준다. 친척이 전혀 없고 재산도 전혀 없는 자에게는 마을에서 덕망이 있는 이를 뽑아 중매들게 하여 짝을 구하여 성혼하도록 하되, 관에서 돈과 포목 약간을 내어서 도와 주고, 의복 등은 관에서 빌려 주도록 한다. 혹 가난한 집과 부잣집이 서로 결합되거나 양쪽 모두 가난한 집이 맺어진 경우라도, 수령이 한 번 권장하는 것이 일반 사람들이 백 번 말하는 것보다도 나을 것인데, 어찌하여 말 한 마디를 아껴서 이런 음덕(陰德)을 심으려 하지 않겠는가?

【註釋】 **＊孟春**(맹춘): 봄의 첫 달. 즉 1월. | **＊仲春**(중춘): 봄의 가운데 달. 즉 2월.

【字義】 **孟**: 맏 맹　　**春**: 봄 춘　　**選**: 가릴 선
仲: 가운데 중

합독지정 역가행야
合獨之政도 亦可行也니라.

【解釋】 홀로 된 사람을 짝지어 주는 정사도 실행해야 한다.

【解說】 《관자(管子)》 입국(入國)에 말하였다.

"나라 도성에 중매를 맡은 이가 있어서 홀아비와 과부를 골라 혼

합시켜 결혼하게 하니, 이를 합독(合獨)이라 부른다."

매양 보면, 향촌에 있는 과부로서 혹 그의 신분이 천하지 않은 자가 개가할 뜻은 있어도 부끄러움과 겁이 많아서 망설이고 있는데, 반드시 교활한 방물장수가 있어 음모와 비밀 계획으로 이웃 마을의 악당 소년들을 모아 밤을 타서 몰래 업고 가게 하여 분쟁을 일으키고 싸움질을 하여 풍속을 해치게 되며, 혹은 음란을 저질러 놓고 강제로 욕을 당한 것처럼 속여서, 이미 그 순결을 더렵혔고, 또 그 일까지 그르쳐 버린다.

그러니 수령이 예(禮)로써 권하여, 한 남자와 한 여자가 서로 각각 제 살 곳을 얻게 하는 것만 하겠는가. 이 일은 비록 영으로 내릴 것까지는 없더라도 백성들에게 은근히 타일러서 옛날 사람들의 뜻을 알게 하는 것이 좋다.

【註釋】 *合獨(합독) : 혼자 사는 홀아비와 과부를 합쳐 줌.

【字義】 獨 : 홀로 독　　　政 : 정사 정

제4조 상을 애도함〔哀喪〕

有喪蠲徭는 古之道也니 其可自擅者는 皆可蠲也니라.

【解釋】 상(喪)을 당한 사람에게 요역(徭役)을 감하는 것이 옛날의 도(道)이다. 자신이 결정할 수 있는 것은 감해 주는 것이 좋다.

【解說】 《국어(國語)》 월어(越語)에 말하였다.

"구천(句踐)이 백성에게 말하기를 '맏아들이 죽으면 3년 동안 부역할 의무를 면제하고, 장자 이외의 아들이 죽으면 석 달 동안의 부역할 의무를 면제해 준다.' 하였다."

이제 그 법을 정하되, 부모의 상을 당한 자에게는 1백 일 이내에는 일체의 잡역(雜役)을 관대히 면제하는 것이 아마도 옛날의 뜻을 얻는 것이 될 것이다. 그러나 거짓과 속임수가 너무 빈번하고 허실을 가리기가 어려우니 이 점은 잘 생각하지 않을 수 없다.

【註釋】 *蠲徭(견요) : 부역을 덜어줌. | *自擅(자천) : 자기 마음대로 처리할 수 있는 일.

【字義】 蠲 : 덜어 줄 견　徭 : 세금 요　擅 : 마음대로 할 천　皆 : 모두 개

민유지궁극빈　사불능렴　위지구학자
民有至窮極貧하여 死不能斂하고 委之溝壑者는
관출전장지
官出錢葬之니라.

【解釋】 아주 궁색하고 가난한 백성이 있어 죽어도 염(斂)하지 못하고, 개천이나 구렁에 내버릴 형편인 자에게는 관에서 돈을 내어 장사지내도록 해야 한다.

【解說】 한(漢) 나라 황패(黃覇)가 영천태수(潁川太守)로 있을 때, 홀아비·과부·고아·늙어 자식 없는 자를 위하여 직접 조처하여 주되, 어느 곳에는 큰 나무가 있으니 관을 만들면 좋을 것이며, 어느 정자의 돼지 새끼는 제사지낼 만하다고 일러 주어 아전이 나가 보면 과연 그러하므로 모두 그의 신명함을 칭송하였다.

우리 나라 윤형래(尹亨來)가 회인현감(懷仁縣監)으로 있을 때였다. 하루는 관아에 앉아 있는데, 문앞을 통곡하면서 지나가는 사람을 보고는

"왜 저리 통곡하느냐?"

라고 물으니,

"한 백성이 어제 죽었는데 이제 장사지내러 나갑니다."

라고 대답하였다. 또,

"염은 했는가?"

라고 물으니,

"가난하여 염을 하지 못하였습니다."

하자, 바로 돈을 내어 관을 사서 매장하도록 하였다.

【字義】 窮 : 가난할 궁　　斂 : 염할 염　　溝 : 도랑 구
壑 : 골짜기 학　　葬 : 장사지낼 장

기혹기근여역 사망상속 수예지정여진 휼해작
其或饑饉癘疫으로 死亡相續이어든 收瘞之政與賑恤偕作이니라.

【解釋】 기근과 유행병으로 사망자가 속출하면 거두어 매장하는 정사를 진휼(賑恤)과 함께 시행해야 한다.

【解說】 무오년(정조 22, 1798) 겨울에 독감이 갑자기 성하였다. 그때 나는 황해도 곡산(谷山)에 있었는데, 맨 먼저 매장하는 정책을 시행하였다. 아전이 말하기를,

"조정의 명이 없으니 시행해도 공이 없습니다."

하기에, 나는 말하기를,

"실행하라. 곧 영이 있을 것이다."

하였다. 5일마다 사망자의 장부를 만들고 친척이 없는 자는 관에서 비용을 지급하여 매장하게 하였다. 이렇게 한 지 한 달 남짓 지나자 비로소 조정의 명이 도착하니, 감사의 장부 독촉이 성화 같았다. 다른 고을에서는 모두 급히 장부를 정리하느라 여러 차례 문책을 받았지만, 나는 이미 정리해 놓은 것을 바치고 조용히 아무 일도 없자 아전들이 크게 기뻐하였다.

【註釋】 *饑饉(기근) : 굶주림.
*癘疫(여역) : 전염병. 유행병.
*賑恤(진휼) : 구제해 돌봄.

【字義】 饑 : 굶주릴 기　　饉 : 굶주릴 근　　瘞 : 묻을 예
賑 : 구제할 진　　偕 : 다 해

혹유촉목생비 불감처측 즉의시휼
或有觸目生悲하여 不堪悽惻이면 即宜施恤하고

물부상탁
勿復商度이니라.

【解釋】 혹시 비참한 사연이 눈에 띄어 측은한 마음을 견딜 수 없으면, 즉시 구제해 주고 주저하지 말아야 한다.

【解說】 범중엄(范仲淹)이 빈주관찰사(邠州觀察使)로 있을 때의 일이다. 한가한 어느 날, 관원들을 데리고 누각에 올라 술자리를 베풀고 아직 술잔을 들지 않았는데, 상복을 입은 몇 사람이 상구(喪具)를 마련하고 있는 것을 보았다. 공이 급히 명하여 그 사연을 물어보니, 그곳에 붙여 살고 있던 한 선비가 죽어 근교로 빈소를 옮기려 하는데 상구를 다 갖추지 못했다는 것이었다. 공은 곧 연석을 물리치고 부의(賻儀)를 후히 주어 장사를 끝내게 하니, 같이 앉았던 손님들도 감탄하였고 그 중에는 눈물을 흘리는 사람도 있었다.

【註釋】 *觸目(촉목) : 눈에 들어옴.
*悽惻(처측) : 불쌍함.
*商度(상탁) : 헤아림. 생각함.

【字義】 觸 : 부딪칠 촉　堪 : 견딜 감　悽 : 슬플 처
恤 : 도볼 휼　度 : 헤아릴 탁, 법 도

혹유객환원방　기려친과읍　기조운조
或有客宦遠方하여 其旅櫬過邑이어든 其助運助
비　무요충후
費를 務要忠厚니라.

【解釋】 혹 먼 객지에 와서 벼슬살던 사람의 영구(靈柩)가 그 고을을 지나가면 운반도 돕고 비용도 도와 주는 것을 성심껏 후하게 하도록 힘써야 한다.

【解說】 조선 정조 때 사람 조영경(趙榮慶)이 황주목사(黃州牧使)로 있을 때, 나는 영조사(迎詔使)가 되어 정당(政堂)에 함께 앉아 있었는데, 상여가 지나가는 소리를 듣고 물으니,

"변방 수령이 임지에서 죽어 지금 고향으로 돌아가는 길입니다." 하였다. 조공은 즉시 아전을 불러 호행(護行)하는 자에게 위로의 말을 전하고 동시에 죽과 밥을 장만하여 일행에게 먹인 후 부의로 돈 30냥을 보내 주었는데 나가서 조문은 하지 않았다. 내가 그 이유를 물으니, 이렇게 대답하였다.

"객지에서 죽은 상여가 고을을 지날 때 음식을 대접하고 부의를 하는 것이 옛날의 법도이지만 나는 본래 그 죽은 사람을 알지 못하고 살아 있는 자손도 몰라 나가서 조문하는 것은 명분이 없는 일이오."

【註釋】 **＊客宦**(객환) : 객지에서 벼슬함.
＊旅櫬(여친) : 객지에서 죽은 사람의 상여.

【字義】 **客** : 나그네 객 **宦** : 벼슬 환 **櫬** : 널 친 **忠** : 충성 충

> 향승이교　유상유사　의치부문　이존은
> 鄕丞吏校에 有喪有死면 宜致賻問하여 以存恩
> 의
> 意니라.

【解釋】 향승이나 아전과 군교가 상을 당했거나, 본인이 죽었거나 했을 때는, 마땅히 부의하고 조문하여 은혜로운 뜻을 보이도록 해야 한다.

【解說】 옛날에는 조정 신하가 상을 당하면 임금이 반드시 몸소 조문하고, 그 소렴(小斂)도 보고, 그 대렴(大斂)을 보며, 염할 수의(壽衣)를 보내 주고, 장사에는 폐백을 보내 주었다. 그 뜻을 미루어 보면, 수령이 부하 관속들을 위해서도 의당 그와 같은 은정을 베풀어야 할 것이다.

경내에 조정 관원 출신이거나, 효행이나 재주가 있어 이미 추천된 사람과 태학생(太學生), 혹은 문예(文藝)가 뛰어난 자로 자신이 죽었거나 상을 당한 자가 있으면 또한 이와 같이 해 주어야 하며,

시노(侍奴)와 문졸(門卒) 등 일체의 관속들에게도 모두 미음이나 죽으로써 위로함이 있어야 한다.

【字義】 鄕 : 시골 향 丞 : 벼슬 승 賻 : 부의할 부
恩 : 은혜 은

제5조 병자 우대〔寬疾〕

폐질독질자 면기정역 차지위관질야 廢疾篤疾者는 免其征役하니 此之謂寬疾也니라.

【解釋】 폐인(廢人)과 병이 중한 자는 조세와 요역을 면제해 주는데, 이것을 관질(寬疾)이라 한다.

【解說】 요즈음 수령들은 억세고 사나우며 인자하지 못하다. 시골 아낙네가 젖먹이를 안고 관청 뜰에 와서 호소하기를,

"이 애가 아궁이에 들어가서 화상을 입어 지금은 손발을 못쓰고 있으니, 새로 임명하는 선무군관(選武軍官)은 면제 처분받기를 빕니다."

하면, 수령은 말하기를,

"밭 가운데 허수아비보다는 낫지 않느냐."

하고, 들어 주지 않는다. 아, 수령으로서 이와 같고도 백성들의 수령이라 할 수 있겠는가. 무릇 장님·벙어리·절름발이·고자 같은 장애자들은 장부에 기록해서는 안 되고, 요역에 징발해도 안 될 것이다.

【註釋】 *篤疾(독질) : 질병이 위독함. | *征役(정역) : 부역을 면제함.

【字義】 廢 : 폐할 폐 篤 : 돈독할 독 免 : 면할 면
征 : 세금 정 寬 : 너그러울 관

폐륭잔질 廢癃殘疾로 역불능자식자 力不能自食者는 유기유양 有寄有養이니라.

【解釋】 곱사등이나 불치 병자들처럼 자력으로 생활할 수 없는 자에게는 의지할 곳과 살아갈 길을 마련해 주어야 한다.

【解說】 장님·절름발이·손발 병신·나환자 같은 장애자들은 사람들이 천하게 여기고 싫어하게 마련이다. 또 친척이 없어서 일정한 곳 없이 떠돌아다니는 무리들에 대해서는 그들의 종족(宗族)들을 타이르거나 관에서 보호하여 그들로 하여금 안주하게 해 주어야 한다.

그들 중에 친척이 하나도 없어서 의지할 곳이 전혀 없는 자에게는, 그의 고향에서 덕망 있는 이를 골라 보호해 주도록 하되, 잡역을 면제해 주어 비용을 대신하게 해 주도록 해야 한다.

송(宋) 나라 여숭귀(余崇龜)가 강주태수(江州太守)로 있을 때, 눈바람이 크게 일어나자, 공은 눈보라를 무릅쓰고 강정(江亭)으로 가서, 친히 돌보아 주고 어루만지면서 사람들마다 돈과 쌀을 나누어 주고, 거지들에게는 종이로 만든 이불을 주었으며, 병자들은 보호하는 집을 더 세워 거기에서 거처하도록 하였다.

【字義】 癃 : 곱사등이 륭　　寄 : 맡길 기　　養 : 기를 양

군졸이병 軍卒羸病하여 인어동뇌자 因於凍餒者는 섬기의반 贍其衣飯하여 비무사야 俾無死也니라.

【解釋】 군졸들 중에 추위와 굶주림으로 인하여 여위고 병든 자에게는 의복과 음식을 주어 죽지 않도록 해 주어야 한다.

【解說】 진(晉)나라 유홍(劉弘)이 형주(荊州)를 다스릴 때의 일이다. 한번은 밤중에 일어나니, 성 위에서 야경(夜更)을 맡은 자가 탄식하면서 매우 괴로워하는 소리가 들렸다. 그를 불러서 물어보

니, 늙고 여위고 병이 든 그 병사가 저고리조차 없는 것을 보고는 두루마기와 모자를 지급하였다.

【註釋】 *羸病(이병) : 여윈 병. | *凍餒(동뇌) : 얼고 굶주림.

【字義】 羸 : 파리할 리 凍 : 얼 동 餒 : 굶주릴 뇌
贍 : 넉넉할 섬

瘟疫流行(온역유행)에 蚩俗多忌(치속다기)하니 撫之療之(무지요지)하여 俾無畏(비무외)也(야)니라.

【解釋】 염병이 유행할 때 어리석은 풍속이 꺼리는 것이 많으니, 어루만지고 치료해 주어서 두려워하지 않도록 해야 한다.

【解說】 염병이 전염하는 것은 모두 콧구멍으로 그 병 기운을 들이마신 때문이다. 염병을 피하는 방법은 마땅히 그 병 기운을 들이마시지 않도록 환자와 일정한 거리를 지켜야 할 것이다. 환자를 문병할 때는 마땅히 바람을 등지고 서야 한다.

송(宋) 나라 소식(蘇軾)이 항주지주(杭州知州)로 있을 때, 마침 기근이 들고 염병이 유행하자, 날마다 아전들을 파견하여, 의원을 독려하여 사방으로 나가 병을 치료하게 독촉하니 온전히 살아난 자가 만 명이나 되었다.

조선 숙종 때 사람 정승 허적(許積)이 진휼청제조(賑恤廳提調)로 있을 때, 몸소 병자들을 수용한 곳에 가서 살펴보고, 죽은 자의 매장도 감독하였다.

조선 인조 때 장군(將軍) 유혁연(柳赫然)도 염병을 두려워하지 않았다. 온 가족이 염병으로 몰사한 집이 있었는데, 염하여 매장할 사람이 없으므로 친히 그들을 염습하였다.

【註釋】 *瘟疫(온역) : 염병. | *蚩俗(치속) : 어리석은 풍속.

【字義】 蚩 : 어리석을 치 忌 : 꺼릴 기 撫 : 어루만질 무
療 : 치료할 료 畏 : 두려워할 외

온역마진 급제민병사망요찰 천재유행 의자관구조
瘟疫麻疹 及諸民病死亡夭札하고 天災流行이면 宜自官救助니라.

【解釋】 염병·천연두 및 모든 백성이 병으로 사망(死亡)·요사(夭死)하는 천재(天災)가 유행할 때는 의당 관에서 구조하여야 한다.

【解說】《경국대전(經國大典)》 예전(禮典) 혜휼조(惠恤條)에는 이렇게 되어 있다.

"환자가 가난하여 약을 살 수 없는 자에게는 관에서 지급하고, 지방에서는 그 고을에서 의약을 지급해야 한다."

조선 정조 때 사람 이기양(李基讓)이 문의현감(文義縣監)으로 있을 때에, 염병이 크게 유행하였는데, 성산자(聖散子)란 약을 지어 백성들에게 나누어 먹였고, 이웃인 청주(淸州)·옥천(沃川)까지 미치어 살아난 사람이 그 수를 셀 수 없을 정도였다.

내가 강진(康津)에 있을 때인 기사년·갑술년에 큰 기근을 당했고, 그 이듬해 봄에 염병이 크게 유행하였다. 나도 이 성산자 처방을 전해 주어 살아난 사람이 또한 그 수를 셀 수 없을 정도였다.

수령이 된 자가 만약 염병이 유행하는 때를 만나면 수만 전을 써서라도 이 성산자를 많이 제조하여, 의원들로 하여금 헐값에 팔도록 하면 널리 구제할 수 있을 것이다.

【註釋】 *麻疹(마진): 천연두. *夭札(요찰): 일찍 죽음. 요사(夭死).

【字義】 疹: 병 진　夭: 일찍 죽을 요　札: 일찍 죽을 찰

유행지병 사망과다 구료매장자 의청 상전
流行之病에 死亡過多이니 救療埋藏者는 宜請賞典이니라.

【解釋】 유행병이 돌아 사망하는 자가 아주 많은 것이니, 이들을

치료하고 매장해 주는 장자에게는 상전(賞典)을 주도록 청하여야 한다.

【解說】 무오년(정조 22, 1798) 겨울에 독감이 갑자기 성하여 죽는 자가 셀 수 없었다. 조정에서 부자 백성들에게 치료하고 염하고 매장하게 하고, 그들에게 3품(品)이나 2품의 벼슬을 제수하도록 하였다. 내가 곡산부(谷山府)에 있을 때, 임금의 명령으로 일렀더니, 이에 응한 자가 5명이었는데, 일이 끝나고 위에 일일이 보고하였더니 상사는,

"다른 고을에서는 봉행한 자가 없으므로 한 고을 백성만을 아뢸 수 없다."

하고 드디어 중지하고 조정에 아뢰지 않았다. 나는 즉시 승정원에 급히 보고하기를,

"이제부터 앞으로는 임금의 명령을 백성들은 믿지 않을 것입니다. 이것은 작은 일이 아니니, 빨리 임금께 아뢰어야 합니다. 만일 그렇게 하지 않다면 내가 직접 상경하여 상소할 것입니다."

하였다. 승정원에서 임금에게 아뢰었더니, 임금이 깜짝 놀라 그 감사는 2등을 감봉(減俸)하고, 5명의 백성에게는 모두 해당되는 벼슬을 제수하였다.

【字義】 救 : 구할 구　療 : 치료할 료　埋 : 묻을 매
葬 : 장사지낼 장　典 : 법 전

근소행마각지온　역유신방　자연경래 近所行麻脚之瘟도 亦有新方이니 自燕京來니라.

【解釋】 근래에 유행한 마각온(麻脚瘟)의 치료에도 역시 새로운 처방이 있는데, 연경(燕京)으로부터 서울에 들어온 것이다.

【解說】 신사년(순조 21, 1821) 가을에 이 병이 유행하였는데, 열흘 동안에 평양(平壤)에서 죽은 자만 수만 명이요, 서울 오부(五部)에서 죽은 자가 13만 명이었는데 치료법은 알 수 없었다.

【字義】 痲：삼 마　　脚：다리 각　　瘟：병 온
燕：제비 연

제6조 재난 구제〔救災〕

> 수화지재　국유휼전　행지유근　의어항
> 水火之災는 國有恤典이니 行之惟謹이나 宜於恒
> 전지외　외목자휼지
> 典之外는 外牧自恤之니라.

【解釋】 수재와 화재에 대해서는 나라에 휼전(恤典)이 있으니 오직 정성스럽게 행할 것이요, 일정한 규정이 없는 것은 수령이 스스로 헤아려서 구제해야 한다.

【解說】 휼전은 으레 환상미(還上米)를 지급하는데, 환상미는 모두 쭉정이뿐이다. 대개 휼전에 의한 지급은, 수령이 눈앞에서 찧고 키질해서 나누어 주도록 해야 한다. 반드시 줄어든 것이 많을 것이니, 수령은 한 섬마다 쌀 세 말씩을 보충해 주고, 열두 말 미만일 경우에는 창고 관리에게 충당하도록 해야 한다.

쌀을 도와 주는 외에, 수령은 몸소 그 지방에 나가서 부근에 있는 사유 산림에서 재목을 빌려서 벌채하되, 그 값을 정하여 산주인의 부역을 면제해 준다. 그래서 정해진 연한 안에는 부역을 시키지 말 것이며, 그 값어치에 해당하면 그만두어야 한다. 만약 재목의 그루 수가 얼마 되지 않을 때는 그럴 필요가 없다.

【註釋】 ***恤典**(휼전)：구휼하는 은전.　|　***恒典**(항전)：항상 있는 일정한 규정.

【字義】 災：재앙 재　　恤：돌볼 휼　　謹：삼갈 근
恒：항상 항

> 범유재액　기구분증닉　의여자분자닉
> 凡有災厄에 其救焚拯溺을 宜如自焚自溺하여

불가완야
不可緩也니라.

【解釋】 무릇 재해와 액운이 있으면 불에 타는 것을 구하고 물에 빠진 것을 건져내야 하는데, 마치 내가 불에 타고 물에 빠진 듯 서둘러야지 늦추어서는 안 된다.

【解說】 후한 유곤(劉昆)이 강릉령(江陵令)으로 있을 때였다. 고을에 화재가 일어났는데, 유곤이 불을 향하여 머리를 조아리니, 바람이 반대 방향으로 불어서 불이 곧 꺼졌다.

송사비(宋士裨)가 수령(遂寧)을 다스릴 때에, 수령에 강둑이 있었는데, 물이 그 둑 밑을 파고들므로 송사비가 걸상을 가지고 가 둑 위에 앉아 있자 사람들이 피하기를 간청하였으나 듣지 않았는데 얼마 뒤에 수위(水位)가 낮아졌다.

송 나라 진희량(陳希亮)이 활주(滑州)를 다스릴 때에 마침 하수(河水)가 넘쳐 둑이 터지게 되었다. 그가 군사를 내어 이를 둑이 끊어진 곳에 막게 하고 움막을 치고 거처하니, 아전과 백성들이 울면서 말렸지만, 그는 굳이 누워서 일어나지 않았다. 그러자 물이 차츰차츰 줄어들었다.

조선 선조 때 사람 황진(黃進)이 동복현감(同福縣監)이 되었는데, 때마침 홍수가 나서 백성들이 떠내려가기도 하고 빠져 죽기도 하므로 공이 친히 나가 구제하였다. 한 늙은 할머니가 죽음을 면하자 소리쳐 이렇게 말하였다.

"내 표주박도 건져 주시오."

【註釋】 ＊災厄(재액)：재앙(災殃).
＊救焚拯溺(구분증닉)：불에 타고 있는 사람을 건져 내고, 물에 빠진 사람을 건져 냄.
＊自焚自溺(자분자닉)：자신이 불에 타고, 자신이 물에 빠짐.

【字義】 厄：화 액, 재앙 액　焚：불탈 분　拯：건질 증
溺：빠질 닉　緩：늦출 완

사환이예방 우유어기재이시은
思患而預防은 又愈於旣災而施恩이니라.

【解釋】 환란이 있을 것을 생각하고 예방하는 것은 이미 재앙을 당하여 은혜를 베푸는 것보다 낫다.

【解說】 불을 끄느라 머리를 그슬리고 이마를 데는 수고가 미리 굴뚝을 돌리고 땔감을 불 가까이에서 치워 버리라고 충고해 주는 것만 못하다. 산골에 있는 민가로서 지대가 낮아서 물에 가까운 것은 평상시에 옮겨가도록 경계해야 한다. 만일 이미 큰 마을이 형성되어 옮길 수 없는 경우에는 여름철에 배를 미리 준비해 두어야 하며, 또 큰 마을에는 못을 파서 물을 저장하도록 하거나 혹 물통에 물을 저장하도록 해야 한다.

당(唐)나라 왕중서(王仲舒)가 소주자사(蘇州刺史)로 있을 때에 송강(松江)에 둑을 쌓아 길을 만들고, 초가집을 기와집으로 고치게 하여 화재를 막고, 부세(賦稅)는 항상 백성들과 기한을 정하니 백성들이 동요하지 않았다.

조선 광해군 때 사람 이명준(李命俊)이 서원현감(西原縣監)으로 있을 적에, 고을 소재지가 큰 시내와 가까워 수재의 걱정이 있었다. 어느 날 저녁에 물새들이 관청 뜰에 모여들므로 공은 말하기를,

"이는 물이 들 징조이다."

하고, 아전들과 백성들에게 경계하여 수재에 대비하도록 하였더니, 백성들은 미리 준비한 덕택에 온전히 살아나게 되었다.

【字義】 思 : 생각 사　　患 : 근심 환　　預 : 미리 예
防 : 막을 방　　愈 : 더욱 유　　施 : 베풀 시

약부축제설언 이한수재 이흥수리자 양리지술야
若夫築堤設堰하여 以捍水災하고 以興水利者는 兩利之術也니라.

【解釋】 둑을 쌓고 방죽을 만들어 수재도 막고 수리(水利)도 일으

키는 것은 두 가지 이익이 있는 방법이다.

【解說】 내 집이 한강(漢江)가에 있어서 매년 여름과 가을, 홍수가 질 때에 집들이 떠내려오는 것을 보는데, 마치 성엣장과 같았다. 혹 지붕 위에서 닭이 울기도 하고, 혹 처마에 옷이 걸려 있기도 하였다. 금년이 이와 같고 명년에 다시 그러하니, 이는 모두 수령이 백성을 안주시키지 못한 잘못 때문인 것이다.

【字義】 若 : 같을 약　築 : 쌓을 축　堤 : 언덕 제
堰 : 둑 언　捍 : 막을 한　興 : 일으킬 흥

기해기거 무수안집 시우민목지인정의 其害旣去면 撫綏安集이 是又民牧之仁政矣니라.

【解釋】 그 재해가 사라지고 나면 어루만져 주고 편안히 모여 살게 해야 하니, 이 또한 수령의 어진 정사이다.

【解說】 조선 정조 때 사람 교리(校理) 김희채(金熙采)가 장련현감(長連縣監)이 되었는데, 때마침 홍수로 구월산(九月山)이 무너져 매몰된 것이 30리나 되어서 사람이 다치고 곡식밭이 손상된 것은 헤아릴 수가 없었다. 공이 밖에 나와 보자, 백성들은 그를 맞아 통곡하므로 공도 말에서 내려 그들의 손을 잡고 함께 통곡하니 백성들은 감격하고 기뻐서 죽어도 한이 없다고 하였다. 울음이 멎자 백성들에게 소원을 묻고는 곧 산을 내려와 감영으로 달려가서 백성들의 소원을 다 중앙에 보고하기를 요구하여 종일토록 다투니, 감사는 이를 괴롭게 여겨서,

"그대는 어질기만 하지 일에는 어둡다."

하였다. 그리고 장계(狀啓)를 올려 유능한 자와 바꿔 줄 것을 청하니, 조정에서는 안협현감(安峽縣監)과 바꾸도록 허락하였다. 공이 벼슬을 버리고 떠나려고 하자 백성들이 길을 막고 말 굴레를 잡은 채 열 겹이나 둘러싸는 것이었다. 할 수 없이 촌가에서 10여 일을 묵다가 백성들의 방비가 조금 해이해진 틈을 타자 밤에 몰래 빠져 나와 도망해 돌아갔다. 그러자 백성들은 경계에 모여서 어린

애가 어미를 잃은 듯이 통곡하였으니 이것을 보면 백성을 다스림은 어짊에 있는 것이지 정사에만 있는 것이 아니다.

【字義】 撫 : 어루만질 무　　綏 : 편안할 수

비 황 폐 천　양 지 포 지　이 생 민 재　역 가 위 飛蝗蔽天에 禳之捕之하여 以省民災도 亦可謂 인 문 의 仁聞矣니라.

【解釋】 황충(蝗蟲)이 하늘을 뒤덮으면 물러가기를 빌기도 하고 잡아 죽이기도 하여 백성들의 재해를 덜어 주는 것도 어질다는 명성을 듣게 될 것이다.

【解說】 후한 마원(馬援)이 무릉태수(武陵太守)로 있을 적에, 군내에 황충의 재해가 연달아 생겼다. 마원이 불쌍한 사람을 도와주고 부역과 세금의 징수를 가볍게 해 주니, 황충들이 바다로 들어가서 새우가 되었다.

신라 때, 김암(金巖)이 패강진 두상(浿江鎭頭上)으로 있을 때였다. 한번은 황충의 떼가 서쪽으로 패강의 경계로 들어와 들을 덮으니 백성들이 두려워하였다. 김암이 산꼭대기에 올라 향을 피우고 하늘에 기도하니, 홀연히 바람과 비가 크게 일어나 황충이 모두 죽었다.

살피건대, 우리 나라에는 본래 황충의 재해가 없다. 내 나이 60이 되었지만 아직 황충을 보지 못했는데, 신라 때는 황충이 있었던 것이다.

【字義】 飛 : 날 비　　蝗 : 누리 황(벼해충의 하나)　　蔽 : 가릴 폐
禳 : 푸닥거리 양　　省 : 줄일 생, 살필 성

이전육조(吏典六條)

제1조 아전을 단속함〔束吏〕

> 束吏之本은 在於律己니 其身正이면 不令而行이요
> 其身不正이면 雖令不行이니라.

【解釋】 아전을 단속하는 근본은 자기의 처신을 올바르게 하는 데 달려 있다. 자신이 올바르면 명령하지 않아도 잘 시행되고, 자신이 올바르지 못하면 아무리 명령해도 잘 시행되지 않는다.

【解說】 백성은 흙을 전답으로 삼지만, 아전은 백성을 전답으로 삼아 기름 짜내는 것을 경작(耕作)하는 일로 삼고, 마구 징수하는 것을 추수하는 일로 여기면서 그것이 버릇이 되어 당연한 것으로 아니, 아전을 단속하지 않고서 백성을 잘 다스릴 수는 없다.

그러나 자신에게 잘못이 없어야 남의 잘못을 지적할 수 있다는 것은 천하의 공통된 도리이다. 수령 자신의 행동이 남을 복종시키지 못하면서, 아전 단속하는 것만 위주로 한다면, 아무리 명령해도 반드시 시행되지 않고, 아무리 금지해도 반드시 그치지 않으며, 위엄이 반드시 떨치지 못하고 법이 반드시 확립되지 못한다.

고려 때 금유(琴柔)와 옥고(玉沽)는 둘다 대구군(大丘郡)의 수령을 지냈다. 대구군의 아전 배설(裵泄)이란 자는 교활하고 영리하여 문서를 마음대로 뜯어 고쳐 대부분의 수령들이 그를 의지해서 정사를 하였는데, 배설은 만년에 사람들에게 이렇게 말했다.

"전후 수령들을 내가 모두 거느리고 지냈으나, 금유와 옥고만은 모시고 지냈다."

조선 영조 때 참판 유의(柳誼)가 홍주목사(洪州牧使)가 되었었다. 홍주 아전들의 교활한 버릇이 충청도 지방에서 제일이었다. 그러나 공이 청렴과 검소함을 지니고 성심으로 백성을 사랑하자, 아전들이 모두 기뻐하였으며, 형벌을 쓰지 않았지만 조금도 잘못을 범하지 않았으니, 나는 이것으로 자기의 처신을 올바르게 하는 것이 아전을 단속하는 기본임을 알았다.

【註釋】 ＊**束吏**(속리)：아전을 단속함.

＊**律己**(율기)：자기의 처신을 올바르게 함.

【字義】 **束**：단속할 속　**律**：법 률　**己**：몸 기
身：몸 신　**雖**：비록 수

제지이례　접지유은연후　속지이법　약
齊之以禮하고 接之有恩然後에 束之以法이요 若
능력학사　전도궤우　불수속야
陵轢虐使하고 顚倒詭遇하면 不受束也니라.

【解釋】 예(禮)로써 정돈하고 은혜로 대우한 다음 법으로써 단속해야 한다. 업신여기고 짓밟거나 잔악하게 부리거나 사리에 어긋나는 일을 하거나 속임수를 쓰면 단속을 받아들이지 않는다.

【解說】 아전이 허리 굽히는 것은 어느 때에 시작되었는지 모르겠으나, 요즘 중앙 관서의 이속들은 머리만 숙일 뿐, 허리는 굽히지 않는데, 향리(鄕吏)만은 왜 허리를 굽히는지 나는 일찍이 의심스러웠다. 그런데 내가 남쪽 지방에 와 있게 되어서야 허리 굽히는 법은 본래 옛사람의 깊은 뜻에서 마련된 것이니 변경시킬 수 없는 것임을 알았다.

아전이란 원래 교만 방자한 인물이므로 관장(官長)도 안중에 두지 않고 선비와 백성들을 마구 제마음대로 부린다. 그런데 만일 허리 굽히는 법이 없었더라면 그들의 처신이 더욱 존대(尊大)하여 제압할 길이 없을 것이다.

그렇지만 그들을 억압하여 목에 새끼를 걸어 돌을 달거나 거꾸

로 매달아 땅에 드리우거나 하는 것은 모두가 해괴한 짓이니, 군자는 하지 않을 일이다. 그들 중에 혹시 허리를 굽히지 않고 거만을 피우는 자가 있거든 그 죄를 따져 뜰에 엎드리게 했다가 잠시 후에 물러가도록 하는 것이 무방하다.

【註釋】 ***齊之以禮(제지이례)** : 예법으로써 정연하게 함. ***陵轢(능력)** : 능멸하고 짓밟음. ***詭遇(궤우)** : 속임수로 대함.

【字義】 **齊** : 가지런할 **제** **禮** : 예의 **예** **恩** : 은혜 **은**
陵 : 능멸할 **릉** **轢** : 갈릴 **력** **虐** : 학대할 **학**
顚 : 넘어질 **전** **倒** : 거꾸로 매달릴 **도**
詭 : 거짓말 **궤** **遇** : 만날 **우**

> 居上不寬(거상불관)은 聖人攸誡(성인유계)라. 寬而不弛(관이불이)하고 仁而不懦(인이불나)라야 亦無所廢事矣(역무소폐사의)니라.

【解釋】 윗자리에 있으면서 너그럽지 못함에 대해서는 성인이 이미 경계하였다. 너그럽게 하되 너무 지나치게 느슨하지 않고, 인자하되 너무 지나치게 나약하지 않아야 그르치는 일이 없을 것이다.

【解說】 송 나라 때 귀산(龜山) 양시(楊時)는 이렇게 말했다.

"공자는 아랫사람을 너그럽게 부리라고 했다. 그러나 모든 일을 단속하지 않고 너그럽게 하기만 힘쓰면 아전들이 문서를 날조하고 법을 농락하여 관청이 관청답게 되지 못할 것이니, 항상 자신이 권력을 가지고 있어서 조종하고 주고 빼앗는 여탈 권한이 조금도 남의 손에 들어가지 않게 한 후에 너그럽게 해도 무방하다."

《사재척언(思齋摭言)》에 이렇게 말하였다.

"조선 성종 때 사람 이세정(李世靖)은 경학(經學)에 조예가 깊고 가르치기를 게을리하지 않았으므로 당시 재상들이 그 문하에서 많이 나왔고, 우리 형제 역시 그의 문인이었다. 이세정이 재간도 없이 나가서 청양현감(靑陽縣監)을 맡게 되었는데, 최숙생(崔淑

生)이 새로 관찰사에 제수되니, 당시 문인들이 모두 청양현감을 그에게 부탁하면서 '우리 스승은 학문이 높고 지조가 결백하니 조심하여 망령되이 하등에 두지 말라.' 하니 최공은 그렇게 하겠다면서 떠났다. 그런데 첫 고적(考績)에서 그를 파직시켜 내쳤다. 최공이 돌아오자, 여러 재상들이 찾아가 보고 '충청도에 어찌 간사하고 교활한 관리가 그렇게도 없기에 우리 스승을 하등으로 처리하였는가?' 하니 최공은 '다른 고을 수령은 간활하나 한 사람의 도적일 뿐이어서 백성이 그래도 견딜 수 있지만, 청양현감은 청백하기는 하나 여섯 명의 도적[1]이 아래에 있으니 백성이 견딜 수가 없다.' 하였다."

이것으로 보면, 학문이 아무리 해박해도 아전을 단속할 줄 모르는 사람은 백성을 다스릴 수 없다.

【註釋】 *不寬(불관) : 너그럽지 못함.
*不弛(불이) : 너무 느슨하지 않음.
*不懦(불나) : 너무 나약하지 않음.
*廢事(폐사) : 일을 그르침.
1) 여섯 명의 도적 : 관아의 육방(六房) 아전을 말함.

【字義】 寬 : 너그러울 관　聖 : 성인 성　攸 : 바 유
弛 : 느슨할 이　懦 : 나약할 나　廢 : 폐할 폐

유 지 액 지　교 지 회 지　피 역 인 성　미 유
誘之掖之하고 敎之誨之하면 彼亦人性이니 未有
불 격　위 불 가 선 시 의
不格이라 威不可先施矣니라.

【解釋】 이끌어 주고 도와 주고 가르쳐 주면 그들 또한 사람의 성품을 가졌으니 고치지 않을 리가 없다. 위엄을 먼저 베풀어서는 안 된다.

【解說】 후한 때 사람 종리의(鍾離意)가 하구령(瑕丘令)으로 있을 때 아전 중에 도둑질한 자가 있었는데 형벌하지 못하고, 그 직위만 파면시켜 놓아 보냈더니, 그의 아비가

"이는 의(義)로써 형벌을 준 것이다."
하고 곧 아들에게 독약을 먹고 죽게 하였다.

고려 때 정운경(鄭云敬)이 안동판관(安東判官)으로 있을 때였다. 그 고을 관리 권원(權援)이 전에 정운경과 함께 공부한 처지이므로 술과 안주를 가지고 와서 만나보기를 청하자, 정운경은 불러서 함께 술을 마시면서 이렇게 말했다.

"지금 그대와 술을 마시는 것은 옛정을 잊지 않아서이나 내일이라도 그대가 법을 범한다면 판관의 자격으로서 용서하지 않겠다."

【註釋】 *人性(인성) : 사람의 성품. | *不格(불격) : 깨우치지 못함.

【字義】 誘 : 꾈 유　掖 : 부축할 액　誨 : 가르칠 회
格 : 깨달을 격　威 : 위세 위　施 : 베풀 시

> 誘之不牖(유지불유)하고 教之不悛(교지부전)하고 怙終欺詐(호종기사)하여 為元(위원)
> 惡大奸者(악대간자)는 刑以臨之(형이임지)니라.

【解釋】 타일러도 깨닫지 못하고 가르쳐도 고치지 않으며 끝내 허물을 뉘우칠 줄도 모르고 사기만을 일삼는 간악한 자는 형벌로 다스려야 한다.

【解說】 당(唐) 나라 유공작(柳公綽)이 산동절도사(山東節度使)로 있을 때 한 고을을 지나게 되었는데, 두 아전 중에 한 사람은 장물죄를 범하고 한 사람은 법조문을 농간한 일이 있었다. 사람들이 반드시 장물죄를 범한 자를 죽일 것으로 생각하였는데, 유공작은,

"법을 범하면 법은 그대로 있지만, 법을 어지럽히면 법이 없어진다."

라고 판결하고, 결국은 법조문을 농간한 자를 죽였다.

고려 시대 권단(權胆)이 경주유수(慶州留守)로 있을 때 창고를 맡은 자 중에 조세(租稅)를 도둑질한 사람이 있어 그의 머리를

관청 뜰에서 부수어버리니, 보는 자들이 떨었다.

조선 정조 때 판서 이노익(李魯益)이 한때 전라감사(全羅監司)로 있었다. 감영의 아전인 최치봉(崔致鳳)이란 자는 성품이 매우 교활하여 악인 중의 으뜸이었다. 도내에 53개 고을이 있는데, 매 고을마다 반드시 2~3명의 간악한 아전이 있어 모두 최치봉과 결탁하고 그를 맹주로 삼았다. 최치봉은 매년 수십 만 냥을 여러 간악한 아전들에게 나누어 주어서 창고를 농간질하여 돈으로 바꾸어 이자를 늘릴 밑천으로 삼게 하니 모든 백성이 그 해독을 입었다.

그런데도 매양 감사가 사람을 보내 수령들의 잘잘못을 염탐하게 하면, 반드시 먼저 최치봉의 지시를 받고, 돌아와서도 반드시 그 기록을 최치봉에게 먼저 보였다. 그래서 최치봉은 수령 중에 청렴근신하고 법을 잘 집행하는 자는 모두 몰래 중상하는 반면, 탐욕이 많고 법을 잘 지키지 않는 자와 간사한 향임(鄕任)이나 간활한 아전으로서 기록이 들어 있는 자들은 모두 빼내었다. 그리고 그 기록된 것을 도려내서 본인들에게 보내 위세와 공덕을 세워 온 도민이 그를 미워한 지 오래였다.

이 판서(李判書)가 감사로 부임한 지 10여 일 만에 갑자기 최치봉을 잡아다가, 곤장으로 쳤으나 죽지 않았다. 그래서 서너 고을로 옮겨 가두다가 고창(高敞)에 이르렀을 때 속히 물고장(物故狀)[1]을 들이도록 재촉하자, 최치봉은 다음날 정오까지만 목숨을 살려달라고 애걸하였으나, 현감이 들어 주지 않아 드디어 고창에서 죽고 말았다.

【註釋】 ***不牖**(불유) : 인도되지 않음. 깨우치지 못함.
***元惡大奸**(원악대간) : 아주 큰 악인과 간사한 사람.
1) **物故狀**(물고장) : 죄인을 죽였다는 보고서.

【字義】 **牖** : 인도할 유 **悛** : 뉘우칠 전 **怙** : 믿을 호
欺 : 속일 기 **臨** : 임할 임

원악대간 수어포정사외 입비전명 영
元惡大奸은 須於布政司外에 立碑鐫名하여 永

勿復屬(물복속)이니라.

【解釋】 아주 간악한 자는 모름지기 감영(監營) 밖에 비를 세우고 그 이름을 새겨 영원토록 복직하지 못하게 해야 한다.

【解說】 노환(盧奐)이 여러 차례 큰 군(郡)을 맡아 다스렸는데, 뛰어난 치적이 있었고, 사람들은 그를 귀신같이 두려워하였다. 간악한 자를 다스릴 적에는 그 죄를 처단하고 그들이 범한 죄를 새겨 문앞에 세웠으며, 다시 범하는 자는 반드시 사형수 명부에 올렸는데 이를 기악비(紀惡碑)[1]라 불렀다.

【註釋】 ***布政司**(포정사) : 여기서는 감영(監營)을 뜻함.
***鐫名**(전명) : 이름을 새김.
1) **紀惡碑**(기악비) : 악행을 기록하는 비.

【字義】 **須** : 모름지기 수 **鐫** : 새길 전 **碑** : 비석 비
屬 : 소속될 속

牧之所好(목지소호)는 吏無不迎合(이무불영합)이니 知我好財(지아호재)이면 必誘之以利(필유지이리)라. 一爲所誘(일위소유) 則與之同陷矣(즉여지동함의)니라.

【解釋】 수령이 좋아하는 바는 아전들이 모두 영합하게 마련이다. 내가 재물을 좋아하는 줄 알면 반드시 이익으로써 유인할 것이니, 한 번 꾐을 받으면 그때는 그들과 함께 죄에 빠지게 된다.

【解說】 관장(官長)이 처음 도임해서는 명령을 내리고 하는 일이 제법 볼 만한 것이 많다가도 도임한 지 몇 달이 되어 아전들의 꾐에 빠지면 아무 소리도 못하고 행여 벼슬자리를 잃을세라 조바심만 한다.

수령이 재(災) 10결(結)을 도둑질하면 아전이 1천 결을 도둑질하는 것을 금할 수가 없고, 수령이 1결을 방납(防納)[1]하면 아전이

1백 결 방납하는 것을 금할 수 없으며, 수령이 1백 석을 번곡(飜穀)[2] 하면, 아전이 1만 석 번곡하는 것을 금할 수 없다. 모든 일이 다 그러한데 어찌 애석하지 않겠는가?

【註釋】 *迎合(영합) : 비위를 맞춤.
*好財(호재) : 재물을 좋아함.

1) 防納(방납) : 남은 결(結)에서 쌀을 징수함.
2) 飜穀(번곡) : 농간질로 곡식을 빼돌림.

【字義】 好 : 좋아할 호 迎 : 맞이할 영 財 : 재산 재 陷 : 빠질 함

性有偏辟(성유편벽)이면 吏則窺之(이즉규지)하여 因以激之(인이격지)하고 以濟其奸(이제기간)하여 於是乎墮陷矣(어시호타함의)니라.

【解釋】 수령의 성품이 편벽되면 아전은 그 틈을 엿보아 바로 격동시켜 자신의 간계를 쓰게 되니, 그래서 그의 술책에 빠지게 된다.

【解說】 송 나라 포증(包拯)이 경조윤(京兆尹)으로 있을 때 밝게 살핀다고 소문이 났었다. 백성 중에 법을 범하여 곤장을 맞는 형벌에 해당된 자가 있었는데, 아전이 그 백성에게서 뇌물을 받고는

"경조윤이 반드시 나에게 죄를 조사하라고 할 것이니 너는 그저 큰 소리로 부르짖으며 변명하라."

하고 약속하였다. 조금 후에 죄수를 끌어내어 심문하는데, 죄수가 아전의 말대로 하자 아전은,

"곤장이나 받을 일이지 무슨 잔소리가 그리 많은가?"

하고 꾸짖었다. 그러자 포증은 아전이 권세를 부린다고 생각하여 아전을 곤장치고 죄수는 특별히 관대하게 처리하였다. 포증 같은 이도 아전에게 매수된 줄을 까맣게 몰랐었으니, 소인의 간계는 참으로 막기 어려운 것이다.

【註釋】 *偏辟(편벽) : 성품이 한쪽으로 치우치고 좁음.

*墮陷(타함) : 떨어져 빠짐.

【字義】 偏：치우칠 편 辟：좁을 벽 窺：엿볼 규
激：격렬할 격 墮：떨어질 타 陷：빠질 함

부지이위지 不知以爲知하여 수응여류자 酬應如流者는 목지소이타어 牧之所以墮於 이야 吏也니라.

【解釋】 모르는 것을 아는 체하면서 물 흐르듯 쉽게 처리하는 것은 수령이 아전의 간계에 빠지게 되는 것이다.

【解說】 우리 나라 사람은 문신(文臣)은 시부(詩賦)나 약간 익히고, 무신(武臣)은 무술이나 약간 익힐 뿐, 그 외에 배운다는 것은 곧 도박이나 기생 끼고 술 마시는 일일 따름이다. 학문이 높은 자는 천문(天文)이나 《주역(周易)》의 수를 연구하나, 이런 것은 인간 만사에 있어 아무런 해당이 없고 무술만이 실무라 하겠으나 그것 또한 관리의 사무와는 상관이 없는 것이다.

내가 오랫동안 현청 소재지에 있을 때 보건대, 새로 부임한 관원이 사무에 서툴러서 캐는 경우에는 그 고을 늙은 아전들이,

"앞으로 몹시 괴로울 징조다."

하고, 쉽게 처리하는 자의 경우에는 서로 웃으면서,

"앞으로의 징조를 알 만하다."

하였으니, 아전을 단속하는 요령은 참으로 여기에 있는 것이다.

【字義】 知：알 지 酬：수작할 수 應：응대할 응
流：흐를 류

이지구걸 吏之求乞은 민즉병지 民則病之하니 금지속지 禁之束之하여 무비 無碑 종악 縱惡이니라.

【解釋】 아전들이 구걸하면 백성들은 고통스러워한다. 금지하고 단속하여 함부로 악한 행동을 하지 못하도록 해야 한다.

【解說】 후한 탁무(卓茂)가 밀현(密縣)의 수령으로 있을 때, 백성을 아들같이 여기고 나쁜 말은 입 밖에 내지 않았기 때문에 아전이나 백성들이 차마 속이지 못했다. 백성 중에 관하의 정장(亭長)이 쌀과 고기를 받아 먹었다고 말한 자가 있었다.

"정장이 너더러 달라고 하더냐, 네가 청탁할 일이 있어서 주게 되었느냐? 아니면 평소에 무슨 은혜를 입은 일이 있어서 그에게 주었던 것이냐?"

"그저 가서 주었을 뿐입니다."

"주어서 받았는데 무엇 때문에 말하는가?"

"들으니 현명한 임금은 백성이 관리들을 두려워하지 않게 하고, 관리들은 백성들에게서 취하지 못하게 했다고 합니다. 지금 저는 관리를 두려워합니다. 그러므로 가져다 준 것인데, 관리는 그것을 받았습니다. 그런 까닭에 와서 말하는 것입니다."

"너야말로 몹쓸 백성이다. 관리가 위력을 가지고 강제로 요구하는 것은 부당하지만 정장은 본래 착한 관리일 뿐더러 선물을 보내는 것은 예인 것이다."

"참으로 그렇다면 법률은 왜 이것을 금합니까?"

탁무는 웃으면서 이렇게 말하였다.

"법률은 큰 법만 설정한 것이요, 예(禮)는 인정에 따르는 것이다. 이제 내가 법률대로 너를 다스린다면 네가 손발을 제대로 놀릴 수 있겠느냐? 돌아가서 잘 생각해 보라."

후한(後漢) 때의 사람 오우(吳祐)가 인자하고 간결 명료하게 정치를 하여 백성들이 차마 속이지 못했다. 손씨(孫氏) 성을 가진 아전이 사사로이 백성 돈을 거두어 옷을 사서 자기 아버지에게 드리니, 그의 아버지는 노하여,

"이처럼 훌륭한 사또가 계시는데, 어찌 차마 속일 수가 있겠느냐? 속히 돌아가 죄를 자백하라."

하니, 그는 부끄럽고 두려워하며 오우에게 죄를 자백하는 동시에 자기 아버지가 한 말까지 함께 이야기하니 오우는,

"이 아전이 부친 때문에 잠시 더러운 이름을 받게 되었으니 이른바 허물을 보아 어진 정도를 알 수 있다는 말이 이것이다."

하고는, 돌아가서 그의 아버지에게 사죄하게 하고, 옷도 다시 보내주었다.

【字義】 求 : 구할 구　乞 : 빌 걸　禁 : 금할 금　縱 : 놓을 종

원액소 즉한거자과 이학렴미심의
員額少 則閑居者寡 而虐斂未甚矣이리라.

【解釋】 아전의 인원수가 적으면 한가하게 지내는 자가 적어서 백성을 침학하고 가렴하는 일이 심하지 않을 것이다.

【解說】 우리 나라 제도는 전혀 옛제도를 본받지 않아서 중앙이나 지방의 이속이 요란스럽게 많다. 중앙 관서에는 그래도 정원이 있지만, 지방 관아에는 제한이 전혀 없어 많을 경우에는 혹 수백 명, 적어도 60명 이하는 안 된다. 그래서 떼로 모여 앉아 무리끼리 헐뜯고 풍속을 해치는 등 흉악한 일만 행할 뿐이다. 그런데 또 거기다가 요직이라고 부르는 방임(房任)이 큰 고을은 열 자리, 작은 고을은 대여섯 자리에 불과하여 머리를 싸매고 서로 차지하려고 덤벼서 겨우 한 자리를 얻으면 손뼉을 치며 어깨를 으스대며 한밑천을 얻은 것으로 생각하니, 도둑질과 간악한 짓을 자행하여 백성의 고혈을 짜내는 일이 어찌 한이 있겠는가?

조선 숙종 때 정승 남구만(南九萬)이 언젠가 병조(兵曹)에 있을 때 이속을 근 1백 명이나 감원하니, 송시열(宋時烈)이 이렇게 상소하였다.

"이속들은 실로 나라를 해치는 큰 좀들이니 불가불 감원해야 합니다. 이제 병조에서 감원한 수가 근 1백 명이나 되어, 무고하고 비방하는 자가 때로 일어나지만, 그 이익은 이미 적지않습니다. 바라옵건대, 전하께서는 속히 다른 부서에도 명을 내리시어 같은 예로 감원하게 하소서."

【註釋】 ＊**員額**(원액) : 관원의 정원.

＊**虐斂**(학렴) : 가혹하게 거두어들임.

【字義】 **額**：정원 **액**　　**閑**：한가할 **한**　　**寡**：적을 **과**
斂：거둘 **렴**

> 금 지 향 리　체 교 재 상　관 통 찰 사　상 모
> 今之鄕吏는 締交宰相하고 關通察司하여 上藐
> 관 장　하 박 생 민　능 불 위 시 소 굴 자　현 모
> 官長하고 下剝生民하니 能不爲是所屈者는 賢藐
> 야
> 也니라.

【解釋】 요즈음 향리들은 재상과 결탁하고 감사와 내통하여, 위로는 관장(官長)을 가볍게 보고, 아래로는 백성들을 들볶는다. 이들에게 굴하지 않는 자라야 현명한 수령이다.

【解說】 조선 선조 이전에는 아전들의 횡포가 그리 심하지 않았는데, 임진왜란 이후 사대부는 녹봉이 박하여 집안이 가난해졌고, 나라 안의 재물은 온통 오군문(五軍門)의 양병(養兵)에 쓰여졌다. 그래서 탐욕의 풍조가 점점 자라고 아전의 습속이 따라서 타락하여 수십 년래 날로 심해져서 오늘에 와서는 극도에 이르렀다.

내가 민간에 있을 때 그 폐단의 근원을 따져 보니, 하나는 조정의 귀관(貴官)들이 뇌물을 받는 것, 또 하나의 감사가 스스로 제 주머니를 채우는 것, 다른 하나는 수령이 이익을 분배하는 것이었다. 아전이 재상과 사귀는 길이 세 가지가 있는데, 첫째는 유배지에서 사귀는 것이요, 둘째는 궁중을 통해 사귀는 것이요, 셋째는 해유(解由)를 통해 사귀는 것이다. 유배지에서의 사귐이란 신하가 귀양가게 되면 교활하게 기회를 관망하는 아전은 공손히 떠받들며 기절(氣節)을 숭상하고 의리를 좋아하는 자인 척한다. 귀한 신하는 처음으로 타향살이를 하게 되어 우울하기 그지없던 차에 갑자기 이런 사람을 만났는지라 고마움이 골수에 사무친다. 방금(防禁)이 엄한데도 이 아전은 서신을 몰래 통해 주고, 음식이 입에 맞지 않을 때는 이 아전이 술과 고기를 대어주니, 귀한 신하는 못내 고마워서 저승에 가서라도 그 은혜를 갚을 것을 아전에게 약속하게 된다. 그러다가 하루아침에 판국이 뒤집혀 그 귀한 신하가 다시

등용되면 아전의 하늘을 태울 듯한 세력은 그 귀한 신하와 함께 솟아오르게 된다. 그뿐만 아니라, 귀한 신하는 영락하여도 그 일당은 아직도 남아서 조정의 권세를 잡고 있기 때문에 귀양 중에 하는 부탁을 재빠르게 들어 주게 된다.

【註釋】 *締交(체교) : 체결하여 사귐.
*關通(관통) : 뇌물로 통함.

【字義】 締 : 맺을 체　關 : 뇌물 관　藐 : 무시할 모　屈 : 굽힐 굴

首吏權重(수리권중)이니 不可偏任(불가편임)하고 不可數召(불가삭소)하며 有罪必罰(유죄필벌)하여 使民無惑(사민무혹)이니라.

【解釋】 수리(首吏)는 권한이 무거우니 치우치게 일을 맡겨도 안 되고 자주 불러도 안 되며, 죄가 있으면 반드시 처벌하여 백성들의 의혹을 사지 않도록 해야 한다.

【解說】 우매한 수령은 반드시 수리를 심복으로 알고 밤중에 몰래 불러서 여러 가지 일을 의논하는데, 아전이 수령을 기쁘게 해 주는 것은 전세(田稅)를 농간하고 창고의 곡식을 마음대로 다루어서 그 남은 것을 차지하고, 옥송(獄訟)을 홍정하여 그 뇌물을 취하기 때문이다. 그 결과 수령이 하나를 먹으면 아전은 백을 몰래 먹게 되는데, 팽죄(烹罪)[1]가 선포되면 오직 수령만 당할 뿐이니, 이 또한 슬픈 노릇이 아닌가!

【註釋】 *偏任(편임) : 치우치게 일을 맡김.
*數召(삭소) : 자주 부름.
1) 烹罪(팽죄) : 삶아서 죽이는 형벌을 받을 죄.

【字義】 首 : 머리 수　權 : 권세 권　數 : 자주 삭　惑 : 미혹될 혹

이 속 참 알 　 의 금 백 포 의 대
吏屬參謁에 宜禁白布衣帶니라.

【解釋】 아전이 참알할 때에는 흰 옷에 베로 만든 띠를 착용하지 못하게 해야 한다.

【解說】 대체로 참알을 받을 때 수령은 조관(朝冠)[1]을 착용하는데, 아전들이 어떻게 흰 옷에 베로 만든 띠를 착용하고 관아에 들어올 수 있겠는가? 지금 중앙 관서의 참알하는 서리(書吏)들은 모두 홍단령(紅團領)[2]을 착용하니 법이 본래 그렇다. 오직 상중(喪中)에 나와서 벼슬한 자만은 묵립(墨笠)과 묵대(墨帶)[3]를 착용하도록 허락한다.

【註釋】 ＊吏屬(이속) : 아전붙이. ＊參謁(참알) : 아래 관속이 상관을 뵘.
1) 朝冠(조관) : 조정 조회 때 쓰는 관. 여기서는 오사모(烏紗帽).
2) 紅團領(홍단령) : 붉은 색 깃을 둥글게 하여 만든 옷.
3) 墨笠(묵립)과 墨帶(묵대) : 검은 갓과 검은 띠.

【字義】 屬 : 무리 속　　參 : 참석할 참　　謁 : 뵐 알
布 : 베 포　　帶 : 띠 대

이 속 유 연 　 민 소 상 야 　 엄 금 누 계 　 무 감 희 예
吏屬遊宴은 民所傷也니 嚴禁屢戒하여 毋敢戲豫니라.

【解釋】 아전들의 잔치놀이는 백성들이 마음 상해하는 바이니, 엄히 금지하고 자주 경계하여 감히 함부로 놀이하지 못하게 해야 한다.

【解說】 관리가 기생을 끼고 모여서 술을 마시는 데는 본디 형벌이 있다. 요즈음 보면 수령이 된 자는 아전의 잔치놀이를 방관하여 산에 오르기도 하고 물에 배를 띄우기도 하고 노래와 춤으로 멋대로 즐기게 내버려 두는데, 백성들이 그 광경을 보면 원수처럼

미워한다. 잔치놀이는 아전이 하고 원망은 수령이 받을 것이니, 역시 망령된 짓이 아닌가? 엄중히 금해야 한다.

혹 나라는 태평하고 농사가 풍년이 들고 봄날씨가 따스하거나 가을 하늘이 청명한데 관아에 할일이 없을 때에 한번 놀고 싶은 생각이 나거든, 밥과 채소만을 준비해 가지고 산에 오르거나 물가에 가거나 해서 소박한 모임을 갖도록 해야 한다.

【註釋】 ＊**遊宴**(유연)：놀이와 연회. ＊**戲豫**(희예)：유흥.

【字義】 **遊**：놀 유 **宴**：잔치 연 **傷**：다칠 상 **屢**：자주 루 **戒**：경계할 계 **戲**：놀 희 **豫**：편안할 예

이청용태벌자는 역의엄금이니라.
吏廳用笞罰者는 **亦宜嚴禁**이니라.

【解釋】 이청(吏廳)에서 매질하는 것 역시 엄금해야 한다.

【解說】 아전들이나 노복들 사이에 사사로이 서로 경계하고 꾸짖는 것을 이루 다 금할 필요는 없으나, 10대 이상 매를 때리는 일은 아뢴 후에 행하게 해야 한다.

대체로 아래 백성으로 관에 예속된 자가 아니면, 읍민(邑民)이거나 아래 백성을 막론하고 한 대의 매도 때리는 것을 허락해서는 안 된다. 또한 미리 약속을 하여, 범하는 일이 없도록 해야 한다.

【字義】 **廳**：마루 청 **笞**：매 태 **嚴**：엄할 엄 **禁**：금할 금

상관기수월에 작하이이력표하여 치지안상이니라.
上官旣數月에 **作下吏履歷表**하여 **置之案上**이니라.

【解釋】 부임한 지 두어 달이 지나면 하리(下吏)들의 이력표(履歷表)를 책상 위에 비치한다.

【解說】 이 표는 열 사람만을 대상으로 하여 10년의 이력만을 작성할 것이며 만약 정확한 표를 작성하려면 20년의 표를 작성한다. 이 표를 보면, 누구는 여러 번 요직을 지냈고, 누구는 늘 한산한 직책에 있었고, 누구는 재능이 많아서 반드시 교활할 것이요, 누구는 지혜가 없으니 책임을 맡겨 부릴 수 없을 것임을 모두 훤하게 알 수 있다.

수령직에 오래 있으면서 겪어 본 바, 혹 어떤 사람이 그 재능이 충분히 책임을 맡기어 부릴 만한데도, 특히 겸손하여 나서기를 좋아하지 않는 까닭으로 책임을 맡지 못한 자가 있거든, 연초에 이속들을 임명할 때 중요한 책임을 맡기는 것이 좋다.

【字義】 履：밟을 리　歷：거칠 력　置：둘 치
案：책상 안

이지작간　사위모주　욕방이간　출기사
吏之作奸은 史爲謀主니 欲防吏奸이면 朮其史

욕발이간　구기사
하며 欲發吏奸이면 鉤其史니라.

【解釋】 아전이 간사한 짓을 하는 데는 사(史)가 주모자가 되니, 아전의 간사한 짓을 막으려면 그 사를 혼내야 하고, 아전의 간사한 짓을 들추려면 그 사를 캐물어야 한다.

【解說】 사(史)란 서객(書客)이다. 창고 곡식이 농간을 당하여 뒤죽박죽이 되어 있으면 그 사실을 아는 자는 사요, 전세(田稅)가 도둑질을 당하여 여기저기 숨겨져도 그 숫자를 아는 자는 역시 사이다. 아전은 본래 그 대체만을 알 뿐인데, 사는 정밀해서 그 미세한 조목까지를 구별해서 안다. 수령된 사람은 먼저 강직한 위엄으로 그의 간담을 서늘하게 해 놓고, 다시 다른 방법으로 간사한 정상을 캐물은 뒤에 그의 죄를 용서해 준다면 예측하지도 않던 간계를 쓴 구멍이 때때로 드러날 것이다.

【註釋】 ＊作奸(작간)：간사한 일을 함. ＊謀主(모주)：주모자(主謀者).

【字義】 作：지을 작 謀：꾀할 모 防：막을 방 朮：두려워할 출 鉤：갈구리 구

제2조 대중을 통솔함〔馭衆〕

馭衆之道(어중지도)는 威信而已(위신이이)라. 威生於廉(위생어렴)하고 信由於忠(신유어충)이니 忠而能廉(충이능렴)하면 斯可以服衆矣(사가이복중의)니라.

【解釋】 부하를 통솔하는 방법은 위엄과 신의뿐이다. 위엄은 청렴에서 생기고 신의는 충성에서 나오는 것이니, 충성스러우면서 청렴할 수 있다면 이에 부하를 복종시킬 수 있다.

【解說】 송(宋)나라 사양좌(史良佐)가 응성지현(應城知縣)으로 있을 때 호안국(胡安國)이 그곳을 지나다가 찾아보기 위하여 그의 문에 들어가 보니, 이졸(吏卒)들이 뜰 아래에 서 있는데 마치 흙이나 나무로 만든 사람과 같았다 하니, 아마 그 위엄과 신의가 평소 그들의 마음을 복종시켰기 때문에 그랬던 것이리라.

설선(薛瑄)은 이렇게 말했다.

"마음에 털끝만큼이라도 치우친 경향이 있어서는 안 되니, 그렇게 하면 남들이 반드시 엿보아 알게 된다. 내가 일찍이 한 심부름 다니는 하인 하나를 부렸는데, 그가 제법 민첩하므로 자주 부렸더니 하인들이 곧 그를 중하게 여겨 붙쫓는 뜻을 갖기에, 나는 드디어 그를 내쫓고 말았다. 이것은 작은 일이지만 이것을 보고 관직에 있는 자는 마땅히 공명정대해야 하며, 털끝만큼이라도 치우친 경향을 가져서는 안 되다는 것을 알았다."

【註釋】 ＊馭衆(어중)：대중을 통솔함. ＊威信(위신)：위엄과 믿음.

【字義】 馭 : 말부릴 어　廉 : 청렴할 렴　忠 : 충성 충
服 : 복종할 복

軍校者(군교자)는 武人麤豪之類(무인추호지류)니 其湒橫宜嚴(기즙횡의엄)이니라.

【解釋】 군교(軍校)는 무인(武人)으로 사나운 무리들이니 그들의 횡포를 막는 데는 마땅히 엄하게 해야 한다.

【解說】 수령 중에 일을 잘 알지 못하는 자는 세곡(稅穀)을 징수하려면 명령을 발포하는 처음부터 심부름꾼을 먼저 내보내는데 그것을 검독(檢督)이라 이름한다. 그들은 송아지를 끌어내거나 솥을 떼 오거나 늙은이를 묶어 오거나 할머니에게 손찌검하거나 하므로, 무릇 검독이 지나가는 곳에는 외짝 문이 쓰러지고 마을이 살벌하게 된다. 차라리 세곡을 징수하는 실적이 부진하여 하등(下等)을 받을지언정, 호랑이를 풀어 놓아 사람을 죽임으로써 스스로 악을 쌓는 일을 절대로 해서는 안 된다.

【字義】 軍 : 군사 군　校 : 장교 교　武 : 무인 무
麤 : 거칠 추　類 : 무리 류　湒 : 막을 즙

門卒者(문졸자)는 古之所謂皁隷也(고지소위조례야)니 於官屬中最不率敎(어관속중최불솔교)이니라.

【解釋】 문졸(門卒)은 옛날의 조례(皁隷)라는 것이니, 관속들 중에서 가장 가르치기 힘든 자들이다.

【解說】 《다산필담(茶山筆談)》에 이렇게 말했다.
"문졸들이 구걸하는 명목은 매우 많다. 설날에는 떡국값을 요구하고, 추석에는 묘소에 제사 지낼 제수를 구걸하며, 망종(芒種)에는 보리를 구걸하며, 상강(霜降)에는 무명을 구걸한다. 그리고 수령이 먼 길에서 돌아오면 노자를 추징하고, 수령이 죄벌(罪罰)

을 행하면 장위(杖慰)[1]를 토색질하는데, 그밖의 여러 가지 자잘한 일들은 이루 다 기술할 수가 없다. 간사한 노파가 대리로 나가기도 하고 고용하는 직공이 나눠서 나가기도 하여, 문을 부수고 집을 파괴하며 마음대로 약탈하니 백성들의 울부짖고 원통해하는 소리는 처참하여 차마 들을 수가 없다. 수령은 부임 초에 마땅히 수리(首吏)에게 물어서, 사리에 맞지 않는 일은 아무리 오랫동안 전해 오는 것이라 할지라도 엄금해야 한다. 그래도 만일 고치지 않을 때는 그 수리를 죄주면 제일 좋은 징계인 것이다. 이런 종류의 구걸은 대부분 두령(頭領)이 혼자서 먹고 아래의 나졸들은 입도 못댄다. 어떤 사람은, '그에게는 일정한 보수가 없는데, 그런 의례적인 구걸조차 금하면 어떻게 살겠는가?' 한다. 그러나 문하에 있는 여러 문졸들이 일정한 보수가 전혀 없는데, 어찌해서 유독 한 사람만을 이렇게 살찌게 해야 할 것인가는 알지 못한 말이다. 만일, 순번에 따라 두령으로 차임될 자는 내가 체직되어 돌아갈 때 그대로 차임되도록 하되, 이미 여러 번 두령을 지낸 자는 돌볼 필요가 없다."

【註釋】 ***皁隸**(조례) : 하인. 종.

1) **杖慰**(장위) : 매맞는 데 대한 위로.

【字義】 **門** : 문 문 **皁** : 검을 조 **隸** : 노예 예
率 : 따를 솔 **敎** : 가르칠 교

관노작간 유재창오 유리존언 기해미 官奴作奸은 惟在倉厫며 有吏存焉이니 其害未 심 무지이은 시방기람 甚이라. 撫之以恩하여 時防其濫이니라.

【解釋】 관노의 농간질은 오직 창고에 있다. 그러나 아전이 있으니, 폐해가 심하지 않으면 은혜로써 어루만지고 때로 지나친 것만 막으면 된다.

【解說】 여러 이속 중에 관노가 가장 고생한다. 급창(及唱)은 장시간 뜰 위에 서서 잠시도 떠나지 않고, 수노(首奴)는 물건 사들이는

일을 맡고, 공노(工奴)는 물건 제작을 맡는다. 그리고 구노(廐奴)는 말을 기르고 일산(日傘)을 들며 방자(房子)는 방을 덥히고 뒷간 일을 보살핀다.

수령이 행차하게 되면, 여러 관노가 모두 따르는데, 그 노고가 이와 같건만, 그 노고를 보수하는 대상은 포노(庖奴)·주노(厨奴) 그리고 여러 모든 창고의 창노(倉奴)에 불과할 뿐이며, 그 보수라는 것도 낙정미(落庭米) 몇 섬일 뿐이니, 어찌 딱하지 않은가? 그나마도 창노는 반드시 원정(園丁)을 겸하는데, 1년 동안 채소를 대느라 빚을 많이 지고 힘을 다한 뒤에야 이 창노 자리를 지키게 된다. 그러므로 관노를 거느리는 방법은 오직 잘 어루만져 두터운 은혜를 베풀 것이요, 농간부리는 것을 막아야 할 자는 오직 창고지기일 뿐이다. 그러나 고을마다 관례가 여러 가지로 다르니, 혹시 관노가 강성하여 간계를 지나치게 부릴 경우에는 엄중히 살피어 그들의 횡포를 막아야 한다.

급창으로 간계를 지나치게 부리는 자는, 혹 송사하러 온 백성이 관정(官庭)에 있을 때 수령은 아무 말을 않는데도 제가 나서서 성내어 꾸짖고, 수령은 부드럽게 말하는데도 제가 나서서 고함을 지르고, 수령은 긴 말을 하지 않는데도 제가 나서서 말을 늘어놓는다. 그리고 수령이 미처 깨닫지 못하면 나서서 요긴한 기밀을 들추어 내고, 수령은 명령하지 않는데도 나서서 큰 소리로 세차게 치라고 해서, 백성의 비난을 사고, 수령의 체면을 손상시킨다. 이와 같은 자는 거듭 엄하게 약속할 것이며, 약속을 범할 경우에는 처벌해야 한다.

수노는 저자에 가서 물건을 구입할 때 관청의 구입을 빙자하여 헐값으로 빼앗는 경우가 있다.

공노는 노끈·짚신·대그릇·고리짝·토기(土器)·철기(鐵器)를 관장하는데 이것들을 절제 없이 사용하고서 반드시 추가 징수하기를 요청하니, 절간이 가난해지고 점촌(店村)이 폐허되는 것은 단연 이 때문이다.

제사나 잔치가 있으면 남은 음식을 관노들에게 골고루 나누어 먹이고, 혹 추위와 굶주림이 심한 관노가 있거든 옷과 음식을 주어서 내 집 종처럼 보살펴야 한다. 그래야만 어진 수령이다. 관노가 일시적으로 나를 상전(上典)이라 부르지만, 은혜를 후하게 베풀지 않을 수 없다.

관가에는 때로 탐탁지 않은 재물이 생기는데, 그것을 쓰자니 청렴치 못하고 그것을 버리자니 의롭지 못하다. 이같은 재물은 일을 고되게 하고 보수가 없는 관노와 관비에게 나누어 주는 것이 온당하다.

관비에는 두 가지 종류가 있다. 하나는 기생(妓生)인데 일명 주탕(酒湯)이라고도 하고, 하나는 비자(婢子)인데 일명 수급(水汲)이라고도 한다.

기생은 가난하더라도 모두 사랑해 주는 자가 있으니 돌봐줄 것이 없다. 오직 음탕한 돈으로 수령 자신의 의복을 만들지 못하게 하면 된다.

가장 불쌍한 것은 얼굴이 추한 급비(汲婢)이다. 겨울에는 삼베옷을 입고 여름에는 무명옷을 입으며, 머리는 쑥대같이 헝클어지고 밤에는 물을 긷고, 새벽에는 밥을 짓느라 쉴새없이 분주하다. 수령이 이런 자에 대하여 불쌍히 여기고 동정하며 때로는 의복도 주고 곡식도 주며, 그 지아비의 사정을 물어서 그 소원도 이루어 주면 또한 좋은 일이 아니겠는가?

체직되어 돌아가는 날, 성 남문 밖에서 기생은 시원해하는 생각에서 좋아라 웃고, 급비는 섭섭해하는 뜻에서 눈물 흘리며 울어야 어진 수령이라 할 수 있다.

한광전(韓光傳)이 일찍이 여러 고을 수령을 지냈는데, 방노와 급비에게 은혜와 사랑을 유난히 베풀었으므로 그가 체직되어 돌아가던 날, 그들이 목메도록 슬피 울었다 한다.

【註釋】 ***官奴(관노)**: 관청의 종.

***倉廒(창오)**: 창고.

【字義】 **奴**: 종 노 **倉**: 창고 창 **存**: 있을 존
撫: 어루만질 무 **濫**: 넘칠 람

시동유약 侍童幼弱이면 목의무육 牧宜撫育하며 유죄의종말감 有罪宜從末減이나 기 其 골격이장자 骨格已壯者는 속지여리 束之如吏니라.

【解釋】 시동이 어리거든 잘 어루만져 기르고 죄가 있더라도 가볍게 다스려야 하나, 이미 장성한 자는 아전처럼 단속해야 한다.

【解說】 시동이란 통인(通引)인데, 혹은 지인(知印)이라고도 한다. 이들의 농간질은, 위조 문서에 도장을 훔쳐 찍고, 과강(科講)[1]에서 공첩(空帖)을 훔쳐 내고, 시장(試場)에서 방권(房券)[2]을 바꾸는 것들이다.

이들은 대체로 수령의 동정을 살펴서 밖에 퍼뜨리고 유언비어를 교묘하게 꾸며서 참소하니, 어리다고 해서 소홀히 다루어서는 안 된다. 그러나 어린 시동의 죄는 매 때리는 정도에서 끝내는 것이 좋다. 그런데 요즈음 사람들은 곤장치기를 좋아하니 크게 옳지 못하다.

【註釋】 ＊侍童(시동)：밑에서 심부름하는 아이.
＊撫育(무육)：어루만져 기름.
＊末減(말감)：가볍게 처리함.
＊骨格(골격)：뼈대.
1) 科講(과강)：과거 응시에 앞서 치르는 예비시험.
2) 房券(방권)：시험 답안지.

【字義】 侍：모실 시　幼：어릴 유　撫：어루만질 무
育：기를 유　末：끝 말　骨：뼈 골　壯：장성할 장

제3조 사람을 씀〔用人〕

위방재어용인 爲邦在於用人하니 군현수소 郡縣雖小나 기용인 其用人은 무이 無以 이야 異也니라.

【解釋】 나라를 다스리는 것은 사람을 잘 임용하는 데 달렸으니,

고을의 규모가 비록 작다 하더라도 사람을 쓰는 일은 나라와 다르지 않다.

【解說】 무릇 국가를 다스리는 자는 반드시 어진 사람 등용하는 것을 급선무로 삼아야 한다. 다스리는 도리에는 크고 작음이 없으니 소 잡는 칼로 닭을 잡을 수도 있는 것이다.

향승·군교(軍校) 등 여러 아전에서부터 풍헌(風憲)·약정(約定)에 이르기까지 하나같이 인재를 얻는 데 힘써야 하고 소홀히 해서는 안 된다.

공자(孔子)의 제자 복자천(宓子賤)이 선보(單父) 고을을 다스릴 때 스승으로 섬기는 자도 있고, 벗으로 사귀는 자도 있고 부리는 자도 있었으므로 거문고나 타고 당(堂)에서 내려오지 않아도 선보 고을이 다스려졌다. 무마기(巫馬期) 역시 선보를 다스렸는데, 아침 일찍 나가고 밤늦게 들어오는 등 밤낮 쉴새없이 몸소 일을 했는데도 선보가 또한 다스려졌다. 무마기가 그 까닭을 묻자, 복자천은 이렇게 말하였다.

"말하자면, 나는 사람에게 맡겼고, 그대는 노력에 맡긴 것이니, 노력에 맡기면 고생스럽고 사람에게 맡기면 편안한 것이다."

【字義】 邦 : 나라 방　　雖 : 비록 수　　異 : 다를 이

> 鄕丞者(향승자)는 縣令之補佐也(현령지보좌야)니 必擇一鄕之善者(필택일향지선자)하여 俾居是職(비거시직)이니라.

【解釋】 향승(鄕丞)은 현령의 보좌관이다. 반드시 한 고을에서 가장 착한 사람을 골라서 그 직책에 있게 해야 한다.

【解說】 대체로 수령의 직책에는 백성의 목숨이 달려 있으니, 한 사람이 횡포하면 만 백성의 목숨이 위태하다. 그러므로 감사가 그를 살피게 하고, 도사(都事)가 그를 감독하게 하고, 명사(名士)를 택하여 향소에 앉히고 대신을 명하여 경소에 있게 해서, 서로 연결

견제하여 수령으로 하여금 나쁜 짓을 행할 수 없게 했던 것이다.

【字義】 縣 : 고을 현　補 : 보탤 보　佐 : 보좌할 좌
擇 : 가릴 택　職 : 일 직

좌수자　빈석지수야　구부득인　서사불
座首者는 賓席之首也니 苟不得人이면 庶事不
리
理니라.

【解釋】 좌수는 빈석(賓席)의 우두머리여서 진실로 옳은 인재를 얻지 못하면 모든 일이 다스려지지 않는다.

【解說】 부임한 지 한 달이 지난 후에 현재 있는 좌수가 그대로 두어도 좋을 것 같으면 그대로 두고, 그대로 두어서는 안 될 것 같으면 향 중에서 신망이 높은 자로 대체하도록 할 것이다.

조선 인조 때 사람 이원익(李元翼)이 안주목사(安州牧使)로 있을 때 정치 행적이 제일이었는데, 사람들이 정치의 요지를 물으니 공은 이렇게 대답하였다.

"나는 올바른 사람 하나를 얻어 좌수로 삼고 모든 일을 그에게 물어서 행했다. 내가 무엇을 했겠는가, 그저 결정만 했을 뿐이다."

【註釋】 *座首(좌수) : 향소(鄕所)의 우두머리.

*賓席(빈석) : 수령에게 손님 대접을 받는 자리. 즉 향청(鄕廳).

【字義】 座 : 앉을 좌　首 : 머리 수　賓 : 손님 빈
席 : 자리 석　苟 : 진실로 구　庶 : 모두 서

좌우별감　수석지아야　역의득인　평의
左右別監은 首席之亞也니 亦宜得人하여 評議
서정
庶政이니라.

【解釋】 좌별감(左別監)·우별감(右別監)은 수석의 다음이니, 역시 올바른 인재를 얻어서 모든 정사를 의논해야 한다.

【解說】 《임관정요(臨觀政要)》에 이렇게 말했다.

"좌수는 이방(吏房)과 병방(兵房)의 직무를 관장하고, 좌별감은 호방(戶房)과 예방(禮房)의 직무를 관장하고, 우별감은 형방(刑房)과 공방(工房)의 직무를 관장한다."

당(唐) 나라 한황(韓滉)이 오랫동안 양절(兩浙) 지방에 있었는데, 각기 장점을 취하여 여러 보좌관들을 임용하니 올바른 인재를 얻지 못한 적이 없었다. 언젠가 하루는 옛 친구의 아들이 찾아와 뵙는데, 한황은 그의 장점을 살폈으나 장점이라고는 하나도 없었다. 그러나 연회를 베풀어 주었더니 그는 연회가 끝날 때까지 좌우를 둘러보는 일이 없었다. 그래서 창고의 문을 감독하게 하였더니, 그 사람은 종일토록 꼿꼿이 앉아 있었으므로 이졸(吏卒)들이 망령되이 창고에 드나드는 자가 없었다.

그 장점만 취한다면 세상에 버릴 물건이 없을 것이니, 이것이 바로 사람을 쓰는 방법이다.

【註釋】 *別監(별감) : 궁중의 액정서(掖庭署)에 딸려 있던 관직.
*評議(평의) : 평론하고 의논함.

【字義】 別 : 다를 별 亞 : 다음 아 評 : 평론할 평
議 : 의논할 의

구부득인 비위이이 불가위지이서정
苟不得人이면 備位而已요 不可委之以庶政이니라.

【解釋】 적격자를 얻지 못하면 그냥 자리나 채워 둘 뿐이지, 모든 정사를 맡겨서는 안 된다.

【解說】 한(漢) 나라 황패(黃霸)가 영천(潁川)을 다스릴 때 장리(長吏)를 우대하고 편하게 하는 일에 힘썼다. 장리 허승(許丞)이 늙어 귀까지 어둡자 독우(督郵)가 그를 내쫓자고 아뢰므로 황패는,

"허승은 청렴한 관리이다. 비록 늙었지만 아직도 절하고 일어서고 사람을 보내고 맞이하고 할 수 있는데, 귀 어두운 것이 무슨 상관인가? 잘 도와 주라."

하였다. 어떤 이가 그 까닭을 묻자, 황패는 이렇게 말하였다.

"장리를 자주 바꾸면 전임자를 보내고 신임자를 맞이하는 비용이 들 뿐더러 간사한 아전들이 그 기회를 타서 장부를 없애고 재물을 도둑질하여 공사간에 소모되는 비용이 많이 든다. 그리고 또 바꾼 새 장리가 반드시 더 어질 리 없거니와, 혹 전의 장리보다 못할 수도 있다. 무릇 다스리는 도리는 너무 심한 것만 제거하면 된다."

【註釋】 **＊備位**(비위) : 벼슬자리만 채움.
＊庶政(서정) : 모든 정사.

【字義】 **得** : 얻을 득 **備** : 갖출 비 **委** : 맡길 위 **政** : 정사 정

善諛者는 不忠이요 好諫者는 不倍니 察乎此則 鮮有失矣니라.
(선유자 불충 호간자 불배 찰호차즉 선유실의)

【解釋】 아첨을 잘하는 자는 충성스럽지 못하고, 바른말을 좋아하는 자는 배반하지 않는다. 이 점을 살피면 실수하는 일이 적을 것이다.

【解說】 후한의 동회(童恢)가 어릴 때 주군의 관리가 되었는데, 사도(司徒)인 양사(楊賜)가 그가 청렴 공평하게 법을 진행한다는 말을 듣고, 불러서 썼다. 양사가 탄핵을 받아 면직당하게 되자, 부하 관리들은 모두 직책을 팽개치고 떠나버렸는데, 동회만은 홀로 대궐에 들어가서 간쟁하였다. 그래서 일이 잘 처리되자, 다른 관리들은 모두 관부로 되돌아왔지만, 동회는 지팡이를 짚고 떠나버렸으므로 사람들이 아름답게 여겼다.

【字義】 **諛** : 아첨할 유 **諫** : 바른말할 간 **倍** : 배반할 배 **鮮** : 드물 선

풍 헌 약 정 　 개 향 승 천 지 　 천 비 기 인 자 　 환 환
風憲約正은 皆鄕丞薦之니 薦非其人者는 還收
차 첩
差帖이니라.

【解釋】 풍헌·약정은 모두 향승이 추천하는데, 올바르지 못한 사람을 추천한 향승은 그 임명장을 회수해야 한다.

【解說】 대저 향청(鄕廳)에서 임명하는 일은 오직 뇌물로 하는데, 뇌물을 바치고 차임되기를 도모하는 자는 필시 간사한 백성이다. 농사를 버려두고 술먹기를 업으로 삼으며, 성 안에 출입하면서 여러 해 동안 농간질하여 백성의 좀이 된 자이다. 풍헌과 약정을 차출하는 날, 좌수와 군리를 불러서 약속하기를,

"이 사람이 포흠을 지면 좌수에게는 잘못 천거한 허물이 있고, 군리에게는 숨겨 준 죄가 있으므로, 두 사람이 당연히 그 포흠을 보충하게 할 것이다. 나는 식언하지 않을 것이며, 절대로 백성에게 재차 징수하지 못하게 할 것이다."

하고 거듭 되풀이한 뒤에 비위 사실이 발각되면 약속대로 시행해야 한다.

대체로 정치의 도리는 올바른 인재를 얻는 데에 있다. 비록 동리에서 일을 보는 말단 소임일지라도 반드시 현명한 사람을 뽑아 쓰기를 노력해서 맑고 정돈되어야 어진 수령인 것이다. 이 방법으로 확대해 나아가면 천하와 국가도 다스릴 수 있을 것이다.

【註釋】 **＊風憲(풍헌)**：향직(鄕職)의 하나. 면(面)·이(里)의 일을 맡음.

＊約正(약정)：향약(鄕約) 단체의 임원.

＊差帖(차첩)：임명장.

【字義】 **薦**：천거할 천 　 **還**：다시 환 　 **收**：거둘 수

군 관 장 관 지 입 어 무 반 자 　 개 환 환 규 규 　 유 어
軍官將官之立於武班者는 皆桓桓赳赳하여 有禦
모 지 색 　 사 가 의
侮之色이면 斯可矣니라.

【解釋】 군관과 장관으로서 무반(武班)에 서게 되는 자는 모두가 씩씩하고 용감하여 외적을 방어할 수 있는 기상이 있어야 옳다.

【解說】 대체로 사람을 보는 법은 본래 위엄을 살피는 것이다. 무인의 경우는 더욱 그 용모가 중요하다. 난쟁이같이 키가 작고 농부같이 추하며 물고기의 주둥이에 개의 이마를 가져 형용이 괴이한 자를 반열에 세워서 함께 백성에 임해서는 안 된다.

가령, 숨돌릴 겨를도 없을 정도로 다급한 사태가 있을 경우, 수령이 평소에 부내의 호걸들과 친숙하게 지낸 일이 없으면 어떻게 그 사변에 대응할 수 있겠는가? 비록 시대는 태평하고 고을은 작다고 하더라도 인재를 수습함에 마음을 다하지 않을 수 없다.

한지(韓祉)가 군현을 다스릴 때 군교들을 어루만져 사랑하고 함부로 매질하지 않으면서 이렇게 말했다.

"태평 시대가 오래 계속되나 내 나이 아직 젊으니 어느 때 혹 명을 받아 국경을 지키게 될지 모른다. 평일에 성의와 은혜로써 그들의 마음을 사두지 않으면 변란에 임해서 그 힘을 얻기 어려울 것이다. 그러므로 나는 성심을 그들의 마음 속에 심어 한 고을 사람으로 하여금 위급할 때 저버릴 수 없음을 알게 하려는 것이다."

【註釋】 *武班(무반) : 무관(武官)의 반열.
*桓桓赳赳(환환규규) : 씩씩하고 용감함.
*禦侮(어모) : 외적을 막음.

【字義】 皆 : 모두 개 赳 : 씩씩할 규 禦 : 막을 어 侮 : 모욕 모

其有幕裨者(기유막비자)는 宜愼擇人材(의신택인재)하되 忠信爲先(충신위선)이요 才諝次之(재서차지)니라.

【解釋】 막비(幕裨)를 두는 수령은 신중하게 인재를 고르되, 충성스럽고 진실성을 우선으로 하고 재주와 슬기로움은 다음으로 해야

한다.

【解說】 의주(義州)·동래(東萊)·강계(江界)·제주(濟州)의 수령 및 방어사(防禦使)를 겸한 수령은 모두 감사나 절도사처럼 막비를 거느린다. 조선 정조 때 사람 채제공(蔡濟恭)이 함경감사로 있을 때 정도길(丁道吉)을 불러 비장으로 삼았다. 전부터의 육진(六鎭)에서는 으레 가는 베를 거두었는데, 그 베가 아주 가늘어서 한 필이 충분히 밥주발 속에 담길 수가 있었으므로 이름을 발내포(鉢內布)라 하였다. 정도길은 변방 고을에 도착하여 발내포를 가져오는 자는 모조리 물리치며,

"사또께서 그 다음 등급의 베를 거두어 오라 하셨다."

말하고는 두 번 세 번 골라서 베를 받았다. 정도길이 그 베를 가지고 관아에 이르니, 기생·아전·군교들이 모두 놀라 이를 믿지 않고서,

"생전에 이렇게 거친 베는 보지 못했다."

하는 등 관아가 시끄러웠다. 채제공이 마음 속으로는 잘한 일이라 여기면서도 짐짓,

"그대가 거친 베를 받아 와서 웃음거리가 되었으니, 어찌 이렇게 세상 물정에 어두운가?"

하니, 정도길은,

"제가 비록 세상 물정에 어둡지만 어찌 발내포를 모르겠습니까? 생각하건대, 사또께서 저를 보낸 것은 그런 발내포를 받아서는 안 된다고 여기셨을 것이므로 그 덕의(德意)를 폈을 뿐입니다. 참으로 꾸짖는다면 청컨대 사직하고 떠나겠습니다."

하자, 채제공은 그의 손을 잡고 위로하기를,

"내 비록 맹상군(孟嘗君)에게는 미치지 못하나 그대는 능히 풍환(馮驩)[1]이 되지 못하겠는가?"

하고 더욱 후하게 대우하니, 부중에서 감히 더 말하지 못하였다.

【註釋】 ＊幕裨(막비)：비장(裨將).
＊忠信(충신)：충성심과 믿음성.
＊才壻(재서)：재능.
1) 馮驩(풍환)：중국 전국 시대 때 맹상군(孟嘗君)의 식객으로 설

(薛) 땅에 빚을 받으러 갔다가 빚 | 문서를 불태우고 돌아왔음.

【字義】 幕：장막 막　　裨：도울 비　　愼：삼갈 신
諝：재주 서

제4조 어진 이를 천거함〔擧賢〕

擧賢者(거현자)는 守令之職(수령지직)이니 雖古今殊制(수고금수제) 而擧賢不可忘也(이거현불가망야)니라.

【解釋】 어진 사람을 천거하는 일은 수령의 직책이다. 그 제도는 예와 지금이 다르지만 어진 사람을 천거하는 일만은 잊어서는 안 된다.

【解說】 우리 나라에도 군현에서 사람을 천거하는 법이 있었으나 유명무실하지만 직분으로서의 당연히 해야 할 일이라는 사실을 몰라서는 안된다.

근세의 조선 숙종 때 사람 남구만(南九萬)이 감사로 나갔다가 돌아오면 반드시 그 도(道)의 인재를 천거하여 추천한 일이 그의 상소문에 자주 나타나 있다.

대신(大臣)이 인재를 천거하여 임금을 섬기는 뜻이 본래 이와 같은 것이니, 뜻 있는 선비가 백성의 수령이 된다면 어찌 이런 뜻을 잊을 수 있겠는가?

【註釋】 ＊擧賢(거현)：어진 인재를 천거함. | ＊殊制(수제)：제도가 다름.

【字義】 擧：천거할 거　　賢：어질 현　　殊：다를 수
忘：잊을 망

經行吏才之薦(경행이재지천)은 國有恒典(국유항전)이니 一鄕之善(일향지선)을 不(불)

가 폐 야 可蔽也니라.

【解釋】 경서에 밝고 행실이 뛰어나며 행정 능력이 있는 사람을 천거하는 것은 나라에서 정한 법이 있으니, 한 고을에서 드러난 훌륭한 선비를 덮어두어서는 안 된다.

【解說】 우리 나라에서는 원래 옛법을 본떠 매양 식년(式年)[1]이 되면 군현에서 어진 이를 천거하도록 되어 있으나, 중세 이래로 당론(黨論)이 고질화되어 자기 당이 아니면 군현에서 추천된 사람도 가려 쓰지 않아 이 법이 드디어 형식적인 것이 되고 말았다.

그러나 어진 이를 덮어두는 죄는 상서롭지 못한 것이므로 차라리 쓰여지지 않을망정 어찌 추천조차 않아서야 되겠는가? 오늘날 군현에서 올리는 추천장에는 으레 '없습니다'로 보고하고 있으니, 또한 잘못이 아닌가?

고을의 여론을 채택하여 백성들의 뜻이 흡족하도록 해야 허물이 없을 것이다. 내가 보건대, 요즈음 이러한 일도 모두 뇌물로 선택하여 부자로서 전부터 민심을 잃은 자가 효행(孝行)의 추천에 많이 들고 있으니, 무슨 말을 더 하겠는가?

【註釋】 *恒典(항전) : 일정한 법.

1) 式年(식년) : 과거를 보는 해. 3년마다 실시함.

【字義】 經 : 경서 경　薦 : 천거할 천　恒 : 항상 항　蔽 : 가릴 폐

과 거 자　　과 목 지 천 거 야　　금 법 수 궐　　폐 극 科擧者는 科目之薦擧也라. 今法雖闕이나 弊極 필 변　　거 인 지 천　　목 지 당 무 야 必變이니 擧人之薦은 牧之當務也니라.

【解釋】 과거란 것은 과목(科目)을 천거하는 것이다. 지금 그 법이 비록 없어졌지만 폐단이 극도에 이르면 반드시 변하는 법이니 사람을 천거하는 일은 수령이 힘써야 할 일이다.

【解說】 우리 나라 과거에는 본래 과목의 분류가 없고, 또 천거하는 법도 없으니 그저 이름만 과거이지, 실은 과거가 아니다.

우리 나라에는 그저 이름만 붙은 것이 두 가지가 있다. 실적을 아뢴 뒤에 성적을 고찰하는 것이 법인데, 우리 나라에서는 실적을 아뢰지도 않고서 성적을 고찰하며, 어진 이를 천거한 후에 과거에 응시하는 법인데, 우리 나라에서는 천거하지 않았는데도 응시하고 있으니, 이 두 가지는 천하의 웃음거리이다.

지금 과거의 폐단이 이미 더할 수 없는 극도에 달하였다. 만물이 극도에 이르면 반드시 변하는 법이다. 공론이 점점 일어나고 있으니, 군현에서 천거하는 법이 마침내는 반드시 우리 나라로 옮겨올 것이니 수령이 된 자는 마땅히 이 뜻을 알아야 한다.

【字義】 **雖**：비록 수　　**闕**：빠질 궐　　**變**：변할 변
務：힘쓸 무

중국과거지법　지상지밀　효이지즉천거
中國科擧之法은 至詳至密하니 効而之則薦擧
자　목지직야
者는 牧之職也니라.

【解釋】 중국 과거의 법이 지극히 자세하고 치밀하니, 그것을 본받아 시행해야 하니 천거하는 일은 수령의 직책이다.

【解說】 명(明)·청(淸) 시대의 제도는 학정(學政)을 감독하는 제학(提學)을 17성(省)에 각각 한 명씩 두었는데, 3년이 되면 임기가 만료된다.

모든 현(縣)의 교관(敎官)은 이부(吏部)에서 가려서 본성(本省)으로 부임하게 하면 수령은 그들을 고시하여 성적이 1·2·3등에 든 자는 부임을 인준하고, 4·5등에 든자는 돌아가서 학습하여 3년 후에 다시 시험보게 하고, 6등에 든 자는 직책을 갈아버린다.

오늘날 과거의 폐단을 바로잡는 방법은 오직 천거하는 인원수를 정하는데 있을 뿐이니, 천거하는 인원수를 정한다면 지극히 공명하게 해야 하는 것이 수령이 힘써야 할 일이 아니겠는가?

【字義】 詳：자세할 상　密：빽빽할 밀　效：본받을 효
職：일 직

과거향공 / 科擧鄕貢이 수비국법 / 雖非國法이나 의이문학지사 / 宜以文學之士로 녹 / 錄 지우거장 / 之于擧狀이요 불가구야 / 不可苟也니라.

【解釋】 과거와 향공(鄕貢)이 비록 우리 나라의 제도는 아니라 하더라도 문학하는 선비를 천거장(薦擧狀)에 적어서 올려야 하며 구차스럽게 해서는 안 된다.

【解說】 우리 나라의 과거법은 고려 때에 시작되었다. 광종(光宗) 때에 중국 사람 쌍기(雙冀)가 사신을 따라왔다가 병으로 인해 귀국하지 못하고, 이에 과거법을 우리 나라에 전해 주었다. 그런데 그는 당시에 왜 향거법(鄕擧法)을 상세하게 전해 주지 않았는지 알 수 없다.

중국의 법에는 옛날부터 오늘날까지 천거해야만 과거에 응시할 수 있도록 되어 있는데, 우리 나라 법에는 당초 천거하는 자가 없는데도 외람되어 과거에 응시하니 이름과 실제가 부합되지 않는 것이 대개 이렇다.

후한 때 엄종(嚴宗)이 상고(上高)에 벼슬하고 있을 때, 시관(試官)이 결원이어서 엄종을 그 자리에 앉혀 과문(科文)을 채점하게 하므로 절에 머물러 있게 되었다. 어느 부잣집 아들이 그 절의 스님을 통하여 온갖 정성을 다하고 돈 50만 전을 바치겠다고 하니, 엄종은 웃으면서,

"그러면 그 사람과 만나서 의논하겠다."

하였다. 다음 날 아침에 부잣집 아들이 와서 뵈니 엄종은 꾸짖기를,

"3년마다 대비(大比)를 실시하고 공경(公卿)이 이를 통하여 배출되는데, 너같은 자는 마음을 다잡아 먹고 학문에 힘쓰지 않고 뇌물을 써서 벼슬길에 나가려고 하는가?"

하니, 그 사람은 부끄러워서 물러가버렸다. 중국에도 역시 이런

폐단이 있었다.

【註釋】 ＊鄕貢(향공) : 지방에서 인재를 천거함. ＊文學之士(문학지사) : 학문을 잘하는 선비.

【字義】 貢 : 바칠 공　　狀 : 글 장　　苟 : 구차할 구

부내　유경행독수지사　의궁가이방지
部內에 有經行篤修之士어든 宜躬駕以訪之하고
시절존문　이수예의
時節存問하여 以修禮意니라.

【解釋】 관내에 경서를 잘 알고, 행실을 독실히 닦는 선비가 있으면 마땅히 몸소 나아가 그를 방문하고 명절에는 문안을 드려 예의를 닦아야 한다.

【解說】 무릇 천하와 국가를 다스리는 데에 큰 원칙이 네 가지가 있으니, 첫째는 친족을 친애하는 것이며, 둘째는 어른을 어른으로 대접하는 것이며, 셋째는 귀한 자를 귀하게 여기는 것이며, 넷째는 어진 이를 어진 이로 대우하는 것이다. 서울과 서울 부근의 문명한 지방에서는 다 그렇게 할 수 없지만, 시골에서는 귀한 자와 어진 이에게 더욱 경의를 표해야 한다. 비록 평소의 친분이 없더라도 찾아보아야 하며, 명절에는 술과 고기를 보내는 일을 하지 않아서는 안 된다.

비록 초라한 집의 농군이라 하더라도 학행(學行)을 스스로 닦아 명성이 온 고을에 알려진 자에게는 몸소 찾아가 움막집에 영광이 있게 해야 하니, 이것이 바로 백성들에게 선을 권하는 방법이다.

【註釋】 ＊經行篤修(경행독수) : 경서를 많이 읽고 행실을 잘 닦은 사람. ＊存問(존문) : 안부를 물음.

【字義】 篤 : 돈독할 독　　修 : 닦을 수　　躬 : 몸소 궁
訪 : 찾을 방

제5조 물정을 살핌〔察物〕

목 혈 연 고 립　　일 탑 지 외　　개 기 아 자 야　　명
牧孑然孤立하여 一榻之外는 皆欺我者也라. 明
사 목 달 사 총　　불 유 제 왕 연 야
四目達四聰은 不唯帝王然也니라.

【解釋】 수령은 외로이 있으니 자신이 앉은 자리 밖은 모두 속이는 자들뿐이다. 사방을 보는 눈을 밝게 하고, 사방을 듣는 귀를 통하게 하는 일은 제왕(帝王)만이 그래야 하는 것은 아니다.

【解說】 아전과 향임(鄕任), 그리고 군교(軍校)들이 슬며시 수령의 동정을 엿보아서 그를 빙자하여 마구 농간 부리는 것은 염려하지 않을 수 없고, 조례(皁隸)와 저졸(邸卒)들이 몰래 민간에 가서 세금을 토색지하고 행패 부리는 것은 살피지 않을 수 없으며, 불효불공하고 저자에서 마구 강탈하는 자는 금하지 않을 수 없고, 항간에서 세력을 부리며 강한 힘을 믿고 약한 이를 업신여기는 자는 단속하지 않을 수 없으니, 별도로 염탐하는 일이 없을 수 없다.

한 나라 황패(黃霸)가 영천태수(潁川太守)로 있을 때 염탐할 아전을 내보낸 적이 있었는데, 내보낼 때에 치밀하게 하라고 당부했다. 그래서 그 아전이 나가서 감히 우정(郵亭)에서 묵지 못하고 길가에서 밥을 먹었는데 까마귀가 그 아전이 먹던 고기를 낚아채 갔다. 관아에 온 한 백성이 황패와 이야기를 나누던 중에, 까마귀가 고기 낚아가던 일을 말하였다. 얼마 후에 그 아전이 돌아와 황패를 뵈니 황패가 위로하기를,

"길가에서 매우 고생했더라. 밥을 먹다가 까마귀에게 고기까지 빼앗겼다더구나."

하니 그 아전은 깜짝 놀랐으며 묻는 말에 털끝만큼도 숨기지 못하였다.

고려의 박유저(朴惟氐)가 안동(安東) 수령으로 있을 때 자신이 행한 정사가 유석(庾碩)보다 못하지 않으리라고 스스로 생각하였다. 그래서 하루는 홀로 관아에 앉아 있다가 믿음직한 한 아전에게 물었다.

"가까운 곳도 울타리로 막으면 보고 들을 수가 없는데, 더군다나 앉아서 사경(四境) 안을 살피려 하니 어렵지 아니한가? 지금 간사한 아전이 법을 농간하여 곤궁한 백성이 원한을 품는 일은 없는가?"

"사또께서 부임해 오신 이래로 백성들이 아전을 보지 못하니 아전이 법을 농간하는 일이 있는지 없는지는 미처 알지 못하겠습니다만, 원한을 품은 백성이 있다는 말은 듣지 못했습니다."

"백성들이 나를 유석 사또와 비교해서 어떻다고 하던가?"

"백성들이 유석 사또를 칭송한 다음, 틈이 있으면 사또에 대해서도 말을 합니다."

이에 박유저는 부끄러워하였다.

【註釋】 *孑然(혈연) : 외롭게. *明四目(명사목) : 사방을 보는 밝은 눈. *達四聰(달사총) : 사방의 말을 듣는 귀.

【字義】 牧 : 기를 목 孤 : 외로울 고 榻 : 의자 탑 欺 : 속일 기 聰 : 귀밝을 총 帝 : 임금 제

> 缿筩之法(항통지법)은 使民重足側目(사민중족측목)이니 決不可行(결불가행)이라. 鉤鉅之問(구거지문)도 亦近譎詐(역근휼사)니 君子所不爲也(군자소불위야)니라.

【解釋】 투서함(投書函)의 법은 백성들을 불안에 떨게 하는 것이니, 절대로 시행해서는 안 된다. 구거(鉤鉅)로 탐문하는 방법도 속임수에 가까우니 군자가 할 일이 아니다.

【解說】 한 나라 조광한(趙廣漢)이 영천태수(潁川太守)가 되었다. 이에 앞서 영천은 호족(豪族)들이 서로 혼인을 하고 아전들이 붕당을 지었다. 조광한은 아전을 시켜 항통(缿筩)을 설치하게 하여 투서를 얻으면 그 투서한 사람의 이름을 삭제하고 호족의 자제가 말한 것이라고 거짓으로 대자, 그 후부터는 호족들이 서로 원수가 되어 간악한 붕당이 흩어지고 풍속이 크게 개혁되었으며, 아전과

백성이 서로 잘못을 고해 바치므로 조광한은 그것을 정보망으로 삼았다. 또 유도신문을 잘하여 실정을 파악했는데, 가령 말 값을 알려고 할 때는 먼저 개 값을 물어보고 양 값을 물어보고 또 소 값을 물어보고 난 뒤에야 말 값을 물어보았다. 그 값들을 따져서 같은 것끼리 비교하면 말 값이 비싼지 싼지를 알게 되었다.

【註釋】 ＊**缿筩**(항통) : 대나무 통으로 된 일종의 투서함.
＊**重足側目**(중족측목) : 발을 포개 딛고 곁눈질을 함. 즉 불안에 떠는 모양.
＊**鉤距之間**(구거지문) : 유도해서 물음.
＊**譎詐**(휼사) : 간사하게 속임.

【字義】 缿 : 항아리 항　筩 : 대롱 통　側 : 곁 측
鉤 : 고리 구　詐 : 속일 사

每孟月朔日(매맹월삭일)에 下帖于鄕校(하첩우향교)하여 以問疾苦(이문질고)하고 使(사)各指陳利害(각지진이해)니라.

【解釋】 사계절 첫달 초하룻날에는 향교(鄕校)에 체문(帖文)[1]을 내려서 백성의 고통을 묻고 그들로 하여금 각자 이해를 지적해서 진술하게 한다.

【解說】 송 나라 장영(張詠)이 익주(益州)를 다스릴 때 민간의 일을 조사하여 먼 곳 가까운 곳 할 것 없이 실정을 모두 파악하고 있었다. 그는 듣고 보는 것을 남에게만 전적으로 의존하지 않으면서 이렇게 말했다.

"그들에게 좋아하고 싫어하는 것이 있어 나의 총명을 어지럽히지만 각기 그들에 물어보고 다시 물어보면 밝혀지지 않는 일이 없다. 군자에게 물으면 군자에 관한 것을 파악하고, 소인에게 물으면 소인에 관한 것을 파악할 수 있어 아무리 숨겨진 일이 있다 하더라도 십중팔구는 파악하게 된다."

【註釋】 *孟月(맹월) : 매 계절 마다의 첫달.
*朔日(삭일) : 초하루.
*鄕校(향교) : 각 고을에 있는 교육기관. 공자(孔子)의 제사를 지냄.
1) 帖文(체문) : 수령이 향교 유생에게 유시하는 글.

【字義】 孟 : 맏 맹 朔 : 초하루 삭 疾 : 질병 질
苦 : 괴로울 고 陳 : 진술할 진

子弟親賓이 有立心端潔하고 兼能識務者어든 宜令微察民間이니라.
(자제친빈 유입심단결 겸능식무자 의령미찰민간)

【解釋】 자제와 친한 빈객 가운데 마음가짐이 단정하고 깨끗하며 겸하여 실무에 능한 자가 있으면 그를 시켜 민간의 일을 몰래 살피게 하는 것이 좋다.

【解說】 일가 친척 및 문생(門生)이나 옛날의 아전 중에 어찌 한 사람도 깨끗하고 정직한 사람이 없겠는가? 서울에 있을 때 이 사람과 미리 이렇게 약속한다.

"부임해서 두어 달이 되거든 내가 편지할 터이니, 내려와서 몰래 민간에 다니며 조목조목 염탐하도록 하되 어느 마을 어느 누구는 불효한다는데 그것이 사실인지, 아니면 무고를 당한 것인지 어느 날 아비에게 욕설을 했고 어느 날 형제끼리 다투었으며, 아무개가 죽었는데 그 시체를 장사지내지 않았고, 아무가 굶주리는데 그것을 구하지도 않았는지를 반드시 직접 목격한 것처럼 조사 기록해야만 믿을 수가 있다."

또 이렇게 편지를 보낸다.

"어느 마을 아무개가 사람을 죽여 몰래 매장했는데, 그 원인과 정황을 자세히 탐문하도록 하라. 어느 저잣거리에서 아무개가 술주정을 하여 칼을 뽑아들고 쌀을 빼앗고 베를 빼앗은 일이 있거든 그 평생의 죄악을 자세히 탐문하도록 하라."

【註釋】 *立心(입심) : 마음가짐. | *端潔(단결) : 단정하고 깨끗함.

【字義】 親 : 친할 친　　賓 : 손님 빈　　潔 : 깨끗할 결
微 : 작을 미

> 首吏權重(수리권중)하여 壅蔽弗達(옹폐부달)이니 別岐廉問(별기염문)을 不可已也(불가이야)니라.

【解釋】 수리(首吏)의 권한이 중해서 수령의 총명을 가려 백성의 실정이 상달되지 못하니, 별도로 염탐하는 일을 그만두어서는 안 된다.

【解說】 현임 이방(吏房)과 사이가 좋지 않은 자가 반드시 아전의 반열에 끼어 있게 마련이어서 부임해 가서 시일이 좀 오래 되면 저절로 알게 되는데, 이방의 간악함을 속속들이 듣는 데는 이 사람이 제일이다. 그러나 수령의 좌우에는 이방의 이목 아닌 사람이 없으므로 넌지시 수령에게 일깨워 주려고 해도 그럴 수가 없을 것이다.

그러니 마땅히 공무를 계기로 삼아 이 사람을 파견하여 서울로 올려 보내서는 형제나 아들·조카 가운데 말을 조심하고 사리를 잘 아는 자를 시켜 이 사람을 만나 이렇게 타일러 주게 한다.

"수리가 농간을 부리는 것이 대략 몇 가지 일이나 되는지 네가 상세히 적어 보아라. 내 장차 직접 수령에게 알릴 것이다."

매양 보면, 슬기롭지 못한 수령은 이방을 사인(私人)으로 삼아 이방과 좋은 일이건 싫은 일이건 같이 하면서 그의 말에만 귀를 기울이고 의심을 두지도 않으며 이방과 적대되는 자들을 다 편안하게 살 수 없도록 한다. 그래서 자신의 총명을 스스로 가리고는 외로이 있다가 문 밖의 일은 한 가지도 듣지 못하여, 아전들이 배반하고 백성들이 저주해서 드디어 낭패를 당하게 되는 수가 많다.

【註釋】 *首吏(수리) : 우두머리 아전.
*壅蔽(옹폐) : 막아 가림.
*廉問(염문) : 염탐해서 물음.

【字義】 權 : 권세 권　　重 : 무거울 중　　壅 : 막을 옹
蔽 : 가릴 폐　　岐 : 갈래 기

범 세 과 소 자 의 함 구 장 질 찰 찰 비 명 야 凡細過小疵는 宜含垢藏疾이니 察察非明也니라. 왕 왕 발 간 기 기 여 신 민 사 외 의 往往發奸하여 其機如神이면 民斯畏矣니라.

【解釋】 하찮은 잘못이나 작은 흠은 눈감아 주어야 한다. 지나치게 밝히는 것은 참된 밝음이 아니다. 가끔 부정을 적발하되 그 기민함이 귀신과 같아야 백성들이 두려워한다.

【解說】 관장으로서 아전이나 백성들의 한두 가지 숨겨진 부정을 듣고는 마치 기화(奇貨)라도 얻은 듯이 그 부정을 들추어내 스스로 그 관찰력을 과시하는 것은 천하에 박덕한 짓이다.

큰 사건은 들추어내되 작은 것은 지나쳐 버리기도 하고, 혹은 속으로 짐작만 하기도 하며, 혹은 또 가만히 그 사람을 불러 따뜻한 말로 타일러서 스스로 고쳐 뉘우치도록 하기도 하여 너그러우면서도 멋대로 하도록 버려두지 않고, 엄하면서도 가혹하지 않으며 온후한 덕을 베풀어 그들로 하여금 기꺼이 감복하도록 하는 것이 사람을 부리는 방법이다. 세심하게 연못 속의 고기를 찾아내고, 경솔하게 가혹한 형벌을 가하는 것이 수령의 할 일이겠는가?

조선 인조 때 사람 김류(金流)가 전주판관(全州判官)으로 있을 때의 일이다. 부임하던 날, 한 간특한 백성이 몰래 투서를 하여 공을 시험해 보려고 한 일이 있었다. 몇 달 뒤에 길에서 한 사람을 만나자 공은,

"이 자가 전일에 투서한 자이라."

하였는데, 그 사람이 과연 자복하여 아전과 백성들이 놀라 탄복하였다. 그렇지만 그가 어떻게 해서 그것을 알았는지는 아무도 몰랐다.

【註釋】 **＊含垢藏疾(함구장질)** : 잘못을 감추어 줌.

＊察察非明(찰찰비명) : 너무 자세히 살피는 것이 밝은 것이 아님.

【字義】 疵 : 흠 자　　垢 : 때 구　　往 : 갈 왕
畏 : 두려워할 외

좌우근습지언 불가신청 수약한화 개 유사의
左右近習之言을 不可信聽이니 雖若閑話라도 皆有私意니라.

【解釋】 좌우에 가까이 있는 사람들의 말을 그대로 믿고 들어서는 안 된다. 실없이 지껄이는 말 같지만 모두 사사로운 뜻이 들어 있게 마련이다.

【解說】 호대초(胡大初)는 이렇게 말했다.

"현령이 민첩하고 강직하여 아전에게 일을 맡기려 하지 않으면 그들은 온갖 그럴싸한 말을 늘어놓아 은근히 현령을 추켜올린다. 수령이 그래도 따르지 않으면 그들은 반드시 수령이 사석에서 쉬고 있는 동안에 저희들끼리 떼를 지어 사사로이 의견을 교환하여 그 말이 은연중 현령의 귀에 들어가게 한다. 그러면 현령은 알지 못하고 그 말을 무심코 한 말이라 여길 뿐만 아니라 그 말을 믿어서 그들 계략에 이미 빠진 것을 모른다."

시기(侍妓)·시동(侍童)·시노(侍奴)들이 사사로이 서로 문답할 때 아전들이 꾸짖어 말을 못하게 하는 체하지만 실상은 수령의 귀에 들어가도록 하기 위한 것이 많다. 간악하고 궤휼함이 천만 가지인데 어찌 염려하지 않으랴?

【註釋】 *左右近習(좌우근습) : 옆에 있는 가까운 사람.
*信聽(신청) : 믿고 들음.

【字義】 近 : 가까울 근　　聽 : 들을 청　　閑 : 한가할 한
話 : 이야기 화

미행 부족이찰물 도이손기체모 불가
微行은 不足以察物이며 徒以損其體貌하니 不可

위 야
爲也니라.

【解釋】 미행(微行)은 물정을 자세히 살피지도 못하고 체모만 손상시킬 뿐이니, 해서는 안 된다.

【解說】 수령은 일거일동을 경솔히 해서는 안 된다. 설령 숨겨진 부정이 있어 미행을 하면 알아낼 수 있다 하더라도 해서는 안 된다. 밤중에 한 번 나갔다 하면 아침엔 벌써 성 안 가득히 소문이 떠들썩할 터인데 사사로이 주고받는 이야기나 몰래 하는 의논을 얻어 들을 수가 있겠는가? 한갓 여염집 부녀들로 하여금 길쌈하는 등잔불만 끄게 할 뿐이다.

근래에 관장들이 미행을 즐겨 하는데, 그 의도는 몸소 기생집을 살펴서 사특한 짓을 하는 연소배들을 잡아내어 스스로 밝음을 과시하려는 데에 있을 뿐이며, 고을 사람들은 미행하는 현령을 도깨비라고 지목한다.

【註釋】 *微行(미행) : 신분을 숨기고 순행함. | *體貌(체모) : 체면.

【字義】 徒 : 한갓 도　　損 : 덜 손　　貌 : 모양 모

감 사 염 문　불 가 사 영 서
監司廉問은 不可使營胥니라.

【解釋】 감사가 염탐할 경우에는 감영의 아전을 시켜서는 안 된다.

【解說】 《다산필담》에 이렇게 말했다.

"감사가 탐문할 경우에는 친한 빈객이나 죽음을 두려워하지 않고 헌신할 수 있는 사람을 써서 몰래 마을을 순행하게 해야 백성들의 숨은 고통을 알 수 있고 수령의 잘못도 알 수 있다. 요즈음은 감영의 이서들을 심복으로 삼아 염탐할 적에 모두 이 무리들을 보내는데, 이들은 본래 각 고을의 간활한 아전들과 서로 내통 결탁하여 안팎으로 얽혀 있는 줄을 모른다. 해마다 겨

울과 여름에 있는 포폄(褒貶) 때나 봄과 가을의 순행 때가 되면 이른바 염객(廉客)이 기일에 앞서 기별을 보내고 그 고을의 일을 담당한 아전도 기일에 앞서 화사하게 꾸민 방에 꽃자리를 깔고 대야와 안석이며 책상을 산뜻하게 정돈해 놓고 맛있는 음식과 갖가지 귀한 음식들을 차리고 휘황하게 촛불을 켜놓고 염객을 기다린다.

저녁때가 되면 은으로 장식한 안장을 얹은 준마를 타고 달려와서 말에서 내려 문에 들어서는데 그 기세가 당당하다. 이래서 저리(邸吏)와 현리(縣吏)가 음식을 먹으면서 한 자리에 앉아서 현령을 살리느냐 죽이느냐를 의논하는 것을 나는 많이 보았다. 현령이 저리에게 밉게 보여 고과(考課)에서 하등을 맞아 수령직이 떨어져 낭패해서 돌아가는 자들이 잇달아 있으니, 어찌 두려워하지 않을 수 있겠는가?"

【字義】 廉 : 염탐할 염　　胥 : 아전 서

凡行臺察物(범행대찰물)은 唯漢刺史六條之問(유한자사육조지문)이 最爲牧民之良法(최위목민지양법)이니라.

【解釋】 무릇 감사가 물정을 살피는 데에는 오직 한(漢)나라의 자사 육조(刺史六條)가 백성을 다스리는 가장 좋은 법이 된다.

【解說】 우리 나라 감사(監司)의 제도는 본래 한나라의 자사제도와 같아, 일정하게 거주하는 진(鎭)이 없고 두루 다니며 순찰하였는데, 중세 이래로는 사신(使臣)이 주목(州牧)을 겸해서 마치 수령들처럼 어머니를 모시고 아내를 데리고 가서는 이따금 순력(巡歷)하다가 2년이 되면 갈려간다.

거처가 일정하므로 두루 살필 길이 없고, 부임한 지 오래이므로 점차 안면과 사정(私情)이 생겨서 모든 고을이 조심하고 두려워하는 바가 없어져 날로 탐학하고 혼탁해지니, 반드시 옛 제도를 회복한 뒤에야 훌륭한 수령이 생기게 될 것이다.

그리고 한나라 자사가 여섯 조목을 가지고 살피는 데는 큰 강령만을 지녀 아랫사람을 침해하는 일이 없었으므로 수령이 마음대로 그 뜻을 실현할 수 있었는데, 지금의 감사는 형식적인 법규로 수령을 구속하여 걸핏하면 제약을 가해 손을 놀릴 수 없게 하니, 이보다 더 나쁜 제도는 없다.

【註釋】 ＊**行臺**(행대)：지방을 순찰하는 관원. 여기서는 감사나 어사(御史)를 가리킴.

＊**刺史**(자사)：한(漢) 지방관의 하나.

【字義】 **臺**：터 대　**察**：살필 찰　**刺**：자사 자

제6조 성적을 매김〔考功〕

이사필고기공 불고기공 즉민불권
吏事必考其功이니 不考其功 則民不勸이니라.

【解釋】 아전들의 하는 일도 반드시 그 공적을 고과(考課)해야 하니, 공적을 고과하지 않으면 백성을 권면할 수 없다.

【解說】 사람을 통솔하는 법은 권면하고 징계하는 데 달려 있는 것이다. 공이 있는데 상이 없으면 백성이 권면되지 않고, 죄가 있는데도 벌이 없으면 백성이 징계되지 않는다. 권면하지도 징계하지도 않으면 모든 백성이 게을러지고 일이 글러지게 되는데 벼슬아치와 여러 아전들도 다를 바 없다. 지금은 죄가 있는 경우에는 벌이 있지만, 공이 있는 경우에는 상이 없기 때문에 아전들의 버릇이 날로 간악한 데로 달리게 된다.

당(唐)나라 때 노환(盧奐)이 섬주자사(陝州刺史)로 있을 때 인자함과 위엄이 아울러 뛰어났다. 섬주의 풍속이 귀신을 숭상하였는데 그 곳 백성들이 이렇게 말하였다.

"신명에게 빌거나 무당에게 축원할 필요없이 그대들은 노공(盧公)을 범하지 않으면 바로 복이 있으리라."

【字義】 考 : 조사할 고　　功 : 공로 공　　勸 : 권할 권

국법소무		불가독행		연		서기공과		세
國法所無를		不可獨行이나		然이나		書其功過하여		歲

종고공　이의시상　유현호이야
終考功하여 以議施賞이 猶賢乎已也니라.

【解釋】 국법에 없는 것을 혼자 행해서는 안 되지만, 그 공과(功過)를 적어 두었다가 연말에 공적을 고과해서 상을 주면 그만두는 것보다 나을 것이다.

【解說】 상상(上上)에 든 자는 제일 가는 자리를 주고, 상중(上中)에 든 자는 다음 자리를 주고, 상하에 든 자는 또 그 다음 자리를 주고, 중상(中上)에 든 자는 또 그 다음 자리를 주고, 중중(中中)에 든 자는 이방(吏房)에게 맡겨서 박한 자리를 주도록 하며, 중하(中下)에 든 자는 반 년 동안 정직시키되 부역은 면제해 주고, 하(下)의 3등에 든 자는 1년 동안 정직시키되 하하(下下)에 든 자는 반드시 고된 역사(役事)에 징발한다.

요즈음 관례에는 아전과 종으로 신관(新官)을 모시고 오거나 내행(內行)을 모시고 온 자는 그 다음 해에 반드시 좋은 자리를 얻게 되는데, 이것은 사적인 일로 공적인 상을 주는 셈이다. 한 번의 서울 걸음이 본래 큰 노고가 아니어서 다른 공무로 상경하는 자와 그 수고로움이 마찬가지인데, 이 때문에 갑자기 제일 가는 자리를 주어서는 안 된다.

【註釋】 *獨行(독행) : 혼자서만 행함.
*功過(공과) : 공로와 과실.
*歲終(세종) : 연말.

【字義】 獨 : 홀로 독　　過 : 허물 과　　終 : 마칠 종
施 : 베풀 시　　已 : 그만둘 이

육기위단　관선구임이후　가의고공　여
六期爲斷하여 官先久任而後에야 可議考功이요 如

기 불 연 유 신 상 필 벌 사 민 신 령 이 이
其不然이면 唯信賞必罰하여 使民信令而已니라.

【解釋】 6년으로 수령의 임기를 정해서 수령이 우선 임기가 길어야만 고공을 의논할 수가 있다. 그렇지 못하면 오직 신상필벌(信賞必罰)하여 백성들로 하여금 명령을 믿게 할 뿐이다.

【解說】 20년 이래로 수령들이 자주 교체되어 오래 가야 2년이요, 나머지는 혹 1년에 끝나기도 한다. 이 법이 고쳐지지 않으면 관리와 백성들은 장구적인 계책이 없을 것이요, 고공의 법도 웃음거리가 되고 말 뿐이다.

공자(孔子)는 문인의 물음에 답하면서 병(兵)은 버려도 되고 식(食)은 버려도 되지만 신(信)만은 버려서는 안 되는 것이라고 하였으니, 영을 미덥게 하는 것이 백성에게 임하는 첫째 임무이다.

"무슨 죄를 범한 자는 무슨 벌을 받을 것이다."

라고 해놓고 그대로 시행하지 않거나,

"무슨 공을 세운 자는 무슨 상을 받을 것이다."

해놓고 그대로 시행하지 않는다면, 명령을 내려서 시행하게 해도 백성들이 믿으려 하지 않을 것이다. 평소에는 큰 해가 없다 하더라도 만약 나라에 외환이 있을 경우 평소에 신의가 백성들에게 서 있지 않으면 어떻게 할 것인가? 명령을 믿게 한다는 것은 수령의 급선무이다. 옛말에,

"장수는 명령을 철회하지 않는다."

하였으니, 수령은 장수 가운데 큰 장수인데 명령에 신의가 없으면 어떻게 백성을 거느릴 것인가?

【註釋】 *六期(육기) : 6년.
*久任(구임) : 오래 재임시킴.
*信賞必罰(신상필벌) : 상과 벌을 분명하게 함.

【字義】 期 : 일년 기　久 : 오래 구　令 : 명령 령
使 : 부릴 사

감사고공지법 인가의의 소략기연 무
監司考功之法을 因可議也라. 疏略旣然하여 無
이책실 주개기식 억소의야
以責實하니 奏改其式이 抑所宜也니라.

【解釋】 감사가 고공하는 법도 따라서 의논해야 한다. 이미 그 고공의 법이 소략하므로 책임지워 실효를 거두게 할 수 없으니, 아리어 그 방식을 고치게 하는 것이 마땅하다.

【解說】 《고적의(考績議)》에 이렇게 말했다.

"국가의 안위는 인심의 향배에 달려 있고, 인심의 향배는 백성이 잘 살고 못 사는 데에 달렸으며, 백성이 잘 살고 못 사는 것은 수령이 잘하고 잘못하는 데에 달렸고, 수령의 잘잘못은 감사의 포폄(褒貶)에 달려 있으니, 감사의 고과법은 바로 천명(天命)과 인심(人心)이 따르고 배반하는 기틀이요, 나라의 안위를 판가름하는 것이다. 그 관계되는 바가 이처럼 중요한데 법이 소루하고 부실함이 오늘날과 같은 때가 없으니 매우 우려하는 바이다."

【註釋】 *考功(고공) : 공로를 조사함.

*疎略(소략) : 엉성하고 간략함.

*責實(책실) : 사실대로 하기를 책임지움.

【字義】 疏 : 성길 소 略 : 줄일 략 責 : 책임지울 책 奏 : 아뢸 주

호전육조(戶典六條)

제1조 토지 정사〔田政〕

牧之職五十四條에 田政最難하니 以吾東田法이 本自未善也니라.

【解釋】 수령의 직분 54조 중에 전정(田政)이 가장 어렵다. 그것은 우리 나라의 전법(田法)이 본래 좋지 못하기 때문이다.

【解說】 중국에서는 경묘(頃畝)[1]를 가지고 전지(田地)를 헤아리고, 우리 나라에서는 결부(結負)[2]를 가지고 전지를 헤아린다. 길고 짧고 넓고 좁은 토지의 형태는 나타나지만, 비옥하고 척박하고 기름지고 메마른 토지의 질은 나타나지 않는다. 나타나는 형태는 고금을 통하여 변하지 않으나, 나타나지 않는 토질(土質)은 세월에 따라 달라지니, 결부로 전지를 헤아리는 것은 좋은 방법이 아니다.

고려말에 비로소 3등척(三等尺)을 제정하여 전지를 측량하였고, 조선 초기에 5등척(五等尺)을 제정하여 그 차등이 더욱 많았으나 비옥하고 척박함의 5등급을 토지 장부에 기재했을 뿐, 5등급의 전지가 그 실제 넓이는 다 같았던 것이다. 세종 만년에 6등척(六等尺)으로 고쳐 제정하고 전제상정소(田制詳定所)를 설치하여 전법을 크게 고쳤지만 넓이를 계산하는 방법은 지금과 같지 않았다.

그리고 효종 때에 와서 각도의 전지를 다시 측량하고 나서 비로소 준수책(遵守册)을 반포하였다. 이래서 1등 1백 부(負), 2등 85부, 3등 70부, 4등 55부, 5등 40부, 6등 25부의 차이가 결국 철칙이 되었으니, 이러한 법은 옛날에서도 찾아 볼 수 없다.

오늘날의 등급에 따라 더해가는 법은 비록 옛날의 계산을 잘하고 눈이 밝은 자가 살핀다 하더라도 그 도수(度數)를 밝히지 못할 것인데, 오늘날의 수령이 그 농간을 어떻게 적발할 수 있겠는가?

【註釋】 ***五十四條**(**오십사조**) : 수령이 행해야 할 54조 항목.
***田法**(**전법**) : 전지에 대한 법. 여기서는 양전법(量田法)을 뜻함.
1) **頃畝**(**경묘**) : 토지 면적을 재는 단위.
2) **結負**(**결부**) : 전답의 면적을 계산하는 단위. 1척 4방을 1파(把), 10파를 1속(束), 10속이 1부(負), 100부가 1결(結)임.

【字義】 **條** : 조목 조 **最** : 가장 최 **吾** : 나 오
本 : 근본 본

> 時行田算之法에 乃有方田直田句田梯田圭田梭田腰鼓田諸名이나 其推算打量之式은 仍是死法이라 不可通用於他田이니라.

【解釋】 현행 전답을 계산하는 법에는 방전(方田)·직전(直田)·구전(句田)·제전(梯田)·규전(圭田)·사전(梭田)·요고전(腰鼓田) 등의 명칭이 있는데, 그 추산(推算)하고 측량하는 법식은 곧 죽은 법이기 때문에 다른 모양의 전지에는 통용할 수 없다.

위에 열거한 일곱 가지 모양의 전지를 타량하는 법식이 모두 이미 사장된 법이란 것은 삼척동자도 아는 바이다. 그 알기 쉬운 것은 그림도 그리고 설명도 붙여서 어리석은 백성들에게 보이나, 그 알기 어려운 곳에 이르러 기술이 다하고 말이 막히어 실시할 만한 방법이 없으면, '모두 이 법으로 미루어 측량할 것이다.' 하니, 자신을 속이고 남을 속이는 말이 아닌가?

【註釋】 ***方田**(**방전**) : 네 모서리가 반듯한 전답.
***直田**(**직전**) : 반듯하면서 한쪽이 긴 전답.
***句田**(**구전**) : 굽은 전지.
***梯田**(**제전**) : 위쪽은 넓고 아

래는 좁은 전지.
* 圭田(규전) : 위는 뾰족하고 아래는 넓은 전지.
* 梭田(사전) : 양쪽 끝이 좁아 북처럼 뾰족한 전지.
* 腰鼓田(요고전) : 양쪽 끝은 가운데가 좁은 전지.
* 打量(타량) : 측량.

【字義】 直 : 곧을 직　梯 : 사다리 제　圭 : 홀 규
梭 : 북 사　腰 : 허리 요　鼓 : 북 고　推 : 밀 추, 밀 퇴

改量者(개량자)는 田政之大擧也(전정지대거야)니 査陳覈隱(사진핵은)하고 以圖苟安(이도구안)하되 如不獲已(여불획이)면 黽勉改量(민면개량)이니라. 其無大害者(기무대해자)는 悉因其舊(실인기구)하고 釐其太甚(이기태심)은 以充原額(이충원액)이라.

【解釋】 개량(改量)이란, 전정(田政)의 큰일이다. 묵은 전답이나 숨겨둔 결(結)을 조사해 내어 별일없기만을 도모할 것이다. 만일 부득이할 경우에는 마지못해 개량하되 큰 폐해가 없는 것은 모두 예전대로 따르고, 아주 심한 것은 개량하여 원래의 액수를 채울 것이다.

우리 나라의 전제(田制)는 예로부터 좋지 않았다. 훌륭한 임금과 현명한 신하가 조정에서 의논하여 전제를 크게 바로잡아 결부(結負)를 경묘(頃畝)로 하되, 한결같이 중국의 제도를 모방하고 정전법(井田法)[1]을 참작한다면, 이 일을 맡은 수령은 정신과 지혜를 다하여 지극히 합당한 결과를 가져오도록 힘써야 조금이라도 유감된 것이 없기를 기약해야 옳다.

오늘날의 결부법(結負法)은 6등급으로 나누어 있어서 그 기구하고 현혹됨이 이보다 심하다. 더구나 토지의 비옥하고 척박함이 세월에 따라 달라져서, 촌락이 번성하여 거름을 많이 하면 척박한 토지도 비옥하게 되고 촌락이 쇠잔하여 힘이 부족하면 비옥한 토지도 척박하게 되며, 또 혹시 옛날에 샘이 많던 것이 송림이 무성해져서 샘이 마르기도 하고 옛날에 물이 적던 것이 도랑이 이루어져서 물이 풍족하기도 한데, 1등 2등을 또 어찌 고정시켜 오랜

세대를 거치는 동안 변경하지 않을 수 있겠는가?

지금 개량이란 것은 퍽 새로운 것 같지만 결국 결부를 고쳐서 다시 결부로 만드는 것이다. 법이 본래 좋지 않은데 어떻게 좋게 변경할 수 있겠는가? 그래서 '마지못해 개량하되 너무 심한 것만 바로잡으라'고 한 것이다.

【註釋】 ***改良(개량)**：다시 측량함.

***査陳覈隱(사진핵은)**：묵힌 전답과 숨진 전답을 조사해 찾아냄.

***原額(원액)**：원래 정해진 양.

1) **井田法(정전법**：고대의 전지제도로 토지를 '井' 자처럼 아홉 구역으로 나누어 여덟 부분은 백성이 짓고 가운데 9분의 1에 해당되는 부분은 공동으로 경작하여 세로 바쳤음.

【字義】 **量**：헤아릴 량 **擧**：들 거 **陳**：묵을 진
覈：조사할 핵 **隱**：숨을 은 **獲**：얻을 획
勉：힘쓸 면 **釐**：고칠 리

> 改量條例(개량조례)는 每有朝廷所頒(매유조정소반)이니 其中要理(기중요리)는 須(수) 申明約束(신명약속)이니라.

【解釋】 개량의 조례(條例)는 매양 조정에서 반포하는 것이 있으니, 그 중의 중요한 것은 반드시 약속을 거듭 밝혀야 한다.

【解說】 측량을 다시 하려 할 때에는 30일 전에 방문(榜文)을 붙여 백성들에게 알려서 그들과 약속을 해야 한다.

춘추(春秋) 제(齊)의 성자고(成子高)가 병이 유독해지자 유언하기를,

"내 비록 살아서는 남에게 유익함이 없었으나 어찌 죽어서 남을 해칠 수 있겠는가? 내가 죽거든 갈아먹지 못할 땅을 골라서 나를 묻어다오."

하였으니, 군자의 마음씀이 이와 같았다. 오늘날 사람들은 풍수설에 현혹되어 산에 빈 묘자리가 없으면 곧 평지에 별도로 묘자리를

만든다. 이래서 비옥한 전지가 황폐하여 묘역이 되어 국토가 날로 줄어드니 실로 작은 일이 아니다.

【註釋】 ＊要理(요리) : 중요한 이치. ｜ ＊申明(신명) : 거듭 밝힘.

【字義】 改 : 고칠 개　每 : 매양 매　朝 : 아침 조　廷 : 조정 정　頒 : 반포할 반　申 : 거듭 신　約 : 약속 약

量田之法(양전지법)은 下不害民(하불해민)하고 上不損國(상불손국)하여 唯其均(유기균)也(야)요. 唯先得人(유선득인)이라야 乃可議也(내가의야)니라.

【解釋】 양전하는 법은 아래로는 백성을 해치지 않고 위로는 국가에 손해를 끼치지 않으면서 오직 공평하게 할 뿐이다. 그러나 먼저 적임자를 얻은 뒤에야 이 일을 논의할 수가 있다.

【解說】 현종(顯宗) 계묘년(1663)에 경기(京畿)의 전지를 측량할 때, 상사(上司)가 억지로 궁가(宮家)의 전토를 높은 등급에 올리도록 명하면서 말하기를,

"궁가는 세금이 없으니 1등에 놓아도 무방하다."

하니, 양주(楊州)에 김씨 성을 가진 감관(監官)이 있어 반대하기를,

"궁가가 면세되는 것은 수십 년에 불과합니다. 이 전지가 얼마 안 가서 민간에 돌아갈 것인데, 그때에는 반드시 무궁한 폐단이 될 것입니다."

하였으나 상사가 듣지 않더니, 오늘날에 와서 백성들이 그 전지를 많이 버리고 경작하지 않는다.

조선 인조 때 사람 민여검(閔汝儉)이 울산부사(蔚山府使)가 되었는데 울산은 오래도록 전정을 방치하여 백성들이 억울함을 호소하였다. 그러자 그는 사사로이 양전을 행하되 단지 공평하게만 하고 본래의 결수가 불어나지 않도록 하니, 백성들이 매우 편하게 여겼다.

조선 광해군 때 사람 김응하(金應河)가 한미한 시절에 철원(鐵原)의 양전감관(量田監官)이 되었다. 균전사가 그 전지의 등급을 높여 조세를 올리려고 하자 그는 고집하여 따르지 않았는데, 철원 백성들이 지금까지 그 덕을 감사하게 여긴다.

【字義】 害：해칠 해　損：손해 손　均：고를 균
得：얻을 득　議：의논 의

畿田雖瘠(기전수척)이나 本旣從輕(본기종경)이요 南田雖沃(남전수옥)이나 本旣從重(본기종중)이니 凡其負束(범기부속)은 悉因其舊(실인기구)니라.

【解釋】 경기의 전지는 척박하지만 그 세가 본래 가볍게 되어 있고, 남쪽 지방의 전지는 비옥하지만 그 세가 본래 무겁게 되어 있으니, 그 부(負)·속(束)은 모두 옛날의 것에 따라야 한다.

【解說】 우리 집 박토가 경기도 양근군(楊根郡)에 있는데, 논이 70두락 밭이 20일 갈이로 모두 합쳐야 1결밖에 안 된다. 내가 남쪽 변방으로 귀양와서 보니 논 가운데 약간 비옥한 것은 거개 20두락이 1결로 되어 있었다. 이것으로 보아 남쪽의 대부분이 1등과 2등에 속하고, 그 중에 척박한 것은 3등과 4등이 되었다. 경기의 전지는 기름진 것은 혹 5등에 드는 것도 있지만 그 나머지는 모두 6등이라는 것을 알 수 있다.

그러나 연분(年分)의 보고서에는 남방의 토지도 역시 하중등(下中等)과 하하등(下下等)만 있기 때문에 모르는 자들은 더러 연분으로 전품의 등급을 매기지만 그것은 잘못이다. 연분이란 것은 까닭없이 정해 놓은 헛이름인데, 이것 때문에 국가가 해마다 쌀 수십만 석을 잃게 되니, 빨리 혁파해야 할 것은 바로 이 연분이란 이름이다.

【字義】 畿：서울 지방 기　瘠：척박할 척　輕：가까울 경
沃：기름질 옥　負：짐 부　悉：모두 실　舊：예 구

唯陳田之遂陳者는 明其稅額過重이니 不可不降等也니라.
(유진전지수진자 명기세액과중 불가불강등야)

【解釋】 묵은 전답이 끝내 묵게 되는 것은 분명 그 세액이 과중하기 때문이니, 등급을 낮추지 않을 수 없다.

【解說】 전답이 묵게 되는 이유는 촌락이 퇴폐됨에서, 혹은 흉년이 들어서이니, 반드시 조세가 무거운 것만을 탓할 것은 아니다. 그러나 조세가 참으로 가볍다면, 때에 따라서 경작하기도 하고 때에 따라서는 묵히기도 하겠지만 한결같이 묵기만 할 이치가 있겠는가? 그러니 개량 이전의 묵힌 전답과 개량 이후의 것은 모두 등급을 낮추되 촌락에 가까이 있는 비옥한 전지는 낮추어 5등으로 매기고 촌락에서 멀리 떨어져 있는 척박한 전지는 낮추어 6등으로 매길 것이다. 결부를 개정하여 백성을 모아 경작을 권하는 일은 조금이라도 늦춰서는 안 된다.

【註釋】 *陳田(진전) : 묵은 전답. *稅額(세액) : 세금 액수. *降等(강등) : 등급을 낮춤.

【字義】 陳 : 묵을 진 稅 : 세금 세 重 : 무거울 중 降 : 내릴 강

陳田降等이면 字號遷變하여 民將多訟하니 凡其變者는 悉給牌面이니라.
(진전강등 자호천변 민장다송 범기변자 실급패면)

【解釋】 묵힌 전답의 등급이 낮추어져 자호(字號)가 바뀌면 장차 백성들의 송사가 많아질 것이니, 자호가 바뀐 것은 모두 패면을 지급해 준다.

【解說】 진전이 본래 3등 70부(負)인 것을 5등으로 낮추면 40부에 불과하고 6등으로 낮추면 25부에 불과하게 된다. 만약 그렇게 되면

다음 번의 전지를 끌어들여 1결을 이루게 되니, 차례로 바뀌어 자호의 순서가 모두 뒤집혀진다. 이같은 경우에는 전패 한 장을 지급하여 전지를 매매하는 날에 차례로 전해주게 해야 한다.

【註釋】 ＊字號(자호) : 전답의 등급을 매겨 붙이는 부호.

＊牌面(패면) : 전패(田牌). 토지 소유를 증명해 주는 증명서.

【字義】 字 : 글자 자　遷 : 옮길 천　變 : 변할 변
訟 : 소송할 송　給 : 줄 급

陳者(진자)는 田政之大目也(전정지대목야)라. 陳稅多寃者(진세다원자)는 不可不査陳也(불가불사진야)니라.

【解釋】 묵힌 전지의 조사는 전정(田政)의 큰 항목이다. 진전의 징세에는 억울함이 많으니 진전을 조사하지 않으면 안 된다.

【解說】 《속대전(續大典)》에는 이렇게 되어 있다.

"매년 묵은 전답이 개간되는 곳을 일일이 기록하여 호조(戶曹)에 보고하고 전세의 절반을 감면한다. 이미 개간되었다가 도로 묵은 것은 전세를 매기지 않는다."

무릇 묵은 전지를 조사하는 데에는 두 가지 양상이 있으니 하나는 위사(僞査)라 하고 다른 하나는 진사(眞査)라 한다.

위사란 묵은 전답이라 하여 반드시 영원토록 묵는 것이 아니어서 흉년이 들어 우연히 한 번 묵더라도 내년에는 여전히 경작된다. 그러나 묵은 전지에 대한 보고는 지나치고 경작에 대한 보고는 인색한데야 어떻게 하겠는가? 백성들은 와서 보고하지 않고 아전들은 사사로이 차지하려고 하는데, 외로운 수령이 어떻게 그것을 알겠는가? 도로 경작하는 것을 기록하지 않으면 은결(隱結)[1]이 되며, 은결이 불어나는 것은 나라의 손실이니, 이것은 조사하지 않을 수 없는 것이다.

진사란 촌락이 쇠퇴하거나 토질이 척박하거나 조세가 무겁거나

곡출이 적을 경우 한 번 묵게 되면 다시 경작되지 못하는 것이 많다. 혹 처음 묵게 되는 해에 면세를 받지 못하여 계속 조세를 바치게 되면 끝내 면세받지 못하는 것이다. 혹은 실제로 경작하는 전지는 아전이 사복을 채우고 진전은 경작하는 것으로 무고하게 되면 끝내 조세를 바치게 된다. 여러 대를 부자로 잘 살던 집이 여지없이 패망하는 것은 모두 이 때문이니 이것은 조사하지 않을 수 없는 것이다. 저 허위 진전을 조사해서 이 진짜 진전에 충당하면 좋지 않겠는가?

【註釋】 *大目(대목) : 큰 항목. *陳稅(진세) : 묵은 전답에 매기는 세금. 1) 隱結(은결) : 숨겨 둔 전답.

【字義】 査 : 조사할 사　目 : 눈 목, 항목 목　冤 : 억울할 원

陳田起墾(진전기간)은 不可恃民(불가시민)이요 牧宜至誠勸耕(목의지성권경)하고 又從而助其力(우종이조기력)이니라.

【解釋】 진전의 개간은 백성들을 믿을 수 없으니 수령이 지성껏 경작을 권유하고 또 그 힘을 도와 주어야 한다.

【解說】 옛날의 어진 수령은 반드시 소를 빌려 주고 양식을 도와주면서 백성들에게 개간하기를 권유하였다. 더군다나 어리석은 백성들은 법의 뜻을 알지 못하고 오직 한 번 발꿈치만 움직여도 무거운 세를 낼까 두려워하고 있지를 않는가? 그런 때문에 백성들은 가벼이 개간하지 않으니 수령은 마땅히 몸소 마을에 다니며 3년간 면세해 준다는 법의 뜻을 깨우쳐 주고 관에서는 스스로 허가해 주어 믿을 수 있는 증거로 삼게 하며, 따라서 그 힘을 돕기를 옛날의 어진 수령과 같이 하면 아마 개간하는 자가 날마다 증가할 것이다.

【註釋】 *起墾(기간) : 묵은 전답을 개간함. *勸耕(권경) : 경작하기를 권장함.

【字義】 起 : 일어날 기　墾 : 개간할 간　恃 : 믿을 시
勸 : 권할 권　助 : 도울 조

隱結餘結은 歲增月衍하고 宮結屯結은 歲增月衍而原田之稅于公者는 歲減月縮하니 將若之何也리오.

(은결여결 세증월연 궁결둔결 세증월연 이원전지세우공자 세감월축 장약지하야)

【解釋】 은결(隱結)과 여결(餘結)은 해마다 불어나고 궁결(宮結)과 둔결(屯結)은 해마다 늘어나서 국가에 납부되는 원전(原田)의 세액이 해마다 줄어드니, 장차 어떻게 하겠는가.

【解說】 조선 영조 때 사람 유정원(柳正源)이 자인현감(慈仁縣監)이 되었는데 그는 총기가 남보다 뛰어났다. 언젠가 한 고을의 전결부(田結簿)를 받아서 벼룻집 속에 넣어두고 미처 살펴보지 못한 채 어느 날 갑자기 잃어버렸다. 그는 아전들이 훔쳐간 것을 눈치채고서 각 면의 아전들을 불러서 초본(草本)을 넣은 상자를 내어 주고 계리(計吏) 6~7인을 시켜 소리내어 부르면서 계산하게 하고서는 자신은 문을 닫고 앉아서 산가지 둘을 사용하여 책상 위에 가로세로 놓으면서 계산하였다. 여러 아전들이 계산을 마치고 들어와 전결의 총수를 아뢰자 그는 말하기를,

"총수는 마땅히 얼마가 되어야 하는데, 80여 결이 줄어든 것은 무엇 때문인가?"

하고 다시 계산하게 하니 과연 그의 말과 같았다. 여러 아전들이 물러가자 그는 말하기를,

"초본 넣은 상자를 보거라. 전번에 잃어버렸던 문서가 반드시 거기에 있을 것이다."

하였는데, 찾아보니 과연 거기에 있었다. 그것은 여러 아전들이 속일 수 없음을 알고는 다시 그 상자 속에 던져놓고 가버린 것이었다. 이때부터 아전들은 모두 두려워 복종하고 다시는 감히 속이지 못하였다.

【註釋】 *餘結(여결) : 토지대장에 기재되지 않은 토지.
*宮結(궁결) : 궁궐에 소속된 토지.
*屯結(둔결) : 군사들이 여가에 짓는 둔전(屯田)의 토지.

【字義】 結 : 토지 단위 결, 맺을 결　餘 : 남을 여　歲 : 해 세
增 : 더할 증　衍 : 늘어날 연　縮 : 줄어들 축

제2조 세법〔稅法〕

> 田制既然이라 稅法隨紊하여 失之於年分하고 失之於黃荳 而國之歲入無幾矣라.

【解釋】 전제(田制)가 이미 엉망이어서 세법(稅法)도 따라서 문란하다. 연분(年分)에서 손실을 보고 콩에서 손실을 보니 나라의 세입은 얼마 되지 않게 된다.

【解說】 가령 나주(羅州)의 예를 들어보기로 하자. 하하전(下下田)이 2만 결이고 하중전(下中田)이 1만 결인데, 통틀어 6두씩을 거두니 그 쌀은 18만 두가 된다. 아전은 실제 이와 같이 징수하지만 호조에 보고할 때에는,

"하하전에서는 각기 4두를 거두고 하중전에서는 6두를 거두어서 그 쌀이 모두 14만 두뿐이다."

라고 하여 옥같은 쌀 4만 두가 중간에서 빠져나가니, 이것은 무슨 법인가? 또 이 3만 결의 전지는 논이 2만 결, 밭이 1만 결인데, 밭세는 원칙적으로 콩을 징수하도록 되어 있으며 콩을 쌀로 환산하는 데는 의례 반으로 치게 된다. 그렇다면 또 쌀 2만 3천여 두가 중간에서 빠져나가니 이것은 무슨 법인가? 한 고을에서 손실을 보는 것이 6천여 곡(斛)이니 삼남지방을 통틀어 계산하면 중간에서 빠져나가는 것이 몇만 곡이 되는데, 조정은 거리가 멀어서 듣지 못하고 감사는 이득만 노리고 살피지 않으며 아울러 수령도 멍하게 깨닫지 못한다. 이런 습성이 상례가 되어 내려온 지 수백 년이

되었으니, 이것은 한 고을의 수령이 개혁할 수 있는 일이 아니다. 비록 공수(龔遂)와 황패(黃霸)[1] 같은 사람이라 할지라도 이 경우를 당하게 되면 역시 눈을 감고 수수방관할 수밖에 없다. 한 마디의 말이라도 입에서 튀어나왔다 하면 이로 인한 원망을 장차 헤아리지 못할 것이다.

【註釋】 ***年分**(연분) : 토지에 해마다 세금을 매기기 위해 정한 등급.

***黃豆**(황두) : 콩.

1) **龔遂(공수)와 黃霸(황패)** : 한(漢)의 정사를 잘한 수령.

【字義】 **制** : 제도 제　**旣** : 이미 기　**隨** : 따를 수
紊 : 문란할 문　**荳** : 콩 두　**幾** : 거의 기

執災俵災者는 田政之末務也라. 大本旣荒하고 條理皆亂하니 雖盡心力而爲之라도 無以快於心也니라.

(집재표재자 전정지말무야 대본기황 조리개란 수진심력이위지 무이쾌어심야)

【解釋】 집재(執災)와 표재(俵災)는 전정의 말단에 속하는 일이다. 큰 근본이 이미 거칠고 조리가 모두 문란하여 비록 마음과 힘을 다 기울여서 한다 하더라도 만족하게 될 수 없다.

【解說】 수령의 경우 군정(軍政)·전정(田政)·적정(糴政) 이 세 가지 일을 삼정(三政)이라 이른다. 이른바 전정이라는 것은 표재에 불과할 뿐인데, 이 표재는 전정에 있어서 실로 사소한 일이나 이것도 또한 다루기가 어려운 일이다. 오직 자신을 규율하고 아전을 단속하는 것에서 위엄과 명망이 드러나면 아전의 부정이 너무 심한 데에 이르지 않을 것이나, 털끝만큼도 틀리지 않게 하는 방법은 없다.

조선 현종 때 사람 정언황(丁彦璜)이 인천부사(仁川府使)로 있을 때의 일이다. 그는 연분(年分)을 할 때는 서원을 내보내지 않고 백성들로 하여금 각기 개간한 전지를 자진 신고하게 하고서 수시

로 몸소 나아가 살피어 확인하였더니, 백성들은 음식 대접하는 비용이 나지 않고 아전들의 농간 부리는 폐단이 끊어졌으며, 전결(田結)은 전보다 줄어들지 않았으므로 백성들이 매우 편리하게 여겼다.

【註釋】 ＊執災(집재) : 재해를 입은 전답에 대한 세금 감면을 내려 주는 일.

＊俵災(표재) : 재해 입은 전지의 숫자를 나누어 주는 일.

【字義】 執 : 잡을 집　　災 : 재해 재　　荒 : 거칠 황
快 : 상쾌할 쾌

書員出野之日에 召至面前하여 溫言以誘之하고 威言以怵之하여 至誠惻怛하여 有足感動 則不無益矣리라.
(서원출야지일 소지면전 온언이유지 위언이출지 지성측달 유족감동 즉불무익의)

【解釋】 서원이 간평(看評)하러 들에 나갈 때 면전에 불러놓고 부드러운 말로 타이르기도 하고, 위엄 있는 말로 겁을 주기도 하여 지성스럽고 간절함이 그들을 감동시킬 만하면 도움이 없지 않을 것이다.

【解說】 부드러운 말로 다음과 같이 타이른다.

"한 도의 아전이 모두 부정을 하는데 한 고을의 아전만이 충직하다고 해서 국가에 족히 보탬이 될 수는 없고, 한 고을의 아전이 모두 부정을 하는데 한 아전만이 충직하다고 해서 고을의 경비에 족히 보탬이 될 수는 없는 것이다. 그러나 내가 반드시 사실대로 하려고 하는 것은 떳떳한 도리를 지키려는 마음은 모든 사람이 다같이 타고났기 때문이다. 너희들도 국가의 신하된 자로서 도적질인 줄 뻔히 알면서 너희 자신이 직접 범한다면 천지 귀신이 환하게 보고 있는데 끝내 몰래 내리는 화(禍)를 입지 않겠는가?"

또 이렇게 타이른다.

"너희들은 스스로 생각하기를 '우리가 떼를 지어 농간하는 것을 누가 적발해 내겠는가' 라고 할 것이다. 그러나 너희는 수석의 직임에 있으니 많은 사람들이 시기하는 바여서 너희들의 거짓을 나는 쉽게 알 수 있다."

며칠이 지난 후, 수리(首吏)가 들어와서 보고할 때 그 삭감한 것이 과연 나의 뜻에 맞거나 혹은 그들이 스스로 밝힌 것이 진정에서 우러나온 것이면 우선 그를 믿고 속임이라고 지레 짐작하지는 말아야 한다. 만약 말하는 바가 오로지 교묘히 꾸미기만을 일삼고 오직 거짓말만을 늘어놓는다면 별도로 염탐하는 일을 그만두어서는 안 된다.

【字義】 **野**: 들 야　**召**: 부를 소　**溫**: 따뜻할 온　**怵**: 겁낼 출

대한지년 기미이앙답험자 의택인임지
大旱之年에 其未移秧踏驗者는 宜擇人任之니라.

【解釋】 가뭄이 심한 해에 미처 모를 심지 못한 곳을 가서 조사하는 경우에는 마땅히 적임자를 가려 임명해야 한다.

【解說】 기사년·갑술년에는 가뭄이 너무 심하여 미처 모를 내지 못한 곳이 거의 3분의 1이나 되어 가을에 관에서 사람을 보내어 재결의 부정을 조사하였는데 그때에 나는 민간에 있으면서 이를 직접 목격하였다. 처음에는 전리(田吏)와 전감(田監)이 일차 순행하고, 그 뒤에 다시 별리(別吏)와 별감(別監)을 파견하여 또 한 차례 순행하였다. 이른바 별리·별감이란 수리(首吏)·수향(首鄕)으로 명망이 있는 자들이다. 이러한 사람들은 10결을 훔치기도 하고 혹은 20결을 훔치기도 하며, 많은 경우에는 50~60결을 훔치기도 하였는데, 이때에 오직 별리 두 사람만이 한 줌도 훔치지 않았지만 역시 우연일 뿐이다.

【註釋】 ***大旱(대한)**: 큰 가뭄.　***移秧(이앙)**: 모를 심음.　***踏驗(답험)**: 실지 답사하여 조사함.

【字義】 旱 : 가물 한　　移 : 옮길 이　　秧 : 모 앙
踏 : 밟을 답　　擇 : 가릴 택

기보상사 의일준실수 여혹견삭 인구
其報上司는 宜一遵實數이니 如或見削이면 引咎
재보
再報니라.

【解釋】 상사에 재결(災結)을 보고할 때에는 마땅히 실제의 숫자에 의해야 하고, 혹시 삭감을 당하게 되면 스스로 인책하고 다시 보고해야 한다.

【解說】 속된 수령은 상사에 재결을 보고할 때에 반드시 여분을 두되 마치 장사꾼이 물건을 팔 때 미리 에누리를 두듯이 하여 상사의 삭감을 기다리는데, 이러한 것은 상인의 술법이니 절대로 따라 해서는 안 된다. 나는 거짓으로 숫자를 에누리해 두었는데 상사는 진실이라 믿고 그 숫자대로 재결을 내려줄 것 같으면 나는 장차 어떻게 하겠는가? 도로 반납하면 죄가 되니 오직 삼켜 버릴 뿐인데, 끝내 허물이 없겠는가? 상사의 삭감이 나의 보고를 불신한 데서 나온 것이라면 나는 당연히 두 번 보고하고 세 번 보고하여 거취를 결정할 것이고, 조정에서 각 도에 재결을 나누어 준 것이 원래 적어 두루 줄 수 없어서 부득이 모든 고을을 통틀어 삭감한 것이라면 반드시 인책할 것은 아니고 단지 삭감된 재결로써 나누어 배정할 뿐이다.

정택경(鄭宅慶)은 강진(康津)의 무인(武人)인데 언양현감(彥陽縣監)으로 있으면서 재결을 보고함에 퇴짜를 맞아 스스로 삭감하라는 명을 받게 되었다. 정택경은 다시 처음의 보고서를 올렸더니 감사가 지시하기를,

"비록 옥당(玉堂) 출신으로 보임된 자도 감히 이와 같이 하지는 못할 것인데 더군다나 무인 현감이 이럴 수 있는가?"

라고 하였다. 정택경은 크게 성이 나서 다음과 같이 보고하였다.

"문신과 무신에는 비록 하늘과 땅의 차이가 있으나 이 사람이나

저 사람이 다같이 나라의 녹을 먹는 사람이며, 소중한 것은 백성인데 어찌 벼슬의 귀천을 따지겠습니까?"

이렇게 보고의 사연이 엄준하자, 감사는 사과하고 보고한 재결액수대로 마감하여 내려보냈다. 연말에 이르러 그 감사는 고과(考課)에서,

"강직하고 흔들리지 않아 시종이 한결같다."

라고 썼다. 왕이 각 도에서 고과하여 아뢴 글을 살피다가 언양의 것에 이르러,

"정택경이 누구인가?"

고 물었다. 승지가 대답하기를,

"강진의 무인입니다."

라고 하니, 왕은 이르기를,

"고과의 제목으로 볼 때 필시 상사와 다투어 굽히지 않은 것이다. 변두리 고을의 한미한 무인이 이와 같은 고과를 받았다면 필시 그 사람은 쓸 만한 사람이다."

라 하고 발탁 등용하라 명하였는데, 수일 후 안동 토포사(安東討捕使)에 임명되었다.

【字義】 **報**:보고할 보 **遵**:따를 준 **削**:깎일 삭 **咎**:허물 구

俵災亦難矣이니 若其所得이 少於所執이면 平均比例各減幾何니라.

(표재역난의 약기소득 소어소집 평균 비례각감기하)

【解釋】 재결을 나누는 것 또한 어려운 일이다. 만일 상사로부터 허용된 재결이 고을에서 조사한 재결보다 적을 경우에는 평균 비례하여 각기 얼마씩을 삭감해야 한다.

【解說】 재결을 신청한 수대로 승낙을 얻을 경우에는 나누기가 어렵지 않지만 만일 삭감을 당하면 이에 고르게 나누어야 한다. 가령 본래 고을의 재결이 5백 결인데 재결되어 내려온 것이 4백 결이

라면 재해 전마다 5분의 1 비율로 감한다. 즉 50부는 40부로, 40부는 32부로, 32부는 24부 16속으로 감해야 한다.

【字義】 **俵** : 나눌 표　　**執** : 잡을 집　　**均** : 고를 균
減 : 감할 감

> 표 재 기 료　내 령 작 부　기 이 래 이 거 자　일
> 俵災旣了면 乃令作夫하여 其移來移去者는 一
> 체 엄 금　기 징 미 지 부　허 령 종 편
> 切嚴禁하고 其徵米之簿는 許令從便이니라.

【解釋】 재결 나누어 주는 것이 끝나면 곧 세금을 거두어 들이되 이리저리 옮기는 것을 일체 엄금하고, 쌀을 징수할 장부를 편의에 따라 작성토록 한다.

【解說】 아전의 농간질은 집 가까운 곳에서 쌀을 징수하여 집으로 운반하기도 하고, 혹은 바다 가까운 곳에서 쌀을 징수하여 판매하기도 하는데, 이것이 이리저리 옮기게 된 동기이다. 수령은 마땅히 이를 일체 엄금하고 세금을 받는 날에는 한결같이 토지 대장(臺帳)에 따라서 그 마을의 전지는 모두 그 마을의 장부에 일괄 기재하여야 한다.

만일 쌀을 징수하는 장부에서도 모두 이리저리 옮겨 기록하는 것을 금지하면 납세하는 백성들이 모두 불편하다고 할 것이다. 대개 한 사람의 소유지가 여러 면에 흩어져 있어 여러 농부가 경작하는데, 여러 농사꾼의 이름에 나누어 기재하면 조창(漕倉)에 납부하는 날에 드는 비용이 아주 많다. 그러므로 여러 면에 흩어져 있는 한 사람의 전지는 반드시 그 소유주 한 사람의 이름에 묶어 모아서 그 소유주가 모두 거두어 납부하게 해야만 비용이 크게 줄어들 것이다.

【註釋】 ***作夫**(작부) : 세금을 거두어들이는 한 방법.

***從便**(종편) : 편리한 데 따름.

【字義】 **了** : 마칠 료　　**徵** : 작을 미　　**許** : 허락할 허

從 : 따를 종

간리활리 잠취민결 이록어제역지촌자 奸吏猾吏가 潛取民結하여 移錄於除役之村者는 명사엄금 明查嚴禁이니라.

【解釋】 간활한 아전이 백성들의 전결을 몰래 취하여 제역촌(除役村)에 옮겨 기록한 것은 분명하게 조사하여 엄금해야 한다.

【解說】 연전에 포구에 있는 한 마을에 세액 5결(結)이 갑자기 나오지 않았다. 그 세액이 어디로 갔는지 간 곳을 알 수 없어 그 마을 백성이 수령에게 호소하니 수령은,

"나라의 세금은 축나지 않고 너희의 전지는 징세가 없으니 너희의 이익인데 무엇 때문에 괴롭게 찾으려고 하는가?"

하였는데 그 수령의 어리석음이 이와 같으니 온 고을이 서로 전해가며 비웃었다. 남쪽 지방의 군현에서는 그 고을 사람들이 서로 이렇게 전하였다.

"옛날 이(李) 아무가 있었는데, 그가 수령직에 있을 때 일을 살피는데 귀신처럼 밝았으므로 아전들이 감히 속이지 못하였다. 떠날 때에 그처럼 밝은 사람도 채찍을 들어 서청(書廳)을 가리키며 '다른 일은 다 알 수 있었으나 저 집의 일은 알 수가 없었다'고 했다."

【註釋】 *奸吏猾吏(간리활리) : 교활한 아전. | *除役之村(제역지촌) : 부역을 면제한 마을.

【字義】 猾 : 교활할 활　潛 : 몰래 잠　錄 : 기록할 록　除 : 면제할 제

장욕작부 선취실호 별위일책 이충왕 將欲作夫에 先取實户하여 別爲一冊하여 以充王 세지액 稅之額이니라.

【解釋】 장차 작부(作夫)하려고 하거든 먼저 부유한 가호를 취하여 따로 한 책자를 만들어서 나라 세금의 정해진 숫자를 채워야 한다.

【解說】 작부할 때에는 수리(首吏)를 불러서 먼저 작성한 책자를 가지고 정본(正本)을 만들어서 부잣집 기름진 전지를 조목별로 열기하여 전세와 대동(大同) 4천 석의 액수를 채운 뒤에 그 책자를 책상 위에 비치해 둘 것이다.

세미를 거두는 날에 가서 혹 책자에 열기된 전지 중에서 납부기한을 어기는 자가 있으면 그 허실을 조사하여 그 전지가 만일 가난한 집 척박한 전지에 속하는 것이면 당초의 선택이 공정하지 못했음을 알 수 있으니, 마땅히 그 죄를 추궁하여 다스려야 할 것이다.

【註釋】 *作夫(작부) : 전세를 받아들이는 한 방법.

*王稅(왕세) : 나라에 바치는 세금.

【字義】 欲 : 하고자 할 욕　戶 : 집 호　充 : 채울 충　額 : 액수 액

作夫之簿(작부지부)에는 厥有虛額(궐유허액)이 參錯其中(참착기중)하니 不可不査驗(불가불사험)이니라.

【解釋】 작부한 장부에는 거짓 수량이 그 속에 섞여 있을 것이니 조사하지 않아서는 안 된다.

【解說】 《속대전》에 이렇게 되어 있다.

"감관(監官)·서원(書員)들 중에 허위로 짐 수를 조작하여 민결(民結)에 나누어 징수하는 자는 장 1백 유 3천 리(杖一百流三千里)에 처하고, 수령으로서 그것을 적발하지 못한 자는 죄를 논한다."

거짓 수량의 명칭에는 몇 가지 종류가 있으니, 첫째는 걸복(乞卜), 둘째는 조복(助卜), 셋째는 첨복(添卜)인데, 복(卜)이란 짐이다.

걸복이란 각 마을 작부의 끝에 10부를 더 올리기도 하고 혹은 20부를 더 올리기도 하여 본 마을의 모든 경작자로 하여금 더 내게 해서 서원의 필채(筆債)를 충당하는 것이다. 이것을 일러 걸복이라 하는데 걸이란 구걸(求乞)의 뜻이다. 경기지방에서는 이를 걸복이라 이르고 남쪽 지방에서는 이를 조복(助卜)이라 이르는데 그 내용은 한가지다.

첨복(添卜)이란 것은 은결(隱結)이 발생하게 되는 원인이다. 가령 예를 들어 유천(柳川) 마을 이(李) 아무개의 전지 세액이 본래 7부(負)뿐이던 것이 금년 거둘 때에는 갑자기 9부로 되고, 송곡(松谷) 마을 장(張) 아무개의 전지 세액이 본래 6속(束)뿐이던 것이 금년에는 갑자기 8속으로 되는 것과 같은 것이니, 이를 일러 첨복이라고 한다.

【註釋】 *虛額(허액) : 거짓으로 기록된 액수.

*參錯(참착) : 서로 어긋남.

【字義】 虛 : 거짓 허　　錯 : 어긋날 착　　查 : 조사할 사

작부기필 내작계판 계판지실 밀찰엄핵
作夫旣畢이면 乃作計版이니 計版之實은 密察嚴覈이니라.

【解釋】 작부가 이미 끝났으면 이에 계판(計版)을 작성하게 되는데, 계판의 내용은 면밀하게 살피고 엄격하게 밝혀야 한다.

【解說】 계판이란 도리(都吏)와 여러 아전들이 금년 세액의 비율을 의논하여 산출하는 것이다. 이것에는 세 가지의 구별이 있는데, 첫째는 나라에 바칠 것, 둘째는 뱃삯, 셋째는 고을에서 징수하는 것이다.

또 계판(計版)에서는 삼세(三稅)[1] 및 소소한 비용에 대한 여러 조목들을 각각 열거해야 할 것인데, 지금에는 몇 조목으로 생략하

고 있으니 크게 옳지 못한 일이다.

【註釋】 *計版(계판) : 그 해에 징수할 세와 부과할 세액을 정한 명세표.
*密察嚴覈(밀찰엄핵) : 세밀하고 엄격하게 살펴 조사함.
1) 三稅(삼세) : 세 가지 세. 즉 전세(田稅)·대동(大同)·군포(軍布).

【字義】 畢 : 마칠 필 計 : 계산할 계 密 : 빽빽할 밀
覈 : 조사할 핵

計版旣成(계판기성)이면 條列成冊(조렬성책)하여 頒于諸鄕(반우제향)하여 俾資(비자)後考(후고)니라.

【解釋】 계판이 이미 이루어졌거든 조목별로 나열해서 책자를 작성하여 각 면에 반포해 보여서 후일의 상고에 자료가 되게 해야 한다.

【解說】 수령의 마음씀은 허식을 꾸며 명예를 구하고 눈앞의 책임이나 때울 뿐이어서는 안 된다. 백성에게 영원히 혜택 줄 것을 생각하여 매양 굳건한 법을 세워야 한다. 비록 내일 다시 무너질지라도 나의 마음씀은 마땅히 그러하여야 한다. 세미(稅米)가 몇 말 몇 말이라는 것을 백성들은 모두 막연히 알지 못하고 단지 명령만을 따르고 있을 뿐이다. 백성만이 그런 것이 아니라, 수령 또한 그러하다. 계판의 이름을 백성들이 비록 듣기는 하였지만 실제로는 한 번도 눈으로 보지 못하였으니, 책자를 작성하여 보여 주는 일을 그만둘 수 있겠는가?

【字義】 頒 : 반포할 반 諸 : 여러 제 俾 : 하여금 비
資 : 밑천 자

計版之外(계판지외)에 凡田役尙多(범전역상다)니라.

【解釋】 계판에 실린 세액(稅額) 이외에도 전역(田役)이 아직도 많다.

【解說】 생각해 보자. 백성이 견딜 수 있겠는가? 1결의 전지에서 수확하는 곡식이 많을 경우는 8백 두, 적을 경우는 6백 두, 더 적을 경우는 4백 두일 뿐이다. 농부들은 제 전지가 없고, 모두 남의 전지를 경작하는데, 일년 내내 고생하여도 여덟 식구의 식량을 하고 이웃에 품삯을 치러야 하는 데다가 추수 때가 되면 전답 주인이 수확의 반을 거두어가니, 6백 두를 수확했을 경우 농부가 제 몫으로 가지는 것은 3백 두뿐이다. 종자를 제하고 빚을 갚고 세전(歲前)의 양식을 제하면 남는 것은 1백 두가 되지 않는데, 부세로 긁어가고 빼앗아가는 것이 이와 같이 극도에 이른다. 아, 이 가난한 백성들이 어찌 살겠는가? 백성의 수령이 된 자로서 교활한 아전들의 비방과 원망을 면하고자 하여 아전들이 하는 대로 맡겨두고 억제하지 못하면 반드시 후손에게 재앙을 끼치게 될 것이다.

【字義】 凡 : 무릇 범　役 : 일 역　尙 : 오히려 상　多 : 많을 다

> 故羨結之數(고연결지수)를 不可不定(불가불정)이니 結總旣羨(결총기연)이면 田賦(전부) 稍寬矣(초관의)니라.

【解釋】 그러므로 연결(羨結)의 수는 확정하지 않을 수 없다. 결총(結總)에 이미 여유가 있으면 부세가 약간 너그러워질 것이다.

【解說】 연결(羨結)이란 것은 새로 만든 이름이다. 은결(隱結)과 여결(餘結)은 본래 고정된 토지가 없고, 다만 결총(結總) 가운데서 나라의 세금을 채우고 남아 도는 여결을 은결이라 한다. 그러나 이 은결은 여결이라 할 수 없다. 내가 보기에는 이것은 틀림없는 결이고, 나라에 바치는 세금이 여결이다. 왜냐하면 소위 은결이라는 것은 비록 홍수가 하늘에 닿을 만큼 범람해도 잠기지 않고, 큰 가

뭄이 돌을 태울 만큼 후끈거려도 마르지 않고, 벌레도 곡식을 침식하지 못하고, 서리도 작물을 죽이지 못하는 땅이다. 본래 은결이 1천 결이라면 비록 큰 흉년이 들더라도 1천 결의 곡식은 모두 익어서 안전하기가 태산반석과 같으니, 이것이 틀림없는 결이 아니고 무엇이겠는가?

【註釋】 *羨結(연결) : 남은 결수. | *結總(결총) : 전답의 총 결수.

【字義】 羨 : 남을 연　　賦 : 세금 부　　稍 : 조금 초
寬 : 너그러울 관

정월개창　　기수미지일　　목의친수 正月開倉하여 其輸米之日에는 牧宜親受니라.

【解釋】 정월에 창고를 열어 세미를 수납하는 날에는 수령이 마땅히 친히 받아야 한다.

【解說】 세미를 받을 때에는 그 말질을 너무 정밀하게 하지 말고 오직 옛 관례를 따를 뿐이다. 그러나 수령이 만약 나가지 않으면 난잡하여 절제가 없고, 민심이 해이해져서 바치러 오는 자도 태만해진다. 마땅히 10일로써 수령이 나가는 기일로 삼고, 2월 7일에 이르러 한 번 나가고, 3월 5일에 이르러 한 번 나가서 그 수납을 독려할 것이다.

평미레는 말질하는 방망이인데 백성으로 하여금 스스로 하게 하면 그 말질이 함부로 되지 않을 것이다.

조극선(趙克善)이 군읍을 다스릴 때 부세를 거둠에 있어 말질하는 일을 반드시 백성들 스스로 하게 하니 백성들은 그 공평함을 기뻐하여 벌주지 않아도 바치는 기한을 어기지 않았다.

【字義】 倉 : 창고 창　　輸 : 운반할 수　　宜 : 마땅 의
親 : 몸소 친　　受 : 받을 수

장개창　방유창촌　　엄금잡류 將開倉에 榜諭倉村하여 嚴禁雜流니라.

【解釋】 창고를 열려고 할 때에는 창고가 있는 마을에 유시하는 방문을 붙여서 잡류들을 엄금해야 한다.

【解說】 창고가 있는 마을에 금해야 할 대상이 첫째는 사당패, 둘째는 창기(娼妓), 셋째는 주파(酒婆), 넷째는 무당이나 광대, 다섯째는 악공(樂工), 여섯째는 초라니, 일곱째는 투전꾼, 여덟째는 백정 등이다.

이들 잡류들은 노래와 여색과 술과 고기로써 만 가지로 유혹하니 창리(倉吏)와 뱃사람이 유혹에 넘어가 씀씀이가 헤프게 되고 탐욕이 깊어지면 마구 거두어들여 그 축난 것을 채우게 되니, 이는 마땅히 엄금해야 한다.

【字義】 榜 : 방문 방　諭 : 타이를 유　村 : 마을 촌
雜 : 섞일 잡　流 : 흐를 류

수 민 수 건 기　종 리 최 과　시 유 종 호 어 양 란
雖民輸愆期라도 縱吏催科면 是猶縱虎於羊欄이니
필 불 가 위 야
必不可爲也니라.

【解釋】 백성들이 수납 기일을 어기더라도 아전을 풀어 납부를 독촉하는 것은 마치 호랑이를 양 우리에 풀어놓는 것과 같으니 결코 그렇게 해서는 안 된다.

【解說】 세미를 징수하는 종말에 가서는 아전과 군교를 풀어서 민가를 수색하여 긁어내는데 이것을 검독(檢督)이라 한다. 검독이란 가난한 백성들에게는 승냥이나 범과 같은 것인데 백성들의 수령이 된 몸으로 차마 이런 짓을 하겠는가? 은결(隱結)과 방납(防納)으로 넉넉한 가호를 빠뜨리지만 않는다면 세액은 저절로 충당될 수 있으며, 설령 빠뜨려지는 경우가 있더라도 수령이 따뜻하고 인자한 말로써 백성들에게 타이르면 제 시기에 세미를 수납하지 않을 자가 없을 것이다. 검독이 한 번 나가는 것만으로도 그 수령은 알 만하니 더 말할 것이 없다.

【註釋】 *愆期(건기) : 기일을 어김.
*催科(최과) : 독촉.
*縱虎於羊欄(종호어양란) : 호랑이를 양의 우리에 풀어 놓음.

【字義】 愆 : 어길 건 催 : 재촉할 최 縱 : 놓을 종 欄 : 우리 란

기장발조전 병수상검법조 각수무범
其裝發漕轉은 並須詳檢法條하여 恪守毋犯이니라.

【解釋】 조운선(漕運船)에 짐을 실어 보내는 일은 법조문을 상세히 검토하여 각별히 준수하여 범하지 말아야 한다.

【解說】 조운선에 딴 물건을 덧붙여 싣는 일을 금하는 것은 그 조례가 지극히 엄한데도 범하는 자가 잇따르고 이 때문에 파직되고 구속되는 자가 없는 해가 없으니, 어찌 재물에 혹한 것이 아니겠는가? 매양 조운선이 출발하는 날이면 대나무 장대·나무 절구·쇠솥·왕골자리·대자리 등을 새끼로 묶고 짚으로 싸서 포구에 내어놓는데, 백성들은 비웃고 손가락질하여 탐욕으로 빼앗은 물건으로 지목하고, 뱃사람들은 성내어 던지면서 죄(罪)덩어리라 이름하니, 천금이라도 귀중히 여길 것이 못 된다.

【註釋】 *漕轉(조전) : 곡식을 물길로 운반함.
*詳檢(상검) : 자세히 검사함.

【字義】 漕 : 운반할 조 轉 : 구를 전 恪 : 정성 각
犯 : 범할 범

궁전둔전 기박할태심자 찰이관지
宮田屯田으로 其剝割太甚者는 察而寬之니라.

【解釋】 궁전과 둔전의 경우, 그 부세 침탈이 심한 것은 살펴서 너그럽게 해주어야 한다.

【解說】 여러 궁방(宮房)의 면세전(免稅田)과 경사(京司)의 둔전으로 말하면, 그 도장(導掌)[1]으로 내려온 자가 혹은 차인(差人)으로

서 그 세를 거두어 궁방과 경사에 바치기도 하고, 혹은 스스로 도장자리를 사서 그 세를 거두어 먹기도 하여 요컨대 침탈하는 자는 많고 은혜를 베푸는 자는 적은 것이다. 그러나 또 궁전과 둔전을 경작하는 백성들은 모두 요역(徭役)이 면제되어 본현의 세금과 부역에 응하지 않기 때문에 그들의 빈부와 고락을 수령은 유념하지 않는다. 그러나 모두가 나의 백성들이거늘 어찌 널리 보살피지 않겠는가? 수령은 마땅히 특별히 염탐해서 비리로 백성을 침탈하는 도장은 불러서 타이르기도 하고 혹은 붙들어다 죄주기도 하여, 횡포를 못하게 해야 한다.

아전들의 방납은 반드시 으슥한 소굴에 의거하는데, 궁방의 세금없는 전답이 1백 결이라면 아전의 1천 결이 모두 이것으로써 농간의 소굴을 삼는다. 경기도에서는 다른 농간의 소굴이 없기 때문에 궁결(宮結)이 큰 소굴이 된다. 그러므로 이런 것을 만나거든 마땅히 1백 결의 장부를 따로 만들되, 아무 마을 장 아무개는 몇 결 몇 부이고 아무 마을 이 아무개는 몇 결 몇 부임을 낱낱이 열거하여 책자를 작성해 놓고 방납의 부정을 적발할 때마다 이 장부를 상고해야 한다. 그래서 장부에 이름이 없으면 곧 아전의 사사로운 방납에 속하는 것이니, 한 섬의 썩은 생선으로 사방에 냄새를 피우게 해서는 안 된다.

【註釋】 **＊宮田(궁전)** : 궁궐에 소속된 전답.
＊屯田(둔전) : 군사용으로 경작하는 전지.
1) **導掌(도장)** : 궁전(宮田)이나 둔전(屯田)을 관리하는 사람.

【字義】 **宮** : 궁궐 **궁**　**剝** : 벗길 **박**　**割** : 벨 **할**
甚 : 심할 **심**

> 남북이속　범종세　혹전주납지　혹전부
> 南北異俗하니 凡種稅는 或田主納之하고 或佃夫
> 납지　목유순속이치　비민무원
> 納之하니 牧惟順俗而治하여 俾民無怨이니라.

【解釋】 남쪽 지방과 북쪽 지방은 풍속이 서로 달라서 종자와 부

세를 혹은 전주(田主)가 내기도 하고 혹은 소작인이 내기도 한다. 수령은 다만 풍속을 따라 다스려서 백성들의 원망이 없게 할 뿐이다.

【解說】 경기도·충청도 지방에서는 벼를 베는 날에 곧 타작하여 그 마당에서 똑같이 나누기 때문에 전주가 별로 잃는 것이 없다. 그러나 남쪽 지방에서는 벼를 베어 논 가운데 펴놓고 이틀 동안 바람에 말린 뒤에 그 벼를 전부의 집으로 운반하여 볏가리를 높이 쌓아두었다가 한겨울에 가서 전부의 집에서 남정과 부녀들을 모아 훑어서 곡식을 나눈다. 그러므로 전주는 농간질하는 것을 살필 수 없으니 그 사정이 서로 다른 것이다.

그 종자와 세미를 북쪽 지방에서는 전주가 내고 남쪽 지방에서는 소작인이 내는데, 그 까닭은 타작하는 법이 다른 데 있다. 또 볏짚을 북쪽 지방에서는 전주와 소작인이 똑같이 나누는데, 남쪽 지방에서는 소작인이 모두 차지한다. 그런 까닭에 종자와 세미를 이와 같이 하는 것이다.

그러나 흉년으로 굶주리는 해에 벼를 소작인이 모두 먹어 버리고 종자와 세미를 내지 않으면 전주가 대신 관청의 독촉을 받아 스스로 그 세미를 납부한다. 전주가 먼 곳에 살 경우에는 한 말의 벼도 받아 보지 못하고서 세미만 바치게 된다. 그러므로 흉년에 부잣집들이 많이 파산하는 것은 이 때문이다.

【註釋】 ***異俗**(이속) : 풍속이 다름.

***種稅**(종세) : 종자와 세금.

【字義】 **異** : 다를 이　**種** : 종자 종　**納** : 바칠 납
佃 : 소작인 전　**怨** : 원망할 원

西北及關東畿北은 本無田政하니 惟當按籍하여
(서북급관동기북 / 본무전정 / 유당안적)

以循例요 無所用心也니라.

【解釋】 서북 지방 및 관동 지방과 경기 북쪽 지방은 본래 전정(田政)이 없으니 다만 전적(田籍)이나 살펴 관례에 따를 뿐, 마음 쓸 것이 없다.

【解說】 경기 북쪽 지방과 황해도 북부 지방은 전세에 본래 재감법(災減法)이 없다. 면에 서원(書員)이 없어 가을에 실제 답사하면서 조사하지 않고, 촌민 중의 노련한 자가 본래의 세액 총수에 비추어서 소작인들에게 분배하여 세액을 충당하는데, 크게 흉년 든 해에는 관에 호소하여 세액을 감해 달라고 청원하니, 이 또한 천하의 좋은 법이다.

내가 어사(御史)로 삭녕(朔寧)에 갔을 때, 그 세법이 이러하였고 곡산(谷山)에 부사로 갔을 때도 또한 이런 습속을 보았으니, 짐작컨대 강원도·평안도·함경도도 이와 같은 법일 것이다. 남쪽 지방으로 귀양온 지 18년 동안에 아전의 농간질과 백성들의 숨은 고통을 비로소 밝게 알았다.

【字義】 關:요새지 관　畿:경기 기　按:조사할 안
籍:장부 적　循:따를 순

火粟之稅는 按例比總이요 唯大饑之年에는 量宜裁減하며 大敗之村은 量宜裁減이니라.

【解釋】 화속세(火粟稅)는 관례를 상고하여 세액 총수에 비교할 것이며, 오직 크게 흉년 든 해에만 적당하게 견감하고, 크게 황폐한 마을에만 적당하게 견감할 것이다.

【解說】 법전(法典)에,

"화전(火田)은 모두 6등전(等田)에 해당시킨다."

라고 규정되어 있고 또,

"화전은 25일경(日耕)을 1결로 삼는다."
고 규정되어 있다.

이른바 그 1결이라는 것은 혹은 높은 산에 길게 뻗쳐 있기도 하고 혹은 평전(平田)과 같이 측량된 것이기도 한데, 높은 산에 길게 뻗쳐 있는 밭은 옛날부터 1백 두를 거두었고, 평전과 같이 측량된 밭은 옛날부터 8두를 거두었으며, 화전민(火田民)의 취산(聚散)이 무상한 밭은 옛날부터 4두를 거두었다. 그러므로 습속에 따라 법이 되어서 도마다 각기 다르고 읍마다 각기 다르다.

화속세를 영구히 견감해 주는 혜택은 잠시 견감해 주는 혜택보다 크건만, 수령된 자가 영구히 견감해 주기를 꺼리는 것은 다음 수령이 원망할까 해서이니 아, 뒤에 올 수령을 대함이 너무 박하지 않은가? 용렬한 나로서도 오히려 견감해서 혜택을 주고 싶거늘, 뒤에 올 수령이 어찌 꼭 현명하지 않기만 하겠는가? 또 백 사람이 좋아하는 바는 족히 한 사람의 원망을 당할 수 있는데, 무엇을 꺼려서 하지 않겠는가?

【註釋】 ***火粟稅(화속세)**: 화전(火田)에서 받는 세.
***比總(비총)**: 세금의 총 액수를 정함.
***裁減(재감)**: 적당히 감함.

【字義】 **粟**: 곡식 속　**饑**: 흉년 기　**裁**: 마름질할 재
減: 줄일 감

제3조 곡식 장부〔穀簿〕

> 환상자　사창지일변　비조비적　위생
> 還上者는 社倉之一變이요 非糶非糴이로되 爲生
> 민절골지병　민류국망　호흡지사야
> 民切骨之病이니 民劉國亡이 呼吸之事也니라.

【解釋】 환상(還上)이란 사창(社倉)이 한 번 변해서 된 것으로, 곡식을 내어 파는 것도 아니고 곡식을 사들이는 것도 아니면서 백성들에게 뼈에 사무치는 병통만 안겨 주니, 백성이 죽고 나라가

망하는 것이 순식간에 달려 있다.

【解說】 백제(百濟) 때에 조적(糶糴)[1]이란 명칭이 있었는데, 이것은 한(漢)·위(魏)의 제도에 의거한 것이다. 고구려 고국천왕(故國川王)은 처음으로 진대법(振貸法)을 세워 봄에 대여했다가 겨울에 환수하였다. 고려 초기에 비로소 이창(里倉)을 두었다가 성종(成宗) 때에 의창(義倉)[2]이라고 개칭하였고, 조선조 초에 와서도 그대로 따르고 고치지 않았다. 그 법이 처음에는 사창을 모방하였으나, 점차 관고(官庫)로 변질되어 지금에 와서는 결국 환상이 되었다. 애초에 법을 제정한 본의는 한편으로는 백성의 식량을 위하고, 또 한편으로는 나라의 경비를 위해서였다. 어찌 꼭 백성을 못 살게 굴기 위해서 그것을 마련했겠는가?

그런데 오늘날은 폐단에 폐단을 낳고 문란에 문란을 거듭, 마치 구름이 피어나듯 파도가 출렁거리듯하여 천하에 알 수 없는 것이 되어 버렸다. 나라에서 쓰는 경비에 보탬이 되는 것은 10분의 1이요, 여러 관아에서 관장하여 그들의 녹봉을 삼는 것은 10분의 2요, 군현(郡縣)의 아전들이 농간 부리고 판매하여 장사의 이득을 보는 것이 10분의 7이다. 백성들은 한 톨의 곡식도 본 적이 없건만 까닭없이 쌀과 조를 실어다 바치는 것이 해마다 천 석이나 만 석이 되니, 이것은 거두는 것이지 어찌 꾸어 준 것이라 할 수 있으며, 이것은 곧 강탈이지 어찌 거두는 것이라 할 수 있겠는가?

【註釋】 *還上(환상): 각 고을에서 춘궁기에 백성들에게 곡식을 꾸어 주었다가 가을에 더 받아들이는 일. 환자(還子).
*社倉(사창): 흉년에 가난한 백성을 구제하기 위해 설치한 창고.
1) 糶糴(조적): 봄에 곡식을 꾸어 줌.
2) 義倉(의창): 빈민구제를 위해 설치한 창고.

【字義】 糶: 곡식 내줄 조　糴: 곡식 받아들일 적
骨: 뼈 골　劉: 죽일 류　呼: 부를 호
吸: 숨쉴 흡

환상지소이폐 還上之所以弊는 기법본란야 其法本亂也라. 본지기란 本之旣亂이니 하이말치 何以末治리오.

【解釋】 환상이 폐단이 되는 것은 그 법의 근본이 어지럽기 때문이다. 근본이 어지러운데 어떻게 말단이 다스려지겠는가?

【解說】 명(明) 나라 조남성(趙南星)의 사창의(社倉議)에 이렇게 말했다.

"여섯 개의 수량을 방출했다가 열 개의 수량을 다시 받아들이는 것을 일러 가사(加四)[1]라고 하는데, 어찌 가사 정도뿐이겠는가? 순량하고 연약한 백성들은 아전이 그의 곡식을 거두고서도 문서에서 그 이름을 지워 버리므로 한 되 한 홉의 곡식도 받아가지 못한다. 그 밖의 농간질하는 폐단은 워낙 많아서 다 열거하기가 어렵다. 불가에서 이른바 아비지옥(阿鼻地獄)[2]이란, 지옥 속에 또 무수한 지옥이 있다는 뜻인데, 지금의 사창이 그와 같은 것이 아니겠는가? 10분을 내고는 7분을 받고, 알곡식을 내고서 쭉정이를 받으며, 심한 경우에는 쭉정이마저도 받을 수 없으니, 이는 그들로 하여금 모두 곤궁한 백성을 만드는 것이다. 또 수납할 때 주식(酒食)의 비용이 들고, 가고 오는 데에 도로의 노역이 있으니, 이는 또한 곤궁한 백성이 피곤함을 겪지 않게 하는 것만 같지 못하다. 아, 누가 이 법을 만들었을까? 간사했는지 어리석었는지 반드시 이 중의 하나이었을 것이다."

【註釋】 ＊末治(말치) : 근본은 그냥 두고 끝만 다스림.
1) 加四(가사) : 10분의 4를 더 받아들임.
2) 아비지옥(阿鼻地獄) : 불교의 여덟 개 지옥의 하나.

【字義】 弊 : 폐단 폐　本 : 근본 본　亂 : 어지러울 란
末 : 끝 말

상사무천 上司貿遷하여 대개상판지문 大開商販之門하니 수신범법 守臣犯法은 부 不

족 언 야
足言也라.

【解釋】 상사(上司)서 무역하는 일은 장사하는 문을 크게 열어 놓는 것이니, 수령이 범법하는 것쯤은 거론할 일이 못 된다.

【解說】 감사의 녹봉은 본래 박하지도 않은데 장사치의 일을 해서 백성의 고혈을 짜냄으로써 국가의 동맥을 상하게 하니 다른 것이야 더 말할 것이 있겠는가? 해마다 돈 수만 관(貫)을 얻어 이자를 늘리는데, 곡식을 방출하는 고을에서는 값을 높여서 돈을 거두고 곡식을 수매하는 고을에서는 값을 깎아서 돈을 지급하면서 백성의 피해가 무궁함을 모르는 것이다.

수령이 시중 가격을 알릴 때는 감사의 비위를 맞추어 곡식을 방출해야 할 고을에서는 반드시 시중 가격에 비해서 높은 값으로 보고하고, 곡식을 수매해야 할 고을에서는 반드시 낮은 값으로 보고하는데, 한 고을 수령이 이미 감사의 비위를 맞추면 그렇게 하지 않은 다른 이웃 고을 수령들은 감사에게 책망을 받게 된다. 이래서 모두 뜻에 맞추어 고된 고을의 것으로 준칙을 삼으니, 백성들의 피해가 어찌 끝이 있겠는가? 내가 전에 암행어사가 되었을 때 보건대 인접해 있는 대여섯 고을에서 보고한 시중 가격이 각각 같지 않았는데, 결국에 가서는 모두 높은 가격을 따랐으니, 이에 그 실정을 짐작할 수 있다.

【註釋】 **＊貿遷**(무천) : 곡식을 무역함.

＊商販(상판) : 사고 팖. 매매.

【字義】 **貿** : 바꿀 무 **遷** : 옮길 천 **商** : 장사 상 **販** : 팔 판 **犯** : 범할 범

수 신 번 롱 절 기 영 연 지 리 서 리 작 간 부
守臣飜弄하여 竊其贏羨之利하니 胥吏作奸은 不
족 언 야
足言也라.

【解釋】 수령이 농간을 부려서 남은 이익을 도둑질하니 아전들이 농간부리는 것은 거론할 것이 못 된다.

【解說】 무오년에 정조(正祖)가 호남 선비들에게 책문(策問)할 때 환상의 폐단에 대해 다음과 같이 물었다.

"나라를 이롭게 한다는 것이 나라를 병들게 하고, 사람을 살린다는 것이 사람을 해친다. 연해(沿海) 고을에 있는 노적가리는 발도 없으면서 벽지 고을의 창고로 들어가고, 지난 해에 나누어 준 쭉정이는 찧지도 못할 것이었는데도 올해에 정미(精米)를 내라고 요구하며, 친족에게 추징하는 것도 금지되어 있는데 친족에게 추징할 뿐만 아니라 그 이웃에 가서 추징하고, 강제로 배당하는 것도 죄가 되는데 강제로 배당할 뿐만 아니라 혹은 추렴을 행하기도 한다. 한번 모곡(耗穀)의 산매(散賣)가 있으면 공(公)을 빙자하여 판매하는 자가 나오고, 한 번 진정(賑政)[1]의 시행이 있으면 협잡을 끼고 농간을 부리는 자가 많으며, 심지어 본자(本資)의 벼는 감영의 것인지 군읍의 것인지를 모르겠고 받아들이기를 정지하거나 기일을 늦추어 준 곡식은 허와 실이 서로 섞였으며, 민역(民役)과 읍용(邑用)에 있어서는 먼저 창고 장부에 손을 대고서 가을에 가서 배로 징수하고, 조미(漕米)[2]와 결전(結錢)에 있어서는 시중가격을 가탁하고서 겨울 내내 허위로 유치하며, 곡식의 명목이 바뀌어 관아에서 서로 기록할 경우에는 아전들이 농간을 몰래 부릴 수 있고, 창고 곡식의 축난 것이 탄로나 마을이 박탈을 당할 경우는 백성들의 형세는 날로 지탱하기가 어려워진다. 선미(船米)의 경우는 나누어 줌과 쌓아 둠이 분명하지 않고, 성의 군량은 운반함과 유치함이 일치하지 않으며, 나리포(羅里舖)의 잦은 이동에 축나는 일이 너무 번다하고, 제민창(濟民倉) 설치가 금방 폐지됨에 그 득실이 어떠한가? 감영의 곡식은 불어나고 삼사(三司)의 곡식[3]은 점차 줄어드니 진분(盡分)[4]의 폐단이 고질화되고, 관가의 수요는 축적되고 환미(還米)의 수요는 점차 늘어나 계속 거두어들이는 해독이 절박하다. 장차 무슨 대책으로 이를 보완할 것인가?"

【註釋】 ＊飜弄(번롱)：농간을 부림.
＊贏羨(영연)：남은 것. 나머지.
1) 賑政(진정)：백성을 구제하는 정사.
2) 漕米(조미)：곡식을 운반하는 값의 쌀.
3) 三司(삼사)의 곡식：중앙 정부에 바치는 곡식.
4) 盡分(진분)：창고의 곡식을 남김없이 다 방출함.

【字義】 飜：뒤집을 번　弄：희롱할 롱　竊：훔칠 절
贏：넉넉할 영　羨：남을 연　胥：아전 서

上流旣濁(상류기탁)이니 下流難淸(하류난청)이라. 胥吏作奸(서리작간)은 無法不具(무법불구)하여 神姦鬼猾(신간귀활)을 無以昭察(무이소찰)이라.

【解釋】 상류가 흐리니 하류가 맑기 어렵다. 아전들이 농간부리는 방법은 갖출 대로 갖추어져서 귀신 같은 간계를 살필 길이 없다.

【解說】 내가 다산(茶山)에 살면서 창고로 가는 길을 굽어본 지 10년이건만 일찍이 한 마을 백성도 곡식 섬을 지고 지나가는 것을 본 적이 없다. 한 톨의 곡식도 받아온 일이 없는데도 겨울에 가서는 집집마다 곡식 5~7석을 내다가 관가의 창고에 바치면서 이것을 이름하여 환상(還上)이라 하니, 어찌 부끄럽지 않은가? 대개 환(還)이란 것은 돌아온다는 뜻이며 갚는다는 뜻이니, 가져가지 않았으면 돌아올 것이 없고 베풀지 않았으면 갚을 것이 없는데, 어찌 환이라 하겠는가? 지금은 거저 바치는 일은 있어도 환상은 없는 것이다.

【註釋】 ＊神姦鬼猾(신간귀활)：귀신처럼 간사하고 교활함.
＊昭察(소찰)：분명하게 밝힘.

【字義】 濁：흐릴 탁　具：갖출 구　姦：간사할 간
猾：교활할 활　昭：밝을 소

폐지여차 弊至如此하니 비목지소능구야 非牧之所能救也라. 유기출납지 惟其出納之 수 數와 분류지실 分留之實을 목능인명 牧能認明 즉이횡미심의 則吏橫未甚矣니라.

【解釋】 폐단이 이 지경에 이르렀으니, 수령으로서 구제할 수 있는 일이 아니다. 오직 그 출납의 수량과 분류(分留)의 실제 숫자만이라도 수령 자신이 잘 파악하고 있으면 아전들의 횡포가 그리 심하지는 않을 것이다.

【解說】 곡식 장부의 규식은 천 갈래 만 갈래로 산란하고 복잡하니 비록 노련한 관리라 하더라도 쉽게 이해하기 어렵다. 모름지기 단속하는 간편한 법식을 마련해 놓아야만 그 대강을 거머쥐고 단속할 수 있을 것이다. 곡식 명칭이 비록 많다 하더라도 한 고을에 저장하는 것은 대여섯 가지에 불과하고, 아문(衙門)이 비록 많다 하더라도 관장하는 관청은 대여섯에 불과하다. 소모되는 것이 아무리 어지럽다 하더라도 구별이 분명하면 그 수량을 알 수 있고, 분류(分留)가 아무리 어지럽다 하더라도 표(表)를 상세히 만들면 그 실제 숫자를 파악할 수 있다. 전총(田總)에 비하면 오히려 명백한 것이니, 정신을 가다듬어 연구하면 저절로 분명해질 것이다. 자포자기하여 끝내 게으름피우고 살피지 않으면 마땅치 않다.

【註釋】 ＊分留(분류) : 창고에 나누어 남겨 둠.

＊認明(인명) : 분명하게 앎.

【字義】 救 : 구할 구　留 : 머물 류　認 : 알 인　橫 : 가로 횡

매사계마감환 每四季磨勘還이나 기회초성첩자 其回草成帖者는 상인사리 詳認事理하여 불가위지어이수 不可委之於吏手니라.

【解釋】 사계절마다 마감한 환곡에 대한 그 회초성첩(回草成帖)은

사리를 자세히 알아야 하므로 아전의 손에 맡겨서는 안 된다.

【解說】 영리(營吏)가 농간부리는 길은 더욱 광범하다. 매양 보면 보리 환곡을 방출하려고 창고를 여는 달이나 벼 환곡을 방출하려고 창고를 여는 달에는 여러 읍의 조무래기 아전들이 수백 냥을 싸가지고 감영으로 달려가서 아주 싼 값으로 환곡을 매수해 돌아온 다음, 외촌(外村)이 납부할 곡식을 붙잡아 촌가에 쌓아 놓고 곡가가 오를 때를 기다려서 팔되 혹은 4~5백 석까지 하기를 매년 상례로 한다. 이것은 곧 감사가 살펴야 할 바이니 수령의 죄는 아니다. 은결(隱結)이 해마다 불어나는 것도 영리가 이를 팔아먹기 때문이요, 곡부(穀簿)가 날로 문란해지는 것도 영리가 이를 팔아먹기 때문이다. 도정을 살피는 관찰사는 대강만 살피는 것으로써 벼슬에 처하는 요결(要訣)을 삼으니 아, 이 일을 또한 어찌할까!

김동검(金東儉)은 여러 번 호방비장(戶房裨將)을 지냈다. 곡부의 부정을 잘 알기 때문에 영리와 현리들이 감히 속이는 꾀를 쓰지 못했다. 아전들이 속담을 만들기를,

"차라리 큰 흉년을 만날지언정 김동검은 만나지 마라."

하였으니 감사가 된 자는 마땅히 이런 사람을 구하여 막중(幕中)에 두어야 한다.

【註釋】 *磨勘(마감) : 결산함. *回草成帖(회초성첩) : 보고서의 초안 책자.

【字義】 季 : 끝 계　帖 : 책 첩　委 : 맡길 위

凶年停退之澤은 宜均布萬民하여 不可使逋吏專受也니라.

(흉년정퇴지택 의균포만민 불가사포리 전수야)

【解釋】 흉년에 환자의 회수를 정지한 것이나 기일을 물린 혜택은 만백성에게 고루 펴야지, 포흠진 아전으로 하여금 단독으로 받게 해서는 안 된다.

【解說】 농사가 크게 흉년 들고 본현이 또 하등(下等)에 들었으면 그해 겨울에는 필연코 정퇴의 영이 있으리라는 것을 분명히 알 수 있으니, 수령은 마땅히 미리 곰곰히 생각하여 백성에게 혜택이 주어지도록 도모해야 한다.

송(宋)의 매지(梅摯)가 소주통판(蘇州通判)으로 있을 때의 일이다. 부임 초에 절동(浙東)·절서(浙西) 지방에 기근이 들자 관에서 종자와 식량을 대여하고 얼마 후에 상환하라는 독촉이 심하니 매지는 다음과 같이 상언하였다.

"백성을 진휼하는 것은 혜택을 주기 위함인데, 도리어 백성을 동요하여 불편하게 만듭니까?"

이 상언으로 인하여 그가 아뢴 말이 받아져서 여러 고을이 모두 기한을 늦추어서 상환할 수가 있었다.

【註釋】 *停退(정퇴): 곡식 받아들이는 것을 정지하거나 기일을 물림.

*均布(균포): 널리 고루 포고(布告)함.

【字義】 停: 멈출 정　澤: 은택 택　均: 고를 균
逋: 잡을 포　專: 오로지 전

> 若夫團束簡便之規(약부단속간편지규)는 惟有經緯表一法(유유경위표일법)하니 眉列掌示(미열장시)하여 瞭然可察(요연가찰)이니라.

【解釋】 단속하기 간편한 규식으로 말하면 오직 경위표(經緯表)의 한 방법이 있어 마치 손가락을 들여다보듯 훤하게 살필 수가 있다.

【解說】 관장함이 각기 다르고 분류(分留)[1]하는 법이 각기 다르고 새 모곡(耗穀)을 회록(會錄)[2]하는 법이 각기 다르니, 이것은 기록하지 아니할 수 없는 것이다. 여러 가지의 곡식이 여러 관아에 분속되는데, 필경 쌀이 모두 몇 석이 되고 조(粟)가 모두 몇 석이 되는 것을 파악할 문서가 없으니, 또한 소략하지 않은가? 이제

경위표를 작성하여 횡으로 보면 여러 가지 곡식의 총수를 알 수 있고, 종으로 보면 여러 아문 곡식의 분류(分留)를 정할 수 있다. 비록 그 칸에 출입이 만 번 변하고 증감이 자주 고쳐지더라도 이에 의거하여 양식을 만들되 그 칸을 조금씩 늘려나간다. 그래서 모두 경위표를 작성하여 비교해 보면 창고에서 곡식을 받아들이거나 내는 날 그 분류 실수를 훤하게 알 수 있으니, 이야말로 좋은 방법이다.

조선 선조 때 사람 유운룡(柳雲龍)이 인동현감(仁同縣監)으로 있을 때 정사를 함에 먼저 원칙을 세워 토전(土田)·민호(民戶)·세공(稅貢)·요역(徭役)으로부터 조적(糶糴)의 출납에 이르기까지를 모두 종이에 선을 그어 양식을 만들되 경선(經線)과 위선(緯線)을 꼼꼼히 점검, 추호도 빠진 것이 없게 하여 부담을 균일하게 하는 데 힘썼다. 이것을 반포 실행할 때, 처음에는 사람들이 더러 번거로움을 의심하였으나 몇 해 후에는 온 경내가 편리하다고 일컬었다. 관찰사가 그 방법을 다른 고을에도 시행하려고 하여 그로 하여금 그 일을 맡게 하여서 거의 성취를 보려고 했는데, 때마침 관찰사가 갈려가고 여러 고을의 수령 중에 불편하게 여기는 자가 많아서 그 일이 결국 중단되자 식자들은 한탄하였다.

【註釋】 **＊經緯表(경위표)**：숫자를 가로 세로로 배열해 보기 쉽게 만든 일람표.
＊眉列掌示(미열장시)：눈앞에 늘어놓고 손바닥에 놓고 보듯 분명함.
1) **分留(분류)**：나누어 남겨 둠.
2) **會錄(회록)**：중앙의 회계 장부에 기록하는 일.

【字義】 **簡**：간단할 **간** **經**：씨줄 **경** **緯**：날줄 **위**
眉：눈썹 **미** **掌**：손바닥 **장** **瞭**：분명할 **료**

頒糧之日(반량지일)에 其應分應留(기응분응류)를 査驗宜精(사험의정)하고 須作(수작) 經緯表(경위표)하여 瞭然可察(요연가찰)이니라.

【解釋】 양식을 나누어 주는 날에는 그 응당 나누어 주어야 할 액수와 응당 창고에 남겨 두어야 할 것을 마땅히 정밀하게 조사해야 할 것이니, 모름지기 경위표를 만들어서 밝게 살필 수 있도록 해야 한다.

【解說】 수령이 정말 명석하다면 그 나누어 줄 숫자와 남겨둘 실수를 감히 속이지 못할 것이다. 읍에는 월보(月報)가 있고 감영에는 회초(回草)[1]가 있으며, 분류성책(分留成冊)[2]에는 원래 공식적인 양식이 있으니, 속일 수 없는 것이다. 그러나 내가 양식을 나누어 주는 데는 마땅히 간편한 법을 써야 할 것이요, 그 여러 차례에 걸쳐 나누어 주고 감영에 보고하는 것을 기준으로 해서는 안 된다. 모름지기 분류표(分留表)를 작성하여 1년간의 총수를 조사하여야 막힘없이 행할 수 있는 것이다.

【註釋】 1) **回草(회초)** : 감사가 각 고을에 대해 회보하는 글.
2) **分留成冊(분류성책)** : 나누어 줄 곡식과 남겨둘 곡식의 숫자를 적은 책.

【字義】 **應** : 마땅히 응 **驗** : 조사할 험 **精** : 자세할 정 **察** : 살필 찰

범환상 선수이후 방능선반 기수미선
凡還上은 善收而後에 方能善頒이니 其收未善
자 우란일년 무구술야
者는 又亂一年하여 無救術也니라.

【解釋】 무릇 환상은 잘 거두어들인 후에라야 비로소 잘 나누어 줄 수 있는 것이다. 잘 거두어들이지 못한다면 또 1년을 어지럽히게 되니 구제할 방법이 없을 것이다.

【解說】 창고를 여는 날에는 외창(外倉)의 창감(倉監)과 창리(倉吏)들을 모두 고을 창고로 모이게 해서 표준을 보이되, 첫째 곡품(穀品), 둘째 곡량(穀量), 셋째 색락(色落), 넷째 가마니, 다섯째 영수증 등을 모두 이날 정한 것으로 준칙을 삼을 것이다.

무릇 곡품은 너무 정하게 할 필요는 없지만, 너무 거칠게 해서도 안 된다. 쭉정이나 잡물이 섞여 있을 경우에는 대강 바람에 날리면 될 뿐이다.

평미레질을 하다가 뜰에 떨어진 곡식은 그것을 가지고 온 백성에게 되돌려 주지 말고 즉석에서 되어 보게 하여 몇 되나 한 말이 되면, 창리로 하여금 그 백성의 이웃 가호 중에 환곡을 납부해야 할 자의 이름을 물어보게 해서 남은 곡식을 그의 명의로 받고서 영수증을 교부해 주는데, 이것을 영자〔零尺〕라 한다.

【字義】 還 : 갚을 환　頒 : 나눌 반　亂 : 어지러울 란
救 : 구할 구　術 : 방법 술

> 其無外倉者는 牧宜五日一出하여 親受之하고 如有外倉이어든 唯開倉之日에 親定厥式이니라.

【解釋】 외창(外倉)이 없는 경우에는 수령은 마땅히 5일마다 한 번씩 나아가서 몸소 받아들여야 하고, 외창이 있는 경우에는 창고를 여는 날에만 친히 그 거두어들이는 법을 정해야 한다.

【解說】 외창이 없을 경우에는 수령은 성중에서 장이 서는 날마다 한 번씩 창청(倉廳)으로 나아가서 5일마다 몸소 받아들일 것이다. 11월 10일 후가 되어 봉고(封庫) 날짜가 급하게 되면 3일에 한 번씩 나가서 그 수납을 독촉할 것이다.

외창이 있을 경우에는 내창이건 외창이건 모두 몸소 받아들이지 말고 오직 딴 길로 염탐꾼을 보내어 어느 창고에서는 곡품을 받을 때 너무 정한 것을 취하고 말질할 때 너무 넘치게 하며, 어느 창고에서는 간색미와 낙정미를 너무 많이 받고 영자〔零尺〕를 발급하지 않으며, 어느 날은 백성이 불평하다가 창감에게 매를 맞았고, 어느 날은 백성이 창노에게 뺨을 맞았다는 등을, 내 눈으로 직접 보듯이 그 광경을 소상히 적어 오게 해서 엄중하게 처벌을 하면 비록 몸소 받아들이지 않는다 하더라도 백성들의 칭송이 길에

가득할 것이다.

【字義】 倉 : 창고 창　　親 : 몸소 친　　開 : 열 개
厥 : 그 궐

범환상자 수불친수 필당친반 일승반
凡還上者는 雖不親受라도 必當親頒이요 一升半
약 불의사향승대반 순분지법 불필구
龠을 不宜使鄕丞代頒이요 巡分之法은 不必拘
야
也니라.

【解釋】 환상이란 받아들일 때에는 비록 수령이 몸소 받아들이지 않는다 하더라도 나누어 줄 때에는 반드시 몸소 나누고 주어야지 한 되 반 홉이라도 향승으로 하여금 대신 나누어 주게 하는 것은 좋지 않다. 순분(巡分)의 법에 구애할 필요는 없다.

【解說】 외창이 있을 경우에는 비록 몸소 받아들이려 해도 되지 않는다. 나의 살피는 바가 종말에 해당하는 나누어 주는 일에 있으면 아전이 농간을 부리지 못하지만, 살피는 바가 시초에 해당하는 받아들이는 일에만 그친다면 앞서 들인 공력이 아깝게 될 것이니, 나누어 주는 일은 몸소 하지 않을 수 없다. 비록 의창 5~6개가 사방에 흩어져 있다고 하더라도 나누어 주는 일은 몸소 하지 않을 수 없다.

10월 창고를 여는 날에는 미리 '반드시 몸소 나누어 준다'라는 뜻을 거듭 창리에게 타일러서 섬을 나누어 겨를 섞는 죄를 범하지 말게 해야 할 것이다.

또한 환상의 법은 백성의 식량을 이어주기 위한 것인가? 아니면 모곡(耗穀)을 취해 쓰기 위한 것인가? 백성들은 환상이 백성의 식량을 이어주는 것으로 여기지 않은 지 이미 오래니, 비록 그들을 위하여 절약해 쓰게 한다 하더라도 백성들은 그것을 기뻐하겠는가? 백성들이 아끼는 것은 바로 시간이다. 봄과 여름에 힘들여 농사를 지으니 잠깐의 시각이라도 주옥처럼 귀하게 여긴다. 그

런데 두 섬의 환곡을 여덟 번에 걸쳐 나누어 준다면 8일을 잃는 셈이 되는데 백성을 이롭게 하는 것이겠는가, 백성을 해롭게 하는 것이겠는가? 배고 고프면 떡이나 엿을 사먹게 마련이고 목이 마르면 술이나 참외를 사먹게 마련인데 백성의 주머니에는 본래 돈이 없으니 식량을 덜어 쓰게 될 것이다. 한 말씩 한 말씩 되어서 주게 되니 땅에 떨어진 곡식이 많을 것이요, 순차로 받게 되니 비용이 많이 날 것이다. 그러므로 여러 차례 나누어 주게 되면 이노(吏奴)들은 살찌고 술집은 덕을 보나 백성들은 더욱 손해를 보게 될 것이다. 그러니 백성들이 환곡을 받아서 함부로 먹어 식량이 떨어진 자가 있건 아껴 먹어 식량을 이은 자가 있건 그들이 하는 대로 맡겨 둘 뿐이다.

【註釋】 *還上(환상) : 봄에 관에서 곡식을 빌려주었다가 가을에 이자를 쳐서 받아들이는 곡식.

*一升半龠(일승반약) : 한 되나 반 홉.

*巡分(순분) : 몇 차례에 걸쳐 나누어 줌.

【字義】 受 : 받을 수　升 : 되 승　龠 : 홉 약
巡 : 순행돌 순

범욕일거이진반자 의이차의 선보상사
凡欲一擧而盡頒者는 宜以此意하여 先報上司니라.

【解釋】 대저 한꺼번에 다 나누어 주려고 할 때에는 마땅히 이런 뜻을 먼저 상사에 보고해야 한다.

【解說】 백성들을 편케 하기 위한 정사는 법례에 꼭 구애받을 필요가 없는데, 구애되는 논의가 많아 가가호호마다에 설명해 줄 수는 없는 것이다. 수령이 여러 차례 나누어 주는 법을 지키고 싶지 않거든 먼저 감영에 찾아가서 면대하여 이 일을 의논하되 의논이 서로 합치될 것 같으면 모름지기 곧 의견을 붙여 보고할 것이요, 만약 법례에 구애되어 허락해 주려고 하지 않을 것 같으면,

"이 일은 아래에서 편리한 대로 거행하고 보고서는 법대로 작

성해 올리겠습니다."

하면 감사도 이에 반드시 허락할 것이다.

송(宋) 나라 왕흠약(王欽若)이 박주판관(亳州判官)으로 있을 때 회정창(會亭倉)을 감독하였는데, 비가 오랫동안 계속 내리자 창고에서 쌀이 젖는다고 수납하지 않아, 먼 지방에서 벼를 싣고 온 백성들은 식량도 다 떨어지고 벼도 수납할 수가 없었다. 이때 왕흠약은 모조리 창고로 실어들이게 하고 나서 연차(年次)에 구애하지 말고 젖은 쌀부터 먼저 지출하여 썩지 않게 하자고 주청하였다. 주청문이 이르니 태종(太宗)이 크게 기뻐하고 조서를 내려 이를 허락하였다.

【字義】 **欲**: 하고자할 욕　　**擧**: 들 거　　**盡**: 다할 진
此: 이 차　　**報**: 알릴 보

> 收糧過半(수량과반)하여 忽有糶錢之令(흘유조전지령)이면 宜論理防報(의논리방보)하여 不可奉行(불가봉행)이니라.

【解釋】 환곡을 절반쯤 거둬들였을 때 갑자기 돈으로 받아들이라는 영이 내리거든 마땅히 논리적으로 따져서 이유를 들어 보고해야지 그대로 받들어 행해서는 안 된다.

【解說】 대저 환곡을 돈으로 받아들이는 일이 백성을 이롭게 하는 것인지 해롭게 하는 것인지는 막론하고 마땅히 만백성으로 하여금 그 이해를 나누어 받게 해야 한다. 만약 환곡을 절반쯤 거두었을 때 갑자기 돈으로 받으라는 영이 내리면 남은 가호 중에 빈궁한 자가 그 해를 단독으로 받게 될 것이다. 또 혹시 남은 가호의 곡식이 돈으로 만들 수량을 채우기에 부족하면 창고에 납입된 곡식을 다시 돌려주고 또 곡식을 팔아 받는 돈을 토색질할 것이다. 이렇게 되는 때에는 아전들이 그를 기화로 농간을 부리므로 백성들은 사실 이중으로 바치게 될 것인데, 어찌 창고에 납입한 곡식을 도로 수령할 수가 있겠는가?

상사가 진실로 돈으로 받고 싶었으면 어찌 일찍 유시하지 않을 수 있겠는가? 수령은 마땅히 논리적으로 따져서 보고하여 끝내 수령직을 그만두고 돌아가는 한이 있더라도 결코 받아들여서는 안 된다.

【註釋】 **＊過半(과반)**：절반이 넘음.
＊糶錢(조전)：곡식을 팔아서 돈으로 환산해 받음.
＊防報(방보)：상부의 명에 대해 이유를 밝히고 시행하지 않음.

【字義】 **糧**：양식 량 **過**：지날 과 **錢**：돈 전 **奉**：받들 봉

災年之代收他穀者(재년지대수타곡자)는 別修其簿(별수기부)하여 隨即還本(수즉환본)이요 不可久也(불가구야)니라.

【解釋】 흉년 든 해에 대신 다른 곡식을 거둘 경우는 따로 장부를 만들고 풍년이 듦에 따라 곧 본 곡식으로 환원해야 하며 오래 해서는 안 된다.

【解說】 여러 곡식을 서로 대신 거두는 법은 《대전》에 자세히 보이는데, 대신 거두는 것은 혼란의 근본인 것이어서 만부득이한 경우가 아닐 것 같으면 경솔하게 허락할 수 없다. 그 다음 해 봄에 곡식을 나누어 주려고 하거든 마땅히 그 실수를 조사하는 동시에 따로 하나의 장부를 만들어야 하고 곡식을 출고할 때에는 특별히 색대를 사용하여야 거의 사슴을 말〔馬〕로 속이는 일[1]을 면할 수 있을 것이다.

【註釋】 **＊災年(재년)**：재해가 든 해.
＊還本(환본)：본자를 갚음.
1) **사슴을…속이는 일**：거짓말로 속이는 일. 진(秦)나라 때 간신인 조고(趙高)가 조정 신하들이 자신을 따르는가 시험하기 위해서 말을 사슴이라고 하는데도 아무도 아니라고 한 자가 없었다 함.

【字義】 災 : 재앙 재　　穀 : 곡식 곡　　簿 : 장부 부
隨 : 따를 수　　還 : 갚을 환　　久 : 오래 구

기유산성지곡　위민고막자　견기타요
其有山城之穀은 爲民痼瘼者니 蠲其他徭하여
이균민역
以均民役이니라.

【解釋】 산성(山城)의 곡식이 있으면 백성의 병폐가 되니, 다른 요역(徭役)을 덜어 줌으로써 백성들의 부담을 고르게 해야 한다.

【解說】 산성이 있는 곳의 군량미는 모두 산성을 둘러 있는 여러 읍으로 하여금 백성들을 파견해서 곡식을 받아가게 하므로 먼 경우는 2백 리, 가까운 경우는 백여 리가 된다. 그러므로 백성들은 한 인부를 특별히 차출하여 그 곳에 가서 곡식을 받아 산성 밑의 가까운 마을에서 그것을 팔아 돈으로 만들고, 가을에 가서는 또 인부를 차출하여 돈을 가지고 산성 밑에 가서 곡식을 사서 수납하게 한다.

유정원(柳正源)이 자인현감(慈仁縣監)으로 있을 때 고을 백성들이 대구(大丘)의 남창(南倉)과 칠곡(漆谷) 산성창(山城倉)의 쌀을 받으니, 길이 멀어서 운반하기가 매우 괴로웠다. 그는 이 사정을 보고하여 고역을 면하게 하려고 하였으나, 순찰사가 오래된 관례는 변경하기 어려운 것이라고 하며 허락하지 않았다. 그러나 그는 자기의 거취를 걸고 굳세게 싸웠더니 순찰사가 결국은 장계를 올려서 그 고역을 제거하였다.

【註釋】 *痼瘼(고막) : 고질적인 폐단.

*民役(민역) : 백성들의 부역이나 세금.

【字義】 城 : 재 성　　痼 : 고질병 고　　瘼 : 폐단 막
蠲 : 덜어줄 견　　均 : 고를 균

기유일이사민　사걸창미　위지별환　불
其有一二士民이 私乞倉米를 謂之別還이니 不

가 허 야
可許也니라.

【解釋】 한두 양반이 사사로이 창고 쌀을 구걸하는 것을 별환(別還)이라 하는데 그 일은 허락해서는 안 된다.

【解說】 형세 있는 집으로 식량이 떨어진 자가 재해를 당했다고 핑계하기도 하고 혹은 역사(役事)를 일으킨다고 핑계하기도 하며, 사사로이 창고 곡식을 구걸하여 별도로 수십 석을 받고는 여러 해가 되어도 납입하지 않으며, 또 더 받아가곤 해서 결국은 포흠을 이루니 이를 이름하여 유포(儒逋)라 한다. 큰 흉년을 만나거나 혹은 나라에 큰 경사가 있어서 묵은 환곡을 탕감할 경우가 있으면 수령은 사정을 써서 이 양반집에서 진 포흠을 탕감해 주는데, 특히 기호 지방에 이런 폐단이 많다. 수령은 마땅히 창고 열쇠를 단단히 가지고서 만백성이 다함께 받게 되는 경우가 아니라면 창고 문을 열어서는 안 된다.

조선 정조 때 절도사(節度使) 이원(李源)은 제독(提督) 이여송(李如松)의 손자다. 그가 일찍이 군수가 되었는데, 창고 곡식 4백 석을 축내고서 여러 번 독촉을 받고도 수납하지 않는 어떤 척리(戚里)가 있었다. 이원이 고지서를 발부했더니, 그 집에서 그걸 가지고 간 병졸을 구타하여 거의 죽게 만들었다. 이원은 거짓 놀라는 기색을 하면서,

"호주(戶主)가 누구던가?"

하니 아전이,

"아무개올시다."

하였다. 이원은,

"내가 잘못했구나. 미리 그 집인 줄 알았더라면 어찌 감히 이렇게 했겠는가."

하고, 곧 예리(禮吏)와 향승(鄕丞)을 보내서 사죄하였더니, 그 집에서 크게 기뻐하였다. 그로부터 10여 일 후에 마침 날씨는 춥고 눈은 내리는데 이원은 장교들을 불러 사냥할 채비를 차리게 하였다. 자신은 소매가 좁은 군복을 입고 뒤따르는 군관들은 모두 군복

차림에 활과 칼을 차게 하고 주리(廚吏)에게는 주육(酒肉)을 마련해 가지고 뒤따르도록 하고는 그 양반이 사는 마을 앞에 이르러 말에서 내렸다. 막을 치고 숯불을 피우고 솥을 건 다음 짐짓 좌우에게,

"저 산 밑에 있는 기와집은 뉘 집인고?"

하고 물으니,

"아무개 집이올시다."

고 대답하였다. 이원은 즉시 수석 장교를 보내서 치사하기를,

"오늘 마침 이 사냥이 귀댁(貴宅)의 문 밖에서 있게 되었으니 예의상 마땅히 가서 뵈어야 하겠지만 마침 군복을 입어서 감히 정성을 다하지 못하는 바입니다. 삼가 바라건대 잠시 모시고 환담할 자리를 마련해 주시면 좋겠습니다."

하였더니 그 양반은 크게 기뻐하며 곧 나와서 서로 만났다. 몇 마디 말을 나누고 나서 이원은 칼을 빼들고 눈을 부릅뜨며 산이 진동하리만큼 큰 소리로 호통을 치고 좌우를 지휘하기를,

"이놈을 묶어라. 내가 오늘 사냥 나온 것은 이 짐승을 잡기 위해서였다."

하고 드디어 그를 결박하여 말 등에 싣고는 군졸더러 군악을 쳐서 승전곡을 연주하게 하였다. 그리고 자신은 큰 말을 타고 취중에 죄인을 끌고 부중에 들어서니 부중에서 크게 놀랐다. 큰 칼을 씌워 가두었더니 5~6일만에 포흠진 곡식이 다 수납되었다. 그제서야 그를 석방하여 의관을 주고서 마루 위로 오르게 한 뒤, 술을 권하면서 사과하기를,

"공사에는 사정이 없으니 용서하기 바라오."

하였다. 이 일이 있은 후로는 그 양반집이 두려워하며 감히 영을 어기지 못하였다.

【註釋】 ＊士民(사민)：선비인 백성. 양반. ＊別還(별환)：특별히 하는 환상(還上).

【字義】 士：선비 사　私：개인 사　許：허락할 허

세시반량 유연황곡귀 내가위야
歲時頒糧은 **惟年荒穀貴**라야 **乃可爲也**니라.

【解釋】 명절에 곡식을 나누어 주는 것은 오직 흉년이 들어서 곡식이 귀할 때에만 할 수 있는 일이다.

【解說】 섣달 그믐 전에 곡식을 나누어 주는 것을 세궤(歲饋)라 하고, 정월 보름 전에 곡식을 나누어 주는 것을 망궤(望饋)라 하는데, 모두 번거로워 백성들을 수고롭게 하는 것이니, 올바른 정체(政體)가 아니다. 오직 곡식이 귀한 해에만 세궤를 지급하는 것이 마땅하다.

【字義】 **歲**：해 세　　**惟**：오직 유　　**荒**：흉년 황
貴：귀할 귀

기혹민호부다 이곡부태일자 청이감지 곡부태소 이접제무책자 청이증지
其或民戶不多 而穀簿太溢者는 **請而減之**요 **穀簿太少 而接濟無策者**는 **請而增之**니라.

【解釋】 혹시 백성들의 호구는 많지 않은데 곡식 장부에 적힌 수량이 너무 많을 경우는 상부에 청해서 감하고, 곡식 장부에 적힌 수량이 너무 적어서 구제할 방책이 없을 경우에는 상부에 청해서 늘려야 한다.

【解說】 수십 년 전에 황주(黃州)에는 환곡이 많아서 1호당 30~40석을 받기까지 하였으니, 이것은 대개 대로(大路)의 요충지로서 병영(兵營)이 있는 곳이므로 조정에서 군량미를 많이 두었기 때문에 이렇게 된 것이었다.

이런 까닭에 전야는 황무지가 되고 민호가 줄어들어서 환곡 분배가 더욱 많아졌다. 그러나 병사(兵使)와 목사(牧使)는 거기에서 떨어진 이득을 노리기 때문에 다른 곳으로 옮겨 보낼 것을 요구하지 않으니, 아, 국경을 지키려는 계책이 백성을 보호하자는 데 있는가, 아니면 곡식을 저장하는 데 있는가? 이같은 것은 속히

보고해서 그 곡식 장부를 감하여 다른 고장으로 옮겨 보내야 한다.

【註釋】 ＊太溢(태일)：너무 많아서 넘침.
＊接濟(접제)：구제함.

【字義】 溢：넘칠 일　減：줄일 감　接：접할 접
濟：구제할 제　增：더할 증

外倉儲穀(외창저곡)은 宜計民户(의계민호)하여 使與邑倉(사여읍창)으로 其率相等(기율상등)하여 不可委之下吏(불가위지하리)하여 任其流轉(임기유전)이니라.

【解釋】 외창(外倉)에 곡식을 저장하는 것은 마땅히 백성들의 호구를 계산하여 고을 창고와 그 비율이 맞게 해야 하며, 하급 관리에게 위임하여 마음대로 이리저리 옮기게 해서는 안 된다.

【解說】 가호의 총수를 통계하고 곡식의 총수를 통산하여 곡식을 가호에 배정해 보면 매호당 받아야 할 것이 몇 섬인가를 알게 된다. 이렇게 해서 이것으로 비율을 삼아 여러 창고에 고루 분배할 것이다.

가령 예를 들어 가호의 총수가 3천 호인데 나누어 줄 곡식의 총수가 9천 석이면 매호당 받아야 할 수량은 3석인 것이다. 한 고을이 동창(東倉)에 속하는데, 그 민호가 3백 호라면 동창에는 마땅히 나누어 주어야 할 곡식 9백 석을 비치해야 하며, 이보다 적어도 안 되고 이보다 많아도 안 된다.

【註釋】 ＊儲穀(저곡)：저장된 곡식.
＊其率相等(기율상등)：비율에 맞도록 함.
＊流轉(유전)：이리저리 옮기게 함.

【字義】 儲：저장할 저　率：비율 률　委：맡길 위
流：흐를 류　轉：굴릴 전

吏逋不可不發(이포불가불발)이나 徵逋不可太酷(징포불가태혹)이요 執法宜嚴(집법의엄)

준　　여수의애긍
峻이나 慮囚宜哀矜이니라.

【解釋】 아전들의 포흠은 적발하지 않으면 안 되나 포흠을 징수하는 일은 너무 가혹하게 해서는 안 되며, 법을 집행하는 데는 엄준해야 마땅하나 죄수를 염려하며 불쌍히 여겨야 한다.

【解說】 포흠을 징수하는 방법은 먼저 범인의 재산을 조사하여 그의 전답·가옥·가축·의복·가구 등을 모두 몰수한 다음에 기타의 일을 의논할 것이다.

가을과 겨울에 발각되었을 경우에는 곡식으로 받고, 봄과 여름에 발각되었을 경우에는 돈으로 받을 것이다.

돈으로 받았을 경우에는 범인의 친척들을 조사해 내어 그들에게 가을 곡가로 쳐서 고루 나누어 주고 가을에 가서 곡식으로 납부하게 할 것이다.

생각하건대, 포흠을 징수하는 방법은 먼저 동료 아전에게 책임지우고 나서 그의 친족에게 징수하는 것이다. 그리고 또 읍내에 사는 족속에게는 돈을 징수하고 마을에 사는 족속에게는 돈을 나누어 준 것이니, 마치 촌 백성을 치우치게 후대한 것도 같지만, 아전을 미워하고 백성에게 사정을 쓴 것은 아니다. 공리(公理)에 있어서 반드시 그렇게 해야 할 이유 두 가지가 있으니 하나는 바로 한통속의 죄라는 것이요, 다른 하나는 바로 재물을 복구하는 것이다.

수령은 백성의 부모가 되었으니 아전과 백성을 모두 자기 자식처럼 보는 것이 당연하다. 그러나 내게 두 아들이 있어 하나는 재간이 있어서 능히 세 번이라도 천금을 모을 수 있고 하나는 본래 잔약해서 한 번 실패하면 다시 일어설 수 없다고 가정할 때, 책임지워 거둘 일이 있으면 저 재간 있는 아들에게 먼저 거두겠는가, 잔약한 아들에게 먼저 거두겠는가? 이것은 어디까지나 동일하게 보는 것이지 사정을 두는 것이 아니다.

근래에는 아전의 포흠을 모두 반값의 돈으로 백성들에게 강제 배당시키고 그들로 하여금 가을에 가서 곡식을 납부하도록 하고 있는데, 크게 이치에 어긋나는 일이다. 차라리 이 돈을 마을에 살고 있는 먼 일가들에게 나누어 주어서 그들로 하여금 곡식으로 대납하게 한다면 오히려 명분은 있을 것이다. 그러나 마을에 살고 있는 자도 범인의 가까운 친척이 아닐 것 같으면 아무리 부자라 하더라도 까닭없이 징수해서는 안 된다.

포흠을 징수하는 방법에는 두 가지 피해야 할 것이 있다. 하나는 마을에 사는 먼 일가를 무고로 끌어들이는 일을 피해야 할 것이다. 친족이 아닌 사람을 무고로 끌어들이는 자는 마땅히 본래의 죄 이외에 먼저 이 죄를 다스려야 한다.

【註釋】 ＊**吏逋**(이포) : 아전들이 축낸 재물.

＊**哀矜**(애긍) : 슬프고 불쌍히 여김.

【字義】 **逋** : 축낼 포 **徵** : 거둘 징 **酷** : 가혹할 혹
峻 : 엄할 준 **慮** : 생각 려 **哀** : 슬플 애
矜 : 불쌍할 긍

혹연관재 이상포곡 혹의상사 이탕
或捐官財하여 以償逋穀하거나 或議上司하여 以蕩
포부 내전인지덕정 각박수입 비인인
逋簿는 乃前人之德政이니 刻迫收入은 非仁人
지소락야
之所樂也니라.

【解釋】 관청의 재물을 덜어서 포흠진 곡식을 상환하거나 상사와 의논하여 포흠 장부를 탕감하는 것은 바로 옛날 사람들이 하던 덕정(德政)이니, 각박하게 거둬들이는 일은 어진 사람으로서 즐겨 할 바가 아니다.

【解說】 윤형래(尹亨來)가 회인현감(懷仁縣監)으로 있을 때 가난해서 환곡과 신포(身布)를 마련할 능력이 없는 자가 있으면 모두 편법을 써서 보충해 주거나 감해 주고, 부모가 연로한데 가난해서 제대로 봉양하지 못하는 자가 있으면 모두 도와 주었다. 그러자 온 고을 사람들이 서로 말하기를,

"이런 사또가 계시는데 어찌 차마 포흠을 질 수가 있겠느냐."
하고, 혹시나 뒤질세라 염려하며 앞을 다투어 포흠진 곡식을 상환하였다. 그래서 관아 뜰에는 매 한 대 때리는 일이 없고 옥중에는 죄인 한 명 가두는 일이 없었는데도 곡식은 전례 없이 많이 걷혔다.

이적(李積)이 신계현령(新溪縣令)으로 있을 때 일이다. 그 읍에 군량(軍糧)이 있어 쌓인 포흠이 무척 많았는데, 포흠진 가호마저 없어져서 책임지울 데조차 없었다. 전임자가 모두 이것을 숨겼으니 실은 구차하게 죄책을 모면하기 위한 것이었다. 그런 때문에 조정에서 비록 포흠을 탕감하라는 영이 내리더라도 백성들은 그 혜택을 입지 못하였는데, 이적이 부임하여 관향사(管餉使)에게 보고해서 임금께 아뢰어 탕감하게 할 것을 청원했으나 중간에서 막히고 관철되지 못했으며, 기유년 봄에는 결국 이 일로 죄를 얻어 관직을 삭탈당했다. 민유중(閔維重)이 뒤를 이어 관향사가 되어서 이적이 전일에 올린 보고서를 보고는 그날 즉시 아뢰어 탕감된 것이 천여 석이나 되었으니, 신계 백성들은 지금도 그의 덕을 칭송한다.

【字義】 **捐**: 덜 연 **償**: 갚을 상 **蕩**: 없앨 탕
刻: 새길 각

제4조 호적〔戶籍〕

호적자 제부지원 중요지본 호적균이 후부역균
戶籍者는 諸賦之源이며 衆徭之本이니 戶籍均而 後賦役均이라.

【解釋】 호적이란 모든 부(賦)와 요(徭)의 근본이니, 호적이 균평한 뒤에야 부세와 요역이 균평하게 될 것이다.

【解說】 호적이 정확해야 백성들의 부담이 제대로 산출될 수 있으니 그만큼 호적은 중요한 것이다.

호적에는 핵법(覈法)과 관법(寬法)이 있는데, 핵법이란 한 호도 누락됨이 없게 하여 호구의 실제 숫자를 정확히 파악하는 것이고, 관법이란 핵법처럼 일일이 파악하지 않고서도 마을 자체에서 스스로 장부를 만들어 요역과 부세를 할당하게 하고 관에서는 그 대강을 들어 총수를 파악한 뒤 균평하게 되도록 힘써서 너그러운 법을 펴는 것이다.

오늘날의 수령된 자는 이 관법을 따라야 할 것이다.

【字義】 戶 : 호구 호　　籍 : 문서 적　　賦 : 세금 부
源 : 근원 원　　徭 : 부역 요　　均 : 고를 균

> 戶籍貿亂(호적무란)하여 罔有綱紀(망유강기)이니 非大力量(비대역량)이면 無以均平(무이균평)이라.

【解釋】 호적이 문란하여 전혀 기강이 없으니 큰 역량을 갖추지 않고서는 균평하게 할 수가 없다.

【解說】 수십 년 이래 수령된 자가 전혀 수령의 소임을 보살피지 아니하여 아전의 횡포와 농간이 이루 말할 수 없었는데, 호적은 그 중에서도 더욱 심하다. 더욱이 수령이 적리(籍吏)를 차출할 당초에 이미 뇌물을 받아먹으니 공무를 집행하는 날에 적리의 농간을 어찌 막을 수 있겠는가. 그래서 적리의 탐학을 그대로 놓아 두고 조금도 힐책하지 않으니, 호적의 문란이 심각한 지경에 이르게 된 것이다.

【註釋】 ＊貿亂(무란) : 문란.　|　＊綱紀(강기) : 기강.

【字義】 貿 : 어두울 무　　亂 : 어지러울 란　　罔 : 없을 망
平 : 공평할 평

> 將整戶籍(장정호적)이면 先察家坐(선찰가좌)하여 周知虛實(주지허실)하고 乃行(내행)

> 증감 가좌지부 불가홀야
> 增減이니 家坐之簿를 不可忽也니라.

【解釋】 장차 호적을 정리하려거든 먼저 집의 위치를 살펴서 허와 실을 두루 파악하여야 호수(戶數)를 증감할 수 있으니 집 위치의 장부는 소홀히 다룰 것이 아니다.

【解說】 가좌책(家坐冊)이란 토지와 자산을 기재하는 장부로서, 미세한 것도 빠뜨리지 않고 기록해야 한다.

수령은 아전에게 백성들의 실태를 실제와 한 치도 틀림이 없게 조사해 오도록 단단히 이르되, 여러 면의 장부가 다 들어오거든 그 장부를 요약해서 경위표를 작성해야 한다.

이 경위표가 이루어지면 각 호의 빈부며 동리의 허실과 씨족의 강약이 마치 손바닥을 들여다보듯 명료하게 되니, 수령이 항상 이것을 책상 위에 놓고 살펴본다면 요역과 부세를 공평하게 하고 옥사와 송사를 바르게 할 수 있을 것이다.

【註釋】 ***家坐**(가좌) : 집이 자리 잡고 있는 위치. 집자리. ***虛實**(허실) : 거짓과 참.

【字義】 **整** : 정돈할 정 **察** : 살필 찰 **坐** : 자리 좌 **增** : 늘일 증 **減** : 덜 감

> 호적기지 내거차부 증감추이 사제리
> 戶籍期至면 乃據此簿하여 增減推移하여 使諸里
> 호액 대균지실 무유허위
> 戶額으로 大均至實하여 無有虛僞니라.

【解釋】 호적을 작성할 시기가 이르렀거든 이 가좌부(家坐簿)에 의거해 증감하고 추이(推移)하여 모든 면, 모든 마을의 호수(戶數)의 정해진 숫자로 하여금 아주 공평하여 허위가 없도록 해야 할 것이다.

【解說】 수령은 지난 식년(式年)의 여러 이(里)의 호총수(戶總數)를

가지고 별도의 책자를 만들어 참고 열람하기에 편리하도록 하고, 이에 이전에 만들어 둔 가좌부와 비교해 보면 빠진 것, 허위인 것, 농간질한 것, 억울한 것 등을 환히 알 수 있을 것이다.

【字義】 **期**:기일 **기**　**據**:의거할 **거**　**推**:밀 **추**, 밀 **퇴**
移:옮길 **이**　**額**:정원 **액**　**僞**:거짓 **위**

> 新簿旣成(신부기성)이면 直以官令(직이관령)으로 頒總于諸里(반총우제리)하여 嚴肅立禁令(엄숙입금령)하여 無敢煩訴(무감번소)하니라.

【解釋】 새 호적이 작성되었으면 곧 관청의 명령으로 호구의 총수를 여러 고을에 반포하고, 엄숙히 금령을 세워서 번거로운 이의가 생기지 않도록 해야 할 것이다.

【解說】 다음과 같이 명령할 것이다.

"현령(縣令)은 알리노라. 본현의 호적이 오랫동안 문란해 왔다. 그에 따라 아전들이 농간을 부려서 백성들의 부담이 고르지 못하였다. 부유한 마을은 해마다 몇 호씩 줄어들고 쇠잔한 마을은 해마다 몇 호씩 늘어난다.

이것을 몰아서 부역이 없는 마을에 집어넣으니 허위의 호수는 쌓이고 실역의 호수는 줄어들어 백성의 실정을 생각하건대 지극히 온당치 못하다. 이제 온 고을의 호구수를 가지고 보완 조절하여 매 4, 5, 6가(家)를 합쳐서 1호를 만드니 본 이(里)는 응당 20호를 세우고, 아울러 그 남녀의 인구수를 뒤에다 적어서 보이노라. 바라건대, 본 이의 부로(父老)와 사인(士人)이 한자리에 모여서, 풍헌·약정 등은 참가시키지 말고 20호를 의논해 세워서 7월 15일 내로 단자(單子)를 거두어 바로 관가에 바치면 이내 도장을 누르고 증명서를 만들어 줄 것이고, 다시 초단(草單)이니 정단(正單)이니 따지지는 않을 터이니 그렇게 알라. 이전 호총에 비하여 비록 5호가 늘어났다고 하더라도 크게 균평히 하려는 정사를 원망해서는 안 된다. 만약 한 백성이라도 번거로이 와서 이의를 제기하는 자가 있으면 즉시 그 자를 징계해 다스려서 감히 망동하지 못하게 할 것이다. 또 혹시 사사로이 아전과 짜고 뇌물을 바쳐서 모면하려는 자는 일도 이루어지지 않으려니와 법률이 또한 지엄하니, 아울러 모름지기 경계해야 할 것이다."

【字義】 新 : 새 신　直 : 곧을 직　總 : 모두 총
煩 : 번거로울 번　訴 : 호소할 소

> 若烟戶衰敗(약연호쇠패)하여 無以充額者(무이충액자)는 論報上司(논보상사)하여 大饑之餘(대기지여)가 十室九室(십실구실)하여 空無以充額者(공무이충액자)라도 論報上司(논보상사)하여 請減其額(청감기액)이라.

【解釋】 만약 민가가 쇠잔하여 호액(戶額)을 채울 수 없는 경우에는 상사에게 보고하고, 큰 흉년이 들어 열 집 가운데 아홉 집이 빌 지경이 되어 호액을 채울 수가 없는 경우에도 상사에게 보고하여 그 호액을 줄여 주도록 청할 것이다.

【解說】 이러한 경우에 수령은 세밀하게 조사하여 그 이치를 따져서 감영에 보고하여 호총을 줄여 받기를 바랄 것이며, 두 번 세 번 거듭 보고하되 자신의 거취(去就)를 걸고 해야 할 것이다.

【註釋】 *烟戶(연호) : 호구(戶口).
*論報(논보) : 보고.
*十室九室(십실구실) : 열 집 가운데 아홉 집이 비어 있음.

【字義】 烟 : 연기 연　衰 : 쇠할 쇠　充 : 채울 충
饑 : 굶주릴 기

> 若夫人口之米(약부인구지미)와 正書之租(정서지조)는 循其舊例(순기구례)하여 聽(청)

민수납 기여침학 병의엄금
民輸納하고 其餘侵虐은 並宜嚴禁이니라.

【解釋】 인구미(人口米)나 정서조(正書租)와 같은 것은 구례(舊例)에 따라 그대로 백성들이 바치는 것은 허용해도 되지만, 그 밖의 침탈은 모두 엄금해야 한다.

【解說】 호적이 작성되고 나면 호적청에서는 별도로 좋은 종이를 사용하여 한 통을 깨끗이 써서 이것으로 도장을 찍어야 하니 이를 정단(正單)이라 이른다.

읍내의 불량배들이 자칭 감고(監考)라 하고 마을마다 흩어져 다니면서 또 돈 1냥~2냥씩을 토색질하되 뜻에 차지 않을 것 같으면 아비나 할아비를 들추며 욕설이 입에서 그치지 않으며, 술을 거르고 생선을 굶여 주어도 끄떡하지 않다가 무한한 욕심이 차고 나서야 또 다른 데로 찾아가니 이는 천하에 없는 해독인 것이다.

수령이 직접 호적 단자를 받아들이고 수령이 직접 호적 단자를 내어준다면 이 두 가지 해독은 금하지 않아도 저절로 없어질 것이다.

적리(籍吏)가 뜰에서 호소하기를 마감에 따르는 비용이 부족하다고 할 것 같으면 마땅히 향승(鄕丞)으로 하여금 사사로이 모든 면(面)에 글을 보내어 매 호마다 돈 몇 냥씩을 거두어서 모두 향청(鄕聽)에 바치게 하여 적리에게 내주도록 해야 할 것이다.

호적대장을 등서하는 일은 수령의 곤궁한 친구나 가난한 친족을 구차하게 베끼는 사람으로 충당시켜서 그 정서조를 먹도록 해서는 안 된다. 빈객에게 주어서 등사하게 하고 그 정서조를 먹게 하였다.

등서가 아미 끝났을 때에 유의는 이를 알고서 그 정서조를 본 고을의 가난한 선비로서 환상(還上)을 갚을 수 없는 자에게 내어주고 별도로 다른 곡식을 그 빈객에게 준다.

증년자 감년자 모칭유학자 위대관작자
增年者와 減年者와 冒稱幼學者와 僞戴官爵者와

가칭환부자 사위과적자 병행사금
假稱鰥夫者와 詐爲科籍者는 並行査禁이니라.

【解釋】 나이를 올린 자, 나이를 줄인 자, 유학(幼學)을 허위로 사칭한 자, 관작(官爵)을 거짓 기재한 자, 거짓으로 홀아비라고 일컫는 자, 거짓으로 과적(科籍)에 이름을 올린 자는 모두 조사하여 금할 것이다.

【解說】 노직(老職)[1]을 도모하는 자는 나이를 올리고 개첨(改簽)[2]을 걱정하는 자는 나이를 줄인다.

과거에 향거(鄕擧)[3]의 법이 없기 때문에 외람되고 잡스러운 자들이 모두 과장(科場)에 들어간다. 이로 말미암아 유학을 사칭하는데, 비록 공천(公賤)·사천(私賤)일지라도 모두 사칭하게 된다.

장차 온 나라의 백성으로 하여금 모두 유학이 되게 할 것이니 명분을 훼손함이 이보다 심할 수가 없다. 관자(管子)가 말하기를,

"귀한 사람이 많으면 그 나라가 가난하게 된다."

고 하였는데 우리 나라를 두고 이른 말이다.

군첨(軍簽)은 괴로운 일이므로 온 나라 사람들이 본성을 잃어 아비를 바꾸고 할아비를 변경하며 관작을 사칭하고 충효(忠孝)를 가칭하여 면역(免役)을 도모한다.

이래서 수십 년 후에는 드디어 묵은 호적이 되는데, 거짓 호적을 꾸민 자는 그 자식에게 거짓 모칭했다는 것을 알려주지 아니하니, 그 자손들은 드디어 거짓 모칭한 것을 진짜 관작을 받은 것으로 여기어, 관가에서 혹 그것을 들추어내면 슬피 부르짖어 억울함을 말하니 역시 그들의 의혹을 풀어 주기가 어려울 것이다.

인구가 많으면 곡식을 바치는 수량도 많기 때문에 호적에 홀아비라고 일컫는 자가 많으니, 백성들의 애통은 이것이 바로 심한 것이다.

【註釋】 ***冒稱**(모칭) : 거짓으로 일컬음.

***幼學**(유학) : 선비로서 아직 벼슬하지 못한 자.

***鰥夫**(환부) : 홀아비.

1) **老職**(노직) : 나이가 많은 사람에게 내리는 벼슬.

2) **改簽**(개첨) : 아버지가 지던 군

역(軍役)을 자식이 이어받아 군적에 듦.

3) 鄕擧(향거) : 고을에서 중앙에 인재를 추천함.

【字義】 增 : 늘릴 증 冒 : 무릅쓸 모 戴 : 머리에 일 대 鰥 : 홀아비 환

凡戶籍事目之自巡營例關者는 不可布告民間이니라.

【解釋】 무릇 호적을 작성하는 사목에 관한 것으로 순영(巡營)에서 관례적으로 내려오는 관문(關文)은 민간에 포고해서는 안 된다.

【解說】 시행되지 않는 법을 민간에 포고한다면 한갓 백성들로 하여금 조정의 명령을 불신케 하고 국법을 두려워하지 않게 하는 결과만 가져올 뿐이니, 접어두고 백성에게 알리지 않는 것이 옳다.

【註釋】 *事目(사목) : 일의 시행 조목.

*巡營(순영) : 감영(監營).

【字義】 目 : 눈 목 巡 : 돌 순 布 : 펼 포 間 : 사이 간

戶籍者는 國之大政이니 至嚴至精이라도 乃正民賦이니 今茲所論은 以順俗也니라.

【解釋】 호적이란 나라의 큰 정사인 것이니, 지극히 엄정하게 하고 지극히 정밀하게 하여야만 백성들의 부세(賦稅)를 바로잡을 수 있을 것이나 지금 여기서 논하는 바는 시속을 따른 것이다.

【解說】 만약 국법이 완전히 구비되어 있다면 호적은 마땅히 자세히 조사해서 한 채의 집, 한 명의 사람도 빠뜨려서는 아니 될 것이다. 《주례(周禮)》 사민편(司民篇)의 글 및 역대의 법제(法制)는 아울러 호적고(戶籍考)에서 상세하게 밝혔으니, 여기서는 논하지

않겠다.

섭춘(葉春)이 혜안령(惠安令)으로 있을 때 《정서(政書)》를 짓고, 늙은이를 예우하고, 정남(丁男)을 거느리고 방어하는 일을 맡도록 하였다. 그는 고을을 맡은 자는 온 고을의 민정과 물정을 두루 알아야만 그 직명(職名)에 맞는 일이라 여겼다. 그러므로 남정은 관인(官人)·사인(私人)·늙은이·젊은이의 구별 없이 모두 호적에 올렸으니, 그것은 대개 일이 없을 때 교화(敎化)를 행할 수 있고 유사시에는 군사 조직을 대비하기 위한 것이었다. 백성들이 처음에는 의심하다가 뒤에는 두려워하고 끝내는 믿게 되었다. 세가에서 혹 조그만 허물을 범해도 반드시 법으로 다스리니 이 때문에 명령은 시행되고 금법은 지켜졌다.

五家作統하고 十家作牌는 因其舊法하고 申以新約則奸宄無所容矣니라.

(오가작통 십가작패 인기구법 신이신 약즉간궤무소용의)

【解釋】 다섯 집으로 통(統)을 조직하고, 열 집으로 패(牌)를 조직하는 것은 옛법을 따르고 여기에다 새로운 규약을 보태서 시행한다면 농간과 도적질은 용납할 곳이 없어질 것이다.

【解說】 명나라 때 왕양명(王陽明)이 처음 실시한 십가패식(十家牌式)이란, 10가(家)를 1패(牌)로 편성하고 각 호(戶)의 본관·성명·나이·용모·직업 등을 적고 집집마다 다니면서 문패를 조사하여 만약 낯선 사람이 있으면 관에 보고하게 하며, 은닉할 경우 열 집이 공동으로 처벌받게 하는 방식이다.

무릇 십가패식의 법은 매우 간략하지만 그 효과는 아주 광범위한 것이니, 착실히 시행한다면 도적이 없어지고 송사가 줄어들 뿐 아니라 부역을 균평하게 할 수 있고 외적을 막을 수 있을 것이다. 이것이 민정과 토속에 혹 불만이 있을 경우에는 이 법식을 좇아 다소 수정하여 시행할 수 있다.

【字義】 **舊**: 예 구　　**申**: 펼 신　　**奸**: 간사할 간

宄 : 도적 궤

제5조 부역을 고르게 함〔平賦〕

부 역 균 자 　 칠 사 지 요 무 야 　 범 불 균 지 부 　 불
賦役均者는 七事之要務也니 凡不均之賦는 不
가 징 　 치 수 불 균 　 비 정 야
可徵이니 錙銖不均이면 非政也라.

【解釋】 부역을 공평히 하는 것은 수령이 해야 할 일곱가지 일 중에서 주요한 일이다. 무릇 공평하지 못한 부(賦)는 징수해서는 안 되니, 조금이라도 공평치 않으면 옳은 정치가 아니다.

【解說】 부역의 행정은 공평한 것을 취할 뿐이다. 또 부역은 가볍게 부과하는 것이 좋으니, 공용(公用)의 허실을 살핀다면 그 거두어들이는 것이 적게 될 것이다. 호적에 누락된 백성들의 수를 조사해낸다면 거두어들이는 것이 고르게 될 것이다.

【註釋】 ***七事**(칠사) : 수령이 행해야 할 일곱 가지 일. 즉, 농상(農桑)을 성하게 하고, 호수(戶口)를 늘리며, 학교를 일으키고, 군정(軍政)을 닦고, 부역을 고르게 시키며, 사송(詞訟)을 간결하게 하며, 간활(姦猾)한 일을 그치게 하는 일.
***錙銖**(치수) : 아주 적은 무게의 단위.

【字義】 **要** : 중요할 요　　**務** : 힘쓸 무　　**徵** : 거둘 징
錙 : 저울 단위 치　　**銖** : 저울 단위 수

전 부 지 외 　 기 최 대 자 　 민 고 야 　 혹 이 전 부
田賦之外에 其最大者는 民庫也이니 或以田賦나
혹 이 호 부 　 비 용 일 광 　 민 불 요 생
或以戶賦로 費用日廣이면 民不聊生이라.

【解釋】 전부(田賦) 외에 가장 큰 부담은 민고(民庫)이다. 혹은 토지에 부과하기도 하고, 혹은 가호(家戶)에 부과하기도 하여 비용이

날로 늘어나므로 백성들이 살 수가 없다.

【解說】 민고의 폐단은 그 원인이 두 가지가 있는데, 하나는 감사가 함부로 위엄을 부리는 일이요, 다른 하나는 수령이 탐욕을 마음대로 부리는 일이다.

이 두 가지 원인이 없으면 본래 민고가 없을 것이며, 아전들의 농간도 용납될 곳이 없을 것이다.

수령의 월급을 풍부하게 정한 까닭은 수령이 관부(官府)를 열고 있으면 자연 요구하는 자가 있을 것이니, 먹고 남음이 있는 것으로 그런 요구에 응할 수 있게 한 것이다.

사람들이 슬기롭지 못하여 월급과 일봉(日俸)을 사물(私物)로 인식하고 공적 비용으로 여기지 않으면서 공적 비용은 백성들에게 거두어 들이니 한탄스럽지 않은가.

이렇듯 근원이 이미 흐리니 하류는 맑기 어렵다. 이속들의 탐욕은 수령보다 열 배나 더하므로, 민고의 부담률은 해마다 증가되고 달마다 늘어간다. 만일 이와 같이 그치지 않는다면 백성들은 반드시 다 죽게 될 것이다.

【字義】 **賦**：세금 **부** **庫**：창고 **고** **費**：비용 **비**
廣：넓을 **광** **聊**：애오라지 **료**

> 民庫之例(민고지례)는 邑各不同(읍각부동)하니 其無節制(기무절제)하고 隨用隨斂者(수용수렴자)는 其癘民尤烈(기여민우열)이니라.

【解釋】 민고의 규례가 고을마다 각기 다른데, 용도가 있을 때마다 무절제하게 마구 거두어들이는 것은 백성을 괴롭힘이 더욱 심한 것이다.

【解說】 맹자(孟子)는 선왕(先王)의 법을 논하면서 이렇게 말했다.

"백성들에게 거두어 들이는 데도 법도가 있었다."

무릇 거두어 들임에 절제가 없는 경우는 그 법도가 오래 갈 수 없는 것이다. 이른바 절목(節目)이란 것은 모두 한때 구차히 행하던 법이니, 농간의 구멍이 막히지 않은 채 폐단의 덩굴이 서로 얽히어 시작하기 전에 파탄이 극도에 달했다.

【字義】 **同**：같을 동　　**節**：절약할 절　　**隨**：따를 수
斂：거둘 렴　　**癘**：병들 려　　**烈**：배울 렬

수기법례 명기조리 여민해준수지여국 법 내유제야
修其法例하고 明其條理하여 與民偕遵守之如國法이면 乃有制也니라.

【解釋】 그 법례를 수정하고 그 조리를 밝혀서 백성들과 더불어 준수하기를 마치 국법처럼 해야 비로소 절제가 있을 것이다.

【解說】 조목을 만드는 방법은 앞의 〈수법편(守法篇)〉에 보인다. 매년 지급할 물자에 대해서는 그 식례(式例)만 밝히고 그 장부는 없앨 것이며, 수시로 특별히 내릴 물자에 대해서는 그 식례도 밝히고 장부도 둘 것이다.

서북 지방은 토지가 척박한 까닭에 민고를 흔히 호렴(戶斂)으로 하고, 남부 지방은 토지가 비옥한 까닭에 민고를 흔히 결렴(結斂)으로 한다.

그러나 지금 남방은 전부(田賦)가 열 배나 증가되었으니 농가만 치우치게 괴롭혀서는 안 되므로 마땅히 호렴으로 해서 백성의 부담을 분산시켜야 할 것이다. 결렴의 경우, 아전들의 이익이 많기 때문에 반드시 서로 근거 없는 말을 퍼뜨려서 호렴을 못하도록 저지할 것이니, 이 점은 수령이 반드시 알아야 할 일이다.

또한 호적이 분명치 않아 허실이 서로 엇갈려 있으면 호렴으로 할 수도 없을 것이며, 계방(契房)을 혁파하지 않아 누락된 호수가 예전과 같이 많이 있다면 호렴으로 할 수도 없을 것이다.

【字義】 **修**：닦을 수　　**條**：가지 조　　**偕**：함께 해
遵：따를 준　　**守**：지킬 수

계 방 자 중 폐 지 원 군 간 지 두 계 방 불 파
契房者는 衆弊之源이요 群奸之竇이니 契房不罷면
백 사 무 가 위 야
百事無可爲也니라.

【解釋】 계방(契房)이란 모든 폐단의 근원이요, 여러 농간의 구멍이니, 계방을 혁파하지 않고서는 아무 일도 제대로 될 수 없을 것이다.

【解說】 계방에는 온 마을을 계방으로 삼아 해마다 돈 수백 냥을 거두는 이계(里契)가 있고, 특정한 호를 뽑아 계방으로 삼아 해마다 돈 백여 냥을 거두는 호계(戶契)가 있다.

대개 계방이 된 마을은 환곡의 배당도 면제받고 군첨(軍簽)의 침해나 민고에 내는 일체의 요역도 면제되며, 한번 돈 수백 냥만 가져다 바치면 그해 내내 편안히 지낼 수가 있으니, 이 때문에 백성들은 계방을 하려고 하는 것이다.

계방에서 거두어들이는 돈은 본래 이청(吏廳)의 잡용을 지탱하는 것이다. 그들이 감사의 순력에다 핑계를 대는 것은 모두 믿을 수 없다. 비록 실제로 그러한 경우도 없지 않으나 수리·도리·창리·군리 등 그들이 먹는 것이 모두 수천 냥이나 되니, 서로 추렴을 하여 그 비용을 충당할 수도 있을 것이다. 사치스럽고 지나친 관례들을 모두 없애고, 백성들을 보전하기 위해서는 계방은 필히 혁파해야 할 것이다.

【註釋】 *契房(계방): 관의 잡비를 보충하기 위해 돈을 받고 부역이나 다른 혜택을 주는 동네. *衆弊(중폐): 여러 가지 폐단.

【字義】 衆: 여러 중 群: 여러 군 竇: 구멍 두
罷: 혁파할 파

내 사 궁 전 내 사 둔 전 내 사 교 촌 내
迺査宮田하고 迺査屯田하고 迺査校村하고 迺
사 원 촌 범 궐 비 은 유 기 소 전 실 발 실
査院村하여 凡厥庇隱하고 踰其所佃이어던 悉發悉

부　　이 균 공 부
敷하여 以均公賦니라.

【解釋】 이에　궁방전(宮房田)·둔전(屯田)·교촌(校村)·원촌(院村)을 조사하여 그 비호 아래 숨겨져 원래의 정액보다 초과된 전호(佃戶)를 모두 적발하여 공부(公賦)를 공평하게 해야 한다.

【解說】 각 궁에서 경작하는 토지나 군인들이 자급 자족을 위해 경작하는 둔전, 그리고 향교가 있는 마을과 서원이 있는 마을을 세밀히 조사하여 부정이 있으면 바로잡아야 한다. 이 또한 수령이 백성의 요역을 공평히 하려는 뜻을 펴는 일이다.

【註釋】 ＊宮田(궁전)：궁궐에 소속된 전답.
＊屯田(둔전)：군사들이 경작하는 토지.
＊校村(교촌)：향교가 있는 마을.
＊院村(원촌)：서원(書院)이 있는 마을.

【字義】 迺：이에 내　　宮：궁궐 궁　　校：학교 교
庇：숨을 비　　隱：숨을 은　　佃：소작 전

내 사 역 촌　　내 사 참 촌　　내 사 점 촌　　내 사
乃査驛村하고 乃査站村하고 乃査店村하고 乃査
창 촌　　범 궐 비 은　　비 중 법 리　　실 발 실 부
倉村하여 凡厥庇隱하고 匪中法理어든 悉發悉敷
　　이 균 공 부
하여 以均公賦니라.

【解釋】 이에　역촌(驛村)·참촌(站村)·점촌(店村)·창촌(倉村)을 조사하여 그 비호 아래 숨겨져 법리(法理)에 맞지 않는 것들은 모두 적발해 내서 공부를 공평하게 해야 할 것이다.

【解說】 역노(驛奴)·역비(驛婢)·역리(驛吏)·역녀(驛女)는　고을의 요역에 응하지 않는 것이 법이지만, 객호(客戶)가 의지하여 기피의 소굴이 되고 있는 경우, 어찌 그것을 적발하지 않을 것인가. 역노나 역리가 양민 여자와 결혼하여 사는 경우는 역호(驛戶)로

논하고 양민이 역비나 역녀와 결혼하여 사는 경우는 객호로 논하는 것이 또한 옳지 않겠는가. 퇴락하여 쓸쓸한 외딴 원촌(院村)의 경우에는 탕감해 주어도 좋겠으나 술을 팔고 돼지를 기르며 즐비하게 취락을 이룬 경우에는 어떻게 다 견감시킬 수 있겠는가. 참호(站戶)로는 오직 두어 집만 제외해 주고 나머지는 모두 요역 장부에 기록하는 것이 또한 옳지 않겠는가.

점촌을 비호하는 것은 수령의 탐욕 때문이다. 유기(鍮器)·철기(鐵器)·자기(磁器)·와기(瓦器)·죽기(竹器)·유기(柳器) 등속을 가져다 쓰기를 절도 없이 하여 그들의 힘을 고갈시키고 그 대신에 요역을 경솔히 감해 주어 그 구멍을 막으니, 이는 백성의 부(賦)를 훔치는 짓이 아닌가. 기물을 가져다 쓰기를 함부로 하지 않음으로써 그들의 힘을 펴게 해 주고 부역의 부담을 감해 주지 않음으로써 백성의 부담을 공평하게 하는 것이 또한 옳지 않겠는가.

창촌을 비호하는 것은 아전들의 사욕 때문이다. 낙정미(落庭米)의 남은 곡식에서 이미 그 일부를 얻어 먹고 술을 거르고 돼지를 삶아서 그 이득을 보니, 그들은 다른 가난한 마을에 비하여 여력이 있는 것이다. 그 중에 혹 너무 쇠잔하여 창고를 제대로 지킬 수 없는 경우라면 요역을 감해서 사람을 모집할 것이고, 점차 번성해서 이득이 많이 생기는 경우는 거기에 따라 요역을 부과시키는 것이 또한 옳지 않겠는가. 나머지도 모두 이와 같으니 일률적으로 논할 수는 없다.

결 렴 불 여 호 렴　결 렴 즉 본 삭　호 렴 즉 공 상
結斂不如戶斂이니 **結斂則本削**이요 **戶斂則工商**
고 언　유 식 자 고 언　후 본 지 도 야
苦焉이니 **遊食者苦焉**이 **厚本之道也**니라.

【解釋】 결렴(結斂)을 실시하는 것은 호렴(戶斂)을 실시하는 것만 못하다. 결렴을 실시하면 농민을 깎는 것이요, 호렴을 실시하면 공상(工商)과 놀고 먹는 자들이 괴로움을 입으니 이것이 농민을 보호하는 방법이다.

【解說】 사람은 논밭이 없는 자는 있어도 집이 없는 자는 없으니 호에다 부과하는 것이 또한 옳지 않겠는가. 호렴을 시행하려면 먼저 어지러운 호적을 바로잡는 것이 중요한 일이다.

또한 호렴을 시행하게 되면 아전들이 사욕을 채울 수가 없게 된다. 그러므로 아전들은 술수를 부려 백성들을 선동하여 호렴이 괴롭다고 말하게 하니, 수령이 사리에 밝지 못하면 이에 속아넘어가기가 쉽다.

【註釋】 ＊結斂(결렴)：전답의 결(結)에 따라 거두는 세금.
＊戶斂(호렴)：호구에 따라 거두는 세금.
＊本削(본삭)：나라의 근본인 농민이 가난해짐.
＊遊食者(유식자)：놀고 먹는 사람.

【字義】 結：전답 단위 결　削：깎일 삭　遊：놀 유
苦：괴로울 고

米斂不如錢斂이니 其本米斂者는 宜改之爲錢斂이니라.
(미렴불여전렴 기본미렴자 의개지위전렴)

【解釋】 쌀로 징수하는 것은 돈으로 징수하는 것만 못하다. 본래 쌀로 징수하던 것도 마땅히 고쳐서 돈으로 징수해야 할 것이다.

【解說】 쌀로 징수할 경우 풍년에는 손해가 없지만 손해가 없는 쪽은 아전들이며, 흉년에 유리하지만 유리한 쪽은 역시 아전들이다. 아전들을 억제해서 백성들을 비호하고 위쪽을 깎아내서 아래쪽을 보태 주는 것은 천하에 통용되는 원칙이니, 돈으로 부과하는 것이 옳지 않겠는가.

돈으로 부과할 경우 수송의 노력도 덜하고, 액수를 속이기 어려우므로 트집을 잡을 도리가 없지만, 쌀은 품질의 등급이 있으므로 말질을 마구 하고 좋은 품질을 요구해 한없이 트집잡힐 거리가 많다. 비록 돈을 마련하기가 곡식을 마련하기보다 어렵지만 백성의 이해는 서로 현격한 차이가 있는 것이다.

【字義】 錢 : 돈 전　宜 : 마땅 의　改 : 고칠 개

기교설명목 이귀관낭자 실행견감 내 其巧設名目하여 以歸官囊者는 悉行蠲減이요 乃 취제조 산기남위 이경민부 就諸條하여 删其濫僞하여 以輕民賦니라.

【解釋】 교묘하게 명목을 세워 수령의 주머니로 들어가는 것은 모두 없앨 것이며, 여러 조목 중에서 과도하거나 허위로 만들어진 것은 삭제해서 백성의 부담을 가볍게 해 주어야 할 것이다.

【解說】 근거 없는 세목이 늘어나는 것은 수령이 탐욕스런 때문이다. 청렴한 사람이 수령으로 있으면 비록 적게 받더라도 부족하지 않을 것이요, 탐욕스런 사람이 수령으로 있으면 아무리 많이 받더라도 부족하다고 반드시 더 증가시킬 것이다.

대개 민고의 법은 모두 지출을 헤아려서 수입을 정한다고 하지만, 그 절목의 양식은 반드시 먼저 수입을 기록한 뒤에 지출을 기록하는 것이 마땅하다.

【字義】 巧 : 교묘할 교　囊 : 주머니 낭　蠲 : 감할 견
删 : 깎을 산　濫 : 지나칠 람　輕 : 가벼울 경

조관지호 견기요역 부재법전 문명지 朝官之户를 蠲其徭役은 不載法典이라. 文明之 지 물견지 하원지지 권견지 地는 勿蠲之하고 遐遠之地는 權蠲之니라.

【解釋】 조정 관원의 호는 요역을 면제한다는 규정이 법전에 실려 있지 않으나, 서울 부근의 문명한 땅에서는 면제해 주지 말고 먼 시골에서는 적당히 면제해 주어야 할 것이다.

【解說】 경기에서는 조관의 호에 요역을 면제하는 법이 없었는데, 남쪽 지방에 와서야 이러한 관례가 있는 것을 보았으니 좋은 풍속이다. 기호 지방에는 조관의 호가 많으니 모두 면제시킬 수 없

지만, 먼 시골의 외딴 곳에는 조관이 어쩌다가 한둘 있을 정도이니, 관례에 의해서 요역을 면제해 주는 것도 좋을 것이다.

당나라 위오(韋澳)가 경조윤(京兆尹)으로 있을 때 국구(國舅) 정광(鄭光)의 농장에서 조세를 납부하지 않자 그 관리자를 구속하고 5일을 기한하여 완납하지 않으면 법을 적용시키려 하였다. 임금이 위오에게 물으니 위오는,

"오늘 조세를 바치면 당장 방면하겠거니와 내일 기한이 넘어가면 어쩔 수 없습니다."

라고 했다. 임금이 들어가서 태후에게,

"위오는 강제로 누르지 못할 사람이오."

라고 고해서, 즉시 그 조세가 완납되었다.

왕거정(王居正)이 무주지주(婺州知州)로 있을 때의 일이다. 대장(大將) 장준(張俊)의 토지가 그 고을에 있으므로 요역을 면제해 달라고 청하였다. 왕거정은,

"전쟁이 일어난 이래로 사대부도 일반 민호(民戶)와 더불어 요역을 균등하게 지고 있는 것은 상하 모두가 힘을 같이해서 함께 나라를 건지기 위한 것이거늘, 하물며 장상(將相)의 집이야말로 더할나위 있겠는가."

하고 끝내 그 요역을 면제해 주지 않았다.

【字義】 **載**：실릴 재　**遐**：멀 하　**遠**：멀 원
權：임시 방편 권

대 저 민 고 지 폐　불 가 불 혁　의 어 본 읍　사
大抵民庫之弊는 不可不革이니 宜於本邑에 思
일 장 책　건 일 공 전　이 방 사 역
一長策하여 建一公田하여 以防斯役이니라.

【解釋】 대저 민고의 폐단은 고치지 않을 수 없는 것이다. 마땅히 그 고을을 위한 하나의 영구적인 계책을 생각하여 공전(公田)을 설정해서 민고의 역을 충당해야 할 것이다.

【解說】 최유해(崔有海)가 길주목사(吉州牧使)로 있을 때의 일이다.

당시 길주는 기근과 염병으로 죽어간 사람이 1천7백 명이나 되었는데, 그는 창고의 곡식을 풀고 약재를 마련하여 구호를 하였다. 그리고 둔전을 널리 개간하여 양곡 3백 섬을 얻었으며, 또 병장기를 따로 예비해서 왕으로부터 말〔馬〕을 하사받는 은전이 있었다. 이에 앞서 그 고을 백성들이 포를 바치는 것이 한 호에 10필이 넘었는데, 그는 토산품으로 교역을 해서 거의 대부분을 공제시켜 주었다.

【字義】 革 : 고칠 혁　　思 : 생각 사　　防 : 막을 방

민고하기지초향유사검 비례야
民庫下記之招鄕儒查檢은 非禮也니라.

【解釋】 민고의 하기(下記)를 향유들을 불러 검사하도록 하는 것은 예가 아니다.

【解說】 민고의 하기란 수령이 서명한 것이다. 이미 서명을 하고 도장을 찍었으니 수령이 마감한 것인데, 백성들에게 감사해 보라고 하는 것이 천하에 있을 수 있는 일인가. 체모만 손상시킬 뿐이다.

【註釋】 *下記(하기) : 돈 치른 것을 적은 기록.
*鄕儒(향유) : 그 고장의 유생.

【字義】 庫 : 창고 고　　招 : 부를 초　　儒 : 유생 유

고마지법 국전소무 기부무명 무폐자 인지 유폐자 파지
雇馬之法은 國典所無이며 其賦無名이니 無弊者는 因之나 有弊者는 罷之니라.

【解釋】 말을 고용해 타는 법은 국법에 없는 것이어서 그 부과는 명분이 없는 것이다. 폐단이 없는 것은 그대로 두고 폐단이 있는 것은 없애야 한다.

【解說】 수령이 임지로 부임해 올 때에 쇄마가(刷馬價) 3백 냥을

이미 국고에서 받았고 수령이 행차할 때에는 저치미(儲置米) 4~5석으로 모두 결산하는 것이 있는데, 고마(雇馬)란 또 무슨 명분인가.

수령이 서울에 있을 때에는 집안에 사흘 먹을 양식이 없어도 오히려 말 한 필을 길러서 출입할 때 이용하고 있었는데, 이제 콩과 보리가 관가의 곳집에 쌓여 있고, 꼴과 짚이 관가의 헛간에 가득하며, 또 한두 명의 노복이 관가의 안채에 딸려 있어 대낮에 한가로이 졸고 있는데, 수령은 어찌하여 스스로 말 두어 필쯤 사서 기르게 하지 않고 꼭 백성들의 고혈을 파내고 짜내야만 마음이 상쾌하단 말인가.

수령이 벼슬하지 않고 집에 있을 적에는 말 한 필에 종 한 명으로 강호(江湖) 산악을 두루 다니더니 이제는 잠깐 이웃 고을에 나갈 때에도 반드시 교마(轎馬) 외에 또 안장마를 세우고 의복·금침·대자리·음식 등을 싣기 위해 또 세 필의 말을 세우니 너무 사치가 아닌가.

균역이래 어염선세 개유정률 법구폐
均役以來로 **魚鹽船稅**가 **皆有定率**이러니 **法久弊**
생 이연위간
生하여 **吏緣爲奸**이라.

【解釋】 균역법(均役法)이 있은 이후로 어세(漁稅)·염세(鹽稅)·선세(船稅)가 모두 일정한 세율이 있었는데, 법이 오래되어 폐단이 생겨서 아전들이 그로 인해 농간을 부린다.

【解說】 균역법은 조선 영조 때 서민의 부담을 덜어 주기 위해 실시한 것으로써 균역청을 설치하여 양포(良布) 2필을 1필로 감해 주고 그 재정상의 부족액을 어세·염세·선세와 선무군관포(選武軍官布) 및 결작(結作)의 징수로써 충당키로 하였다.

각기 등급을 나누어 등급에 따라 징수해 오던 것이 오랜 세월이 흘러 변화가 많고, 그 허위와 실상이 서로 엇갈리고 농간과 속임수가 날로 늘어가는 형편이다.

【字義】 魚：고기 어　　鹽：소금 염　　船：배 선
率：비율 율　　緣：인연 연

船有多等(선유다등)하여 道各不同(도각부동)하니 點船(점선)은 唯循舊例(유순구례)하며 收稅(수세)는 但察疊徵(단찰첩징)이니라.

【解釋】 배에는 많은 등급이 있어 도(道)마다 각기 다르니 배를 점검하는 데는 오직 예전의 관례를 따를 것이고, 세금을 거두는 데는 단지 중복되게 징수하는 것만을 살필 것이다.

【解說】 무릇 선세(船稅)를 징수할 때에는 마땅히 선박을 등록한 대장을 살펴보아야 한다. 그런 다음 징수를 알아서 균역리(均役吏)로 하여금 배 한 척마다 각가 1패(牌)씩을 내게 하되 현재의 선주를 살펴서 중복으로 제출된 것이 아님을 밝힌 후 도장을 찍어야 할 것이다.

【字義】 點：점검할 점　　循：따를 순　　收：거둘 수
疊：중복될 첩

魚稅之地(어세지지)는 皆在海中(개재해중)하니 無以細察(무이세찰)이요 唯期比總(유기비총)하고 時察橫徵(시찰횡징)이니라.

【解釋】 어세(漁稅)의 대상지는 모두 바다 가운데 있으니 세밀히 살필 길이 없다. 오직 비총(比總)하기만 기할 것이며 함부로 징수하는 것을 수시로 살펴야 한다.

【解說】 어세(漁稅)는 각 도의 조례가 서로 우열이 있으나 지금은 해마다 비총하여 원액을 채우도록 할 것이다. 혹 남고 모자라는 것이 고르지 않고 이해가 서로 엇갈린다 하더라도 수령으로서는 일일이 살펴 따질 필요는 없으니, 이른바 깊은 물 속의 고기를 모

조리 살필 것까지는 없다는 것이다.

그러나 세력 있는 향갑장(鄕甲長)과 교활한 감리(監吏)들이 공세(公稅)를 빙자해서 함부로 약탈하는 것은 수시로 염탐하여 엄히 다스림으로써 어선들을 모여들게 하여 그 이익을 잃지 않도록 해야 한다.

【註釋】 ＊比總(비총) : 세금의 총액을 정함. | ＊횡징(橫徵) : 함부로 거둠.

【字義】 海 : 바다 해　　細 : 자세히 세　　橫 : 함부로 횡　　徵 : 거둘 징

鹽稅本輕(염세본경)하여 不爲民病(불위민병)하니 唯期比總(유기비총)하여 時察(시찰) 橫斂(횡렴)이니라.

【解釋】 염세(鹽稅)는 본래 가벼우므로 백성에게 고통이 되지는 않으니 오직 비총만 할 것이고 때때로 무리한 징수가 없는지 살피면 될 것이다.

【解說】 소금이란 일용의 양식인지라 염세를 징수하는 이속과 소금 만드는 일을 감독하는 자가 사사로이 가져가 절제 없이 소비하면서 그 값을 치르지 않으며 부정을 저지르고 있는 일이 많으니 별도로 살피는 일을 게을리하지 말아야 한다.

【字義】 鹽 : 소금 염　　稅 : 세금 세　　輕 : 가벼울 경　　斂 : 거둘 렴

土船官船(토선관선)을 魚商鹽商(어상염상)이나 苔藿之商(태곽지상)이 厥有深冤(궐유심원)하여도 無處告訴(무처고소)는 邸稅是也(저세시야)라.

【解釋】 토선(土船)과 관선(官船)을 이용하는 고기장수·소금장

수·김장수·미역장수로서 깊은 원한이 있어도 호소할 곳조차 없는 것이 바로 저세(邸稅)이다.

【解說】 포구의 배 닿는 곳이면 어디나 다 호민(豪民)이 점포를 차려 놓고 상선이 도착하여 정박하게 되면 그 화물을 주관하면서 감히 이동을 못하게 하고 스스로 거간꾼이 되어 그 값을 올렸다 내렸다 하는 등 갖은 농간을 일삼으며, 일부러 술과 고기를 차려 상인들을 극진히 대접하면서 그 저세를 높이 올리기도 한다.

결국 배가 떠나는 날 장부를 놓고 계산해 보면 상인의 이익이 절반은 저점(배 주인)으로 돌아가고 그 나머지 절반은 삼분 오열이 되고 있다. 게다가 아전·군교·관노들과 갯마을의 불량배들까지 마구 횡포를 부려 상선은 모여들지 않고 물화의 값은 뛰어올라 갯마을 또한 날로 쇠퇴해 간다.

수령은 마땅히 부임 초에 갯마을마다 방을 내걸어 타이르고, 엄격히 금지사항을 설정하여 그들이 먹는 밥값 외에는 털끝만큼도 함부로 침탈하지 못하게 하고, 별도로 염탐하여 그 금령을 범한 자들을 다스린다면 상인들도 모두 즐거이 그 지역으로 드나들기를 원할 것이다.

【註釋】 *土船(토선) : 그 지방 백성의 배.

*苔藿(태곽) : 김과 미역.

【字義】 笞 : 김 태　　藿 : 미역 곽　　深 : 깊을 심
冤 : 억울할 원　　訴 : 호소할 소

場稅(장세)와 關稅(관세)와 津稅(진세)와 店稅(점세)와 僧鞋(승혜)와 巫女布(무녀포)는 其有濫徵者(기유남징자)를 察之(찰지)니라.

【解釋】 장세(場稅)·관세(關稅)·진세(津稅)·점세(店稅)와 승혜(僧鞋)·무녀포(巫女布)에 대해서 지나치게 징수하고 있는가를 살펴야 할 것이다.

【解說】 장세는 장터에 부과되는 세이며, 관세는 통행료, 진세는 강과 바다를 건너는 나루터에 부과되는 세이다. 그리고 여점(旅店)에 부과하는 점세와 절에 부과하는 세 등은 그 이치를 잘 살펴 부당하게 징수되는 일이 없도록 힘써 백성들의 원성이 길에 깔리지 않도록 해야 할 것이다.

【註釋】 *僧鞋(승혜) : 중에게 거두는 신발 값인 듯. *濫徵(남징) : 지나치게 많이 거둠.

【字義】 場 : 마당 장 津 : 나루 진 僧 : 중 승 鞋 : 신발 혜 巫 : 무당 무

역역지정 재소신석 비소이위민흥리자 불가위야
力役之政은 在所愼惜이요 非所以爲民興利者는 不可爲也니라.

【解釋】 역역(力役)의 부과는 신중하게 다루되 백성들의 이익이 될 수 있는 일이 아니라면 절대로 해서는 안 된다.

【解說】 둑을 쌓거나 도랑을 파고, 저수지를 준설하는 일의 부역이란 여러 궁방과 관아에서 법을 어기면서 백성들을 사역하는 따위를 말한다. 백성들에게 이익이 없는 것은 마땅히 저지해야 할 것이며, 혹시 백성들에게 이익되는 것이라면 수령은 마땅히 시행해야 할 것이다.

【字義】 愼 : 삼갈 신 惜 : 아낄 석 興 : 일으킬 흥 利 : 이로울 리

기무명지물 출어일시지유례자 극의혁파 불가인야
其無名之物이 出於一時之謬例者는 亟宜革罷하여 不可因也니라.

【解釋】 명목 없는 세금이 한때의 잘못된 관례에서 생긴 것은 마땅히 급히 없애야 하며 그대로 따라서는 안 된다.

【解說】 송나라 이윤칙(李允則)이 담주 지주(潭州知州)로 있을 때의 일이다. 전에 마씨(馬氏)라는 사람이 이 고을을 다스릴 때 포악하게 수탈하여 그 고을 사람들은 해마다 비단을 바치게 되어 이를 지세(地稅)라 일렀고, 가옥의 간수를 계산하여 한 간에 비단 1장(丈) 3척(尺)씩을 바치게 되어 이를 옥세(屋稅)라 하였다. 또한 농사짓는 집에는 소를 나누어 주고 해마다 쌀 4곡섬씩을 바치게 하므로 소가 죽더라도 쌀을 바치게 되어 이를 고골세(枯骨稅)라 일렀는데, 이윤칙은 그것을 모두 없애버렸다.

【字義】 謬 : 그릇될 류　　亟 : 빨리 극　　罷 : 그만둘 파
因 : 따를 인

或有助徭之穀과 補役之錢이 布在民間者는 每爲豪户所呑이니 其可査拔者徵之하고 其不可追者는 蠲而補之니라.

【解釋】 조요곡(助徭穀)과 보역전(補役錢)이 민간에 퍼져 있으면 호호(豪戶)에게 먹히기 일쑤이니 조사해서 찾아낼 수 있는 것은 징수하고 추징할 수 없는 것은 탕감해 주고 별도로 보충해야 할 것이다.

【解說】 조요곡과 보역전이란 백성들의 요역을 돕기 위한 명목으로 조정된 기금을 말한다.

옛사람이 수령으로 있을 때 모두 보역전이란 것을 마련해서 민간에 풀어 둔 일이 있었고, 또는 감사가 수만 전으로 소를 사서 백성들에게 빌려 주는 일도 있었다. 그 시초에는 백성들이 모두 계를 실시하여 그 돈을 늘리더니 세월이 흐름에 따라 호호(豪戶)와 간교한 무리들이 그 본전을 먹어버려, 결국은 소용없는 것이

되고 말았다.

이러한 것은 마땅히 조사하여 그 뿌리를 뽑아 버리고 규약을 개정하여 이를 지키도록 해야 한다. 그러나 혹 큰 흉년이 들어 민호가 흩어져 없어짐으로써 결손이 생긴 것은 마땅히 탕감해 줄 것이다. 그리고 그 남아 있는 것을 가져다가 거기에 새로 돈을 보충하여 백성의 요역을 도와주어야 할 것이다.

【字義】 **助**：도울 조　**穀**：곡식 곡　**補**：보탤 보
每：매양 매　**豪**：호걸 호　**拔**：뽑을 발
追：뒤쫓을 추

욕부역지대균　　필강행호포구전지법　민생내안
欲賦役之大均인댄 必講行戶布口錢之法이라야 民生乃安이리라.

【解釋】 부역(賦役)을 크게 공평하게 하려고 하면 반드시 호포법(戶布法)과 구전법(口錢法)을 강구하여 시행해야 민생이 안정될 것이다.

【解說】 《서경(書經)》 우공(禹貢)의 평부법(平賦法)은 지금 자세하게 알 수 없고 오직 그 등분이 9등급으로 되어 있었다는 것만을 알 뿐이며, 《주례(周禮)》의 9부법(九賦法)은 9직(九職)에서 나온 것인데, 이름하여 9공(九貢)이라 하고, 구별하여 9부라 하여, 9등급으로 나누었는데, 그 법이 자세하므로 오히려 상고하여 시행할 만하다. 한(漢)·위(魏)·당(唐)·송(宋)은 부역법(賦役法)이 비록 혼란했으나 또한 모두 백성들의 재산을 살펴서 차등을 두었었다. 이는 한 고을의 수령으로서 창설하여 시행할 바가 아니므로 이제 여기서는 우선 생략하겠다.

제6조 농사를 권장함〔勸農〕

농자민지리야 민소자력 막우자민 선왕권언 農者民之利也니 民所自力이나 莫愚者民이니 先王勸焉이니라.

【解釋】 농사란 백성들에게 이익이 되어 백성들 스스로가 힘쓸 것이지만, 어리석은 것이 또한 백성이니 선왕(先王)은 그들에게 농사를 권장하였다.

【解說】 선왕은 농사를 권장했을 뿐 아니라 상벌을 두었다. 만일 농사에 부지런하고 게으른 것을 가지고 그 사람의 공과 죄를 따져서 뛰어난 자를 뽑아 관록을 주고 게으른 자에게 벌을 주어서 마을에서 행세하지 못하게 한다면 백성들의 습속이 날로 순박해지고 국력 또한 날로 부강해질 수 있을 것이다.

그러나 반드시 농사를 권장하는 일에 있어서는 백성들을 잘 가르쳐 토양에 알맞은 곡물을 골라 재배하고 농기구의 사용을 편리하게 함으로써 그들이 미치지 못한 점을 도와주어야만이 백성들이 그 지침을 따르고 농사짓는 데도 법도가 생길 것이다.

【字義】 **農**：농사 농　**莫**：더없이 막　**愚**：어리석을 우
勸：권할 권

고지현목 근어권농 이위성적 권농자 민목지수무야 古之賢牧은 勤於勸農하여 以爲聲績하니. 勸農者는 民牧之首務也니라.

【解釋】 옛날 현명한 수령들은 농사를 권장하는 일에 근면하는 것으로써 명성과 공적을 삼았으니, 농사를 권장하는 일은 수령의 으뜸가는 임무인 것이다.

【解說】 도간(陶侃)이 형주 자사(荊州刺史)로 있을 때, 어떤 사람이

익지 않은 벼 한 줌을 가지고 있는 것을 보고 무엇을 하려는가 물었더니, 그 사람은,

"길 가다가 보이기에 그저 뽑았을 뿐입니다."

라고 대답하자 도간이 노하여,

"너는 농사도 짓지 않으면서 장난삼아 남의 벼를 해쳤느냐?"

하고 잡아서 매로 다스렸다. 이 때문에 백성들이 농사일에 부지런하게 되어 집집마다 넉넉하게 되었다.

【註釋】 *賢牧(현목) : 현명한 수령. | *聲績(성적) : 잘 다스린다는 명성.

【字義】 賢 : 어질 현　　勸 : 부지런할 권　　聲 : 소리 성
績 : 베짤 적

勸農之要(권농지요)는 又在乎蠲稅薄征(우재호견세박정)하여 以培其根地(이배기근지)라야 於是墾闢矣(어시간벽의)니라.

【解釋】 농사를 권장하는 요체는 조세를 덜어 주거나 가볍게 함으로써 그 근본을 북돋우는 데 있다. 그렇게 함으로써 토지가 개간될 것이다.

【解說】 동암(東巖) 이영도(李詠道)가 연원 찰방(連原察訪)이 되었는데 때마침 충주목사(忠州牧使) 자리가 비어 있어 그로 하여금 겸임시키니, 충주 백성들이 크게 기뻐하였다. 그때에는 바야흐로 전쟁에 기근이 겹쳐 있었는데 재력을 다하여 굶주리는 백성들을 구제하고, 사람들을 모아 수천 경(頃)의 전답을 경작하여 가을에 크게 풍년이 들자 곡식 1만 섬을 거두었다. 전란을 치른 이후로 이 고을에 곡식이 비축된 것은 여기서 비롯되었다.

【字義】 薄 : 얇을 박　　征 : 세금거둘 정　　培 : 북돋울 배
根 : 뿌리 근　　墾 : 개간할 간　　闢 : 열 벽

권 농 지 정　　불 불 가 색　　시 권 수 예 축 목 잠 적
勸農之政은 不唯稼穡이요 是勸樹藝畜牧蠶績
지 사　　미 불 권 의
之事를 靡不勸矣니라.

【解釋】 농사를 권장하는 정책은 곡식을 심는 일만 권장할 것이 아니라, 원예·목축·양잠·길쌈 등의 일도 권장해야 할 것이다.

【解說】 진유학(陳幼學)이 확산지현(確山知縣)으로 있으면서, 백성에게 혜택 베푸는 일을 힘써서 곡식 1만2천 석을 비축하여 흉년에 대비하였다. 그리고 채소밭 8백여 경을 개간하는 한편 가난한 자들에게 소 8백여 마리를 주었으며, 황하(黃河)의 물길이 바뀌어 생긴 토지 1백 30여 경을 백성들에게 나누어 주었다.

또 마을 부녀자 가운데 베를 못 짜고 있는 자에게 베틀 8백여 대를 주고 가옥 1천 2백여 채를 지어서 빈민들에게 나누어 주고, 관청 건물 80간을 지어서 6조의 이속들을 그곳에 거처하도록 하였으며, 공금 6백여 냥을 절약하여 부세에 대신 충당했고, 뽕나무·느릅나무 등 3만 8천여 주를 심었으며, 도랑 1백 98군데를 만들었다.

【註釋】 **＊稼穡**(가색) : 농사.
＊樹藝(수예) : 원예(園藝).
＊蠶績(잠적) : 양잠과 길쌈.

【字義】 **穡** : 농사 색　**樹** : 나무 수　**畜** : 가축 축
蠶 : 누에 잠　**靡** : 아닐 미

농 자　　식 지 본　　상 자　　의 지 본　　고　　과 민 종
農者는 食之本이요 桑者는 衣之本이라. 故로 課民種
상　　위 수 령 지 요 무
桑은 爲守令之要務니라.

【解釋】 농사는 식생활의 근본이며, 양잠은 의생활의 근본이다. 그러므로 백성들에게 뽕나무 심기를 권장하는 일은 수령의 중요한 임무이다.

【解說】 《경국대전》에 말하였다.

"잠실(蠶室)이 있는 곳에는 뽕나무를 심어 기를 것이며, 민호에게도 아울러 뽕나무를 심도록 하되, 대호(大戶)는 3백 주, 중호(中戶)는 2백 주, 소호(小戶)는 1백 주를 심게 하고, 수령은 뽕나무 기르는 일을 감독할 것이며, 주인 없는 들판의 뽕나무는 함부로 베는 것을 금할 것이다."

【字義】 食 : 먹을 식　　桑 : 뽕나무 상　　種 : 심을 종
守 : 지킬 수

> 작 위 농 기 직 기　　이 이 민 용　　이 후 민 생　　역
> 作爲農器織器하여 以利民用하고 以厚民生도 亦
> 민 목 지 유 무 야
> 民牧之攸務也

【解釋】 농사 짓는 기구와 베 짜는 기구를 만들어서 백성들이 편리하게 사용토록 하고, 백성들의 생활을 풍족하게 해 주는 일 또한 수령된 자의 힘쓸 바이다.

【解說】 명나라 서광계(徐光啓)의 《농기도보(農器圖譜)》와 《직기도보(織器圖譜)》에는 농기구와 베 짜는 기구에 대해 자세히 정리해 놓은 것이 전해지는데 만들기도 쉽고 용도가 지극히 중요하니, 수령은 마땅히 그 도보를 살펴 기구를 만들어 백성들에게 주어 사용하도록 해야 할 것이다.

【字義】 器 : 그릇 기　　織 : 베짤 직　　攸 : 바 유

> 농　　이 우 작　　혹 자 관 급 우　　혹 권 민 차 우
> 農은 以牛作이니 或自官給牛하고 或勸民借牛도
> 역 권 농 지 항 무 야　　성 욕 권 농　　의 계 도 살 이
> 亦勸農之恒務也라. 誠欲勸農이면 宜戒屠殺而
> 권 축 목
> 勸畜牧이니라.

【解釋】 농사는 소를 부려서 짓는 것이니 관에서 소를 나누어 준다든지 혹은 백성들에게 서로 소를 빌려 주도록 권장하는 것 역시 항상 힘써야 할 일이다. 또한 진실로 농사를 권장하려 한다면 마땅히 도살을 경계하고 목축을 장려해야 할 것이다.

【解釋】 우리 나라에는 다른 축산이 없기 때문에 소의 도살을 금하면 결국 고기가 없을 것이라는 말을 하는데, 이것은 틀린 말이다. 소의 도살을 금한 후에라야 백성들은 비로소 다른 축산에 힘을 써서 돼지와 양이 번식하게 될 것이다. 그리고 고을 경내에 양 기르기에 적합한 곳이 있으면 관에서는 마땅히 별도로 목장을 설치해 백성들로 하여금 양을 기르게 하는 것도 좋은 방법이 될 것이다.

【字義】 牛:소 우　給:줄 급　借:빌릴 차
恒:항상 항　屠:죽일 도　殺:죽일 살

총 지　권 농 지 정　의 선 수 직　불 분 기 직
總之컨대 勸農之政은 宜先授職이니 不分其職하고
잡 권 제 업　비 선 왕 지 법 야
雜勸諸業은 非先王之法也니라.

【解釋】 총체적으로 살펴보면, 권농의 정사는 마땅히 먼저 각기 직책을 정해 주어야 한다. 직책을 분담시키지 않고 여러 가지 일을 잡다하게 시키는 것은 선왕의 법이 아니다.

【解說】 농사짓는 일과 채소를 기르는 일, 목축을 하고 양잠을 하는 일은 각기 별개의 일이다.

수령은 각기 알맞게 구분하여 분담시킴으로써 일의 능률을 올리고 체계 있는 정사를 펴야 할 것이다.

당 나라 유종원(柳宗元)의 《종수곽탁타전(種樹郭橐駝傳)》에 이렇게 말하였다.

"내가 향리에 살면서 보니 수령들이 법령을 번거롭게 하기를 좋아하므로, 백성을 매우 사랑하는 것 같지만 마침내는 화가 미친다. 아침 저녁으로 아전들이 와서 백성들을 불러내어 말하기를, '관의 명령이니 너희들의 밭갈이를 서두르고 나무 심기를 힘쓰며, 수확을 서둘러라. 일찍 일어나 실을 뽑고, 베를 짜라. 너희들의 아이를 잘 보육하고 닭과 돼지를 잘 길러라.'하며, 북을 울려 모이게 하고 목탁을 쳐서 부른다. 소인들은 조석 식사를 중단하고 아전을 맞이하기에도 겨를이 없는 형편인데, 어떻게 우리의 삶을 번성케 하고 본성을 편안하게 할 수 있겠는가?"

【字義】 **先**:먼저 선　　**授**:줄 수　　**雜**:섞일 잡

매춘분지일 하첩우제향 약이농사조만
每春分之日에 下帖于諸鄉하여 約以農事早晩을
고교상벌
考校賞罰이니라.

【解釋】 해마다 춘분이 되면 여러 면에 공문을 내려 농사의 빠르고 늦음을 가지고 상벌을 심사할 것을 약속할 것이다.

【解說】 무릇 농사는 일찍 심는 것보다 더 좋은 방법이 없는데, 게으른 농부는 농사에 힘을 기울이지 않으므로 언제나 때를 놓칠까 걱정하고 또한 가난한 집은 소가 없으므로 때를 놓치기 쉬운데 이런 일을 시행한다면 반드시 밤낮으로 힘써 일하고 소를 빌려 힘을 도와 승리의 기쁨을 거둘 것이니 또한 좋지 않겠는가.

【字義】 **春**:봄 춘　　**帖**:두루마리 첩　　**早**:일찍 조
晩:늦을 만　　**考**:조사할 고　　**賞**:상줄 상
罰:벌줄 벌

범권농지정 의분육과 각수기직 각고
凡勸農之政은 宜分六科하여 各授其職하고 各考
기공 등기상제 이권민업
其功하여 登其上第하여 以勸民業이니라.

【解釋】 무릇 권농의 정사는 마땅히 여섯 과목으로 나누어 그 직

무를 맡겨 주고 그 성적을 고과하여 성적이 우수한 자를 등용함으로써 백성들의 생업을 권장해야 할 것이다.

【解說】 이는 오늘날의 수령들이 당장에 시행하기를 요구하는 것은 아니다. 전정(田政)이 크게 바로잡히고 온갖 법도가 모두 명확하게 되고 직분에 따른 공납이 법대로 되고 만민이 각기 업을 받게 된 뒤라야 이를 논의해 볼 수 있다.

무릇 성적을 고사하여 가장 우수한 자는 본 현에서 진귀한 물건으로 시상하고 본토의 직임을 준다. 감사는 여러 고을의 성적표를 거두어 그 우열을 비교해서 3인을 선발하고 이를 나라에 보고한다.

예전육조(禮典六條)

제1조 제사〔祭祀〕

군현지사 郡縣之祀는 삼단일묘 三壇一廟니 지기소제 知其所祭면 심내유향 心乃有嚮하며 내재내경 乃齋乃敬이니라.

【解釋】 군현에서는 삼단(三壇) 일묘(一廟)에 제사지내는데, 누구를 제사지내는지 알아야 마음에 향함이 있고, 마음에 향하는 바가 있어야 재계하고 공경할 수 있다.

【解說】 사직(社稷)이란 토지신과 곡신(穀神)을 말한다. 국토와 곡식이 없이는 백성이 살 수 없으므로, 옛날부터 중국의 천자나 기타 제후가 나라를 세우면 사직단을 세워 국가와 백성을 위해 복을 비는 제사를 지냈다. 우리 나라는 신라 선덕여왕 4년에 처음으로 사직단을 세웠으며, 고려는 성종(成宗) 10년에, 조선은 태조 3년에 각각 사직단을 세워 제사를 지냈다.

여단(厲壇)이란 자손이 없어서 의지할 데가 없는 신이나 뜻밖의 재난으로 죽은 사람의 혼령을 제사지내는 단을 말한다. 성황단은 그 고을의 수호신인 성황신(城隍神)을 제사지내는 단이다. 《오례의(五禮儀)》를 보면 성황신으로 하여금 모든 여귀들을 불러모으게 하여 제사를 지냈다고 기록되어 있다.

【註釋】 **＊三壇一廟(삼단일묘)**：삼단은 사직단(社稷壇)·여단(厲壇)·성황단. 일묘는 공자(孔子)의 사당.
＊乃齋乃敬(내재내경)：정성을 드리고 존경함.

【字義】 祀：제사 사 壇：제단 단 廟：사당 묘
祭：제사 제 嚮：향할 향 齋：재계할 재

文廟之祭(문묘지제)는 牧宜躬行(목의궁행)이니 虔誠齋沐(건성재목)하여 爲多士倡(위다사창)이니라.

【解釋】 문묘의 제사는 목민관이 몸소 행하되 경건하고 정성을 다해 목욕재계하여 많은 선비들의 본보기가 되어야 한다.

【解說】 다른 제사에는 제사에 참여하는 사람이 많지 않으므로 어지러움이 심하지 않으나, 향교(鄕校)의 석전제(釋奠祭)[1]에는 헌관(獻官)과 집사(執事) 외에도 별관계가 없는 자로서 제사에 참여하는 자들이 1백 명이 넘기도 한다. 그 사이에는 어리석고 비천한 농사꾼과 장사치까지 끼어들어 마늘 냄새, 술 냄새를 피워대는 추악한 꼴이란 이루 형언하기 어렵다. 게다가 난잡하게 떠들어대며 법도를 따르지 않고 제사(祭祀)가 끝난 뒤에는 서로 머리채를 잡고 주먹을 휘두르며 싸우는 소리가 온 집안에 가득하니, 이를 금하지 않아서는 안 된다.

공자를 모시는 사당인 문묘에 제사지내는 석전제에는, 수령은 제사에 참여하는 자들의 몸가짐을 단정히 하도록 살필 것이며, 제물과 제기를 두루 살펴서 정결하고 엄숙히 거행하여 백성들의 본보기가 되어야 할 것이다.

《경국대전》에는 이렇게 되어 있다.

"모든 제사를 수령이 몸소 행하지 않거나, 남은 찌꺼기로 제물을 쓰거나, 향교를 보수(補修)하지 않는 자는 죄를 준다."

【註釋】 ＊文廟(문묘)：공자(孔子)를 제사하는 사당.
＊虔誠齋沐(건성재목)：경건한 성의와 목욕 재계(齋戒)함.
1)釋奠祭(석전제)：공자에게 지내는 제사.

【字義】 廟：사당 묘 躬：몸소 궁 虔：경건할 건
沐：목욕 목 倡：창도할 창

묘 우 유 퇴　단 선 유 훼　제 복 불 미　제 기
廟宇有頹하고 壇墠有毁하며 祭服不美하고 祭器
불 결　병 의 수 즙　무 위 신 수
不潔이어든 並宜修葺하여 無爲神羞니라.

【解釋】 사당이 퇴락했거나 제단이 허물어졌거나 제복(祭服)이 아름답지 못하고 제기(祭器)가 정결하지 못하면 모두 보수하여 신의 부끄러움이 되지 않게 할 것이다.

【解說】 명 나라 임악(林顎)이 소주부(蘇州府)를 다스릴 때 소주의 공자묘(孔子廟) 신상들이 벗겨지고 떨어진 것이 많았다. 어떤 자가 그 신상을 옛 모습대로 보수하고자 하니 임악이 분연히 말하기를,

"이는 진흙덩이일 뿐이니 어찌 성현이겠는가? 공자는 불교(佛教)가 중국에 들어오기 전에 탄생하였으니 어찌 소상(塑像)이란 것을 알았겠는가. 저 허물어지지 않은 것까지도 오히려 허물어야 할 것인데, 다행히 저절로 허물어진 이때에 아주 나무 신주로 바꾸는 것이 무엇이 불가하겠는가?"

하고, 공자 이하 여러 현인(賢人)의 소상까지 모두 나무 신주로 바꾸었다.

송 나라 적율(狄栗)이 곡성영(穀城令)이 되어 공자의 사당을 중수하고 예기(禮器)를 만들어 그 고을 사람들에게 주어 춘추로 석전제(釋奠祭)를 지내고 학문을 홍기하게 하니, 정사와 교화가 크게 흡족하였다.

홍처정(洪處靖)이 무주현감(茂州縣監)이 되어 부임하자마자 노인들을 찾아보고 술과 고기를 주었으며, 향교에 있는 제기(祭器)를 다시 만들고, 생도를 모아 학문을 권장하니 대소가 모두 기쁜 마음으로 복종하였다.

【註釋】 ***廟宇**(묘우) : 사당 집.
***壇墠**(단선) : 제단(祭壇).
***修葺**(수즙) : 수리함.

【字義】 **頹** : 무너질 **퇴**　**墠** : 제단 **선**　**毁** : 무너질 **훼**
潔 : 깨끗할 **결**　**葺** : 고칠 **즙**　**羞** : 부끄러울 **수**

경내유서원 공사기제자 역수건결 무 실사망
境内有書院하여 公賜其祭者는 亦須虔潔하여 無失士望이니라.

【解釋】 경내에 서원이 있어 나라에서 제사를 내려준 곳에도 역시 정성스럽고 정결히 하여 선비들의 기대를 잃지 말 것이다.

【解說】 사액서원(賜額書院)[1]에 대해 관에서 지급하는 제물은 관곡(官穀)으로 마감하는 것인데, 언제나 보면 주리(廚吏)가 삼가지 않고 좋은 과일 대신 나쁜 과일을, 좋은 반찬 대신 야채를 사용하고 있으니, 엄히 단속하여 한결같이 본래 격식을 따르되, 제수(祭需)를 풍부하게 하기를 힘써 잘못됨이 없게 할 것이다.

【註釋】 *書院(서원) : 선현(先賢)을 제사지낼 겸 선비들이 공부하기 위해 설치한 곳.

1)賜額書院(사액서원) : 나라에서 이름을 지어 내려 준 서원.

【字義】 境 : 지경 경　賜 : 내려줄 사　虔 : 경건할 건
潔 : 깨끗할 결　望 : 바랄 망

기유사묘재경내자 기수즙비치 의역여 지
其有祠廟在境内者는 其修葺庇治를 宜亦如之니라.

【解釋】 경내에 있는 사묘(祠廟)의 수리와 수선도 역시 위의 예(例)와 같이 할 것이다.

【解說】 평양(平壤)의 기자묘(箕子廟), 경주(慶州)의 숭덕묘(崇德廟), 순천(順天)의 충민사(忠愍祠), 강진(康津)의 탄보묘(誕報廟)와 같은 사묘가 가는 곳마다 있다. 그 사당의 수리와 제기의 수선도 모두 수령의 책임이니, 신의 상심이 없게 하는 것이 바로 어진 수령이다.

남해신묘(南海神廟)는 광주(廣州) 앞바다 바닷길로 80리에 위치

하여 왕래가 순탄치 않으므로, 감사는 항상 병을 핑계하여 가지 않고, 명궁(明宮)과 재려(齋廬)에는 비가 새고 바람이 들이치며, 희생(犧牲)은 마르고 술은 시어져, 제사지낼 시기가 다 되어서야 허둥지둥 제물을 마련하여 제물을 바치고 강신(降神)하는 것이 의식에 맞지 않았다.

공규(孔戣)가 광주자사가 되어서는 해마다 몸소 갔으며 신묘의 뜰과 제단을 수리하고 동서(東序)·서서(西序)와 재실(齋室)·주방을 다시 짓고 온갖 용구를 모두 수선하였다.

생불척려 牲不瘠蠡하고 자성유저 粢盛有儲하면 사가왈현목야 斯可曰賢牧也니라.

【解釋】 희생(犧牲)을 마르거나 병들게 하지 않고 제수(祭需)를 저축함이 있으면, 이도 어진 목민관이라 할 수 있다.

【解說】 수로(水路)를 만들고 제방을 쌓아 저수지를 만들면, 공전(公田)을 설치하여 민역(民役)을 도울 수 있고, 또 이 가운데 얼마를 떼어 내어 목전(牧田)을 만든 뒤에야 양을 치고 돼지 기르는 일을 책임지울 수 있다. 희생이 크게 자라고 통통히 살이 쪄서 제사를 받는 신이 상심하지 않게 하는 것이 목민관의 직분이다.

또한 군현에는 반드시 학전(學田)이 있으니 학전 몇 배미를 떼어 내어 제전(祭田)으로 정하여 그 곳에서 생산되는 곡식을 제수로 쓰되, 정결한 그릇에 따로 간직하였다가 제사 때가 되면 이 곡식을 올리고, 학전에서 생산된 수량만큼을 관미(官米)로 대신 충당해 주는 것이 마땅하다.

【註釋】 ***牲**(생) : 제사에 쓰는 희생(犧牲).

***粢盛**(자성) : 제사에 쓰는 기장. 제수를 뜻함.

【字義】 **牲** : 희생 생 **瘠** : 마를 척 **蠡** : 좀먹을 려 **粢** : 서직 자

기혹읍유음사 其或邑有淫祀하여 유례상전자 謬例相傳者는 의효유사민 宜曉諭士民

하여 以圖撤毁(이도철훼)니라.

【解釋】 혹시 고을에 잘못된 관례로서 음사(淫祀)가 있으면 백성이나 선비들을 깨우쳐서 없애버리도록 해야 한다.

【解說】 조선 현종 때 사람 이정악(李挺岳)이 연안부사(延安府使)가 되었는데, 연안에는 본래부터 묵은 폐단이 많았다. 이정악이 부임하는 즉시 모두를 없애니 며칠이 안 되어 폐단이 깨끗이 없어졌다. 이 곳에는 옛날부터 기도하는 백성들이 모여, 날마다 재물을 허비하는 음사가 있었는데 이정악은 즉시 음사를 헐어버리게 하고,

"저 음사의 신이 빌미가 될 수 있다면 내 몸에 가해질 것이다." 하니 백성들이 크게 깨닫고는 서로 이렇게 말했다.

"전에는 우리가 미혹하여 알지 못했었다."

【註釋】 *淫祀(음사) : 제사지내서는 안 될 잡신을 제사함.

*撤毁(철훼) : 철거해 없앰.

【字義】 淫 : 음란할 음　謬 : 틀릴 류　曉 : 밝을 효
諭 : 깨우칠 유　圖 : 도모할 도　撤 : 허물 철

祈雨之祭(기우지제)는 祈于天也(기우천야)로되 今之祈雨(금지기우)는 戱慢褻瀆(희만설독)하니 大非禮也(대비례야)니라.

【解釋】 기우제는 하늘에 비는 것인데, 지금의 기우제는 희롱하는 짓으로 하늘을 모독하니 크게 예가 아니다.

【解說】 지금의 수령들은 가뭄을 만나면 풀로 용을 만들어 붉은 흙을 바르고 아이들에게 끌고 다니며 매질을 하여 욕을 보이게 하기도 하고, 혹은 도랑을 파헤쳐 악취를 풍기는가 하면, 뼈를 묻어놓고 주문을 외우게 하는 등 기괴한 짓을 벌여 다시 두서가 없으니 참으로 한탄스럽기 그지없다. 가뭄을 만나면 수령은 경건한 마음으로 목욕재계하고 묵묵히 신의 은혜를 빌고 일체의 속된 풍속은

모두 엄히 금해야 할 것이다.

【註釋】 *祈雨(기우) : 가뭄에 비오기를 비는 일.

*戱慢褻瀆(희만설독) : 희롱하고 더럽힘.

【字義】 祈 : 빌 기 　 戱 : 희롱할 희 　 褻 : 더러울 설 　 瀆 : 모독할 독

祈雨祭文(기우제문)은 宜自新製(의자신제)이니 或用舊錄(혹용구록)은 大非禮(대비례)也(야)니라.

【解釋】 기우제의 축문은 마땅히 손수 새로 지어야 한다. 혹 전에 쓰던 것을 쓰는 것은 예가 아니다.

【解說】 제문은 사언(四言)으로 지어야 읽는 소리가 조화를 이룬다. 자수와 문구가 고르지 못한 글은 읽어도 소리가 조화되지 않으며 시골의 축 읽는 자는 읽는 것이 서툴러서 사언의 글이 아니면 읽지 못한다. 사언이 아니라 하더라도 모두 운(韻)을 알아야 한다.

조선 현종 때 사람 이단상(李端相)이 청풍부사(淸風府使)가 되었을 적에 지은 금수산 기우제문(錦繡山祈雨祭文)은 다음과 같다.

"지극히 은미한 것은 신이고 지극히 드러난 것은 사람이니 드러나고 은미한 차이는 있으나 그 이치는 같은 것입니다. 그러므로 신은 사람에게 느끼는 것이 있으면 반드시 감응하는 것이기 때문에 변변찮은 정성을 바쳐 신이 들어 주시기를 바랍니다. 금수산은 높디높고 못은 깊고깊은데 항상 구름·비 일으켜 만물에 끼친 은택 넓고도 넓습니다. 온 고을에 은택을 고루 펴서 이 백성들 살렸으니, 이 모두 신의 은혜인데 누가 신을 존경치 않겠습니까? 어찌하여 근년에는 신의 은혜가 인색하여 사방에 수확할 것 없게 하여 백성을 주리게 합니까. 금년 봄에 씨앗 뿌려 묘판에 모가 나고 보리는 이삭이 패어 가을에 추수하여 쌀밥 먹기 바랐더니 큰 가뭄이 몇 달을 극성부려 벼싹도 말라가고 이삭도 말랐으니 잠시 동안 내린 비에 무슨 수로 해갈 되겠습

니까? 구름은 항상 끼어 비가 올 듯하다가도 바람이 심술궂게 구름을 흩어버려 하늘에는 햇볕이 다시 나니 어찌 차마 이럴 수가 있습니까. 위에 계신 임금께서 밤낮으로 걱정이니 고을을 맡은 저는 죄를 받아 마땅하겠지요. 신께서는 이러한 때에도 은택을 베풀지 않으시니, 만백성은 입을 벌린 채로 구렁에 굴러 죽게 될 뿐입니다. 혹시 신께서 노여움이 있다면 이 몸에 죄를 주시고, 백성을 불쌍히 여겨 신의 은혜 내리시어, 조화를 발동하여 천리에 비를 내려, 마르고 시든 곡식 소생시켜 신의 은혜 입히소서. 이 때를 놓친다면 비를 줘도 소용없는데, 신께서는 어찌 비를 아껴 이 고을을 버리시겠습니까. 변변찮은 제물로 몸소 신께 바치오니, 흠향하시고 이 땅에 비를 내려 주소서."

【字義】 新 : 새 신　　製 : 지을 제　　舊 : 예 구
錄 : 기록할 록

일식월식　기구식지례　역의장엄　무감
日食月食에 其救食之禮는 亦宜莊嚴이니 無敢
희만
戲慢이니라.

【解釋】 일식이나 월식 때의 구식 예절은 또한 마땅히 장중하고 엄숙하게 해야 하며, 희롱삼아 아무렇게나 하는 일이 없어야 한다.

【解說】 해와 달이 서로 침식하는 것은 본래 운행의 도수(度數)에 의한 것이어서 미리 그 시각을 알 수 있는 것이니 본래 재변이 아니다. 요순 때에 이미 역법(曆法)이 밝았으니 일식·월식이 재변이 아니라는 것을 알지 못한 것이 아니나, 해와 달이 먹혀 들어 빛이 참담(慘憺)하므로 북을 치고 희생을 바쳐 변고임을 보인 것일 뿐이다. 오늘날 군현에서 구식(救蝕)하는 법을 중들을 잡아다가 징을 치고 판(板)을 치며 일광보살(日光菩薩)과 월광보살(月光菩薩)을 부르며 뛰게 하니 이는 재변을 두려워하는 것이 아니라 하늘을 업신여기는 것이니 크게 예가 아니다.

경사(京司)의 예(例)에 따라 수령은 엷은 빛깔의 옷에 검은 각대

(角帶)를 띠고 뜰 가운데 나가 앉아 소경을 시켜 27번 북을 울리게 하고, 수령이 단정히 앉아 좌우를 떠들지 못하게 하고 해와 달이 다시 둥글어지기를 기다리는 것이 옳다. 만일 구식을 사단(社壇)에서 행한다면 더욱 옛법에 맞을 것이다.

제2조 손님 접대〔賓客〕

빈자 오례지일 기희뢰제품 이후즉상
賓者는 五禮之一이니 其餼牢諸品이 已厚則傷
재 이박즉실환 선왕위지절중제례
財하고 已薄則失歡하나니 先王爲之節中制禮하여
사후자부득유 박자부득감 기제례지
使厚者不得踰하고 薄者不得減하나니 其制禮之
본 불가이불소야
本은 不可以不遡也니라.

【解釋】 빈(賓)은 오례(五禮)의 하나이므로 그 접대하는 물품이 너무 후하면 재물을 낭비하는 것이 되고, 너무 박하면 환대의 뜻을 잃게 된다. 그러므로 선왕이 그것을 조절하고 알맞은 제도를 만들어 후한 경우라도 제도를 넘지 않고 박한 경우라도 정한 제도 이하로 줄이지 못하게 하였으니, 그 예를 제정한 근본 뜻을 소급해서 따지지 않아서는 안 된다.

【解說】 손님의 계급이 높고 낮음에 따라 각각 일정한 격식이 있는 것이니, 주인과 빈(賓)은 격식을 지켜 혹시라도 격식을 넘는 일이 없도록 하는 것이 옛날의 뜻이다.

옛날에는 경대부(卿大夫)로서 이웃 나라에 사신으로 간 자가 접대를 받으면서 사소한 것 하나라도 격식에 어긋나거나 지나침이 있으면 두려워 머뭇거리며 감히 편한 마음으로 받지 못하였다.

【註釋】 *五禮(오례) : 나라에서 행하는 다섯 가지 의례. 즉 길례(吉禮)·흉례(凶禮)·군례(軍禮)·빈례(賓禮)·가례(嘉禮)
*餼牢(희뢰) : 접대하는 물품.

【字義】 賓: 손님 빈　餼: 대접할 희　厚: 후할 후
傷: 다칠 상　薄: 박할 박　歡: 기쁠 환
踰: 넘을 유　遡: 소급할 소

고자연향지찬 원유오등 상자천자 하
古者燕饗之饌이 原有五等하니 上自天子로 下
지삼사 기길흉소용 무이외시야
至三士에 其吉凶所用이 無以外是也니라.

【解說】 옛날의 예에 천자의 사신이 제후 나라에 가면 그 접대하는 음식물은 태뢰를 사용하였다. 우리 나라의 예법은 천자의 나라보다 1등급을 낮추는 것이니 그렇다면 감사가 관할 지역을 순행할 때 법으로 보아 소뢰를 사용해야 되고 그 이상 더해서는 안 된다.

소뢰에 사용하는 여러 가지 물품은 이미 절용조(節用條)에 나타나 있으니 상고해 보면 알 수 있을 것이다. 수령이 예에 의거하고 법을 지켜 소뢰의 음식으로 감사를 접대한다면 매우 좋을 것이나, 그리할 수 없다면 그 고을의 기록 중에서 가장 박한 사례를 사용하는 것이 다음이고, 또 그렇게 할 수도 없어서 중간의 사례를 사용하는 것이 또 다음은 된다. 이 이하는 음식으로 사람을 섬기는 자는 더럽고 아첨하는 사람이다.

금감사순력 천하지거폐야 차폐불혁즉부
今監司巡歷은 天下之巨弊也니 此弊不革則賦
역번중 민진류의
役煩重하고 民盡劉矣리라.

【解釋】 오늘날 감사의 순행이 천하의 큰 폐단이다. 이 폐단을 없애지 않는다면 부역이 가중되어 백성이 모두 살 수 없게 될 것이다.

【解說】 전부(田賦)가 날로 가중되기에 그 이유를 물었더니 감사의 순행 때문이라고 하고 민고(民庫)를 지나치게 많이 거두기에 그 이유를 물었더니 역시 감사의 순행 때문이라 하였다.

또한 아전의 수효가 줄지 않기에 이유를 물었더니 역시 감사의 순행 때문이었으며 계방(契房)을 없애기 어려운 이유도 역시 감사의 순행이 문제가 되었다. 이렇듯 백성들이 부역에 시달리는 이유가 모두 감사의 순행에서 비롯된 것이니, 순행의 법이 고쳐지지 않고서는 도탄에 빠진 백성의 화(禍)를 구제할 방법이 없을 것이다.

【註釋】 ＊巡歷(순력)：지방을 순행함.
＊煩重(번중)：번잡하고 무거움.
＊盡劉(진류)：모조리 죽음.

【字義】 歷：지낼 력　　巨：클 거　　弊：폐단 폐
革：고칠 혁　　劉：죽일 류

內饌非所以禮賓이며 有其實而無其名하니 抑所宜也니라.
(내찬비소이예빈 유기실이무기명 억소의야)

【解釋】 내찬(內饌)은 손님을 예우하는 것이 아니니 그 실상은 그대로 두되 그 명칭은 없애는 것이 마땅할 듯하다.

【解說】 감사가 고을에 도착하면 별도로 진수성찬(珍羞盛饌)을 갖추어 내찬(內饌)이라 부르는데, 감사는 오직 이 내찬만을 먹는다. 안에 있는 부녀자가 언제 공사(公事)에 참여한 적이 있기에 공빈(公賓)을 접대하는 자리에서 부녀자가 반찬을 권하게 해서야 되겠는가. 예가 아니다.

그러나 감사 일행은 오랫동안 기름진 음식에 배불렀으므로 반찬과 산적 등 음식물이 조금이라도 맛이 좋지 않으면 먹지 않을 것이니, 이 또한 주인의 걱정거리가 되는 것이다. 그러므로 내찬을 만들되 공반(公盤)을 사용하여 내찬의 이름과 흔적이 없게 하고 오직 손님이 배불리 먹기만을 바라고 생색을 내지 않는다면 거의 부끄러움이 없을 것이다.

그 수행하는 비장(裨將)의 접대도 주리(廚吏)를 엄중히 단속하여 맛있고 깨끗히 하게 할 뿐이다. 그들의 환심을 얻고자 하다가는

도리어 먼저 비웃음을 받게 될 것이니, 얼굴이 붉어질 일은 하지 말 것이다.

조선 성종(成宗) 때 어떤 사람이 감사에서 내직(內職)으로 들어와 승지(承旨)가 된 이가 있었는데, 임금이 그에게,

"감사는 접대하는 음식의 후박을 가지고 성적을 매긴다 하니 정말 그런가?"

고 묻자,

"그런 일이 있습니다."

고 대답하였다. 임금은 불쾌하여 말하기를,

"어찌 음식의 공양을 가지고 관인(官人)을 책벌(責罰)해서야 되겠는가?"

하니, 대답하기를,

"음식도 오히려 입에 맞게 할 수 없는데 하물며 다른 일이 있겠습니까."

라고 하였다.

> 監司廚傳之式(감사주전지식)은 厥有祖訓(궐유조훈)하고 載在國乘(재재국승)하니 義當恪遵(의당각준)하여 不可毁也(불가훼야)니라.

【解釋】 감사를 접대하는 법식은 조훈(祖訓)이 나라 역사에 실려 있으니, 삼가 준수하여 무너뜨리지 말아야 한다.

【解說】 내가 근래에 고금의 기민(飢民) 구호 정책에 관한 여러 서적을 열람하니, 주자(朱子)가 절동(浙東) 황사(荒使)가 되었을 때의 일을 그 문인이 기록한 다음과 같은 것이 있었다.

"공(公)은 백성들의 숨은 실정을 탐문(探問)하는 데 밤낮을 가리지 않고 심지어 침식(寢食)까지 폐해 가면서 아무리 궁벽한 산골짜기라 해도 가지 않은 곳이 없었다. 나갈 적에는 매양 간편한 수레를 타고 시종을 물리치고 자신에 필요한 물품은 모두 스스로 장만하고 고을에 추호의 폐도 끼치지 않았다. 그러므로

순행한 곳이 매우 넓었으나 그 지방에서는 황사의 순행이 있었는지조차 알지 못하였다. 이 때문에 관리들은 밤낮으로 경계하고 단속하여 항상 사자(使者)가 자기 경내로 들어오는 것처럼 조심하였으며, 더러는 불안하여 스스로 벼슬을 버리고 떠난 자까지 있었다. 이 때문에 구제된 백성이 몇 만 명이나 되는지 모른다."

그 뒤 주자가 효종(孝宗)을 뵈니, 효종이 주자를 영접하고 위로하기를,

"절동에서의 수고는 나도 아는 바이다."

고 하였으니, 이 어찌 오늘날에 본받아야 될 바가 아니겠는가?

성호 선생(星湖先生)은 다음과 같이 말하였다.

"우리 나라 법에 임금의 명을 받은 사신이 고을을 지날 때 그 접대하는 음식이 풍부하지 않으면 임금에게 아뢰어 파직시키는 것이 정해진 관례가 되었으므로 수령들은 오직 사신 접대하는 음식을 화려하고 사치스럽게 하는 것만을 잘한 일로 아는데 그 물건들은 모두 백성에게서 나오는 것이어서 점점 백성을 괴롭히는 길이 되고 있다. 그러므로 투정(鬪飣)[1]이 풍습이 되고 모진 관리들은 이를 빙자하여 이름을 내니, 매우 가증스러운 일이다. 조정에서는 정해진 제도를 헤아려 그 그릇의 크고 작음과 음식의 많고 적음을 계급의 고하에 따라 알맞게 하고 함부로 지나치게 접대하지 못하게 한다면 백성들에게 어느 정도는 도움을 주게 될 것이다."

【註釋】 ***廚傳**(주전) : 음식을 접대함.
***祖訓**(조훈) : 역대 임금들의 교훈.
1) **鬪飣**(투정) : 오색의 떡을 여러 형태로 괴는 일.

【字義】 **廚** : 주방 주 **祖** : 할아버지 조 **乘** : 역사 승 **遵** : 지킬 준

일응빈객지향 의준고례 엄정궐식 법 수불립 예의상강
一應賓客之饗은 宜遵古禮하여 嚴定厥式이요 法雖不立이나 禮宜常講이니라.

【解釋】 빈객의 접대는 한결같이 옛 예를 따라 그 격식을 정하고, 비록 법은 세우지 않는다 하더라도 예는 항상 강구해야 할 것이다.

【解說】 지금 비록 법제로서 반포되지는 않았지만 수령들은 마음속으로 선왕(先王)이 예를 만든 것을 알고 있으니, 음식의 가지의 수를 스스로 헤아려 주공(周公)·공자(孔子)의 예를 따르는 것이 좋지 않겠는가.

고지현목 기접대상관 불감유례 함유방
古之賢牧은 其接待上官에 不敢踰禮나 咸有芳
휘 포재방책
徽는 布在方冊이니라.

【解釋】 옛날의 어진 수령은 상관을 접대하는 데 감히 예를 넘지 않았으므로 모두 아름다운 행적이 기록으로 남아 있다.

【解說】 당나라 하역우(何易于)가 익창령(益昌令)이 되었을 때에 자사(刺史) 최박(崔樸)이 배를 띄워 봄놀이를 하려고 익창으로 나와서 백성들을 동원하여 배를 끌게 하자, 하역우가 스스로 나서서 배를 끌었다. 이를 본 최박은 놀라 그 사정을 물으니 하역우가 대답하기를,

"지금은 봄이어서 백성들이 밭갈이나 누에치는 일에 바쁘지만, 나는 아무 일도 없기 때문에 백성들을 대신하여 이 일을 할 수 있습니다."

하니, 이 말을 들은 자사는 불안해 곧 말을 타고 돌아갔다.

유남원(劉南垣)이 늙어 벼슬을 그만두고 집에 있을 적에, 음식을 까다롭게 타박하는 직지사자(直指使者)가 내려왔으므로 군현이 매우 걱정하니, 공이 말하기를,

"이는 나의 제자이니 내가 타일러 그리하지 못하도록 하겠다."

고 하였다. 사자가 그의 집을 방문하자 식전부터 점심 때가 지나도록 밥상을 내오지 않으니 사자는 매우 배가 고팠다. 조금 뒤 밥상이 나왔는데, 그 상에는 다만 조밥과 두부 한 그릇뿐이었으나 사자는 세 주발을 먹고 나서야 너무 많이 먹은 것을 깨달았다.

다시 조금이 지난 뒤 좋은 안주와 술이 앞에 가득히 차려졌으나 사자는 더 이상 먹을 수가 없었다. 공이 억지로 권하자 사자는 '배가 너무 불러 먹을 수 없다.'고 대답하였다. 그제야 공이 웃으며 말하기를,

"음식은 원래 좋고 나쁜 것이 없는 것이다. 배고플 때에는 맛이 있고 배가 부를 적에는 맛있기가 어려운 것이다. 이는 음식이 좋고 나빠서가 아니라 때가 그렇게 만드는 것이다."

고 하니 직지사자는 그의 가르침에 깨달은 바가 있어 그 뒤로는 감히 음식으로 사람을 책망하지 않았다.

【註釋】 ＊踰禮(유례)：예법을 넘음. ＊芳徽(방휘)：아름다움.

【字義】 賢：어질 현　咸：모두 함　芳：향기 방　徽：아름다울 휘　布：펼 포

> 수비상관　범사성지시과자　법당치경
> 雖非上官이라도 凡使星之時過者는 法當致敬이요
> 기횡자물수　여의각공
> 其橫者勿受하고 餘宜恪恭이니라.

【解釋】 비록 상관이 아니더라도 때때로 지나는 사신에게는 법으로 보아 극진히 공경해야 하나, 횡포한 자는 받아들이지 말고, 그 이외의 사신에게는 마땅히 공손해야 한다.

【解說】 후주(後周) 때 왕비(王羆)가 강동(江東)을 다스릴 적에 사신이 왔으므로 그를 위하여 음식을 차렸는데, 그 사람이 떡의 얇은 가장자리를 떼어내고 먹으니, 왕비가 노하여 말하기를,

"갈고 심고 거두는 데 그 공이 많이 들었고, 찧고 불때고 만드는 데 힘이 적게 든 것이 아닌데, 그대는 골라가며 먹으니 이는 아직 배가 고프지 않아서이다."

하고, 좌우에게 명하여 상을 물리게 하니 그가 크게 부끄러워하였다.

박문부(朴文富)가 영해부사(寧海府使)가 되었을 때 역마(驛馬)를

타고 온 사람이면 아무리 낮은 벼슬아치라 할지라도 반드시 그가 머무는 곳에 가서 위로하고 접대하였다. 어떤 사람이 묻기를,

"공께서는 높고 저 사람은 낮은데 어찌 이렇게까지 하십니까?"

하니 박문부는,

"저 사람은 손님이고 나는 주인이니 손님과 주인 사이에 어찌 계급을 따지겠는가. 저 사람이 혹시 공사를 빙자하여 함부로 위세를 부려 아전들을 괴롭힌다면 내가 어찌 차마 그런 꼴을 보겠는가. 내가 저 사람에게 후하게 하면 저 사람도 반드시 노하지 않을 것이다."

하였는데 이로 말미암아 오는 사람마다 감동하고 기뻐하여 아전들이 괴롭힘을 당하지 않았다.

조선 인조 때 사람 장유(張維)가 이조판서 겸 대제학(吏曹判書兼大提學)으로 있다가 죄를 얻어 나주목사(羅州牧使)로 나가게 되었다. 공이 조정에 있을 적에는 오만하다고 소문이 났었으나, 나주에 부임한 뒤 무인(武人) 금오랑(金吾郞)이 죄인을 체포하기 위하여 지나다가 이 곳 객사(客舍)에 들르니 공은 예복을 갖추어 입고 말을 타고 가서 말하기를,

"사신께서 부(府)에 들어오셨으니 가마를 탈 수 없습니다."

하고, 서로 인사를 하는 데도 모습이 매우 공손하니, 금오랑은 엎드려 땀을 흘리며,

"대감께서 어찌 스스로의 체모를 이처럼 손상시키십니까?"

하니, 공은 웃으며 다음과 같이 대답하였다.

"서울에서라면 도사(都事)가 내 집에 와서 명함을 들이기도 어려울 것이지만 지금은 외관(外官)으로서 사신을 접대하게 되었으니 이와 같이 하지 않아서는 안 됩니다."

【註釋】 ***使星**(사성) : 임금의 명을 받은 사신.

***恪恭**(각공) : 정성과 공경.

【字義】 **使** : 사신 사 **星** : 별 성 **致** : 이를 치
敬 : 공손 경 **横** : 횡포 횡 **餘** : 나머지 여
恪 : 정성 각

고 인 어 내 시 소 과　　유 혹 항 의　　심 자　　거 가
古人於內侍所過라도 猶或抗義하며 甚者는 車駕
소 경　　유 불 감 학 민　　이 구 미
所經에도 猶不敢虐民하여 以求媚하니라.

【解釋】 옛사람은 내시(內侍)가 지나는 데에도 오히려 의(義)를 굽히지 않았으며, 심한 자는 임금이 지나는 데에도 백성을 괴롭혀 가면서 잘 보이려 하지 않았다.

【解說】 양진(楊璡)이 단도지현(丹徒知縣)을 제수받았는데, 마침 그때 중사(中使)[1]가 절강(浙江)으로 가면서 이르는 곳마다 수령을 결박하여 배 안에 가두어 두고 뇌물을 받고서야 풀어 주었다. 중사의 행차가 단도에 도착할 무렵 양진은 헤엄 잘 치는 두 사람을 골라 늙은이의 의관(衣冠)을 하고 가서 중사를 맞게 하니, 중사가 노하여 말하기를,

"수령은 어디 갔기에 너희들만이 감히 와서 알현하는 것이냐?"

하고, 좌우에게 명하여 두 사람을 잡으라 하였다. 두 사람은 곧 강물 속으로 뛰어들어 수중으로 헤엄쳐서 도망하였다. 그런 뒤 양진은 천천히 와서 거짓말하기를,

"들으니 공께서 두 사람을 몰아 강물에 빠져죽게 하였다 하니, 밝은 세상으로 법령이 삼엄한 오늘날에 어찌 인명을 그리 함부로 여기십니까."

하니, 중사는 겁이 나서 사과하고 떠났다.

명나라 무종(武宗) 때 왕응진(汪應軫)이 외직으로 나가 사주(泗州)를 다스리게 되었는데, 임금이 남쪽으로 순수(巡狩)하여 임금의 수레가 당도할 시기가 되자 다른 모든 고을이 허둥댔으나 응진은 홀로 의연한 자세로 동요하지 않고 말하기를,

"지금으로서는 어가가 온다는 기약이 없는데, 아전들을 사방으로 내보내 돈을 거두게 하면 이는 아전들을 놓아 간악한 짓을 하게 하는 것이다."

하였다. 다른 고을에서는 횃불을 잡는 인원이 수천명에 이르고, 한달 이상이나 어가를 기다리느라 얼고 굶어 죽은 자까지 있었으나

응진은 가로수 사이에 횃불을 묶어 놓고 한 사람에게 횃불 열 개씩 맡게 하였다. 어가가 밤에 이 고을을 지났는데 횃불의 대오가 정연하여 도리어 다른 고을보다 나았다.

왕응진은 천자의 수레가 지나는데도 백성을 이처럼 아꼈는데, 요즈음 사람들은 감사를 맞는 데에도 백성을 짐승처럼 부리니 부끄러운 줄을 알아야 할 것이다.

【註釋】 ***內侍**(내시) : 임금을 가까이 모시는 환관(宦官).
***抗義**(항의) : 의(義)를 들어 굽히지 않음.
***車駕**(거가) : 임금의 수레.
***求媚**(구미) : 잘 보이려고 함.
1) **中使**(중사) : 내시 신분인 사신.

【字義】 **猶** : 오히려 유　**抗** : 대항할 항　**義** : 옳을 의
駕 : 수레 가　**經** : 지날 경　**虐** : 학대할 학
媚 : 잘 보일 미

> 勅使接待(칙사접대)를 謂之支勅(위지지칙)이니 支勅者(지칙자)는 西路之大政也(서로지대정야)라.

【解釋】 칙사(勅使)를 접대하는 것을 지칙(支勅)이라 하는데, 지칙은 서쪽 지방의 큰 정사이다.

【解說】 칙사가 행차한다고 미리 알리는 기별이 오면 여러 고을이 소란을 떨며 접대에 필요한 모든 물건을 백성들에게 분담시켜 준비하게 한다. 그 명목이 헤아릴 수 없이 많기 때문에 아전들이 농간을 부리기가 일쑤고 크나큰 고통이 된다.

수령의 아전과 장교들을 엄하게 타일러서 칙사가 나오는 것을 기회로 백성의 재물을 수탈하여 미풍양속을 해치는 일이 없도록 단속해야 한다.

지칙은 국가의 큰일이니만큼 바꿀 수 없는 철석 같은 법을 만들어 모든 고을로 하여금 상고하여 행하게 한 뒤에야 안심하고 조처할 수 있을 것이다.

민진량(閔晉亮)이 성천부사(成川府使)로 있을 적에 우리 나라 사람으로 청 나라에 귀화한 정명수(鄭命壽)가 칙사로 우리 나라에 오게 되었는데, 공에게 원한을 품고 군졸을 기켜 공을 잡아오라 하였다. 이런 일을 당하는 자는 으레 도망치고 조정에서는 그를 파직(罷職)시켜 사태를 미봉하였다. 그런데 공은,

"도망치는 것은 용기가 없는 것이다."

하고, 군졸을 물리치고 곧장 청사에게로 가서 꿋꿋이 서서 눈을 부라리고 정명수를 바라보니, 그는 놀라서,

"그대는 누구인가?"

고 물었다. 공이 대답하기를,

"고(故) 상서(尙書) 아무의 아들이다."

고 하니, 정명수가 말하기를,

"그는 과거에 나를 죽일 뻔했던 자인데, 그 아들이 다시 이와 같구나."

하고, 끝내 감히 욕을 보이지 못하니 듣는 이들이 모두 경탄하였다.

세상에 전하는 말로는 상국(相國) 허적(許積)이 의주부윤(義州府尹)으로 있을 때, 정명수를 잡아다가 형틀에 엎어 놓고 말하기를,

"너의 살은 청나라에서 찐 것이지만 너의 뼈는 우리 나라에서 생긴 것이니, 너의 살은 청나라로 돌려 주고 너의 뼈는 우리 나라에 남겨야 되겠다."

하고, 살을 도려내라 명하니 정명수가 애걸하므로 그만두었다 한다. 이 말은 믿을 수 없으니 당시에 아마도 이와 같이 하기는 어려웠을 것이다.

【註釋】 **＊勅使**(칙사) : 중국의 사신.

＊支勅(지칙) : 칙사 접대.

＊西路(서로) : 서쪽 지방.

【字義】 **勅** : 칙사 칙　**待** : 대접할 대　**路** : 길 로

제3조 백성을 가르침〔教民〕

民牧之職(민목지직)은 教民而已(교민이이)라. 均其田産(균기전산)도 將以教也(장이교야)며 平其賦役(평기부역)도 將以教也(장이교야)며 設官置牧(설관치목)도 將以教也(장이교야)며 明罰飭法(명벌칙법)도 將以教也(장이교야)니 諸政不修(제정불수)하고 未遑興教(미황흥교)면 此百世之所以無善治也(차백세지소이무선치야)니라.

【解釋】 수령의 직분은 백성을 가르치는 것일 뿐이다. 토지의 생산을 균등하게 하는 것도 가르치기 위함이요, 부역을 공평히 하는 것도 가르치기 위함이며, 관직을 만들어 수령을 두는 것도 가르치기 위함이요, 형벌을 밝히고 법을 신칙하는 것도 가르치기 위함이니, 모든 정치가 닦여지지 않으면 교육을 일으킬 겨를이 없으므로 이것이 바로 백세 동안 훌륭한 다스림이 없었던 이유이다.

【解說】 요즈음 수령이 된 자들은 오래 있어야 3년이고 짧은 경우에는 1년마다 교체되니, 이는 지나는 길손일 뿐이다. 30년이 지난 뒤에야 교화가 젖어들고 1백 년이 지난 뒤에야 예악(禮樂)이 일어나게 되는데, 백성을 교화시키는 것은 길손이 할 수 있는 바가 아니다.

이왕 수령이 된 이상 백성들이 오랑캐나 금수가 되어가는 것을 구경만 하고 구제하기를 힘쓰지 않는 것도 잠시 동안의 책무를 다하지 않는 것이니, 예속과 향약(鄉約)을 권면하여 행하게 하는 것을 어찌 그만둘 수 있겠는가.

【註釋】 *田産(전산) : 토지의 생산.
*飭法(칙법) : 법으로 단속함.
*興教(흥교) : 교육을 일으킴.

【字義】 教 : 가르칠 교　均 : 고를 균　置 : 둘 치
飭 : 단속할 칙　遑 : 겨를 황

속 민 위 오 이 행 향 약 역 고 향 당 주 족 지 유
束民爲伍하여 以行鄕約도 亦古鄕黨州族之遺
의 위 혜 기 흡 면 이 행 지 가 야
意니 威惠旣洽이면 勉而行之可也니라.

【解釋】 백성을 묶어 오(伍)로 만들어 향약(鄕約)을 행하는 것도 옛날의 향(鄕)·당(黨)·주(州)·족(族)의 뜻을 살린 것이니 위엄과 은혜가 흡족하다면 힘써 행하는 것이 좋을 것이다.

【解說】 한나라 한연수(韓延壽)가 동군태수(東郡太守)가 되었을 때, 다섯 명의 오장(伍長)을 두어 서로 효제(孝悌)로 백성을 이끌게 하고 간사한 사람이 끼어 살지 못하게 하고, 동리에 비상한 일이 생기면 그때마다 보고하게 하니, 처음에는 번거로운 듯하였으나 뒤에는 관리가 죄인을 쫓아와 잡아가는 괴로움이 없어졌다.

후세의 향약은 대개 이에서 비롯된 것이다. 덕업을 서로 권장하여 선을 행한다는 것을 근본으로 하는 향약은 뜻은 좋으나 지금에 이르서는 폐단이 적지 않다. 그러니 그 폐단을 낱낱이 살피지 않고 섣불리 시행한다면 큰 후회가 따를 것이다.

여헌(旅軒) 장현광(張顯光)이 보은현감(報恩縣監)이 되었을 때, 부로(父老)들과 초하루와 보름날에 회합하기를 약속하고 부로들에게 민폐(民弊)를 말하게 하여 부족한 것은 보충하고 잘못된 것은 시정하여 백성들에게 효제(孝悌)를 돈독히 하고 염치(廉恥)를 힘쓰고 덕행(德行)을 높이고 나쁜 풍속을 없애게 하였으니, 이는 모두 나쁜 풍속을 변화시키는 큰 법이다.

【註釋】 *束民爲伍(속민위오) : 백성 다섯 집을 단위로 묶음.

*鄕約(향약) : 시골에서 자치적으로 행하는 다섯 가지 규약.

【字義】 伍 : 다섯 오 黨 : 무리 당 遺 : 남길 유
洽 : 흡족할 흡 勉 : 힘쓸 면

전 언 왕 행 권 유 하 민 사 지 습 관 어 이 목
前言往行을 勸諭下民하여 使之習慣於耳目도

역 혹 유 조 어 화 도
亦或有助於化導니라.

【解釋】 옛 선인들의 좋은 말과 훌륭한 행동을 백성들에게 권유하여 눈과 귀에 익숙해지게 하는 것 또한 교화하여 백성을 인도하는데 도움이 될 것이다.

【解說】 《경국대전》에는 다음과 같이 되어 있다.

"《삼강행실(三綱行實)》을 언문으로 번역하여 서울과 지방 사족(士族)의 가장과 부로(父老)나 혹은 교수(敎授), 훈도(訓導) 등으로 하여금 부녀자와 어린이들을 가르쳐 깨우치게 하고 만약 큰 의리를 알고 행실이 특이한 자가 있으면 관찰사가 보고하여 상을 준다."

조선 인조 때 사람 김세렴(金世濂)이 현풍현감(玄風縣監)이 되어서의 일이다. 현에 부임하는 즉시 학규(學規)를 세우고 향약을 수행하였는데, 조목의 제정이 자세하고 세밀하니, 1년이 지나자 고을이 잘 다스려졌다.

그가 영남관찰사가 되었을 때는 향약의 조항을 손질하여 군현에 반포하여 행하게 하는 한편, 선비들을 모아 학예(學藝)를 권하고, 여러 고을에서 학문이 넉넉한 자를 선발하여 군현의 선비들을 가르치게 하였다.

【字義】 前 : 앞 전　往 : 지날 왕　勸 : 권할 권
慣 : 익숙할 관　助 : 도움 조　導 : 인도할 도

불 교 이 형　위 지 망 민　수 대 돈 불 효 자　고
不敎而刑을 謂之罔民이니 雖大憝不孝者라도 姑
유 교 지　부 전 내 살
唯敎之이요 不悛乃殺이니라.

【解釋】 가르치지 않고 형벌을 주는 것을 백성을 속이는 것이라 하니, 아무리 큰 악과 불효라 하더라도 먼저 가르치고 그래도 고치지 않는다면 죽여야 한다.

【解說】 후한 구남(仇覽)이 양수정장(陽遂亭長)이 되어 교화(教化)하기를 좋아하였다. 백성 중에 진원(陳元)이란 자가 불효하니, 그 어미가 구남에게 와서 호소하였다. 구남은 진원을 불러 자식의 도리로써 책망하고 《효경(孝經)》 한 권을 주어 읽게 했더니, 진원은 깊이 깨닫고 어머니 앞에 사죄하기를,

"제가 어려서 아버지를 여의었으므로 어머니의 깊은 사랑을 받았습니다. 속담에 '외로운 송아지는 어미를 떠받고 버릇 없는 아이는 어미를 나무란다.'고 하였습니다. 오늘부터 개과 천선하겠습니다."

하고 모자가 서로 바라보며 눈물을 흘렸다. 진원은 마침내 효도를 행하여 훌륭한 선비가 되었다.

박세량(朴世樑)이 신창현감(新昌縣監)으로 있을 때의 일이다. 백성 중에 포악해서 어미에게 불효하여, 어미로부터 고소를 당하여 옥에 갇힌 자가 있었다. 주위 사람들은 그의 죄를 열거하며 용서하지 말기를 청하였지만 공은 수심에 잠겨 말하기를,

"그도 사람인데, 가르치지도 않고 죽이는 것은 상서롭지 못하다."

하고는, 모자의 은혜와 선악의 분수를 들어 비유해서 깨우쳐주니, 그 백성은 감동하고 깨달아서 새사람이 되기를 다짐하였다. 공은 곧 그의 죄를 용서해 주고 물품을 후하게 주어 돌아가서 어미를 봉양하게 하니, 그 백성은 마침내 선을 행하여 효자라는 칭찬을 받게 되었다.

호정계(胡霆桂)가 연산주부(鉛山主簿)가 되었을 때, 밀주(密酒)에 대한 금령(禁令)이 매우 엄하였는데, 시어머니가 밀주를 만들었다고 고발한 며느리가 있었다. 호정계가 그 며느리에게 따져 묻기를,

"너는 시어머니를 효도로 섬기느냐?"

하니, 그 며느리는 효도한다고 대답하였다. 정계는 말하기를,

"이미 효도를 한다고 하였으니, 네가 시어머니를 대신하여 벌을 받을 수 있겠구나."

하고, 밀주 만든 죄로 회초리를 치니, 교화가 크게 행해졌다.

【註釋】 *罔民(망민) : 백성을 속임. | *大憝(대돈) : 큰 악인.

【字義】 罔 : 속일 **망**　憝 : 악할 **돈**　悛 : 뉘우칠 **전**

兄弟不友(형제불우)하고 嚚訟無恥者(효송무치자)도 亦姑敎之(역고교지)하여 勿庸(물용) 殺之(살지)니라.

【解釋】 형제끼리 우애하지 않고 부끄러움 없이 송사를 하는 자도 우선은 먼저 가르칠 것이며 함부로 죽이지 말아야 한다.

【解說】 송(宋)나라 진한경(陳漢卿)이 위남현(渭南縣)을 다스리는데, 형제간에 전답을 다투는 자가 있었다. 관리들은 항상 그 형을 옳다고 하였으나 아우는 송사를 멈추지 않았다. 진한경이 가서 문제의 그 토지와 문권(文券)을 보고서 아우가 옳기는 하지만 형에게 양보해야 한다고 하여 그 전지를 형에게 주니, 그 형이 사과하기를,

"제가 잘못을 뉘우치고 이 전지를 동생에게 돌려주고자 한 것이 여러 번이었으나 볼기를 맞을까 두려워 감히 돌려주지 못했습니다."

하고, 그 동생은,

"저는 전답이 많습니다. 그러나 옳지 못하다는 게 부끄러워 형과 송사를 한 것인데 지금 제가 옳다고 하시니 전지는 형님에게 드리겠습니다."

하고, 형제가 서로 붙들고 울면서 돌아갔다. 그 뒤로는 고을 백성들이 일이 있으면 진한경에게 한 마디 말을 청하여 잘잘못을 가리었다.

조선 인조 때 사람 윤전(尹烇)이 익산군수(益山郡守)가 되었는데 형제끼리 송사하는 백성이 있었다. 윤전이 그 이유를 꾸짖어 말하

기를,

"너는 무엇 때문에 형과 소송을 하느냐?"

하니,

"나에게 아버지의 재산을 나누어 주지 않아서입니다."

하였다. 다시 그 형에게 묻기를,

"무엇 때문에 재산을 나누어 주지 않는가?"

하니,

"아버지의 명이어서 감히 어길 수가 없었습니다."

고 대답하였다. 윤전은 곧 그를 꾸짖기를,

"너에게는 참으로 죄가 있으며 너의 아비가 자식을 자식으로 여기지 않는 것도 잘못이다. 옛사람 중에는 아비의 임종 때 정신 없이 한 유언은 따르지 않는 사람이 있었으니, 너의 재물이라도 나누어 주어야 할 것이다. 너희들의 죄는 형벌로 다스려야 마땅하겠으나, 가르치지 않고 형벌을 내리는 것을 나는 부끄럽게 여긴다."

하고 인륜의 도리를 이야기하여 보냈더니, 그 다음날 다시 와서 재산을 나누어 주겠다고 하였다.

송 나라 여도(呂陶)가 동량(銅梁) 지방을 다스릴 때 일이다. 백성 중에 방씨(龐氏) 성을 가진 세 자매가 어린 동생의 전지를 몰래 차지하였는데, 그 동생이 자란 뒤 관에 고하였으나 승소하지 못하고 가난이 심하여 남의 머슴이 되었다.

여도가 한 번 심문하니 세 자매는 죄를 자백하였다. 그 동생은 눈물을 흘리며 절하고, 전지의 반을 절에 바쳐 은혜에 보답하기를 원한다고 하니, 여도가 그를 깨우쳐 말하기를,

"세 누이는 모두 너의 동기(同氣)이니 네가 어렸을 때에 너를 위하여 그 전지를 주관했을 뿐이며 만약 그렇게 하지 않았더라면 역시 다른 사람에게 사기를 당하였을 것이다. 그 반을 떼어 불공을 하는 것보다 어찌 누이들에게 주어 다시 형제가 되는 것이 도리어 아름다운 일이 아니겠느냐."

하니, 동생은 눈물을 흘리며 명에 따랐다.

【字義】 囂 : 시끄러울 효　　恥 : 부끄러울 치　　姑 : 우선 고
殺 : 죽일 살

> 하 추 절 요　원 어 왕 화　권 행 예 속　역 민 목
> 遐陬絶徼이면 遠於王化니 勸行禮俗도 亦民牧
> 지 선 무 야
> 之先務也니라.

【解釋】 먼 시골은 임금의 교화와 거리가 머니, 예속(禮俗)을 권하여 행하게 하는 것도 수령이 먼저 힘써야 할 일이다.

【解說】 조선 세조 때 사람 기건(奇虔)이 제주목사(濟州牧使)가 되었는데, 제주의 옛 풍속은 부모를 장사지내지 않고 부모가 죽으면 골짜기에 내다버렸다. 공은 부임하기 전에 먼저 주리(州吏)에게 명하여 관을 갖추어 염장하는 것을 가르치게 하여 제주 사람들이 그 부모를 장사지내는 것이 공으로부터 시작되어 교화가 크게 행해졌다. 하루는 공이 꿈을 꾸니, 3백여 명의 사람이 뜰 아래서 머리를 조아리며,

"공의 은혜를 입어 해골이 드러나는 것을 면하게 되었으나 은혜를 갚을 길이 없습니다. 공께서는 금년에 훌륭한 손자를 보게 될 것입니다."

하였는데, 과연 그 꿈이 들어맞았다.

양지견(楊志堅)은 학문을 좋아하였으나 집안이 가난하였다. 아내가 이혼을 하자며 문서를 요구하니, 지견은 시(詩)를 써 주었다. 그 아내는 그 시를 가지고 관가에 와서 이혼증명서의 발급을 요청하였다.

이 때 내사(內史)로 있던 안노공(顔魯公)은 그 여인이 풍속을 무너뜨렸다 하여 20대의 매를 친 뒤에 임의대로 개가(改嫁)할 것을 허가하였다. 그리고 지견의 청빈(淸貧)함을 불쌍히 여겨 명주와 베, 쌀 등을 주고 군관(軍官)으로 채용하고서 사방에 이 사실을 알리니, 이 뒤로는 그 고을에는 수십 년 동안 남편을 버리는 아내가 없었다.

【註釋】 ＊遐陬絶徼(하추절요) : 멀리 떨어진 지방. | ＊禮俗(예속) : 예의와 풍속.

【字義】 遐 : 멀 하　陬 : 시골 추　遠 : 멀 원
務 : 힘쓸 무

효자열녀 충신절사 천발유광 이도정
孝子烈女와 忠臣節士는 闡發幽光하여 以圖旌
표 역민목지직야
表도 亦民牧之職也니라.

【解釋】 효자・열녀・충신・절사 들의 숨은 행적을 들추어 정표(旌表)하는 것도 수령의 직분이다.

【解說】 당(唐)의 정공저(丁公著)는 아비의 장사에 몸소 흙을 날라다 무덤을 만드느라 얼굴과 체력이 수척해지니, 보는 사람들은 그가 효도로 인해 죽을까 염려하였다. 관찰사가 그의 지극한 행실을 보고하니 조서를 내려 곡식을 주고 문려를 정표하도록 하였다.

조선 숙종 때 사람 조세환(趙世煥)이 동래부사(東萊府使)가 되었는데, 공이 매우 가난하다는 말을 들은 왕께서 금 30냥을 하사하시었다. 공은 부임하자마자 충신 송상현(宋象賢)의 사당을 보수하는 한편 노비를 사서 사당을 지키게 하였으며, 또 순절한 관노 석매(石邁)의 자손이 아직까지 노비로 있다는 말을 듣고 대신 속(贖)을 바쳐 양민으로 만들어 주는 데 금을 다 쓰니 남은 것이 하나도 없게 되었다.

【註釋】 ＊闡發(천발) : 들추어 냄. | ＊旌表(정표) : 정려(旌閭)를 내려 표창함.

【字義】 孝 : 효도 효　烈 : 매울 열　節 : 절개 절
闡 : 드러낼 천　幽 : 숨을 유　旌 : 정려 정

약부교격지행 편협지의 불의숭장 약
若夫矯激之行과 偏狹之義는 不宜崇奬하여 以

계 유 폐　기 의 정 야
啓流弊니 其義精也니라.

【解釋】 과격한 행동이나 편협한 의리를 숭상하거나 권장하여 폐단이 전해지는 길을 열어 주지 않는 것이 정밀한 의리이다.

【解說】 손가락을 잘라 운명하는 부모에게 피를 먹이고 허벅지 살을 베어내어 부모를 봉양하는 행동은 대단한 효성이어서 그 탁월한 효행을 사람들이 따르기는 어렵다. 그러나 이같은 일은 예부터 이름이 알려진 효자나 성인도 하지 않은 바여서 군자가 이에 대해 조심하여 말하기 어렵게 여기는 것이다.

효자와 열녀가 있는 고을의 수령은 예조(禮曹)의 칙례(則例)를 살펴 그 뜻을 잘 헤아려야 할 것이며, 과격한 행동을 권장하는 일이 있어서는 안 된다.

열녀를 표창하는 것은 잘 생각하여 처리해야 한다. 도적이나 오랑캐를 만나 겁탈당하여 몸을 더럽히게 된 자는 죽는 것이 진실로 당연하다. 그러나 젊은 나이에 남편을 여의고 부끄럼과 한을 견디지 못하여 좁은 소견으로 목을 매거나 독약을 마시고 자살한 자는 결단코 표창해서는 안 된다. 자세히 그 사정을 탐지하여 혹시 부모가 며느리의 박복(薄福)을 탓하거나 시숙들이 제수(弟嫂)가 병의 빌미가 되었다고 의심하는 한 마디 말에 발끈 화를 내어 자살을 결행한 자와, 혹 부부간에 정이 깊었으므로 슬픔이 더욱 심하여 오래도록 견딜 수 없어 자살한 자는 모두 명예를 드러내 줄 필요가 없다.

오직 슬픔을 참아가며 시부모를 잘 봉양하고 어린 자식들을 길러 남편 집 문호(門戶)를 부지해 가는 자만이 지극한 행동이 되는 것이다. 비록 사람들을 놀라게 할 만한 절의(節義)는 없다 하더라도 수령은 그런 사람의 숨은 행적을 찾아내어 표창해야 할 것이다.

【註釋】 **＊矯激(교격)** : 과격함. | **＊崇奬(숭장)** : 숭상하고 장려함.

【字義】 **矯** : 클 교　**激** : 격렬할 격　**偏** : 치우칠 편
狹 : 좁을 협　**崇** : 높일 숭　**啓** : 열 계

제4조 학교를 일으킴

고지소위학교자 습례언 습악언 금예
古之所謂學校者는 習禮焉하며 習樂焉이나 今禮
괴악붕 학교지교 독서이이
壞樂崩하여 學校之教는 讀書而已라.

【解釋】 옛날의 학교에서는 예악(禮樂)을 익혔는데, 지금은 예악이 붕괴되어 학교에서 가르치는 것은 독서뿐이다.

【解說】 공자는 사람을 가르치는 데 음악을 주로 하였다. 오늘날 군현의 학교가 바로 옛날 제후의 학교인데 음악이 이미 끊겼으니 학교도 폐지된 것이다.

옛날의 태학(太學)에서는 양로례(養老禮)를 행하여 효(孝)를 일으키고, 치학례(齒學禮)를 행하여 제(悌)를 일으키고, 향고례(饗孤禮)를 행하여 백성들로 하여금 배반하지 않게 하였으니, 이는 효(孝)·제(悌)·자(慈)를 태학의 종지(宗旨)로 삼은 이유이다. 수령들은 이 뜻을 마음에 새겨 학궁에서 양로례와 향음주례[1]를 행하여 효제를 일으키고, 혹 새로 외적(外敵)의 난리를 겪어 국가를 위하여 죽은 자가 있으면 그 자식들을 대접하여 휼고(恤孤)의 뜻을 갖는다면 역시 비문(備文)이 되기에 충분할 것이다. 난리를 겪은 지가 이미 오래되었으면 창의(倡義)한 사람의 자손을 찾아봄에 학궁에서 접대할 것이니, 이도 충(忠)을 권장하는 요무(要務)이다.

자유(子游)가 무성(武城)의 원이 되었을 적에 공자가 무성에 가 거문고 소리를 듣고 빙그레 웃으며,

"닭을 잡는데 어찌 소 잡는 칼을 사용하느냐?"

고 하자, 자유가 대답하기를,

"제가 지난날에 선생님께 들으니, '군자가 도를 배우면 사람을 사랑하고, 소인이 도를 배우면 부리기가 쉽다.'고 하셨습니다."

하니, 공자는 말하였다.

"얘들아, 자유의 말이 옳다. 앞서 한 말은 농담이었다."

【註釋】 1) 鄕飮酒禮(향음주례): 해마다 10월에 수령이 고을 유생들을 불러 향약(鄕約)을 읽고 술을 마시던 의식.

【字義】 習: 익힐 습　壞: 무너뜨릴 괴　崩: 무너질 붕
讀: 읽을 독

> 文學者는 小學之敎也이니 然則後世之所謂興學者는 其猶爲小學乎아.
> (문학자 소학지교야 연즉후세지소위흥학자 기유위소학호)

【解釋】 문학(文學)이란 소학(小學)에서 가르치는 것이다. 그렇다면 후세에 학문을 일으킨다는 것은 소학을 일으키는 것과 같지 않겠는가.

【解說】 송(宋)의 정명도(程明道)가 진성령(晉城令)이 되었을 적에 여가가 있으면 친히 향교(鄕校)에 가서 부로들을 불러 함께 이야기하고, 어린이들이 읽는 책에 구두(句讀)를 고쳐 주며, 선생이 좋지 못하면 선생을 교체하였다. 과거에 이 지방 풍속이 매우 야(野)하여 학문을 할 줄을 몰랐는데, 선생이 자제 중에 우수한 자들을 뽑아 가르치니, 선생이 진성에 있은 지 3년 만에 백성들은 선생을 부모처럼 여겼다. 선생이 이 고을을 떠난 지 겨우 십여 년이 지났을 뿐인데도 유복(儒服)을 입은 자가 수백 명으로 늘어났다.

조극선(趙克善)이 온양군수(溫陽郡守)로 있을 때의 일이다. 조정에서는 학교를 일으키기로 하여 주군에 명하여 어린이들을 가르치되 3개월이 되어도 글을 통하지 못하는 자는 문학에서 도태시켜 무학(武學)으로 정하게 하니, 사람들은 의구심을 품고 입적(入籍)하는 자가 없었다. 공은 감사에게 말하기를,

> "삼대(三代) 때에도 선비를 기르는 데 모두 3년을 기한으로 하여 과거를 보게 하였습니다. 3개월은 효과를 기대할 수 있는 기간이 아니니 어찌 그 기간을 늦추어 성취를 기다리지 않습니까."

하니, 감사는 이를 허락하였다. 공은 곧 경내의 부로(父老)들을 불러 교육의 본뜻을 깨우쳐 주자 모두 기쁘게 명을 따랐다. 8세 이

상의 어린이들에게 모두《소학》을 가르치게 하고, 한 달에 두 번씩 공청에 모아 놓고 친히 배운 것을 시험하자 상당히 효과가 있었다.

【註釋】 ***小學**(소학) : 본래 중국 고대의 학교 제도로 보통 교육 기관. 기본 예절을 가르쳤음. ***興學**(흥학) : 학교를 일으킴.

【字義】 **學** : 배울 학　　**後** : 뒤 후　　**興** : 일으킬 흥
猶 : 같을 유

학 자　학 어 사 야　유 사 이 후　유 학　초
學者는 學於師也니 有師而後에 有學이라. 招
연 숙 덕　사 위 사 장 연 후　학 규 내 가 의 야
延宿德하여 使爲師長然後에 學規乃可議也니라.

【解釋】 학문은 스승에게 배우는 것이니 스승이 있은 뒤에야 배움이 있는 것이다. 덕망이 있는 사람을 초빙하여 스승을 삼은 다음에야 배움의 규칙을 논할 수 있다.

【解說】 명(明)의 요선(姚善)이 가흥부(嘉興府)를 다스릴 때 경(經)에 밝은 유정목(俞貞木)을 존경하여 매월 초하루와 보름에 반드시 그를 학교에 초청하여 경서(經書)를 강론하여 선비들을 훈계하게 하였다.

자신을 매우 고상히 지키는 전근(錢芹)이란 사람이 있었다. 하루는 요선이 유정목에게 보낸 쌀이 전근에게 잘못 전달되었는데, 전근은 그 쌀을 받았다. 그러자 유정목이 말하기를,

"전 선생은 구차히 취하지 않는 분인데, 지금 쌀을 사양치 않고 받은 것은 반드시 부공(府公)의 어지심을 우러러보아서일 것입니다."

고 하였다. 요선은 그 말을 듣고 가서 전근에게 인사를 하니, 전근은 다음 달 초하룻날에 학교에서 만나자고 하였다. 요선은 그 시기에 학교로 가서 전근을 맞아 상좌(上坐)에 앉히고 경의(經義)를 질문하니 전근이 말하기를,

"이는 선비의 일일 뿐입니다. 지금 관직을 지키시는 몸인데 어찌 시무(時務)를 말하지 않습니까."

하고, 드디어 한 장의 글을 내어 요선에게 주고는 끝내 한 마디의 말도 나누지 않고 가버렸다. 그가 돌아간 뒤 그 글을 보니, 적을 막고 제압하여 승리하는 계책이었다.

조선 인조 때 사람 이상급(李尙伋)이 단천군수(端川郡守)가 되었는데, 단천은 북쪽 변방이어서 문학을 숭상하지 않았다. 공은 그 중에서 조금 우수한 자를 초빙하여 스승으로 삼아 사람들을 가르치게 하고, 다달이 초하루마다 반드시 친히 공자의 사당에 나가 배알하고 여러 학생들과 더불어 학문을 강론하니, 얼마 지나지 않아 문예(文藝)로 손꼽을 만한 자가 있게 되었다.

【註釋】 ＊招延(초연) : 맞이함. ＊宿德(숙덕) : 덕망이 뛰어난 사람.

【字義】 師 : 스승 사　招 : 부를 초　延 : 맞이할 연　宿 : 잘 숙　議 : 의논 의

> 修葺堂廡(수즙당무)하고 照管米廩(조관미름)하며 廣置書籍(광치서적)도 亦賢牧之所致意也(역현목지소치의야)니라.

【解釋】 강당과 행랑을 수리하고 재정을 관리하며 서적을 많이 비치하는 것도 어진 수령이 마음을 쓸 일이다.

【解說】 수령이 학교를 수리하려면 재정을 잘 관리하여 그 비용을 넉넉히 한 뒤에 어진 사람을 초빙하고 선비 모으는 일을 의논할 수 있을 것이다. 또한 수령은 힘을 다해 책을 구입하여 비치하고 서고(書庫) 관리를 엄중히 하는 한편, 책을 내어 주고 열람하는 데 모두 조례를 만들어 엄격히 따르도록 하는 것이 옳다.

권수평(權守平)이 광산현감(光山縣監)이 되었다. 학교가 전에는 성안에 있었는데 지대가 낮고 좁은데다 건물이 퇴락되었으므로 수평은 성 서쪽 2리쯤 되는 곳에 자리를 정하여 예에 맞게 학교를 세우고, 학교 앞에 있는 백성의 전지 얼마를 공금으로 사서 논과 채마전을 만들기도 하고 하인들의 집을 짓기도 하고 또 백성의

전지를 사서 반은 학교에 넣었고 또 무명베 백 필과 벼 백 석, 콩 20석을 내어 학생들의 경비에 충당하게 하였다. 또 많은 책을 준비하여 서가(書架)에 간직하니, 유풍(儒風)이 크게 진작되고 문교(文教)가 더욱 밝아졌다.

【註釋】 *修葺(수즙) : 수선함. *堂廡(당무) : 집. *照管(조관) : 관리.

【字義】 葺 : 고칠 즙 廡 : 행랑채 무 照 : 비출 조 廩 : 재정 름 廣 : 넓을 광

간선단방 사위재장 이작표솔 대지 이례 양기염치
簡選端方하고 使爲齋長하여 以作表率하고 待之以禮하여 養其廉恥니라.

【解釋】 단정한 사람을 골라 재장(齋長)을 삼아 모든 사람의 사표(師表)가 되게 하고, 예로써 대우하여 염치를 알게 해야 한다.

【解說】 향교의 일을 맡은 사람은 교장(校長)이 1인, 장의(掌議) 1인, 색장(色掌) 1인이다. 먼 외딴 곳에는 사족(士族)은 드물고 토족(土族)이 많으니 사족들은 그들과 어울리는 것을 수치로 여겨 일체 향교에 왕래를 하지 않는다. 그러므로 토족들이 학궁(學宮)을 독점하여 저희들의 소굴로 삼는다. 그러나 이들은 대부분이 불학무식한 무리들로서 끼리끼리 모여 당파를 만들어 남을 모함하려면 그의 비밀을 들추어내고, 쟁탈하는 것을 조정의 판국에 비교하며 간리(奸吏)들과 결탁하려면 감사에게 뜬소문을 퍼뜨리며, 수령의 애기(愛妓)와 교통하려면 현관(縣官)에게 뇌물을 바친다.

이들은 항상 아전들의 가까운 친구가 되어 너니 나니 하며 교장(校長)될 사람을 상의하고 술집에서 만날 것을 약속하여 밤낮 싸움질만 한다. 그들이 계획하는 일은 부잣집 자제를 끌어들여 재임(齋任)을 맡기거나 제사에 집사(執事)를 시켜 주는 대가로 뇌물을 받아 스스로의 배를 불리려는 것뿐이다. 수령은 이러한 풍속을 알아 단정한 선비를 골라 재임을 맡겨야 한다.

【註釋】 *簡選(간선) : 가려 뽑음. *齋長(재장) : 학교의 어른. *表率(표솔) : 모범.

【字義】 簡 : 가릴 간 選 : 뽑을 선 齋 : 집 재 廉 : 염치 렴

季秋(계추)에 行養老之禮(행양로지례)하여 敎以老老(교이노노)하며 孟冬(맹동)에 行鄕飮之禮(행향음지례)하여 敎以長長(교이장장)하며 仲春(중춘)에 行饗孤之禮(행향고지례)하여 敎以恤孤(교이휼고)니라.

【解釋】 계추 양로(養老)의 예를 행하여 노인 봉양하는 것을 가르치고, 맹동에는 향음(饗飮)의 예를 행하여 어른 공경하는 것을 가르치고, 중춘(仲春)에는 향고(饗孤)의 예를 행하여 외로운 사람 구제하는 것을 가르친다.

【解說】 당(唐)나라 이서균(李棲筠)이 상주(常州)를 다스릴 적에 학교를 크게 일으키고 향음주례를 행하니 사람마다 힘쓸 바를 알아 효제(孝悌)를 독실히 행하였다.

장서(張署)가 건주자사(虔州刺史)가 되었을 때, 경서(經書)를 아는 관리로 하여금 학생들과 함께 이웃 큰 고을에 가서 향음주례와 상혼례(喪婚禮)를 배워 오게 하여 강설(講說)을 베푸니, 백성들이 보고서 크게 기뻐하며 교화를 따랐다.

【註釋】 *季秋(계추) : 늦가을. *養老(양로) : 노인을 우대함. *老老(노로) : 노인을 노인으로 공경함. *長長(장장) : 어른을 어른으로 모심. *恤孤(휼고) : 고아를 돌봄.

【字義】 季 : 끝 계 養 : 기를 양 孟 : 맏 맹 飮 : 마실 음 饗 : 잔치 향

이 시 행 향 사 례　　이 시 행 투 호 지 례 以時行鄕射禮하고 以時行投壺之禮니라.

【解釋】 때때로 향사례(鄕射禮)를 행하고, 때때로 투호례(投壺禮)를 행할 것이다.

【解說】 향사례는 옛날의 예가 너무 번거로워 행하기 어려우니, 고금의 예를 참작하여 잘못을 시정하고 의식에 맞게 만들어 행해야 할 것이다.

투호례는 《예기》에 기록된 것이 가장 자세하고 세밀하니, 상고하여 행할 수 있다.

향음주례와 향사례는 그 일이 거창하여 일일이 거행할 수 없으나, 투호례는 그 의식이 간단하여 행하기가 어렵지 않다. 그러나 그 읍하고 사양하며 오르고 내려오는 것과 나아가고 물러나는 동작과 아름다운 말씨와 단정한 용모는 용모를 익히고 위의(威儀)를 삼가기에 충분하니 봄가을로 좋은 날을 골라 수령이 친히 학궁(學宮)에 가서 여러 학생들과 더불어 이 예를 행하여 그 뜻을 깨우쳐 주면 반드시 보고 감동하여 분발함이 있을 것이다.

【註釋】 *鄕士之禮(향사지례) : 매년 10월에 고을 수령이 학교의 학생들과 고을 어른을 모시고 향약(鄕約)을 강구하며 베푼 잔치.

*投壺禮(투호례) : 화살을 병 속에 던져 넣는 놀이의 하나.

【字義】 鄕 : 고을 향　射 : 쏠 사　投 : 던질 투

壺 : 병 호

제5조 등급을 구별함〔辨等〕

변 등 자　안 민 정 지 지 요 의 야　등 위 불 명 辨等者는 安民定志之要義也니 等威不明하여 위 급 이 란 즉 민 산 이 무 기 의 位級以亂 則民散而無紀矣니라.

【解釋】 등급을 구별함은 백성의 뜻을 안정시키는 중요한 일이다. 등급이나 위엄이 밝지 않아 지위나 계급이 어지러우면 민심이 흩어져 기강이 없어지게 된다.

【解說】 우리 나라 풍속은 등급의 분별이 매우 엄격하였으므로 상하의 질서가 유지되어 각각 분수를 지켜왔다. 그런데 근래에 와서 귀족이 쇠퇴하게 되자 호부(豪富)한 아전과 백성들이 제 세상을 만난 듯이 호기를 부려 사치스러움이 법도를 넘어 위는 쇠퇴하고 아래에서 위를 능멸하여 등급이 없어졌으니, 장차 무엇으로 질서를 유지하여 원기를 북돋고 혈맥을 통하게 하겠는가. 등급을 분별하는 것이 오늘날의 급선무이다.

【註釋】 **＊辨等**(변등)：등급을 구별함. | **＊等威**(등위)：등급과 위엄.

【字義】 **辨**：구별할 **변**　**威**：위엄 **위**　**級**：계급 **급**
散：흩어질 **산**　**紀**：기강 **기**

족 유 귀 천　의 변 기 등　세 유 강 약　의 찰
族有貴賤하니 宜辨其等이요 勢有強弱하니 宜察
기 정　이 자　불 가 이 편 폐 야
其情이라. 二者는 不可以偏廢也니라.

【解釋】 족(族)에도 귀천이 있으니 그 등급을 가려야 마땅하고, 세력에도 강약이 있으니, 그 실정을 살핌이 마땅하다. 이 두 가지는 어느 한쪽도 없애서는 안 된다.

【解說】 송(宋)의 장남헌(張南軒)은 다음과 같이 말하였다.

"정사를 하는 데는 반드시 먼저 마음을 공평하게 가져야 하는 것이니, 마음이 공평하지 않으면 아무리 좋은 일이라 하더라도 잘못될 것이다. 강자를 누르고 약자를 부축하는 것이 어찌 좋은 일이 아니겠는가만은 마음이 공평치 못하면 간혹 그 사이에서 잘못이 생길 것이다. 모름지기 마음이 맑은 거울 같아야 고운 것은 저절로 곱게 비치고 추한 것은 저절로 추하게 비칠 것이니,

나와 무슨 관계가 되겠는가.”

한 고을에 뿌리 박고 사는 세가(勢家)나 대족(大族) 중에 한두 명의 배우지 못한 못된 자가 모리(牟利)와 행악(行惡)을 일삼아 평민들을 괴롭혀 유리 걸식(流離乞食)하는 신세가 되게 하거나, 백성들을 잡아다가 상투를 매달고 수염을 자르며 기와 위에 꿇어 앉히고 불로 발을 지지면서 이자(利子)에 이자를 강요하여 집안 형세를 기울게 하고 파산하게 하여 백성들의 원수가 된 자가 있거든 경계하고 위엄을 보여 잘못을 고치게 할 것이다. 그래도 변함없이 방자한 행동이 여전한 자는 엄히 다스리고, 등급 분변하는 것만을 생각해서는 안 된다.

오늘날 백성을 사랑한다는 수령들은 강한 자를 누르고 약한 자를 보호하여 귀족은 예우하지 않고 오로지 아래 백성만을 보호하는데, 원망과 비난이 일어날 뿐 아니라 또한 풍속을 피폐하는 행위이니 대단히 옳지 못하다.

천한 자가 귀한 이를 능멸하는 것도 수령의 걱정거리요, 강한 자가 약한 자를 괴롭히는 것도 수령의 걱정거리지만 형평성이 기울어진 것을 살피고 참작하여 알맞게 해야 할 것이다.

【字義】 **族**：겨레 족　**賤**：천할 천　**勢**：세력 세
察：살필 찰　**情**：뜻 정　**偏**：치우칠 편
廢：폐지할 폐

범 변 등 지 정　불 유 소 민 시 징　중 지 범 상
凡辨等之政은 不唯小民是懲이라. 中之犯上도
역 가 악 야
亦可惡也니라.

【解釋】 등급을 구별하는 일은 아래 백성만 징계할 것이 아니라, 중인(中人)이 상위를 범하는 것도 엄히 다스려야 한다.

【解說】 백 년 이래로는 벼슬이 먼 외지(外地)에까지 미치지 않아 옛 사대부의 자손들이 영락(零落)하고 가문이 몰락하여 형편이 말이 아닌데, 권세를 잡은 토족(土族)들이 온갖 계책으로 모해(謀害)

하여 여러 대 동안 억눌림당한 원한을 갚으려 한다. 그런데도 수령은 헛소문만을 듣고,

"아무 현(縣) 아무 가문은 원래 대족(大族)이니, 응당 무단(武斷)을 행하였을 것이다."

고 말하고, 또 간사한 향리(鄕吏)들의 참소만을 듣고 오로지 이 집안만을 억압하는데 마음을 쓰는 자가 많으니, 역시 잘못이 아니겠는가. 귀족을 침해하는 토족을 엄히 다스리는 것도 등급을 분변하는 방법이다.

젊은이가 어른을 능멸하고 졸개가 장수를 능멸하는 것도 분별해야 할 바이다. 소송이 생기면 그 소송 당사자들 신분의 등급부터 살펴 같은 신분인데 젊은이가 어른을 능멸했다면 징계하지 않아서는 안 된다. 그러나 귀족의 젊은이가 천족의 늙은이를 대함에 있어서도 예의가 있어야 하는 것이니, 역시 경계하지 않아서는 안 된다.

【字義】 凡 : 무릇 범　　懲 : 징계할 징　　犯 : 범할 범
惡 : 사나울 악

> 宮室車乘衣服器用(궁실거승의복기용)이 其僭侈踰制者(기참치유제자)는 悉宜嚴禁(실의엄금)이니라.

【解釋】 주택과 수레와 말, 의복과 기물이 참람하고 사치스러워 법이 정한 제도를 넘은 것은 모두 엄금해야 한다.

【解說】 내가 전에 서쪽 고을에 있을 때 보니, 서쪽 지방의 풍속은 아전 집 부녀자들이 비록 신혼(新婚) 때에도 가마를 타는 법이 없었는데, 하물며 옥교이겠는가. 영남(嶺南)을 보아도 그 풍속이 역시 그러하였다. 그러나 오직 호남(湖南)의 아전들만은 그 부녀자들이 모두 옥교자를 타는데, 붉은 발〔簾〕에 수놓은 장식을 달고 앞에서는 고함을 치고 뒤에서는 옹호하여 가면서 가난하고 한미한 선비를 만나면 큰 소리로 벽제(辟除)하고, 남자는 말을 타고 뒤따

라간다. 다만 신부만이 그러할 뿐 아니라 늙은이 역시 그러하다. 명족(名族)들은 가난이 날로 심하여 망가진 가마를 새끼로 동여매고 떨어진 덮개를 자리로 보충하고 치마를 둘러 휘장을 만들고 통발을 잘라 발을 만들어 그 가마를 소 등에 싣고 신랑이 가마채를 잡고 가는데, 가마 속에는 붙들 것이 전혀 없어 좌우로 기우뚱거려 마치 배를 탄 것과 같다. 좁은 길에서 이런 행차끼리 만나면 서로 밀쳐 벼랑 밑 물 속으로 떨어져 신부가 어린이처럼 기절하여 오줌 똥을 싼다. 이 정경이야말로 처참하여 차마 볼 수 없는 일인데, 이런 일이 이미 널리 행해졌으므로 날마다 들리는 것이라고는 모두 이런 일뿐이다.

【註釋】 ＊**宮室**(궁실) : 집.
＊**車乘**(거승) : 수레.
＊**僭侈**(참치) : 너무 사치스러움.
＊**踰制**(유제) : 제도를 넘음.

【字義】 **宮** : 집 궁　**乘** : 수레 승　**僭** : 참람할 참
侈 : 사치 치

蓋(개)自(자)奴(노)婢(비)法(법)變(변)之(지)後(후)에 民(민)俗(속)大(대)渝(투)니 非(비)國(국)家(가)之(지)利(리)也(야)니라.

【解釋】 대개 노비법(奴婢法)이 변한 뒤로 민속(民俗)이 크게 투박해졌으니 국가의 이익이 아니다.

【解說】 신해년(1731) 이후에 출생한 모든 사노(私奴)의 양처(良妻) 소생은 모두 어미를 따라 양민이 되게 하였으니, 이 때부터 위는 약해지고 아래가 강해져서 기강이 무너지고 민심이 흩어져 통솔할 수 없게 되었다. 시험삼아 그중 분명한 사실을 가지고 말해 보겠다.

임진년(1592) 난리 때에는 남방에서 창의(倡義)한 사람들이 모두 집안의 종 수백 명으로 군대를 편성했는데, 임신년(1812) 난리 때에는 고가(故家) 명족(名族)들이 창의할 것을 의논하였으나, 한 명의 종도 구하기 어려웠으니, 이 한 가지만 보더라도 대세가 완

전히 변한 것을 알 수 있다.

> 貴族旣殘(귀족기잔)하면 賤流交誣(천류교무)인데 官長按治(관장안치)에 多失(다실)
> 其實(기실)하니 斯又今日之俗弊也(사우금일지속폐야)니라.

【解釋】 이미 몰락한 귀족을 천한 부류들이 서로 헐뜯어서 관장이 조사하여 다스리는데, 그 진실을 모르고 잘못 다스리는 경우가 많으니 이것이 오늘날 세속의 폐단이다.

【解說】 가난한 선비가 시골에 살면 으레 자질구레한 비방이 따르게 마련이다. 수령은 천한 무리들의 방자한 횡포를 잘 가려내어 경솔하게 선비의 기를 꺾는 일이 없도록 힘써, 항상 기강을 바로 잡아야 할 것이다.

신분이 높은 호족(豪族)으로 백성의 전지를 빼앗고, 남의 부녀를 강간하여 죄악이 길거리에까지 드러난 자는 징계하여 다스려야 되지만, 잘단 비난만이 있고 큰 죄악이 없는 자에게는 법관(法官)이 우선 너그러이 용서하여 경계하고 계속 그의 행동을 주시(注視)하는 것만으로도 허물을 지어서는 안 된다는 것을 알게 하기에 충분하니, 그의 기를 꺾을 필요까지는 없다.

【字義】 殘 : 쇠잔할 잔　　賤 : 천할 천　　誣 : 모함할 무
按 : 조사할 안　　弊 : 폐단 폐

제6조 학업을 권장함〔課藝〕

> 科擧之學(과거지학)은 壞人心術(괴인심술)이나 然(연)이나 選擧之法未改(선거지법미개)
> 면 不得不勸其肄習(부득불권기이습)이니 此之謂課藝(차지위과예)니라.

【解釋】 과거의 학문은 사람의 마음을 파괴하는 것이다. 그러나 사람을 뽑아쓰는 법을 고치지 않는 한, 과거 공부를 익히는 것을 권장하지 않을 수 없으니, 이를 과예(課藝)라 한다.

【解說】 수령칠사(守令七事)의 셋째번이 학교를 일으키는 것인데, 속리(俗吏)들은 학교홍이 무엇인지도 알지 못하고 과예를 거기에 해당시킨다. 집에서 과시(課試)에 응하는 것을 순제(旬題)라 하고, 관청에 가서 재예(才藝)를 겨루는 것을 백일장(白日場)이라 한다. 우리 나라 전역에서 과시에 응할 만한 자는 문명한 고을이라 해도 수십 명에 불과하고, 보통인 경우에는 5~6명에 불과한 실정인데, 그 거두어들이는 시권(試券)이 많은 고을에는 천 장, 작은 고을에도 5백 장은 되니, 이는 글자 한 자 모르는 초동 목수(樵童牧豎)까지 남의 글을 빌려 거짓 시권을 내기 때문이다. 그런데 관에서는 공사가 너무 많아 시권을 자세히 상고할 겨를이 없으므로 자제(子弟)와 빈객(賓客)들이 곁에서 함부로 비점(批點)을 찍고 시동(侍童)과 폐기(嬖妓)가 시관(試官)을 종용(慫慂)하여 급제를 조작하여 사연(賜宴)·상사(賞賜)하는 꼴이 난잡하고 질서가 없어 여론에 맞지 않으므로 큰 혼란이 일어나 흙덩이와 돌을 던지며 관장(官長)에게 욕을 퍼붓는다.

그러면 관장은 군교(軍校)를 풀어 선비들을 잡아들여 곡성(哭聲)이 천지를 진동하고, 칼을 쓰고 간힌 자가 옥에 가득하며, 매를 치는 소리가 거리에 가득하니, 이는 태평한 세상에 화란을 도발(挑發)하는 것이다.

【註釋】 *心術(심술): 마음. *選擧(선거): 인재를 가려 뽑아 벼슬에 임명함. *不得不(부득불): 하지 않을 수 없음. *肄習(이습): 익힘.

【字義】 壞: 무너뜨릴 괴　選: 뽑을 선　擧: 천거할 거
改: 고칠 개　肄: 익힐 이　藝: 예술 예

課藝宜亦有額(과예의역유액)하니 旣擧旣選(기거기선)이어든 乃試乃編(내시내편)이라야

어시호과지야
於是乎課之也니라.

【解釋】 과예에도 정원이 있어야 한다. 천거하여 선발이 끝나면 시험을 보여 명부를 작성한 다음 재예(才藝)를 시험해야 한다.

【解說】 과거란 한 사람에게 여러 가지를 두루 익히게 하여 그 점수를 계산하여 등급을 매기는 게 원칙인데, 우리 나라의 법은 한 가지 기예(技藝)만 합격하면 다른 것은 묻지도 않는다.

그러므로 먼 시골의 학문이 무디고 거친 선비들은 평생 한 가지 기예만 익혀 요행을 바란다. 이것이 바로 과거가 어지러워진 이유이다. 각 고을에서 기예에 능한 자를 천거하여 선발이 끝나면, 시험을 보여 인원을 정한 뒤 별도의 명부를 만들어야 하며, 무슨 일이 있어도 과예 하는 정원의 숫자는 꼭 지켜야 한다.

【註釋】 **＊課藝**(과예) : 학문을 익히게 함. | **＊於是乎**(어시호) : 이에.

【字義】 **亦** : 또 역 **額** : 정원 액 **試** : 시험할 시 **編** : 묶을 편

근세이래 문체비하 구법요패 편법단
近世以來로 文體卑下하고 句法澆悖하며 篇法短
촉 불가이부정야
促하니 不可以不正也니라.

【解釋】 근세 이후로 문체(文體)가 낮아져서 구법(句法)이 어긋나고, 편법(篇法)이 짧아졌으니, 바로잡지 않아서는 안 된다.

【解說】 시(詩)·부(賦)는 본래 경술(經術)과 모유(謨猷) 밖에서 별도로 어구(語句)의 수식(修飾)을 추구하여 백가(百家)를 널리 인용하고 만물을 아름답게 표현하는 것이니, 바로 후세에서 말하는 문장학(文章學)이다. 이는 본래 경박한 문장에 속하니 폐지하는 것이 좋겠으나, 이미 과거에 그 명목(名目)이 있는 이상 그 문체

(文體)를 바로잡아야 할 것이다.

동몽지총명강기자 별행초선 교지회지
童蒙之聰明強記者는 別行抄選하여 教之誨之니라.

【解釋】 어린 학생 중에 총명하고 기억력이 좋은 자는 따로 뽑아서 가르쳐야 한다.

【解說】 문학(文學)의 지식과 취향은 처음 배울 때 잘 배우느냐 잘못 배우느냐에 달린 것이다. 8세에 입학(入學)하여 집 주(宙) 자를 집 가(家) 자와 같은 뜻으로 읽거나 잘 숙(宿) 자를 잠잘 수(睡) 자와 같은 뜻으로 안다면 이것이 선입견(先入見)이 되는 동시에 평생의 고질이 되어 깊이 골수까지 스며들게 될 것이다.

수령은 향교에 공문을 내려 총기가 뛰어난 어린이들을 선발하되, 각각 이름과 나이와 글공부 실력을 상세하게 기록하여 보고하게 해야 한다.

명부가 도착하면 수령은 몸소 그 실력을 시험하여 수재를 가려낸 다음, 별도로 가르쳐야 할 것이다. 혹 수재로 선발된 자 가운데 뛰어나게 영특한 자가 있거든, 수령은 임기를 마치고 돌아올 때 데려와서 큰 인재로 키워 나라를 위해 일하게 해야 하니 이것이 바로 옛날 수령들의 임무였다.

【註釋】 ＊童蒙(동몽)：어린 학생.
＊強記(강기)：기억력이 좋음.
＊抄選(초선)：가려 뽑음.

【字義】 童：아이 동　蒙：어린 싹 몽　抄：뽑을 초　誨：가르칠 회

과예기권 과갑상속 수위문명지향 역민목지지영야
課藝旣勸하여 科甲相續이면 遂爲文明之鄉하리니 亦民牧之至榮也니라.

【解釋】 과예를 부지런히 하여 급제자가 계속 배출되어 문명(文明)

의 고장이 되는 것 역시 수령의 지극한 영광이다.

【解說】 이길배(李吉培)가 선산군수(善山郡守)가 되었을 때, 정사를 맑게 하고 송사를 간결하게 처리하는 한편, 부지런히 학문을 권장하니, 교생 중에서 과거에 급제한 자가 많아 조정에서는 그를 포상하였다.

조선 선조 때 사람 찬성(贊成) 이상의(李尙毅)가 성천부사(成川府使)가 되어서의 일이다. 성천은 먼 변방에 위치한 궁벽한 시골이어서 백성들이 학문을 하지 않아 과거에 이름이 오른 자가 없었으므로 공은 학문을 일으키는 것으로 급선무를 삼아 백성 중에 준수(俊秀)한 자들을 뽑아 몸소 가르치고 격려하니, 온 고을이 한마음이 되어 학업(學業)에 열중하여 글 읽는 소리가 사방에서 났다. 3년이 채 되기 전에 한 사람이 소과(小科)에 급제(及第)하니, 전에 없던 일이라 하였다.

이 뒤로는 소과에 급제한 자가 계속 잇달았고, 대과(大科)에 급제하여 벼슬길로 나간 자까지 생기니, 사람들은 모두 이공(李公)의 공덕을 칭송하였다.

【註釋】 **＊科甲(과갑)**：과거에 합격함.

＊文明之鄕(문명지향)：문학을 잘하는 고장.

【字義】 **課**：일 과 **科**：과거 과 **續**：이어질 속 **榮**：영화 영

> 科規不立則士心不勸이니 課藝之政도 亦無以獨善也니라.
> (과규불립즉사심불권 과예지정 역무이독선야)

【解釋】 과거의 규칙이 확립되지 않으면 선비들의 마음이 쏠리지 않을 것이니, 과예의 정사 역시 혼자서만 잘한다 하여 되는 것이 아니다.

【解說】 과거의 규칙을 제대로 정립해 놓으면 총명하고 지식이 깊

은 선비라야 과거에 응시할 수 있고, 학문의 맥이 없거나 글이 어설픈 사람은 자연 움츠러들어 과거에 나오지 못할 것이니, 과거의 폐단을 바로잡지 않아도 저절로 맑아질 것이다. 문예 이외에 덕행과 재간이 있는 자는 별도로 선발하는 길을 열어야지 등한히 여겨서는 안 된다.

우리 나라의 법은 하루에 다만 1편(篇)만을 시험할 뿐이므로 학문이 넉넉하고 민첩한 자는 두세 사람까지 차작(借作)하여 주어 차작하는 무리가 항상 수천에 이른다. 만약 하루에 세번이나, 다섯 차례 시험한다면 뛰어난 문장과 해박한 학식을 가진 자라 할지라도 제 것을 짓기에도 시간이 넉넉하지 않을 것인데, 어느 겨를에 남을 도와주겠는가. 차작의 폐단이 저절로 없어질 것이다. 근년에 한두 분의 재신(宰臣)이 광주유수(廣州留守)와 호남안찰사(湖南按察使)가 되어 도시(都試)와 회시(會試)에 모두 하루에 세번의 출제를 하니, 학문이 넉넉한 선비들이 좋은 법이라 칭찬하였다.

【註釋】 **＊科規(과규)**：과거의 규정.

＊獨善(독선)：혼자서만 잘함.

【字義】 **規**：규정 **규**　**勸**：권할 **권**　**獨**：홀로 **독**　**善**：잘할 **선**

병전육조(兵典六條)

제1조 장정을 군적에 실음〔簽丁〕

첨정수포지법 시어양연 지우금일 유
簽丁收布之法은 始於梁淵하여 至于今日하니 流
파호만 위생민절골지병 차법불개 이
波浩漫하여 爲生民切骨之病하니 此法不改 而
민진류의
民盡劉矣리라.

【解釋】 군정(軍丁)을 정하고 그들에게 베를 거두는 법은 양연(梁淵)에게서 시작되어 오늘에 이르고 있다. 그 폐단이 점점 커져서 백성들의 뼈에 사무치는 병통이 되어, 이 법을 고치지 않으면 백성들이 모두 죽고 말 것이다.

【解說】 우리 나라 초기에 호포(戶布)[1]는 있었어도 군포(軍布)는 없었는데, 중종(中宗) 때 대사헌(大司憲) 양연이 군적(軍籍)이 있는 자에게 베를 거두는 법을 아뢰어 시행하게 되었다. 이로 인한 백성의 부담이 커져서 폐단이 말할 수 없을 정도였는데, 영조(英祖) 때 균역법(均役法)[2]을 실시하여 부담을 조금 줄이게 되었다.

그러나 오늘에 이르러서는 아전들의 농간과 수령의 착취로 말미암아 균역법을 실시할 때보다 네 갑절이나 많은 부담이 백성들을 짓누르니 이를 고치지 않는 한 백성들은 모두 죽게 될 것이다.

죽은 자에게 군포를 거두는 것은 물론이고 태어난 지 3일만에 군적에 이름이 오르고 심지어 강아지 이름을 군안(軍案)에 올려 군포를 거두기도 하니, 그 폐단이 백성들을 죽음으로 몰아넣고 있는 것이다.

다음 시는 가경(嘉慶) 계해년(순조 3, 1803) 가을에 강진(康津)에 있을 때 지은 것인데 그 때에 노전(蘆田)에 사는 백성이 아이를 낳은 지 사흘만에 군보에 들아가고 이정이 소를 빼앗아갔다. 백성이 칼을 뽑아 그 양경(陽莖)을 스스로 자르면서 하는 말이,

"내가 이것 때문에 이러한 곤욕을 받는다."

고 하였다. 그 아내는 피가 뚝뚝 떨어지는 양경을 가지고 관아에 나아가 울부짖으며 호소하였으나 문지기가 막아버렸다고 한다. 내가 이 말을 듣고 이 시를 지은 것이다.

노전의 젊은 아낙네 울음소리도 길어 蘆田小婦哭聲長 / 현문을 향해 슬피 울며 하늘에 호소하네 哭向縣門呼穹蒼 / 싸움터에 간 남편은 못 돌아올 수도 있지만 夫征不復尙可有 / 남자가 양경을 자른단 말 듣지 못했네 自古未聞男絶陽 / 시아비 상복 막 벗고 아기는 탯물이 마르지도 않았는데 舅喪已縞兒未澡 / 삼대가 군대에 뽑혀 군보에 있다네 三代名簽在軍保 / 몇 마디 호소하러 가니 호랑이 같은 문지기 서 있고 薄言往愬虎守閽 / 이정의 호통에 외양간 소만 없어졌네 里正咆哮牛去皁 / 칼 갈아 방에 들어가 유혈이 낭자한데 磨刀入房血滿席 / 애 낳아 이런 고생한다며 자탄을 하네 自恨生兒遭窘厄 / 거세하는 형벌이 어찌 죄 있어서만 그러하랴 蠶室淫刑豈有罪 / 아이 거세하는 것도 또한 슬픈 일일세 閩囝去勢良亦慽 / 생생하는 그 이치 하늘이 준 것이어서 生生之理天所予 / 하늘의 도는 사내요 땅의 도는 여자로다 乾道成男坤道女 / 짐승들의 새끼 없음도 오히려 슬프거늘 騸馬豶猶豕云悲 / 생민들의 자손 잇기야 더 할 말 있으랴 況乃生民思繼序 / 부호한 집은 일년 내내 음악만 연주하며 豪家終歲奏管絃 / 쌀 한 톨 비단 한 치 내놓지 않네 粒米丁帛無所捐 / 다 같은 백성인데 후박이 웬말인가 均吾赤子何厚薄 / 여관에서 자꾸만 시구편[3]을 외노라 客窓重誦鳲鳩篇

【註釋】 *簽丁(첨정) : 장정을 군적(軍籍)에 올림.

*切骨之病(절골지병) : 뼈에 사무치는 폐단.

1) 호포(戶布) : 집집마다 거두는 베.

2) **균역법(均役法)**: 조선 영조 때 백성들의 역(役)을 가볍게 하기 위해 시행한 제도.

3) **屍鳩篇(시구편)**: 《시경(詩經)》의 편명으로 훌륭한 관리가 없음을 한탄한 내용.

【字義】 **簽**: 이름 적을 **첨**　**波**: 물결 **파**　**浩**: 넓을 **호**　**骨**: 뼈 **골**　**劉**: 죽일 **류**

隊伍名也요 米布實也니 實之旣收어늘 名又奚詰이리요. 名之將詰이면 民受其毒이리라. 故로 善修軍者는 不修하고 善簽丁者는 不簽하나니 査虛覈故하여 補闕責代者는 吏之利也니 良牧不爲也니라.

【解釋】 대오(隊伍)란 형식이요, 쌀과 베를 거두는 것은 실제의 목적이다. 실제의 목적을 거두었으면 형식을 따질 필요가 없는 데도 그 형식을 따지려 드니 백성들이 피해를 입게 된다. 그러므로 군정을 잘 하는 자는 아예 군정을 다스리지 않고, 첨정을 잘하는 자는 아예 첨정을 하지 않는다. 헛이름을 조사하고 죽은 것을 밝혀내어, 그 결원을 보충하며 대신할 것을 문책하는 것은 아전들의 이익만 될 뿐이므로 어진 목민관은 이를 하지 않는다.

【解說】 군정을 거짓 기록하는 것과 죽은 자에게 군포를 거두는 것은 조정에서 금하였는데, 해마다 7월이 되면 각 고을에 이를 조사하여 보충하라는 공문이 내려온다. 이에 목민관은 크게 놀라고 두려워하여 군정을 다스리면서 엄중히 할 것을 아전들에게 명하니, 고을 안이 온통 원성으로 가득 차게 된다.

군정을 다스리고 군정을 뽑게 되면 군리(軍吏)와 향승 등 아전들의 배만 불리게 되고 백성들의 피폐함은 극도에 달해 결국 병통이 될 뿐이다.

병사(兵使) 조학신(曺學臣)은 삼가 법대로 하고 정직하여 거짓이 없었다. 그가 봉산군수(鳳山郡守)로 부임하자, 군정을 대폭 수정하여 허위 기록을 하나도 없게 하려고 토호와 향족들을 모두 등록시켜 눈감아 주는 일이 없자, 온 고을이 모두 원망하여 끝내는 쫓겨나게 되었고, 그 후임이 부임하여 전임이 하던 법을 모두 철폐하자 백성들의 칭송이 자자했다. 군리는 여기에서 다시 뇌물을 먹게 되어 등록된 자에게 먹는 것이 천만 냥이요, 없애 주는 데서 먹는 것 또한 천만 냥에 이르며 허위 기록은 그대로 남았다. 비록 공수(龔遂)와 황패(黃霸) 같은 사람이 정치를 하더라도 여기에서 벗어날 수 없는 일인데, 목민관이 무엇 때문에 수고스럽게 이런 일을 할 것인가.

【註釋】 ＊**隊伍**(대오) : 군대의 부대. ＊**補闕**(보궐) : 빠진 것을 보충함.

【字義】 **奚** : 어찌 해 **詰** : 따질 힐 **毒** : 해독 독 **虛** : 거짓 허 **覈** : 조사할 핵 **闕** : 빠질 궐

> 其有一二不得不簽補者(기유일이부득불첨보자)는 宜執饒戶(의집요호)하여 使補(사보) 役田(역전)하여 以雇實軍(이고실군)이니라.

【解釋】 한두 명을 뽑아 보충하지 않을 수 없으면, 넉넉한 집을 찾아내어 역전(役田)을 보충하고 그것으로 실제의 군사를 고용토록 하여야 한다.

【解說】 대개 양역(良役)이란 근본 없는 서인(庶人)이 모두 뽑히게 된다. 특별히 넉넉하거나 세력이 있는 백성은 수령이 감히 손대지 못하고 궁핍한 백성만 잡아 한 몸에 서너 가지의 역을 부담시키므로 원성이 높게 되는 것은 당연하다.

만일 넉넉한 집에서 돈을 거두어 역전을 둔다면 가난한 자는 몸소 천한 이름을 쓰고, 넉넉한 자는 집에서 재물을 내어 양자가 힘을 합하여 공부(公賦)를 바치게 될 것이니, 그 의의가 균등하다 하겠다.

【字義】 **補**：보탤 보 **執**：잡을 집 **饒**：넉넉할 요
雇：고용할 고

군역일근 첨지오륙 함수미포 이귀이
軍役一根에 簽至五六하며 咸收米布하여 以歸吏
낭 사불가불찰야
囊하니 斯不可不察也니라.

【解釋】 군역(軍役) 한 자리에 5~6명을 뽑아 두고 모두 군미와 군포를 거두어 아전들의 주머니를 채우게 하니 살피지 않을 수 없다.

【解說】 오늘날 군역을 논하는 자는 다만 부족한 군액을 채우기 어려운 것만 알고, 군액이 중첩되어 징발하기 어려운 것은 알지 못하니 한심한 일이다. 어떤 군수가 부임하여 보미(保米)를 거두려 하는데 아전이 말하기를,

"빠진 군액이 거의 수백에 가까우나 모두 지적하여 거둘 곳이 없으니 보미를 거두려면 먼저 부족한 군액을 보충해야 합니다."

하니 군수는,

"빠진 군액은 추후로 충당해야 하겠지만 그 본신(本身)이 있는 자에게 먼저 패문(牌文)을 내라."

하였다. 아전이 가져온 패문을 군수가 살펴보니 그 숫자가 훨씬 넘었다. 이에 군리를 잡아다 문책하여 그 세세한 사정을 밝히자 빠진 군역을 충당하고도 4백여 명이나 남았다. 그 가운데 원통한 자를 가려 면제해 주고 적임자만 골라 빠진 군액에 등록하게 하니 군적이 새롭게 되었으며, 훗날 이를 안 백성들의 칭송이 사방에서 자자하였다.

【註釋】 ***軍役**(군역)：병역의 의무.

***吏囊**(이낭)：아전의 주머니.

【字義】 **根**：뿌리 근 **咸**：다 함 **歸**：돌아갈 귀
囊：주머니 낭 **斯**：이 사

군안군부 병치정당 엄기쇄약 무납리 수
軍案軍簿는 並置政堂하여 嚴其鎖鑰이요 無納吏手하라.

【解釋】 군안(軍案)과 군부(軍簿)는 모두 정무를 처리하는 방에 두고 자물쇠를 단단히 채워 아전들의 손에 들어가지 않게 해야 한다.

【解說】 군사에 관한 모든 문서와 군적부는 반드시 관리를 철저히 함으로써 아전들이 문서를 위조하거나 뇌물을 받고 이름을 지워 버리는 등 농간을 부리는 일이 없도록 해야 한다.

【字義】 案：서류 안　並：아우를 병　鎖：자물쇠 쇄
鑰：자물쇠 약　納：들일 납

위혜기흡 이외민회 척적내가수야
威惠旣洽이면 吏畏民懷하나니 尺籍乃可修也니라.

【解釋】 수령의 위엄과 은혜가 흡족하여 아전이 두려워하고 백성들이 따르게 되면 척적(尺籍)을 수정할 수 있을 것이다.

【解說】 척적이란 그 고을의 총 호수와 군액 총수를 가지고 공평하게 배당하는 것을 말한다.

조선 정조 때 판서(判書) 윤사국(尹師國)이 곡산 도호부사(谷山都護府使)가 되어 척적을 고쳐서 각 동리에 나누어 주니, 마을 백성들이 보물처럼 받들어 기름칠하여 간직해 두고, 다툼이 있게 되면 늘 이것을 가지고 나아가 소송하는 데 옳고 그름을 판단하였다. 간혹 간사한 백성이 칼로 긁어 내어 고치게 되면 소송을 맡은 관리가 다른 마을의 척적을 가지고 대조하여 조사하니, 그 흔적이 탄로나게 되어 백성들이 모두 편리하게 여겼다.

대개 척적이 분명하면 군액에 빠진 것이 있더라도 병정을 뽑아 대신 세우는 폐단은 그 마을에서만 그치지만, 만약 척적이 분명하지 못하면 피해가 여러 마을에 미치게 되어 온 고을이 난리가 난다. 그러므로 척적이란 일반 백성들에게는 이로운 것이나, 아전들은 좋아하지 않는 것이다.

【字義】 威 : 위엄 위　惠 : 은혜 혜　洽 : 흡족할 흡
懷 : 생각 회

욕 수 척 적　선 파 계 방 이 서 원 역 촌　호 호 대
欲修尺籍이면 先破契房而書院驛村과 豪戶大
묘　제 범 도 역 지 수　불 가 불 사 괄 야
墓와 諸凡逃役之藪를 不可不査括也니라.

【解釋】 척적을 수정하려면 먼저 계방(契房)을 폐지하여야 하며, 서원·역촌·호호·대묘 등 모든 역을 기피하여 숨는 곳을 조사하지 않을 수 없다.

【解說】 군적을 잘 정리하려면 계방과 서원·역촌을 조사하여 도망자를 찾아내야 할 것이며, 재산과 세력이 있는 토호가 아전들과 짜고 농간을 부리는 일은 엄중 처벌하고, 묘호에는 정해진 인원 외에 숨은 자들을 찾아내어 역을 도피하는 일이 없도록 힘써 막아야 한다.

【註釋】 *契房(계방) : 공역(公役)을 면제받거나 다른 도움을 받으려고 아전에게 금품을 준 마을.
*豪戶(호호) : 세력이 있는 호구.

【字義】 破 : 깨뜨릴 파　驛 : 역참 역　豪 : 호걸 호
藪 : 숲 수　括 : 묶을 괄

수 포 지 일　목 의 친 수　위 지 하 리　민 비 이 배
收布之日에 牧宜親受니 委之下吏면 民費以倍니라.

【解釋】 군포를 거두는 일은 목민관이 직접 받아야 한다. 하리들에게 맡기면 백성들의 부담이 갑절이나 늘게 된다.

【解說】 돈은 정한 액수가 있으며 쌀 또한 폐단이 적은 편이다. 그러나 베와 무명만은 물건의 넓고 좁은 것, 길고 짧은 것, 굵고 가는

것 등 트집을 잡으려면 한이 없다. 그러므로 품질이 좋은 것도 물리쳐 돈으로 대신 바치게 하여 그 피해가 적지 않으니 목민관은 이를 몸소 잘 살펴 아전들의 농간을 막아 백성들의 부담을 줄여야 그 직분을 제대로 행한다 할 수 있다.

【字義】 **收**：거둘 **수**　　**委**：맡길 **위**　　**費**：비용 **비**
倍：곱절 **배**

> 위조족보　도매직첩　도면군첨자　불가
> 僞造族譜하고 盜買職牒하여 圖免軍簽者는 不可
> 이부징야
> 以不懲也니라.

【解釋】 족보를 위조하고 직첩(職牒)을 몰래 사서 군적(軍籍)에 오르는 것을 면하려고 하는 자는 징계하지 않을 수 없다.

【解說】 군역을 면하기 위해 족보를 위조하고 직첩을 위조하는 예가 많으니 응당 모두 조사해서 군적에 편입시켜야 하나 모두가 법이 잘못된 죄의 실정을 알고 보면 참으로 비참한 일이니, 다만 그 군액을 덜지 않고 약간의 태형을 내림으로써 징계할 것이며 너무 심하게 다스릴 필요는 없다.

【註釋】 ＊**族譜**(족보)：가계(家系)를 적은 책.

＊**職牒**(직첩)：벼슬 임명장.

【字義】 **僞**：거짓 **위**　　**造**：만들 **조**　　**譜**：족보 **보**
盜：훔칠 **도**　　**牒**：문서 **첩**　　**免**：면할 **면**
懲：징계할 **징**

> 상번군장송자　일읍지거폐야　십분엄찰
> 上番軍裝送者는 一邑之巨弊也이니 十分嚴察
> 내무민해
> 이라야 乃無民害니라.

【解釋】 상번군(上番軍)을 치장해 보내는 일은 한 고을의 큰 폐단

이 되니, 십분 엄하게 살펴야 백성의 피해가 없을 것이다.

【解說】 여러 가지 번(番) 드는 법은 모두 《대전(大典)》에 자세히 보이는데 보면 기존의 군사의 숫자에 관계없이 늘 새로 군사를 뽑고 있다. 군사를 뽑아 올려보내라는 공문이 오면 군리들은 기회를 만난 것처럼 끝없는 욕심을 채우려 날뛴다. 1명을 뽑는데 그 피해가 1백 집에 미치고 10명을 선발하는데 1천 집을 괴롭히게 되니 사방이 소란하고 마치 난리를 만난 듯하다.

군리가 뇌물을 받고 장집에서 제외시켜 주거나 가난한 자들에게 공갈을 일삼으니 목민관은 샅샅이 가려내어 엄하게 조처해야 할 것이다.

【註釋】 *上番軍(상번군) : 중앙에 번을 서는 군사.

*裝送(장송) : 군장을 꾸려 보냄.

【字義】 裝 : 꾸릴 장　送 : 보낼 송　巨 : 클 거　弊 : 폐단 폐　害 : 해칠 해

제2조 군사 훈련〔練卒〕

연졸자 練卒者는 무비지요무야 武備之要務也니 조연지법 操演之法과 교기지술야 敎旗之術也니라.

【解釋】 군사 조련은 무비(武備)의 중요한 일이니, 곧 조연(操演)과 교기(敎旗)의 술법이다.

【解說】 군사를 훈련시키지 않으면 아무런 쓸모가 없다. 지금 군현에서 사사로이 군사를 조련하는 것은 이른바 교기(敎旗)의 법이다. 교기라는 것은 각종 기(旗)의 신호에 의해서 동작하는 방법을 가르치는 것으로서, 옛날에는 사냥으로 군사를 훈련시켰는데 지금에 와서는 항상 익힐 수 없기 때문에 다시 그에 대한 제도를 만들었다.

조선 현종 때 사람 조계원(趙啓遠)이 수원부사(水原府使)가 되었는데, 군사 정원이 본래 3천 명이 있었으나 병자년 난리에 죽고 도망한 자가 반이 넘었으며 무기 또한 많이 부족하였다. 공이 경내의 장정을 모아 옛날의 숫자를 회복시키고, 또 2천 명을 더 모아 대오(隊伍)를 편성하여 무예를 연습시켜 모두 정예로운 군사가 되었다. 그리고 갑옷·방패·깃발·북·활·검·화포 등도 갖추지 않은 것이 없어, 수원부의 군용(軍容)이 훈련도감에 뒤지지 않았다. 총융사(摠戎使)가 부에 이르러 군사들을 사열하고 정부에 보고하면서 칭찬하니 말을 하사하는 은전이 있었다.

【註釋】 *練卒(연졸) : 군사를 훈련시킴. *操演(조연) : 훈련.

【字義】 練 : 훈련 련 備 : 갖출 비 操 : 잡을 조 演 : 행할 연 旗 : 깃발 기

今之所謂練卒은 虛務也라. 一曰束伍요 二曰別隊요 三曰吏奴隊요 四曰水軍으로 法旣不具하니 練亦無益이라. 應文而已이니 不必擾也니라.

【解釋】 오늘날의 이른바 군사 훈련은 헛된 일이다. 첫째는 속오(束伍), 둘째는 별대(別隊), 셋째는 이노대(吏奴隊), 넷째는 수군(水軍)인데, 이에 대한 법이 갖추어지지 못했으니 훈련해도 소용이 없다. 단지 형식에 그칠 뿐이니 소란을 일으킬 필요가 없다.

【解說】 나라의 큰 정사는 먹는 것과 군사를 훈련시키는 일에 있으므로 예부터 군사를 기르는 방법은 각기 달랐으나 기르지 않은 적은 없었다. 장차 목숨을 바치게 하려면 반드시 먼저 넉넉하게 살도록 하여 이 나라 백성들로 하여금 군부(軍簿)에 들어가는 것을 마치 벼슬에 오르는 것처럼 생각하여 서로 들어가기를 다투고 물리침을 당할까 걱정하도록 해야 할 것이다.

이른바 속오는 사노와 천민들로 구차하게 그 숫자만 채운 것이라 아무런 쓸모가 없으며, 칼이나 총이 낡아서 제구실을 할 수 없다. 이러하니 군사 훈련이란 헛된 일일 뿐이다. 이미 헛일인 것을 알았다면 그냥 아무것도 하지 말고 문서대로 숫자만 갖추면 될 것인데 어찌 헛되이 기세를 올려 군무를 담당한다 하겠는가. 군부를 정비하려다가 오히려 아전들의 농간만 부추길 뿐이므로 백성들이 괴롭힘을 당하게 된다. 군대를 점검한다는 공문이 내려오면 목민관은 번거롭고 요란스럽게 행하지 않도록 명해야 할 것이다.

【註釋】 ***束伍**(속오) : 군대 편제(編制)의 하나. 다섯 명을 1오(伍)라 함.
***應文**(응문) : 형식만 갖춤.

【字義】 **束** : 묶을 속 **奴** : 노예 노 **具** : 갖출 구
擾 : 어지럽힐 요

惟其旗鼓號令으로 進止分合之法은 宜練習詳熟이로되 非欲教卒하고 要使衙官列校로 習於規例니라.

【解釋】 오직 기고호령(旗鼓號令)과 진지분합(進止分合)의 법은 자세히 익혀야 하니, 이는 군사들만 가르치려는 것이 아니라 아전과 장교들로 하여금 규례에 익숙하도록 하려는 것이다.

【解說】 만약 목민관이 병법을 알면 친히 나아가 술법을 가르치고, 병법을 알지 못하면 각 고을 장교의 우두머리를 대장으로 삼아 전례대로 형식을 갖추는 외에 여러 가지 호령(號令)을 시험하게 해야 한다.

또 진을 치는 법과 물을 건너고, 험한 곳을 통과하는 법, 야간에 진법을 익히는 것 등도 훈련시켜야 한다. 이때 아전과 장교들로 하여금 이와 같은 여러 가지 병법을 익히게 한다면 혹 급한 변란이 생겼을 때 힘을 얻을 수 있을 것이다.

【註釋】 ＊旗鼓號令(기고호령)：기를 흔들고 북을 쳐서 명령을 내림.

＊進止分合(진지분합)：나아가고 멈추며, 대오를 나누었다가 합침. 즉 군사 훈련.

【字義】 鼓：북 고　進：나아갈 진　詳：자세할 상
熟：익힐 숙　衙：관아 아

이노지련 최위요무 전기삼일 의예습지 吏奴之練이 最爲要務니 前期三日에 宜預習之니라.

【解釋】 이노(吏奴)의 훈련은 가장 중요한 일이니 기한 3일 전에 연습해 두어야 한다.

【解說】 우리 나라의 군사제도에는 수령 휘하에는 한 사람의 군사도 없게 되어 있다. 그러므로 수령은 유사시에 대비하여 함께 고을을 지킬 이노를 미리 훈련해 둘 필요가 있다. 그러므로 속오군(束伍軍)이 모이기 전에 별도로 하루를 택하여 아전과 관노들로 조직된 군대의 연습 기간으로 정하고 부서의 분배와 앞으로 나아가고 뒤로 물러서는 모든 동작을 한결같이 군법대로 하여, 엄한 훈련으로 규율을 삼는다면, 비록 한때의 훈련이 곧바로 실효를 거두지 못한다 하더라도 군법의 엄숙함은 알게 될 것이다.

【字義】 吏：아전 리　最：가장 최　期：기일 기
預：미리 예　習：익힐 습

약연풍비이 조령무정 이행습조 즉기 若年豊備弛라도 朝令無停하여 以行習操 則其 충오식장 부득불치력 充伍飾裝을 不得不致力이니라.

【解釋】 만약 풍년이 들어 방비가 완화되더라도, 군사 조련을 행하라는 명령이 멈추지 아니하면, 대오를 채우고 장비를 갖추는 데 힘쓰지 않을 수 없는 일이다.

【解說】 조련은 연례 행사이다. 그런데 해마다 행하지 않다가 혹 수십 년에 한 번 행하게 되면, 병영(兵營)의 군리와 장교들은 이 영을 듣고 기뻐 날뛰면서 경사로 여긴다. 그리고는 대오에 부족한 정원이 있거나 복장이 구비되지 못했거나 무기가 갖추어지지 못했을 경우 군리와 장교들은 이를 트집 잡아 뇌물을 받아내기에 혈안이 되게 마련이다.

어진 목민관은 백성의 것을 착취하여 칭찬받는 일은 하지 않는다. 반드시 관에서 돈을 내어 그 부족한 것을 보충해 주어야만 백성의 원성이 없고 위의 책망도 없어서 그 직무를 잘 수행하는 자가 될 것이다.

【註釋】 ＊年豊(연풍)：풍년이 듦.
＊朝令(조령)：나라의 명령.
＊習操(습조)：군사 훈련.
＊飾裝(식장)：장비를 꾸밈.

【字義】 若：만약 약　豊：풍년 풍　停：정지할 정
飾：꾸밀 식

軍中收斂(군중수렴)은 軍律至嚴(군율지엄)하니 私練公操(사련공조)에 宜察是弊(의찰시폐)니라.

【解釋】 군중에서 금품을 거두는 일은 군율이 지극히 엄중하다. 공사간의 조련에서는 마땅히 이 폐단을 살펴야 할 것이다.

【解說】 군사 훈련이 있게 되면 대장인 자들이 전례를 핑계하여 갖가지로 돈을 거두어 풍성한 주연을 베풀게 마련이다. 그들은 군중에서 금품을 거두면 죽도록 엄하게 곤장을 칠 것이요, 주는 자와 받는 자가 모두 중벌을 입을 것이라는 명령에도 불구하고 군중에서는 온갖 부당한 일이 벌어지기 일쑤이다.

새로 입대하였다는 명목이나 서로 얼굴을 익힌다는 명목으로 돈을 거두는가 하면 훈련청에서는 또 뇌물을 받고 돈을 받아 술과 음식을 마련하여 병영의 장교들을 대접하니 그 폐단이 이루 말할

수 없으니 비록 그 전부를 엄금하지는 못하더라도 실제 차출하는 것 외에 여러 가지 술수를 부려 몰래 침해하는 자는 마땅히 엄중한 법으로 금해야 할 것이다.

【字義】 **收**：거둘 **수**　　**斂**：거둘 **렴**　　**私**：개인 **사**
察：살필 **찰**

> 수 군 지 치 어 산 군　본 시 유 법
> 水軍之置於山郡은 本是謬法이라.

【解釋】 수군(水軍)을 산골 고을에 두는 것은 본래 잘못된 법이다.

【解說】 수군은 본래 바닷가에 있어야 하는데 산골로 바꾸어 정한 것은 바닷가 백성은 조금만 사변이 있어도 잘 도망하기 때문에 궁여지책으로 산골로 정한 것이다. 이치가 그러한데도 산간 고을에서 화전을 일구던 백성으로 파도 속을 넘나들면서 돛대를 잡도록 하니, 그 몸놀림이 어찌 자연스러울 수 있겠는가. 지금은 해안 방어가 무사하기 때문에 이른바 수군이란 것은 해마다 돈 2냥을 내어 수영에 바치면 모두 무사하게 된다. 이것이 곧 수군을 산간 고을에 흩어 두고 바꾸어 배정하기를 생각하지 않는 까닭이다.

【字義】 **置**：둘 **치**　　**謬**：잘못 **류**

> 수 조 유 령　의 취 수 조 정 식　축 일 이 습
> 水操有令이면 宜取水操程式하여 逐日肄習하여
> 비 무 궐 사
> 俾無闕事니라.

【解釋】 수군 훈련의 명령이 있으면 마땅히 수군 훈련의 규칙에 따라 날마다 익히고 연습하여 빠뜨리는 일이 없어야 한다.

【解說】 대오를 보충하는 일과 복장을 꾸미는 일, 그리고 사사로이 거두는 일을 살펴 금하는 일은 모두 육군 조련의 여러 법에 보이므로 여기에서는 다시 논하지 않는다.

【字義】 操 : 조련할 조 程 : 법 정 逐 : 따를 축
肄 : 익힐 이 俾 : 하여금 비

제3조 병기 관리〔修兵〕

兵者는 兵器也라. 兵可百年不用이나 不可一日無備이니 修兵者는 土臣之職也니라.

【解釋】 병(兵)이란 병기(兵器)를 가리킨다. 병기는 백 년 동안 쓰지 않더라도 하루도 준비가 없어서는 안 되는데, 병기를 관리하는 것은 수령의 직무이다.

【解說】 고을마다 군기고(軍器庫)가 있고 그 군기고에 간직된 각종 병기를 관리하여 파손된 것을 수리하고 없어진 것을 채우는 것이 곧 수령의 직무이다.

조선 인조 때 사람 이상급(李尙伋)이 연안부사가 되었다. 그는,
"연안이 전에 외따로 떨어진 성으로 능히 왜구(倭寇)를 막아냈는데, 더구나 지금은 외환(外患)이 바야흐로 심한 때라 미리 이러한 위기를 대비하지 않을 수 없다."
하고, 크게 전구(戰具)를 수리하여 모든 기계가 정돈되었다.

【註釋】 *修兵(수병) : 병기를 잘 보수하고 관리함.
*土臣(토신) : 지방 수령.

【字義】 兵 : 군사 병 器 : 그릇 기 備 : 마련할 비

箭竹之移頒者와 月課火藥之分送者는 宜思法意하여 謹其出納이니라.

【解釋】 화살 만드는 대를 나누어 주는 일과 달마다 치르는 시험에

쓸 화약을 나누어 보내는 일은 마땅히 그 법을 만든 취지를 생각하여 출납을 조심히 해야 한다.

【解說】 화살 만드는 대를 각 진영에 나누어 준 뒤에는 만들어 놓은 화살의 수효와 장사(將士)들에게 분배된 숫자를 기록하여 위에 보고해야 한다.

또한 달마다 치르는 시험에 사용할 화약을 받아오는 날은 여러 가지 비용이 많이 드는데, 화약이 한번 창고 안으로 들어가면 관에서 살피지 않기 때문에 창고를 맡은 자들이 훔쳐내다 팔아서 사복을 채우는 일이 허다하다. 수령은 달마다 점검하여 그 실제의 숫자를 확실히 알아두어야 한다.

【字義】 **箭**：화살 전　**移**：옮길 이　**藥**：약 약
送：보낼 송　**思**：생각 사　**謹**：삼갈 근

약조령신엄　이시수보　미가이야
若朝令申嚴이어든 **以時修補**를 **未可已也**니라.

【解釋】 만약 조정의 명령이 엄중하면 수시로 군기를 보수하는 일을 하지 않을 수 없다.

【解說】 《속대전(續大典)》에는 이렇게 기록되어 있다.

"각 읍에 비치된 군기는 절도사가 아무 때나 어느 한 고을을 조사 대상으로 지정하여 부정한 것을 적발하여 수령의 죄를 묻는다. 순찰 점검할 때 그 잘못의 많고 적음에 따라 해당 수령에게 곤장형을 가하고 그 죄상을 들어 아뢴다. 조총과 화약을 관고(官庫)에 간직하지 않아 온갖 폐단을 일으킨 경우에는 해당 절도사와 수령을 처단하며 낡은 무기를 모두 고쳐 아무 흠이 없어야 새로 준비한 것에 대하여 시상을 논한다."

【字義】 **朝**：조정 조　**嚴**：엄격할 엄　**補**：보탤 보
已：그만둘 이

제4조 무예를 권장함〔勸武〕

동속유근 불희무기 소습유사 금역불
東俗柔勤하여 不喜武技하고 所習惟射라. 今亦不
습 권무자 금일지급무야
習하니 勸武者는 今日之急務也니라.

【解釋】 우리 나라의 풍속은 온순하고 근신하여 무예를 즐기지 않고 오직 활쏘기만을 익혀 왔는데 지금은 이것도 익히지 않으니 무예를 권장하는 것이 오늘날의 급선무이다.

【解說】 우리 나라는 무예를 숭상하지 않는 데다가 무기도 정밀하지 못하다. 거기다가 지난 백여 년 동안 무과(武科)의 폐단이 날로 극심해져서 마침내 온 나라 백성들로 하여금 한 사람도 활을 잡고 나서는 이가 없으니 오늘에 와서는 아주 없어진 지경에 이르게 되었다.

무과의 폐단도 여러 가지인데 그중 큰 것만 살펴보면 무과에 응시한 재주있는 자들을 무뢰배를 동원하여 쫓는다거나, 무과에 급제하였어도 시골 사람들은 뒤를 보아 주는 세력이 없어 벼슬길에 오르지 못하게 되는 일이 있다.

또 무과 출신의 자손들에게 포목을 징수하고, 무과에 급제시키는 기준이 너무 쉬워 너나없이 급제하게 되고, 과거에 정해진 인원이 없다는 것이다. 이러한 폐단이 없어지지 않는 한, 수령이 아무리 백성들에게 무예를 권장하여도 성과를 거두기가 어려울 것이다.

【註釋】 **＊柔謹**(유근)：온유하고 조심함.

＊勸武(권무)：무예를 권장함.

【字義】 **東**：동녘 동 **柔**：부드러울 유 **謹**：삼갈 근
喜：기뻐할 희 **射**：쏠 사

목지구임자 혹지육기 췌능여시 권
牧之久任者는 或至六朞하나니 惴能如是하여 勸

지 이 민 근 의
之而民勤矣라.

【解釋】 무예를 권장하는데도 문예와 마찬가지로 많은 예산이 있어야 한다. 문예는 학궁(學宮)에 예산이 있으나 무예는 그 비용이 나올 곳이 없다. 그러니 목민관으로서 오래 재직하는 자는 혹 6년에 이르기도 한다. 실로 이와 같게 해야 권장할 수 있고, 백성들도 이를 따라 서로 부지런하게 될 것이다.

【解說】 목민관인 자가 잘 강구하여 무예를 권장한다면 백성들도 반드시 서로 권장할 것이다. 이와 같이 5~6년에 걸쳐 점차 습속이 이루어지면 그 풍습이 널리 퍼져 마침내는 국가에 도움이 될 것이다.

【註釋】 *久任(구임) : 오랫동안 재임함. | *六期(육기) : 6년.

【字義】 朞 : 일년 기 惴 : 헤아릴 췌 勸 : 권할 권 勤 : 부지런할 근

강 노 지 장 설 발 방 불 가 불 습
強弩之張設發放을 不可不習이니라.

【解釋】 강한 쇠뇌〔强弩〕를 설치하고 쏘는 일은 반드시 훈련으로 익혀 두어야 한다.

【解說】 명(明) 나라 당순지(唐純之)의 《무편(武編)》에 말하였다. "쇠뇌는 아주 예리한 병기이다. 단단한 것을 뚫고 멀리 나가고 험한 곳을 공격하고 좁은 곳을 수비하며 충돌을 막아 내는 데에 쇠뇌가 아니면 안 된다. 쇠뇌를 쓰는 것이 전쟁에 불편하다고 하나, 쇠뇌가 전쟁에 불편한 것이 아니라 장수된 자가 쇠뇌에 익숙하지 못해서다. 쇠뇌를 잘 쓰는 자는 5층으로 벌여놓고 층마다 세 개 혹은 다섯 개씩 화살을 모아잡아 쏘고, 쏘기를 마치면 빙 둘러 벌여놓고 다 놓은 다음엔 다시 차례대로 쏘되 서로

돌려가면서 계속하는데, 높은 곳에서 낮은 곳을 대적하기에 더욱 좋다. 그리고 노수(弩手)들에게 각각 칼 한 자루씩을 채워 적이 가까이 다가오면 쇠뇌에 걸터앉아 칼을 사용하게 한다. 이와 같이 하면 활과 칼이 서로 도움이 될 것이다."

【字義】 強：굳셀 강　　弩：센활 노　　張：펼 장
放：쏠 방

若夫號令坐作之法과 馳突擊刺之勢는 須有隱憂乃可肄習하니라.

【解釋】 호령하고 앉았다 서는 법과 돌진하고 찌르는 자세 같은 것은 모름지기 외적의 침략 징조가 있을 때에 익히고 연습할 것이다.

【解說】 진릉(晉陵) 장공(張公)이 신주지사(信州知事)가 되자, 주 서북쪽의 높고 시원한 곳에 새로 병영을 만들어 군사들을 주둔시킨 다음, 옛 병영을 없애고 그 자리를 무사들의 훈련장으로 삼아 찌르고 공격하는 법을 가르치니 옛날에 없던 일이었다.

【註釋】 ＊號令(호령)：명령. 구령.
＊坐作(좌작)：앉고 일어서는 일. 즉 군사 훈련.

【字義】 坐：앉을 좌　　作：일어날 작　　馳：달릴 치
擊：찌를 격　　刺：찌를 자　　隱：숨을 은　　肄：익힐 이

제5조 변란에 대비함〔應變〕

守令乃佩符之官이라 機事多不虞之變하니 應變之法을 不可不預講이니라.

【解釋】 수령은 곧 병부(兵符)를 가진 관원이어서 일에 예측하지 못할 변이 많으니, 임기응변의 방법을 미리 강구하지 않으면 안 된다.

【解說】 그 사람의 인품은 큰 일을 겪어보아야 안다. 도량이 작은 자는 작은 일에도 쉽게 놀라지만 큰 인물은 갑작스러운 일을 당해도 여유있게 웃으면서 처리한다. 모름지기 평상시에 지난 역사를 살펴보아 옛사람들이 행한 일을 취하여 마음 속에 담아 둔다면 일을 당하여도 두려움이 없고 처리에 있어서도 쉬울 것이다.

【註釋】 ***佩符**(패부) : 군사를 출동시킬 수 있는 병부(兵符)를 지님.

***機事**(기사) : 기밀의 일.

***應變**(응변) : 변란에 대응함.

【字義】 **佩** : 찰 패　　**符** : 부적 부　　**虞** : 생각 우

預 : 미리 예　　**講** : 강구할 강

> 訛言之作(와언지작)은 或無根而自起(혹무근이자기)하고 或有機而將發(혹유기이장발)하나니 牧之應之也(목지응지야)에 或靜而鎭之(혹정이진지)하고 或默而察之(혹묵이찰지)니라.

【解釋】 유언비어는 혹 근거 없이 일어나기도 하고, 혹 기미가 있어 생기기도 한다. 목민관으로서는 이를 조용히 진압하거나 묵묵히 관찰해야 한다.

【解說】 요즈음 부역이 번거롭고 관리들의 악행이 도를 넘으니 백성들이 살기가 어려워 자연 유언비어가 나돌게 된다. 속담에 '유언비어를 거두어 보리 뿌리에 묻는다.'는 말이 있듯이, 보리가 익고 농사일이 바빠지면 유언비어가 저절로 없어지게 된다. 그러므로 이러한 것은 들어도 못 들은 체하고 조용히 진압하는 것이 좋다.

송의 두굉(杜紘)이 운주지사(鄆州知事)가 되었다. 일찍이 성모퉁이에 기를 내걸고 그 위에 요언(妖言)을 써 붙여 변을 일으키려는

자가 있어 백성들이 모두 두려워하였다. 조금 뒤에 초장(草場)에서 대낮에 불이 일어났으니, 이는 기에 쓰여 있는 변의 한 가지 일이었다. 백성들은 더욱 겁을 내며 성중을 수색해 보라고 청하는 자가 있었다. 이에 두광은 웃으면서 말하기를,

"간사한 계략이 바로 여기에 있는 것이다. 내가 그 계략에 빠져 방황하는 틈을 타서 일어나려 하는 것이다. 내가 어찌 그 계략에 빠지겠는가. 저들이 어쩌지 못할 것이자."

라고 하였다. 얼마 못 되어 도적을 잡고 보니, 간민(奸民)이 요언을 퍼뜨린 것이므로 즉시 죽여버렸다.

【註釋】 ***訛言**(와언) : 잘못 전해진 말. 유언비어.
***無根**(무근) : 근거가 없음.
***自起**(자기) : 저절로 일어남.

【字義】 **訛** : 그릇될 **와** **起** : 일어날 **기** **將** : 장차 **장** **靜** : 고요할 **정** **默** : 말없을 **묵**

> 범괘서 투서자 혹분이멸지 혹묵이찰지
> 凡掛書와 投書者는 或焚而滅之하고 或默而察之니라.

【解釋】 괘서(掛書)나 투서(投書)는 태워서 없애 버리거나 조용히 살펴야 한다.

【解說】 괘서나 투서가 흉역에 관계되어 놀라운 기밀이 있을까 염려되면, 큰 일은 영문(營門)에 가서 감사와 직접 만나 의논하고, 작은 일은 수리(首吏)와 수향(首鄕)을 보내 감사에게 은밀히 보고한다. 혹 읍인들이 자기들끼리 서로 모함하거나, 혹 고을 아전들이 자기들끼리 서로 거짓 날조하여 사사로운 원한을 풀려 하는 것들은 곧 불태워 없애서 전파되지 않게 하며 혹 그 말한 것이 비록 사사로운 원망에서 나왔더라도 또한 사실의 증거가 있어 관계가 심상치 않은 것은, 말없이 살펴서 근원을 캐내야 한다.

【註釋】 ***掛書**(괘서) : 벽에 글을 붙임.
***投書**(투서) : 글을 몰래 보냄.

【字義】 掛：걸 괘　　投：던질 투　　焚：태울 분
滅：없앨 멸

범유변란 凡有變亂이면 의물경동 宜勿驚動하고 정사귀취 靜思歸趣하여 이응 以應 기변 其變이니라.

【解釋】 무릇 변란이 있을 때는 경거망동하지 말고 조용히 그 귀추를 생각하여 변에 응하여야 한다.

【解說】 송의 우윤칙(虞允則)이 군사들에게 잔치를 베풀고 있는데 무기고에서 불이 났다. 그러나 우윤칙은 여전히 풍악을 울리며 술 마시기를 중지하지 않으니, 조금 뒤에 불이 저절로 꺼졌다. 어떤 이가 우윤칙에게 따지자 그는 이렇게 대답하였다.

"병기를 둔 곳은 화재를 매우 엄격히 단속하는데, 잔치중에 불이 난 것은 반드시 간악한 사람이 한 짓이다. 만일 잔치를 중단하고 불을 끄러 나선다면 반드시 예측하지 못하는 변고가 있었을 것이다."

【字義】 亂：어지러울 란　　驚：놀랄 경　　動：움직일 동
趣：취미 취

혹토속광한 或土俗獷悍하여 모살관장 謨殺官長이어든 혹집이주지 或執而誅之하고 혹정이진지 或靜以鎭之하여 병기절간 炳幾折奸이요 불가교야 不可膠也니라.

【解釋】 고장 풍속이 포학하여 관장을 죽이려고 음모를 꾸미면, 그들을 잡아 죽이거나 조용히 진압할 것이다. 그 기미를 살피고 간사함을 꺾어 없애야지 변통성없이 해서는 안 된다.

【解說】 조선 현종 때 감사(監司) 정언황(丁彥璜)이 신계현령(新溪縣令)이 되었다. 앞서 고을 이속들이 난을 일으켜 그 현령을 포위

하고 화살과 돌멩이로 위협하여 현령은 여러 날 갇혀 있다가 겨우 몸만 빠져 도주한 일이 있었는데, 조정에서는 정언황을 뽑아 대신 부임케 했다. 그가 신계에 부임하여 그 우두머리를 잡아 죽이고 나머지는 불문에 붙이니, 변란을 일으킨 죄인들의 이름을 적어 바치는 자가 많았다. 그러나 그는 열어 보지도 않은 채 관리들을 모아놓고 불에 태워버리니 인심이 비로소 안정되었다.

【註釋】 *獷悍(광한) : 사나움. 포악함. *炳幾折奸(병기절간) : 기미를 살피어 간사한 짓을 꺾음.

【字義】 獷 : 사나울 광　悍 : 사나울 한　誅 : 죽일 주
鎭 : 누를 진　炳 : 밝을 병　折 : 꺾을 절　膠 : 아교 교

강도유적 상취위란 혹유이항지 혹
強盜流賊이 相聚爲亂이어든 或諭以降之하고 或
계이금지
計以擒之니라.

【解釋】 강도와 도적들이 서로 모여 난을 일으키면, 혹 타일러서 항복을 받거나 혹 꾀를 내어 사로잡아야 한다.

【解說】 고려 때 윤위(尹威)가 남원부(南原府)의 염찰(廉察)이 되었을 때 일이다. 고을 외곽에 도둑의 무리가 많이 모여 산에 주둔하고 스스로 방위하고 있었다. 윤위는 단기로 부에 들어가서 화복(禍福)으로 달래니, 도둑들이 감격하여 눈물을 흘리며 명령에 따랐다. 이에 우두머리만 죽이고 나머지는 모두 용서해 주니 온 경내가 편안해졌다.

【字義】 強 : 강할 강　盜 : 도적 도　賊 : 도적 적
聚 : 모일 취　降 : 항복할 항　擒 : 잡을 금

토적기평 인심의구 의추성시신 이
土賊旣平이나 人心疑懼면 宜推誠示信하여 以
안반측
安反側이니라.

【解釋】 토적(土賊)이 이미 평정되었는데도 인심이 의심하고 두려워하거든, 마땅히 성심을 다하고 신의를 보여 민심의 동요를 안정시켜야 한다.

【解說】 조선 인조 때 사람 이수일(李守一)이 북도절도사(北道節度使)가 되었는데, 앞서 반란을 일으켰던 국경인(鞠景仁) 등이 왕자를 잡아 적에게 넘기려고 모의하였다. 그후 평정되자 백성들이 자기들을 모두 죄로 몰아 죽이지나 않을까 의심하여 남몰래 강을 건너가 북호(北胡)에 의지하였는데 이수일이 이에 그가 백성들을 위로하고 회유하니 얼마 지나지 않아 민심이 크게 안정되었다.

【註釋】 *土賊(토적) : 한 지방의 도적.
*疑懼(의구) : 의심하고 두려워함.
*反側(반측) : 불안해 함.

【字義】 疑 : 의심 의　懼 : 두려워할 구　側 : 옆 측

제6조 외적 방어〔禦寇〕

> 値有寇難(치유구난)이면 守土之臣(수토지신)은 宜守疆域(의수강역)이니 其防禦之責(기방어지책)은 與將臣同(여장신동)이니라.

【解釋】 도적의 난리를 만나게 되면 지방을 지키는 신하는 마땅히 그 지역을 지켜야 하는데 방어할 책임은 장신(將臣)과 같다.

【解說】 조선 인조 때 사람 이희건(李希建)이 용천부사(龍川府使)로 있을 때인 인조 5년 정월에 철기(鐵騎) 10여만 명이 밤에 압록강을 건너 의주(義州)를 함락시키고 날이 밝기 전에 돌격대로 길을 나누어 진격해 오는데, 한 부대는 사포(蛇浦)로 들어가서 모문룡(毛文龍)을 습격하려 하자 철산부사(鐵山府使) 안경심(安景深)은 탈출하여 달아났다.

이에 이희건이 병사(兵使)와 함께 귀성(龜城)에 모여 사변을 듣고 곧 휘하 수십 명과 더불어 적진으로 돌격한 후 웅골산으로 돌아와서 군사를 모으고 굳게 지키니, 저들이 두려워하여 감히 공격하지 못하였다. 이로 인해 인심이 안정되고 근처로 피난 나갔던 자들도 모두 돌아왔다.

【註釋】 ***寇賊**(구적) : 도적. ***疆域**(강역) : 경내(境內). ***將臣**(장신) : 장수(將帥)인 신하.

【字義】 **値** : 만날 **치** **寇** : 도적 **구** **難** : 난리 **난** **疆** : 강토 **강** **禦** : 막을 **어**

> 병법왈 허이시지실 실이시지허 차우
> 兵法曰 虛而示之實과 實而示之虛라 하니 此又
> 수어자 소의지야
> 守禦者는 所宜知也니라.

【解釋】 병법에 '허(虛)하면 실(實)한 것처럼 보이게 하고, 실하면 허한 것처럼 보이게 한다.' 라고 했으니, 이 또한 방어하는 자는 마땅히 알아야 한다.

【解說】 당의 장수규(張守珪)가 과주자사(瓜州刺史)로 있을 때의 일이다. 오랑캐가 갑자기 쳐들어오자 성 위에 술자리를 차려놓고 여러 장수들을 모아 풍악을 연주하니, 오랑캐는 방비가 있는가 의심하여 물러가자 그제야 장수규는 곧 오랑캐의 뒤를 쫓아 공격하였다.

【註釋】 ***虛而示之實**(허이시지실) : 방비가 허술할수록 튼튼한 것처럼 보이게 함. ***實虛而示之虛**(실이시지허) : 방비가 실하면 허술한 듯하게 보임.

【字義】 **虛** : 빌 **허** **實** : 실할 **실** **知** : 알 **지**

> 수이불공 사적과경 시이적이유군야
> 守而不攻하여 使賊過境이면 是以賊而遺君也니

추 격 용 득 이 호
追擊庸得已乎아.

【解釋】 지키기만 하고 공격하지 않아 적이 경내를 지나게 하면 이는 임금을 적에게 내주는 것이니 추격을 어찌 그만둘 수 있겠는가.

【解說】 조선 선조 때 사람 황진(黃進)이 익산군수(益山郡守)가 되었는데 이때 왜적이 서울을 점령하고 있어, 그는 대군(大軍)을 따라 진격하면서 한강 남쪽 언덕에 이르렀다. 적이 역습해 오자 여러 장수들은 모두 퇴각하고 그는 적에게 겹겹이 포위당했다. 이틀을 지나 황진이 말을 타고 뛰쳐나오며 좌우로 칼을 휘둘러치니 적의 유혈이 얼굴에 뿌려져 낭자하게 되었으나 적의 말을 빼앗아 돌아왔다. 그 공로로 품계가 올랐다.

【註釋】 **＊過境(과경)**：경계를 지나가게 함. | **＊以賊而遺君(이적이유군)**：적에게 임금을 넘겨 줌.

【字義】 **守**：지킬 수　　**攻**：공격할 공　　**遺**：남길 유
追：뒤쫓을 추

위 충 늠 절　격 려 사 졸　이 수 척 촌 지 공　상
危忠凜節로 激勵士卒하여 以樹尺寸之功이 上
야　세 궁 역 진　계 지 이 사　이 부 삼 오 지
也로되 勢窮力盡하면 繼之以死하여 以扶三五之
상　역 분 야
常도 亦分也니라.

【解釋】 높은 충절로 사졸을 격려하여 작은 공이라도 세우면 이것이 으뜸이요, 형세가 궁하고 힘이 다하면 죽음으로써 삼강오륜(三綱五倫)의 도리를 세우는 것 역시 분수를 다하는 일이다.

【解說】 조선 선조 때 사람 송상현(宋象賢)이 동래부사(東萊府使)가 되었다. 선조 25년인 임진년 4월에 왜병이 부산을 함락하니, 좌병사 이각(李珏)이 동래로 들어왔다가 부산이 함락되자 적의 칼날을

피하여 소산역(蘇山驛)으로 물러나 진을 쳤는데 송상현이 함께 성을 지키자고 하였으나 응하지 않았다. 15일에 왜병이 동래성으로 들어오니 송상현은 성 남문에 올라가 싸움을 독려하였으나 한나절만에 성이 함락되고 그는 꼼짝 않고 버티고 앉아서 적의 칼을 받고 죽었다. 왜병은 그가 죽음으로써 지킨 것을 가상히 여겨 관을 만들고 염(殮)을 하여 성 밖에 매장하고 표목을 세워 표시하였다.

【註釋】 ＊危忠凜節(위충늠절)：높은 충성과 늠름한 절개. ＊尺寸之功(척촌지공)：작은 공로. ＊三五之常(삼오지상)：사람이 지켜야 할 삼강 오륜(三綱五倫).

【字義】 危：높을 위　凜：늠름할 름　勵：격려할 려　樹：세울 수　窮：궁할 궁　扶：붙잡을 부　常：떳떳할 상

乘輿播越(승여파월)이면 守土之臣(수토지신)은 進其土膳(진기토선)하여 表厥忠愛(표궐충애)도 亦職分之常也(역직분지상야)니라.

【解釋】 임금이 지방으로 피난하면 지방을 지키는 신하가 그 지방 산물을 올려 충성을 표하는 것 역시 당연한 직분이다.

【解說】 고려의 김은부(金殷傅)가 공주절도사(公州節度使)가 되었다. 현종(顯宗)이 거란의 난을 피하여 남쪽으로 파천하니, 김은부가 예절을 갖추어 교외로 나아가 맞이하고 의대(衣帶)와 토산물을 바쳤다. 왕이 파산역(巴山驛)에 이르니, 아전들이 모두 도망쳐버려 어주(御厨)에 먹을 것이 없었다. 김은부는 또 음찬을 갖추어 조석으로 수라를 올렸는데, 현종은 이에 후에 그의 세 딸을 왕비로 맞이하였다.

【註釋】 ＊乘輿(승여)：임금의 수레. ＊播越(파월)：임금이 난리를 피해 지방으로 나감. 파천(播遷).

【字義】 乘：탈 승　輿：수레 여　越：넘을 월　膳：음식 선

병소불급 무수백성 무재훈농 이섬군
兵所不及에 撫綏百姓이요 務材訓農하여 以贍軍
부 역수토지직야
賦도 亦守土之職也니라.

【解釋】 난리가 미치지 않는 지방에서는 백성을 위로하여 편안하게 하며, 인재를 기르고 농사를 권장하여 군수물자를 넉넉하게 하는 것 역시 지방을 지키는 수령의 직책이다.

【解說】 전란이 일어났을 때 그 기세가 아무리 치성하다 하더라도 대개 어느 한쪽에서의 충돌이요, 반드시 한꺼번에 온 나라를 다 덮는 것은 아니다. 그러므로 난리가 미치지 않는 곳에서는 백성들을 안정시켜 흩어지는 것을 막는 것이 보다 중요한 일이다.

고려의 김이(金怡)가 장흥부사(長興府使)가 되었다. 합단(哈丹)이 침입하여 노략질을 하니, 나라에서는 험한 곳을 의지하여 각각 지키라고 명령하였다. 김이가 안렴사(按廉使) 강취(姜就)에게 말하기를,

"우리 군사가 이 작은 오랑캐를 처치하기는 마치 도마 위의 고기같이 할 것인데 그들이 어찌 변방 고을까지 이를 수 있으리오. 양식은 백성의 하늘이요, 밭을 갈고 심은 것 또한 시기가 있으니 나아가서 밭을 갈게 하시오."

하니 강취가 명령을 어기면 견책을 받을 것이라며 말렸으나 김이는 백성들에게 밭을 갈게 하였는데, 적이 과연 연기(燕岐)에까지 왔다가 멸망하였다. 이리하여 다른 고을에서는 모두 수확이 없었지만 장흥에서만은 크게 풍년이 들었다.

【註釋】 *撫綏(무수) : 편안하게 어루만져 줌.
*務材(무재) : 인재 기르기에 힘씀.
*訓農(훈농) : 농사를 가르침.

【字義】 撫 : 어루만질 무 綏 : 편안할 수 訓 : 가르칠 훈
贍 : 넉넉할 섬

형전육조(刑典六條)

제1조 소송 판결〔聽訟〕

聽訟之本은 在於誠意하고 誠意之本은 在於愼獨이니라.

(청송지본 재어성의 성의지본 재어신독)

【解釋】 송사(訟事)를 처리하는 근본은 성의에 달려 있고, 성의의 근본은 신독(愼獨)에 있다.

【解說】 《대학(大學)》에서도 공자(孔子)의 말을 인용하여 이렇게 말하였다.

"송사를 처리함은 나도 다른 사람만큼 할 수 있으나, 요는 송사를 없게 하는 것이 중요하다."

대개 송사를 처리하는 것이 송사를 없게 하는 것과는 서로 거리가 먼 것이니, 송사를 처라함이란 곧 음성과 기색으로 백성을 교화시키는 것이요, 송사를 없게 함이란 밝은 덕의로 하고 음성과 기색으로 위엄을 떨쳐서 하는 것이 아니다. 성인이 신독과 성의로 자신을 닦으면 백성들이 자연 감동되므로 바라보고 두려워하여 감히 진실이 아닌 말을 못하게 되는 것이니, 이것이야말로 백성을 감화시키는 지극한 공(功)이다. 대개 천하의 만백성이 너무 많아서 집집마다 찾아가서 설득시키고 말로 다툴 수가 없는 것이다. 때문에 성인의 도가 지극히 성실하고 독실한 데에서 천하가 자연 태평하게 되는 것이니, 이것이 모두 송사가 없게 하는 뜻이다.

【註釋】 *聽訟(청송) : 소송을 판결함.

*愼獨(신독) : 홀로 있을 때를 삼감.

【字義】 聽 : 들을 청　訟 : 소송 송　愼 : 삼갈 신　獨 : 홀로 독

기차율신	계지회지	왕자신지	역가이	무송의
其次律身이니	戒之誨之하여	枉者伸之도	亦可以	無訟矣니라.

【解釋】 다음으로는 자신이 본보기가 되는 것이니, 경계하고 가르쳐서 잘못을 저지르는 자를 바로잡아 주는 것 또한 송사를 없애는 일이다.

【解說】 송(宋)의 장영(張詠)이 익주지사(益州知事)가 되었을 때의 일이다. 소장(訴狀)을 내어 소송하는 자가 있을 때마다 장영이 사실 여부를 소상히 알아 즉석에서 판결하되, 그 판정함에 있어 죄상은 가벼운데 법을 무겁게 한 것과, 죄상은 무거운데 법을 경하게 한 경우가 있을 때마다 빠짐없이 판결문을 만들어 두었는데, 촉(蜀) 나라 사람들이 그것을 새겨서 책을 내어 《계민집(戒民集)》이라 이름하였다. 그 내용은 대개 풍속과 효의(孝義)를 독실히 하는 것으로 근본을 삼았다.

【註釋】 *律身(율신) : 자기 자신을 단속함.
*戒之誨之(계지회지) : 경계하고 가르쳐 줌.
*枉者伸之(왕자신지) : 잘못 된 것은 바로잡아 줌.

【字義】 次 : 다음 차　戒 : 경계할 계　誨 : 가르칠 회　枉 : 굽을 왕　伸 : 펼 신

청송여류	유천재야	기도위	청송필핵
聽訟如流는	由天才也나	其道危니라.	聽訟必核

진인심야	기법실	고	욕사송간자	기
盡人心也라야	其法實이라	故로	欲詞訟簡者는	其

단필지 위일단이불복기야
斷必遲이니 爲一斷而不復起也니라.

【解釋】 송사 처리를 물흐르는 것과 같이 쉽게 하는 것은 타고난 재질이 있어야 하나 그 방법은 몹시 위험하다. 송사 처리를 반드시 분명히 하는 것은 마음을 다하는 데 있으나 그 법이 사실에 꼭 맞아야 한다. 그러므로 송사를 간결하게 하려는 사람은 그 판결을 반드시 더디게 하는데, 한 번 판결하면 다시 그런 일이 일어나지 않게 하기 위하여서다.

【解說】 관장으로서 성질이 번거로움을 참아내지 못하는 사람은, 소장을 대할 때마다 첫 허두부터 조사해 규명하지 않고 눈에 띄는 대로 어름하게 대강대강 판결문을 써 판결하고, 아전들은 소송하는 사람들을 호통쳐서 우선 눈앞이 깨끗한 것만을 다행으로 여긴다. 그러나 그 한 가지 일이 관에 있어서는 비록 작은 일 같으나 백성에게는 실로 큰 일이니 반드시 한 차례의 밝은 판결을 거쳐서 양쪽의 옳고 그름이 분명히 판명된 후에야 송사가 끝나는 것이다.

관장의 위엄을 자주 모독하기는 어렵겠지만, 소송하는 원수 사이에야 어찌 스스로 화평할 수 있겠는가. 풀만 베고 뿌리를 남겨두면 해마다 다시 나는 것처럼 한 가지 일로 서로 송사하다가 다섯 번, 열 번까지 이르게 되니, 이것이 소송이 날로 번거로워져서 다스릴 수 없게 되는 까닭이다.

【字義】 流：흐를 류　由：말미암을 유　危：위태로울 위
核：열매 핵　簡：간결할 간　遲：더딜 지
復：되풀이할 복　起：일어날 기

옹폐부달 민정이울 사부소지불민
壅蔽不達이면 民情以鬱하니 使赴愬之不民으로
여입부모지가 사양목야
如入父母之家면 斯良牧也니라.

【解釋】 막히고 가리워서 통하지 못하면 백성들의 마음이 답답하게

되니, 하소하러 오는 백성으로 하여금 부모의 집에 들어오는 것처럼 편하게 하면 이것이 어진 목민관이다.

【解說】 호태초(胡太初)는 이렇게 말했다.

"백성이 수령 보기를 하늘보다 멀리하고 신명(神明)을 두려워하는 것보다 어렵게 여긴다면 원통하고 괴로움을 당하여도 관문에 들어올 길이 없을 것이요, 또 다행히 수령 앞에 나올 수 있더라도 아전이 엄포를 놓고 태장(笞杖)이 오감으로써 마음 약한 자는 미리부터 정신을 잃고 기가 질린다. 그러므로 관문을 활짝 열어 놓고 아전들을 물리친 다음, 직접 불러다 앉히고 평온한 기색으로 캐어 물어서 그가 말하고자 하는 것을 모두 말하게 해야 한다. 그래도 막히고 가리워서 통하지 못하는 자는 소라〔鑼〕를 관문 밖에 설치하여 스스로 그것을 치게 해야 한다. 이렇게 한다면 백성들이 스스로 말하지 못하는 일이 없어지게 될 것이다."

송(宋)의 왕대거(汪待擧)가 처주지사(處州知事)가 되어 정사를 할 때 아랫사람들의 정상을 철저히 보살폈다. 분쟁하여 소송하는 백성이 있으면 불러서 앞에 앉히고 면대하여 그 잘잘못을 시정하고 아전들에게 시키지 않으니, 백성들이 다음과 같은 시를 지어 칭송하였다.

관청은 절간처럼 조용하고 官舍却如僧舍靜 / 아전들은 야인처럼 한가하네 吏人渾似野人閑

당기(唐夔)가 신창령(新昌令)에 임명되어 옥사를 처리할 때 마음과 정성을 다하였다. 사무를 처리한 지 2~3개월만에 관청에 밀린 서류가 없고, 아전들은 모두 일이 없어 짚신을 삼아 팔게 하였다. 관아문의 출입을 금지하는 설비를 하지 않고 일이 있으면 바로 들어오게 하였으나 범하는 자가 없었으며, 소송 중에 잘못이 있으면 종아리를 몇 대 때려 훈계할 뿐이었다. 또 일을 줄이고 비용을 절감하자 간악한 폐단이 없어지고, 아전들은 굶주리고 곤궁해져서 사퇴하는 자가 많았다.

【註釋】 ＊壅蔽不達(옹폐부달) : 막혀서 백성들의 뜻이 알려지지 않음.

＊赴愬之民(부소지민) : 호소하러 오는 백성.

【字義】 壅 : 막힐 옹　蔽 : 가릴 폐　鬱 : 울적할 울
赴 : 달려올 부　愬 : 호소할 소

凡有訴訟(범유소송)에 急疾奔告者(급질분고자)는 不可傾信(불가경신)하고 應之(응지)以緩徐(이완서)하여 察其實(찰기실)이니라.

【解釋】 소송이 있을 경우 급히 달려와서 고하는 것을 그대로 믿어서는 안 되니, 이에 응하기를 여유 있게 하여 천천히 그 사실을 살펴야 한다.

【解說】 정선(鄭瑄)은 이렇게 말했다.

"송사가 관가에 이른 것을 보면 대개는 실제보다 덧붙여서 매맞은 것을 죽었다 하고, 재물로 다툰 것을 겁탈하였다 하며, 남의 집에 들어간 것을 도둑질하였다 하고, 묘역(墓域) 침범한 것을 시신을 파냈다고 한다. 한 사람이 소송에 걸리면 반드시 그의 부자 형제까지 끌어들이고, 심하면 관계 없는 집이라도 평소 나쁜 감정이 있으면 곧 끌어들이니 그들의 심사는 왜 그런가? 시비는 분별하지 못하더라도 우선 한번 불러 소동을 일으켜서 그들의 금전과 물자를 소비시키고 그 부녀자를 욕보임으로써 분풀이를 하려는 것이다. 여기에는 반드시 반좌법(反坐法)[1]을 엄히 적용하여 참으로 허망한 일이라면 그 죄로 처단하여 벌을 주어야 한다."

송의 육구연(陸九淵)이 언젠가 밤에 요속(僚屬)들과 함께 앉아 있는데, 아전이 어떤 늙은이가 매우 급히 호소해 왔다고 아뢰었다. 그래서 불러 물어보았으나 몸을 떨며 하는 말을 알아들을 수가 없어 아전을 시켜 사실을 알아보라 했더니, 그 아들이 고을 나졸에게 죽임을 당했다는 것이었다. 육구연이 이튿날 올리라고 하니,

요속들이 어렵게 여겼다. 육구연이 말하기를,

"그대는 안심하라. 죽지는 않았을 것이다."

하더니, 새벽에 가서 조사해 본 결과, 과연 그 아들이 아무 탈도 없었다.

명(明)의 조예(趙豫)가 송강태수(松江太守)로 있을 때의 일이다. 소송하는 자가 있을 때마다 급한 일이 아니면 깨우쳐 내일 오라고 하여 처음에는 모두들 비웃었다. 그래서 송강태수는 내일만 안다는 동요가 있었다. 무지한 소송자들은 대개 한때의 격분을 참지 못하다가도 하룻밤을 자고 나면 그만 분이 풀리고 화평해지거나, 주위 사람들이 비유를 들어 풀어 줌으로 인해 그만두게 되는 자가 많다. 이는 비록 사소한 일이나 백성을 농락하는 것으로 명예를 삼는 자에 비하면 그 마음가짐이 어찌 하늘과 땅의 차이뿐이랴.

【註釋】 ＊**急疾奔告**(**급질분고**) : 급히 달려와 고발함.
＊**傾信**(경신) : 한쪽 말만 믿음.

1) **反坐法**(**반좌법**) : 남을 무고(誣告)할 때 거기에 해당되는 죄를 무고한 자에게 주는 법.

【字義】 **急** : 급할 **급**　**奔** : 달려올 **분**　**傾** : 기울 **경**
緩 : 천천히 **완**　**徐** : 천천히 **서**

> 편언절옥　부결여신자　별유천재　비범
> 片言折獄하여 剖決如神者는 別有天才이니 非凡
> 인지소의효야
> 人之所宜傚也니라.

【解釋】 한 마디 말로 옥사를 결단하여 판결하기를 귀신같이 하는 것은 하늘이 준 재질이 있어야 할 일이요, 예사 사람이 본받을 일이 못 된다.

【解說】 명의 장순(張淳)이 영강지현(永康知縣)이 되었는데, 그 고을 관리와 백성들에 원래 간악한 자들이 많아 잇달아 고발하여 일곱 수령을 파면시켰다. 장순이 부임하여 밤낮으로 문서를 열람하고, 수천 명의 송사를 물흐르듯이 판결해 내니, 크게 놀라 감복하였고 송사는 차츰 줄어졌다. 또 소송하러 오는 자가 있으면 장

순은 곧 심리할 기일을 정하여, 양편이 그 기일에 오면 잠시 동안에 분석 판결하여 오래 두는 일이 없으니, 지방 백성들은 밥 한 덩이를 싸 가지고 와서 송사를 마칠 수 있었다.

조선 선조 때 사람 이창정(李昌庭)이 은율현감(殷栗縣監)이 되었는데, 안찰사 최동립(崔東立)이 원래 공과 사이가 좋지 않았다. 최동립이 고을에 이르러서 의심스러운 송사 수십 가지를 들어 공을 시켜 판결하라 하니, 공이 가려내어 처리하는데 그 빠르기가 소장(訴狀)에서 바람이 일어날 정도였다. 또 도내의 공안(貢案)을 공에게 맡겨 다시 정하라 하니, 공이 아전을 불러서 계산하여 잠깐 동안에 일을 끝마쳤다. 최동립이 탄복하며 장계를 올려 칭찬했다.

【註釋】 ***片言折獄**(편언절옥) : 한 마디 말로 옥사를 판결함.

***剖決**(부결) : 판결.

【字義】 **片** : 조각 편 **折** : 꺾을 절 **剖** : 쪼갤 부 **傚** : 본받을 효

인륜지송 계관천상자 변지의명
人倫之訟은 係關天常者니 辨之宜明이라.

【解釋】 인륜(人倫)에 관한 송사는 윤리에 관계되는 것이니, 분명히 가려내야 한다.

【解說】 황패(黃霸)가 영천태수(潁川太守)가 되었다. 어느 부잣집에 형제가 함께 살고 있었는데, 그 두 동서가 똑같이 임신을 하였다. 그런데 맏동서는 낙태한 것을 숨기고 있다가 아랫동서가 아들을 낳자 그 아들을 데려다가 자기 아들로 삼아서 이를 다투어 소송한 지 3년이 되었다. 황패가 사람을 시켜서 아이를 뜰 안에 안고 있게 한 다음에 아랫동서가 맏동서로 하여금 서로 빼앗아 데려가게 하니, 맏동서는 빼앗기를 매우 맹렬히 하는데 반해 아랫동서는 아이가 다칠까 무서워하였는데 그 정상이 매우 측은해 보였다. 황패가 이에 맏동서를 꾸짖어 말하기를,

"너는 집안 재산을 탐내어 이 아이를 얻으려 하였으니, 어찌 아

이가 다칠 것을 염려하겠느냐."

하니, 맏동서가 그만 죄를 자백하였다.

한의 병길(丙吉)이 진류지사(陳留知事)가 되었다. 어떤 부잣집 늙은이가 나이 90이 되도록 아들이 없었는데, 이웃 여자에게 장가들어 하룻밤을 자고 죽은 뒤에 아들을 낳았다. 아이가 장성하자 그 딸이 말하기를,

"우리 아버지가 장가들어 하룻밤을 자고 돌아가셨으니, 이 아이는 우리 아버지의 아들이 아니다."

하면서 재산을 다투기 수년이 넘도록 판결을 보지 못하였다. 이에 병길이 말하기를,

"듣건대 늙은이의 아이는 그림자가 없고 추위를 참지 못한다고 하더라."

하고는 그때가 마침 늦은 가을이어서 같은 나이의 아이를 데려다가 함께 옷을 벗겨서 시험하니 늙은이의 아이만이 춥다고 소리치며 정오인데도 과연 그림자가 없는 것이었다. 그래서 그 사실을 밝혀 주었다.

송의 정호(程顥)가 진성령(晋城令)이 되었는데, 어느 부자인 장씨(張氏)의 아들이 그 아버지가 죽은 지 얼마 안 되어 어떤 늙은이가 문전에 와서 말하기를,

"내가 네 아버지다."

라고 하는 것이었다. 장씨 아들은 깜짝 놀라며 어찌된 사실인지를 알 수 없어, 현관에게 나아가서 가려내 달라고 하였다. 늙은이가 말하기를,

"제가 의술(醫術)을 직업으로 삼아 멀리 출타한 사이에 아내가 아들을 낳았습니다. 가난하여 기를 수가 없어 장씨에게 주었는데, 아무 해 월 일에 아무개가 안아 갔습니다."

고 하는 것이었다. 정호가 묻기를,

"네가 어찌 그토록 자세히 기억하느냐?"

하니 그는,

"책에 써 두었습니다."

고 하는 것이었다. 이에 그 책을 바치라고 하였는데, 과연 책 속

에는,

"아무 해 월 일에 아무개나 아이를 안아다 장 아무개 늙은이에게 주었다."

고 적혀 있었다. 이에 장씨 아들에게,

"네 나이 몇 살이냐?"

고 물으니, 그는 서른 여섯 살이라 하였다. 또,

"네 아비의 나이는 몇 살이냐?"

고 물으니, 일흔 여섯이라 하였다. 이에 정호가 그 늙은이에게 이르기를,

"이 아이가 날 때 그 아비의 나이는 겨우 40세밖에 안 되는 사람이었는데, 곧 늙은이라고 말하였겠는가?"

하니, 그 늙은이는 그만 깜짝 놀라 죄를 자복하고 말았다.

【字義】 **倫**：윤리 윤　　**訟**：소송 송　　**常**：떳떳할 상
辨：구변할 변

골육상쟁　망의순재자　징지의엄
骨肉相爭하여 **忘義殉財者**는 **懲之宜嚴**이니라.

【解釋】 골육간에 서로 다투어 의리를 잊고 재물을 탐내는 자는 엄히 징계해야 한다.

【解說】 당(唐)의 이걸(李傑)이 하남윤(河南尹)이 되었을 때의 일이다. 어떤 과부가 그 아들이 불효한다고 고발해 오니, 아들은 스스로 해명할 수가 없어 어머니께 죄를 졌으니 죽음도 달게 받겠다고 하는 것이었다. 이걸이 그 아들의 원통함을 살피고 그 어머니에게 이르기를,

"네가 10년 동안 과부로 지내면서 오직 아들 하나가 있는데, 지금 그 아들이 죄를 지어 죽게 되었으니 뉘우침이 없는가?"

하니 그 과부가 말하기를,

"버릇이 없고 순종하지 않으니 어찌 아까울 게 무엇 있겠습니까."

하는 것이었다. 이걸이 말하기를,

"사실이 그렇다면 나가서 관(棺)을 사오라. 아이의 시체를 담겠

다.”

하고, 사람을 시켜서 남몰래 감시해 보았다. 과부가 나가서 한 도사(道士)를 보고 하는 말이,

“이젠 일이 다 되었소. 조금 뒤에 관이 올 것이오.”

하는 것이었다. 이걸이 곧 그 도사를 잡아다가 심문하니, 자복하는 말이,

“제가 과부와 관계하여 오는데, 일찍부터 그 아이의 제지를 당하였기 때문에 아이를 없애버리려고 한 것입니다.”

하는 것이었다. 이에 그 아들을 놓아 주고, 어미와 도사를 죽여 한 관에 넣었다.

부자 늙은이 장씨(張氏)가 아들이 없어 데릴사위를 하였다. 후에 첩이 아들을 낳아 이름을 일비(一飛)라고 하였는데, 겨우 네 살 때에 장씨가 죽었다. 장씨가 병석에서 사위에게 말하기를,

“첩의 자식에게 내 재산을 맡길 수 없어 너희 부부에게 주는 것이니, 너는 저들 모자를 양육하여 죽지나 않게 한다면 그것이 곧 음덕(陰德)이 되겠다.”

하면서 문서를 내어다 쓰기를,

“장일은 내 아들이 아니다. 집안 재산은 모두 내 사위에게 주니, 외인은 다투어 뺏을 수 없다.〔張一 非吾子也 家財盡與吾壻 外人不得爭奪〕”

하였다. 사위는 이 문서로 의심하지 않았는데, 후에 첩의 아들이 장성하여 관가에 재산을 나누어 달라고 송사하니, 사위가 그 문서를 관가에 올려 관가에서는 그만 불문에 붙이고 말았다. 뒷날 어사(御史)가 오니, 첩의 아들이 다시 고소하였고, 사위 또한 전과 같이 문서를 내어 증거를 댔다. 어사가 그 문서의 구두(句讀)를 고쳐 말하기를,

“장일비는 내 아들이니, 집안 재산을 모두 주라. 내 사위는 외인이니 다투어 빼앗을 수 없다.〔張一非 吾子也 家財盡與 吾壻外人 不得爭奪〕”

하며 또 말하기를,

“네 장인이 분명 내 사위는 외인이라고 하였다. 네가 아직도 감히

그 재산을 가지겠느냐? 비(飛)자를 비(非)자로 속여 쓴 것은, 저 아이가 어리어 너에게 해를 입을까 염려했기 때문이다."

하였다. 이렇게 판결하여 그 재산을 첩의 아들에게 주니, 사람들이 모두 통쾌하게 여겼다.

고려의 손변(孫抃)은 성품이 강직하고 행정에 능하였다. 경상도 안찰사가 되었을 때, 남매 사이에 서로 송사하는 일이 있어 그 누이가 진술하기를,

"아버지가 임종하실 때 집안 재산을 모두 나에게 주고, 동생에게는 다만 의관(衣冠) 각 한 벌과 미투리 한 켤레, 그리고 종이 한 권을 주었는데 문서가 다 있습니다."

하면서 송사한 지 몇 해가 되었으나 결말이 나지 않았다. 손변이 두 사람을 불러다 묻기를,

"너희 아버지가 죽을 때에 너희들의 나이는 각각 몇 살이며, 너희 어머니는 어디 있었느냐?"

고 하니 대답하기를,

"어머니는 먼저 돌아가셨고 누이는 출가하였으며, 동생은 어린 아이였습니다."

하는 것이었다. 손변이 이에 깨우쳐 말하기를,

"부모의 마음이 어찌 자녀에게 한쪽에는 후하고 한쪽에는 박하게 하였겠는가. 어린 동생이 의지할 곳은 맏누이뿐이었으므로 만일 재산을 나누면 그 양육이 온전하지 못할까 염려되기 때문이요, 자라면 이 종이로 소장을 써 가지고 의관을 하고 미투리를 신고서 관청에 고소하면, 가려내 줄 사람이 있을 것을 미리 알고 이 네 가지 물건만을 남겨준 것이다."

하고, 드디어 가산을 절반씩 나누어 주니, 두 사람이 감격하여 울면서 물러갔다.

【註釋】 ＊骨肉(골육) : 혈육의 관계. 곧 형제간을 뜻함.

＊風化(풍화) : 풍속과 교화(敎化).

【字義】 骨 : 뼈 골 肉 : 살 육 爭 : 다툴 쟁
風 : 풍속 풍 懲 : 징계할 징 嚴 : 엄할 엄

전지지송 민산소계 일순공정 민사복 의
田地之訟은 民産所係니 一循公正이라야 民斯服矣니라.

【解釋】 농토에 대한 송사는 백성의 산업에 관계되는 것이니, 한결같이 공정하게 해야 백성들이 복종할 것이다.

【解說】 송(宋)의 인수현(仁壽縣)에 홍씨(洪氏)란 아전이 있어 그가 이웃 사람의 밭을 탐내어 위조 문서를 만든 다음, 차(茶)로 그 문서를 물들여 오랜 세월이 지난 것같이 만들었다. 그것을 관가에 호소해 오니, 현령이 곧 그 문서를 가져다가 펴 보며 말하기를,

"세월이 오랬으면 종이 속 색깔은 희어야 할 것인데, 이것은 겉과 속이 일정하니 거짓이다."

하면서 심문하자, 과연 사실을 자백하였다.

대개 위조 문서는 반드시 탄로나게 마련이어서 밝은 사람은 보는 즉시 잡아낼 수 있으니, 내가 남쪽 지방에 있을 때 이런 일을 보았다. 어떤 사람이 그 할아버지가 임진왜란 때 공이 있어 정릉참봉(貞陵參奉)을 제수받았다고 하였다. 정릉은 태종 때부터 참봉이 없었다가 숙종 때에 와서야 다시 참봉을 두게 되었으니, 어찌 그때에 정릉참봉이 있었겠는가. 그 많은 능 가운데서 하필이면 또 정릉을 댔는지, 이는 자연히 드러나는 거짓인 것이다. 대개 위조 문서를 만들면 반드시 탄로가 나게 됨이 모두 이러한 것들이다.

조선 선조 때 사람 신응시(辛應時)가 호남안찰사가 되었을 적의 일이다. 남원(南原)에 어떤 부자 백성이 이단(異端)에 빠져 재물을 모두 바쳐 부처를 섬기고, 전지까지 그 문서와 함께 영원히 만복사(萬福寺)에 시주하여 성의를 표하였다. 그런데 그 후 끝내는 굶어 죽음을 면하지 못하였고, 오직 떠돌아다니면서 구걸하는 고아 하나가 있어 조석사이에 구렁에 빠져 죽을 형편이었다. 이에 소장에 사연을 갖추어 관가에 호소하여 시주한 전지를 돌려달라고 여러 번 청원하였으나 번번이 패하였다. 이에 안찰사에게 가서 호소하니, 신공이 손수 판결문 쓰기를,

"전지를 내놓아 시주한 것은 본래가 복을 구하려 한 것인데, 자신은 벌써 굶어죽었고 아들 또한 빌어먹으니, 부처의 영험이 없는 것은 여기에서 알 수 있다. 밭은 주인에게 돌려주고 복은 부처에게 바치라."

하니, 모두 통쾌한 일이라고 하였다.

【字義】 田 : 밭 전　　民 : 백성 민　　係 : 걸릴 계
循 : 따를 순　　服 : 복종할 복

> 우마지송　성명소출　고인유의　기서효지
> 牛馬之訟은 聲名所出이니 古人遺懿를 其庶效之니라.

【解釋】 마소에 관한 송사는 좋은 이름을 낼 수 있는 것이니, 옛사람들이 남긴 아름다운 법을 본받아야 한다.

【解說】 고려 때 이보림(李寶林)이 일찍이 지금의 성주원(星州員)이 되었다. 어떤 백성이 와서 이웃 사람이 자기네 집 소의 혀를 잘랐다고 하였는데, 그 이웃 사람은 자복하지 않는 것이었다. 이보림이 그 소를 목마르게 한 다음, 간장을 물에 타 가지고는 마을 사람들을 모두 모아놓고 명령하기를,

"차례로 돌려가며 이 소에게 마시게 하되 소가 마시려 하면 곧 떼라."

하였다. 마을 사람들이 공의 명령대로 하는데, 소송당한 자의 차례가 되자 소가 그만 그 사람을 보고 깜짝 놀라 달아나므로 힐문하니 자백하였다.

"소가 제 논의 벼를 먹었기 때문에 그 혀를 끊었습니다."

또 어떤 사람이 말을 풀어놓아 다른 사람의 밀싹을 거의 다 먹었는데, 말 주인이 가을에 가서 갚아 주기로 약속하였다. 그런데 여름이 되자 말 주인은 '말이 뜯어먹은 밀이 다시 싹이 돋아서 수확을 할 수 있게 되었다'고 하면서 갚아줄 생각을 하지 않으므로 밀밭 주인이 호소해 왔다. 이에 이보림이 말 주인은 앉히고

밀밭 주인은 서게 한 다음에 말하기를,

"함께 뛰되 뒤떨어진 자는 벌준다."

하였다. 앉아서 뛰는 말 주인이 뒤떨어지게 되자 힐책하여 말하기를,

"저 사람은 서서 뛰고 나는 앉아서 뛰니 어찌 따라갈 수가 있겠습니까."

하는 것이었다. 이보림이 말하기를,

"밀도 역시 그렇다. 말이 먹은 뒤에 다시 싹이 나서 자라기는 하였으나 수확이 제대로 될 수 있겠느냐."

하면서, 형장으로 때리고 갚아 주라고 명하였다.

【字義】 牛 : 소 우　　馬 : 말 마　　聲 : 소리 성
遺 : 남길 유　　效 : 본받을 효

財帛之訟(재백지송)에 券契無憑(권계무빙)은 察其情僞(찰기정위)라야 物無遁矣(물무둔의)니라.

【解釋】 재물이나 비단 종류에 관한 송사로서 문서의 증빙이 없는 것은, 그 진정과 허위 여부를 잘 살피면 사실을 숨길 수 없게 된다.

【解說】 한(漢)의 설선(薛宣)이 임회태수(臨淮太守)가 되었다. 어떤 사람이 비단을 가지고 저자에 갔다가 비를 만나 덮어쓰고 있었는데, 나중에 한 사람이 와서 같이 쓰자고 하므로 한 끝을 주어 함께 덮었다. 비가 개어 각각 떠나게 되자, 그 사람이 비단을 제것이라고 다투어서 서로 부(府)에 와서 시비를 가리게 되었다. 설선이 그 비단을 잘라 각기 절반씩을 주고 말 타는 아전을 시켜 그들의 뒤를 따라가면서 그들이 말하는 것을 들어보게 하였다. 그런데 한 사람은 기뻐하면서,

"사또의 은덕이다. 사또의 은덕이다."

하는데, 정말 비단 임자는 억울하다고 해 마지않는 것이었다. 여기서 설선이 그 실상을 알고 한 사람을 잡아다가 고문하여 죄를

자백받았다.

영가(永嘉) 땅 백성 중에 아우가 구슬 머리 장식을 형에게 맡기고 돈을 빌려 쓴 자가 있었는데, 돈을 갚고 찾아오려 하니 형수가 그 장식을 주기가 아까워서 도둑맞았다고 속였다. 그리하여 여러 번 관에 호소하였으나 되지 않았다. 마침내 호장유에게 호소하니 장유가 말하기를,

"너는 우리 백성이 아니다."

하고 꾸짖어 보내었다. 얼마 안 있다가 도둑을 다스리게 되었는데, 장유는 한 도둑을 시켜서 형이 머리 장식을 받아 감춰두었다고 무고하게 하고, 형을 관가로 잡아오니 그 형은 그런 일이 없다고 굳이 변명하였다. 공이 말하기를,

"너희 집에 정말 그것이 있는데 왜 무고라고 하느냐?"

하니 형이 엉겁결에 말하기를,

"있기는 정말 있지만 그것은 아우가 돈을 빌려 가면서 맡긴 것입니다."

하면서 즉시 달려가 가져다가 사실을 밝혔다. 이에 그 아우를 불러다 보이고 말하기를,

"너희 집 물건이 아니냐?"

하니 아우가,

"저희 집 것입니다."

하였다. 그래서 아우에게 돌려 주었다.

【註釋】 ***財帛**(재백) : 재물.
***券契**(권계) : 증빙서.
***情僞**(정위) : 참과 거짓.

【字義】 **財** : 재물 재 **帛** : 비단 백 **契** : 증빙서 계
憑 : 믿을 빙 **僞** : 거짓 위 **遁** : 도망할 둔

虛明照物(허명조물)이면 仁及微禽(인급미금)이라 異聞遂播(이문수파)하고 華聲以達(화성이달)이니라.

【解釋】 허명(虛明)으로 물건을 비추면 어짊이 미물과 금수에까지 미치게 된다. 그래서 기이한 소문이 퍼지고 빛나는 명성이 알려지게 된다.

【解說】 온창(溫彰)이 경조윤(京兆尹)으로 있을 때의 일이다. 하루는 설렁줄이 당겨지는 소리가 들려서 나가 보니, 그것은 까마귀 때문이었다. 경조윤이 말하기를,

"이것은 반드시 누가 까마귀 새끼를 꺼내는 것을 호소하는 것이라."

하며 아전을 시켜서 보게 하니, 과연 까마귀 새끼를 꺼내는 자가 있었다.

장차산(張次山)이 태산수령(泰山守令)이 되었다. 어느날 황새들이 뜰 앞에 모여서 호소할 일이 있는 것같이 흉내를 내고 있었다. 장차산이 황새를 가만히 먼저 날려 보내고 병사를 시켜 따라가 보게 하니, 큰 나무 하나가 이웃집 곁을 덮었는데, 거기서 황새 새끼 두 마리를 잡은 자가 있었다. 장차산이 황새를 위해 그것을 중지시키니 황새가 그제야 날아갔다.

【註釋】 ＊**虛明**(허명) : 자신을 비우고 밝게 함.

＊**異聞**(이문) : 뛰어나다는 소문.

【字義】 **虛** : 빌 허　**照** : 비출 조　**微** : 작을 미
禽 : 새 금　**播** : 퍼질 파　**華** : 빛날 화

墓地之訟(묘지지송)은 今爲弊俗(금위폐속)이라. 鬪毆之殺(투구지살)이 半由此起(반유차기)하고 發掘之變(발굴지변)을 自以爲孝(자이위효)하나니 聽斷不可以不明也(청단불가이불명야)니라.

【解釋】 묘지(墓地)에 관한 송사는 지금 폐속(弊俗)이 되고 말았다. 격투와 구타의 살상 사건이 절반은 여기서 일어나며, 남의 분묘를 발굴하여 옮기는 괴변을 스스로 효도로 여기니, 판결함에 분명하게

하지 않을 수 없다.

【解說】 정선(鄭瑄)은 이렇게 말하였다.

"세상 사람들이 곽박(郭璞)의 풍수설(風水說)에 현혹되어 길지(吉地)를 탐내 구하느라 몇 해가 가도록 어버이를 장사지내지 않는 자가 있는가 하면, 이미 장사지낸 무덤도 불길하다 하여 한 번 파 옮기는 것에 만족하지 않아 서너 차례씩 옮기는 자가 있다. 그리고 장사지낼 땅을 가지고 서로 송사하여 어버이 시체가 땅 속에 들어가기도 전에 집안이 벌써 망하는 자가 있고, 형제가 풍수설에 혹하여 골육간에 원수가 되는 자도 있다."

송의 사마광(司馬光)이 어버이 상을 당하여 장례를 지내게 되었는데, 가만히 지사(地師)에게 주의시켜 말하기를,

"다른 말은 하지 말고 내가 하라는 대로만 하면 네게 돈 2만을 줄 것이요, 네가 그렇게 하지 않으면 다른 지사를 데려다 쓰겠다."

하니 지사가, 그대로 하겠다고 하였다. 그래서 자리를 잡고 방향 정하는 것을 모두 사마광의 말대로 하였다. 이처럼 풍수설을 구애하지 않았으되 그의 형제는 장수와 부귀를 누렸다. 어찌 화와 복을 어리석은 자의 입에서 구하면서 그의 속임과 희롱을 받아야 할 것인가.

【註釋】 ***弊俗**(폐속) : 폐단이 있는 좋지 않은 풍속.

***聽斷**(청단) : 송사(訟事)를 결단함.

【字義】 **墓** : 무덤 묘　**訟** : 송사 송, 다툴 송　**鬪** : 싸울 투
毆 : 때릴 구　**掘** : 파낼 굴　**聽** : 들을 청　**斷** : 끊을 단

> 國典所載(국전소재)도 亦無一截之法(역무일절지법)하여 可左可右(가좌가우)를 惟(유)官所欲(관소욕)하니 民志不定(민지부정)하여 爭訟以繁(쟁송이번)이니라.

【解釋】 나라 법전(法典)의 기록도 분명히 잘라 정한 법문이 없어서 관에서 좌우하는 대로 하게 되니, 백성의 마음이 안정되지 못

하고 분쟁과 송사가 많아지는 것이다.

【解說】 조선 정조 때 사람 판서 권엄(權儼)이 한성판윤(漢城判尹)이 되었을 적의 일이다. 당시 어의(御醫) 강명길(康命吉)이 은총을 믿고 마음대로 행동하니, 조정이나 민간에서 모두 눈살을 찌푸렸다. 강명길이 서쪽 교외에 땅을 사서 어버이를 이장(移葬)하고, 산 아래에 전부터 있던 민가 수십 호를 사서 10월 추수 후에 집을 내놓고 나가기로 약속하였는데, 그 해 가을에 흉년이 들어 민가에서 약속대로 하지 못하게 되었다. 이에 강명길이 그 종들을 시켜 쫓아내겠다고 고소하였으나, 권공이 몰아내는 것을 허락하지 않았다. 하루는 임금이 승지(承旨) 이익운(李益運)을 불러 가만히 판윤을 달래어 다시 고소가 있으면 이졸을 출동시켜 민가를 몰아내게 하라고 하였다. 다음날 강명길이 다시 고소하였으나 권공은 전의 판결대로 하여 조금도 변동이 없었다. 이날 임금께서 이익운을 불러들여 책망하는데, 우레같이 무서운 진노에 듣는 사람들이 모두 목을 움츠렸다. 이익운이 권공에게 가서 그 사실을 전하니 공이 말하기를,

"백성들이 당장 굶주리고 추위가 뼈에 사무치는데 쫓아내면 모두 길에서 죽을 것이다. 내가 죄를 입을지언정 차마 이 일을 하여 백성들로 하여금 나라를 원망하도록 하지 못하겠다."

하였다. 그 이튿날 강명길이 다시 고소하였으나 전의 판결을 따를 뿐 조금도 변동이 없으니, 듣는 자가 모두 위태롭게 여겼다. 며칠 후에 임금께서 이익운에게 이르기를,

"내가 조용히 생각하니 판윤의 하는 일이 참으로 옳다. 판윤은 참으로 얻기 어려운 사람이다. 경은 아마 그렇게 못할 것 같다."

하니 권공이 그 말을 듣고 감격하여 울었다.

【註釋】 *國典(국전) : 나라의 법전.

*一截之法(일절지법) : 한 가지로 분명하게 결정한 법.

【字義】 載 : 실을 재　截 : 끊을 절　欲 : 하고자 할 욕
繁 : 번거로울 번

貪惑旣深(탐혹기심)하여 攘奪相續(양탈상속)하니 聽理之難(청리지난)이 倍於他訟(배어타송)이니라.

【解釋】 탐혹이 이미 깊고 약탈이 서로 잇따르니, 처리하기 어려움이 다른 송사보다 배나 더하다.

【解說】 조선 정조 때 사람 김상묵(金尙默)이 안동부사(安東府使)가 되었다. 고을 백성중에 묘지 문제로 송사를 하는 자가 있었는데, 하나는 법흥(法興) 이씨(李氏)요, 하나는 신출 세력가에 붙은 사람으로서 이 신출 세력가에 붙은 자가 이가네 산소를 함부로 차지하였다는 것이다. 이 송사가 세 관장을 거쳐 내려오면서도 파서 옮기지를 못하고 있었는데, 공이 도임하니 다시 송사해 왔다. 공이 친히 가서 살펴보고 함부로 차지한 자에게 말하기를,

"네가 파내야 한다."

"세 번 판결을 받았지만 법으로 처리해 주지는 않았습니다."

"판결이 공평하지 않으면 어찌 세 번만이겠느냐. 네가 파내야 한다."

"그 이씨가 누구인지 성주(城主)는 모르십니다."

"그 이씨가 누구인지 나는 사실 모른다."

"그 이씨는 무신년 죄인의 후손입니다. 어찌 묘지가 있을 수 있겠습니까."

"너는 지금 죄를 벗었지만, 네 조부와 네 증조부는 무신년 죄인의 후손이 아니냐?"

하고 매를 때려 엄히 다스리고 기일을 정하여 파 옮기게 하니 사람들이 모두 크게 기뻐하였다.

【註釋】 **＊貪惑**(탐혹) : 탐욕이 나서 미혹됨.
＊攘奪(양탈) : 빼앗음.
＊聽理(청리) : 옥사를 판단하여 처리함.

【字義】 **貪** : 탐낼 탐 **惑** : 미혹될 혹 **攘** : 빼앗을 양

奪：빼앗을 탈　　**續**：이어질 속

노비지송법　법전소재　번쇄다문　불가
奴婢之訟法은 法典所載가 繁瑣多文하여 不可
거의　참작인정　불가구야
據依하니 參酌人情이요 不可拘也니라.

【解釋】 노비에 관한 송사는 법전에 실린 것이 번잡하고 기록이 많아서 의거할 수가 없으니, 인정을 참작해야지 법조문에만 구애받아서는 아니된다.

【解說】 조선 선조 때 사람 정복시(鄭復始)가 호서(湖西) 군막(軍幕)의 보좌가 되었다. 이때 윤원형(尹元衡)이 한창 세력을 떨치면서 옳지 못하게 남의 종 수십 명을 빼앗아 오래도록 송사가 결말을 보지 못하였다. 관찰사가 겁을 내어 그릇되게 판결하려 하였지만, 공이 힘써 다투어 그만 원주인에게 돌려 주었다.

조선 영조 때 사람 유정원(柳正源)이 형조참의(刑曹參議)가 되어 옥사 처리를 공평하고 너그럽게 하며, 숨긴 것 찾아내기를 귀신같이 하였다. 어느 사노(私奴)가 문서를 변조하여 주인을 배반하고 서로 송사하였는데, 여러 해가 되었어도 결말을 보지 못하였다. 공이 그 문서를 가져다가 밝은 곳에 걸고 살펴보니 은은하게 고친 자리가 있었다. 물을 떠다 종이를 담그고 덧붙인 곳을 손톱으로 긁으니 고쳐 쓴 먹 흔적이 분명하였다. 마침내 엄중하게 고문하여 사실을 알아내 판결하여 주인에게 돌려 주었다.

【註釋】 ***繁瑣**(번쇄)：번거롭고 자질구레함.
***多文**(다문)：법조문이 많음.

【字義】 **奴**：종 노　　**婢**：여자종 비　　**瑣**：잘달 쇄
據：의거할 거　　**酌**：짐작할 작　　**拘**：얽매일 구

채대지송　의유권형　혹상맹이독채　혹
債貸之訟은 宜有權衡이니 或尙猛以督債하고 或

시 자 이 이 채 불 가 교 야 施茲以已債하여 不可膠也니라.

【解釋】 차대(借貸)에 관한 소송은 마땅히 권형(權衡)이 있어야 한다. 혹은 엄중히 하여 빚을 독촉하여 주기도 하고, 혹은 은혜를 베풀어 빚을 탕감하여 주게도 하여 고지식하게 법만 지킬 것이 아니다.

【解說】 대개 보면, 부자 백성은 이(利)를 늘리기 위해 빚을 놓고 가난한 백성은 힘이 모자라 갚지 못하는데, 관에서는 판결문 쓰기를,

"추수 때를 기다리라. 풍년이 들기를 기다리라."

하니, 차라리 탕감할 것이면 관청에서 문권을 불태워 뒷말이 없게 하는 것이 좋을 것이다. 혹 가난한 선비와 가난한 백성이 우연히 전지를 팔게 되면 간사한 거간꾼과 교활한 장사치들이 돈이 있는 줄 알고, 돈을 빌려다가 이자를 놓아 그 남은 것으로 재산을 불리면서도 본전을 갚지 않는 자가 있다. 이런 것은 다스리기를 강도같이 하여야 한다.

바보 같은 어느 부잣집 부랑자가 외간 사람과 어울려 서로 짜고 돈 2백 냥을 쓴 것으로 위조 증서를 만들되 그 돈이 원래 공금이라고 한 다음, 또다시 간악한 아전 셋과 어울렸다. 이에 간악한 아전이 관가에 고발하니, 관에서 그만 사건을 들추어서 부랑자를 잡아다 가두고 생빚을 독촉하며 그 부형을 잡아다 돈을 내라고 하니 본래 돈이 있는 백성이고 보니 안 내고 배길 수 있겠는가? 그 돈을 다 받아서 간악한 자 셋이 나누어 먹으니, 천하에 사기와 패악이 이보다 더 심한 일은 없을 것이다. 목민관은 이런 것을 알아야 하며, 이런 일을 당하면 그 세 간악한 자를 강도 다스리듯 해야 할 것이다.

【註釋】 ＊債貸(채대) : 물건을 주거나 빌림. 차대(借貸).

＊權衡(권형) : 저울. 일정한 기준.

【字義】 債 : 빚 채　貸 : 꾸어줄 대　權 : 저울대 권
衡 : 저울대 형　猛 : 사나울 맹　督 : 독촉할 독

施：베풀 시　　**膠**：아교 교, 변통성 없을 교

군첨지송 / 軍簽之訟에 양리상쟁 / 兩里相爭이면 고기근맥 / 考其根脈하여 확연귀일 / 確然歸一이니라.

【解釋】 군첨(軍簽)의 소송으로 두 마을이 서로 다툴 때는, 그 근본 원인을 상고하여 확실하게 어느 한 쪽으로 결정해야 한다.

【解說】 가령, 갑·을 두 마을에서 군적 하나를 가지고 송사하는 경우, 갑은 을의 것이라 하고 을은 갑의 것이라 하는데, 갑이 호소하면 갑을 옳다 하고, 을이 호소하면 을이 옳다 하여 이리 기울고 저리 기울며 여러 해를 두고 이겼다 졌다 하는 동안 그 서류가 산처럼 쌓이게 된다. 목민관이 이런 송사를 당하면 마땅히 양쪽으로 하여금 각기 전후의 문서를 하나도 빠짐없이 가지고 오게 하여 둘이 마주 대한 자리에서 가려내야 한다. 마주 대하여 가려내는 날 목민관은 다른 사소한 일은 물리치고라도 이 송사만을 전결하여야 한다. 송사 판결을 기다리느라고 두 백성이 오랜 시간을 섬돌 위에 엎드려 있으면 그 무릎뼈가 반드시 아플 것이니, 물러가 행낭 아래 앉아 있게 한 다음에 곧 양쪽 기록을 가져다가 일일이 검토한다. 갑자년에는 어느 마을에서 먼저 고소하고 어느 마을에서 맞고소한 바 그 사연의 곡직과 송사의 승패를 초하여 한 조목을 만들고, 을축년엔 어느 마을에서 먼저 고소하고 어느 마을에서 맞고소하였는데 그 옳고 그름과 이기고 진 것을 베껴서 또 초하여 한 조목을 만든다. 또 관에서 판결할 때 문초받은 문서 등을 가져다가 일일이 비교 대조하며, 또 정적기로 작성하는 호적과, 정기적으로 작성하는 군안(軍案) 및 두 마을의 군적(軍籍)과 군리들의 군포(軍布) 거두는 장부를 가져다가 일일이 조사 증험한다. 또 여러 문서를 가져다가 밝은 데 비춰 보아 칼로 긁은 흔적이나 더 써 넣은 흔적이 있는가 없는가를 살피며, 또 인장을 가져다 그 도장의 획이 혹 위조의 것인가를 조사하고 심리(審理)

하면 그 사실의 옳고 그름과 참과 거짓이 자연히 드러날 것이니, 이에 종이에다 스스로 써서 문서를 만든다.

【註釋】 *軍簽(군첨) : 군사를 뽑아 군적(軍籍)에 올리는 일. | *根脈(근맥) : 뿌리와 맥락. *歸一(귀일) : 하나로 결론지음.

【字義】 簽 : 서명할 첨 爭 : 다툴 쟁 考 : 조사할 고 根 : 뿌리 근 脈 : 맥 맥 歸 : 돌아갈 귀

결송지본 전재권계 발기유간 소기은
決訟之本은 全在券契하니 發其幽奸하고 昭其隱
닉 유명자능지
匿은 唯明者能之니라.

【解釋】 송사를 판결하는 근본은 오로지 문서에 있으니 그 숨겨진 사실을 들추어 밝히는 것은 오직 밝은 사람이라야 할 수 있다.

【解說】 조선 인조 때 사람 이원익(李元翼)이 지은 《청송정요(聽訟政要)》에 말하였다.

"처음 송사가 있을 때 다짐을 받고, 다짐을 받은 뒤에는 그 진술을 받으며, 문서를 열람한 후 봉인(封印)하여 그 주인에게 돌려준다.

문서는 선후를 상고하며, 호적(戶籍)이 있는가 없는가를 상고하며, 출처는 격식에 어긋나지 않았나 살피며, 월일의 기한은 그 법률의 조문을 살피며, 친속 관계는 격식에 어긋나지 않는가를 살핀다. 문서를 비교 대조하며, 문서의 덧붙이고 긁어낸 것을 살피며, 인장의 글자를 살피며, 인장 자리에는 덧글씨가 없는가를 살핀다. 연월(年月)에서 생사를 상고하며, 연월에서 출입을 상고하며, 잇대어 붙인 곳에서 그 간위(奸僞)를 살피며, 판결문에서 그 수결과 서명을 상고하며, 나라의 제삿날과 맞고 안 맞는 것을 살핀다."

【註釋】 *決訟(결송) : 소송을 판결함. | *券契(권계) : 문서와 증빙서.

【字義】 全 : 온전할 전　　券 : 문서 권　　契 : 증빙서 계
幽 : 깊숙할 유　　奸 : 간사할 간　　隱 : 숨을 은
匿 : 숨을 닉

제2조 옥사를 판단함〔斷獄〕

단옥지요　명신이이　인지사생　계아일찰
斷獄之要는 明愼而已라. 人之死生이 係我一察
가불명호　인지사생　계아일념　가불
이니 可不明乎며 人之死生이 係我一念이니 可不
신호
愼乎아.

【解釋】 옥사를 처리하는 요령은 밝고 삼가서 할 뿐이다. 사람의 생사가 내가 한 번 살피는 데 달렸으니 어찌 밝게 하지 않을 수 있겠으며, 사람의 사생이 내 한 생각에 달렸으니 또 삼가지 않을 수 있겠는가.

【解說】 《주역(周易)》에 이르기를,
"밝고 삼가는 것으로 형벌을 쓰고 옥사를 머물러 두지 않는다." 하였으니, 옥사를 처단하는 요령은 밝게 하고 삼가는 것뿐이다. 밝기만 하고 삼가지 않으면 급박하여 원망이 많고, 삼가기만 하고 밝지 못하면 지체되어 결단하기 어려우니, 이것이 곧 힘든 일이다. 밝게 살피고 또 삼간다면 옥사를 잘 처리한다고 할 것이다.

【註釋】 *明愼(명신) : 분명하고 신중히 함.
*係我一察(계아일찰) : 내가 한 번 살피는 데 달렸음.

【字義】 愼 : 삼갈 신　　係 : 매일 계　　察 : 살필 찰
念 : 생각 념

대옥만연　원자십구　기력소급　음위구
大獄蔓延하면 寃者什九라. 己力所及에 陰爲救

발 종덕요복 미유대어시자야
拔하여 種德邀福이 未有大於是者也니라.

【解釋】 큰 옥사가 만연하면 원통한 자가 열에 아홉은 된다. 자기 힘이 미치는 데까지 남몰래 구해 내면 은덕을 베풀어서 복을 구하는 일이 이 일보다 더 클 수 없다.

【解說】 한의 우정국(于定國) 부자(父子)가 고을의 옥리(獄吏)가 되어 여러 번 원통한 옥사로 법에 걸린 자를 다스렸으나, 우공의 판결에 원한을 품지 않았다. 처음 우정국의 아버지 우공이 집 문이 무너지자 부로들이 함께 문을 수리하면서 이렇게 말하였다.

"대문을 조금 더 높이고 크게 해서 말 네 필이 끄는 높은 수레가 드나들 수 있게 하라. 내가 옥사를 다스릴 때에 음덕(陰德)이 많았고, 일찍이 원망하게 한 일이 없었으니, 내 자손들 중엔 반드시 홍왕할 자가 있을 것이다."

후한(後漢) 우후(虞珝)의 할아버지 경(經)이 군의 옥리가 되었는데, 옥사를 올릴 때마다 그는 눈물을 흘리면서 따라다니면서 이렇게 말하였다.

"옛날에 우공은 그 집 문을 높이고 그 자손이 승상(丞相)에 이르렀는데, 나의 자손도 어찌 구경(九卿)이 못 되겠는가."

【註釋】 *蔓延(만연) : 넓게 뻗어나감. | *種德邀福(종덕요복) : 덕을 베풀어 복을 맞이함.

【字義】 蔓 : 뻗을 만 延 : 뻗칠 연 寃 : 억울할 원 什 : 열 십 陰 : 그늘 음 種 : 심을 종 邀 : 맞이할 요

주기수괴 유궐주련 사가이무원의
誅其首魁하고 宥厥株連이면 斯可以無寃矣니라.

【解釋】 괴수(魁首)만 죽이고 연루된 자들은 용서하면 원한이 없게 된다.

【解說】 조선 이영휘(李永輝)가 삼등현령(三登縣令)이 되었다. 성천

(成川)에서 옥사가 있었는데, 거기에 연루 체포되어 옥에 갇혀 있는 자가 수십 명이었다. 그런데 부사 허질(許秩)이 세력을 믿고 방자한 데다가 또 인정이 없고 냉혹하여 종범(從犯)들을 모두 참형을 가하였고, 안찰사 역시 그 보고대로 하였다. 공이 홀로 다투어 '이 옥사는 너무 지나치고 또 형장(刑杖)이 과중하여 불법이다.'고 하니, 허질은 말하기를,

"이 지방 민심이 매우 사나우니 조그마한 원한을 어찌 생각할 것인가? 또 이미 이 지역에 들어왔으니 죽는 법은 있어도 사는 이치는 없다. 옥사를 지체하면 폐단이 있으니 속히 죽이는 것이 상책이다."

하였다. 공이 말하기를,

"이게 무슨 말인가? 옥을 다스리는 자는 마땅히 죽는 가운데에서 살릴 길을 구해야 하는데, 만약 이 지경에 들어오면 사는 이치가 없다 하여 일체 사형으로 판결한다면 죽이는 자는 비록 통쾌하나 죽는 자는 어찌 원통하지 않겠는가."

하고 드디어 그 장형(杖刑)을 가볍게 하고, 그 중 가장 억울한 자 몇 명은 석방하였다.

【註釋】 ***首魁**(수괴) : 우두머리. 괴수.

***株連**(주련) : 범죄에 관련된 사람들.

【字義】 **誅** : 죽일 주　**魁** : 우두머리 괴　**宥** : 용서할 유　**厥** : 그 궐

의옥난명 평번위무 천하지선사야 덕지기야
疑獄難明이니 平反爲務가 天下之善事也요 德之基也니라.

【解釋】 의심나는 옥사는 밝히기 어려우니 용서하기에 힘쓰는 것이 천하의 좋은 일이며 덕의 기본이다.

【解說】 한의 준불의(雋不疑)가 경조윤(京兆尹)이 되었는데, 아전과

백성들이 그 위엄과 신의를 존경하였다. 항상 현을 순행 검문하면서 죄수들을 기록하고 돌아오면 그의 어머니는 용서한 사람이 몇 명이었느냐고 물었는데, 준불의가,

"몇 명 있었습니다."

하면 어머니는 기뻐하면서 웃고 혹,

"없었습니다."

하면, 어머니는 노하여 음식을 들지 않았다. 그러므로 그는 관리가 되어 엄하면서도 잔혹하게 다스리지는 않았다.

송(宋)의 임적(林積)이 순주판관(循州判官)이 되었는데, 일찍이 큰 옥을 재심(再審)할 때에 용서를 많이 해서 사자(使者)의 뜻을 거스렀다. 사자가 처음에는 임적을 천거하려고 하다가 이로 인하여 그만 두니 임적은 웃으면서 말하였다.

"추천을 한 번 놓치고 50여 명을 살렸으니 내가 무엇이 한이 되겠는가."

【註釋】 ＊**疑獄**(의옥) : 의심나는 옥사 사건.

＊**平反**(평번) : 죄를 다시 심리하여 용서함.

【字義】 **疑** : 의심 의　**難** : 어려울 **난**　**反** : 뒤질을 **번**　**務** : 힘쓸 무　**基** : 터 **기**

久囚不釋(구수불석)하고 淹延歲月(엄연세월)로는 除免其債(제면기채)하여 開門放送(개문방송)도 亦天下之快事也(역천하지쾌사야)니라.

【解釋】 오래 갇힌 죄수를 놓아 주지 않고 세월만 끄는 것보다는, 부채를 면제하고 옥문을 열어 내보내는 것 또한 세상의 상쾌한 일이다.

【解說】 당의 백거이(白居易)가 보니, 탁지(度支)에 구금된 사람이 세 차례의 특사가 있어도 용서를 받지 못하였다. 백거이가 이에,

"아비가 죽으면 자식을 가두고 남편이 갇히면 아내는 시집 가 버리니, 빚은 갚을 기한이 없고 금령은 쉬는 날이 없습니다. 일

체 면해 주시기 바랍니다."

하여 무려 10여 차례나 주달하여 곧 조정의 허락을 받았다.

【註釋】 *久囚(구수) : 오래 갇혀 있음. 또는 그 죄수.
*淹延歲月(엄연세월) : 세월을 질질 끎.
*放送(방송) : 석방해 보냄.

【字義】 久 : 오래 구 囚 : 가둘 수 釋 : 풀어줄 석
淹 : 오래 끌 엄 快 : 상쾌할 쾌

明斷立決(명단입결)하여 無所濡滯(무소유체) 則如陰殪震霆(즉여음에진정) 而淸風掃滌矣(이청풍소척의)니라.

【解釋】 명확한 판단으로 즉시 판결하여 막히고 걸리는 일이 없으면, 마치 어두운 먹구름에 번개가 스치고 맑은 바람이 말끔히 쓸어버리는 것과 같다.

【解說】 고려 때 최자(崔滋)가 상주사록(尙州司錄)이 되었는데, 상주는 그 도의 가장 큰 고을이라 소송이 아주 빈번하였다. 최자는 부임한 날에 판결을 귀신처럼 하니, 아전과 백성들이 애모하면서도 두려워하여 기강을 어지럽히는 자가 없었으며, 얼마 되지 않아서 옥중이 텅 비고 온 지경 안이 크게 화평하였다.

【註釋】 *明斷(명단) : 분명하게 판단함.
*立決(입결) : 서서 즉시 판결함.
*濡滯(유체) : 지체됨.
*陰殪(음에) : 먹구름.
*震霆(진정) : 벼락과 번개.
*掃滌(소척) : 깨끗이 씻음.

【字義】 濡 : 밀릴 유 滯 : 막힐 체 殪 : 음산할 에
震 : 벼락 진 霆 : 번개 정 掃 : 쓸 소 滌 : 씻을 척

法所不赦(법소불사)는 宜以義斷(의이의단)이니 見惡而不知惡(견악이부지악)이면 是(시)

우 부 인 지 인 야
又婦人之仁也니라.

【解釋】 법으로 놓아 주지 못할 것은 의리로 처단해야 한다. 악을 보면서 악을 알지 못하는 것 또한 부인(婦人)의 어짊이다.

【解說】 주자(朱子)가 요자회(廖子晦)에게 이렇게 회답하였다.

"옥사는 인명이 관계되는 일이니 더욱 마음을 다하여야 한다. 근세의 풍속이 음덕론(陰德論)에 미혹되어 흔히 죄 있는 자를 내보내는 것을 능사로 삼고 선량들의 고할 데 없는 것은 생각하지 않으니, 이것은 심한 폐단이 되는 일이라 경계하지 않으면 안 된다. 그러나 죄수를 불쌍히 여기는 마음이 없어서는 안 될 것이다."

【註釋】 *不赦(불사) : 용서하지 못함. | *婦人之仁(부인지인) : 여자들이 행하는 하찮은 어짊.

【字義】 赦 : 용서할 사　　婦 : 부인 부, 며느리 부

혹 리 참 각　전 사 문 법　이 령 기 위 명 자　다
酷吏慘刻하여 專使文法으로 以逞其威明者는 多
불 선 종
不善終이니라.

【解釋】 혹독한 관리가 각박하게 오로지 법조문만 가지고 위엄과 밝음을 펴는 자는 좋게 죽지 못한 자가 많다.

【解說】 한(漢)의 영성(寗成)이 군수가 되었는데, 공손홍(公孫弘)이 말하기를,

"영성이 정치하기를 이리가 양을 치듯하니, 고을을 다스리게 해서는 안 된다."

하여, 곧 다른 자리에 임명하였는데, 사람들이 이렇게 말하였다.

"차라리 새끼 딸린 호랑이를 만날지언정 성낸 영성은 만나서는 안 된다."

당(唐)의 이광원(李匡遠)이 성미가 급하여 하루라도 죄인을 처형하지 않으면 직성이 풀리지 않았다. 그는 매 때리는 소리를 듣고는 말하기를,

"사람 북이 우는구나."

하였는데, 임종 때 말하기를,

"내 평생에 승도(僧道) 수십 명을 죽였는데, 이 때문에 82년을 살았다."

하였는데, 장사를 마치자 도둑이 그 묘를 파헤치고 사지(四肢)를 잘라버렸으니 이것이 잔혹한 형벌의 보복인 것이다.

【註釋】 *酷吏(혹리) : 법 집행을 가혹하게 하는 관리.
*慘刻(참각) : 참혹하고 각박하게 함.
*文法(문법) : 법조문(法條文).

【字義】 酷 : 가혹할 혹　慘 : 슬플 참　刻 : 새길 각
專 : 오로지 전　逞 : 드러낼 령　終 : 마칠 종

사대부　부독율　장어사부　암어형명
士大夫가 不讀律하여 長於詞賦하고 闇於刑名도
역금일지속폐야
亦今日之俗弊也니라.

【解釋】 사대부들이 법률을 읽지 않으므로 사부(詞賦)는 잘 하나 형명(刑名)에는 어두운 것 역시 오늘날의 폐단이다.

【解說】 구양수(歐陽修)가 이렇게 말했다.

"내가 옛날에 이릉(夷陵)에서 벼슬하였는데, 거기는 사람 살 곳이 아니었다. 바야흐로 혈기 왕성한 나이에 학문을 좋아하여 《한사(漢史)》를 한 번 구해 보려고 하였으나 공사간에 있는 곳이 없어 소일거리가 없었다. 그리하여 서가의 해묵은 공안(公案)을 가져다가 뒤적거려 살펴보니, 그 옳고 그름과 어긋난 점을 이루 다 셀 수 없었다. 없는 것을 있다 하고 굽은 것을 바르다 하며, 법을 어기고 사정을 따르며, 친척을 무시하고 의리를 해친 것이 없는 곳이 없었다. 멀리 떨어지고 궁벽한 이릉 땅에서도 오히려

이와 같았으니 천하의 일을 짐작할 수 있다. 그때 하늘을 우러러 마음 속으로 맹세하고서는 스스로 일을 만날 때마다 감히 소홀하지 못하였다."

【註釋】 *詞賦(사부) : 문장과 시부(詩賦). | *刑名(형명) : 형법(刑法).

【字義】 讀 : 읽을 독 詞 : 글 사 賦 : 노래 부 闇 : 어두울 암

人命之獄(인명지옥)은 古疎今密(고소금밀)이니 專門之學(전문지학)을 所宜務(소의무)也(야)니라.

【解釋】 인명에 관한 옥사를 옛날에는 가볍게 했고 지금은 엄밀하게 하니, 이에 대한 전문(專門) 학문은 마땅히 힘써야 할 일이다.

【解說】 고려 명종(明宗) 때 남원(南原) 고을 어느 군민이 고을 아전과 틈이 있었는데, 그 군민이 아전의 집에 쫓아가 아전을 기둥에 묶어놓고 집에 불을 놓아 태워 죽였다. 여러 신하들이 의논하여 싸우다 죽인 것으로 판결하여,

"그 죄상으로 따지면 얼굴에 먹물을 넣어 상호(常戶)에 충당해야 한다."

하였다. 또 화순(和順) 백성이 애기 업은 여자를 채찍으로 때려 여자가 그만 놀라 물에 몸을 던져 죽은 일이 있었다. 여러 사람이 싸우다 살인한 죄로 판결하여 말하기를,

"모자(母子)를 한꺼번에 같이 목숨을 잃게 하였으니 불쌍한 일이다. 그것은 겁주어 죽인 죄로 논해야 한다."

하였다.

조선 현종 때 사람 박환(朴煥)이 금구현령(金溝縣令)이 되었는데, 여덟 살된 전 남편의 애를 데리고 있는 백성의 처가 있었다. 그 백성이 취해 누워 있는데 애가 도끼를 가지고 그 옆에서 희롱하다가 실수하여 도끼를 떨어뜨려 아비의 다리를 다쳤다. 그 백성

이 아이가 제 친아비가 아님을 밉게 여겨 고의로 찍은 것으로 의심하여 관가에 소송하니 순찰사가 법으로 처치하려고 하였다. 이에 공이 여러 번 아이가 실수로 다치게 한 것이지 고의는 아니라고 다투니, 순찰사가 책망하였다. 공은 말하기를,

"옛 사람들은 차라리 벼슬을 내놓고 돌아가는 일이 있을지언정 죄없는 사람은 차마 죽이지 못한다고 하였는데 어찌 나만이 그렇지 않겠느냐?"

하면서, 더욱 힘써 다투므로 그 아이가 마침내 죄를 면하게 되었다.

【字義】 命: 목숨 **명** 疎: 성길 **소** 密: 빽빽할 **밀**

獄之所起(옥지소기)에 吏校恣橫(이교자횡)하여 打家劫舍(타가겁사)하며 其村遂亡(기촌수망)하나니 首宜慮者此也(수의려자차야)라. 上官之初(상관지초)에 宜有約束(의유약속)이니라.

【解釋】 옥사가 일어나면 아전과 군교들이 횡포를 부려 집을 부수고 침탈해 그 마을이 마침내 망하게 되니 가장 먼저 염려할 일이 바로 이 일이다. 부임하여 처음 정사할 때는 의당 이런 일에 대하여 분명한 약속이 있어야 한다.

【解說】 내가 오랫동안 민간에 있었기 때문에 모든 살인 옥사를 잘 알고 있다. 그 중 고발하는 자는 열 명 중의 두 셋이고, 일고여덟은 모두 숨기는 것이다. 진실로 검시(檢屍)를 한 번 치르면 드디어 폐촌이 되어 해를 넘기지 못하고 다 시들고 병들어서 흩어져 버리고 만다. 그러므로 원고(原告)는 대개 그 슬프고 원통함이 가슴에 치밀지만 마을 부로와 호걸들의 만류를 듣게 된다. 여기서 범인은 쫓아버리고 원고에게 뇌물을 주고 급히 매장하여 그 입을 막는데, 혹 아전과 장교들이 알고 위협하면 마을 안에서 돈 2~3백 냥을 모아 뇌물을 주고는 끝내 고발하려 하지 않으니 그 해독의 심함을 여기서도 짐작할 수 있다. 목민관이 된 자는 깊이 유의해야

한다.

정범(正犯)과 간범(干犯)은 가두지 않을 수 없으나, 가두는 것이 도망할 것을 염려해서이니 즉 도망할 염려가 없다면 굳이 가둘 필요가 있겠는가. 관련된 자나 증인도 가둘 필요는 없고, 세 이웃이나 향갑·이정도 없다. 초검(初檢)을 마치면 의관을 갖추고 뒤에 따르도록 하며, 취조하는 사이에는 사가에 머물도록 하고 취조를 마치는 대로 즉시 내보내어 본촌에 돌아가서 복검(覆檢)을 기다리게 한다.

【字義】 **恣**：멋대로할 **자**　**橫**：마구 **횡**, 가로 **횡**
打：두드릴 **타**　**劫**：겁줄 **겁**　**遂**：마침내 **수**

> 옥 체 지 중　검 장 취 초　본 무 용 형 지 법
> 獄體至重하여 檢場取招는 本無用刑之法이어늘
> 금 지 관 장　부 달 법 례　잡 시 형 장　대 비 야
> 今之官長은 不達法例하여 雜施刑杖하니 大非也니라.

【解釋】 옥사의 체제가 지중하여 검시장(檢屍場)의 취조에는 본래 형구를 사용하는 법이 없는데, 요즈음 관장들은 법례를 통달하지 못하고 함부로 사용하니 큰 잘못이다.

【解說】 요즘 보면, 군현의 관장들이 노련하지 못하고 아전 역시 무식하여 검시장 취조에서도 엄혹하게 태장(笞杖)을 사용한다. 혹 곤장으로 그 갈빗대를 후려쳐서 아픔과 고초가 극도에 달하니 누가 견뎌내겠는가. 없는 것도 있다 하고 거짓을 꾸며 사실로 만들어 마침내 무옥(巫獄)을 성립시키니, 이것이 소위 옥사를 만들어 낸다는 것이다. 나라법에도 현저히 어긋날 뿐 아니라, 반드시 귀신의 음화(陰禍)가 있을 것이니 만의 하나라도 해서는 안 될 일이다.

【註釋】 **＊檢場(검장)**：검시(檢屍)하는 현장.
＊取招(취초)：조서(照書)를 받음.
＊法例(법례)：법과 조례.
＊刑杖(형장)：형벌하면서 곤장을 때림.

雩 雩

【字義】 重：무거울 중　招：공초받을 초　達：통달할 달
雜：섞일 잡　杖：몽둥이 장

무고기옥 시명도뢰 엄치물사 조율반 좌
誣告起獄을 是名圖賴라 하니 嚴治勿赦하여 照律反坐니라.

【解釋】 무고(誣告)로 옥사를 일으키는 것을 도뢰(圖賴)라 이름하는데, 이런 것은 엄중히 다스려 용서하지 말고 반좌율(反坐律)로 처결해야 한다.

【解說】 스스로 물에 빠진 것을 빠지게 했다 하고, 스스로 목맨 것을 억지로 목매게 했다 하고, 스스로 찌른 것을 찔림을 당했다 하고, 스스로 음독한 것을 구타를 당했다 하고, 질병을 가지고 내상(內傷)이라 하는 따위가 많다. 법서(法書)를 상고하면 죄목에 해당하는 형태와 증상이 각각 다르니 판단하기 어렵지 않다. 그러나 이미 판단한 뒤에 옥사가 끝이 나면 관장의 마음이 그만 풀려서 악을 징계할 생각은 않고 형장(刑杖)을 대강 사용하여 거의 모두 그냥 석방하니, 그렇다면 백성이 무엇을 두려워하겠는가. 무릇 무고한 자는 법으로 보아 모두 반좌(反坐)되어야 하고, 죽을 죄로 무고한 자는 응당 죽여야 할 죄이다. 비록 그렇게는 못하더라도 다른 죄수와 아울러 유배하여 면하게 한다면 이 어찌 소홀한 것이 아니겠는가. 이는 악을 미워하는 마음이 참으로 진실하지 못한 때문이다. 상사(上司)에 보고하여 반드시 죄를 주어 용서함이 없어야 한다.

【註釋】 *誣告(무고)：남을 모함하여 거짓으로 고발함.
*圖賴(도뢰)：말썽을 일으키고 그 허물을 남에게 덮어 씌움.
*反坐(반좌)：고발한 내용이 거짓일 때 그 고발한 자를 도리어 그 죄에 해당시키는 일.

【字義】 誣：속일 무　賴：의지할 뢰　赦：용서할 사
照：조사할 조　坐：걸릴 좌

검초미일 녹지이동일 차의개지법야
檢招彌日에 錄之以同日하나니 此宜改之法也니라.

【解釋】 검사 취조가 하루가 지났는데도 같은 날에 한 것으로 기록하는데 이것은 마땅히 개정할 법이다.

【解說】 검사 취조를 5~6일에 가서야 겨우 마치는데, 검안(檢案)에는 으레 모두 같은 날이라고 한다. 다시 조사하면 혹 처음 문초에는 사실대로 진술하였다가 나중 문초에는 변하여 거짓 진술하며, 혹 처음에는 실정을 숨겨서 진술하였다가 나중에는 바른대로 진술하니, 그 일자의 다소와 시각의 차이에서 족히 사실을 조사하여 실정과 거짓을 식별할 수 있다. 그럼에도 불구하고 아울러 같은 날에 하였다고 하니 크게 잘못된 예이다. 이는 국전(國典)·조령(朝令)에 있는 것이 아니고, 아전들의 그릇된 인습에 불과한 것이다. 목민관은 마땅히 감사와 의논하여 이 잘못된 전례를 고치고, 2일이든 3일이든 모두 사실대로 적게 해야 한다. 그래야만 반드시 고험(考驗)하는 데에 도움이 있을 것이다.

【字義】 招 : 공초할 초, 부를 초　　彌 : 기울 미
錄 : 기록할 록　　改 : 고칠 개

대소결옥 함유일한 경년열세 임기노수 비법야
大小決獄은 咸有日限이니 經年閱歲하여 任其老瘦는 非法也니라.

【解釋】 크고 작은 옥사 처결에는 모두 기한 날짜가 있다. 해가 지나고 세월이 흘러 죄인이 늙고 수척하게 버려 두는 것은 법이 아니다.

【解說】 《경국대전(經國大典)》에 이렇게 말했다.

"대개 옥사 판결은 죽을 죄는 30일, 귀양은 20일, 매를 때리거나 곤장을 칠 일은 10일인데, 증인이 다른 곳에 있어서 사실을 참작 검토해야 할 것은 그 지방의 원근에 따라 왕복하는 날수를 제

한하되 또한 기한 안에서 판결을 마쳐야 한다."

본 법이 이렇기 때문에 사죄는 월 3회 조사하여 옥사를 판결지으니, 급박하기 때문에 열흘에 한번씩 심문하는 것이다. 그런데 지금은 사람을 오래 갇혀 있게 하고 걸핏하면 10년도 넘으니 한 달에 3회씩의 추문은 이치에 할 수 없는 일이며, 3년 만에 한 번 추문하는 것도 또한 보기 드물다. 헛문서만 이미 보존하고, 국고미(國庫米)만 잠가 두는 것이니, 이것은 의논하여 옛 법을 회복하지 않을 수 없는 일이다.

【註釋】 **＊經年閱歲(경년열세)**：한 해를 보내고 세월을 넘김. **＊老瘦(노수)**：늙고 수척하게 함.

【字義】 **咸**：모두 함 **經**：지날 경 **閱**：넘길 렬 **瘦**：수척할 수

> 保辜之限(보고지한)은 隨犯不同(수범부동)이라. 認之不淸(인지불청)이면 議或失平(의혹실평)이니라.

【解釋】 보고(保辜)의 기한은 범죄에 따라 같지 않다. 그러므로 인증이 맑지 않으면 의논이 혹 공평을 잃게 된다.

【解說】 《대명률(大明律)》에 이렇게 말했다.

"손발이나 기타 물건으로 사람을 구타 상해한 자는 기한이 20일, 칼이나 탕화(湯火)로 남을 상해한 자는 기한을 30일로 한다. 몸뚱이를 거꾸러뜨려 부러지게 한 자나 뼈를 상하게 하고 낙태하게 한 자는, 손발로 때렸거나 다른 기물로 때렸거나를 막론하고 모두 50일로 기한한다.

【註釋】 **＊保辜(보고)**：맞은 사람의 상처가 다 나을 때까지 때린 사람의 처벌을 보류함.

> 殺人匿埋者(살인익매자)는 皆當掘檢(개당굴검)이니 大典之註(대전지주)는 本是(본시)

오록 불필구야
誤錄이니 不必拘也니라.

【解釋】 살인하여 몰래 매장한 것은 모두 파내서 검시해야 한다. 《대전(大典)》의 주는 본시 잘못된 기록이니 구애할 필요가 없다.

【解說】 숙종(肅宗)·영조(英祖)·정조(正祖)의 하교(下敎)에 모두 무덤을 파서 검시하는 것을 허락하였다.

【註釋】 *匿埋(익매): 몰래 매장함. | *掘檢(굴검): 파내어 검시함.

【字義】 匿: 숨길 닉 埋: 묻을 매 掘: 파낼 굴 挂: 걸 괘

제3조 형벌을 삼감

목지용형 의분삼등 민사용상형 공사
牧之用刑은 宜分三等이니 民事用上刑하고 公事
용중형 관사용하형 사사무형언 가야
用中刑하며 官事用下刑하며 私事無刑焉이 可也
니라.

【解說】 민사(民事)는 무엇인가? 전정(田政)·부역(賦役)·군정(軍政)·곡부(穀簿)·소송(訴訟) 등 일체 백성들에 관계되는 일과, 관리와 향리의 세력 있는 자들이 혹 간계를 부린다거나 침해하여 백성을 해롭게 하는 것이 모두 민사가 된다.

공사(公事)는 무엇인가? 조운(漕運)·세납(稅納)·물선(物膳)의 공물, 경사(京司)·상사(上司)에 수납(輸納)하는 물품, 공문서 기안 등 일체의 공공 사무, 관리·향갑들이 포흠을 지고 결손을 많이 내며 기일을 어기고 지체하는 것들이 모두 공사가 된다.

관사(官事)는 무엇인가? 제사(祭事)·빈객(賓客)·전수(典守)·책응(策應)·조알(朝謁)의 예절과, 공봉(供奉)하는 직책 등 일체

본현의 사무로서 그 관부를 유지하는 것과, 관속·이속들이 조심하지 않고 근면하지 않아서 법령을 어기는 것이 모두 관사가 된다.

사사(私事)라는 것은 무엇인가? 어버이를 봉양하는 자가 아버지와 어머니에게 공경을 드리더라도 관의 위치에서는 사사이며, 아내가 내실에 거처하는 것, 아들이 책방에 거처하는 것, 가묘(家廟)에서 제사 받드는 것, 친구 접대하는 것도 사사이며, 관주(官廚)의 쌀과 현사(縣司)의 땔감 등 일용 소비와 동기(銅器)·목사(木笥)의 제작과 포백(布帛) 저면(苧棉)의 사고 파는 것도 모두 사사이다.

【字義】 牧 : 기를 목　　宜 : 마땅 의　　私 : 개인 사
焉 : 어조사 언

집장지졸 / 불가당장노질 / 평시약속신엄 / 사과징치필신 / 즉부동성색 / 이장지관맹 / 유의야

執杖之卒을 不可當場怒叱이니 平時約束申嚴하고 事過懲治必信 則不動聲色 而杖之寬猛唯意也니라.

【解釋】 곤장 치는 병졸을 그 자리에서 노하여 꾸짖어서는 안 된다. 평시에 다짐을 거듭 엄중히 하고, 일이 지난 후에 징계하여 다스리기를 반드시 신의 있게 하면 얼굴빛을 변하고 음성을 높이지 않더라도 장형(杖刑)을 너그럽게 하고 사납게 함이 뜻대로 될 것이다.

【解說】 목민관으로 사나운 형벌을 숭상하는 자는 죄수에게 장형을 실시할 때마다 먼저 매 때리는 군졸을 매질하는데, 그 방법은 반드시 붉은 곤장으로 뒷복사뼈를 쳐서 그 자리에 쓰러지게 한다. 곤장 치는 자가 세게 치지 않으면 곤장 치는 군졸을 때리니, 갑(甲)으로 인하여 을(乙)의 복사뼈가 터지고, 을로 인하여 병(丙)의 복사뼈가 깨어진다. 그래서 본래의 죄수 다스리는 일은 도리어 뒷전으로 돌아가고 엉뚱한 난리가 갑자기 평지에서 일어난다. 아주

심한 자는 뼈가 부서지고 기절하였다가 끝내는 죽기까지 하여 이름 없는 귀신이 앞뒤로 잇따르니 매우 한심스러운 일이다. 죽는 자의 슬프고 원통함은 고사하고라도, 정치하는 체모에 있어서 어찌 전도된 일이 아니겠는가? 이 버릇은 다시 해서는 안 될 것이다.

목민관이 부임하여 10일 안에는 반드시 형벌을 사용하지 않는다. 그러다가 열 흘, 한 달이 지나 과실을 저지르는 자가 많아지고 새로 죄를 범하는 자가 많아지면 그때서야 부득이 형벌을 사용하는 것이다.

【註釋】 ***怒叱**(노질) : 화를 내어 꾸짖음.
***申嚴**(신엄) : 거듭 엄중히 밝힘.
***聲色**(성색) : 목소리와 얼굴빛.
***寬猛**(관맹) : 너그럽고 사나움.

【字義】 **執** : 잡을 집 **場** : 마당 장 **怒** : 성낼 노
叱 : 꾸짖을 질 **申** : 거듭 신 **過** : 지날 과
懲 : 다스릴 징 **信** : 믿을 신 **聲** : 소리 성 **唯** : 오직 유

> 守令所用之刑(수령소용지형)은 不過笞五十自斷(불과태오십자단)이니 自此以往(자차이왕)은 皆濫刑也(개남형야)니라.

【解釋】 수령으로서 시행할 수 있는 형벌은 태형(笞刑) 50대 이내에서 스스로 결정하는 데 불과할 뿐이니, 이것을 넘는 것은 모두 지나친 형벌이다.

【解說】 우리 나라에서 현재 사용하는 형은 대략 세 가지 종류가 있다. 첫째는 태(笞), 둘째는 장(杖), 셋째는 곤(棍)이며, 그 다음은 죽이는 것이다. 태에도 두 가지 종류가 있으니, 작은 것은 태이며 큰 것은 태장(笞杖)이다. 장에는 세 가지 종류가 있으니, 그 작은 것은 신장(訊杖), 중간 것은 성장(省杖), 큰 것은 국장(鞫杖)이다. 그러나 그 실상은 모두 신장이다. 곤(棍)은 다섯 가지 종류가 있는데, 대곤·중곤·소곤 외에 또 중곤(重棍)·치도곤(治盜棍)의 두 가지 종류가 있다.

【字義】 笞 : 회초리 태　　往 : 갈 왕　　濫 : 지나칠 람

今之君子(금지군자)는 耆用大棍(기용대곤)하여 二笞三杖(이태삼장)으로는 不足以快意也(불족이쾌의야)니라.

【解釋】 요즈음 사람들은 큰 곤장 사용하기를 좋아하여 2태(笞) 3장(杖)으로는 마음에 만족하게 여기지 않는다.

【解說】 수령이 사용하는 형벌은 태 50을 스스로 처단하는 데에 지나지 않으며, 신장(訊杖)·군곤(軍棍)은 수령들이 감히 사용할 수 없는 것이다. 그런데 근래에는 풍속이 거칠어지고 법례를 알지 못하여 태장(笞杖)은 다 폐하고 오직 곤장만을 사용한다. 아픔의 고통을 느껴보지 않은 사람이 늘 곤장 사용하는 것을 통쾌한 일로 삼는다. 슬프다! 사용하는 자는 비록 통쾌하나 받는 자도 또한 통쾌하겠는가?

심지어는 한평생 태장 구경조차 못한 촌 백성과 촌 노인에게도 또한 곤장을 보통 쓰는 형벌로 삼으니, 그만 혼비백산하여 정신을 잃고 받은 상처는 더욱 깊게 된다. 애석하다! 남의 고통스러운 것을 나의 쾌락으로 삼으니 마음의 어질지 못함이 어찌 이렇게까지 되었단 말인가.

신장은 모름지기 상사에 보고하고서야 행하는 법인데, 요즈음은 아전·향승은 고사하고 학궁(學宮)의 유생과 묘지 송사하는 선비까지도 한번 노기를 일으키면 신장 고문을 마음대로 하니 어찌 나라에 법이 있다고 하겠는가? 백성에게 형벌을 사용함은 그 법을 밝히려는 것인데, 내 자신이 법을 헐어 버리면 무엇으로 법을 밝힐 것인가. 법이 밝지 못하면 위엄이 또한 서지 못하는 것이니, 스스로 그 덕을 상실할 뿐이다.

【字義】 耆 : 좋아할 기　　棍 : 몽둥이 곤　　笞 : 회초리 태
快 : 상쾌할 쾌

형벌지어이정민 말야 율기봉법 임지
刑罰之於以正民은 末也라. 律己奉法하여 臨之
이장 즉민불범 형벌수폐지 가야
以莊 則民不犯하나니 刑罰雖廢之라도 可也니라.

【解釋】 형벌은 백성을 바로잡는 일에 있어서 가장 말단의 일이다. 목민관이 자신을 단속하고 법을 받들어서 엄정하게 임하면 백성이 죄를 범하지 않을 것이니, 그렇다면 형벌은 쓰지 않더라도 좋을 것이다.

【解說】 한 국가를 다스리는 것이 한 가정을 다스리는 것과 마찬가지인데, 하물며 한 고을에 있어서랴. 그렇다면 어찌 가정 다스리는 것을 살펴보지 않겠는가? 예를 들면, 가장이 날마다 꾸짖고 성내어 자식을 매질하고 동생을 종아리치며, 노비를 묶어놓고 두드린다.

돈 1전을 훔치고 국 한 그릇을 엎질러도 용서하지 않으며, 심하면 쇠망치로 어깨를 치고 다듬이 방망이로 볼기를 친다. 그러나 자제들이 속이는 일은 더욱 심하고 노비들의 도둑질도 더욱 늘어간다. 온 집안이 모여 비방하며 오직 잡힐까 겁내어 상하가 서로 농간질하면서 늙은이를 속인다. 불쌍하게도 이 늙은이는 그만 외톨이가 되고, 가도 또한 어그러져 크게 어지러운 지경에 이르러 마침내 법도 있는 집안의 꼴을 이루지 못하고 만다.

【註釋】 **＊正民**(정민)：백성을 바로잡음.

＊律己奉法(율기봉법)：자기 자신을 단속하고 법을 받들어 지킴.

【字義】 **罰**：벌할 벌　**末**：끝 말　**臨**：나아갈 림
莊：장엄할 장　**犯**：범할 범　**廢**：없앨 폐

고지인목 필완형벌 재지사책 방휘복
古之仁牧은 必緩刑罰하여 載之史策하여 芳徽馥
연
然이니라.

【解釋】 옛날의 어진 목민관은 반드시 형벌을 완화하여 그 사적이 역사에 실려 아름다운 이름이 길이 빛나고 있다.

【解說】 후한 유관(劉寬)이 세 고을을 계속하여 다스렸는데, 온화하고 인자하여 용서하는 일이 많았다. 그는 일찍이 말하기를,

"형벌로써 다스리면 백성들은 죄만 면하지 수치심은 없다."

하면서, 아전과 백성들이 과실이 있으면 다만 버들가지 채찍으로 벌하여 욕을 보일 뿐이었다.

송의 이봉(李封)이 연릉령(延陵令)이 되었을 때에 시행하던 일이다. 백성이 죄가 있으면 형장을 가하지 않고 다만 두건(頭巾)을 홀딱 벗기게 하여 몹시 부끄럽도록 하니, 감히 다시는 죄를 범한 자가 없었다.

당의 서유공(徐有功)이 다스릴 때 장벌(杖罰)을 차마 시행하지 못하니, 백성들이 거듭 서로 약속하여 말하기를,

"서참군(徐參軍)의 장형을 범하는 자는 여러 사람이 반드시 함께 물리치자."

하였는데, 측천 무후(則天武后) 때에 바른 것을 지키고 공평한 것을 유지하여 많은 사람을 보전하였다.

조선 효종 때 사람 조극선(趙克善)이 군읍에 있으면서 죄인을 다스리게 될 때마다 슬퍼하고 즐기지 않으면서 이렇게 말하였다.

"때리는 사람도 이처럼 괴로운데 맞는 사람이야 얼마나 고통이 되겠는가. 저것이 아니 괴롭지는 않으련만 명령을 어겼으니 불쌍할 뿐이다."

【字義】 仁 : 어질 인　　緩 : 늦출 완　　載 : 실을 재
馥 : 향기 복

一時之忿(일시지분)으로 濫施刑杖(남시형장)은 大罪也(대죄야)라. 列朝遺戒(열조유계)가 光于簡冊(광우간책)이니라.

【解釋】 한때의 분노 때문에 형장을 함부로 치는 것은 큰 죄이다.

열성조의 남긴 훈계가 책에 빛나고 있다.

【解說】 숙종(肅宗) 18년에 팔도의 감사에게 내린 효유는 다음과 같다.

"임금은 우레같은 위엄을 가지고 살리고 죽이는 권리를 가졌다. 무릇 사람을 형벌하고 죽이는 데 있어서는 감히 희로(喜怒)의 사사로운 감정에 따를 수 없으며, 그 살리고 죽이는 것은 항시 공론에 따라야 한다.

지금 살인자와 인(印)을 위조한 자는 반드시 목 베어야 할 죄요 용서하기 어려운 악행이다. 그러나 다시 공경 대신들을 모아서 재삼 상세히 심문하며 법률을 인용하고 죄를 의논하여, 반드시 죽을 지경에서 구해내려 하여도 정상과 죄가 모두 용서할 수 없다. 그런데도 여러 대신들이 모두 죽여야 된다고 한 연후에 죽이는 것은 어찌 인명이 귀중한 때문이 아니겠는가?

그런데도 크고 작은 주현(州縣)의 관장들은 긍휼하는 뜻이 없어 형벌을 결단함에 대부분 법대로 하지 않는 예가 많다. 조그마한 혐의를 쓰거나 일시의 노기 때문에 특별히 큰 형장을 사용하며 마음대로 때려 죽이니 인명을 가볍게 보는 것이 초개만도 못하다. 어제 죄인 문서를 살펴보니 여러 도의 수령들이 이 일을 범하여 견책을 받은 자가 또한 한둘이 아니다. 이 사람들을 하나라도 다시 불러 등용하지 않음으로써 징계하고 두려워할 줄 알게 하라."

【字義】 **忿**: 화낼 분 **濫**: 지나칠 람 **施**: 베풀 시
遺: 남길 유 **戒**: 경계할 계 **簡**: 대쪽 간, 책 간

婦女非有大罪(부녀비유대죄)이어든 不宜決罰(불의결벌)이니라. 訊杖猶可(신장유가)나 笞臀尤褻(태둔우설)이니라.

【解釋】 부녀자에게는 큰 죄가 아니면 형벌을 시행하지 않는다. 신장(訊杖)은 오히려 가하나 볼기를 치는 것은 더욱 욕된 일이다.

【解說】 부녀자는 비록 살옥죄를 범하였더라도 그 태아(胎兒)가 있는지를 살피고 나서 형벌을 시행하는 법인데, 하물며 다른 죄에 있어서랴? 부녀자에게 볼기를 치는 자는 그 고쟁이를 벗기고 속치마만 입힌 다음 물을 끼얹어서 옷이 살에 착 달라붙게 하니, 그것이 법정(法庭)에 있어서도 오히려 보기에 거리낀다.

그런데 근래는 관장들이 볼기를 노출시키게 하거나 곤장을 사용하여 생기는 해괴하고 놀라운 일은 차마 들을 수 없다. 어떤 현령이 신칙하여 볼기를 노출하도록 하니 그 부인이 옷을 추키고 일어서서 관장을 향해 꾸짖는데, 관장의 어미를 들추고 할미를 끌어내며 더러운 욕설을 퍼부으니 관장 또한 난처하여 미치광이로 돌리면서 내보냈다 한다. 윗사람이 그 도를 잃었으니 아랫사람이 거만하고 무례한들 어찌할 것인가? 목민관은 마땅히 이를 생각하고 예법을 삼가 지켜서 후회되는 일이 없도록 해야 할 것이다.

【字義】 訊：조사할 신　猶：오히려 유　臀：볼기짝 둔
褻：더러울 설, 욕될 설

노유지불고신 재어율문
老幼之不拷訊은 載於律文이니라.

【解釋】 늙은이와 어린이를 고문하지 못하는 것은 율문에 실려 있다.

【解說】 《대명률(大明律)》에 이렇게 되어 있다.

"나이 70세 이상과 15세 이하 및 불치의 병으로 폐인이 된 자를 고문하는 것은 합당하지 못하니, 만약 어기는 자가 있으면 태형 50에 처한다."

【字義】 老：늙을 로　幼：어릴 유　拷：고문할 고
載：실릴 재

악형 소이치도 불가경시어평민야
惡刑은 所以治盜니 不可輕施於平民也니라.

【解釋】 악형(惡刑)은 도적을 다스리는 것이니, 평민에게 경솔히 시행해서는 안 된다.

【解說】 악형에는 발가락을 뽑아버리는 난장(亂杖)과 양쪽 다리 사이에 나무를 끼워 형을 가하는 주리〔周牢〕가 있다. 난장은 이미 없어져 도적을 다스릴 때도 사용하지 않으나 주리는 아직도 있어서 관장이 격분하면 혹 이속 하인들에게 사용한다. 위로 국법을 어기고 아래로 백성들에게 덕을 잃는 것이 이보다 더 심할 수 없다. 영조(英祖)가 이렇게 유시하였다.

"옛날 장신(將臣) 이완(李浣)이 까마귀가 달걀을 낚아채어 가는 것을 보고 시험삼아 주리로서 종을 신문하여 자백받고 항상 사람들에게 경계하였다. 금후로는 강도·절도가 아니면 난장과 주리를 사용하는 것은 엄금한다."

【字義】 盜 : 도적 도　　輕 : 가벼울 경

제4조 죄수를 불쌍히 여김〔恤囚〕

> 獄者(옥자)는 陽界之鬼府也(양계지귀부야)니 獄囚之苦(옥수지고)는 仁人之所宜察也(인인지소의찰야)니라.

【解釋】 감옥은 사람이 살고 있는 이 세상의 지옥이다. 옥에 갇힌 죄수의 고통을 어진 사람으로서는 마땅히 살펴야 한다.

【解說】 옥중의 온갖 고통을 다 말할 수 없지만, 그중 큰 것을 들면 모두 다섯 가지 고통이 있다. 첫째는 형틀의 고통이요, 둘째는 토색질당하는 고통이요, 셋째는 병들어 아픈 고통이요, 넷째가 추위와 굶주리는 고통이요, 다섯째가 오래 지체하는 고통인데, 이 다섯 가지 고통을 줄기로 하여 천만 가지의 고통이 여기로부터 비롯되는 것이다.

사형수는 곧 죽을 것인데 먼저 이 고통을 당하여야 하니 그 정상이 가긍하고, 경범자는 그 죄가 중하지 않은 데도 같이 이 고통을 받아야 하고, 원통한 죄수는 잘못 모함에 빠져 억울하게 이 고통을 당하여야 하니 세 가지가 모두 슬픈 일이다. 수령된 사람으로서 어찌 살펴보지 않을 것인가?

【註釋】 **＊陽界**(양계): 이승. 이 세상. | **＊鬼府**(귀부): 지옥. 저 세상.

【字義】 **獄**: 감옥 옥　**陽**: 볕 양　**鬼**: 귀신 귀　**囚**: 죄수 수

가지시항 출어후세 비선왕지법야
枷之施項은 **出於後世**요, **非先王之法也**니라.

【解釋】 칼을 목에 씌우는 것은 후세에 생긴 일이지, 선왕의 법은 아니다.

【解說】 옛날의 기록들을 살펴보면 죄인의 손에 수갑을 채우거나 발에 차꼬를 채우는 일은 있어도 목에 칼을 씌우는 일은 없었다.

칼이란 실은 옥졸을 위하여 만들어진 것이다. 이 칼을 씌우면 내려다보거나 쳐다볼 수가 없으며 호흡이 통하지 못하여 사람으로서는 견디지 못할 형벌이다. 차라리 죽이려면 죽일 것이지 칼을 씌우는 것은 옳지 못하다. 또한 칼과 수갑이란 금을 녹이는 큰 화로로 백성들의 재물이 없어지는 것이니 칼을 씌우는 일은 마땅히 없애야 한다.

장화사(張和思)가 옥수를 처리하는 데 선악과 귀천을 물을 것 없이 모두 칼을 씌우고 수갑을 채워서 고통이 극도에 달하게 하니, 죄수들이 그를 보면 담이 떨리고 혼이 나가서 생나찰(生羅刹)이라고 하였다. 그 처가 전후 4남매를 낳았는데, 해산할 때만 되면 기절하여 거의 죽게 되며, 낳은 남녀 아이는 모두 고리 자물쇠가 달리고 손과 다리에 모두 고리 수갑이 있어 묶이고 얽혀서 땅에 떨어졌다. 장화사는 뒤에 현령이 되었다가 법에 걸려서 형장을 맞아 죽었다.

【字義】 枷：칼 가 (목에 씌우는 형구)　　項：목 항

옥중토색		복분지원야		능찰차원		가위
獄中討索	은	覆盆之寃也	이니	能察此寃	이면	可謂

명의
明矣니라.

【解釋】 옥중에서 토색질을 당하는 것은 남모르는 원통한 일이니, 목민관이 원통함을 살피면 밝다고 할 수 있을 것이다.

【解說】 옥에 갇힌 죄수들에게 금품을 요구하며 옷이며 밥을 주지 않는 등 옥졸들의 토색질을 낱낱이 다 열거할 수 없을 정도여서 죄수들의 괴로움과 쓰라림은 이루 말할 수 없다. 캄캄하고 어두운 곳에서 하나의 다른 세계가 생겨 그 비리를 다 살펴 찾아낼 수조차 없다.

관장은 옥졸의 토색질을 염두에 두어 촌 백성이 죄를 범하면 절대로 가두지 말고, 혹 부득이하여 가두게 되더라도 특별히 형리와 옥졸을 경계하여 침해하지 못하게 하며, 또 거짓으로 시동(侍童)에게 작은 죄를 씌워 가두어서 형리와 옥졸의 소행을 살펴보게 해야 한다.

해주(海州) 죄수 이종봉(李從奉)이 살인하고 옥에 갇혀 있는데, 박해득(朴海得)이라는 자 또한 무슨 일로 인하여 옥에 들어가게 되었다. 옥졸 최악재(崔惡才)가 이종봉을 시켜서 박해득을 잡아 담 아래 세우고, 쓴 칼 끝을 두 발등에 세우게 한 다음 새끼로 칼판과 다리를 합하여 묶어 놓으니, 여기서 박해득의 몸은 머리에서 발까지 쭉 곧아서 지탱하기 어렵게 되었다. 앞으로 구부리지도 못하고 뒤로 펴지도 못하여 썩은 나무가 저절로 거꾸러지듯 공중으로 엎어지며 그만 담장에 부딪혀 목뼈가 부러져 운명하게 되었는데, 그때 토색하는 돈은 50냥이었다.

【註釋】 ＊討索(토색)：물품을 빼앗음.

＊覆盆(복분)：엎어진 항아리 속이라는 뜻으로 알 수 없는 일.

【字義】 討：토색질할 토　　索：찾을 색　　覆：엎어질 복

> 질통지고　　수안거연침　　　　유운불감　　　　황
> 疾痛之苦는 雖安居燕寢이라도 猶云不堪이거늘 況
> 어안폐지중호
> 於犴狴之中乎아.

【解釋】 병들어 아플 때의 고통은 편히 집안에 있고 잠잘 때에도 오히려 견딜 수 없는데 더구나 옥중에 있어서이겠는가?

【解說】 호태초(胡太初)는 이렇게 말하였다.

"옥사는 중한 일이요, 옥은 흉악한 곳이다. 설사 잘못되는 일이 있다고 한들 관속들이야 무슨 관계가 있으랴. 허물은 반드시 관장에게로 돌아가는 것이다. 비록 드러나는 형벌은 면한다 하더라도 반드시 음덕을 손상할 것이니 삼가지 않을 수 있겠는가? 그래서 반드시 질병을 살피고 춥고 배고픈 것을 알아보며, 반드시 담벽을 완고히 하고 출입을 막는다.

사실 병이 있어도 아전이 말하지 않는 예가 있고, 병이 아닌데도 아전이 병이라고 속여 알리는 예가 있다. 대개 아전은 죄수 보기를 개나 돼지같이 하여 조금도 마음에 두지 않는다. 처음 가벼운 병이 있을 때에는 살펴보지 않고, 반드시 지치고 중하게 된 다음에야 관장에게 알리며, 심한 경우에는 죽게 된 후에야 알린다.

그러나 돈이 있는 죄수라면 아전이 시켜서 꾀병을 앓게 하고 교묘하게 말을 시켜 차츰 내놓이게 하니, 수령이 점검할 때에는 직접 자세히 살펴보아야 한다. 또 의원을 불러서 치료하고 날마다 그 병세의 차도를 알리게 하며, 그중 너무 지친 자는 친족에게 책임지워 데려가게 한다. 만일 병이 위급하게 된 후에 관에 알린 사실이 있으면 그 아전을 신문하여 처벌의 대상에 올린다."

《속대전》에는 이렇게 기록되어 있다.

"옥이라는 것은 죄 있는 자를 징계하는 곳이요, 본래 사람을 죽이는 데까지 이르게 하는 곳은 아닌데도 큰 추위와 심한 더위

그리고 배고픔과 질병으로 비명에 죽어가는 자가 있다. 안팎의 관리에게 옥 안을 청소하게 하고 질병을 치료하게 하며, 가족의 간호와 부양을 받을 수 없는 자는 관에서 옷과 양식을 주게 해야 하는데 만약 태만하여 받들어 따르지 않는 자가 있으면 엄히 다스리라."

【註釋】 ***安居燕寢(안거연침)**: 편안히 생활하고 편안히 잠을 잠.

***犴狴(안폐)**: 감옥.

【字義】 **燕**: 편한 연 **堪**: 감당할 감 **犴**: 옥 안 **狴**: 옥 폐

옥자 무린지가야 수자 불행지인야 일
獄者는 無隣之家也요 囚者는 不行之人也라. 一
유동뇌 유사이이
有凍餒면 有死而已라.

【解釋】 옥이라는 것은 이웃 없는 집이요, 죄수는 걷기 못하는 사람과 같으니, 한번 추위와 굶주림이 닥쳐오면 죽음이 있을 뿐이다.

【解說】 손일겸(孫一謙)이 남도사옥(南都司獄)이 되었다. 중한 죄수에게는 쌀을 하루 한 되씩 주게 하였는데, 옥졸이 그 대부분을 도둑질하여 밥이 넉넉하지 못하다는 사실이 전해졌다. 또 나눠 줄 때에 죄수들의 강약에 따라 얻어 먹지 못하는 자가 있으며, 죄수가 처음 옥에 들어가면 옥졸이 더러운 곳에 몰아넣고 돈을 내라고 하다가 얻지 못하면 마른 땅을 주지 않고 음식을 넣지 않아 관은 그만 시장판이 되어버리고 말았다.

손일겸이 이런 일들을 일체 엄금하고 순수 저울을 만들어 정량에 맞게끔 밥을 계산하되, 날마다 묘시·사시에 저울을 가지고 명부를 뒤져 차례로 나누어 주니 식사가 매우 공평하게 되었다. 죄수의 옷이 해진 것을 볼 때마다 빨아서 기워 주고, 경범자로서 더욱 굶주린 자를 보면 중죄수 밥의 절반을 주게 하였다. 그래서 죄수들은 죽지 않게 되고 옥졸은 감히 횡령하지 못하였다.

조선 효종(孝宗) 2년에 하교하기를,

"이 추운 계절을 당하여 찬 옥중에 갇혀 있으면서 밥도 배불리 먹지 못하니 내가 이를 불쌍하게 여긴다. 해당 관서에서는 저고리를 만들어 주고 땔나무도 함께 주도록 하라."

하고, 또 각 도에 효유하여 모든 죄수에게 두루 나누어 주어 얼어 죽는 것을 면하게 하였다.

【字義】 隣 : 이웃 린　　囚 : 갇힐 수　　凍 : 얼 동
餒 : 주릴 뇌

獄囚之待出(옥수지대출)은 如長夜之待晨(여장야지대신)이니 五苦之中(오고지중)에 留滯其最也(유체기최야)니라.

【解釋】 옥에 갇힌 죄수가 나가기를 기다리는 것은 긴 밤에 새벽을 기다리는 것과 같다. 옥중의 다섯 가지 고통 가운데서도 오래 지체하는 고통이 가장 심하다.

【解說】 《주역》에 이렇게 말하였다.

"밝고 삼가는 것으로 형벌을 시행하며 옥사를 지체해서는 안 된다."

옥사를 지체함은 성인도 싫어하던 일이다. 옥에 중죄인이 있어 그 정상이 지극히 원통한 자는, 한 달에 세 번 심문해서 상관에게 보고하는 보고서에 자신의 의견을 진술하여 석방을 청원해야 한다. 혹 서면으로 힘써 청원하기도 하고, 혹은 직접 만나 자세하게 말하되 자신이 아파 잠시도 참지 못할 것 같은 기색이 있는 후에야 상관을 감동시켜 판결을 얻을 수 있을 것이다.

대개 가벼운 죄수는 본래 가두지 말아야 하는데, 그 중에 혹시 잘못하여 갇힌 자가 있으면 반드시 그 죄수의 성명을 벽 위에 써 붙이고 날마다 살펴볼 것이며, 또 형리를 시켜 매일 죄수들의 일지를 써 아침마다 올리게 하고 살펴보아서 즉시즉시 판결하여 곧 놓아 주어야 한다.

목민관으로서 술에 취한 자는 죄수를 한 번 가둔 후에는 그만

잊어버리고 다시 찾지 않으니, 형리가 저희들끼리 놓아 주는 것을 내가 본 일도 많다.

송(宋)의 손각(孫覺)이 복주지사(福州知事)가 되었다. 백성이 관의 돈을 축내고 옥에 갇힌 자가 매우 많았는데, 마침 어느 부자가 돈 5백만 금을 내어 절간을 수리하겠다고 청하였다. 손각이 말하기를,

"너희들이 돈을 시주하는 것은 복받기를 원하는 것인데, 절간은 아직도 심하게 무너지지 않았다. 누구든지 만일 그 돈으로 옥에 갇힌 죄수의 관전을 갚아 주어서 수백 명에게 큰 칼 쓰는 고통을 풀어 주게 한다면 부처도 웃음을 머금을 것이니, 사랑을 베풀어 복을 얻는 것이 더 많지 않겠는가?"

하니, 그 부자가 그만 그 돈을 관으로 실어와서 옥이 몽땅 비게 되었다.

【字義】 **待**: 기다릴 **대** **晨**: 새벽 **신** **滯**: 막힐 **체** **最**: 가장 **최**

> 장벽소활 중수이일 상사독과 역봉
> 墻壁疎豁하여 重囚以逸이면 上司督過하리니 亦奉
> 공자지우야
> 公者之憂也라.

【解釋】 옥의 담장과 벽이 허술하여 중죄수가 탈출하면 상사(上司)에게 문책을 당하게 되니, 역시 봉공(奉公)하는 수령으로서 걱정할 일이다.

【解說】 역적의 옥사나 중죄수가 없는데도 관장이 친히 옥중에 들어가면 역시 위신을 손상하는 일이다. 또 날마다 그것을 일삼으면 너무 좀스러우며, 그렇다고 해서 이따금 한 번씩 행하는 것도 무심한 일이다. 그러니 며칠에 한 번씩 향승이나 장교를 보내 자세히 살펴 오게 해도 잘못은 없을 것이다.

큰 도둑이나 날도적으로서 그 벽을 뚫고 담을 넘는 법이 신출귀몰(神出鬼沒)하면 거기에 대한 방비 정찰을 배나 엄중히 하여야

할 것이다. 또 담을 넘어가는 방법은 반드시 밖에서 도와주는 사람이 있어야만 할 수 있는 일이다. 그러므로 포교(捕校)나 포졸(捕卒)들은 실상 모두가 도둑의 무리인 것이니, 마땅히 우두머리를 불러서 이렇게 주의시켜야 한다.

"아무 도둑이 도망가면 반드시 너희 관속들의 외응이 있어서이다. 관에서 마땅히 캐어 다스릴 것이니 너희들은 그렇게 알라."

【註釋】 ***墻壁**(장벽) : 담장과 벽.

***疎豁**(소활) : 엉성함.

【字義】 **墻** : 담장 장　**疎** : 성길 소　**豁** : 넓을 활
逸 : 도망할 일　**憂** : 근심 우

> 세시가절 허기환가 은신기부 기무도의
> 歲時佳節에 許其還家하여 恩信旣孚면 其無逃矣니라.

【解釋】 세시 명절에는 죄수들에게 집에 돌아가는 것을 허락하여 은혜와 신의로 서로 믿는다면 도망하는 자가 없을 것이다.

【解說】 진(晉)나라 범광(范廣)이 당읍령(堂邑令)이 되었는데, 아전 유영(劉榮)이 어떤 일에 연좌되어 사형을 당하게 되었다. 그에게 집에 늙은 어머니가 있어 명절이 되면 범광이 잠시 집으로 돌아가는 것을 허락하였으며 유영도 기한 안에 돌아왔다. 한번은 고을 관아에 들불이 번지자 유영이 수갑을 벗고 곧 불을 껐으며 일을 마치고는 다시 스스로 수갑을 찼다.

양(梁)의 왕지(王志)가 동양태수(東陽太守)가 되었는데, 옥중에 중죄수 40여 명이 있었다. 동짓날에 모두 집으로 돌려 보냈더니 명절을 보내고 모두 돌아왔는데, 오직 한 사람만이 기일을 어기어 옥관이 이런 사실을 말하였다. 왕지가 말하기를,

"이것은 태수의 일이니 말하지 말라."

하였는데, 이튿날 아침 과연 죄수가 스스로 옥으로 나와서,

"아내가 임신한 관계였다."
고 사죄하니, 이속과 백성들이 탄복하였다.

【註釋】 *歲時佳節(세시가절) : 명절과 좋은 철. | *恩信(은신) : 은혜와 믿음.

【字義】 許 : 허락할 허　還 : 돌아갈 환　孚 : 믿을 부
逃 : 도망할 도

久囚離家(구수이가)하여 生理遂絶者(생리수절자)는 體其情願(체기정원)하여 以施慈惠(이시자혜)니라.

【解釋】 장기 죄수가 집을 떠나 있어 자식의 생산이 끊기게 되는 자는 그 정상과 소원을 참작하여 자애와 은혜를 베풀어야 한다.

【解說】 후한(後漢)의 오우(吳祐)가 교동상(膠東相)이 되었는데, 안구(安丘) 땅의 관구장(毌丘長)이 어머니와 함께 저자 길을 가던 중, 한 술 취한 사람이 그 어머니를 욕보이자 관구장이 그 취객을 죽이고서 수갑을 차고 자수하였다. 오우가 관구장에게,
"처자가 있느냐?"
하고 물으니 대답하기를,
"처는 있는데 아직 아들이 없습니다."
하였다. 그러자 곧 공문을 보내 관구장의 처를 데려오게 하여 차꼬와 수갑을 풀어 주고 옥중에서 함께 자게 하였는데, 그 처가 드디어 임신하였다. 겨울이 되어 죄수들을 모두 처형하게 되니, 관구장이 손가락을 깨물어 아내에게,
"오우의 은혜를 갚으라."
는 글을 써 주고 올가미에 몸을 던져 죽었다.

후한(後漢) 때 진림(陳臨)이 창오태수(蒼梧太守)가 되었는데, 백성 중에 어느 유복자가 그 아비를 위하여 원수를 갚고 잡혀서 옥에 갇혔다. 진림이 그가 자식이 없는 것을 가엾게 여겨 그 처를 옥에 들이게 하여 드디어 아들 하나를 낳았다.

【字義】 離 : 떠날 리　　遂 : 마침내 수　　絶 : 끊어질 절
顧 : 바랄 원　　慈 : 인자할 자　　惠 : 은혜 혜

> 노 약 대 수　상 재 긍 휼　부 녀 대 수　우 의
> 老弱代囚도 尙在矜恤어거니와 婦女代囚는 尤宜
> 난 신
> 難愼이니라.

【解釋】 노약자를 대신 거두는 것도 측은히 여겨야 할 일인데, 부녀자를 대신 가두는 일은 더욱 어렵게 여기고 조심해야 한다.

【解說】 영조(英祖) 37년에 이렇게 하교하였다.
"늙은이를 늙은이로 대접하고, 어른을 어른으로 대접하는 것은 정사를 잘하는 도리이다. 무릇 범죄를 조사하고 다스릴 때에, 아들로 아버지를 대신하고 아우로 형을 대신하는 것은 오히려 좋다. 그러나 아버지로 아들을 대신하고 형으로 아우를 대신하기에 이르며 심지어는 그 어머니까지 미치니, 기강에 어긋나고 교화에도 관계가 된다."

【字義】 老 : 늙을 로　　弱 : 약할 약　　矜 : 불쌍할 긍
恤 : 돌볼 휼　　愼 : 삼갈 신

> 유 배 지 인　이 가 원 적　기 정 비 측　관 곡 안
> 流配之人은 離家遠謫으로 其情悲惻하니 館穀安
> 삽　목 지 책 야
> 插도 牧之責也니라.

【解釋】 귀양온 죄인은 집을 떠나 멀리 귀양살이하는 사람으로 그 정상이 슬프고 측은하니, 집과 양곡을 주어 편안히 거처하게 하는 것이 목민관의 책임이다.

【解說】 궁할 때의 감동은 골수에 새겨지게 되는 것이요, 궁할 때의 원망도 역시 골수에 새겨지는 것이다. 덕을 품고 죽으면 반드시 지하에서의 보답이 있을 것이며, 원한을 품고 죽으면 반드시 지하

에서의 재앙이 있는 것이다. 천지도 변화하고 추위와 더위도 서로 바뀌듯이, 부귀한 자가 반드시 항상 낙을 누리는 것이 아니요, 궁하고 고생하는 자도 또한 하늘의 보살핌을 받을 수 있는 것인즉, 군자는 여기서 조심하고 깊이 생각하여야 할 것이다.

더구나 그 인척들 중 아직 서울에 있는 사람들로서, 그가 덕이 있다는 말을 들으면 누가 마음 속으로 기뻐하지 않으며, 그가 학대한다는 말을 들으면 누가 은연중에 비방하지 않을 것인가? 모르는 사이에 명예가 올라가기도 하고 원한이 쌓이기도 하니, 그 자신의 이해 또한 적지 않을 것이다.

부녀자로서 유배를 당한 사람은 그 절개와 아름다운 행실이 표창하여 알릴 만한 일도 많겠지만, 그 집이 이미 엎어져서 칭찬하여 줄 사람도 없으니 매우 슬픈 일이다. 그 중에는 처녀로 온 사람이 백발이 이마를 덮도록 그대로 윗머리를 땋고 있다.

60년간 방문을 닫고 혼자 거처하여 사람들은 그 얼굴을 보지 못하지만, 혹 업신여기고 학대하는 말이 무례하면 목을 매고 독약을 먹어 그의 티없는 절개를 온전히 한 사람이 전후 계속되었다.

목민관은 마땅히 이런 것을 알아서 항상 긍휼하고 측은히 여기는 마음을 가질 것이요, 능멸하거나 학대하지 말아야 한다.

【註釋】 **＊流配(유배)**：귀양살이를 함. | **＊館穀(관곡)**：집과 곡식.

【字義】 **流**：흐를 류　**配**：귀양보낼 배　**謫**：귀양갈 적　**悲**：슬플 비　**穀**：곡식 곡　**插**：꽂을 삽

제5조 횡포를 금함〔禁暴〕

禁暴止亂(금포지란)은 所以安民(소이안민)이니 搏擊豪強(박격호강)하여 毋憚貴近(무탄귀근)도 亦民牧之攸勉也(역민목지유면야)니라.

【解釋】 횡포와 난동을 금지하는 것은 백성을 편안히 하기 위함이니, 재산이 많고 세도를 부리는 자를 쳐서 물리치고, 귀족이나 임금 측근의 신하를 꺼리지 않는 것 역시 목민관이 힘써야 할 일이다.

【解說】 후한 동선(董宣)이 낙양령(洛陽令)이 되었다. 호양공주(湖陽公主)의 종이 사람을 죽이고 공주의 집에 숨었는데, 동선이 공주가 외출하기를 기다렸다가 종을 호령하며 수레에서 내려 쳐 죽였다. 위에서 동선으로 하여금 공주에게 사죄하게 하였으나 동선이 좇지 않았다. 강제로 시키려 하였지만 동선은 끝내 굽히지 않았다. 위에서 칙명으로 목이 빳빳한 수령이라 이름하여 내보내고 돈 30만을 하사하니, 이로 인하여 토호와 간악한 무리들이 벌벌 떨면서 그를 이름하여 웅크린 호랑이라 하였다.

조선 인조 때 사람 오윤겸(吳允謙)이 경성판관(鏡城判官)이 되었을 때, 왕자 임해군(臨海君)이 불법한 짓을 많이 하여 그 포악함이 백성들에게 미쳤다. 궁궐의 종이 고을에 들어와서 어느 과부를 때려 상처를 입히자 오윤겸이 그를 결박하여 곤장을 쳐서 죽게 하였다.

【註釋】 *禁暴(금포) : 횡포를 금함.
*搏擊(박격) : 쳐서 공격함.
*貴近(귀근) : 귀한 신분과 임금과 가까운 신하.

【字義】 暴 : 사나울 포　止 : 그칠 지　搏 : 칠 박
擊 : 칠 격　憚 : 꺼릴 탄　勉 : 힘쓸 면

權門勢家(권문세가)가 縱奴豪橫(종노호횡)하여 以爲民害者(이위민해자)는 禁之(금지)

【解釋】 권문세가에서 종을 놓아 횡행하게 하여 백성에게 해를 주는 일은 금해야 한다.

【解說】 수(隋)나라 영비(榮毘)가 굳세고 국량이 있었는데, 양소(楊素)가 천거하여 화주자사(華州刺史)가 되었다. 양소의 전답이 화음(華陰)에 많이 있었는데, 법을 지키지 않음이 많아 영비는 법으로

다스리고 너그럽게 보아 주는 일이 없었다. 후에 조정에서 모였는데 양소가 말하기를,

"내가 그대를 천거한 것이 도리어 스스로 벌 주는 일이 되었다."

하였다. 영비가 대답하기를,

"법을 봉행하는 데에 전심하는 것은 공이 천거하여 주신 은혜에 누가 될까 하여서입니다."

하니 양소가 웃으면서 이렇게 말하였다.

"앞서의 말은 농담이다."

유정원(柳正源)이 춘천부사(春川府使)가 되었다. 당시 정승집 종이 세력을 믿고 남의 관(棺) 재목 수십 벌을 빼앗고, 또 사람을 때려 상처를 입혔다. 이졸을 보내어 잡아 다스리고 값을 받아 그 주인에게 돌려 주니, 정승이 듣고서 이렇게 말하였다.

"우리 집 종이 정말 죄가 있었는데, 유 아무개가 아니면 이렇게 할 수 없는 일이다."

【字義】 **權**: 권세 **권** **勢**: 세력 **세** **縱**: 놓을 **종** **害**: 해칠 **해**

> 禁軍怙寵하고 內官橫恣하여 種種憑藉는 皆可禁也니라.

【解釋】 금군(禁軍)이 총애를 믿고 내관(內官)이 횡포를 부려 이따금 횡행 방자하여 여러 가지 구실로 백성을 괴롭히는 일들은 모두 금지해야 한다.

【解說】 당(唐)나라 허맹용(許孟容)이 경조윤(京兆尹)이 되었다. 신책사(神策使) 이욱(李昱)이 백성의 돈 8천 관을 빌려 쓰고 3년간을 갚지 않으므로 허맹용이 잡아 가두고 기일을 정하여 갚게 하였다가 갚지 않아 이욱이 수갑을 차게 되자 온 군중이 놀라 호소하였다. 그리하여 임금이 두 번이나 사신을 보내 본군(本軍)으로 돌려보내라 하였다. 허맹용이 아뢰기를,

"신이 조서를 받들지 않고 시행하였으니 죽어 마땅하오나 신이 폐하를 위하여 강호(强豪)를 규탄 억제하는 것이오니, 돈을 다 받아들이지 않고는 이욱을 돌려보낼 수 없습니다."

하였다. 임금이 그만 허락하고 말았다.

조선 현종 때 사람 김시진(金始振)이 수원부사(水原府使)가 되었다. 내시 이일선(李一善)의 아우가 경내에 살면서 세력을 믿고 횡행 방자하는가 하면 몰래 국사를 누설하는 일도 있었다. 김시진이 그를 불러다 머리를 베어 저자에 돌리게 하니, 좌중 사람들이 임금에게 먼저 알려야 한다고 하니 그는 이렇게 말하였다.

"일이 생기면 내가 벌을 받을 것이지, 조정에 책임이 돌아가게 해서는 안 된다."

이 말을 들은 사람들은 모두 크게 놀라고 두려워하였는데, 이일선도 감히 문책하지 못하였다.

【註釋】 *禁軍(금군) : 궁궐을 지키며 임금을 호위하는 군사.
*怙寵(호총) : 임금의 총애를 믿음.
*內官(내관) : 내시(內侍).
*種種(종종) : 갖가지.

【字義】 怙 : 믿을 호 寵 : 사랑할 총 恣 : 방자할 자
憑 : 의지할 빙 藉 : 의지할 자

> 土豪武斷(토호무단)은 小民之豺虎也(소민지시호야)니 去害存羊(거해존양)은 斯謂之牧(사위지목)이니라.

【解釋】 토호(土豪)의 횡포는 힘없는 백성들에게는 늑대나 호랑이와 같다. 그 해독을 제거하고 양 같은 백성들을 보호하는 것이야말로 참된 목민관이라 하겠다.

【解說】 송의 이호(李浩)가 태주(台州)에 있을 때의 일이다. 토호 백성 정헌(鄭憲)이라는 자가 물건을 가지고 권문 세가에 선사하면서 일을 만들어 한 고을의 폐단이 되었다. 이호가 그의 간악한 사실을 적발하여 옥에 가두어 죽게 하고 그 재산을 몰수하니, 권문

세가 사람들이 그 집안을 시켜 원통함을 호소하게 하는 한편 공을 다른 일로 모함하였다. 이에 유공(劉珙)이 아뢰기를,

"이 모가 토호 백성에게 좋지 않게 하여 그들의 무고를 받은 것입니다."

하니 임금이 이렇게 말하였다.

"지방을 맡아 지키는 신하로서 강자를 두려워하지 않고 토호 백성을 가두어 죽게 하는 것이 어찌 쉬운 일이겠는가?"

조선 정조 때 사람 정경순(鄭景淳)이 청주목사(清州牧使)가 되었는데, 어느 호족이 창고 곡식을 축내고도 갚을 생각을 하지 않았다. 그래서 독촉하니 그 호족이,

"정 아무개는 역적이라."

하였다. 곧 이교(吏校)들을 풀어 잡아다 신문하기를,

"네가 나를 역적이라 하는데 너야말로 진짜 역적이다."

하니, 호족이 어째서 그러냐고 하였다. 곧 다짐장에 써 이르기를,

"관의 명령을 거역하는 것을 역(逆)이라 하고, 나라 양곡을 도둑질하여 먹는 것을 적(賊)이라 하니 네가 역적임이 틀림없다. 형벌로 징계하겠다."

하고 드디어 형장 30대를 때리니, 온 고을 안이 두려워 복종하였다.

【註釋】 ***土豪**(토호) : 그 지방의 세력 있는 사람.
***豺虎**(시호) : 이리와 호랑이.
***存羊**(존양) : 양 같은 백성을 보호함.

【字義】 **武** : 무력 무　**斷** : 끊을 단　**豺** : 이리 시
虎 : 범 호　**羊** : 양 양

> 惡少任俠(악소임협)하며 剽奪爲虐者(표탈위학자)는 亟宜戢之(극의즙지)니 不戢(부즙)이면 將爲亂矣(장위란의)니라.

【解釋】 악한 소년들이 객기를 부리며 도둑질과 약탈로 포학을 자행할 때는 이를 조속히 금지해야 한다. 그렇지 않으면 장차 난리를

일으킬 것이다.

【解說】 송의 진요좌(陳堯佐)가 개봉부(開封府)를 다스릴 때의 일이다. 매년 정월이면 밤에 등불을 날리는 풍속이 있었는데, 관에서는 그들을 모두 악소배로 등록하고 잡아다 가두었었다. 공이 그들을 불러다 가르치기를,

"고을 원이 악인으로 너희를 대우하였으니 너희가 어찌 선한 일을 할 수 있는가? 나는 이제 선인으로 너희를 대우하니 너희가 그래도 악한 일을 할 것인가?"

하며 그대로 다 놓아 주었는데, 닷새밤이 지나도록 한 사람도 법을 범하는 자가 없었다.

【註釋】 *惡少(악소) : 악행을 저지르는 연소자.

*剽奪(표탈) : 도둑질하고 빼앗음.

【字義】 俠 : 협객 협　剽 : 겁탈할 표　奪 : 빼앗을 탈　亟 : 빨리 극　湒 : 금할 즙

狹邪奸淫(협사간음)하고 携妓宿娼者(휴기숙창자)는 禁之(금지)니라.

【解釋】 간사하고 음탕하여 기생을 데리고 다니며 창녀집에서 자는 자를 금해야 한다.

【解說】 관리가 기생을 데리고 다니는 것은 그것을 다스리는 법률이 지극히 엄하였다. 그러나 벌써 해이해지고 어지러워져서 오랜 동안에 그대로 합리화되고 말았으니, 지금 갑자기 금지하면 이것은 세상을 시끄럽게 하는 일이다. 다만, 등산하고 선유하는 데에 있어서 기생을 싣고 풍악을 치는 일은 아전이나 장교로서 감히 할 일이 아니니, 목민관은 부임하여 한 달이 지난 후에 곧 이렇게 엄히 타일러야 한다.

"관의 이속이나 관의 장교로서 감히 기생을 데리고 홍청거리며 노는 자가 있으면 즉시 법에 의하여 엄중히 다스리고 영구히 관적에서 제거할 것이며, 또 혹 기생집에서 싸움을 일으키고 구

타하는 등의 송사를 야기시킨 자는 배를 더하는 법률에 의하여 처단하고 절대 용서하지 않는다."

《한암쇄화(寒巖瑣話)》에 이렇게 말했다.

"처녀가 시집가려 하는데 이웃집 총각이 자기와 먼저 간통하였다고 말하고 나서거나, 원망에 찬 며느리가 도망가면 그 시어미가 반드시 음행하였다고 무고하는 종류의 송사가 많다.

그런데 지금의 관장은 간음에 관한 송사가 있을 때마다 먼저 자신이 추잡하고 더러운 짓을 하니, 즉 여종을 시켜 간음한 여자의 속옷을 들치고 검은 점과 음모를 조사해 보게 하니 크게 예가 아닌 짓이다. 이런 방법이 아니면 어찌 판단 결정하는 법이 없을 것인가? 목민관으로서 단아하고 엄정한 자는 반드시 이런 일을 하지 않을 것이다."

당(唐)의 최갈(崔碣)이 하남윤(河南尹)이 되었을 때의 일이다. 읍에 큰 장사꾼이 물건을 싣고 강호로 나갔다가 난리를 만나서 그 재물을 다 없애고 돌아오지 못하였다. 그 아내가 점쟁이를 찾아가서 그 남편의 생사 여부를 물었더니, 점쟁이가 내심 그 여인의 아름다움에 반하고 또 넉넉한 살림을 탐내어 점을 쳐 보고는 일부러 놀라며 말하기를,

"그대 남편은 아마도 돌아오지 못할 것이다."

하고 비밀히 매파에게 백금을 주어 유인하니, 그녀는 그만 시집을 가게 되었으며 점쟁이는 부자가 되었다.

서주(徐州) 지방이 평정되자 전남편이 곤궁에 빠져 의식을 빌려가며 고향으로 돌아와서 그 아내에게 가 보니, 점쟁이가 크게 노하여 욕설을 하며 쫓아냈다. 아내가 법정에 가서 스스로 그 아내라고 말하였지만 점쟁이가 후하게 뇌물을 쓰므로 전남편이 도리어 죄를 입었으며, 재차 호소하였지만 다시 무고죄에 연좌되고 말았다.

장사꾼은 그만 분개하여 탄식하다가 눈이 멀었다. 최갈이 부임하게 되자 장사꾼이 그 원통한 사연을 다시 진정해 왔다. 최갈이 조사하여 그 실정을 알고 곧 점쟁이를 잡아다가 전의 옥리와 함께 옥에 가두고, 그동안의 뇌물질과 간사한 일들을 모두 들추어내어

죽이고 그 처를 장사꾼에게 돌려 주었다. 이때 한창 궂은 장마철이었는데 옥사를 판결하자 곧 장마가 개었다.

【字義】 狹：좁을 협　　邪：사악할 사　　淫：음란할 음
携：가질 휴　　宿：잘 숙

市場酗酒(시장후주)하여 掠取商貨(약취상화)하고 街巷酗酒(가항후주)하여 罵詈(매리)尊長者(존장자)는 禁之(금지)니라.

【解釋】 시장에서 술주정하며 물건을 빼앗거나 거리에서 술주정하며 어른을 모욕하는 자는 엄금한다.

【解說】 큰 마을에 모여 살다 보면 반드시 장날마다 술에 취하여 노인에게 욕설하고 점잖은 이를 능욕하여 온 마을에 해가 되는 자가 있다. 목민관은 마땅히 이들을 조사해 살펴서 곤장 60대로 엄히 징계하여 용서하지 말아야 한다. 그 중 혹 우연히 술에 취한 자는 그 벌을 가볍게 해서 5~일 정도 흙일을 시키면 징계가 될 것이다.

촉(蜀)의 유비(劉備)가 한때 가뭄으로 인하여 술을 금하였는데, 형리가 남의 집에서 술 만드는 기구를 찾아내 술 만든 자와 다름없는 벌을 주려 하였다. 이때 간옹(簡擁)이 유비를 따라 노닐다가 한 남자가 길 가는 것을 보고 유비에게 말하기를,

"저 사람이 음란한 짓을 하려 하는데 어찌 결박하지 않습니까?"

하니 유비가,

"경이 어찌 그것을 아는가?"

하였다. 간옹이 말하기를,

"그 사람이 간음하는 기구를 가졌으니, 술을 빚으려는 사람과 같은 것입니다."

하였다. 유비가 크게 웃고 명하여 술 만드는 기구로 잡혀 온 자를 놓아 주게 하였다.

왕좌(王佐)가 평강태수(平江太守)가 되었는데, 송사 처리하는 데에 능하였다. 한 백성이 정안국(鄭安國)이 술을 빚었으니 잡으라고 고발하였다. 태수가 물으니 대답하기를,

"술을 빚는 것이 국법을 범하는 줄 모르는 바 아니지만, 늙은 어머니가 약을 복용하는데 반드시 찌꺼기가 없는 술이 있어야 하기 때문이었습니다."

하니, 태수가 그 효성을 동정하여 놓아 보내게 하였다. 그리고 다시 묻기를,

"술을 평상 아래 채롱 속에 감추었다고 고발하는 자가 있으니 웬일이냐? 아마 네 집의 여종으로 출입하는 자가 있느냐?"

하니, 어린 여종이 있다고 대답하였다. 고발한 자를 잡아다 앞에 놓고 심문하여 그가 농간질한 사실을 알았는데, 술이 있는 곳을 고발한 것도 여종이었다. 모두 등을 매때려 내보내니 듣는 사람들이 모두 통쾌하게 여겼다.

【註釋】 *酗酒(후주) : 술주정함.
*掠取(약취) : 빼앗음.
*商貨(상화) : 상품.
*罵詈(매리) : 꾸짖고 욕함.

【字義】 酗 : 술주정할 후 掠 : 빼앗을 략 街 : 거리 가
巷 : 거리 항 罵 : 꾸짖을 매 詈 : 욕할 리

도박위업 개장군취자 금지
賭博爲業하고 開場群聚者는 禁之니라.

【解釋】 도박을 업으로 삼고 판을 벌이고 무리를 지어 모이는 것을 금해야 한다.

【解說】 여러 가지 내기놀이 중에서도 심보가 나빠지고 재산을 탕진하며 가문과 친족들의 근심이 되게 하는 것은 투전이 첫째가 되고, 쌍륙·골패가 그 다음이다. 아전이 관전을 축내고, 장교가 장물죄를 범하는 것도 대부분 여기에서 오는 것이다. 목민관은 마땅히 세 번 명령하고 다섯 번 거듭하여 엄중히 금단할 것이며, 그

래도 고치지 않는 자가 있으면 가만히 하인이나 그 밖의 믿을 만한 사람을 보내어서 제때에 잡아다가 법에 의하여 속전(贖錢)을 받아서 노비들을 돌보아 주고 옥중 죄수들을 구휼한다.

그리고 갑자기 부채가 많은 자는 그 사실을 조사하여 그것이 투전에서 온 것이라면 그 중에서 많이 딴 자를 잡아다가 본 액수대로 도로 받아서 그 부채를 충당해 준다.

【字義】 **賭**: 노름할 도　　**博**: 장기 박　　**群**: 무리 군

> 배우지희　괴뢰지기　나악모연　요언매
> 俳優之戲와 傀儡之技와 儺樂募緣으로 妖言賣
> 술자　병금지
> 術者는 並禁之니라.

【解釋】 배우(俳優)의 유희와 괴뢰(傀儡)의 재주, 그리고 나악(儺樂)으로 시주를 청하여 요사한 말로 행술하는 자는 모두 금해야 한다.

【解說】 절간이 낡고 모신 부처가 퇴색되면 중들이 공문을 만들어 가지고 악기를 두드리며 재물을 구걸한다. 징소리와 북소리가 요란하고 깃발이 어지러우며 열 명, 백 명씩 무리를 지어 뛰놀며 돌아간다. 어린애들은 그것을 모방하고 배워서 조망하고 떠드는 것이 천성이 된다. 이와 같이 백성의 재물을 속여 빼앗아 노는 비용으로 때우니 이것도 마땅히 금하여야 할 풍속이다.

사당패가 북을 치고 염불을 하면서 민간 재물을 구걸하는 자도 역시 엄중히 금지하여야 한다.

【註釋】 **＊傀儡(괴뢰)**: 꼭두각시. | **＊儺樂(나악)**: 푸닥거리.

【字義】 **俳**: 배우 배　　**傀**: 꼭두각시 괴　　**妖**: 요사할 요
禁: 금할 금

> 사도우마자　금지　징속즉불가
> 私屠牛馬者는 禁之고 徵贖則不可니라.

【解釋】 사사로이 마소를 도살하는 것은 금지해야 하며, 돈을 바쳐 속죄하게 하는 것은 옳지 않다.

【解說】 우리 나라 풍속은 암말은 수말에 접붙이지 않고 수말은 암말에 접근하지 못하게 하여 암·수의 생리기가 막혀서 새끼를 낳아 기르는 일이 그만 끊어진다. 그래서 1만 집이나 되는 고을에도 말은 수십 필에 지나지 못하니, 병들어 죽은 것이 아니면 원래 사사로이 도살하는 일이 없지만 소의 도살은 엄히 금해야 한다. 그러나 우리 나라에는 양이 없어 명절 때 즐기며 노는 데도 소가 아니면 고기가 없으니, 인정의 소원을 가혹하게 금할 수는 없는 일이다.

그러나 호부한 아전이나 잘사는 백성들이 혼인 잔치나 장례·제사 때에 소를 잡는 것이 풍속으로 되었는데 이것은 금할 일이다. 법례에 개가 마땅할 것인데 어찌 송아지를 쓸 수 있는가? 법에 의하여 상사에 보고하려고 하면 내 백성의 재물만 손해나고 저편의 창고만 풍부히 채워 줄 뿐이니 의미가 없는 일이다.

주자(朱子)의 권농문(勸農文)에 이렇게 말하였다.

"농사짓는 공력이 일체 소의 힘에 의지하는 짓이니, 절실하게 잘 보살펴서 관리하며 제때에 먹이고 함부로 도살하여 농사일에 지장을 초래하지 말라. 만약에 어기는 일이 있으면 칙명 조례에 의하여 등에 곤장 20대를 때리고, 소 한 마리마다 벌금 50관을 받되 가두고 바치기를 감독하며 쉽게 용서하는 일이 없겠다."

【字義】 屠 : 죽일 도　　徵 : 거둘 징　　贖 : 속바칠 속

> 印信僞造者(인신위조자)는 察其情犯(찰기정범)하여 斷其輕重(단기경중)이니라.

【解釋】 도장을 위조한 자는 그 정상을 알아보아서 죄의 경중을 따져 처단해야 한다.

【解說】 관인(官印)이나 각 궁궐의 도장을 위조한 자는 각각 법에 의해 처리한다. 또 호장(戶長)의 도장 두 개를 합하여 네모꼴로

만들기도 하며, 헌 벙거지나 마른 박조각 같은 것으로 조잡하게 전자를 새기기도 하는데, 이런 것은 가벼운 벌로 처리해야 한다.

송의 이종(李琮)이 호남관찰사(湖南觀察使)가 되었는데 어느 어부가 큰 잉어를 드렸다. 이종이 집에서 삶게 하였는데, 뱃속에서 인장 하나를 얻으니, 일면에 '형산현인(衡山縣印)'이란 글자가 써 있었다. 이종이 형산현의 근일 문서를 찾아서 그 인장 글씨와 대조해 보니 문서에 찍힌 것이 분명 새로 새긴 것 같았다. 여기서 형산령을 불러 인장을 가져오게 하여 살펴보니 과연 새로 새긴 것이었다. 이종이 사람들을 물리치고 힐문하니 현령이 죄를 실토하여 이렇게 말하였다.

"전의 인장을 어떤 사람에게 도둑을 맞았었는데, 제가 아전과 더불어 처벌받을 것을 걱정한 나머지 그만 공인(工人)을 시켜 만들었습니다. 이제 와서는 다만 죽으라는 명령만 기다릴 뿐입니다."

하는 것이었다. 이종이 이 사실을 숨기고 새 도장을 부순 다음 옛 도장을 가지고 현으로 돌아가게 하였는데 사실을 아는 사람이 드물었다.

【字義】 印 : 도장 인　　造 : 만들 조　　斷 : 끊을 단
譜 : 기록 보　　宥 : 용서할 유　　從 : 따를 종

족보위조자 　　죄기수모　　 유기종자
族譜僞造者는 罪其首謀하고 宥其從者니라.

【解釋】 족보를 위조하는 자는, 수모자는 죄주고 종범은 용서한다.

【解說】 병전(兵典) 〈첨정편(簽丁篇)〉에 보이므로 여기서는 생략한다.

【字義】 僞 : 거짓 위　　造 : 만들 조　　首 : 머리 수
宥 : 용서할 유　　從 : 따를 종

제6조 폐해를 제거함〔除害〕

위민제해 목소무야 일왈도적 이왈귀
爲民除害는 牧所務也니 一曰盜賊이요 二曰鬼
매 삼왈호랑 삼자식이민환제의
魅요 三曰虎狼이니 三者息而民患除矣니라.

【解釋】 백성을 위하여 피해를 없애는 일은 목민관의 임무이다. 피해의 첫째는 도덕이요, 둘째는 귀신붙이요, 셋째는 호랑이니 이 세 가지가 없어야 백성의 걱정이 사라질 것이다.

【解說】 평상시 사람들이 모여서 한담할 때에 무서운 것 셋 중에 무엇이 제일 무서우냐고 물으면 그 소견이 각각 달라서 혹은 도적을 무섭다 하고, 혹은 귀신을 무섭다 하고, 혹은 범을 무섭다 하니, 이 세 가지가 백성의 해가 되는 것을 알 수 있다.

귀신으로 인한 걱정은 반드시 사람이 만드는 데서 오는 것으로서 음란한 사당집과 요사한 무당이 곧 귀신이 의지하는 곳이 된다. 때문에 귀신의 환을 없애는 일은 요사한 것을 제거하는 것으로 근본을 삼는다.

【註釋】 ***除害**(제해) : 해를 제거함. | ***鬼魅**(귀매) : 귀신과 도깨비.

【字義】 **除** : 없앨 제 **盜** : 도적 도 **賊** : 도적 적
鬼 : 귀신 귀 **魅** : 귀신 매 **息** : 쉴 식

도소이작 궐유삼유 상불단표 중불봉
盜所以作은 厥有三繇하니 上不端表하고 中不奉
령 하불외법 수욕무도 불가득야
令하고 下不畏法하니 雖欲無盜나 不可得也니라.

【解釋】 도적이 생기고 일어나는 데는 세 가지 이유가 있으니, 위에서 위의를 바르게 가지지 못하고, 중간에서 명령을 받들어 행하지 않고, 아래에서 법을 두려워하지 않기 때문이다. 그러므로 비록 도적을 없애려고 해도 되지 않는 것이다.

【解說】 위에서 행동을 바르게 가지지 않는다는 것은 사신이나 목민관이 탐욕과 불법을 자행한다는 말이다. 때문에 이를 가리켜 큰 도둑이라고들 한다.

《하산냉담(霞山冷談)》에 말하였다.

"갈의거사(葛衣居士)는 남쪽 지방의 호걸이었다. 일찍이 쌍가마를 타고 장거리를 지나다가 군관이 한 도둑을 잡아서 붉은 포승으로 결박하고 종이 고깔로 덮어씌우고 뒤로 고랑 채우고 가는 것을 만났다. 갈의거사는 곧 앞으로 다가가 손을 잡고 엉엉 울면서 위로하여 말하기를 '원통하다 자네여! 어찌하다 이런 욕을 보게 되었는가'하니, 온 저자 사람들이 크게 놀라며 겹겹으로 둘러싸고 구경하는 것이었다.

군관이 크게 놀라며 군졸을 명하여 갈의거사를 함께 결박하라고 하니, 갈의거사가 말하기를 '자네가 나를 결박하는 것은 무엇 때문인가? 내가 이들과 같이 도둑질을 하였다는 말인가? 어찌 내 말을 들어 보지도 않고 결박하려 하는가? 하였다. 군관이 무엇이냐고 물으니, 거사가 말하기를 '지금 온갖 도둑이 이 땅 위에 가득 찼다. 전답에서는 세금은 도둑질하고, 호구에서는 부역을 도둑질하고, 기민 구제하는 데에서는 곡식을 도둑질하고, 창고에서는 이익을 도둑질하고, 송사에서는 뇌물을 도둑질하고, 도둑에게서는 장물을 도둑질한다. 그러나 안찰사와 병사·수사가 서로 짜고서 숨겨 주고 들추지 않는다. 그 지위가 높을수록 도둑질의 힘은 더욱 강해지고, 그 녹이 많을 수록 도둑질의 욕심은 더욱 커진다. 밖에 나가면 깃대를 세우고 집에 있으면 장막을 드리우며, 푸른 도포와 붉은 실띠의 치장 또한 선명하다. 이처럼 종신토록 향락을 누려도 누가 감히 무어라고 말하지 못하는 것이다. 그러나 서너 끼니를 굶고 그 굶주림을 도저히 참을 수 없어 훔친 좀도둑만이 이런 큰 욕을 보게 되니 또한 슬픈 일이 아닌가? 내가 이래서 우는 것이지, 다른 일이 아니다.'하니, 군관이 말하기를 '선생의 말이 옳습니다.' 하고, 술을 권하며 사과하여 보냈다."

【註釋】 *三繇(삼유) : 세 가지 까닭.
*端表(단표) : 단정함.
*奉令(봉령) : 명령을 받듦.
*畏法(외법) : 법을 두려워함.

【字義】 繇 : 까닭 유 端 : 단정할 단 奉 : 받들 봉
畏 : 두려워할 유

宣上德意하여 赦其罪惡하여 棄舊自新하여 各還其業이 上也라.

【解釋】 임금의 어진 뜻을 펴서 그 죄악을 용서해 주어 그들로 하여금 전의 악행을 버리고 스스로 새로워져 각기 본업으로 돌아가게 하는 것이 최선의 방책이다.

【解說】 한의 공수(龍遂)가 발해태수(渤海太守)가 되었을 때의 일이다. 이때 발해 지방에 흉년이 들어 도둑이 많으니, 선제(宣帝)가 공수를 불러 태수를 삼으며 말하기를,

"그대가 무엇으로 도둑을 다스리겠는가?"

하니 대답하기를,

"해변 지역이 멀리 떨어져 있어 성상의 덕화가 미치지 못하는데, 그 백성이 추위와 굶주림에 시달려도 관리가 구휼하지 않습니다. 그러므로 폐하의 백성들로 하여금 폐하의 병기를 더러운 못 속에서 도둑질하여 희롱하게 하는 것입니다. 지금 신으로 하여금 그를 이기게 하려는 것입니까 장차 편안하게 하려는 것입니까?"

하였다. 선제가 공수의 대답을 듣고 매우 기뻐하며 답하여 말하기를,

"어진 인재를 뽑아 등용하는 것은 원래가 편안히 하려는 것이다."

하니 공수는 말하기를,

"신은 들으니 '난민(亂民)을 다스리는 것이 헝클어진 노끈을 푸는 것 같아 급히 하여서는 안 되고 늦추어야만 다스릴 수 있다.' 고 하였습니다. 신이 바라는 것은 승상(丞相)이나 어사(御史)도 신을 법률로 구속하는 일없이 일체 편의로 일을 볼 수 있게 하여

주는 것입니다."

하니, 선제가 허락하고 황금을 더 하사하여 보냈다. 고을에서 신임 태수가 부임한다는 말을 듣고 군졸을 출동시켜 맞이하니 수는 이들을 모두 되돌려 보냈다. 그리고 소속 고을에 글을 보내 도둑잡는 아전을 다 없앤 다음 호미·갈고리 등의 농기구를 가진 자는 모두 양민이 되게 하니, 아전은 병기 가진 자를 도둑이라고 문책하는 일이 없게 되었다. 공수는 한 대의 수레로 혼자 행하여 관부에 도임하니 고을 안이 모두 화평스러워 도둑들도 없어졌다.

【字義】 宣 : 펼 선　　赦 : 용서할 사　　棄 : 버릴 기
還 : 돌아올 환

> 여시연후　개행병적　도불습유　유치차
> 如是然後에 改行屛跡하고 道不拾遺하고 有恥且
> 격　불역선호
> 格이면 不亦善乎아.

【解釋】 이렇게 한 후에야 악행을 고치고 자취를 숨기며, 길에서는 흘린 것을 줍지 않고 부끄러워할 줄 알며, 또 바르게 되면 이 또한 좋은 일이 아니겠는가.

【解說】 후한(後漢) 때 정의(鄭毅)가 추령(騶令)이 되어 덕화를 펴니, 사람들이 길에서 흘린 보물을 주워다 주인을 찾아 주었다.

촉한(蜀漢)의 염헌(閻憲)이 면죽령(綿竹令)이 되어 예절과 겸양으로 백성을 교화시켰다. 한 남자가 밤에 길을 가다가 흘린 자루 속에서 무명 베를 얻었는데, 그 주인을 찾아서 돌려 주며 말하기를,

"고을에 어진 사또가 계신데 어찌 그 교화를 저버리겠습니까?"

하였다.

《북사(北史)》에 이런 말이 있다.

"조경(趙煚)이 기주자사(冀州刺史)가 되었는데 매우 엄격하고 또 은혜가 있었다. 조경의 밭 가운데서 볏짚을 도둑질해 가던 사람이 아전에게 잡혔다. 조경이 위로하고 효유하여 보내고 사람을 시켜서 짚 한 수레를 실어다가 훔쳐 간 사람에게 주니,

도둑이 중한 형벌을 받는 것보다 더 부끄러워하였다."

송의 범순인(范純仁)이 낙양윤(洛陽尹)이 되었다. 마침 사극장(謝克莊)이 하양(河陽)에서 오다가 중도에서 말을 먹이며 주막에서 쉬는데, 어떤 늙은이가 담장 아래에서 따스한 햇볕을 쬐고 있었다. 한 사람이 그 늙은이에게 와서 말하기를,

"댁의 송아지를 도둑맞았습니다."

라고 하는 것이었다. 늙은이는 그대로 앉아 있으면서 사실을 묻지도 않았다. 좀 있다가 다시 와서 송아지를 잃었다고 하니, 늙은이가 태연한 안색으로 천천히 말하기를,

"반드시 이웃집에서 장난으로 감추었을 것이다."

하는 것이었다. 사씨가 이상히 여겨 나가서 묻기를,

"당신 집에서 송아지를 잃었다고 두 번이나 와서 말하여도 놀라지 않는 것은 어째서입니까?"

하니 늙은이가 웃으며 말하기를,

"범공(范公)이 이 지방에 계신데 누가 도둑질을 하려고 하겠는가."

하였다. 얼마 있으니 송아지가 과연 돌아왔다고 하여 사씨는 그만 감탄하면서 떠났다.

【字義】 屛 : 감출 병　　拾 : 주울 습　　恥 : 부끄러울 치
格 : 이를 격

간호상취 호악부전 강위격단 이안 평민 억기차야
奸豪相聚하여 怙惡不悛이면 剛威擊斷하여 以安平民이 抑其次也니라.

【解釋】 간악하고 세력 있는 자들이 서로 모여 악행을 자행하면서 뉘우치지 않으면, 강화 위력으로 쳐서 백성을 편안하게 하는 것이 그 다음 방법일 것이다.

【解說】 북주(北周)의 한포(韓褒)가 옹주자사(雍州刺史)가 되었는데, 그 지방에 도둑이 많았다. 한포가 비밀리에 탐지해 보니 그것은

모두 세력 있는 자들이 하는 짓이었다. 한포는 짐짓 모르는 체하고 그들을 두터이 예우하면서 말하였다.

"자사는 원래가 서생 출신이어서 어찌 도적막는 일을 알겠는가. 믿는 것은 그대들 뿐이니 함께 근심을 나누어 주시오."

그리고는, 사납고 불량하여 향리에서 우환이 되는 자들을 모두 불러다가 우두머리로 삼아 각 지역에 나누어 배치하고 도둑이 발생하였는데도 잡지 못하면 일부러 놓아 준 죄로 처벌하게 하였다. 이렇게 되니 여러 곳에 배치된 자들이 모두 두려워하며 자수 복죄하여 말하기를,

"전에 도둑이 발생한 것은 모두 저희들이 한 일입니다."

하면서 데리고 있는 무리들을 모두 그 성명을 적어 올리며 혹 도망가 숨은 자들에 대하여도 역시 모두 그 소재지를 말하였다. 이에 한포가 도둑 명부를 가져다 간직하고 이어 고을 문에 크게 방을 붙이기를,

"자신이 도둑질한 죄를 아는 자는 급히 와서 자수하면 곧 그 죄를 면해 준다. 이 달이 다 가도록 자수하지 않는 자는 목을 베고, 재산은 몰수하여 먼저 자수한 자에게 상 준다."

하니, 한 달포 사이에 여러 도둑이 모두 와 자수하였다. 한포가 그 명부를 가져다 맞추어 보니 틀림이 없었다. 모두들 그 죄를 용서하여 주고 스스로 새로운 사람이 되게 하니 이로하여 뭇도둑이 자취를 감추었다.

【字義】 **豪**：호걸 **호**　**聚**：모일 **취**　**悛**：뉘우칠 **전**
剛：굳셀 **강**

현상허사 사지상포 사지상고 이지
懸賞許赦하여 使之相捕하고 使之相告하여 以至
잔멸 우기차야
殘滅이 又其次也니라.

【解釋】 현상금을 걸어 죄를 용서하여 줄 것을 허락해서 서로 잡아들이거나 고발하게 하여 잔멸시키는 것도 하나의 방법이다.

【解說】 오(吳)나라 진표(陳表)가 장교가 되었을 때 관청 물건을 도둑질한 자가 있었는데, 시명(施明)이란 자만이 잡혀서 고문을 당하였다. 시명은 원래 장대하고 사나운 자여서 죽기 한 하고 공술하지 않으니 법관이 의심스러운 사건으로 처결하여 나라에 알렸다. 손권(孫權)이 진표를 시켜 자의로 그 사실의 실정을 알아보게 하였는데, 진표는 차꼬와 수갑을 벗기고 음식도 잘 주며 목욕시켜 그의 환심을 사니, 시명이 항복하고 그 부하들을 모두 적어 바쳤다. 진표가 그 사실을 아뢰어 특별히 시명을 놓아 주고 그 무리를 잡아 베었다.

주(周)나라 유경(柳慶)이 옹주별가(雍州別駕)가 되었는데, 호씨(胡氏) 집에서 겁탈을 당하여 이웃 사람들이 잡혀 간힌 자가 많았다. 유경은 도적이 오합지졸이므로 간사한 꾀로 잡을 수 있다고 생각하여 이름 없는 글을 많이 써서 관청 문간에 붙여 이르기를,

"우리들이 함께 호씨의 집을 겁탈하였는데, 무리들이 혼잡하여 끝내는 누설되고야 말 것이다. 지금 먼저 자복하려 하지만 베임을 면치 못할까 두려운데, 만일 먼저 자수하는 사람에게 죄를 면하여 주면 나가서 고하겠다."

하고, 유경이 이에 다시 면죄첩(免罪帖)을 부치게 하니, 이틀만에 한 놈이 와서 자수함으로써 그 무리들을 모두 잡았다.

【字義】 **懸**:걸 현 **捕**:잡을 포 **殘**:남을 잔
次:다음 차

주묵지지 표기의거 변화수 이자서발
朱墨之識를 **表其衣裾**는 **辨禾秀**하여 **以資鋤拔**도
역소수야
亦小數也라.

【解釋】 붉은색과 먹물로 그 의복에 표하여 진짜와 가짜를 분별하고 도둑을 색출해 내는 것 또한 조그만 술수이다.

【解說】 송의 진술고(陳述古)가 건주(建州) 수령이 되었다. 포성현(蒲城縣)에 물건 잃은 사람이 있는데, 도둑질한 자를 정확히 알 수

없었다. 이에 진술고가 속여 말하기를,

"아무 사당에 한 종(鐘)이 있는데, 매우 영험하여 도둑을 잘 알아 맞춘다."

하며, 사람을 보내어 가져다가 뒷문 안에 두고 제사지냈다. 여러 죄수들을 데려다 종 앞에 세우고 말하기를,

"도둑질을 하지 않은 자가 만지면 소리가 없지만 도둑질을 한 자가 만지면 소리가 난다."

하였다. 술고가 종에 대고 매우 엄숙히 기도를 하고 제사를 마친 후 포장으로 두른 다음, 가만히 사람을 시켜 먹을 종에 바르게 하였다.

얼마 있다가 죄수들을 한 사람씩 인도하여 포장 안으로 들어가서 종을 만져보고 나오게 하였는데, 손을 조사해 보니 모두 먹 흔적이 있는데 다만 한 죄수만이 먹 흔적이 없었다. 그 죄수를 심문하니 과연 도둑이었는데, 그는 종에서 소리가 날까 무서워서 감히 만지지 못한 것이었다.

【註釋】 ＊朱墨(주묵) : 인주와 먹물.
＊衣裾(의거) : 옷소매.
＊禾秀(화수) : 벼와 가라지. 즉 진가(眞假).

【字義】 墨 : 먹 묵　識 : 표지 지　裾 : 옷소매 거
辨 : 구별할 변　秀 : 가라지 수　鋤 : 호미질 서

위여운상 휼도지항례야 위부찰애형 도지소수야
僞轝運喪은 譎盜之恒例也요 僞訃察哀洞은 盜之小數也니라.

【解釋】 상여를 위장하여 물건을 운반하는 것은 간사한 도둑이 항상 하는 짓이요, 초상을 가장하여 상인(喪人)들이 슬퍼하는 것을 살피는 것은 도둑을 조사하는 작은 술수이다.

【解說】 당(唐)나라 여원응(呂元膺)이 악양진수(岳陽鎭守)가 되었다. 하루는 나가서 노닐다가 보니 상여가 길 왼쪽에 있는데, 남자

다섯 사람이 상복을 입고 따르는 것이었다. 여원응이 말하기를,

"먼 곳 장사라면 너무 번잡하고, 가까운 곳 장사라면 너무 간소하니 이것은 정녕 간악한 무리의 하는 짓이리라."

하며, 관원을 시켜 수색하게 하니 모두 무기였다. 도적이 말하기를,

"강을 건너가 재물을 약탈하려고 거짓 상여를 만들어서 우리가 건너가는 것을 남이 의심하지 않게 한 것입니다."

하였다. 공이 사람을 시켜 조사하니, 또 같은 무리 수십 명이 있어 건너편 언덕에 모여 있기로 되어 있었다. 모두 사로잡아서 법에 붙였다.

우리 나라 무신년 난리에 역적 이인좌(李麟佐) 등이 무기를 상여 속에 감추어 가지고 저물녘에 청주(淸州)를 지나 동쪽 수풀 속에 머물렀다가 그 밤으로 습격하여 병마사(兵馬使)를 죽였으니, 역시 이런 방법이었다.

당나라 때 유공작(柳公綽)이 양양절도사(襄陽節度使)가 되었다. 흉년이 들었는데 이웃 지방이 더욱 심하였다. 상복을 입은 자가 곡을 하며 글을 올려 이르기를,

"3대의 열두 무덤을 무창(武昌)에 이장하려 하는데, 나루터 이속에게 말하여 통과하게 해 주십시오."

하였다. 유공작이 즉시 군사에게 명하여 그 사람을 사로잡고 관을 깨뜨리니 그 관이 모두 쌀로 채워져 있었다. 대개 흉년에 3대의 열두 무덤을 일시에 옮기는 것은 있을 수 없는 일이기에 그것이 거짓임을 안 것이었다.

【註釋】 *僞轝(위여) : 거짓으로 꾸민 상여. | *譎盜(휼도) : 간사한 도적.

【字義】 **轝** : 상여 여 **運** : 옮길 운 **譎** : 간사할 휼
訃 : 부고 부 **泂** : 살필 형

운지출모 구심발기유은 유능자위지
運智出謀하여 鉤深發其幽隱은 唯能者爲之니라.

【解釋】 지혜를 쓰고 계교를 내어 깊은 것을 캐어내고 숨어 있는

것을 들추어내는 것은 능한 자만이 하는 일이다. 이치를 살피고 사물을 분간하면 누구나 그 실상을 속이지 못하는 것이니, 오직 밝은 자만이 할 수 있는 일이다.

【解說】 당나라 염제미(閻濟美)가 강남진수(江南鎭守)가 되었다. 뱃사람이 장사꾼의 물건을 삯을 받고 실었는데, 그 중에는 은 10정이 화물 속에 감춰져 있었다. 뱃사람이 알고서 그가 육지로 올라가기를 기다렸다가 훔쳐서는 배가 정박한 물속에 넣어 두었다. 배가 밤에 떠나 진(鎭)에 이르러서 화물을 검열하니 은이 없어졌다. 곧 뱃사람을 잡아 고소하니 공이 묻기를,

"객은 어제 어디서 잤는가?"

하니,

"여기서 백 리 되는 곳 갯가 물이 갈래지는 곳에서 잤습니다."

하였다. 공이 무사를 시켜 뱃사람과 함께 가서 찾게 하고는 공이 몰래 무사에게 일러 말하기를,

"이것은 반드시 뱃사람이 강 속에 넣은 것이다. 네가 사공을 시켜서 갈고리를 넣어 꺼내라. 내가 또 네게 중한 상을 주겠다."

하였다. 무사가 공의 명대로 하여 갈고리로 꺼내니, 은은 광주리 속에 있는데, 봉함한 것이 모두 온전하였다. 공이 캐어 문초하니 뱃사람이 그 자리에서 자백하였다.

【註釋】 **＊運智設機**(운지설기) : 지혜를 쓰고 계획을 세움.

＊幽隱(유은) : 깊숙이 숨음.

【字義】 設 : 베풀 설　隱 : 숨을 은

察理辨物(찰리변물)이면 物莫遁情(물막둔정)이니 唯明者爲之(유명자위지)니라.

【解釋】 이치를 살피고 사물을 분간하면 누구나 그 실상을 속이지 못하는 것이니, 오직 밝은 자만이 할 수 있다.

【解說】 전진(前秦) 때 부융(符融)이 기주목(冀州牧)이 되었다. 어느 노파가 날이 저물었을 때 강도를 만났는데, 행인이 그 노파를

위하여 좇아가서 강도를 사로잡았다. 그 강도가 도리어 행인을 무고하니 부융이 말하기를,

"두 사람이 함께 뛰어서 먼저 저 문(門)을 나가는 자가 도적이 아니다."

하였다. 갔다 돌아온 다음에 부융이 정색을 하고 나중에 온 자에게 일러 말하기를,

"네가 도적이다."

하였다. 그가 간악한 것을 들추고 숨긴 것을 적발함이 이러하였다. 대개 부융의 천성이 밝아 도적이 만일 잘 달린다면 결코 행인에게 잡히지 않았을 것이므로, 먼저 달리는 자가 도적을 따라 잡은 사람이라고 보았기 때문이었다.

【字義】 察 : 살필 찰　　辨 : 구별할 변　　遁 : 숨길 둔

> 枉執平民(왕집평민)하여 鍛之爲盜(단지위도)하니 能察其寃(능찰기원)하여 雪之爲良(설지위양)이 斯之謂仁牧也(사지위인목야)니라.

【解釋】 잘못하여 평민을 잡아다 고문하여 강제로 도둑을 만드는 예가 있는데, 그 원통함을 살펴서 누명을 벗기고 양민으로 만들어 주면 이는 어진 목민관이라 할 수 있다.

【解說】 후당(後唐) 때 공순(孔循)이 장원현(長垣縣)의 수령이 되었다. 네 사람의 큰 도적이 있어 재산을 넉넉하게 가졌는데, 종적이 탄로되자 끌려 들어간 것은 네 사람의 가난한 백성이었다. 이는 세도집과 옥리들이 뇌물을 받고 고문하여 강제로 이 옥사를 만든 것인데, 전혀 심문도 없이 자복한 것으로 되어 죽게 되었다.

공순이 죄수를 다시 조사하는 데도 한 마디의 말이 없었는데, 데리고 담장을 지나갈 때 죄수가 자주 머리를 돌리는 것이었다. 공순이 그 정상의 미진함이 있는 것을 알고 불러 물으니, 사실은 잘못된 것인데 마침 옥리가 그 칼 끝을 높이 쳐들었기 때문에 말할 수 없었던 것이다. 좌우 사람들을 물려 주기를 청하고 자세히 그

사연을 말함으로 인하여 네 도적은 모두 처벌을 당하고, 네 명의 가난한 백성은 원통한 누명을 씻게 되었다.

조선 명종 때 사람 이몽량(李夢亮)이 호서안찰사(湖西按察使)가 되었을 때의 일이다. 진천현에서 강도를 국문하여 그 조서가 완성되자 공문으로 죄수를 사형에 처하도록 청하는데, 도적을 잡은 자가 스스로 그 공문을 가지고 이몽량에게로 왔다. 이몽량이 그를 가까이 불러서 여러 모로 도둑 잡던 상황을 묻다가 그 말과 기색이 수상함을 알고는 곧 아전에게 공문을 압수하도록 하고 말하였다.

"이 자는 주인을 배신한 종이다. 필시 가난한 선비가 강한 종을 찾으러 왔다가 도리어 결박을 당한 것인데, 아전이 뇌물을 받아먹고 청을 들어 이렇게 옥사를 만들어 놓은 것이다."

과연 문초를 하니 사실대로 자복하였다.

【字義】 枉：잘못 왕　執：잡을 집　鍛：쇠단련할 단
察：살필 찰

무 인 부 민　왕 시 학 형　위 도 적 집 구　위 이
誣引富民하여 枉施虐刑은 爲盜賊執仇며 爲吏
교 정 화　시 지 위 혼 목 야
校征貨니 是之謂昏牧也니라.

【解釋】 부유한 백성들을 무고로 끌어들여 함부로 혹독한 형벌을 행하는 것은 도적을 위하여 원수를 잡아 주고, 아전과 교졸을 위하여 돈을 벌어 주는 것이니, 이를 어리석은 목민관이라 일컫는다.

【解說】 유호(劉皓)가 임성령(林城令)이 되어 일처리하는 것을 엄하고 밝게 하였다. 마침 강도를 국문하는데 옥리가 도적을 시켜서 짐짓 장물을 산 사람 10여 명을 끌어 넣게 하고 잡아들여 심문할 것을 청하였다. 유호가 일부러 무능한 자인 양하며 판결하여 이르기를,

"모두 본인을 오라고 하라."

하였는데, 이른 다음에 보니 모두 차림새가 깨끗한 호부가의 자제들이었다. 유호가 국문하던 옥리를 물리치고 다른 아전을 시켜 도

적을 뜰 아래에 데려다가 대면시키니 한 사람도 알지 못하였다. 유호가 도둑에게 말하기를,

"네가 성명은 일러줄 수 있으면서 얼굴을 모른다 할 수 있느냐?"

하니, 도적이 깜짝 놀라며 사실대로 고하였다. 명하여 다 놓아 주고 아전을 중한 법으로 다스리니, 온 고을이 모두 두려워하여 감히 속이지 못하였다.

【註釋】 ＊誣引(무인) : 거짓말로 이끌어들임.
＊虐刑(학형) : 혹독한 형벌.
＊征貨(정화) : 재물을 받아들임.
＊昏牧(혼목) : 어두운 수령.

【字義】 誣 : 속일 무　富 : 부자 부　虐 : 사나울 학
征 : 거둘 정　昏 : 어두울 혼

귀 매 작 변　무 도 지 야　주 기 무　훼 기 사
鬼魅作變은 巫導之也니 誅其巫하고 毁其祠라야
요 무 소 빙 야
妖無所憑也니라.

【解釋】 귀신붙이가 변고를 일으키는 것은 무당의 짓이니, 그 무당을 베고 신당(神堂)을 헐어야만 요괴가 의지할 곳이 없게 된다.

【解說】 전국(戰國) 위(魏)의 서문표(西門豹)가 업령(業令)이 되었다. 업 땅에 아전들이 해마다 백성의 돈을 거두어 물귀신을 위하여 신부를 시집보낸다고 하는데, 무당이 양가 여자 중 아름다운 자를 보아서 곧 데려다가 목욕시키고 비단 장막을 쳐서 강에 띄워 빠지게 하였으니, 이는 속담에 말하기를,

"물귀신을 장가들이지 않으면 큰물이 져서 떠내려가고 빠져 죽는다."

는 것 때문이었다. 서문표가 그 풍속을 바꾸려고 곧 이르기를,

"그러한 때가 오면 나 역시 신부를 보내겠다."

하고 서문표가 하상에 이르니 모든 관속과 부로들이 모두 모였다. 서문표가 말하기를,

"신부를 불러 오라. 아름다운지 추한지를 보겠다."

라고 하였다. 신부가 이르니 말하기를,

"이 여자는 아름답지 않으니 수고롭지만 무당할머니가 물귀신에게 보고하고 다시 구하게 하라."

하며, 곧 아전을 시켜 무당할미를 안아서 강 한가운데로 던졌다. 좀 있다가 또 말하기를,

"어찌 이렇게 오래 있느냐?"

하면서 다시 무당의 제자들을 강물에 세 명이나 던져 버렸다. 그리고 나서 말하기를,

"이들은 모두 여자인지라 일을 제대로 아뢰지 못하니, 수고롭지만 아전 네가 들어가 아뢰라."

하면서 아전을 강물에 던지고는 붓을 들고 서서 기다렸다. 한참 있다가 말하기를,

"저들이 모두 돌아오지 않으니 어찌하리오."

하며 다시 앞장섰던 자들을 시켜 재촉하게 하니, 모두들 계단에 머리를 조아려 피를 흘렸다. 서문표가 말하기를,

"물귀신이 손님을 오래도록 머무르게 하니 모두 그만두고 가자."

고 하였다. 이후로 이민(吏民)들이 무서워하여 감히 물귀신을 위하여 장가들인다는 말을 못하였으며, 서문표는 곧 그 하수를 열 두 도랑으로 만들어 논에 물을 대게 하였다.

【字義】 鬼 : 귀신 귀　魅 : 귀신 매　巫 : 무당 무
導 : 이끌 도　誅 : 죽일 주　毁 : 헐 훼　祠 : 사당 사
妖 : 요사할 요

가탁불귀　요언혹중자　제지
假託佛鬼하여 **妖言惑衆者**는 **除之**니라.

【解釋】 거짓 부처나 귀신에 의탁하여 요사한 말로 백성을 현혹하는 자는 제거해야 한다.

【解說】 송(宋)의 정호(程顥)가 호현주부(鄠縣主簿)가 되었다. 남

산 절간에 돌부처가 있는데, 전해오는 말이 '그 머리에서 빛이 난다.'고 하면서 원근 지방의 남녀들이 모여 구경하며 밤낮으로 혼잡하게 거처하였으나, 현령은 신령한 것을 두려워하여 감히 금지하지 못하였다. 선생이 처음 부임하여 그 중을 힐문하여 말하기를,

"내가 들은즉 부처가 해마다 빛을 낸다고 하는데 사실인가?"

하니,

"그렇습니다."

고 하였다. 곧 부탁하기를,

"다시 그런 일이 있거든 반드시 내게 먼저 알리거라. 공무가 바쁘니 가서 볼 수는 없지만 그 머리를 가져다 보아야겠다."

하였는데, 그 후로는 다시 빛이 난다는 말이 없었다.

【字義】 **假**：버릴 가　　**託**：핑계댈 탁　　**惑**：유혹할 혹
衆：무리 중

빙의잡물 　 사설기우자 　 제지
憑依雜物하여 邪說欺愚者는 除之니라.

【解釋】 잡물을 빙자하여 사특한 말로 어리석은 사람들을 속이는 자는 제거해야 한다.

【解說】 송나라 때 고부(高賦)가 구주지사(衢州知事)가 되었는데 그 곳 풍속이 무당과 귀신을 숭상하였다. 백성 가운데 모씨(毛氏)·시씨(柴氏) 20여 집이 대대로 큰 독충을 기르는데, 윤달이 든 해가 되면 사람을 해치는 일이 더욱 많았고 남과 분쟁할 때에는 독을 피웠다. 고부가 그 독충을 모두 잡고 그들을 처벌하자 독충의 우환이 끊어졌다.

고려 때 정습인(鄭習仁)이 영천지현(榮川知縣)이 되어 일을 보려 하니, 아전이 옛 일을 들어 말하며 소재도(消災圖)에 나가서 분향(焚香)하기를 청하였다. 정습인이 말하기를,

"신하로서 비행을 저지르지 않으면 재앙이 어디를 말미암아 생길 것인가. 만일 그것이 망령되지 않은 일이라면 순순히 받을 따름이다."

하고 아전을 명하여 철거하게 하였다.

【字義】 憑：의지할 빙　　邪：간사할 사　　欺：속일 기
愚：어리석을 우

호표담인 虎豹啖人하고 삭해우시 數害牛豕어든 설기노정획 設機弩穽獲하여 이 以 절기환 絶其患이니라.

【解釋】 호랑이가 사람을 물어가고 자주 소나 돼지를 해치면 덫과 함정을 놓아 잡아서 그 우환을 없애야 한다.

【解說】 호랑이를 잡는 제일 좋은 방법은 덫과 함정을 만드는 것이다. 제일 좋지 않은 방법이 총을 사용하는 것인데, 대개 포수가 사냥을 하게 되면 열 명, 백 명씩 떼를 지어 마을에 횡행하며 토색질을 하여 그 폐해가 도리어 호랑이보다 심하므로 이는 사용하지 않는 게 좋다.

진(晉)의 유곤(劉琨)이 강릉령(江陵令)이 되었다. 고을에 화재가 있었는데 곤이 불을 향하여 머리를 조아리니 불이 즉시 꺼졌다. 후에 홍농태수(弘農太守)가 되었는데 범이 모두 새끼를 데리고 강을 건너가니, 황제가 듣고 신기하게 여겨 불러들여 광록훈(光祿勳)을 삼고 묻기를,

"무슨 덕 있는 정사를 행하였기에 이런 신기한 일이 있게 하였는가?"

하니 이렇게 대답하였다.

"우연히 된 일입니다."

조선 세종 때 사람 최윤덕(崔潤德)이 안주목사(安州牧使)가 되었는데, 한 마을의 부인이 울면서 자기 남편을 호랑이가 물어갔다고 하자. 공이 호랑이를 뒤쫓아가서 활을 쏘아 죽였다. 그런 다음, 그 배를 가르고 죽은 사람의 팔·다리뼈들을 꺼내 의복으로 싸고 널을 준비하여 매장해 주니 그 부인이 감격하여 울기를 멈추지 않았으며 온 고을 사람들이 지금까지 우러러 사모하기를 부모처럼

한다.

【註釋】 *虎豹(호표) : 호랑이와 표범.

*牛豕(우시) : 소와 돼지.

*穽獲(정획) : 함정.

【字義】 豹 : 표범 표　啖 : 물 담　數 : 자주 삭
穽 : 함정 정　患 : 근심 환

공전육조(工典六條)

제1조 산림 관리〔山林〕

산 림 자　방 부 지 소 출　산 림 지 정　성 왕 중
山林者는 邦賦之所出이라 山林之政을 聖王重
언
焉이니라.

【解釋】 산림은 나라의 공부(貢賦)가 나는 곳이어서, 산림에 대한 정사를 성왕(聖王)께서 소중하게 여겼다.

【解說】 《주례(周禮)》와 《춘추전(春秋傳)》을 보면 산림에 대한 법이 매우 엄격하고 신중하였음을 알 수 있다.

요(堯)임금과 순(舜)임금 시대부터 산림을 수호하고 가꾸는 법이 철저하였으며, 순임금은 재목(材木)을 관장하는 벼슬에 임용되기도 했다.

【字義】 邦：나라 방　聖：성인 성　重：무거울 중
焉：어조사 언

봉 산 양 송　기 유 여 금　의 근 수 지　기 유 간
封山養松은 其有厲禁하니 宜謹守之하고 其有奸
폐　의 세 찰 지
弊어든 宜細察之니라.

【解釋】 봉산(封山)의 소나무를 기르는 일에 대해서는 엄중한 금령이 있으니 마땅히 조심하여 지켜야 하며, 농간하는 폐단이 있으니 세밀하게 살펴야 한다.

【解說】 《속대전(續大典)》에는 이렇게 되어 있다.

"각 도의 봉산의 금송(禁松)을 베는 자는 중죄로 논하고, 송산(松山)의 배만들 재목을 수신(帥臣)이나 수령이 함부로 벌채를 허가하거나 벌채를 감행하는 자는 사사로이 군기(軍器)를 매매한 데 적용하는 형률로 논하고 솔밭에 방화한 자는 사형에 처한다."

우리 나라에는 아름다운 재목이 없어서 오직 소나무만을 사용하므로 궁궐의 집과 관(棺)을 모두 소나무로 만드는데, 그 금지 조항이 광범하고 세밀하니 법이 어찌 실행될 수 있겠는가.

또 바닷가 30리 이내에는 비록 사유림일지라도 일체 벌채를 금지한다고 되어 있다. 사사로이 나무를 기르는 것은 그 생산물을 자기가 사용하고자 함인데 만약 그것을 봉산과 같이 벌채를 금한다면 누가 사유림을 기르겠는가. 사유림의 벌채 금지 규정은 마땅히 봉산과는 차등이 있게 하여 그들로 하여금 스스로 산림을 가꾸는 데 힘쓰도록 길을 열어 주어야 할 것이다.

【註釋】 ***封山**(봉산) : 나라에서 관재(棺材) 등을 얻기 위해 지정한 산.
***細察**(세찰) : 자세히 살핌.

【字義】 **封** : 봉할 봉　**養** : 기를 양　**謹** : 삼갈 근
弊 : 폐단 폐

私養山之禁(사양산지금)은 其私伐(기사벌)을 與封山同(여봉산동)이니라.

【解釋】 개인이 나무를 기르는 산에서 사사로이 벌채를 금하는 것은 봉산(封山)과 같다.

【字義】 **養** : 기를 양　**禁** : 금지할 금　**伐** : 벨 벌
與 : 더불 여

封山之松(봉산지송)은 寧適朽棄(영적후기)이언정 不可以請用也(불가이청용야)니라.

【解釋】 봉산의 소나무는 차라리 썩도록 내버려 둘지언정 사용하기를 청해서는 안 된다.

【解說】 소나무 벌채를 금하는 규정에 말하였다.

"바람에 부러진 소나무는 내다 파는 것을 허가하지 말고 그냥 부러진 곳에서 썩게 한다. 황장봉산(黃腸封山)[1]에서 나무를 베면 규격에 의하여 판자를 만들고, 잘라 버린 양쪽 끝부분은 판매를 허가하지 않고 그냥 그 자리에서 태워 버려야 한다."

바람에 부러진 나무는 막 베어낸 것과 같은 것인데, 그대로 썩힌다는 것은 아까운 노릇이다. 또한 재궁(梓宮)을 만든 목재의 양쪽 끝부분을 까닭없이 태워 버리는 일도 함부로 낭비하는 것에 가깝다. 비록 공공 건물의 수선에 그 나무의 필요가 절실할지라도 사용할 수가 없으니 법이 그러하나 이는 반드시 고쳐져야 한다.

【註釋】 ＊朽棄(후기) : 썩어서 버림.

1) 黃腸封山(황장봉산) : 궁궐의 관(棺)재목을 마련하기 위해 나무를 기르는 산.

【字義】 松 : 소나무 송　　寧 : 차라리 령　　棄 : 버릴 기

請 : 청할 청

黃腸曳木之役(황장예목지역)에는 其有奸弊者(기유간폐자)니 察之(찰지)니라.

【解釋】 황장봉산에서 벌채한 소나무를 끌어내는 부역에 농간하는 폐단이 있으니 자세히 살펴야 한다.

【解說】 관(棺) 재목을 끌어내는 날에는 두어 고을이 일제히 동원되어 수많은 백성들이 힘을 합치는데, 사나운 아전과 장교들이 인부들의 등을 채찍질하고 엉덩이를 발로 찬다. 부유한 마을과 부유한 집은 모두 돈으로 부역을 피하고, 파리하고 잔약하며 병든 백성들만이 그 부역으로 고통을 당하니 역시 목민관이 생각해야 할 일이다.

【註釋】 *黃腸(황장) : 나라의 관목(棺木)을 기르는 산. | *曳木(예목) : 나무를 이끌어 내림.

【字義】 黃 : 누를 황　　腸 : 창자 장　　曳 : 끌 예
察 : 살필 찰

상고잠수금송지판자 금지 근어법이염어 재 사가의
商賈潛輸禁松之板者는 禁之니 謹於法而廉於財라야 斯可矣니라.

【解釋】 장사꾼이 몰래 금지한 산의 송판을 실어내는 것을 금해야 하니, 법을 삼가 지키고 재물에 청렴하여야 이를 금할 수 있다.

【解說】 아전과 장교가 송판을 몰래 실어내는 상인을 잡으면 열에 아홉은 뇌물을 받고 놓아 준다. 그리고 수령이 10명을 잡으면 그 중 속공(屬公)시키는 것은 하나뿐이요, 나머지 아홉은 모두 촉탁을 받고 놓아 준다. 그러므로 결국 국가의 재목은 날로 손실되고 국용(國用)에는 도움되는 것이 없다.

【註釋】 *商賈(상고) : 장사꾼. *禁松(금송) : 나라에서 벌채를 금한 소나무.

【字義】 賈 : 장사치 고　　潛 : 몰래 잠　　輸 : 옮길 수
廉 : 청렴할 렴

식송배송 수유법조 능불해지이이 하 이식지
植松培松이 雖有法條로되 能弗害之而已나 何以植之리오.

【解釋】 소나무를 심고 재배하는 것이 비록 법조문에 있기는 하나 해치지 않으면 되지 어찌 심기까지 하랴.

【字義】 植 : 심을 식　　弗 : 아니 불　　害 : 해칠 해
何 : 어찌 하

제목재식지정 역도법이이 양가구임
諸木栽植之政은 亦徒法而已라. 量可久任이어든
의준법전 지기속체 무자로의
宜遵法典이로되 知其速遞어든 無自勞矣니라.

【解釋】 여러 가지 나무를 심는 일 또한 한갓 법조문일 뿐이니, 수령 스스로가 헤아려 보아 오래도록 재임할 수 있다면 마땅히 법을 준수할 것이나 자신이 빨리 체임(遞任)될 것을 안다면 쓸데없이 수고하려 들지 말아야 한다.

【解說】 바람이 불면 솔씨가 떨어져서 자연히 수풀을 이루는 것이니, 이것을 해치지 않도록 하면 그만이지 굳이 소나무를 심어야 할 필요는 없다.

또한 나무는 하늘이 낳고 땅이 기르며 봄바람과 비와 이슬에 의해 자연히 무성하는 것이니, 사람을 시켜서 지키게 하는 것은 바른 계책이 아니며, 관원을 격려하고 다시 간섭하지 말며, 관에서 쓰고자 할 때는 정당한 값을 주고 살 것이며 강제로 거두어들이는 일이 없도록 해야 한다. 그렇게 해야만이 백성들이 나무 심는 일을 스스로 나서서 하게 될 것이다.

【註釋】 ＊栽植(재식) : 심고 가꿈.

＊速遞(속체) : 속히 벼슬이 갈림.

【字義】 栽 : 심을 재 遵 : 지킬 준 速 : 빠를 속 遞 : 갈릴 체 勞 : 수고할 로

영애양목지지 기유여금 의근수지
嶺隘養木之地에는 其有厲禁이니 宜謹守之니라.

【解釋】 높고 험한 요새지의 나무를 기르는 곳에는 엄중한 금령이 있으니 마땅히 삼가 지켜야 한다.

【解說】 높고 산이 험한 좁은 길은 도적이 침입할 수 있는 요충지로 국방의 시설이 있는 곳이다. 그러나 거기에 나무를 기르는 것은

마땅히 안팎의 형편을 잘 살펴보아야 할 것이다. 군사를 숨기거나 매복시키는 데 유리할 수도 있고, 나무를 베어 울타리를 세워 적의 침입로를 막는 역할을 할 수 있기 때문이다.

【字義】 嶺 : 고개 령　　隘 : 험할 애　　謹 : 삼갈 근
守 : 지킬 수

> 山腰禁耕之法(산요금경지법)은 宜有測定(의유측정)이요, 不可縱弛(불가종이)며 亦(역)不可膠守也(불가교수야)니라.

【解釋】 산허리에서 경작을 금지하는 법은 마땅히 고도(高度)를 측량하는 표준이 있어야 한다. 함부로 법을 늦출 수도 없고, 또한 변통성없이 법을 지키기만 할 수도 없다.

【解說】 산의 높고 낮은 형세가 서로 달라서 그 허리의 높고 낮음도 제각기 같지 않다. 법이 이미 명확하지 못하니 백성이 법을 범하는 일이 없기를 기대하기 어렵다. 모름지기 평지에 표지를 세우고 고도를 측정하되 그 한계를 엄격하게 구획하여 백성들이 법에 어긋나지 않기를 바랄 뿐이다.

【註釋】 *山腰(산요) : 산허리.
*禁耕(금경) : 경작을 금함.
*縱弛(종이) : 늦춤.
*膠守(교수) : 변통성 없이 지킴.

【字義】 腰 : 허리 요　　耕 : 갈 경　　測 : 헤아릴 측
縱 : 놓을 종　　弛 : 늦출 이　　膠 : 아교 교

> 東南貢蔘之弊(동남공삼지폐)가 歲加月增(세가월증)하니 盡心稽察(진심계찰)하여 毋至重斂(무지중렴)이니라.

【解釋】 동남 지방에서 인삼을 공납하는 폐단이 해마다 늘고 있다. 마음을 다해 상고하고 살펴서 지나치게 많이 거두어들이는 일이

없도록 해야 한다.

【解說】 삼을 바치는 데 대한 폐단은 극도로 심해지고 있다. 산에서 캐는 것은 점점 귀해지고 집에서 심은 것이 많아지는 실정이다. 또한 삼 장수가 약재를 심사 감독하는 벼슬아치와 짜고 농간을 부려 각 고을에서 나라에 바치는 삼을 모두 삼 장수에게 사서 바치게 되니 백성들의 부담이 날로 가중되고 있다.

이러한 폐단을 없애려면 대동법(大同法)과 같이 삼 바치는 일도 공법(貢法)으로 하는 것이 좋을 것이다.

【字義】 貢 : 바칠 공　蔘 : 인삼 삼　歲 : 해 세
稽 : 상고할 계　毋 : 말 무　斂 : 거둘 렴

토산보물 무번채굴 이위민병
土産寶物은 無煩採掘하여 以爲民病이니라.

【解釋】 그 지방에서 산출되는 보물을 번거롭게 채굴하여 백성들에게 병폐가 되게 하는 일이 없도록 해야 한다.

【解說】 보물이 산출되는 것은 그 지방 백성들에게 뼈아픈 병폐를 주게 되는 것이다. 목민관은 마땅히 이러한 사정을 알아서 혹시 얻어 달라는 요구가 있더라도 응하지 말아야 하며, 보물이 있다는 보고가 있더라도 채굴하지 말아야 하다. 그리고 해임되어 돌아가는 날에는 그 한 조각도 짐 속에 넣어가는 일이 없어야 비로소 청렴한 관리라 할 것이다.

【字義】 産 : 산출될 산　寶 : 보배 보　煩 : 번거로울 번
採 : 채취할 채　掘 : 파낼 굴

서북삼초지세 의종관가 기혹범금 의종활략
西北蔘貂之稅는 宜從寬假요 其或犯禁이라도 宜從闊略이니라.

【解釋】 서북 지방의 인삼과 초피(貂皮)에 대한 세금은 마땅히 너그럽게 해서 혹 금법을 범하더라도 너그럽게 처리해야 한다.

【字義】 **蔘**：인삼 삼　**貂**：담비 초　**從**：따를 종
假：빌릴 가　**闊**：넓을 활　**略**：간략할 략

> 금은동철　구유점자　찰기간악　신위광
> 金銀銅鐵로 舊有店者는 察其奸惡하고 新爲礦
> 자　금기고야
> 者는 禁其鼓冶니라.

【解釋】 금·은·구리·철은 예전부터 있어 온 광산에 대해서는 간악한 짓을 살펴야 하고, 새로 광산을 채굴하려는 자에 대해서는 제련하는 설비를 금지시켜야 한다.

【解說】 예전부터 있던 광산이면 간악한 자가 모여들지 않는가를 살펴서 뜻밖의 환란에 대비하여야 할 것이다. 예를 들면 가산(嘉山)에서 난을 일으킨 홍경래(洪景來)도 금광(金鑛)으로 무리를 모아들였다고 한다. 무리를 모아 새로 개설한 광산이면 그 주모자를 잡아서 변란의 싹을 없애야 할 것이다.

【字義】 **店**：점포 점　**新**：새 신　**礦**：광산 광
鼓：두드릴 고　**冶**：쇠불릴 야

제2조 수리 시설 관리〔川澤〕

> 천택자　농리지소본　천택지정　성왕중
> 川澤者는 農利之所本이니 川澤之政을 聖王重
> 언
> 焉이니라.

【解釋】 천택(川澤)은 농사 이익의 근본이므로 옛날의 훌륭한 임금은 천택에 대한 정사를 소중하게 여겼다.

【解說】 목민관의 직책 가운데는 농사를 힘쓰는 일보다 더 급한 것이 없으며, 농사의 근본은 물을 다스리는 일보다 더 급한 것이 없다. 그런 까닭에 우(禹)와 직(稷)은 몸소 농사를 짓고 먼저 밭과 도랑을 다스렸고, 사기(史起)와 이회(李悝)는 오로지 수리(水利)만을 다스렸다. 훌륭한 관리의 뛰어난 업적은 모두 수리에 있다.

【字義】 川：내 천　澤：못 택　聖：성인 성
重：무거울 중

천류경현 川流逕縣하면 착거인수 鑿渠引水하여 이개이관 以漑以灌하고 여작 與作 공전 公田하여 이보민역 以補民役이 정지선야 政之善也니라.

【解釋】 시냇물이 고을을 지나가면 도랑을 파서 그 물을 끌어다가 전답에 대고, 백성과 더불어 공전(公田)을 경작하여 백성의 부담을 보충하는 것이 선정이다.

【解說】 나라의 가장 급한 걱정은 창고에 있는데, 백성의 부담이 해마다 더하고 달마다 늘어가면 백성은 장차 견디지 못할 것이다. 목민관은 마땅히 지형을 살펴서 도랑을 파고 공전(公田)을 경작하여 그 세입으로 창고를 보충한다면 장차 만민의 이익이 될 것이다. 비단 수백 경(頃)의 좋은 밭이 한 고을의 이익이 되는 데 그치지 않을 것이다.

허만석(許晩石)이 연기현감(燕岐縣監)이 되었을 때의 일이다. 고을 북쪽 15리에 큰 제방을 만들고 도랑을 뚫어 천여 경의 논에 물을 대게 하였으니, 그 제방이 청주(淸州)와의 경계에 있었다. 그 제방을 처음 쌓을 때 허만석이 친히 감독하였는데, 청주 사람들이 떼지어 와서 불손한 말을 퍼붓고 그가 걸터앉았던 의자를 부수기까지 하였다.

그래서 허만석이 활을 당겨 쫓으니 청주 사람들이 감히 접근하지 못하였는데, 제방이 이루어져 백성들이 혜택을 입게 되어 지금까지도 칭송하고 있다.

【註釋】 ＊逕縣(경현)：그 고을을 지나감.

＊鑿渠(착거)：도랑을 냄.

【字義】 逕：지나갈 경 鑿：뚫을 착 渠：도랑 거
漑：물댈 개 灌：물댈 관

소왈지소 대왈호택 기장왈파 역위지제
小曰池沼요 大曰湖澤이며 其障曰陂니 亦謂之堤
소이절수 차택상유수지소이위절야
이라. 所以節水라. 此澤上有水之所以爲節也니라.

【解釋】 작은 것은 지소(池沼)라 하고 큰 것은 호택(湖澤)이라 하며, 그 막는 것을 방축 또는 제방이라 하는데 이는 곧 물을 조절하는 것이다. 이것이 '못 위에 물이 있는 것〔澤上有水〕이 절(節)'이 되는 까닭이다.

【解說】 한(漢)의 소신신(召信臣)이 남양태수(南陽太守)가 되었을 때 제방을 축조하였는데, 돌을 쌓아서 둑을 만들고 옆에 6개의 돌문을 마련하여 수량(水量)을 조절하였다. 관개를 넓혀 해마다 불어나서 3만 경에 이르게 되니 사람들이 이처럼 이익을 얻게 되었다.

송의 때 허원(許元)이 단양지현(丹陽知縣)이 되었을 때 일이다. 그 고을에 연호라는 호수가 있었는데, 그 호수물을 몰래 터놓는 자는 살인죄와 같이 다스렸다. 그때 마침 몹시 가물었다. 허원이 호수물을 논에 댈 것을 청원하고 회답의 지령이 내리기도 전에 물을 터놓았다. 그러자 상사가 아전을 보내어 따져 물으니 허원이 말하기를,

"백성을 편하게 하고 죄를 받는 것이 차라리 좋다."

하고 백성의 전지 1만여 경에 물을 대게 하였더니, 그 해에 크게 풍년이 들었다.

【字義】 池：못 지 沼：못 소 湖：호수 호
澤：못 택 障：막을 장 陂：언덕 파 堤：둑 제

동토명호 근유칠팔 여개착소 연차봉 합이불수의
東土名湖는 僅有七八이요 餘皆窄小하고 然且蓬合而不修矣니라.

【解釋】 우리 나라에는 호수라고 이름하는 것이 겨우 7~8개소가 있을 뿐이고, 나머지는 모두 좁고 작은 것이다. 그리고 그나마 방기풀이 우거져 있는데도 수리하지 아니하였다.

【解說】 조선 효종 때 사람 반계(磻溪) 유형원(柳馨遠)이 말하였다. "우리 나라의 큰 저수지로는 김제의 벽골제(碧骨堤), 고부(古阜)의 눌제(訥堤), 익산과 전주 사이의 황등제(黃登堤) 등이 있는데, 각기 그 고을에 큰 이익을 주는 것으로 옛날에 온 나라의 힘을 다하여 축조한 것인데 이제 다 무너졌다. 만약 이 세 저수지로 하여금 1천 경의 물을 저축할 수 있는 저수지가 되게 한다면 노령(蘆嶺) 이상은 영원히 흉년이 없을 것이다."

【字義】 僅 : 겨우 근 餘 : 남을 여 窄 : 좁을 착
蓬 : 풀이름 봉

토호귀족 천기수리 전개기전자 엄금
土豪貴族이 擅其水利하여 專漑其田者는 嚴禁이니라.

【解釋】 토호(土豪)와 귀족이 수리 시설을 멋대로 하여 자기의 전답에만 물대기를 독점하는 것은 엄금해야 한다.

【解說】 최시설(崔時卨)이 영유현령(永柔縣令)이 되었을 때에 덕지라는 못이 있었는데, 그 둘레가 40리나 되었다. 물을 가두어 두었다가 전지에 대어 백성들에게 오랫동안 혜택을 주더니, 수어사(守禦使)가 그 저수지를 헐어버리고 둔전(屯田)을 만들고자 하였다. 공이 감사에게 보고하여 그것이 옳지 않음을 역설하였으나, 수어사가 권세로서 꺾어 눌러 감사가 그만 굴복하고 말았다.

수어사가 군관을 보내어 제방을 헐어버리니 그 해 가을에 온 고을이 크게 흉년이 들어, 공이 다시 감사에게 보고하여 마침내

둔전을 폐지하였다.

【字義】 貴 : 귀할 귀　　擅 : 함부로 천　　專 : 오로지 전

약빈해한조 若瀕海捍潮하고 내작고전 內作膏田이면 시명해언 是名海堰이니라.

【解釋】 바닷가에 조수를 방지하는 둑을 쌓고 안에 기름진 전답을 만들기도 하는데, 이것을 해언(海堰)이라 이름한다.

【解說】 중국에서는 모든 제방이나 저수지 축조한 것을 제언(堤堰)이라고 통칭하는데, 우리 나라에서는 조수(潮水)를 막아서 전지를 보호하는 것만을 언(堰)이라고 말한다. 우리 나라는 바다로 둘러 싸여서 바다에 제방을 쌓는 일이 큰 정사(政事)인 것이다.

신익상(申翼相)이 의주부윤(義州府尹)이 되었을 때 제방을 쌓아서 논을 만들고 해마다 곡식 수천 섬을 거두어 백성들의 용역에 보충하였다.

【字義】 瀕 : 물가 빈　　捍 : 막을 한　　潮 : 조수 조
膏 : 기름질 고　　堰 : 둑 언

강하지빈 江河之濱이 연년충결 連年衝決하여 위민거환자 爲民巨患者는 작위제방 作爲堤防하여 이안궐거 以安厥居니라.

【解釋】 강과 하천의 유역이 해마다 홍수의 피해로 백성들의 커다란 근심거리가 되는 것은, 제방을 만들어서 백성들이 편히 살도록 해야 한다.

【解說】 김필진(金必振)이 원성현감(原城縣監)이 되었는데, 현의 소재지가 물에 가까이 있었다. 옛날부터 제방이 있어서 물의 범람을 피하였는데, 이때에 물이 제방을 뚫고 백성들의 주거지로 몰려들어 하루아침에 백여 집이 떠내려가게 되었다.

공이 급히 현상금을 걸고 헤엄 잘 치는 사람을 구해서 물에 빠진 자를 건지게 하였더니 익사자가 적었다. 물이 빠진 뒤에 제방의 개축을 의논하니, 백성들과 아전이 힘드는 것을 꺼려서 모두 말하기를,

"금년 같은 홍수는 항상 있는 것이 아닙니다."

하였다. 공이 말하기를,

"이제 빨리 고쳐 쌓지 않으면 뒤에 반드시 걱정거리가 될 것이다."

하고는, 드디어 민가의 인부 및 승려들을 징발하여 날마다 2천 명이 돌을 나르게 하였다. 7일 만에 제방을 완성하니 처음보다 더욱 높아졌으므로 수해가 영구히 없어지게 되었다.

【字義】 **濱**:물가 빈 **連**:이어질 련 **衝**:부딪칠 충 **患**:근심 환 **厥**:그 궐

> 漕路所通(조로소통)과 商旅所聚(상려소취)는 疏其汎溢(소기범일)하고 固其堤防(고기제방)도 亦善務也(역선무야)니라.

【解釋】 뱃길이 통하는 곳과 상인이 모여드는 곳에 범람하는 물을 소통시키고 제방을 견고하게 하는 것 역시 잘하는 일이다.

【解說】 명(明)의 적부복(翟溥福)이 남강지부(南康知府)가 되니, 그 곳이 파양호(陂陽湖)의 물가에 위치하여 배가 풍랑을 만나면 정박할 곳이 없었다. 돌로 방파제 백여 장을 쌓으니 오고 가는 사람들이 편리하게 되었다.

【註釋】 ***漕路**(조로):뱃길. | ***商旅**(상려):장사꾼.

【字義】 **漕**:조운할 조 **旅**:무리 려 **疏**:소통시킬 소 **溢**:넘칠 일

池澤所産(지택소산)은 魚鱉蓮芍菱蒲之屬(어별연검능포지속)이니 爲之厲守(위지여수)하여 以補民役(이보민역)이요 不可自取以養己(불가자취이양기)이니라.

【解釋】 못에서 생산되는 물고기, 연마름, 마른꼴, 부들 등속은 엄중하게 지켜서 그 수입으로 백성들의 용역에 보충해야지 수령이 스스로 취득하여 사복을 채워서는 안 된다.

【解說】 조선 선조 때 사람 토정(土亭) 이지함(李之函)이 아산현감(牙山縣監)이 되어 백성의 질병과 고통을 물으니, 고기 연못이 고통이 된다고 하는 이가 있었다. 이것은 고을에 물고기를 기르는 못이 있어서, 백성으로 하여금 번갈아 물고기를 잡아 바치게 하므로 백성들이 매우 괴로워하였던 것이다. 이지함이 곧 그 못을 메워버려 영구히 근심을 없게 하였다.

【註釋】 *魚鱉(어별) : 고기와 자라. 물고기.
*蓮芍(연검) : 연마름.
*菱蒲(능포) : 부들.

제3조 청사를 수리함〔繕廨〕

廨宇頹圮(해우퇴비)하여 上雨旁風(상우방풍)이라도 莫之修繕(막지수선)하고 任其崩毁(임기붕훼)면 亦民牧之大咎也(역민목지대구야)니라.

【解釋】 청사(聽舍)가 기울거나 무너져서 비가 새고 바람이 들이쳐도 보수하지 않고 허물어지도록 내버려 두는 것은 목민관의 큰 잘못이다.

【解說】 현명하지 못한 목민관은 그 뜻과 계책이 돈 벌고 벼슬을 지키는 데에만 있어서 위로는 임금을 사랑하지 아니하고 아래로는 백성을 사랑하지 않는다. 그러므로 청사 같은 것이 백 번 무너지

더라도 고칠 생각을 하지 않는다.

비록 청렴하고 유능한 수령들까지도 청사를 보수하는 일은 죄에 빠지는 함정이 된다고 여겨 경계하고 조심하면서 가만히 있는 것이 오히려 좋다고 생각하게 된다.

우리 나라 초기에는 무릇 청사를 사사로이 보수하는 일을 법령으로 금했지만 지금은 금령도 없고 백성들은 청사의 퇴락을 탄식하고 있는데 이 어찌 바라만 보고 있겠는가. 오직 백성을 부리고 공사비 지출하는 것을 기준에 맞추어 절도 있게 하여 노력과 비용을 아껴 일처리를 해야만 백성들이 기뻐하여 의심하거나 비방하지 아니할 것이니 마땅히 조심할 일이다.

【註釋】 ＊**廨宇**(해우)：관청의 청사.
＊**頹圮**(퇴비)：무너짐.
＊**崩毁**(붕훼)：무너짐.
＊**大咎**(대구)：큰 허물.

【字義】 **廨**：집 해　**頹**：무너질 퇴　**圮**：무너질 비
旁：옆 방　**崩**：무너질 붕　**咎**：허물 구

律有擅起之條하고 邦有私建之禁 而先輩於此에 自若修擧니라.
(율유천기지조 방유사건지금 이선배어차 자약수거)

【解釋】 법에는 함부로 공사를 일으키는 것을 금하는 조문이 있고, 나라에는 사사로이 건축하는 것을 금지하는 규정이 있으나 선배들은 여기에 구애되지 않고 수선 공사를 했다.

【字義】 **擅**：마음대로 할 천　**起**：일으킬 기　**邦**：나라 방
建：세울 건

樓亭閑燕之觀은 亦城邑之所不能無者라.
(누정한연지관 역성읍지소불능무자)

【解釋】 누각이나 정자의 한가하고 운치 있는 경관 또한 고을에 없어서는 안 된다.

【解說】 고려 이첨(李詹)의 강화(江華) 〈이섭정기(利涉亭記)〉에 이렇게 기록하였다.

"고을 소재지에 유관(游觀)을 두는 것은 본래 논의할 일이 못된다. 그러나 심기가 번잡하고 생각이 혼란하며 시야가 막히고 뜻이 정체될 때를 당하면, 군자는 반드시 노닐고 휴식할 곳과 상쾌하게 할 수 있는 설비가 있어서, 그 곳을 돌아보고 배회하여 정신을 안정시킬 수 있어야 한다. 그렇게 한 뒤에는 번잡한 생각이 쉬워지고, 혼란하던 생각이 진정되며 막혔던 생각이 트이게 된다."

【註釋】 *樓亭(누정) : 누각과 정자.

*閑燕(한연) : 한가한 경치.

【字義】 樓 : 누각 루　亭 : 정자 정　閑 : 한가할 한　燕 : 한가할 연

> 이교노예지속　의령부역　모승조사　시역일도
> 吏校奴隷之屬은 宜令赴役하며 募僧助事도 是亦一道니라.

【解釋】 이교(吏校)와 노예 등속은 마땅히 부역에 나가게 해야 하고, 중들을 불러 모아 공사를 돕게 하는 것도 한 가지 방법이다.

【解說】 변인달(邊仁達)이 이천현감(利川縣監)이 되었을 때 그 고을에 향교를 세우는데, 공무의 여가를 이용하여 아전과 군졸을 사역하고 백성의 힘을 빌리지 않았다. 산에 가서 재목을 벌채할 때에는 불공드리러 온 사람들을 불러 모아서 편대를 지어 수송하였다. 또 중들을 모집하여 날마다 공사장에 나가 독려하니 한 달도 못 가서 완성되었다.

【字義】 奴 : 종 노　隷 : 종 례　屬 : 속할 속　募 : 모집할 모　助 : 도울 조

> 구재모공 총유상량 폐두 불가불선색
> 鳩材募工은 總有商量이며 弊竇는 不可不先塞
> 노비 불가불사생
> 이며 勞費는 不可不思省이니라.

【解釋】 재목을 모으고 공인을 모집하는 데는 모두 잘 계획하여야 한다. 폐단이 생길 구멍을 먼저 막지 않을 수 없으며, 노력과 비용의 절감을 생각하지 않을 수 없는 것이다.

【解說】 좋은 재목을 얻기가 어려운 것이 아니고 좋은 공인을 얻는 것이 실로 어려운 일이다. 공인의 적임자를 얻는다면 일을 설계하는 데 착오가 없고 자재를 쓴 데 낭비가 없어 노력과 비용이 절감될 것이나, 공인의 적임자를 얻지 못하면 깎고 톱질하는 자가 말을 잘 듣지 아니하므로 곧은 나무와 굽은 나무가 적절히 쓰이지 않는다.

또한 인부들이 일손을 놓아 시일을 끌게 되며 주선하는 데도 법도가 없어 비용이 손실된다. 반드시 서울·개성·평양의 세 곳에서 국수(國手)를 택하여 목수를 삼아야 공적이 있을 것이다.

【註釋】 ***鳩材**(구재) : 재목을 모음.

***弊竇**(폐두) : 폐단이 일어나는 구멍.

【字義】 **鳩** : 비둘기 구, 모을 구 **商** : 헤아릴 상 **竇** : 구멍 두 **塞** : 막을 색

> 치해기선 재화종수 역청사지적야
> 治廨旣善이면 栽花種樹도 亦淸士之跡也니라.

【解釋】 청사를 수리하고 나면 꽃과 나무를 심는 것 역시 맑은 선비의 자취이다.

【字義】 **廨** : 집 해 **栽** : 심을 재 **種** : 심을 종 **跡** : 자취 적

제4조 성곽을 수리함〔修城〕

수 성 준 호　고 국 보 민　역 수 토 자 지 직 분 야
修城浚濠하여 固國保民은 亦守土者之職分也니라.

【解釋】 성(城)을 수리하고 해자를 파서 국방을 튼튼히 하고 백성들을 보호하는 일 역시 수령의 직분이다.

【解說】 지금 각 도·군현의 성은 한번 축조한 뒤에 여러 해가 지나도록 돌 한 덩이 쌓지 않고, 벽돌 한 장 얹지 않은 채 드디어 백 년이 되어 무너져서 해자를 메운다. 이렇게 된 뒤라야 비로소 개축할 것을 논의하는데, 실로 때를 놓치지 않고 수리하고 보완하였다면 어찌 이 지경에 이르렀겠는가. 성을 수축하는 것은 수령된 자의 급선무인 것이다.

【字義】 浚 : 파낼 준　濠 : 해자 호　保 : 보호할 보

병 흥 적 지　임 급 축 성 자　의 탁 기 지 세　순
兵興敵至하여 臨急築城者는 宜度其地勢하고 順
기 민 정
其民情이니라.

【解釋】 전쟁이 일어나 적이 몰려오는 급박한 때에 성을 쌓을 경우에는 마땅히 그 지세를 살피고 백성들의 뜻에 따라야 한다.

【解說】 고려의 허재(許載)가 길주(吉州)를 지킬 때의 일이다. 구성(九城)을 쌓는 중에 여진족이 공격하여 왔다. 허재가 사졸들을 격려하여 하룻밤 사이에 다시 겹성을 쌓아서 항거하자 오랑캐는 곧 물러가 버렸다. 뒤에 또 길주의 관문 밖에서 여진을 공격하여 적 3천여 명의 머리를 베고 그들의 병기를 노획하였다. 그 공으로 사헌부의 어사대(御史臺)에 승진하였다.

【字義】 興 : 일어날 흥　敵 : 적 적　築 : 쌓을 축
度 : 헤아릴 탁, 법도 도　順 : 따를 순

성이불시 즉여물성 필이농극 고지도 야
城而不時면 則如勿城이니 必以農隙이 古之道也니라.

【解釋】 성을 쌓되 제때가 아니면 쌓지 않는 것만 못하니, 성은 반드시 농한기에 쌓는 것이 옛날의 법이다.

【解說】 백성들이 한창 밭갈고 김매기에 겨를이 없는 때에 성을 쌓느라고 인부를 동원해야 한다면 당연히 원성이 높을 것이다. 만약 놀고 있는 자들을 동원하여 일을 시킨다면 비록 농번기인 봄이라도 상관없다.

【字義】 城 : 성 성　　勿 : 말 물　　農 : 농사 농
隙 : 틈 극　　道 : 길 도

고지소위축성자 토성야 임난어구 막여 토성
古之所謂築城者는 土城也라. 臨難禦寇는 莫如土城이니라.

【解釋】 옛날의 이른바 축성을 쌓았다는 것은 토성(土城)을 말한 것이다. 난리를 당하여 적을 방어하는 데는 토성만한 것이 없기 때문이다.

【字義】 臨 : 나갈 림　　難 : 어려울 난　　禦 : 막을 어
寇 : 적 구

보원지제 의준윤경보약 기치첩적대지 제의익윤색
堡垣之制는 宜遵尹耕堡約하며 其雉堞敵臺之는 制宜益潤色이니라.

【解釋】 보원의 제도는 마땅히 《윤경보약》을 따라야 하며, 그 치첩과 적대의 제도는 마땅히 윤색을 더해야 한다.

【註釋】 ＊堡垣(보원) : 성보(城堡)적을 지키는 보루. ＊雉堞(치첩) : 성가퀴.

【字義】 堡 : 보루 보 垣 : 담장 원 遵 : 따를 준
堞 : 성가퀴 첩 潤 : 빛낼 윤

기재평시 수기성원 이위행려지관자
其在平時에는 修其城垣하여 以爲行旅之觀者면
의인기구 보지이석
宜因其舊하여 補之以石이니라.

【解釋】 평시에 성곽을 수축하여 길 가는 나그네로 하여금 관람하도록 하려면 마땅히 옛것에 따라서 돌로 보수하는 것이 좋다.

【字義】 垣 : 담장 원 旅 : 여행 려 觀 : 볼 관
補 : 보탤 보

제5조 길을 닦음〔道路〕

수치도로 사행려원출어기로 역량목지
修治道路하여 使行旅願出於其路도 亦良牧之
정야
政也니라.

【解釋】 도로를 보수하여 나그네로 하여금 그 길로 다니기를 원하게 만드는 것 또한 훌륭한 목민관의 정사이다.

【解說】 서구사(徐九思)가 구용지현(句容知縣)이 되었는데, 현의 길거리 70리에 진흙이 3척이나 쌓여서 비나 눈이 오면 진창에 다리가 빠지기 일쑤였다. 서구사가 공용의 경비를 절약하여 돌을 깔아 놓으니 길 가는 나그네들이 편리하게 여겼다.

【字義】 修 : 다스릴 수 路 : 길 로 願 : 원할 원
良 : 어질 량

교 량 자 제 인 지 구 야 천 기 기 한 의 즉 성
橋梁者는 濟人之具也니 天氣旣寒이면 宜卽成
지
之니라.

【解釋】 교량이란 사람을 건너게 하는 시설이다. 날씨가 추워지면 즉시 놓아야 한다.

【解說】 상강(霜降) 날에 즉시 명령을 내려 도보로 건너다니는 다리를 놓게 하고, 입동(立冬) 날에 또 즉시 영을 내려 수레가 다닐 교량을 수리하게 하는 것이니 이는 반드시 시행해야 한다.

【字義】 橋 : 다리 교　梁 : 들보 량　濟 : 건널 제
氣 : 기운 기　寒 : 찰 한

진 불 궐 주 정 불 결 후 역 상 려 지 소 락 야
津不闕舟하며 亭不缺堠도 亦商旅之所樂也니라.

【解釋】 나루터에 배가 없는 곳이 없고, 역정에 후(堠)가 없는 곳이 없으면 행상인들과 나그네가 즐거워하는 바이다.

【字義】 津 : 나루 진　闕 : 빠질 궐　舟 : 배 주
缺 : 빠질 결　堠 : 토대 후

점 부 전 임 영 부 대 교 민 가 이 식 견 의 점
店不傳任하고 嶺不擡轎면 民可以息肩矣요 店
불 익 간 원 불 자 음 민 가 이 숙 심 의
不匿奸하고 院不恣淫이면 民可以淑心矣리라.

【解釋】 여점(旅店)에서 짐을 실어나르게 하지 아니하고, 재에서 가마를 메게 하지 아니하면 백성들은 어깨를 쉴 수 있을 것이며, 여점에서 간악한 자를 숨기지 아니하고 참원(站院)에서 음탕한 짓을 함부로 하지 않는다면 백성들의 마음이 밝아질 것이다.

【解說】 짐을 실어나르거나 재에서 가마를 메게 하는 일은 횡포로

서 백성들을 혹독하게 괴롭히는 일이다. 목민관은 이같은 일을 엄중히 단속해야 한다. 도둑의 소굴인 여점과 참원의 부정 행위는 풍기를 문란하게 하고 죄의 근원이 되므로 이 또한 엄히 살펴 다스려야 한다.

【字義】 **傳**:전할 **전**　**嶺**:고개 **령**　**擡**:멜 **대**
轎:가마 **교**　**息**:쉴 **식**　**肩**:어깨 **견**　**匿**:숨길 **닉**
淫:음란 **음**

> 노불포황　반불식거　사가왈지례의
> 路不鋪黃하고 畔不植炬면 斯可曰知禮矣리오.

【解釋】 길에 황토를 펴지 아니하고 길가에 횃불을 세우지 아니하면, 예를 안다고 할 수 있다.

【解說】 이러한 것은 임금의 행차에 한해서만 갖추는 예이니 감사가 순력할 때 이를 행하는 것은 아첨이 되고, 또 그것을 받는 자는 참람한 것이 되니 그대로 따라서는 안 된다.

【字義】 **路**:길 **로**　**鋪**:말 **포**　**畔**:밭두렁 **반**
炬:횃불 **거**　**知**:알 **지**　**禮**:예의 **례**

제6조 공산품 제조〔匠作〕

> 공작번흥　기교함췌　탐지저야　수백공
> 工作繁興하고 技巧咸萃는 貪之著也라. 雖百工
> 구비이절무제조자　청사지부야
> 具備而絶無製造者는 淸士之府也니라.

【解釋】 공작(工作)을 번거롭게 일으키고, 기교 있는 장인(匠人)을 다 모아들이는 것은 탐욕을 드러내는 것이다. 비록 갖가지 공장이가 구비되었더라도 전혀 물건을 제조하지 않는 것이 청렴한 선비의 관청이다.

【解說】 조선 세조 때 사람 최윤덕(崔潤德)이 태안군수(泰安郡守)가 되어 차고 있는 화살통 장식이 떨어져서 공장이 관용의 쇠로 때웠더니, 공이 즉시 때운 쇠를 도로 뜯도록 명령하였으니, 그의 청렴하고 개결함이 이러하였다.

【字義】 **繁**：번거로울 **번**　**技**：기술 **기**　**萃**：모일 **췌**
貪：탐할 **탐**　**製**：만들 **제**

설유제조　무령탐루지장　달어기명
設有製造라도 **毋令貪陋之腸**이 **達於器皿**이니라.

【解釋】 설사 기물을 제조하는 일이 있더라도 탐욕스럽고 비루한 마음이 기명(器皿)에까지 미치게 하지는 말아야 한다.

【字義】 **設**：만약 **설**　**陋**：더러울 **루**　**腸**：창자 **장**
器：그릇 **기**　**皿**：그릇 **명**

범기용제조자　의유인첩
凡器用製造者는 **宜有印帖**이니라.

【解釋】 모든 기물과 용품을 제조하는 데는 마땅히 증명서가 있어야 한다.

【解說】 수령은 고을에 도임하여 처음 등청하면 마땅히 여러 공인(工人)들을 불러 이렇게 말해야 할 것이다.

"지금부터 관에서 제조하는 동기(銅器)는 반드시 증명서가 있어야 제조할 수 있고, 받은 원가는 너희가 손수 기록하여 증빙(證憑)이 되게 하도록 하라."

【字義】 **凡**：무릇 **범**　**造**：만들 **조**　**印**：도장 **인**
帖：두루마리 **첩**

작위농기　이권민경　작위직기　이권
作爲農器하여 **以勸民耕**하고 **作爲織器**하여 **以勸**

여공 목지직야
女功이 牧之職也니라.

【解釋】 농기구를 만들어서 백성의 경작을 권장하고, 베짜는 기구를 만들어서 부녀들의 길쌈을 권장하는 것이 목민관의 직책이다.

【解說】 목민관은 정사하는 여가에 예전 방법을 고증하고 창의력을 발휘해서 농기구와 방직 기구들을 제작하고 백성을 가르쳐 백성의 노력을 덜어 준다면 또한 좋지 않겠는가. 이용(利用)과 후생(厚生)은 정덕(正德)에 다음가는 것으로 천지간에 세 가지 큰 일이 되니, 성인께서 그 요점을 알았던 것이다.

【字義】 勸 : 권할 권　　耕 : 갈 경　　織 : 베짤 직
功 : 일 공

작위전거 이권농무 작위병선 이설
作爲田車하여 以勸農務하고 作爲兵船하여 以說
융비 목지직야
戎備도 牧之職也라.

【解釋】 전거(田車)를 만들어서 농사를 권장하고 병선(兵船)을 만들어서 전쟁에 대비하는 것도 목민관의 직책이다.

【解說】 전거(田車)라는 것은 풀을 운반하고 분뇨를 실어 내고 곡식을 실어 나르는 것으로서 그 적재량이 소 네 필에 해당되니 어찌 노력을 덜 수 있지 않겠는가. 또한 바닷가의 고을에서는 병선을 수리하는 때가 되거든 목민관은 직접 일을 감독하여 완전하게 수리하여 대비하고 새로운 제도를 참고하여 적을 깨뜨릴 수 있는 새로운 병선의 제조에도 힘을 기울여야 한다.

【字義】 作 : 만들 작　車 : 수레 거　船 : 배 선　戎 : 군사 융

강소벽지법 인역도와 사읍성지내 실
講燒甓之法하고 因亦陶瓦하여 使邑城之內로 悉

위와옥 역선정야
爲瓦屋도 亦善政也니라.

【解釋】 벽돌 굽는 법을 강구하고, 인하여 기와를 구워서 읍내를 모두 기와집이 되게 하는 것 또한 선정이다.

【解說】 화재의 근심을 덜 수 있음은 물론, 3년마다 한 번씩 이엉을 엮어야 하는 초가집에 비해 관리비도 적게 들고 수명이 길기 때문에 기와 굽는 법을 배우게 하고 기와를 굽게 하여 기와집으로 개조하게 한다면 바로 선정을 베푼 목민관이라 할 수 있다.

【字義】 燒 : 구울 소　甓 : 벽돌 벽　陶 : 도자기 도
瓦 : 기와 와　屋 : 집 옥

양형지가이호수 수막지구 제창제시 의
量衡之家異戶殊는 雖莫之救나 諸倉諸市는 宜
령획일
令劃一이니라.

【解釋】 되와 저울이 집집마다 다른 것은 어쩔 수 없지만, 모든 창고와 시장의 것은 일정하게 해야 한다.

【解說】 지금 나라 안의 자와 되와 저울이 집집마다 다르니, 한 고을의 수령이 어찌 바로잡을 수 있겠는가. 오직 담당 고을의 지경 안에서라도 모두 거두어들인 후 그 중간을 취하여 자와 되와 저울을 새롭게 만들어 교역과 출납에 쓰게 한다면 고르게 될 것이다.

그러나 이러한 일은 반드시 정치의 교화가 백성들에게 흡족하게 된 뒤라야 비로소 할 수 있다. 만약 새로 부임하여 어지럽게 서두르면 오직 소란함을 더하고 백성들의 마음을 미혹시킬 뿐이다. 그러나 창고에서 쓰는 되만은 바로잡지 않을 수 없으며, 흉년에는 시장의 되를 엄중하게 감찰하지 않을 수 없을 것이다.

【字義】 量 : 헤아릴 량　衡 : 저울 형　異 : 다를 이
救 : 구할 구　劃 : 그을 획

진황육조(賑荒六條)

제1조 물자를 비축함〔備資〕

황정　선왕지소진심　목민지재　어사가
荒政은 先王之所盡心이니 牧民之才를 於斯可
견　황정선이목민지능사필의
見이라. 荒政善而牧民之能事畢矣라.

【解釋】 황정(荒政)은 선왕(先王)들이 마음을 다하던 바이니, 목민의 재능을 여기에서 볼 수 있다. 황정을 잘 해야만 목민의 일을 다 잘하였다고 할 수 있다.

【解說】 선조 26년(1593)에 서울에 큰 기근이 들었다. 임금이 서쪽 지방으로 피난갔다가 돌아와서 이렇게 분부하였다.

"유사(有司)가 날마다 백미 6되씩을 올리는데, 내가 평일에 본디 세 끼를 먹지 않으니 3되의 쌀인들 어찌 다 먹을 수 있겠는가? 이제 쌀 3되를 덜어내어 다섯 진제장(賑濟場)에 나누어 보내도록 하라".

송(宋)의 장재(張載)가 운암현령(雲巖縣令)이 되었는데, 흉년이 들어 쌀이 나빠서 정미가 되지 않았다. 집 안 사람이 이를 쓿으려 하니 선생이 급히 말리기를,

"굶주려 죽는 사람이 들판에 가득하여 변변치 못한 음식을 먹는 것도 부끄러운데, 어찌 차마 가려서 먹겠는가."

하였으며, 어떤 때는 탄식하여 밥상을 대하고도 먹지 않은 적이 여러 번이었다.

【註釋】 ＊荒政(황정) : 흉년에 백성을 구제하는 정사.
＊牧民之才(목민지재) : 백성을 다스리는 재능.

【字義】 荒 : 흉년 황　盡 : 다할 진　斯 : 이 사
善 : 착할 선　畢 : 마칠 필

> 구황지정　막여호예비　기불예비자　개구
> 救荒之政은 莫如乎預備니 其不預備者는 皆苟
> 언이니
> 焉而已라.

【解釋】 흉년에 구제하는 정사는 미리 준비하는 것만 같지 못하니, 예비하지 않으면 모두 구차할 뿐이다.

【解說】 고려 때 사람 이무방(李茂芳)이 경주부윤(慶州府尹)으로 있을 때였다. 처음에는 큰 흉년이 들었는데 이무방이 부임하자 마침 풍년이 들었다. 이무방은 백성의 편의에 따라서 생선과 소금을 판매하고 의창(義倉)[1]을 설치하여 진대(賑貸)에 대비하였다.

조선 숙종 때 사람 홍처량(洪處亮)이 청풍부사(淸風府使)로 있을 때였다. 이 고을은 외진 산골이어서 세입(歲入)이 본디 적었다. 공이 비용을 절약하여 재물을 저축했더니, 3년이 되자 곡식 수천 섬이 되었다. 이것을 딴 창고에 다 저장해 두고 흉년이 들 때를 대비하였는데, 공이 돌아간 뒤 큰 흉년을 당하였으나 온 경내가 이에 힘입어 구제되었다.

【註釋】 ＊救荒(구황) : 흉년에 백성을 구제함.
＊預備(예비) : 미리 준비함. 예비(豫備).
1) 의창(義倉) : 흉년에 대비하여 세운 창고.

【字義】 救 : 구할 구　預 : 미리 예　苟 : 구차할 구

> 곡부지중　별유진곡　본현소저　유무허
> 穀簿之中에 別有賑穀하니 本縣所儲의 有無虛
> 실　극위사검
> 實을 亟爲查檢이니라.

【解釋】 곡부(穀簿) 가운데는 진곡(賑穀)이 따로 있으니, 자기 고을에서 저축한 것이 있는지 없는지와 허실을 자주 조사해야 한다.

【解說】 《속대전(續大典)》는 이렇게 되어 있다.

"각 고을의 진곡(賑穀)은 해마다 힘에 따라 비축하도록 하고 전혀 거행하지 않는 자는 벌을 준다. 진곡을 비축한다 핑계하고 백성들에게 권분(勸分)[1]하는 것은 엄금한다."

이제 남방 군현의 군량미가 많지 않은 것이 아니건만 모두 아전이 포흠(逋欠)[2]을 낸 바가 되고, 한 번 흉년을 만나면 오직 권분만 알 뿐이니 어찌 슬프지 않은가?

【註釋】 ＊穀簿(곡부) : 곡식의 장부.
＊賑穀(진곡) : 백성을 구제하는 곡식.
1) 勸分(권분) : 흉년에 부자들에게 곡식을 내어 백성을 구제하게 하는 일.
2) 逋欠(포흠) : 관곡이나 재물을 축냄.

【字義】 簿 : 장부 부 賑 : 구제할 진 儲 : 저장할 저 亟 : 빠를 극 査 : 조사할 사

歲事旣判(세사기판)이면 亟赴監營(극부감영)하여 以議移粟(이의이속)하고 以議蠲租(이의견조)니라.

【解釋】 농사가 이미 흉작으로 판정되면, 급히 감영에 나아가서 곡식 옮겨올 것과 조세 감할 것을 의논하여야 한다.

【解說】 영조 38년(1762)에 삼남지방에 큰 흉년이 들자 이렇게 하교(下敎)하였다.

"이제 호서안집사(湖西安集使)가 아뢴 것을 보니 주린 백성들을 내가 눈으로 보는 듯하다. 강화의 쌀 2천 석과 북도 교제창(交濟倉)[1]의 곡식 3만 석을 특별히 나누어 주기를 허락하니 도신(道臣)으로 하여금 헤아려서 배로 실어다가 아우성치는 기민들

을 구제하도록 하라. 교제창의 곡식을 호남에 4만 석, 영남에 3만 석을 일체 허급한다."

또 하교하였다.

"이제 호남에 대해서는 물에 빠진 사람을 건져 주는 것처럼 해야 할 것이다. 포항(浦項)의 미곡은 남도와 북도가 서로 흉년이 들 때 바꾸어서 구제하는 데에 쓰는 것이니, 호남과 가장 가까운 곳에 저축한 쌀 5만 석을 배로 호남에 운송하게 하고 북도에서 오는 곡식으로 보충하라."

【註釋】 ＊歲事(세사) : 농사. ＊移粟(이속) : 곡식을 없는 곳으로 옮김. 1) 교제창(交濟倉) : 다른 지방의 흉년에 서로 바꾸어 가면서 구제하기 위해 설치한 창고.

【字義】 歲 : 해 세 判 : 판단할 판 赴 : 달려갈 부
粟 : 곡식 속 蠲 : 탕감할 견 租 : 벼 조

與其移粟於遠道로는 莫若留財於本地니 兩便之政을 宜議仰請이니라.

【解釋】 먼 곳으로 곡식을 옮기기보다는 그 고장에 유치하는 것이 나으니, 양쪽이 다 편리하게 되는 정사를 강구해서 위에 청해야 한다.

【解說】 광해군(光海君) 초년에 크게 가물어서 흉년이 드니 선혜청 제조(宣惠廳提調) 이정귀(李廷龜)가 아뢰기를,

"곡식을 옮겨다가 백성에게 빌려 주는 것은 본디 기근을 구제하기 위함인데, 백성들은 실제의 은혜를 입지 못하고 아전들이 백성을 침탈(侵奪)하는 밑천이 될 뿐입니다. 이듬해에 갚기를 재촉할 때에 백성을 병들게 함이 더욱 심하니 부역을 모두 감면하여 백성들이 힘을 펼 수 있게 하는 것이 마땅합니다. 그렇게 하면 백성들이 나물을 뜯어먹고 나무 껍질을 깎아먹고 살더라도 스스로 살아갈 수가 있을 것입니다. 구제할 쌀로 선혜청(宣惠廳)

의 용도에 대신 충당하고 경기 백성들의 올가을과 내년 봄에 바쳐야 할 쌀을 모두 감면해 주소서."

하니 임금이 그대로 좇았다.

열성조(列聖朝)에서 흉년을 만날 적마다 곡식을 옮겨 하사하는 것과 조세를 감하고 공포(貢布)를 감한다는 명이 역사책에 끊이지 않았다. 대개, 목민관이 된 자가 혹 큰 흉년을 만나면 고사(故事)를 알아야 헤아려 처리할 수 있을 것이다. 그리고 급히 감영에 가서 위에 청하도록 권하여 은택(恩澤) 입기를 바라야 할 것이요, 어리석게 겁을 내어 스스로 은택을 끊어버리지 말아야 할 것이다.

【字義】 **遠**：멀 원　**莫**：하지 말 막　**留**：남길 류
便：편리할 편　**仰**：우러를 앙　**請**：청할 청

> 補賑諸物(보진제물)은 厥有內頒(궐유내반)하니 繼述之政(계술지정)이 遂以成例(수이성례)니라.

【解釋】 진자(賑資)에 보조하는 여러 물건을 궁중에서 하사함이 있었으니, 그걸 계승하는 정사가 마침내 관례가 되었다.

【解說】 영조 원년(1725)에 분부를 내렸다.

"공명첩(空名帖)[1)]은 굶주린 백성을 구제하는 데에 급하니 허락하지 않을 수 없다. 그러나 각 아문(衙門)에서 처리하는 일을 내가 아직 보지 못하였으니, 경외(京外)의 굶주린 백성을 구제하는 부득이한 일 이외에는 공명첩을 절대로 팔지 말라."

공명첩이란 가선대부(嘉善大夫)나 절충장군(折衝將軍)의 직첩에 그 성명 쓸 자리를 비워둔 것이다. 이 공명첩 1장에 돈 5냥을 받기도 하고 7냥을 받기도 하는데, 백성들이 원하지 않으면 모두 억지로 배당한다. 관에서는 벼슬을 파는 혐의가 있고 백성들은 마구 거두어 간다는 원망을 품게 되니 좋은 제도가 아니다. 차라리 좋은 말로 권분(勸分)해서 의연금(義捐金) 내기를 기다려 봉사(奉事)나 직장(直長)의 직함을 주어 갚는 것만 못하다.

【註釋】 ＊補賑(보진)：구제에 보탬이 됨.
＊內頒(내반)：궁궐 안에서 내려줌.

＊繼述(계술)：잘 이어받아 행함.
1) 空名帖(공명첩)：이름을 쓰지 않은 벼슬 임명장.

【字義】 補：보탤 보　厥：그 궐　頒：반포할 반
繼：이을 계

상은수균 上恩雖均이라도 역유양목 亦唯良牧이라야 극획승수 克獲承受니라.

【解釋】 임금의 은혜가 고르더라도 선량한 목민관이라야 받들어 행할 수가 있다.

【解說】 송(宋)의 정호(程顥)가 부구지현(扶溝知縣)이 되었을 때 수재로 백성이 굶주렸다. 선생이 곡식을 꾸어 줄 것을 청하자 이웃 고을에서도 청하였다. 담당관이 노해서 사자(使者)를 보내어 사실을 조사하게 하였는데, 이웃 고을에서는 사자가 오자 수령이 갑자기 스스로 말하기를,

"곡식이 잘 여물었으니 꾸어 주지 않아도 좋습니다."

하였다. 사자가 부구현에 이르러 정 선생에게 말하기를,

"왜 곡식이 잘되었다고 스스로 말하지 않습니까?"

하였으나, 선생은 아무 말도 하지 않았다. 사자가 곡식을 꾸어 줄 수 없다고 말하므로, 선생은 백성이 굶주리고 있음을 극력 말하고 곡식 꾸어 주기를 청해 마지않아 마침내 곡식 6천 석을 얻어 기민을 구제하였다. 그러나 사농(司農)은 꾸어준 장부를 보고는 더욱 노하여, 민호(民戶)의 등급은 같은데 꾸어 준 것이 같지 않다 하여 현에 공문을 보내어 아전을 곤장치게 했다. 선생은 말하기를,

"기민을 구제하는 데에는 식구의 많고 적음으로써 해야 할 것이요 민호의 등급의 높고 낮음으로 할 것이 아닙니다. 그리고 이 일은 실로 수령인 내가 한 것이요 아전의 죄가 아닙니다."

하였더니 그제서야 그만두었다.

조선 숙종 때 사람 김필진(金必振)이 원성현감(原城縣監)으로

있을 때였다. 어느 해에 큰 흉년이 들어 관에서 먹여 주는 것에 의지해 사는 백성들이 1만여 명이나 되었다. 공은 상사에 공문을 보내어 조정에 청해서, 곡식 2천 석과 돈 14만 냥을 얻어 나누어 진휼하니, 이 1만여 명이 모두 살아나게 되었다.

【字義】 **恩**:은혜 **은** **均**:고를 **균** **良**:어질 **량**
克:이에 **극**, 이길 **극** **受**:받을 **수**

御史下來(어사하래)하여 管賑監賑(관진감진)이어든 亟宜往謁(극의왕알)하여 以議事(이의사)니라.

【解釋】 어사(御史)가 내려와서 진휼하는 일을 보살피고 감독하면, 급히 가서 뵙고 진휼에 관한 일을 의논해야 한다.

【解說】 근래에는 감진어사(監賑御史)를 젊은 유신(儒臣)들을 많이 보내고 있으니 옛날의 뜻이 아니다. 그런데 순조9(1809)·순조14(1814) 같은 흉년에는 한 사람의 어사도 보내지 않아서 남쪽 백성들로 하여금 호소할 곳이 없어 쓰러져 죽게 하였으니, 이는 또 옛날에도 없던 일이다. 이미 죽고 이미 백골이 된 뒤에야 어사를 보내어 이미 잘못된 일을 추궁해 다스리면 무슨 도움이 되겠는가?

【字義】 **御**:거느릴 **어** **謁**:뵐 **알** **管**:맡을 **관**
宜:마땅 **의** **往**:갈 **왕**

隣境有粟(인경유속)이면 宜即私糴(의즉사적)이니 須有朝令(수유조령)이라도 乃毋遏也(내무알야)니라.

【解釋】 이웃 고을에 곡식이 있으면 곧 사사로이 사들여야 할 것이니, 조정의 명령이 있더라도 곡식 매매를 막지 못할 것이다.

【解說】 송의 황간(黃幹)이 한양군지사(漢陽軍知事)로 있을 적에 흉년을 만나 다른 고장 쌀을 사들이고 창고를 열어 진휼하였다. 조정에서 영을 내려 본군(本軍)의 곡식을 옮겨 주고 곡식 사들이는 것을 금지하고자 하므로 황간은 회보하기를,

"황간을 파면한 후에 시행하기 바랍니다."

하였다. 그리고는 황정(荒政)을 갖추어 시행하니, 이웃 고을의 굶주린 백성이 몰려왔는데, 이들을 은혜로 고르게 위로하고 어루만져 주었다. 봄이 되어 돌아가고자 하는 자에게는 양식을 주고, 돌아가기를 원하지 않는 자에게는 집을 지어 살도록 하니, 백성들이 크게 감동하고 기뻐하였다.

명의 서구사(徐九思)가 구용지현(句容知縣)이 되었을 때 일이다. 흉년이 들어 곡식이 몹시 귀하게 되자, 순무사가 창고의 곡식 수백 석을 내어 평상시의 값으로 내주고 그 값을 관에 바치게 하였다. 서구사가 말하기를,

"곡식을 사들이는 사람은 모두 부자들이고, 가난한 백성은 평상시의 값으로 팔더라도 사지 못합니다."

하고는 시가대로 절반을 팔아서 그 값을 관에 갚도록 하고 나머지 곡식으로 죽을 쑤어 굶주린 백성에게 먹이며, 곡식이 많으면 그들로 하여금 힘에 맞게 나누어 지고 가게 하였다. 그리고 산골 먼 곳에 사는 자는 이웃에 사는 부자의 곡식을 먹도록 하고 관에서 그 대가를 갚아 주었더니 살아난 사람이 매우 많았다. 일찍이 이렇게 말했다.

"천자께서 큰 은혜를 베풀더라도 어찌 사람마다 조세(租稅)를 감면하고 부역을 면제시킬 수 있으랴. 다만 우리들이 일의 완급(緩急)을 참작해서 할 뿐이다."

【註釋】 ＊**隣境**(인경)：이웃 고을.

＊**私糴**(사적)：개인적으로 사들임.

【字義】 **隣**：이웃 린　**境**：지경 경　**糴**：곡식 사들일 적
須：모름지기 수　**遏**：막을 알

기 재 강 해 지 구 자　수 찰 저 점　금 기 횡 포
其在江海之口者는 須察邸店하고 禁其橫暴하여
사 상 선 주 집
使商船湊集이니라.

【解釋】 강이나 바다의 어귀에서는 모름지기 저점(邸店)을 살펴서 그 횡포를 금하여 장삿배가 모여들게 해야 한다.

【解說】 흉년에 장삿배가 포구에 정박하면 여관 주인과 거간꾼이 제 마음대로 값을 깎는다든지 장교와 아전들이 농간을 부리면, 장사꾼들은 이 소문을 듣고 뱃머리를 돌려 멀리 달아나는데, 이것이 쌀값이 날로 오르는 까닭이다. 목민관은 이것을 알아서 상인들의 마음을 기쁘게 하는 데 힘을 써서 그들이 모여들게 하면 돈 있는 자가 곡식을 사들일 수 있을 것이다.

배가 포구에 이르면 여관 주인과 거간이 일을 꾸미고 농간을 부려, 혹 부자에게 뇌물을 받으면 쌀값을 깎아 내리기에 힘을 쓰고, 혹 장사꾼에게 뇌물을 받으면 도리어 쌀값을 올리기도 한다. 그래서 매양 흉년을 만나면 마땅히 거간꾼들을 엄하게 단속하고 따로 진실한 사람을 보내어 쌀값을 헤아려 정해야 한다.

【註釋】 ＊邸店(저점) : 점포와 여관.

＊湊集(주집) : 몰려듦.

【字義】 海 : 바다 해　察 : 살필 찰　店 : 가게 점
湊 : 몰려들 주　集 : 모일 집

불 사 조 령　편 의 발 창　고 지 의 야　사 신 지
不俟詔令하고 便宜發倉은 古之議也나 使臣之
행 야　금 지 현 령　즉 하 감 언
行也니 今之縣令 則何敢焉이리오.

【解釋】 임금의 명령을 기다리지 않고 형편에 따라 창고를 열어 곡식을 방출하는 것이 옛날 뜻이지만, 이는 사신(使臣)이 행할 일인데 오늘날 현령이 어찌 감히 하겠는가?

【解說】 한의 급암(汲黯)이 조서(詔書)를 받들고 하내(河內)에 가 순시하고 돌아와서 보고하기를,

"집사람이 불을 내어 가까운 집들이 불탄 것은 오히려 걱정거리가 못 됩니다. 신이 하남 지방을 들려보니, 하남의 가난한 사람이 수재와 한재에 상해서, 1만여 호가 혹 부자끼리 서로 잡아먹기까지 하였습니다. 그래서 편의대로 하남 창고의 곡식을 내어서 가난한 백성들을 진휼하였으니, 명령을 위조한 죄로 처단해 주기를 청합니다."

하니 임금이 어질게 여겨 용서하였다.

당(唐)나라 장수타(張須陀)가 제군승(齊郡丞)으로 있을 때 마침 흉년이 들자 창고를 열어 구제하였더니 관속이 모두 말하기를,

"조서(詔書)를 기다려서 해야지, 마음대로 내어 주어서는 안 됩니다."

하였다. 장수타는,

"내가 이 일로 죄를 얻는다면 죽어도 한될 것이 없다."

하고, 먼저 창고를 열어 구제한 뒤에 조정에 글을 올렸더니, 황제가 이것을 알고 책망하지 않았다.

당의 원반천(員半千)이 무척위(武陟尉)로 있을 때 가뭄이 들었다. 현령 은자량(殷子良)에게 곡식을 내어 백성을 진휼하기를 권하였으나 은자량이 듣지 않았다. 은자량이 고을에 간 틈을 타서 원반천이 창고 곡식을 다 방출하니, 백성들이 그에 힘입어 구제되었다. 자사(刺史)가 크게 노하여 원반천을 옥에 가두었는데, 마침 설원초(薛元超)가 사신으로 나왔다. 설원초가 자사를 꾸짖기를,

"공은 백성이 있는데도 진휼을 베풀지 못하고, 은혜가 무척위에게서 나왔는데 오히려 죄를 준단 말이오"

하여 원반천이 비로소 풀려 나왔다.

송의 범순인(范純仁)이 경주지주(慶州知州)로 있을 때 굶어 죽는 자가 길에 가득하였으나 관에 구제할 곡식이 없었다. 공이 창고의 곡식을 내어 구제하고자 하니, 고을에서는 모두 위에 아뢴 뒤에 곡식을 내주고자 하였다. 공은 말하기를,

"사람이 7일 동안 먹지 않으면 죽는 법인데, 어찌 회답을 기다

리겠소. 여러분들은 간섭하지 마오. 내가 차라리 혼자서 죄를 받겠소."

하였다. 뒤에 과연 조서(詔書)가 내려오고 사신을 보내어 조사해 보도록 하였는데 고을 백성들이,

"공이 우리를 살렸는데 우리가 어찌 차마 공에게 폐를 끼치겠는가?"

하고는 밤낮으로 곡식을 운반해다 바쳐서, 사자가 이르렀을 때에는 이미 모자라는 곡식이 없었다.

조선 인조 때 사람 이동직(李東稷)이 광주부윤(廣州府尹)으로 있으면서 큰 흉년이 들어 온 나라 백성들이 굶어 죽었다. 광주부에는 곡식 10여만 섬이 있었는데, 군량이기 때문에 조정에서 내주는 것을 승낙하지 않았다. 공은,

"하루를 늦추면 천 명이 죽는다."

하고는, 바로 명령하여 이속과 백성들을 모두 창고 앞에 모이게 하고 곧장 달려가서 자물쇠를 부수고 곡식을 내어 1만여 명을 살렸다. 비변사(備邊司)에서 공문을 보내어 이것을 막으니, 백성들은 더욱 흩어져 죽게 되었으나 이동직이 힘껏 다투어서 마침내 죽고 굶주린 자가 없도록 하였다. 가을이 되어 곡식을 징수할 때에 백성들이 말하기를,

"봄이나 여름이 되어 구휼하였더라면 우리 부모와 처자들은 모두 구렁에 빠져 죽었을 것이다."

하고, 곡식을 뒤늦게 바치는 자가 없었다.

【註釋】 ***詔令(조령)**：임금의 명령.

***發倉(발창)**：창고를 열고 곡식을 내줌.

【字義】 **俟**：기다릴 **사** **發**：낼 **발** **倉**：창고 **창**
何：어찌 **하**

제2조 구제하기를 권함〔勸分〕

勸分之法(권분지법)은 遠自周代(원자주대)나 世降政衰(세강정쇠)하여 名實不同(명실부동)하니 今之勸分(금지권분)은 非古之勸分也(비고지권분야)니라.

【解釋】 권분(勸分)의 법은 멀리 주(周)나라 때부터 시작되었으나, 세도(世道)가 떨어지고 정치가 쇠퇴해져서 이름과 실제가 같지 않아졌으니, 오늘날의 권분은 옛날의 권분하는 법이 아니다.

【解說】 옛날에는 백성들에게 일가와 화목하게 지내는 목(睦), 인척에게 친목하게 지내는 인(姻), 친우에게 신용을 지키는 임(任), 가난한 사람을 도와주는 휼(恤)의 도리를 가르치고, 이 가르침을 따르지 않는 자는 형벌로 바로잡았다.

흉년에 그 먹고 남은 것을 나누어 먹도록 권하면, 백성들이 어찌 나누어 먹지 않는 자가 있겠으며, 형제에게 나누어 주고 인척에게 나누어 주고 이웃에 나누어 주고 빈궁하고 고독한 사람에게 나누어 주어서 임금의 명을 따르게 한 것이요, 그 재물을 관청에 바쳐서 만민에게 나누어 주는 것이 아니었다.

후세의 법은 옛법과는 달랐으나, 그래도 미곡을 꾸어 주거나 팔기를 권하고 거저 주는 것을 권하지는 않았다. 그런데 우리 나라의 이른바 권분은 모두 백성들의 재물을 억지로 빼앗아 거저 주게 하면서도 '권분의 법은《춘추(春秋)》에서 본떴다'하니 곤란한 일이 아닌가.

【註釋】 ＊勸分(권분)：흉년에 부자들에게 곡식을 내어 가난한 자를 구제하게 하는 일.

＊世降政衰(세강정쇠)：세대가 전만 못하고 정치가 쇠퇴함.

【字義】 勸：권할 권　遠：멀 원　降：내릴 강
衰：쇠할 쇠

中國勸分之法은 皆是勸糶요 不是勸饒며 皆是勸施요 不是勸納이며 皆是身先이요 不是口說이며 皆是賞勸이요 不是威脅이니 今之勸分者는 非禮之極也니라.

【解釋】 중국의 권분법은 모두 조미(糶米)를 권하였고 희미(饒米)를 권하지 않았으며, 모두 흩어 주기를 권하였고 바치는 것을 권하지 않았으며, 모두 자신이 먼저 하였고 입으로만 하지 않았으며, 모두 상을 주어 권하였고 위협으로 하지 않았으니, 오늘날의 권분(勸分)은 예가 아님이 극심하다.

【解說】 우리 나라의 권분법은 모두 거저 주게 하고, 거저 주게 할 뿐만 아니라 까닭없이 바치게 하여 이 때문에 영이 행해지지 않게 되고 용도도 분명하지 않게 된다. 중국의 법은 그 부민(富民)에게 권함이 조미(糶米)·사미(賖米)에 불과하다. 조미란 그 값을 헐하게 정하여 그들로 하여금 기민에게 팔도록 하는 것이요, 사미란 이식을 받기로 약속하고 기민에게 꾸어주는 것이다. 관장(官長)의 권하는 바가 이와 같은데도 백성들이 따르지 않는 자가 있다면 비록 독려하고 위협하더라도 안 될 것이 없다.

우리 나라의 법은 백성들에게 거저 바치게 하여 백성 중에 따르지 않는 자가 있으면 엄한 형벌과 호된 매질로 도적을 다스리듯 한다. 한번 흉년을 만나면 고을 백성이 먼저 곤경을 당하므로 남쪽 지방 백성들의 말이,

"사는 것이 죽느니만 못하고 부자가 가난한 자만 못하다."

한다. 이것이 학정 가운데서도 큰 것이니 목민관이 된 이는 이를 알아야 한다.

【註釋】 *勸糶(권조) : 쌀 팔기를 권함.

*勸饒(권희) : 값을 받지 않고 쌀 내놓기를 권함.

【字義】 糶 : 곡식 팔 조　　餼 : 보낼 희　　身 : 몸 신
威 : 위엄 위　　脅 : 협박할 협　　極 : 끝 극

오동권분지법 사민납속 이분만민 수
吾東勸分之法은 使民納粟하여 以分萬民이니 雖
비고법 예이성의
非古法이나 例已成矣니라.

【解釋】 우리 나라의 권분법은 백성들로 하여금 곡식을 바치게 하여 만민에게 나누어 주니, 이는 옛법이 아니지만 관례가 이미 이루어졌다.

【解說】 고려 고종(高宗) 13년(1226)에 조서를 내려 말하였다.

"전라도에 기근이 심하니 저축이 있는 고을에서는 창고를 열어 구제하고, 저축이 없는 고을에서는 각각 사삿집에서 남은 곡식을 취해서 구제한 다음 풍년이 든 해에 갚도록 하라."

조선 명종 16년(1561)에 중외의 관리에게 명하여 황정(荒政)을 거행하도록 하였는데, 조세를 면제하고 금법을 완화하며, 곡식을 옮겨오고 곡식을 바치고 나누어 주기를 권하고, 버린 아이를 거두어 기르는 일에 이르기까지 마음을 쓰지 않는 것이 없고, 병든 자는 구료하고 죽은 자는 묻어 주게 하였다.

찰방별좌 수지이관 궐유고사 재어국
察訪別坐로 酬之以官은 厥有故事하고 載於國
승
乘이니라.

【解釋】 찰방(察訪)과 별좌(別坐)의 벼슬로 갚아 줌은 예전 사례가 있고 나라 역사에도 실려 있다.

【解說】 영조 7년 신해년(1731)에 우의정 조문명(趙文命)이 아뢰기를,

"권분은 흉년을 구제하는 가장 큰 정사입니다. 벼슬을 파는 것은 본디 아름다운 일이 아니나, 흉년에는 부득이한 경우가 있습니다.

그러므로 송의 주자(朱子)가 절동(浙東)을 진휼할 때에 재상 왕회(王淮)에게 글을 보내어 상전(賞典)을 시행하지 않을 수 없음을 힘껏 말하였고, 명(明)의 유학자(儒學者) 구준(丘濬)도 말하기를 '평상시에는 불가하지만, 흉년에 구제하는 데에는 이것이 중요한 정책이다'라고 하였으며, 우리 나라 효종(孝宗)과 현종(顯宗) 두 조정에서도 이미 행한 사례가 있습니다. 그런데 근년 이래로는 조정에서 이 일에 대하여 신용을 잃은 것이 자못 많기 때문에 백성들이 즐겨 따르지 않습니다. 국가에서는 본래 백성들에게 신용을 잃어서는 안 되는데 하물며, 이같은 흉년을 당하여서는 더욱 격려하는 일이 있어야 할 것입니다."

하니 임금이 이렇게 말하였다.

"이 일은 일찍이 말한 사람이 있었고, 주자(朱子)가 한 일을 나도 알고 있다. 그러나 근래 국가에서 신용을 잃은 것은 실로 해당 부서에서 거행하지 않은 데 연유하였다. 작년 북도(北道)에서 사사로이 곡식을 내 구제한 사람 중에 특이한 사람 하나에게 별도로 은전(恩典)을 베풀어 사람들을 격려하게 하였으니, 이 뒤에도 만일 사사로이 구제하는 자 가운데 특이한 자가 있으면 진휼하는 일이 끝나기 전에 도신(道臣)이 보고하여 곧 은전을 베풀어서 조정에서 신용을 잃지 않도록 하라. 수령들이 혹 공명첩(空明帖)[1]을 억지로 팔아서 곡식을 모으는데, 이것은 단속하지 않을 수 없다."

【註釋】 ＊**察訪**(찰방) : 각 역(驛)을 맡은 관원.
＊**別坐**(별좌) : 육품의 벼슬 이름.
＊**國乘**(국승) : 나라의 역사.
1) **공명첩(空名帖)** : 이름 적을 곳을 비워 발행하는 임명장.

【字義】 **察** : 살필 찰 **訪** : 찾을 방 **酬** : 갚을 수
載 : 실을 재 **乘** : 역사책 승, 탈 승

將選饒戶(장선요호)하여 分爲三等(분위삼등)하고 三等之內(삼등지내)를 又各細剖(우각세부)이니라.

【解釋】 넉넉한 집을 가리어 3등으로 나누고, 이 3등을 또 각각 자세하게 쪼개어야 한다.

【解說】 넉넉한 집이란 집에 저축한 곡식이 여덟 식구가 먹고도 남음이 있는 자이다. 목민관은 백성들의 빈부(貧富)를 살피고, 또 공론을 채택하여 먼저 넉넉한 집을 상·중·하 3등급으로 나눈다.

백성이 자기 힘으로 먹고 사는 자에게 먹고 남은 말〔斗〕 곡식을 권분하게 할 수 없다. 그러나 이제 두세 섬도 권분하는 데 든 것은, 우리 나라는 백성들이 가난해서, 2백 섬 이상 상등에 들어가는 자는 한 도에 몇 사람에 지나지 않고, 20섬 이상의 중등에 들어가는 자는 한 고을에 몇 사람에 지나지 않고, 오직 하등 호수는 한 고을에 혹 수백을 얻을 수 있으니 만일 이들을 버리고 권분하지 않으면 권분할 데가 없기 때문이다.

무릇 권분하는 법은 그 집 재력에 따라서, 많기도 하고 적기도 한데, 하필 차등을 두어서 모두 숫자를 채워서 할 필요가 있겠는가라고 묻는다면 이에 대한 대답은 '법은 규율이 있는 것을 중요하게 여겨야 장부가 어지럽게 되지 않는다'라고 할 것이다.

【註釋】 *饒戶(요호) : 부자 호구(戶口). | *細剖(세부) : 세밀하게 쪼개 나눔.

【字義】 將 : 장차 장, 장수 장 饒 : 넉넉할 요 細 : 가늘 세 剖 : 쪼갤 부

> 乃選鄕望(내선향망)하여 排日敦召(배일돈소)하여 採其公議(채기공의)하여 以定(이정) 饒戶(요호)니라.

【解釋】 향리의 인망이 있는 사람을 뽑아서 날을 정하여 친절히 불러다가 공론을 채택해서 넉넉한 집을 정한다.

【解說】 대저, 넉넉한 집을 뽑기는 굶주린 집을 뽑기보다 더 어렵다. 굶주린 집은 본래 가난하므로 혹시 지나치게 뽑더라도 모두

안면으로 연유한 것이요, 뇌물을 쓰지는 않을 것이나 넉넉한 집은 재산이 있기 때문에, 요행히 면하려는 자는 널리 부탁하여 모두 뇌물을 쓰게 마련이다.

지극히 공평하고 사정이 없는 의논이 있다 하더라도 이것을 듣는 자는 또 의심을 면하지 못하게 된다. 향승(鄕丞)이 나와서 말하기를,

"이모(李某)는 가난하여 10석을 내기에 적합하지 않고, 장모(張某)는 꽤 부자여서 1백 석에 넣어도 넉넉하다."

하면, 수령은 그 말을 듣고는 이렇게 의심하기 쉽다.

"저 향승이 이모는 가난하다고 호소하니 그에게 뇌물을 받은 것이며, 장모는 부자라고 고하니 이는 장모와 사이가 좋지 않은 것이다."

혐의스러운 것이 있을 때에는 사람이 말하기 어려운 것이다. 그러므로 사정이 없는 자는 물어도 말하지 않고, 사정을 낀 자는 말한대도 이를 믿기 어렵다. 관에서 다른 방도로 염탐하고자 하더라도 어찌 한쪽 말만 들어서 간사한 일이 생기지 않을 것을 알겠으며, 관에서 공회(公會)에 묻고자 하더라도 어찌 저희끼리 짜고서 하지 않을 줄을 알겠는가. 그러나 공회에서 듣는 것이 한쪽 말만 듣는 것보다는 낫다.

요사이 보면, 수령이 술잔치를 벌여놓고 넉넉한 백성을 널리 청해다가 본인으로 하여금 자기 손으로 몇 석을 내겠다고 쓰게 하기도 하고, 관의 입으로 몇 석을 내라고 강권하기도 한다. 그들이 하는대로 내버려 두면, 의돈(猗頓)[1] 같은 부자라도 자기 집은 가난하다고 할 것이요, 위엄으로 억누르면 검루(黔婁)[2] 같은 가난한 사람도 혹 곤경을 당할 것이니, 천하에 어려움이 권분보다 더한 것이 없다.

【註釋】 ＊**鄕望**(향망) : 그 고을에서 인망이 있는 사람.
＊**排日**(배일) : 날짜를 안배함.
＊**敦召**(돈소) : 친절하게 부름.
＊**饒戶**(요호) : 넉넉한 호구.
1) **의돈(猗頓)** : 고대 중국의 부자.
2) **검루(黔婁)** : 중국의 고사(高士).

【字義】 **選**：뽑을 선　**望**：바랄 망　**排**：배정할 배
敦：돈독할 돈　**採**：채취할 채

권분야자　권기자분야　권기자분　이관지
勸分也者는 勸其自分也니 勸其自分 而官之
생력다의
省力多矣니라.

【解釋】 권분이란, 스스로 나누어 주기를 권하는 것이니, 스스로 나누어 주기를 권함으로써 관의 부담을 덜어 줌이 많다.

【解說】 넉넉한 집에는 저마다 형제가 있고 친척이 있고 이웃 동네가 있고 산지기가 있는데도 그 성품이 인색하여 구제하기를 즐겨하지 않는다. 그러므로 관에서 이를 권면해서 곡식을 내게 하는 것이니, 이것을 권분이라 한다. 그 재물을 강제로 빼앗아 아무런 상관 없는 사람에게 주는 것을 어찌 사람들이 좋아하겠는가. 옛날 권분은 반드시 그렇지 않았으니, 명분을 돌아보고 의리를 생각하면 반드시 옛날의 도리에 부합될 것이다.

그 가까운 일가 친척들은 자기들끼리 구제하도록 맡겨 두어 관의 장부에 올리지 말고 소원(疎遠)한 자만 장부에 올린다.

【字義】 **自**：스스로 자　**分**：나눌 분　**省**：줄일 생
多：많을 다

권분령출　부민어해　빈사승영　추기
勸分令出이면 富民魚駭하고 貧士蠅營하니 樞機
불신　기유탐천이위기자의
不愼이면 其有貪天以爲己者矣니라.

【解釋】 권분의 영이 나오면 부잣집은 물고기처럼 놀라고 가난한 선비는 파리처럼 덤벼들 것이니, 기밀을 삼가지 않으면 크게 욕심을 내어 제 몸만 위하는 자가 있게 된다.

【解說】 《다산일초(茶山日鈔)》에 이렇게 말하였다.

"갑술년(순조14, 1814) 겨울에 한 유생(儒生)이 마침 군에 들어 갔다가, 권분에 대해 말이 미쳤다. 유생이 말하기를 '관의 영이 엄하기는 하나, 백성들이 장차 듣지 않으면 관에서 또한 어찌하시겠습니까?' 하니, 수령이 말하기를 '제일가는 부자들이 거절하면 곤장을 치지 않을 수 없다' 라고 하자 유생은 '그렇습니다. 곤장을 치지 않으면 곡식을 바치지 않을 것입니다' 하였다.

유생은 군에서 나와 바로 부잣집으로 가서 말하기를 '너에게 1천 냥이 배정되었으니, 나에게 1백 냥만 주면 내가 힘을 써서 3백 냥을 감해 주겠다. 그 2백 냥은 곧 너의 이익이다' 하니, 부자는 말하기를 '어허! 내가 바치지 않는다면 누가 내 목을 뽑겠는가' 하였다. 유생이 말하기를, '내 말은 관의 뜻을 자세히 살피고 하는 말이다. 관에서 내가 굶주리는 것을 불쌍히 여겨서 네 곡식을 내게 주고자 하는데, 네가 듣지 않으면 마침내 반드시 죄책이 있을 것이다' 했지만 부자는 오히려 믿지 않고 비웃었다.

유생이 관의 동정을 탐지해 보니, 이튿날 수령이 창고에 나오는데 그 부자를 부르게 되었다. 드디어 밤에 그 부자의 집에 가서 비밀히 그 내용을 이르기를, '내일 너를 부를 것이고 또 곤장을 치는 벌이 있을 것이다. 만일 나를 믿지 않거든 내일 가서 보라' 하니, 그 부자는 그래도 믿지 않았다.

이튿날 관에서 불러서 1천 냥을 바치게 하자, 부자는 '재력이 없어서 이를 바칠 수 없습니다' 하였지만 관에서는 곤장을 쳐서 그 부자의 승낙을 받고 말았다. 이에 부자는 관정(官庭)에서 나오는 길로 바로 유생을 찾아가서 그날로 1백 냥을 보내고서 3백 냥을 감해 주기를 요구하니, 유생은 '쉬운 일이다. 두세 차례에 우선 5백 냥만 바치면 내가 그 일을 꾀해 보겠다' 하고는, 위장술로 군에 들어가서 환담하고 나온다. 부자가 이미 5백 냥을 바친 뒤에 유생은 부자를 위해 소장(訴狀)을 올리되 사연이 매우 슬프고 간절하게 하니, 관의 마음도 풀리어 3백 냥을 감할 것을 허락한다. 유생이 욕심을 부렸지만 그 누가 이것을 알겠는가. 다만 그를 칭송할 뿐이다.

그러므로 목민관이 된 자는 한 마디 말이 입에 나오면 그 바람처럼 구름처럼 변화함이 이렇게 심한 데까지 이르는 것을 군자(君子)로서 추측할 수 있는 바가 아니니, 손을 물리치고 사사로움을 끊는 것을 어찌 그만둘 수 있겠는가."

【註釋】 *魚駭(어해) : 물고기 떼가 놀라서 흩어짐.
*蠅營(승영) : 파리 떼처럼 몰려옴.
*樞機(추기) : 기밀.
*貪天(탐천) : 큰 욕심.

【字義】 駭 : 놀랄 해　貧 : 가난할 빈　蠅 : 파리 승
樞 : 돌쩌귀 추　機 : 기밀 기　貪 : 탐낼 탐

竊貨於飢吻之中(절화어기문지중)하면 聲遠邊徼(성원변요)하고 殃流苗裔(앙류묘예)니
必不可萌於心也(필불가붕어심야)니라.

【解釋】 굶주린 사람의 입에 든 재물을 도둑질하면 소문이 변방까지 들리고 재앙이 자손에게까지 끼쳐지는 것이니, 그런 생각은 마음 속에 싹트게 할 수 없는 것이다.

【解說】 《한암쇄어(寒巖瑣語)》에 말하였다.

"하늘에서 받은 성품은 선(善)하지 않음이 없으나, 그것을 망치고 없애면 곧 금수(禽獸)만도 못하게 되니, 군자가 추측할 수 있는 바가 아니다. 수의어사(繡衣御史)가 탐리(貪吏)의 죄를 논하여 말하기를, '굶주린 인구를 거짓으로 4천8백 명이라 늘리고, 그 곡식을 도둑질한다.' 하기에, 내가 처음에는 믿지 않았으나 조사해 보니 과연 거짓이 아니었고 또 '권분한 쌀 1백 50석을 돈으로 쳐서 받아 1석에 15냥씩, 합계 2천 2백 50냥을 자기 주머니에 넣었다.' 하기에, 내가 처음에는 믿지 않았으나 조사해 보니 과연 거짓이 아니었다.

그리하여, 이렇게 도둑질한 장물로 기이한 물건을 사들인다. 그래서 옥천(玉泉)의 고운 베, 탐라(耽羅)의 큰 복어, 은쟁반·은합(銀盒)과 5척의 다리〔髢〕, 5색의 대자리 등을 수레에 싣고 짐으로 져다가 권세 있는 집안에 바친다. 그러면, 그 불쌍한 권

세있는 집안은 다만 그들의 녹봉이 본디 많아서 남는 돈으로 이런 물건을 마련하는 줄로 알고 있으니, 누가 권분한 돈이 이런 물건으로 된 줄 알겠는가. 물건을 받고는 감동하고 기뻐하여 온 집안이 좋아하고, 천지와 귀신이 밝게 살피고 있음은 알지 못한다. 그래서 재앙이 일어나면 그와 함께 패망을 하니 어찌 슬프지 않은가. 그러므로 옛날 재상은 뇌물을 받지 않았으니, 그것은 그 속에 큰 독이 들어 있어 먹을 수 없기 때문이다."

【註釋】 ***飢吻之中**(기문지중) : 굶주린 사람의 입 안에 든 음식. ***聲遠邊徼**(성원변요) : 그 소식이 먼 변방까지 들림. ***苗裔**(묘예) : 자손.

【字義】 **飢** : 굶주릴 기　**吻** : 입술 문　**邊** : 가장자리 변　**徼** : 멀 요　**苗** : 싹 묘　**裔** : 후손 예　**萠** : 싹틀 붕

南方諸寺(남방제사)에 或有富僧(혹유부승)이어든 勸取其粟(권취기속)하여 以贍(이섬)環山(환산)하고 以仁俗族(이인속족)도 抑所宜也(억소의야)니라.

【解釋】 남쪽 지방의 여러 사찰에 혹 부자 중이 있으면, 그 곡식을 권분하여 가져다가 산 주위에 있는 백성을 구제하고, 세속 인연이 있는 친족들에게 은혜를 베풀게 함도 또한 마땅한 일이다.

【解說】 남쪽 지방의 절들이 옛날에는 부요(富饒)하였으나, 지금은 모두 패망하였다. 그러나 그 중에 한둘 부자 중이 있어 해마다 곡식 수백 석을 추수하는 자가 있으니, 이것을 관례에 따라 등급을 나누어 구제하는 밑천에 보충하는 것은 큰 잘못이 아니다. 오직 그 산 주위에 있는 여러 마을들과 그 중과 친족이 되는 자들이 이것을 받아 먹게 해야 할 것이다.

진양기(陳良器)가 강주지사(江州知事)로 있을 때 큰 흉년이 들고 또 전염병이 유행하였다. 진양기는 죽을 쑤어 먹이고, 약이 부족하면 여산(廬山)의 여러 절의 남은 재물을 가져다가 풀어 먹여 살려낸 사람이 만 명으로 헤아릴 정도였다.

【字義】 寺：절 사　　富：부자 부　　僧：중 승
粟：곡식 속　　贍：넉넉할 섬　　環：두를 환
仁：어질 인　　俗：세상 속　　族：겨레 족

제3조 구제 규모〔規模〕

賑有二觀(진유이관)하니 一曰及期(일왈급기)요 二曰有模(이왈유모)니라. 救焚拯溺(구분증닉)을 其可以玩機乎(기가이완기호)며 馭衆平物(어중평물)에 其可以無模乎(기가이무모호)아.

【解釋】 흉년 구제에는 두 가지 관점이 있으니, 첫째는 시기에 맞추는 것이요, 둘째는 규모가 있는 것이다. 불에 타는 것을 구제하고 물에 빠진 사람을 건지는 데 어찌 시기를 소홀히 할 수 있겠으며, 대중을 부리고 물자를 고르게 하는 데 어찌 규모가 없을 수 있겠는가.

【解說】 수재가 혹독하기는 하나 그 화는 물가 민가나 전답에 그치고, 풍재(風災)·상재(霜災)·충재(蟲災)·박재(雹災)도 온 천하가 재앙을 다 입는 것은 아니다. 다만 큰 가뭄은 산을 태워, 천리가 모두 같은 만큼 온 나라가 같이 기근이 들어서 손을 쓸 수가 없다. 마땅히 입추날로부터 급히 강구하여 시각을 다투어 시기를 보아 이익되는 일을 마치 날쌘 새 매와 사나운 짐승이 내닫는 것처럼 해야만, 조치하는 바에 차례가 있을 것이니, 소홀히 해서는 안 된다.

우리 나라의 권분법은 먼데 사는 부자로 하여금 돈을 바치게 하므로, 부자는 자기 집 곡식을 내어 돈으로 바꾸어 관에 바치면, 관에서는 이 돈을 받아서 곡식을 사들여 굶주린 백성에게 준다. 이렇게 하면, 굶주린 백성은 부자의 이웃에 사는 자라도 읍에 가서 구제곡을 받아와야 하니 빙빙 도는 것이 이와 같다. 차라리 구제장을 마을에 많이 설치하고 부자로 하여금 바로 그 곡식을 구제장에 내도록 하여 굶주린 백성들이 각각 가까운 구제장에서 곡식을 가져가게 하는 것이 낫지 않겠는가.

【註釋】 *二觀(이관) : 두 가지 관점.
*及期(급기) : 시기에 맞게 함.
*救焚拯溺(구분증닉) : 불타는 사람을 구하고 물에 빠진 사람을 건져 냄.
*馭衆平物(어중평물) : 대중을 거느리고 물자를 고르게 함.

【字義】 觀 : 볼 관 期 : 기일 기 模 : 모양 모
焚 : 불탈 분 拯 : 건질 증 溺 : 빠질 닉
玩 : 가지고놀 완 馭 : 말몰 어

若夫賑糶之法(약부진조지법)은 國典所無(국전소무)로되 縣令有私糶之米(현령유사적지미)어든 亦可行也(역가행야)니라.

【解釋】 구제곡을 주는 법은 국법에는 없지만, 현령이 사사로이 사들인 쌀이 있으면 시행하는 것이 좋다.

【解說】 이중방(李仲芳)이 기주통판(冀州通判)으로 있을 때 흉년을 만나자, 창고의 곡식을 다 내어 백성들에게 꾸어 주고 말하기를,

"풍년이 들거든 창고로 가져오라. 이는 내 썩은 곡식을 새 곡식으로 바꾸는 것이니 양쪽이 모두 이로운 일이다."

하였다. 다음 해에 과연 풍년이 드니, 백성들은 그 곡식을 고맙게 여겨 창고에 가져가되 늦게 바친 자가 없었다.

우리 나라의 창고 제도를 내가 상고해 보니, 무릇 환곡(還穀)을 창설할 때에는 구제하는 것을 명목으로 삼지 않은 것이 없었는데, 평상시에는 내버려 두어 다 아전들이 도둑질해 먹어버리고 졸지에 흉년을 만나면 창고가 텅 비게 되었으니, 이들을 죽일래도 이루 다 죽일 수가 없다. 그래서 흙이 섞인 수백 석의 곡식을 현령에게 조치해 주어서 수만 명의 주린 백성을 구제하게 하니, 현령이 어떻게 이들을 구제하겠는가. 평소에 사사로이 사들인 곡식이 없으면 오직

손을 묶고 서서 구경할 뿐이니 어찌 슬프지 않겠는가. 그러므로 풍년이 들 때에 사사로이 사들이는 일을 하지 않을 수 없다.

【字義】 **糶**：곡식 낼 조　　**典**：법 전　　**糴**：곡식 사들일 적

> 기설진장　소현의지일이처　대주수지십
> 其設賑場에는 小縣宜止一二處요 大州須至十
> 여처　내고법야
> 餘處가 乃古法也니라.

【解釋】 진장(賑場)을 설치함에 있어서는 작은 고을에는 마땅히 한두 곳에 그치고, 큰 고을에는 모름지기 십여 곳을 만드는 것이 바로 예전의 법이다.

【解說】 진장 십여 군데를 설치하는데 외창(外倉)이나 혹은 사찰, 혹은 부잣집에다가 조장(糶場)을 설치하기도 하고, 희장(餼場)[1]을 설치하는 것이 곧 옛법이다. 우리 나라의 법에는 환상(還上)을 나누어 주는 것으로써 구제곡을 대신하고 있으니, 이는 현령이 마음대로 할 수 없는 것이다. 그러나 현령이 스스로 돈을 내어 쌀 수천 석을 마련하여 그 이익을 받아서 희자(餼資)에 보충한다면 누가 불가하다고 말하겠는가.

우리 동방의 구제법은 비록 큰 주와 군이라도 부중(府中)에만 진장을 설치하고, 혹 외창이 있는 곳에서만 외장(外場)을 설치하니 크게 불편하다. 따오기처럼 야위고 부황난 누런 얼굴빛을 하고 비틀거리며 쓰러질 듯한 백성들이 어떻게 멀리 성내의 진장까지 가서 몇 되 몇 말의 거친 곡식을 받아오겠는가. 땅이 넓은 큰 고을에는 마땅히 상사에 청하여 모름지기 여덟이나 아홉 군데 설치하게 하고, 현령이 순행하여 진제하는 것을 감독해야만 구제할 수 있을 것이다.

현종 8년(1667)에 관동과 관서 지방의 유민들이 서울로 들어와 주리고 병든 자가 수천 명이나 되었다. 한성부(漢城府)로 하여금 동서의 활인서(活人署)에 나누어 두어 양식을 주어 구료하게 하였다.

서울에는 민호가 많기는 하나 동서(東西)의 진원(賑院)이 모두 5리에 벗어나지 않으므로 다만 두어 곳에만 진원을 두어도 굶주리는 백성들이 나아가 먹을 수 있을 것이지만, 군현에서는 민호가 적기는 하나 외촌(外村)은 읍에서 혹 1백 리 가까이 떨어졌으니, 진원을 나누어 설치해서 굶주리는 백성들로 하여금 멀리 가는 괴로움이 없게 해야 한다.

【註釋】 *賑場(진장): 굶주린 사람을 구제하는 장소.
1) 餼場(희장): 값을 받지 않고 쌀을 주는 장소.

【字義】 設: 베풀 설 場: 마당 장 處: 곳 처
須: 모름지기 수 餘: 남을 여

仁人之爲賑也(인인지위진야)는 哀之而已(애지이이)라. 自他流者(자타유자)는 受之(수지)하고 自我流者(자아유자)는 留之(유지)하여 無此疆爾界也(무차강이계야)니라.

【解釋】 어진 사람이 진휼함에는 불쌍히 여겨야 할 뿐이다. 다른 곳에서 들어오는 자는 받아들이고 내 고을에서 다른 고을로 가는 자는 머물러 두어 내 경계를 따지지 말아야 할 것이다.

【解說】 송의 부필(富弼)이 비방을 입고 청주지주(靑州知州)로 나갔을 때였다. 홍수가 나서 굶주린 백성들이 떠돌며 흘러들어왔다. 이에 관하의 풍년이 든 곳을 골라 백성들에게 곡식을 내도록 권하여 10만 섬을 얻고, 여기에 관곡을 더 보태서 소재지에 저장해 두고, 공사의 집 10여만 채를 얻어서 그 사람들을 나누어 살게 하여 나무와 물을 편리하게 쓰도록 하였다.

그리고 전의 관리로서 결원이 나기를 기다리기 위하여 붙여 있는 자들에게 모두 녹봉을 주어 백성이 모인 곳으로 나가 노약과 병든 사람을 가려서 곡식을 주게 하고, 그 노고를 기록해 두었다가 후일 조정에 아뢰어서 상을 받도록 하겠다고 약속하였다. 대체로 5일마다 사람을 보내어 술과 고기와 밥을 가지고 가서 위로하되, 지성에서 우러나오므로 사람마다 힘을 다하였다. 부필에게 권하는

자가 있어 말하기를,

"의심받는 처지에 있으면서 이렇게 처신함은 비방을 일으키기 쉬우니 생각하지 못할 화가 있을까 두렵다."

하니 부필은 이렇게 말하면서 더욱 힘써 행하였다.

"내 어찌 나의 일신 때문에 이 60~70만 명의 생명을 바꾸겠는가."

숙종(肅宗) 계미년(1703)에 이인엽(李寅燁)이 아뢰었다.

"도성에 들어온 거지들이 모두 여러 도(道)로부터 온 집안이 옮겨와서, 한두 사람이 걸식하는 것과는 비교가 되지 않으며, 그 중에는 누렇게 떠서 죽어가는 자도 있기에 신이 타이르기를, '다른 여러 도에서는 모두 이미 진장(賑場)을 설치하였고 서울로부터 또 곡식을 옮겨갔으니, 만일 본고장으로 돌아간다면 거의 살 방도가 있을 것이요, 유리하여 살 곳을 잃은 채 곧 돌아가지 않는다면 끝내 구렁에 쓰러져 죽음을 면하지 못할 것이다. 그리고 봄갈이가 박두하였으니 마땅히 돌아가서 농사를 시작해야 한다. 만일 돌아가고자 한다면, 가는 길의 이수를 계산하여 양식을 주리라' 하였습니다. 이에 돌아가기를 원하는 자가 자못 많으므로 그 양식을 계산하여 내주었는데, 몇 사람이나 과연 돌아갔는지 모르겠습니다.

그 뒤에도 계속 들어오니, 왕정(王政)에 있어 차마 그대로 보고만 있을 수가 없습니다. 그러나 전부터 죽을 쑤어 준 것은 끝내 실제 효과가 없고, 많은 사람이 한 곳에 모여 있어 훈김이 전염되어 병이 생길 것이므로 올봄에는 다시 죽을 쑤어 주지 않았습니다. 유민들이 호소할 곳이 없어 서울에서 구호를 바라니 또한 구제하지 않을 수 없습니다. 신의 생각으로는, 장정들은 뽑아서 양식을 주어 돌려 보내어 그 고을로 하여금 곡식 종자를 주어 농사를 짓도록 하고, 노약자는 관리를 임명하여 나누어 맡아서 진휼하는 것을 감독하게 하면, 죽을 쑤어 먹이는 것보다 나을 듯합니다."

조선 숙종 때 사람 이규령(李奎齡)이 안동부사(安東府使)로 있을 때 큰 기근이 들어 진장(賑場)을 설치했다. 그때 군읍으로 하여금

유민을 받지 못하게 하는 영이 있었는데 공은 말하기를,

"다 우리 백성인데 어찌 이곳 저곳을 구별하랴. 그들이 길거리에서 굶어 죽는 것을 서서 볼 수는 없다."

하고, 집을 설치하여 미음과 죽을 쑤어 그들을 돌보아 주고 친히 가서 보고, 다시 고장에서 인망과 재간이 있는 자를 골라서 주관하게 하였다. 그러자 그의 경내에는 길에서 굶어 죽는 자가 없어 어사가 잇달아 조정에 아뢰니 상을 주어 장려하였다.

조선 선조 때 사람 토정(土亭) 이지함(李之菡)이 현령으로 있으면서, 유민들이 해진 옷으로 걸식하는 것을 불쌍히 여겨 큰 집을 지어서 그들을 거처하게 하고, 수공업(手工業)을 가르치되 모두 친절히 일러서 각자 의식이 넉넉하도록 하였다. 그 중에서 가장 무능한 자는 볏짚을 주어 짚신을 삼도록 하고 그들의 일하는 것을 감독하니, 하루에 열 켤레를 만들어 팔 수가 있었다. 그래서 하루 일한 것으로 쌀 한 말을 사지 못하는 자가 없었는데 그 중에 남는 것으로 옷을 지어 입도록 하니, 두어 달 사이에 의식이 모두 충족해졌다.

【註釋】 ***自他流者**(자타유자) : 다른 곳에서 떠돌아 들어온 자. | ***自我流者**(자아유자) : 내 고장에서 떠돌아다닌 자.

【字義】 **哀** : 슬플 애　**流** : 흐를 류　**留** : 머물 류　**疆** : 경계 강

금지유민 왕무소귀 유의측달 권유비 물경동
今之流民은 往無所歸니 唯宜惻怛하여 勸諭俾勿輕動이니라.

【解釋】 오늘날의 유민들은 돌아갈 곳이 없는 자들이니 오직 간절히 권유해서 그들로 하여금 경솔히 움직이지 못하게 해야 할 것이다.

【解說】 주자(朱子)가 남강군(南康軍)에 있을 때 떠도는 백성들을 권유하는 글에서 이렇게 말하였다.

"본군이 일전에 재해를 입은 가호가 많이 떠돌아다니게 되었다. 한번 고향을 떠나면 길에서 어려움이 많아 왕왕 살 곳을 잃어버리고, 심한 경우에는 죽기까지 한다. 조상의 무덤과 전답과 집을 버려두고 주관하는 사람이 없어서 한결같이 어수선하다. 유적(遺跡)이 아직도 남아 있어 그 내력을 물어보면 사람으로 하여금 마음이 아프게 한다. 하물며 지금 다른 고장도 그다지 풍년이 들지 않았으므로, 이곳을 버리고 저쪽으로 간대야 굶주리기는 마찬가지이니 무슨 유익이 있겠는가.

이제 권유하노니, 각각 여러 고을에서 갖가지 방법으로 구휼하는 뜻을 본받고, 조정의 비상하게 관대한 은혜를 기다려 각기 안심하고 생업에 힘쓰도록 하라."

【註釋】 *流民(유민) : 떠돌아다니는 백성. | *惻怛(측달) : 간절하게.

【字義】 歸 : 돌아갈 귀　惻 : 측은할 측　諭 : 깨우칠 유
俾 : 하여금 비　輕 : 가벼울 경　動 : 움직일 동

> 其分糶分餼之法(기분조분희지법)은 宜博考古典(의박고고전)하여 取爲楷式(취위해식)이니라.

【解釋】 분조(分糶)·분희(分餼)의 법은 마땅히 널리 옛 전적을 상고하여 이것을 취해서 법식으로 삼아야 한다.

【解說】 송(宋) 증공(曾鞏)의 구재의(救災議)에 이렇게 말하였다.
"창고를 열어 곡식을 주되 장정은 하루에 2되, 어린이는 하루에 1되를 주어 구호하였는데, 이는 다만 굶어 죽는 사람을 구제하는 방법으로 구호할 뿐이요, 깊은 생각과 먼 걱정으로 백성을 위하여 장구한 계획을 하는 것이 아니다. 중호(中戶)로 계산하더라도 호마다 10명은 될 것이니, 장정 6명은 한 달에 곡식 3석 6두를 받고, 어린이 4명은 한 달에 곡식 1석 2두를 받아야 한다. 그래서 대체로 한 민호가 한 달에 5석을 받게 되는 것이니, 오래 시행할

수가 없는 것이다."

송(宋)의 정강중(鄭剛中)이 온주통판(溫州通判)으로 있을 때 흉년이 들어 백성들이 떠돌게 되자, 곧 자기의 봉급을 내어 곡식을 사들이어 나누어 주도록 권하였다. 지주(知州)가 말하기를,

"실지 은혜가 굶주리는 자에게 미치지 못할 듯하오."

하니 그는 대답하기를,

"이미 조치한 바가 있습니다."

하였다. 이에 돈 1만 전(錢)을 내어서 1전마다 글자 하나씩을 써서 밤에 거리에 나가 굶주리는 자를 만나면 이 돈 1전을 주면서 경계하기를,

"이 글씨를 지우지 말고 가지고 오라."

하였다. 이튿날 이 돈을 증빙해서 쌀을 주니 굶주린 자를 하나도 빠뜨리지 않았다.

【字義】 餼 : 먹일 희　　博 : 넓을 박　　古 : 예 고
楷 : 법 해

내선기구　　분위삼등　　기상등　　우분위삼 乃選饑口하여 分爲三等하고 其上等을 又分爲三 급　　중등하등　　각위일급 級하고 中等下等은 各爲一級이니라.

【解釋】 굶주린 가구를 뽑아 3등으로 나누고, 그 상등은 또 3급으로 나누며, 중등과 하등은 각각 1급씩을 만든다.

【解說】 넉넉한 집은 가장 부요한 자가 상등이 되고, 굶주린 집은 주리는 것을 급하게 여기니 가장 굶주리는 자가 상등이 된다. 상등인 자는 그 목숨이 위급해서 곡식을 거저 주어야 할 자이다. 중등인 자는 그 정상이 급하기는 하나, 봄에 잠시 살려 주면 가을에는 곡식을 낼 만하므로 꾸어 주어야 할 자이다. 하등인 자는 그 정상이 급하기는 하나, 오히려 약간의 돈과 포목이 있으므로 곡식을 사가도록 할 자이다.

상등 안에서 또 3급으로 나누어 상급은 소한(小寒)날로부터 곡

식을 거저 주기 시작하여 망종날에 이르러 그치고, 중급은 입춘날로부터 시작하여 입하날에 이르러 그치며, 하급은 입춘이 지난 후 10일부터 시작하여 입하날 10일 전에 그친다.

중등에게는 꾸어 주되, 경칩날에 한 번 주고 청명날에 한 번 주는데, 진대한 바는 60일의 양식이다. 하등에게는 곡식을 사 가게 하되, 춘분날에 한 번 주는데 진조한 바는 60일의 양식이다.

이규령(李奎齡)이 안동부사(安東府使)로 있을 때 큰 흉년이 들었다. 죽어가는 자를 호적을 조사하고 식구를 계산하여 죽을 쑬 양곡을 주는데, 더러 식구를 늘려 속이고 더 타먹는 자가 있자, 아전이 이를 뽑아내어 빼내기를 청하였다. 공은 듣지 않고 말하기를,

"그들을 지나치게 가려내어 궁하고 굶주린 자로 하여금 먹을 것이 없게 하기보다는 차라리 거짓말하는 것을 용서하여 관가에서 백성에게 속임을 받는 것이 낫다. 그리고 주림을 당하여 사람마다 각자 자기의 부모와 처자를 사랑하여 죽음에서 구하려는 계책을 쓰는데, 어찌 차마 모두 거짓이 있다 해서 그들을 구휼하지 않겠는가."

하여 백성들이 이 때문에 살아난 자가 많았다.

【字義】 選 : 뽑을 선　　饑 : 굶주릴 기

제4조 구호를 베풂〔設施〕

乃設賑廳(내설진청)하고 乃置監吏(내치감리)하며 乃具錡釜(내구기부)하고 乃具鹽醬海帶乾鰕(내구염장해대건하)니라.

【解釋】 진휼청을 설치하고 감독 관리를 두며, 가마솥을 갖추고 소금과 간장·미역·마른 새우를 마련한다.

【解說】 세상의 모든 일은 사람을 얻는 데 달려 있으니, 적합한 사람을 얻지 못하면 그 일을 잘할 수 없는 것이다. 도감(都監) 1인,

감관(監官) 2인, 담당 아전 2인을 반드시 청렴하고 근신하고 일을 잘 아는 자를 가려서 그 자리에 있게 해야 할 것이다.

촌감(村監)은 더욱 사람을 잘 가려야 한다. 매양 보면, 촌감이 뇌물을 받고 간사한 짓을 해서 쌀독에 저축이 있는 자도 혹 몇 식구를 부쳐 주어 거저 쌀을 주며, 홀아비나 과부로서 의지할 곳이 없는 자들은 혹 빠뜨려서 굶어죽게 하며 아전들과 어울려서 간사한 짓을 하여 갖은 방법으로 농간을 부리니 굶주리는 가구를 뽑는 권리는 절대로 이런 사람에게 맡겨서는 안 된다.

청렴하고 근신한 사람을 엄하게 골라서 이들을 구제하는 책임자로 삼고, 한 면(面)마다 1인씩을 두어서, 그 면 안의 일을 맡아 보도록 한다. 굶주린 호구가 줄고 느는 것이나 죽고 사는 수효가 없을 수 없으니, 그 중에 집안 살림이 가난한 자는 한두 식구를 부쳐 주도록 한다.

가마솥은 절에서 빌리기도 하고 무기고에서 가져오기도 하며, 민간에서 사기도 하고 점촌(店村)에서 거두기도 하되, 아주 큰 것 5개를 구해다가 창고 마당에 초가집을 따로 짓고 여기에 5개의 솥을 건다. 솥 하나에 50명의 죽을 쑤면, 5개의 솥의 죽으로 2백 50명을 먹일 수 있으니 하루 1천 식구의 대상자 중에서 받아먹는 자가 2백 50명이 된다. 뜨거운 죽을 솥에서 떠다가 굶주린 사람에게 먹여 주는 것이 또한 좋은 일이 아닌가.

오늘날 죽을 쑤는 자는 솥 한두 개만으로 밤새도록 죽을 끓여서 큰 항아리에 부어서, 식고 묽어진 뒤에 추운 사람에게 먹이니 어질지 못함이 심하다.

【註釋】 *賑廳(진청) : 구제하는 관청.
*錡釜(기부) : 가마솥.
*鹽醬(염장) : 소금과 간장.
*海帶(해대) : 미역.
*乾鰕(건하) : 마른 새우.

【字義】 監 : 감독할 감　錡 : 가마솥 기　釜 : 가마솥 부
鹽 : 소금 염　醬 : 간장 장　帶 : 띠 대

乃簸穀粟(내파곡속)하여 以知實數(이지실수)하고 乃算飢口(내산기구)하여 以定(이정)

실수 實數니라.

【解釋】 알곡을 키질해서 실제 숫자를 알고 굶주린 인구를 세어서 실제 수효를 정해야 한다.

【解說】 곡식에서 먹는 것은 알맹이뿐이므로 피곡식은 아무리 많더라도 그대로 먹지 못하며, 겨가 아무리 많더라도 먹지 못하는 것이다. 나라에서 공적으로 주는 곡식이나 감영에서 조치해 주는 곡식들은 모두 겨뿐으로 그 쌀이 얼마라고 헛숫자만 떠벌려서, 몇 섬, 몇 섬이니 하지만 이것을 받아가지고 돌아오면 먹을 것은 없으니 어디에 쓰랴.

목민관이 구제하려 할 적에는, 마땅히 나라에서 공적으로 주는 곡식과 감영에서 조치해 준 곡식, 본현에 저축한 것이든 이웃 고을에서 옮겨온 것이든 따지지 말고 모두 가져다가 키로 쳐서 먼지와 겨를 날려 버리고 그 알곡을 다시 마질을 하되, 고봉으로 되어 섬에 넣어 단단히 묶어 튼튼한 창고에 저장해 두고, 그 실지 수효를 가지고 요량하게 한다.

【字義】 簸：키질할 파　　粟：곡식 속　　飢：굶주릴 기
數：숫자 수

내작진패 乃作賑牌하고 내작진인 乃作賑印하며 내작진기 乃作賑旗하고 내작진두 乃作賑斗하며 내작혼패 乃作閽牌하고 내수진력 乃修賑曆이니라.

【解釋】 진패(賑牌)·진인(賑印)·진기(賑旗)·진두(賑斗)·혼패(閽牌)·진력(賑曆) 등을 만든다.

【解說】 어떤 사람은 말하기를,

"흉년이 들어 사람이 모두 양심을 잃어버리면 몇 집이 합쳐서 쌀을 받아 돌아와서 곡식을 나눌 적에, 되질하는 데에서 도둑질하기도 하고 거친 곡식으로 바꿔치기도 하고, 혹 옛날 사채(私

債)가 있다 하여 빼앗으면 장차 어찌할 것인가."
하는데 나는 이렇게 말한다.

"수령이 기일에 앞서 영을 내려 '패를 가지고 희미를 받는 사람이 만일 이 죄를 범하여 슬프게 호소하는 자가 있게 하면, 본인에게는 쌀을 주지 않고 그 상패(上牌)와 하패(下牌)에게는 각각 희미 1등을 정지한다.'라고 하면 누가 죄를 범할 자가 있으랴."

오늘날 수령이 된 자는, 무릇 진장을 설치한 이래로 삭제함은 있어도 보충함은 없으니, 이것이 백성이 매우 슬퍼하는 바이다. 만일 어진 목민관으로서 빠진 식구의 장부를 따로 만들어 두어 빈자리를 기다려 보충한다면 백성들의 감동하고 기뻐함이 한이 있겠는가. 수령은 사람들이 행하지 못하는 바를 행한 뒤라야 어진 수령이라 할 것이니, 관례에 따르는 것으로 마음삼지 말아야 할 것이다.

조선 영조 때 사람 유정원(柳正源)이 통천군수(通川郡守)로 있으면서 마침 큰 흉년을 만났는데 관동 지방이 더욱 심하였다.

공은 계획을 세워 곡식 1천 8백 섬을 얻어 고을 백성 중에 근실한 자를 골라서 그 일을 맡기었다. 열흘마다 진미(賑米) 나누어 주는 것을 친히 감독하되 면마다 각각 기(旗)를 만들고, 면임(面任)으로 하여금 기를 들고 소속 기민을 이끌고 들어가서 진미를 받게 하였다. 진미를 받고 나면 기를 세우고 벌여 앉게 한 다음, 아홉 개의 솥을 마당에 걸고 죽과 미음을 쑤어서 나누어 먹였다. 죽을 다 먹고 나면 기를 휘두르고 나갔다. 그래서 종일토록 시끄럽게 떠들면서 대오를 잃는 자가 없었다. 암행어사가 미복(微服)으로 와서 엿보고는 말하기를,

"이 한 가지 일을 보면 그 사람됨을 알겠다."
하였다. 어느 날 큰눈이 와서 길이 통하지 못하자, 곡식을 배에 싣고 바다로 돌며 진미를 나누어 주게 하였는데 이따끔 쓰러져 누워 일어나지 못하는 자가 있으므로 문을 두드리고 불러서 쌀을 주니, 감동하고 기뻐하지 않는 자가 없었으며 눈물을 흘리는 자까지 있었다.

【註釋】 ＊賑牌(진패) : 진휼을 받을 수 있는 패(牌).
＊賑斗(진두) : 구제곡을 나누어 주는 말.
＊閽牌(혼패) : 관청문을 출입할 수 있는 표시.
＊賑曆(진력) : 구제 사업에 쓰는 달력.

【字義】 牌 : 패 패, 증명 패　閽 : 문 혼　修 : 닦을 수
曆 : 달력 력

> 小寒前十日(소한전십일)에 書賑濟條例及賑曆一部(서진제조례급진력일부)하여 頒于諸鄕(반우제향)이니라.

【解釋】 소한 10일 전에 구제하는 조례(條例)와 진력(賑曆) 1부를 써서 여러 마을에 나누어 준다.

【解說】 이어서 여러 마을에 영을 내려 각각 글에 능하고 일을 잘 아는 자를 보내어 관에 나아가 배우게 하고, 관에서는 따로 똑똑한 형리(刑吏)를 보내어 면전에서 자세하고 분명하게 가르쳐서 의심나고 모르는 것이 없도록 하여, 각각 마을에 돌아가서 그대로 타일러서 조례를 알게 한다.

큰 마을마다 각각 한 부씩 주고 그 부근의 작은 마을은 각각 큰 마을에 가서 가르침을 듣도록 한다. 진력은 이날 관에서 나누어 주고, 이 뒤로부터는 모두 본리에서 이 규식에 의하여 10일마다 한 번씩 정리하여 현(縣)에 올린다. 소한 전 3일에 수령은 창고에 나가서 설치하고 배설한 것을 살펴보고, 만일 잘 되지 못한 것이 있으면 이를 고쳐서 완전하게 한다.

담 위에 가시울타리를 두른 것이 혹 빠진 곳이 있으면 완전하게 하도록 해야 하고, 문이나 사립짝이 망가진 데가 있으면 고치도록 해야 한다. 솥·가마솥 벌여 거는 것을 정연하게 하고, 나무 뚜껑과 짚뚜껑도 정결하게 해야 한다. 초가집 5칸에 각각 솥 하나씩 걸되 밑에는 모두 흙으로 쌓아서 화재를 방지하며, 위에도 역시 흙을 발라서 바람과 추위를 막는다. 지붕은 마땅히 두껍게 하며 항아리

등 모든 그릇을 관례대로 벌여 놓게 한다.

【註釋】 *小寒(소한) : 24 절기의 하나. *賑濟條例(진제조례) : 구제하는 조례.

【字義】 寒 : 찰 한 濟 : 구제할 제 曆 : 달력 력 頒 : 반포할 반 鄉 : 고을 향

小寒之日에 牧夙興詣牌殿瞻禮하고 仍詣賑場하여 饋粥頒餼니라.
(소한지일 목숙흥예패전첨례 잉예진장 궤죽반희)

【解釋】 소한날 목민관은 일찍 일어나서 전패(殿牌)에 나아가 예(禮)를 행하고, 이어서 진장에 나아가서 죽을 먹이고 구제미를 나누어 준다.

【解說】 이 날 전패에 나아가서 향을 피우고 네 번 절한 다음, 한참 동안 엎드려서 스스로 마음 속으로 이렇게 아뢴다.

"재주가 부족한 제가 이런 큰 일을 당하여 오직 충성과 지혜를 다하여 우리 성상께서 맡겨 주신 백성들의 목숨을 보존하려 합니다. 성상께서 굽어 살피는데 제가 어찌 감히 마음을 다하지 않으리까."

절을 마치면 섬돌에 올라가 앉아서 장교와 아전들을 불러서 모두 뜰에 엎드리게 하고 유시한다.

"백성은 우리 임금의 어린아이이고 굶주린 백성은 그중에서도 몹시 곤궁한 자들이며, 그대들은 그들의 형과 어른에 해당된다. 우리 아우가 몹시 곤궁하여 죽어가는데, 나와 너희들이 어찌 감히 마음을 다하여 구하지 않으랴. 너희들 모두 이 뜻을 알아서 구제하는 일에 관계되는 것은 충성과 지혜를 다하여, 한 마음으로 정진해서 이 큰 일을 잘 이룰지어다. 만일 속이고 충성스럽지 못한 일이 있으면 성상의 위엄이 멀지 않고 천지 귀신은 밝고 빽빽하게 벌여 있으니, 삼갈지어다."

가난한 선비가 하인이 없어서 몸소 구제미를 받으러 온 자는 뜰

아래에 따로 앉히어 예의를 차려 죽을 준다. 사족의 부녀는 사람을 시켜 희미를 받도록 하며, 혹 몸소 온 자는 따로 한 구석에 앉히고 죽을 준다.

조선 선조(宣祖) 때 사람 최계옥(崔啓沃)이 과거에 급제하여 방(榜)을 부르는 날에 어사화를 꽂고 홍패(紅牌)를 든 채 진청(賑廳)에 나아가서 죽을 먹으니, 사람들이 모두 이상히 여겼다.

조선 명종(明宗) 3년(1548년)에 동서의 진제장을 설치하고 상평창을 열어 굶주린 사람들을 구제하고, 사족의 과부로서 몸소 걸식하지 못하는 자는 쌀을 그 집에 보내 주도록 하였으니, 이는 민제인(閔齊仁)의 말을 따른 것이다.

【註釋】 ＊夙興(숙흥) : 아침 일찌 일어남.

＊牌殿(패전) : 각 고을 관아에 궁궐을 상징하는 패를 모신 곳.

【字義】 夙 : 일찍 숙 瞻 : 바라볼 첨 饋 : 먹일 궤 粥 : 죽 죽

立春之日(입춘지일)에 改曆修牌(개력수패)하고 大展其規(대전기규)하며 驚蟄之日(경칩지일)에 頒其貸(반기대)하고 春分之日(춘분지일)에 頒其出糶(반기출조)하며 清明之日(청명지일)에 頒其貸(반기대)니라.

【解釋】 입춘날 진력(賑曆)을 고치고 진패(賑牌)를 정리하여 크게 그 규모를 넓힌다. 경칩날에 대여곡을 나누어 주고, 춘분날에는 조미(糶米)를 나누어 주며, 청명날에는 대여곡을 나누어 준다.

【解說】 구제곡은 입춘에 이르면 장부가 번잡해지므로 묵은 진력을 다 없애 버리고 묵은 진패를 모두 거두어들이며, 부오(部伍)를 고쳐 정리하고 차례대로 대(隊)를 만들며, 새 진력을 만들고 새 진패를 나누어 준다. 입춘(立春) 후 10일에 또 한 번 정리하여 고친다.

경칩에는 땅이 녹고 농사일이 점차 시작되기 때문에 먼저 그

양식을 보조한다. 청명에는 봄 절기가 이미 늦어지고, 씨 뿌리는 일이 바야흐로 급하므로 그 종자를 보조해야 한다.

조(糶)란 오늘날 이른바 내다 파는 것이다. 곡식이 남음이 있으면 진조(賑糶)를 시행하고, 곡식이 부족하면 진조를 그만둔다.

입하 전 10일에 진력을 고치고 진패를 정리해서 희미(餼米) 받는 자를 조금 줄였다가 입하날에 진력을 고치고 진패를 정리해서 희미 받는 자를 크게 줄이며, 망종 1일 전에 진장을 철수하는데, 시행하는 의식 절차는 모두 처음과 같이 한다.

소한으로부터 망종까지 1백 53일이 되는데, 이제 1백 50일로 배정하고 보니 그 남는 것이 3일이다. 그 사이에 희미 나누어 주는 날을 혹 하루 늦추면 망종날에 이를 것이니, 백성들은 원망하지 않는다. 이웃 고을은 모두 설 이후에 희미를 나누어 주는데, 나는 소한날로부터 나누어 주니 3일의 차이를 어찌 원망하랴.

【註釋】 ＊**立春**(입춘) : 24 절기의 하나.
＊**驚蟄**(경칩) : 24 절기의 하나.
＊**春分**(춘분) : 24 사절기의 하나.
＊**清明**(청명) : 24 사절기의 하나.

【字義】 **改** : 고칠 개 **展** : 펼 전 **規** : 법 규
驚 : 놀랠 경 **蟄** : 벌레 칩 **糶** : 곡식 내줄 조

> 流乞者(유걸자)는 天下之窮民(천하지궁민) 而無告之者也(이무고지자야)니 仁牧之所盡心(인목지소진심)이요 不可忽也(불가홀야)니라.

【解釋】 떠돌며 걸식하는 거지는 천하의 궁한 백성으로서 호소할 데가 없는 자이다. 어진 목민관은 마음을 다해야지 소홀히 해서는 안 된다.

【解說】 조선의 이희문(李希文)이 선산군수로 있을 때였다. 병진년에 흉년이 들었는데 그가 간장과 죽을 싣고 새벽에 나가 밤에 들어오는 등 지성으로 진휼하니 굶주려 죽은 백성들이 없었다.

조선 숙종 때 사람 김홍진(金弘振)이 신계현령(新溪縣令)으로

있으면서 마침 큰 흉년을 당하여 굶주린 백성을 구제하는데, 아침 저녁으로 직접 나가 보고 친히 미음과 죽을 맛보며 긴 움집을 만들어 주고 약을 주어 구제하여 살린 사람이 매우 많았다. 감사가 이것을 위에 아뢰니, 특별히 품계를 올려 주어 포상하였다.

조선 정조 때 사람 참판(參判) 유의(柳誼)가 홍주목사(洪州牧使)로 있을 때였다. 작은 흉년을 당하여 거지 대여섯 명이 읍에 다니고 있었다. 공이 이를 불쌍히 여겨 마방(馬房)에 거처하게 하고 죽을 먹이고 불을 피워 주었다. 아전들이 말하기를,

"거지를 이같이 편안하게 해 주면 거지들이 구름처럼 모여들 것인데 어찌 감당하겠습니까."

하였다. 며칠이 안 되어 소문을 듣고 모여드는 거지떼가 수십 명이 되었는데, 공은 이들을 모두 받아들이고 아랫사람들이 힘껏 말려도 듣지 않았는데 모여든 자가 이미 많아지자 그 이상 더 모이지는 않았다.

내가 홍주(洪州)에 와서 그 일을 보았는데, 석양 때 마방에 있는 거지들이 나와서 따뜻한 햇볕을 쬐고 있었는데 공이 까닭을 이렇게 말하였다.

"거지는 한도가 있네. 구름처럼 모여든다고 미리 말하는 것은 모두 착한 일을 막는 말이다. 내 힘이 미치는 데까지는 우선 받아들일 것이요, 힘이 이미 다하면 놓아 보내는 것이 또한 옳지 않은가."

【註釋】 ＊流乞(유걸)：이리저리 떠돌면서 걸식함. ＊無告(무고)：하소연할 곳이 없음.

【字義】 乞：빌 걸　窮：가난할 궁　盡：다할 진　忽：소홀히 할 홀

사망지부　평민기민　각위일부
死亡之簿는 平民饑民으로 各爲一部니라.

【解釋】 사망자의 명부는 평민과 굶주린 백성을 각각 1부씩 만든다.

【解說】 동지 10일 전에 목민관은 모든 면과 마을에 영을 전해서, 동짓날 자정 이후부터 죽는 자는 그 동네에서 풍헌(風憲)에게 급히 보고하고, 풍헌은 이것을 책에 기록하되 병으로 죽은 자는 '병사(病死)'라고 주(註)를 달고, 굶어 죽은 자는 '아사(餓死)'라고 주를 단다. 비록 부잣집 노인이 병으로 세상을 떠났더라도 빠짐없이 다 기록하고, 어린애가 출생하여 바로 죽었더라도 빠짐없이 다 기록한다.

매양 보면 수령이 굶주린 백성의 죽음에 대하여 전혀 살피지 않고, 이장은 대략 몇 식구만을 책임을 때우기 위해 보고하면, 관에서도 숨기고 상사(上司)에 보고하지 않고 하나도 죽은 자가 없다고 하여 임금으로 하여금 굶어죽은 백성의 실지 수효를 알지 못하게 하니, 이는 큰 죄이다. 모든 고을이 모두 숨기는데 나만 사실대로 하면, 필경 다른 고을은 죄가 없고 나만 죄를 받게 됨을 알지 못하는 것은 아니다. 그러나 구제하는 정책은 죽는 자는 유독 다른 고을보다 많아서, 필경 혼자서 재앙을 만나게 되니, 이는 천하의 지극한 영광이다. 선비로서 글을 읽고 몸을 닦은 것은 바로 이런 곳에 쓰려는 것이니, 한 식구도 숨겨서는 안 된다.

【字義】 **死**：죽을 **사** **簿**：장부 **부** **饑**：굶주릴 **기** **各**：각기 **각**

饑饉之年(기근지년)에는 必有癘疫(필유여역)하나니 其救療之方(기구료지방)과 收瘞之政(수예지정)을 益宜盡心(익의진심)이니라.

【解釋】 기근이 든 해에는 반드시 전염병이 있는 법이니, 그 구료하는 방법과 시체를 거두어 묻는 정사에 더욱 마음을 써야 한다.

【解說】 한 집안이 모두 죽어서 병이 전염될 것을 두려워하여 들어가 보는 사람이 없으면, 그 집에 세 차례의 구제미를 그대로 그 동네에 나누어 주어 그 동네 잘 사는 집으로 하여금 이 구제미를 주관해서 사람을 사서 염하고 매장하게 한다.

혹 온 집안이 몰사해서 시체를 거두어 줄 사람이 없으면, 그 동네의 잘 사는 집에 신칙해서 몰사한 그 집의 재산을 내어 사람을 사서 염하고 매장하되 3일을 넘기지 못하게 하고, 그 염하고 매장한 사정을 관에 보고하게 한다.

이때를 당하여 목민관은 마땅히 10일에 한 번씩 나가되, 말 한 필에 종 하나를 데리고 시골 마을을 순행하여 형편을 살피고 물어서, 친히 병가에 들어가 병인을 위로하기도 하고, 친히 상가에 들어가 염하고 매장하는 것을 조사하기도 한다. 슬프고 불쌍히 여기는 간절한 마음은 반드시 귀로 듣고 눈으로 보아야 곧 느끼는 바가 있게 되니 돌아와 이 마음으로 정사를 하면 반드시 깊이 앉아 있을 때보다 크게 진보됨이 있을 것이다.

대체로 전염병이 옮기는 것은 모두 콧구멍으로 말미암는 것이다. 매양 바람부는 방향의 윗머리에서 보면 전염되지 않는데 하물며, 이 전염병은 모두 주린 데서 생긴 것임에랴. 목민관은 날마다 쌀밥과 고기를 먹었으니 전염될 까닭이 없을 것이며 이치에 통달한 자는 두려워하지 않는 것이다. 아, 자녀가 병이 들면 그 부모로서 위로하지 않는 자가 있겠는가. 이런 때를 당하여 목민관은 자주 민가에 나가서 어진 정사를 힘써 행하면, 백성들의 감격하고 기꺼이 복종함이 어떠하겠는가. 하루의 수고로 만세의 영화를 누리는데 무엇이 아까워서 하지 않는가. 무릇 이것을 즐겨 행하지 않는 자는 모두 어리석고 어두워서 정사를 말할 수 없는 자들이다.

【註釋】 *癘疫(여역) : 전염병. | *救療(구료) : 치료하여 구함.

【字義】 癘 : 전염병 려 疫 : 질병 역 療 : 치료할 료 瘞 : 묻을 예

영해유기자 양지위자녀 동치유리자
嬰孩遺棄者는 養之爲子女하고 童穉流離者는
양지위노비 병의신명국법 효유상호
養之爲奴婢하되 並宜申明國法하여 曉諭上戶니라.

【解釋】 버린 갓난아이는 길러서 자녀로 삼고, 떠돌아다니는 어린

이는 길러서 노비(奴婢)로 삼되, 모두 국법을 거듭 밝혀서 상호 잘 사는 집에 깨우쳐 달려 주어야 한다.

【解說】 숙종(肅宗) 갑신년(1704)에 민진후(閔鎭厚)가 아뢰기를,

"외방의 구제하는 규정에는 '죽을 먹는 기민을 거두어 길러서 60일이 지난 자라야 증명서를 만들어 주어, 13세 이하는 자손까지 노비로 삼고, 14세 이상은 그 당사자에 한해서만 노비로 삼는다'고 되었습니다. 그러나 서울은 외방과 차이가 있으니, 거두어 기른 지 40일 이상이 된 자로 15세 이하는 자손까지 모두 노비로 삼고, 16세 이상은 그 당사자에 한해서만 노비로 삼으며, 거두어 기른 지 40일 이하가 된 자는 장성하거나 아이이거나를 막론하고 그 당사자에 한하여 노비로 삼는 것이 마땅할 듯합니다."

하니 임금이 그대로 따랐다.

혹 선비 집안의 자녀로 떠돌며 걸식하는 자를 거두어 길러서 노비가 된 자는 목민관이 일이 안정된 뒤에 관에서 돈을 내어 이것을 갚아 주고 양민(良民)이 되게 하면 또한 음덕(陰德)이라 할 수 있다.

【註釋】 ＊嬰孩(영해)：어린 아이.
＊遺棄(유기)：내다 버림.
＊童穉(동치)：어린이.
＊曉諭(효유)：분명하게 타이름.

【字義】 嬰：어린애 영　孩：아이 해　棄：버릴 기
童：아이 동　穉：어린이 치　曉：밝을 효
諭：깨우쳐줄 유

제5조 힘을 보탬〔補力〕

세사기판 의칙수전대위한전 한파타곡
歲事旣判이면 宜飭水田垈爲旱田하여 旱播他穀

급추신권종맥
하고 及秋申勸種麥이니라.

【解釋】 농사가 흉작으로 판가름나면 마땅히 논을 갈아엎어 밭으로 만들도록 당부해서 일찍 다른 곡식을 뿌리도록 하고, 가을이 되면 보리를 갈도록 거듭 권한다.

【解說】 기사년(순조 9, 1809) 여름에 가뭄으로 농사가 흉작이 되자, 조정에서 메밀을 갈도록 권했다. 그러나 남쪽 변방 수십 고을에는 도무지 메밀씨가 없고, 오직 영암군(靈巖郡)에 2백여 섬이 있을 뿐이었다. 감사가 두어 고을에 명하여 나누어 쓰도록 하였더니, 그 두어 고을에서는 백성들을 거느리고 갔다. 그러나 영암 백성 수천 명이 모여들어 거절하므로 관에서도 이를 금지하지 못하였다. 그래서 다른 고을에서 온 백성들은 모두 슬픈 얼굴로 돌아갔다.

순조 14년(1814) 여름에 가뭄으로 농사가 흉작이자, 현령이 차조를 갈도록 권했으나 남쪽 변방 열 고을에는 종자가 없고, 오직 장흥(長興) 김씨(金氏)의 집에 3백 말이 있었다. 이것을 한 되에 돈 15닢씩을 받고 파니, 수일 사이에 4백 50냥이 되었는데, 그 본값을 따지면 30냥에 지나지 않았다. 백성들이 이 일을 눈으로 보고서도, 그 뒤에도 역시 저축하는 자가 없었다.

다른 곡식을 대신 심을 논에는 미리 조세 면제를 허락한 뒤라야 백성들이 즐겨 대파할 것이다. 이 영이 분명하지 않고 보면 권하여도 대파하지 않을 것이다.

【字義】 歲 : 해 세　　事 : 일 사　　飭 : 단속할 칙
垈 : 터 대　　旱 : 마를 한　　播 : 씨뿌릴 파
穀 : 곡식 곡　　種 : 심을 종　　麥 : 보리 맥

춘 인 기 장 / 가 흥 공 역 / 공 해 퇴 비 / 수 수
春日旣長이면 可興工役이니 公廨頹圮어든 須修
영 자 / 의 어 차 시 보 즙
營者는 宜於此時補葺이니라.

【解釋】 봄철 해가 길어지면 공사를 일으킬 수 있으니, 허물어진 관사(官舍)로 고쳐야 할 것은 이때에 수리해야 한다.

【解說】 조선 광해군 때 사람 참판 이후산(李後山)이 관동을 다스리면서 큰 흉년을 만났다. 그런데 감영이 임진왜란에 허물어져서 오래도록 다시 세우지 못하니 공이 말하기를,

"옛사람이 흉년을 당해서 토목 공사를 일으킨 것도 한 가지 방법이다."

하고는 감영 안의 쌀과 포목을 내어 주린 백성들을 모집하니, 사람들이 구름처럼 모여들어 몇 달이 못 되어 공사가 완성되었다.

【註釋】 *公廨(공해) : 관청 건물. 관사(館舍).
*頹圮(퇴비) : 낡거나 무너짐.
*補葺(보즙) : 수리함.

【字義】 役 : 일 역　廨 : 집 해　頹 : 무너질 퇴
圮 : 무너질 비　修 : 고칠 수　葺 : 수리할 즙

救荒之草(구황지초)로 可補民食者(가보민식자)는 宜選佳品(의선가품)하여 令學宮諸儒(영학궁제유)로 抄取數種(초취수종)하여 使各傳聞(사각전문)이니라.

【解釋】 구황(救荒)하는 식물로서 백성들의 식량에 보탬이 될 만한 것은, 좋은 것을 골라서 향교의 여러 선비들로 하여금 두어 가지 종류를 가리게 하여 각각 전해 알리게 해야 한다.

【解說】 송의 범중엄(范仲淹)이 명을 받들고 강회(江淮)를 안무(按撫)할 때 큰 흉년이 들었다. 백성이 먹는 오매초(烏昧草)를 황제에게 바쳤더니, 이것을 궁궐 안에 두루 보여 사치하는 것을 억제하였다.

송의 범순인(范純仁)이 경주지주(慶州知州)로 있을 때였다. 큰 흉년이 들어 오곡의 종자가 떨어졌는데, 관청에 저축한 것은 한도가 있어 이어대지 못할까 두려워하였다. 마침 이해 가을에 쑥이 나서 들판을 덮더니, 조와 같은 열매가 맺혀 먹을 만하였다. 수확한 것이 많아 백성들이 먹고 살 수 있었는데 먹고 남은 것은 관에서 사들이게 하였다.

명(明)의 제지란(齊之鸞)이 섬서첨사(陝西僉事)로 있을 때, 떠도는 백성들이 쑥을 베는 것을 보니, 쑥에 두 종류가 있는데 그 씨가 가루를 만들 만하였다. 이에 굶주린 백성들이 이것을 먹고 5년 동안이나 지냈다. 가루를 만들어 먹는 것을 보고, 가져다가 씹어보니 입을 쏘고 뱃속에 들어가면 떫어서 여러 날 구역질이 났다. 그래서 가난한 백성들의 곤궁한 정상을 기록하고 아울러 쑥씨를 따서 나라에 바쳤다. 정의부(鄭毅夫)가 이런 시를 지었다.

아침에 광주리 가지고 나가서 朝携一筐出 / 저녁에 한 광주리 가지고 돌아오네 暮携一筐歸 / 열 손가락에 피가 흐르려 하는데 十指欲流血 / 급한 것은 눈앞의 굶주림이네 且急眼前飢 / 관청 창고에 어찌 곡식이 없으리요 官倉豈無粟 / 낟알 낟알이 보배처럼 저장해 두었지 粒粒藏珠璣 / 한 알도 창고에서 내놓지 않으니 一粒不出倉 / 창고 안의 쥐들만 살이 찌네 倉中群鼠肥

조선 현종(顯宗) 12년(1671년)에 큰 기근이 드니, 좌승지(左承旨) 이단하(李端夏)가 이렇게 상소하였다.

"오곡 이외에 먹을 만한 초목 가운데는 솔잎만한 것이 없습니다. 신이 듣건대, 임진왜란 뒤 계사년에 죽을 쑤어 기민들을 먹일 적에, 솔잎 가루 10분에 쌀가루 1분을 섞어서 죽을 쑤어 먹였다고 합니다. 금년에는 죽을 쑬 밑천으로 1명에 평균 쌀 2홉을 사용합니다. 이 2홉 쌀을 가루로 만들면 5홉이 될 것이고, 이 5홉이면 5명을 먹일 수 있을 것입니다. 1명이 먹을 것으로 5명에게 나누어 먹이는 것이 또한 큰 이익이 되지 않겠습니까. 다만 각 읍에서 솔잎 죽을 먹이기도 하고, 쌀죽을 먹이기도 하면, 굶주린 백성들이 반드시 솔잎죽을 피해 쌀죽 있는 데로 가는 자가 있을 것입니다. 그리고 솔잎죽을 먹이려는 관리는 반드시 그들이 비난할까 싶어 착실하게 시행하지 못할 것이며, 쌀이 다 없어진 뒤에 다시 솔잎을 쓰고자 하더라도 거기에 섞을 쌀이 또한 없고 보면, 다시는 어찌할 도리가 없을 것입니다.

신의 의견으로는 먼저 서울에서부터 솔잎죽을 쑤어 먹이고 딴 죽을 먹이지 말며, 그 중에 솔잎죽을 먹으려 하지 않는 자는 굶주린 백성이 아니니 일체 물리치는 것이 좋겠습니다. 그리고 외방으로 하여금 오로지 솔잎 가루로 죽을 쑤게 하면, 쌀을 적게 들이고서도 살리는 백성의 수는 한없이 많을 것입니다."

《구황본초》에는 이렇게 말하였다.

"검정콩 5되를 물에 씻어서 세 번을 쪄서 볕에 말려 껍질을 벗겨 가루로 만들고, 삼씨 3홉을 더운 물에 담가 하룻밤 재웠다가 건져 말려 세 번 쪄서 눈이 벌어지거든 껍질을 벗겨서 가루를 만든다. 이것을 찹쌀죽에 넣어 같이 찧은 다음 또 쪄서 떡을 만들면 곡식을 끊고 살 수도 있다."

【註釋】 ***救荒之草**(구황지초) : 흉년에 먹고 살 만한 풀.
***佳品**(가품) : 품질이 좋은 것.
***傳聞**(전문) : 서로 전해가며 알려줌.

【字義】 **救** : 구할 구　**補** : 보탤 보　**佳** : 아름다울 가
儒 : 유생 유　**聞** : 들을 문

흉년제도지정　재소치력　불가홀야　득
凶年除盜之政을 在所致力하여 不可忽也나 得
정즉애불가살야
情則哀不可殺也니라.

【解釋】 흉년에는 도둑을 없애는 정사는 힘써서 소홀히 해서는 안 되지만, 실정을 알고 나면 불쌍해서 죽일 수가 없다.

【解說】 《다산필담》에 이렇게 말하였다.

"순조 9년(1809)과 순조 14년(1814)의 기근에 양민들이 강도로 변하여 수십 명이 모여서 모두 종이로 만든 탈을 쓰고 밤을 타서 살림이 있는 민가를 털었다. 여러 고을의 수령들이 이 도둑들을 잡으면 곧 사형에 처하고 혹 옥에 가두어 여위어 죽게 하니, 백성들이 모두 편하다고 하였다.

나는 일찍이 이런 일은 너무 고정시켜서는 안 된다고 여겼다. 흉년에 이런 짓을 하는 자는 절도를 작다고 여겨서 이런 큰 도둑질을 하는 것은 아니다. 절도란 남달리 타고난 재주가 있어서

구멍을 뚫고 담을 넘으며, 문지방을 부수고 자물쇠를 열며, 개처럼 기고 사람을 홀리는 것이 모두 술법이 있는 것이므로 양민으로서는 할 수가 없는 것이다. 그래서 서로 모여 모의해서 드러내 놓고 강도짓을 하는 것이다. 절도는 비록 풍년을 만나도 양민이 되지 않아서 감화를 시키려 해도 어쩔 수가 없지만, 흉년에 이런 강도짓을 하는 자는 풍년이 되면 양민이 된다. 이것으로 보면, 죽이기는 애석하여 그 실정을 알고 나면 불쌍하다고 하는 것이다. 맹자(孟子)가 말하기를 '흉년에는 자제들이 악함이 많고 풍년든 해에는 자제들이 선함이 많다.' 하였으니, 이는 양심을 잃어버린 때문이다. 그렇다면 어떻게 하면 좋은가. 외딴 섬에 귀양보냈다가, 풍년이 된 뒤에 석방하는 것이 옳다."

논밭의 곡식을 훔치는 좀도둑과 대낮에 남의 집에 들어가서 놋그릇이나 옷을 훔치는 자는 이루 다 죽일 수 없으니, 마땅히 방을 붙여서 게시해야 한다.

【字義】 凶 : 흉년 흉　除 : 없앨 제　盜 : 도적 도
致 : 이를 치　忽 : 소홀히할 홀　殺 : 죽일 살

기민방화자　　의역엄금 飢民放火者는 宜亦嚴禁이니라.

【解釋】 굶주린 백성이 불지르는 것도 마땅히 엄금해야 한다.

【解說】 《다산필담》에 이렇게 말하였다.

"기사년·갑술년의 흉년에 굶주리는 사람들이 타고난 양심을 잃고 한 그릇 밥, 한 그릇의 국의 원한으로 섶을 안고 이웃으로 달려가 불을 지르므로, 남당(南塘)지방의 4백여 호가 날마다 8~9 호씩 불타서 열흘이 못되어 터만 남았다. 바닷가 여러 마을에 이 불을 지르는 근심이 더욱 심하니, 엄한 법으로 방을 붙여서 그 버릇을 금지하여 없애도록 해야 한다."

이렇게 게시해야 한다.

"한 그릇 밥과 한 그릇 국으로 깊은 원수를 맺어서, 문득 불지

르는 자가 있으면 즉시 붙잡아서 증거가 명백한 경우에는 조사해보아, 만일 사실이면 즉시 관으로 잡아 보내어 경내 밖으로 내쫓는다."

순조 9년(1809)의 기근에, 보성군(寶城郡)의 창고지기가 창고 안의 만여 석 곡식을 도둑질하고는 불을 놓아 창고를 태워 버리니, 사형에 처하였다.

【字義】 飢 : 굶주릴 기 放 : 놓을 방 嚴 : 엄할 엄 禁 : 금할 금

미곡 막여주례 주금 미가이야
靡穀은 莫如酒醴니 酒禁을 未可已也니라.

【解釋】 곡식을 소모하는 것으로는 술과 단술보다 더한 것이 없으니, 술 금하는 것을 그만 둘 수 없다.

【解說】 흉년에 술을 금하는 것은 지금 상례가 되었다. 그러나 아전이나 군교들이 이를 빙자해서 백성들을 침탈하여 술을 금하지 못하고 백성만 더욱 견디지 못한다. 또 막걸리는 요기가 되므로, 길가는 자에게 도움이 되니 반드시 엄금할 것이 없다. 오직 성 안의 소주는 아전과 군교들의 음탕과 주정을 부리는 자료가 되는 것이니, 엄금하지 않을 수 없다. 마땅히 술통을 거두어다가 창고에 저장하고 아울러 도기점(陶器店)에 타일러서 술통을 새로 만들지 못하게 하여야 한다. 만일 비밀히 술을 빚는 자가 있으면 모두 벌금을 징수하여 구제하는 밑천에 보충한다.

【註釋】 *酒醴(주례) : 술과 단술. | *酒禁(주금) : 술을 법으로 금함.

【字義】 靡 : 소모할 미 醴 : 단술 례 未 : 못할 미 已 : 그만둘 이

박정기책 선왕지법야 동이수량 춘이
薄征己責은 先王之法也라. 冬而收糧하고 春而

收稅(수세)와 乃民庫雜徭(내민고잡요)와 邸吏私債(저리사채)는 悉從寬緩(실종관완)이요 不可催督(불가최독)이니라.

【解釋】 세금을 가볍게 하고 공채(公債)를 탕감해 주는 것은 선왕(先王)의 법이다. 겨울에 양식을 거두고 봄에 조세 거두는 것과 민고(民庫)의 잡역(雜役)과 저리(邸吏)의 사채(私債)도 모두 너그럽게 완화해 주고 재촉해서는 안 된다.

【解說】 환자곡(還子穀)은 비록 큰 흉년이라도 4분의 1을 연기하는데 지나지 않고, 감사 소관의 곡식과 통영(統營) 소관의 곡식은 모두 연기하지 않는다. 또 법에는 이른바 절반을 창고에 남겨둔다는 것도 지금은 창고를 털어서 모두 나누어 주지 않은 것이 없다. 환자곡을 전혀 받아들이지 않는다면 이듬해의 구제에 더욱 손을 쓸 수가 없을 것이니, 환자곡은 독촉하지 않을 수가 없다.

목민관은 상강(霜降)날로부터 날마다 주리지 않는 민호(民戶)로 하여금 급히 환자곡을 바치게 해서 이것으로 구제할 바탕을 세운다. 간절하고 따뜻한 말로 감동시키면, 10월 이내에 바칠 만한 것은 모두 걷힐 것이고, 바치지 못할 자에게는 추상같이 꾸짖고 매를 때려서 날마다 피를 흘린대도 소용이 없다.

그 환자곡의 깨끗하고 거친 기준은 봄에 내줄 때의 것을 표준으로 삼는다. 봄에 내줄 적에 깨끗하던 것은 더욱 깨끗한 것으로 거둘 것이고, 봄에 내줄 때에 거친 것은 너무 깨끗한 것을 요구해서는 안 된다. 받아서 까불고 관에서 그 부족한 것을 채울 뿐이다.

기사년 기근에 나사촌(蘿山村)에 한 선비가 있었다 세미(稅米)를 바칠 것이 2석이었는데 바치지 못하고 죽었다. 관원을 보내어 가족에게서 받게 했더니, 바치지 않고 도망하였다. 다시 동네에서 거두게 했더니, 그 전지를 모두 팔아 세미를 근근히 메워 넣었는데 그 집 고아와 과부가 떠돌아다니다가 드디어 길에서 굶어 죽었다. 그 본전을 계산하니 1천 2백냥이었다. 아, 재상이 공청에 나가는데는 의례 큰 횃불 한 쌍을 태우는데, 그 값이 쌀 2석이다. 지금의 재상들이 자기의 가마 앞에 있는 한 쌍의 횃불값이 1천 2백 냥인 줄을 알겠는가, 백성들의 슬픔이 이와 같으니 청컨대 좀 살펴 주기 바란다.

【註釋】 ＊薄征己責(박정기책)：세금을 가볍게 하고 공채를 탕감함.
＊雜徭(잡요)：여러 가지 부역.
＊寬緩(관완)：느슨하게 천천히 함.
＊催督(최독)：독촉함.

【字義】 薄：엷을 박 征：세금 정 糧：양식 량
庫：창고 고 債：빚 채 催：재촉할 최

제6조 진휼을 마침〔竣事〕

賑事將畢(진사장필)이어든 點檢始終(점검시종)하여 所犯罪過(소범죄과)를 一一(일일) 省察(성찰)이니라.

【解釋】 구제하는 일이 끝나가면 처음과 끝을 점검해서, 범한 잘못을 하나하나 살핀다.

【解說】 사람으로서 두려워할 것이 세 가지가 있으니, 백성과 하늘과 자기의 마음이다. 뜻에 정성스럽지 않은 것이 있고, 마음에 바르지 않은 것이 있어서, 상사를 속이고 국가를 속이며, 구차스레 형벌을 피하고 이익과 봉급을 보존하기를 도모해서, 스스로 천하의 교모하게 꾸미는 일을 다한 것으로 여기지만 털끝만한 거짓도 백성들은 모르는 것이 없다. 자기의 죄를 알려면 모름지기 백성들의 말을 들어야 한다. 상사(上司)와 군부(君父)는 속일 수 있어도 백성은 속일 수 없고, 천지·귀신이 밝게 펴져 있고 빽빽하게 벌려 섰으니 하늘은 속일 수 없으며, 은연중에 맥이 떨어져서 우러러보아도 굽어봐도 부끄러우니 마음은 속일 수 없다. 이 세 가지에 속임이 없으면 나의 진휼하는 일에 거의 허물이 적을 것이다.

다섯 가지를 숨긴다는 것은 첫째는 사망을 숨기는 것이고, 둘째는 굶주림을 숨기는 것이고, 셋째는 굶어 죽음을 숨기는 것이고, 넷째는 죽이는 것을 숨기는 것이고, 다섯째는 포흠난 것을 숨기는 것이다.

사망자가 잇달아서 날마다 울부짖는 집이 1천 호나 되지만, 간략히 한두 집으로 장부를 정리하여 상사에 보고해서 상관으로 하여금 실제 숫자를 듣지 못하게 하고, 임금으로 하여금 아랫사람들의 뜻을 살피지 못하게 한다. 이는 사망을 숨기는 것이다.

굶주리는 자가 10만이나 되건만, 오직 1만 명만 굶주린 가구로 뽑히고, 뽑힌 자 1만 명 중에서도 1천 명만이 삭제를 면한다. 감사가 의심하여 정미하게 뽑았느냐고 물으면 대답하기를,

"이상합니다. 백성들이 심히 굶주리지 않습니다. 뽑기를 널리 하였는데도 그 숫자가 여기에 그칩니다."

한다. 이것은 그 굶주림을 숨기는 것이다.

부자가 서로 잡아 먹어도 관에서는 이를 숨기고 송장을 헤치고 사람고기를 먹어도 관에서는 이를 숨긴다. 한길에는 죽은 사람이 여기저기 흩어져 있는데, 비장(裨將)이 온다는 소문이 있으면 두어 걸음을 옮기고, 암행어사가 온다는 소문이 있으면 곧 구렁에 집어 던진다. 그리고서 상사에 보고하는 데는 거짓으로 꾸며 헛말을 만들어, 관에서 봉급을 내어 법대로 거두어 매장하였다 한다. 이는 굶어 죽는 자를 숨기는 것이다.

주려서 고니의 얼굴에 누런빛을 하고, 현기증이 나서 비틀거리는 모양이 불면 날아갈 듯 잡으면 터질 듯한 백성을 매를 때려 피가 흐르게 하고, 양곡 거두는 것을 독촉하여 죽는 자가 잇달아도 병 때문에 죽은 것으로 돌려 버린다. 백성들이 바야흐로 크게 지쳐서 멀리 갈 수가 없으므로 호소하지 못해 아무런 일이 없게 된다. 이는 죽이는 것을 숨기는 것이다.

국가에서 공적으로 내려주는 곡식과 감영에서 조치해 주는 곡식을 아전이 먹고서 가을이 되어도 거두지 못한다. 상사는 그것을 알지 못하고 '진자(賑資)로 삼으라.'고 제사한다. 들추자니 죄가 드러날 것이고, 거두자니 형편이 되지 않으므로, 따라서 이를 숨

기고 오직 굶주린 인구만 줄인다. 이는 포흠을 숨기는 것이다.

【字義】 **賑**：구제할 진 **畢**：마칠 필 **始**：처음 시 **終**：마칠 종 **省**：살필 성

자비지곡 **自備之穀**은 장보상사 **將報上司**니 자사정실 **自査情實**하여 무감허장 **毋敢虛張**이니라.

【解釋】 스스로 비축한 곡식은 상사에 보고해야 하니, 스스로 실정을 조사해서 감히 거짓 기록하지 말 것이다.

【解說】 조선 현종 때 사람 임윤석(任允錫)이 합천군수(陜川郡守)가 되었는데, 그 이듬해에 큰 흉년이 들고 전염병이 돌아 죽는 자가 길에 즐비하였다. 임윤석이 마음을 다하여 진휼해서 살린 바가 매우 많았다. 이때에 곡식 모은 것의 많고 적은 것으로 상을 주니, 군현에서 상타기를 바라고 모두 그 숫자를 늘렸으나 공은 마땅치 않게 여겼기 때문에 상을 타지 못하였다.

조선 현종 때 사람 이적(李積)이 임피현령(臨陂縣令)으로 있을 적에 큰 기근을 당하였다. 정성을 다하여 진휼하여 온 경내가 죽음을 면하게 되었다. 안찰사가 진휼을 잘했다는 것으로 표창해 보고했다. 그러나 공은 명예를 요구하고 상을 바라는 것을 부끄러워하여 스스로 예비한 곡식의 수량을 말하지 않았기 때문에 홀로 상을 받지 못하였다.

조선 숙종 때 사람 이관(李慣)이 여러 번 고을을 맡아 다스렸다. 일찍이 말하기를,

"수령인 자가 사사로이 비축한 구제곡은 반드시 바른 방법으로 한 것은 아닐 것이니, 이로 말미암아 상받기를 바라는 것은 심히 부끄러운 일이다."

하였다. 이 때문에 굶주린 백성을 먹인 것이 많았으나, 상사에 보고하는 데는 조정 명령에 응하여 약간 명만 하였다. 전관(銓官)이, 공이 경주부윤(慶州府尹)으로 있을 때 보고한 것을 보고 감탄하여

말하였다.

"작은 고을에서도 스스로 비축한 진곡이 수천 석에 이르는데, 경주 같은 큰 고을에서 10여 석뿐이니 이는 실지 숫자를 보고 하지 않은 것을 알 수 있다. 많이 비축했다고 상을 받은 자들은 어찌 부끄럽지 않겠는가."

【字義】 備 : 갖출 비　報 : 알릴 보　實 : 실제 실
虛 : 거짓 허　張 : 떠벌릴 장

선 여 불 선　기 공 기 죄　상 관 법 령　사 가
善與不善과 其功其罪는 詳觀法令하면 斯可
이 자 지 의
以自知矣니라.

【解釋】 잘하고 잘못한 것이나 공로와 죄과는, 법령을 자세히 보면 저절로 알게 될 것이다.

【解說】 조선 숙종(肅宗) 계해년(1683)에 부안(扶安) 선비 신종제(申宗濟)가 굶주림을 견디지 못하여, 처자를 버리고 얼음을 깨뜨리고 물에 빠져 죽었다. 도신이 이를 아뢰니, 휼전(恤典)을 베풀라 명 하고, 그 고을 현감은 잡아다가 감영에서 장형을 결행하게 하였다.

숙종(肅宗) 병자년(1696)에 팔도 도신에게 이렇게 유시하였다.

"각별히 진휼하되, 절대로 굶주리는 백성들이 먹을 쌀에서 1홉이라도 간사한 아전들의 쌀자루를 윤택하게 해 주는 밑천이 되지 않게 하라. 수령 중에 형편없는 사람이 재리(財利)를 빙자하여 백성들의 죽음을 서서 보고만 있는 자가 있으면, 내가 처자까지 사형에 처할 것이고 단연코 용서하지 않으리라."

영조(英祖) 경신년(1740)에 경기·황해·강원 3도의 기민들이 떠돌다가 서울에 들어오는 자가 1천 4백여 명이나 되었다. 임금이 듣고, 편안히 모아 살게 하지 못하였다 하여 그 세 곳의 도신을 책망하고, 이어서 죽을 쑤어 진휼하라 명하였다.

【字義】 善 : 착할 **선** 罪 : 죄 **죄** 詳 : 자세히 **상**
知 : 알 **지**

> 망 종 지 일 기 파 진 장 내 설 파 진 지 연 불
> 芒種之日에 旣罷賑場하고 乃設罷賑之宴하되 不
> 용 기 악
> 用妓樂이니라.

【解釋】 망종날 이미 진장을 파하면, 곧 파진연(罷賑宴)을 베풀되, 기악(妓樂)은 쓰지 않는다.

【解說】 파진연이란 큰 일을 이미 끝마치고 나서 수고한 자들을 위로하는 것이고, 경사스럽고 기쁜 일이 아니니, 한 잔 술과 한 접시 고기로 여러 사람의 노고를 위로하여 대접할 뿐이다. 죽은 자가 만 명이나 되는데 시체를 묻지 못했고, 살아 있는 자는 병에 걸려 신음하는 소리가 끊이지 않으며, 굶주린 창자가 보리밥에 갑자기 배가 불러서 새로 죽는 자가 또한 많다. 이 때가 어느 때이기에 서로 함께 즐기겠는가. 내가 보건대, 큰 흉년 뒤에 관에서 이 잔치를 베풀면, 백성들이 그 음악 소리를 듣고 모두 탄식하고 눈물 흘리며 성낸 눈으로 밉게 보지 않는 자가 없으니, 춤과 음악은 절대로 써서는 안 된다. 목민관이 조금이라도 생각이 있다면 어찌 이런 일을 하겠는가.

【註釋】 *芒種(망종) : 24 절기의 하나. 6월 5일경으로, 보리는 익어 먹게 되고 볏모가 자라 심을 때임.
*妓樂(기악) : 기생과 음악.

【字義】 芒 : 가시랑 **망** 罷 : 마칠 **파** 宴 : 잔치 **연**
妓 : 기생 **기** 樂 : 음악 **악**

> 시 일 논 공 행 상 궐 명 일 수 부 보 사
> 是日에 論功行賞하고 厥明日에 修簿報司니라.

【解釋】 이날 논공행상(論功行賞)하고 이튿날에는 장부를 정리하여

상사에 보고한다.

【解說】《속대전(續大典)》〈호전조(戶典條)〉에는 이렇게 되어 있다.

"굶주린 백성을 사사로이 진휼해서 많이 살린 자와, 자기 곡식을 내어 관의 진휼을 도운 자는, 그 많고 적음에 따라서 상을 차등 있게 준다."

《대전통편(大典通編)》〈호전조(戶典條)〉에는 이렇게 규정하고 있다.

"각도의 진곡(賑穀)을 바치기를 원하는 사람으로 50석 이상은 기록해서 나라에 아뢰고, 50석 이하는 본도에서 상을 준다."

법은 비록 이와 같으나, 조정에서 처분이 없으면 2백 석 이상은 현령이 힘을 다하여 공로에 보답하고, 만일 동지(同知) 등을 원하지 않는 사람이 있으면 좋은 책 1부를 사서 차등 있게 상을 준다. 50석 이상부터 1백 석에 이른 자로써 향임(鄕任)을 원하지 않는 자는 역시 서적을 준다. 무릇 꾸어 준 자는 가을에는 응당 곡식을 받을 것이니, 부채 한 자루 이외에는 상을 줄 필요가 없다.

그 마감(磨勘)하는 문서는 겸손함을 따르고 자랑하는 일이 없도록 하여, 자기의 공은 숨기고 남의 잘하는 것은 드러내서 상하(上下)의 듣는 사람이 모두 그 아량에 복종하게 하고, 좌우에서 일하는 사람이 모두 감격하는 한 마음을 품게 하면 또한 좋지 않겠는가. 스스로 예비한 곡식은 1천 석에 이르렀더라도 절대로 기록에 올리지 말고, 권분(勸分)한 곡식은 몇 섬에 그치더라도 절대로 빼놓지 말아야 할 것이다.

【註釋】 ***論功行賞**(논공행상) : 공이 있는 사람에게 상을 줌.

***修簿報司**(수부보사) : 장부를 만들어 상관에게 보고함.

【字義】 **論** : 의론할 론　**功** : 공로 공　**厥** : 그 궐
簿 : 장부 부

대기지여　민지면철　여대병지여　원기
大饑之餘에는 民之綿綴이 如大病之餘에 元氣

미복 무수안집 불가홀야
未復하니 撫綏安集을 不可忽也니라.

【解釋】 큰 흉년이 든 뒤에는 백성들의 기진맥진함이 마치 큰 병을 치른 뒤에 원기가 회복되지 않은 것과 같으니, 어루만지고 안정시키는 것을 소홀히 해서는 안 된다.

【解說】 안정시키는 방법은 첫째는 양식을 돕는 것이고, 둘째는 농우(農牛)를 돕는 것이고, 셋째는 부세(賦稅)를 가볍게 하는 것이고, 넷째는 빚을 탕감해 주는 것이다. 목민관은 때때로 마을과 들을 순행하여 질폐와 괴로움을 묻고, 하고자 하는 바를 물어서 간곡히 그 뜻을 이루어 주어 근본을 배양하고, 흔들지도 말고 침해하지도 말아서 혹시 상할까 두려워하듯 해야 할 것이니, 이것이 큰 병을 조리하는 방법이다.

숙종(肅宗) 7년(1681)의 일이다. 이전에 관서 지방에 해마다 흉년이 들었는데, 여섯 고을이 더욱 심했다. 기민 중에 일가는 있어도 전지가 없는 자, 일가는 없어도 전지가 있는 자, 일가도 없고 전지도 없어 떠돌며 걸식하는 자 세 등급을 나누어 양식을 주고 그 뒤에 떠돌며 걸식하는 무리는 모두 조세를 탕감하도록 허락하였었다. 이때에 이르러 또 감사의 보고에 따라 다시 전지가 없는 자를 조사해서 일체를 면제해 주니, 그 곡식이 1천6백30여 석이었다 한다.

【註釋】 *綿綴(면철) : 실가닥처럼 위태로움.
*撫綏安集(무수안집) : 편하도록 어루만져 주고 편안하게 모여 살게 함.

【字義】 饑 : 흉년 기 餘 : 남을 여 綿 : 무명 면
綴 : 이을 철 復 : 회복할 복 撫 : 어루만질 무
綏 : 편안할 수

해관육조(解官六條)

제1조 벼슬이 갈림〔遞代〕

관 필 유 체 　체 이 불 경 　실 이 불 련 　민 사
官必有遞하니 遞而不驚하고 失而不戀이면 民斯
경 지 의
敬之矣이리라.

【解釋】 관직은 반드시 체임(遞任)되게 마련이니, 갈려도 놀라지 않고 잃어도 미련을 갖지 않으면 백성들이 공경한다.

【解說】 '관원 생활은 품팔이 생활이다.'라는 말이 있으니, 아침에 승진하였다가 저녁에 파면되어 믿을 수 없음을 말하는 것이다.

그런데 수령으로서 천박한 자는 관청을 자기 집으로 인식하여 오래 누리려고 생각하다가, 하루아침에 상사가 공문을 보내오거나 통보가 있으면, 놀라고 당황하여 어찌할 줄을 몰라서 큰 보물을 잃어버린 것같이 한다. 처자는 서로 돌아보고 눈물을 흘리고 아전과 종은 곁눈질하여 보고서 비웃어서 관직을 잃은 외에도 잃은 것이 또한 많으니, 어찌 슬프지 않은가.

그러므로 예전의 어진 수령은 관아를 여관으로 여겨서 마치 이른 아침에 떠날 것처럼 하여, 장부를 정리하고 짐을 묶어두고 항상 가을 매가 가지에 앉아서 훌쩍 날아가려는 것같이 하고, 한 점의 속된 미련도 두지 않는다. 공문이 오면 곧 떠나고 전혀 미련을 두지 않아야 하니, 이것이 맑은 선비의 행실이다. 이와 같음을 안다면 비록 어사(御史)가 일을 조사하고 차관(差官)이 창고를 봉해 잠그더라도, 어찌 조금이라도 내 마음을 움직일 수 있겠는가. 수령이 정사하는 여가에 한 생각을 일깨움이 여기에만 있으면, 일에 임하

여 거의 당황하지 않을 것이다.

송(宋)의 왕환지(王渙之)가 말하였다.

"수레를 타면 항상 쓰러지고 떨어질 생각으로 처신하며, 배를 타면 항상 뒤집어지고 빠지는 생각으로 처신하며, 벼슬을 하면 항상 불우(不遇)할 생각으로 처신하라."

송의 양만리(楊萬里)가 벼슬에 있을 때에, 서울에서 집에까지 돌아갈 만한 노자를 계산하여 상자에 넣어 자는 방에 두고서, 집안 사람을 단속하여 한 가지 물건도 사지 못하도록 하였으니, 돌아가는 짐에 누가 될까 두려워해서였는데, 날마다 행장을 재촉하는 자처럼 하였다.

정선(鄭瑄)이 말하였다.

"옛날에 어떤 경조윤(京兆尹)이 있었는데, 그 이름은 잊었다. 가족을 데려오지 않고 해어진 상자 한 짐뿐이었다. 매일 새벽에 일어나면 장막을 걷고 자리를 개며, 식사가 끝나면 주발을 씻고 수저를 챙겨 넣고 항상 여관에 든 사람이 떠나가려는 것같이 하였다. 그래서 호강(豪强)한 자를 누르고 환관(宦官)들을 거절하되 모두 두려워하는 것이 없었다."

【字義】 遞 : 바뀔 체　　驚 : 놀랄 경　　戀 : 생각 련
敬 : 존경할 경

기관여사 고지의야 기체이비 불역수호
棄官如蹝는 古之義也니 旣遞而悲면 不亦羞乎아.

【解釋】 벼슬을 헌신짝처럼 버리는 것이 옛사람의 의리이니, 교체되었다 해서 슬퍼하면 부끄러운 일이 아닌가.

【解說】 한(漢)의 왕양(王陽)이 익주자사(益州刺史)가 되어 소관 지방을 순행하다가 한 고개에 이르러 탄식하기를,

"아버지가 물려준 몸으로 어찌 자주 이런 험한 곳을 오르랴."
하였는데, 뒤에 병을 핑계하고는 가버렸다.

진(晉)의 도잠(陶潛)이 팽택령(彭澤令)으로 있을 때에 군수가 독우(督郵)를 보내오자, 아전이 말하기를,

"큰 띠를 매고 만나소서."

하였다. 도잠이 탄식하기를,

"다섯 말 쌀의 봉급 때문에 허리를 굽혀서 시골의 조무래기를 섬길 수 없다."

하고는, 곧 인끈을 풀어 놓고 귀거래사(歸去來辭)를 읊고는 돌아와 버렸다.

고려 최재(崔宰)가 지양주사(知襄州事)로 있을 적에 원(元)나라 강향사(降香使)가 와서 존무사(存撫使)를 욕보이니, 최재는 장차 자기에게도 미칠 것이라 여겨 벼슬을 버리고 가버렸다.

【字義】 棄 : 버릴 기　　蹝 : 짚신 사　　悲 : 슬플 비
羞 : 부끄러울 수

치부유소　명일수행　청사지풍야　감
治簿有素하여 明日遂行이면 清士之風也요 勘
부염명　비무후환　지사지행야
簿廉明하여 俾無後患이면 智士之行也니라.

【解釋】 평소에 장부를 정리해 두어서 이튿날 곧 떠나는 것은 맑은 선비의 기풍이요, 문부를 청렴하고 밝게 마감하여 뒷근심이 없게 하는 것은 지혜 있는 선비의 행동이다.

【解說】 수령이 평일에 관아를 여관처럼 여겨서, 월말마다 문부를 정리하여 자기 스스로 마감해 보아서 빚지고 포흠낸 것이 없고 또한 어지럽고 뒤섞인 것이 없으면 기별이 온 뒤에는 그 달의 장부만 정리하면 되므로 불과 몇 시각 동안에 끝날 것이다.

매양 보면, 폄체(貶遞)[1]되거나 봉체(封遞)[2]된 사람은 머리를 떨어뜨리고 기운을 잃어서, 얼굴에 산 사람의 기색이 없고 마치 깃발이 비에 젖은 것 같고 허수아비가 파장된 것 같다. 관아를 나가 이청(吏廳)에 붙여 있으면서 손님 노릇을 달게 하고, 부모와 처자는 노청(奴廳)에 나가 있어 마치 포로와도 같다. 한편으로는 문부를 정리하고 한편으로는 행장을 꾸려서 부산하게 요란스러워 온갖 일이 얼크러진다.

열흘이 넘고 한 달이 지나도 갈 줄을 모르고, 신관이 부임하면 사정을 호소하고 완악하고 흉한 자를 일러 바치어 치욕씻기를 도모하는데, 아, 차마 이런 짓을 하겠는가.

그러므로 벼슬살이를 여관으로 여겨 항상 훌쩍 날아갈 것같이 하면, 평소에 문부를 정리하고 행장을 묶어 놓고 기다리면, 이런 때를 당하여도 진실로 깨끗하고 시원한 선비일 것이다.

후한(後漢) 양병(楊秉)이 자사가 된 뒤부터 2천 석(石)의 녹봉을 날을 계산하여 받고, 나머지 녹봉은 자기 집에 들여 오지 않았다. 아전이 백만 전(錢)의 돈을 싸가지고 와서 주었으나 문을 닫고 받지 않았다.

송(宋)의 완장지(阮長之)가 무창태수(武昌太守)가 되었다가 뒤에 임해태수(臨海太守)로 옮겼는데, 벼슬에 있을 때에 항상 낡은 솜옷을 입었다. 이때의 법이 망종(芒種)을 한계로 삼아, 망종 이전에 관을 떠나는 사람은 1년 동안의 봉록이 모두 뒷사람에게로 돌아가게 되어 있었는데도 그는 교대하는 사람이 이르지 않은 망종 하루 전에 인끈을 풀어 놓고 사직하였다.

《다산필담(茶山筆談)에 이렇게 말하였다.

"옛날에 어떤 사람이 영암군수(靈巖郡守)가 되었다. 아전의 돈 수백 냥을 빚지고 갚지 않고 갔는데, 아전이 나주까지 따라가서 호소하였으나 듣지 않았다. 아전이 이에 앞질러 수레 앞에 가 엎드려서 사판(祠版)에 고하기를, '신주(神主) 대감(大監)이 잡수신 것을 어른께서 갚지 않고 가십니다. 비옵건대 명령을 내리시어 곧 갚아 주게 하소서.' 하며, 한걸음 한걸음 따라서 장성(長城)까지 가니, 그 수령이 할 수 없어서 갚아 주고 갔다."

【註釋】 **＊治簿有素(치부유소)**：평소에 장부를 정리해 둠.
＊清士(청사)：청렴한 선비.
＊廉明(염명)：청렴하고 분명함.

1) **폄체(貶遞)**：고과성적이 나빠서 좌천됨.
2) **봉체(封遞)**：봉고파직(封庫罷職)됨.

【字義】 **素**：평소 **소**　**清**：맑을 **청**　**風**：바람 **풍**
勘：마감할 **감**　**廉**：청렴 **렴**　**患**：근심 **환**

智 : 지혜 지

父老相送(부로상송)하여 飮餞于郊(음전우교)하고 如嬰失母(여영실모)하여 情見于辭(정견우사)면 亦人世至榮也(역인세지영야)니라.

【解釋】 부로들이 교외에서 연회를 베풀어 전송하고 어린아이가 어머니를 잃은 것 같은 정으로 인사하는 것은, 역시 인간 세상의 지극한 영광이다.

【解說】 한(漢)의 유총(劉寵)이 회계태수(會稽太守)가 되었는데, 갈려 돌아올 때에 부로 몇 사람이 긴 눈썹과 흰머리로 산골짜기에서 나와 사람마다 돈 1백 전을 싸서 전송하며,

"태수께서 부임한 이래로 개가 밤에 짖지 않고 백성이 아전을 알지 못하였습니다."

하였다. 유총이,

"부로들이 수고하였다."

하고는 한 사람에게서 돈 한 닢씩을 받았다.

양(梁)의 동양태수(東陽太守) 사훤(謝諼)이 임기가 차서 관을 떠날 때에 고을 사람들이 돈 1만 전을 보내었는데, 다만 1백 전만 받고는 이렇게 말하였다.

"액수가 유총보다 많아서 부끄럽게 생각한다."

유인(劉麟)이 소흥부지부(紹興府知府)가 되었는데, 한나라 유총(劉寵)이 옛날 다스리던 곳이었다. 고을에 있으면서 청렴하고 정밀하니, 겨우 50일 만에 고을이 크게 다스려졌다. 역적 유근(劉瑾)이 유인에게 유감을 품어 갈려 가게 하니, 고을 사람들이 다투어 노자를 주었다. 공은,

"내가 다스린 것이 예전 유총에 미치지 못하였으니, 감히 1전인들 받겠는가."

하였다. 그가 간 뒤에 그곳 사람들이 그 화상을 그려 사당을 만들었다.

조선 헌종 때 사람 한익상(韓益相)은 가난한 선비로 벼슬살이한 지 수십 년에 온갖 고생을 겪었다. 늦게 경성판관(鏡城判官)이 되자 친구들이 모두 집이 윤택해질 것을 치하하였다. 고을에 이르러서는 한결같이 청렴결백함에 뜻을 두고 녹봉 5만~6만 전을 떼어 내어 주린 사람을 진휼하고, 부역을 감해 주었다. 하찮은 일로 죄를 입어 파면되어 돌아가니, 관내 백성 5천여 호의 부로들이 교외에 나와 전송하고, 가호마다 베 한 필을 거두어 노자로 주었으나 모두 물리치고 받지 않았다. 집에 돌아와 보니, 부엌에 불을 지피지 못한 지가 사흘이었으나 끝내 후회하는 빛이 없었다.

허응규(許應逵)가 동평수(東平守)가 되어 착한 정사가 매우 많았는데, 중상 모략을 입어 갈려 가게 되었다. 아전과 백성이 달려와 전송하며 우는 소리가 끊임이 없었다. 허응규가 늦게 여관에 이르러 종에게 말하기를,

"관리가 되어 얻은 것은 아무것도 없고, 백성 몇 사람의 눈물만 떨어뜨리게 하였구나."

하였다. 종이 감탄하며 말하기를,

"노야(老爺)의 주머니 속에 돈이라고는 한 푼도 없으니, 눈물이나 잘 싸다가 친구에게 선물하십시오."

하니, 허응규도 손바닥을 만지며 한 번 웃었다.

조선 선조 때 사람 남두첨(南斗瞻)이 영암군수(靈巖郡守)가 되었다. 그때에 여러 차례 나쁜 수령을 치르고 나서 창고가 탕진되었는데 도임한 처음에는 관아의 조석거리까지 백성에게서 꾸어들였다. 공이 정신을 가다듬어 수습하여 드디어 다시 넉넉하게 되었다. 공이 어머니를 모셔 오기 위하여 서울에 올라가려 하니, 백성들은 공이 혹시 오지 않을까 염려하여 빙 돌아서서 말을 둘러싸고 말하기를,

"공의 중요한 행장을 남겨 두어 다시 돌아올 뜻을 보여 주십시오."

하였으니, 공을 얻은 것을 기뻐하고 잃을까 두려워하는 것이 이와 같았다.

【註釋】 ＊父老(부로) : 늙은이.
＊飮餞(음전) : 술을 대접해 전송함.
＊如嬰失母(여영실모) : 어린애가 어머니를 잃은 것 같음.

【字義】 相 : 서로 **상** 飮 : 마실 **음** 餞 : 전별할 **전**
辭 : 말씀 **사** 榮 : 영화 **영**

歸路遘頑(귀로구완)하고 受其叱罵(수기질매)하여 惡聲遠播(악성원파)면 此人(차인)
世之至辱(세지지욕)이니라.

【解釋】 돌아오는 길에 사나운 백성을 만나 꾸짖음과 욕을 당하여, 나쁜 소문이 멀리 전파되는 것은 인간 세상의 지극한 욕인 것이다.

【解說】 《북사(北史)》에 이렇게 되어 있다.

"청주(淸州)의 풍속이 경박하고 악하여, 태수(太守)가 지경에 들어오면 모두 벽돌을 품고 머리를 조아리며 그 뜻을 잘 보이고, 임기가 되어 집으로 돌아갈 때에는 벽돌로 치니, 그 인정의 향배(向背)가 손바닥을 뒤집는 것보다 빨랐다. 그래서 경사(京師)의 민요(民謠)에, '옥 안에는 갇혀 있는 죄수가 없고, 집안에는 청주(淸州)가 없다.' 하였다. 이연실(李延實)이 청주자사(淸州刺史)로 나가게 되자, 위 장제(魏莊帝)가 이르기를, '벽돌을 품는 풍속에 대하여 마땅히 좋은 마음을 써야 한다.' 하였다."

《다산필담》에는 이렇게 말하였다.

"해남현(海南縣) 북쪽 30리에 관아로 가는 길 옆에 높은 절벽이 있다. 매양 탐욕스런 관리가 돌아갈 때에는 아전과 백성이 절벽 위에서 몸을 숨기고 내려다보며 그 죄를 들추어 내어 꾸짖는다. 행차를 호위하는 자가 그 소리를 들으면 일이 날까 두려워하여 이곳에 이르러서는 빨리 달리어 지나가기 때문에 이름을 '질치암(疾馳巖)'이라고 한다."

【註釋】 ＊叱罵(질매) : 꾸짖고 욕함.
＊遠播(원파) : 멀리 전파됨.

【字義】 歸 : 돌아갈 귀 路 : 길 로 遘 : 만날 구
頑 : 사나울 완 叱 : 꾸짖을 질 罵 : 꾸짖을 매
播 : 퍼질 파 辱 : 욕될 욕

제2조 돌아가는 행장〔歸裝〕

> 淸士歸裝(청사귀장)은 脫然瀟灑(탈연소쇄)하여 弊車羸馬(폐거이마)라도 其淸飇(기청표) 襲人(습인)이니라.

【解釋】 맑은 선비가 돌아가는 행장은 가뿐하고 시원스러워 낡은 수레와 파리한 말이라도 맑은 바람이 사람을 감싼다.

【解說】 당의 육장원(陸長源)이 여주태수(汝州太守)가 되어서 청백하게 살았다. 뒤에 여주를 떠날 때에 짐 실은 수레가 2대였는데, 이렇게 탄식하였다.

"우리 할아버지가 위주(魏州)를 그만둘 때에는 수레가 1대였는데 책이 반을 차지하였었으니, 그분에게 훨씬 미치지 못한다."

한(漢)의 시묘(時苗)가 수춘령(壽春令)이 되었다. 처음에 누런 암소를 타고 부임하였는데, 1년이 지난 뒤에 송아지 한 마리를 낳았다. 떠나면서 부로(父老)들에게 송아지를 남겨주면서 말했다.

"이 송아지는 너희 땅에서 낳은 것이니, 나의 소유가 아니다."

고려(高麗) 때 유석(庾碩)이 안동부사(安東副使)가 되어 훌륭한 정사가 많았다. 최이(崔怡) 등에게 거슬리어 모함을 당하여 귀양가게 되었는데 떠나갈 때에 늙은이와 어린이가 길을 막고 울부짖기를,

"하늘이여, 우리 공이 무슨 죄가 있습니까. 공이 가시면 우리는 어떻게 살아가야 합니까?"

하고, 붙들고 늘어져서 가지 못하게 하였다. 그의 아내가 자녀를 데리고 가는데 말이 3필뿐이어서 걸어가는 사람도 있었다. 고을 사람들이 울면서 하루 머무르기를 청하였으나 듣지 않으므로, 말과

마부를 내어 호송하니, 그의 아내가 사양하기를,

"남편이 귀양을 가면 처자도 같은 죄인인데, 어떻게 사람과 말을 번거롭게 하겠습니까?"

하였다. 고을 사람들이 굳이 청하였으나 끝내 허락하지 않았다. 고을 사람들이 찬탄하면서 이렇게 말하였다.

"참으로 우리 유공의 배필이다."

고려 때 최석(崔碩)이 승평부사(昇平府使)로 있을 때였다. 예부터 전해오던 그 고장의 풍속이 고을 원이 교체되어 돌아갈 때에는 반드시 말 8필을 주되 마음대로 고르게 하였다. 최석이 돌아갈 때에 전례에 의하여 고을 사람들이 말을 바치니, 최석이 웃으며,

"서울까지 갈 수 있는 말이면 족하지 무슨 가릴 것이 있는가?"

하고는 집에 와서 그 말을 돌려보내니, 고을 사람이 받지 않았다. 최석이 말하기를,

"내가 탐욕스럽다고 여겨 받지 않는 것인가. 우리 암말이 너희 고을에서 망아지를 낳았는데, 내가 끌고 돌아왔으니, 이것은 내가 탐욕스러웠던 것이다. 이제 돌려 보내는 말을 받지 않으니, 어찌 나의 탐욕스러운 것을 엿보아 겉으로만 사양한다고 여기는 것이 아닌가."

하고 그 망아지까지 돌려보냈는데, 그뒤로부터 그 풍속이 드디어 고쳐졌다. 승평 고을 사람들이 비를 세워 팔마비(八馬碑)라 하였다.

【註釋】 ***歸裝**(귀장) : 돌아가는 행장.

***瀟灑**(소쇄) : 시원하고 깨끗함.

【字義】 **裝** : 꾸릴 장　**脫** : 깨끗할 탈　**瀟** : 시원할 소
灑 : 깨끗할 쇄　**弊** : 낡을 폐　**羸** : 파리할 리
飈 : 맑은바람 표　**襲** : 덮칠 습

사롱　무신조지기　주백무토산지물　청
笥籠에 無新造之器하고 珠帛無土産之物이면 淸
사지장야
士之裝也니라.

【解釋】 상자와 채롱은 새로 만든 그릇이 없고, 구슬과 비단에 토산품이 없으면 맑은 선비의 행장이다.

【解說】 진(晉)의 이중(李重)이 강서안찰부사(江西按察副使)가 되었는데, 임소를 떠나는 날에는 한 물건도 가지고 돌아가지 않기로 맹세하였다. 부인이 귀고리 한 쌍이 있는데 재임 중에 장만한 것이어서 공이 알고는 빼앗아 물에 던져 버렸다. 고향에 돌아온 지 1년이 넘어서 우연히 보니, 청지기 방에 붉은 칠을 한 상 하나가 있었다. 물어보니 이것이 관청 물건이었다. 몹시 노하여 종을 시켜 전의 임소로 실어 보내고 말았다.

조선 세조 때 사람 김명중(金命中)이 풍덕군수(豊德郡守)가 되었는데, 갈려 돌아올 때에 집안 사람이 관사 안에 깔았던 자리를 걷어 가지고 왔다. 그 뒤에 그걸 깔았는데 공이 그때야 보고 비로소 알았다. 노하여 꾸짖고 곧 돌려보내게 하니, 이웃 친구가 말리며 말하기를,

"돌려보내면 너무 야박하지 않은가? 자네가 그냥 두지 않으려거든 차라리 나를 주게."

하니 공이 웃고 주었다.

당의 육구몽(陸龜蒙)의 집이 고소(姑蘇)에 있는데, 문 앞에 큰 돌 한 개가 있었다. 그것은 그의 조상이 울림태수(鬱林太守)로 있다가 그만두고 돌아올 때에 행장이 없어 배가 비어 바다를 건널 수가 없으므로 돌 하나를 가져다가 배를 눌렀는데, 사람들이 울림석(鬱林石)이라고 불렀다.

조선 성종 때 사람 이약동(李約東)이 제주목사(濟州牧使)가 되었는데, 돌아올 때에 오직 채찍 하나만을 가지고 오게 되었다. 곧 말하기를, '이것도 섬의 물건이다.' 하고 관루(官樓)에 걸어 두었다. 섬 사람들이 소중히 간직하고 새 목사가 부임할 때면 항상 걸어 놓았는데, 세월이 오래되어 채찍이 삭게 되자, 고을 사람들이 채찍을 걸어 두었던 곳에 그 흔적을 그리어 사모하는 뜻을 붙이었다.

이약동이 바다를 건널 때에 바다 한가운데에 이르자, 홀연히 배

가 기울고 맴돌아서 위태롭게 되었다. 이약동이 말하기를,

"내 행장에는 한 물건도 없는데, 아랫사람이 나를 속이고 더럽혀서 신명으로 하여금 나를 깨우쳐 주게 한 것이 아닌가."

하였다. 처음에 제주의 관리들이 공이 일찍이 유장(儒將)으로 천거되었으므로 갑옷 한 벌을 싸서 몰래 따르는 사람에게 주고 바다를 건넌 뒤에 알려드리게 하였는데, 이때에 이르러 드디어 사실대로 고하였다. 이약동이 갑옷을 물에 던져 버리자, 풍랑이 가라앉고 배가 갔다.

한지(韓祉)가 군수가 되었는데, 전의 군수들은 으레 말 18필을 썼다. 한지는 체임될 때에 실을 것이 없어서 2필만으로 돌아가고 나머지 그 대가를 여러 요속(僚屬)에게 나누어 주며 말하기를,

"감하자니 이름을 얻으려 한다는 혐의가 있다."

하였다. 여러 요속들이 말을 많이 샀었는데, 갈려가게 되자, 군수의 명예를 더럽힐까 두려워하여 함께 팔아 넘기기를 의논하였는데 한지가 듣고는 말하기를,

"말을 사는 것은 보통 있는 일이니 어찌 버리랴."

하고 모두 몰고 가도록 명하였다.

【註釋】 ＊笥籠(사롱) : 상자와 채롱. ＊珠帛(주백) : 구슬과 비단.

【字義】 笥 : 상자 사　籠 : 채롱 롱　器 : 그릇 기
珠 : 구슬 주　帛 : 비단 백

약 부 투 연 척 화　폭 진 천 물　이 자 명 기 염 결
若夫投淵擲火하여 暴殄天物하여 以自鳴其廉潔
자　사 우 불 합 어 천 리 야
者는 斯又不合於天理也니라.

【解釋】 물건을 못에 던지고 불에 집어넣어 물건을 천히 하고 아끼지 않으면서 청렴하고 깨끗하다는 이름을 내려고 하는 것도 천리(天理)에 맞지 않는다.

【解說】 송(宋)의 공기(孔覬)가 관에 있을 때에 두 아우가 동쪽 지

방으로 돌아왔다. 짐이 배로 10여 척이 되었는데, 모두 비단·종이·자리 등속이었다. 공기가 언덕 옆에 내려놓고 불태우게 하면서 말하였다.

"너희들이 선비 축에 드는데 어찌 동쪽으로 돌아와서 장사꾼이 되겠느냐."

이견공(李汧公)이 영남절도사로 있다가 그만두고 돌아갈 때에 석문(石門)에 이르러 배를 멈추고, 집사람이 가지고 있는 무소뿔과 상아를 모두 찾아내어 강에 던져버리고 갔다.

【註釋】 ***投淵擲火**(투연척화) : 못에다 던지고 불에 넣음. | ***廉潔**(염결) : 청렴 결백함.

【字義】 **投** : 던질 투 **淵** : 못 연 **擲** : 던질 척 **暴** : 사나울 폭 **殄** : 죽일 진 **鳴** : 울 명

歸而無物(귀이무물)하고 淸素如昔(청소여석)이 上也(상야)요 設爲方便(설위방편)하여 以贍宗族(이섬종족)이 次也(차야)니라.

【解釋】 집에 돌아와서 물건이 없어 검소하기가 전과 같은 것이 으뜸이고, 방법을 강구하여 일가들을 도와 주는 것이 그 다음이다.

【解說】 양성재(楊誠齋)가 강동전운부사로 있을 적에 봉급 1만 꾸러미가 창고에 아직 남아 있었는데도 버리고 돌아갔다. 그의 아들이 오양(五羊)의 장수가 되어 봉급 7천 꾸러미로 가난한 가호를 대신하여 조세를 바쳐 주었다. 그의 집이 짧은 서까래, 흙 섬돌이어서 농삿집 늙은이 같았으나, 3대 동안 늘리고 꾸민 것이 없었다. 사양숙(史良叔)이 여릉 수령으로 있었는데, 임기가 차서 그를 방문하였다. 문에 들어와 마루에 오르니, 눈에 보이는 것이 공경하고 우러르고 본받을 만한 것 아닌 것이 없었다. 그래서 화공(畫工)에게 명하여 그려 가지고 갔다.

【字義】 **素** : 깨끗할 소 **設** : 베풀 설 **方** : 방책 방

贍：보일 첨　　**族**：겨레 족　　**次**：다음 차

제3조 더 머무르기를 원함〔願留〕

석거지절 차도원류 유휘사책 이조
惜去之切하여 遮道願留하며 流輝史冊하여 以照
후세 비성모지소능위야
後世는 非聲貌之所能爲也니라.

【解釋】 떠나는 것을 애석하게 여김이 간절하여 길을 막고 유임하기를 원하며, 빛을 역사책에 남겨 후세에 전하게 하는 것은 말과 형식으로만 되는 것이 아니다.

【解說】 후한 제오륜(第五倫)이 회계태수로 있을 적에 아내가 손수 밥을 지었다. 만기가 되어 돌아올 때에 백성들이 말을 붙들고 울부짖으며 말하기를,

"우리를 버리고 어디를 가십니까?"

하였다.

후한 후패(侯霸)가 회양태수(淮陽太守)로 있다가 부름을 받아 도성으로 가는데, 백성들이 부르짖어 울며 사자(使者)의 수레를 막고 멍에채를 붙잡으며 수레바퀴 아래에 누워 1년만 유임할 것을 빌고, 심지어 그 젖먹이는 아내에게 자식을 버리도록 하였는데, 후패가 가면 보전될 수 없었기 때문이었다.

당의 요원숭(姚元崇)이 형주목(荊州牧)이 되었는데, 교대되는 날 백성들이 말머리를 둘러싸고 길을 막아 가지 못하게 하고, 채찍과 등자(鐙子)[1)]를 백성들이 모두 끊어서 감추었다.

당의 원자(袁滋)는 화주자사(華州刺史)가 되어 정사를 맑고 간편하게 하였다. 만기가 되어 양오릉(楊於陵)이 대임으로 왔다. 원자가 떠나는데, 늙은이들이 길을 막아 갈 수가 없자 양오릉이 사람을 시켜 이르기를,

"내가 감히 원공의 정사를 바꾸지 않겠다."

하니, 사람들이 모두 늘어서서 절하며 눈물을 흘려 그제야 갈 수

있었다.

명의 진일(陳鎰)이 섬서를 다스린 지 10여 년 동안 백성들이 그를 가까이하고 사랑하였는데, 그가 수염이 아름다우므로 붕자야(崩子爺)[2]라고 불렀다. 한번은 일을 의논하기 위하여 조정에 돌아가는데, 백성들이 체임되어 간다고 잘못 전해져서 길을 막고 머물러 주기를 비는 자가 수천 명이나 되어 길을 갈 수가 없었다. 진일이 다시 오겠다고 타이르자 비로소 차츰차츰 흩어져 갔다.

조선 영조 때 사람 유정원(柳正源)이 자인현감(慈仁縣監)으로 있을 적에 휴가를 받아 돌아오면서 그대로 벼슬을 그만둘 뜻이 있었다. 고을 백성들이 관아를 지키고 사흘 동안 밤낮으로 가지 않으므로 그는 식구들을 관아에 머물러 두어 다시 올 뜻을 보였다. 돌아와서는 세 번 사직서를 올리니, 허락하지 않으며 말하기를,

"민심이 어머니를 잃은 것처럼 허둥거리는데 사정을 따라 공사를 폐지할 수는 없다."

하였다. 공이 할 수 없이 관에 돌아오니, 고을 백성들이 모두 교외에 나와 환영하였다.

조선 영조 때 사람 김희채(金熙采)가 장련현감(長連縣監)이 되어 인자하고 착하게 정치를 하였다. 안협(安峽)으로 옮기게 되자, 고을 백성들이 길을 열 겹으로 막았다. 그는 밤을 타서 빠져 도망하여 갔다.

*遮道(차도) : 길을 막음.
*願留(원류) : 유임하기를 원함.
*史册(사책) : 역사책.
*聲貌(성모) : 말과 외모.

1) 鐙子(등자) : 말을 탈 때 밟고 오르는 기구.
2) 崩子爺(붕자야) : 수염이 길고 아름다운 어른.

【字義】 惜 : 아까울 석　遮 : 막을 차　留 : 머물 류
輝 : 빛날 휘　照 : 비출 조　貌 : 모양 모

奔赴闕下(분부궐하)하여 乞其借留(걸기차류)어든 因而許之(인이허지)하여 以順民(이순민)

情(정)이니 此古勸善之大柄也(차고권선지대병야)니라.

【解釋】 대궐로 달려가 유임하기를 빌면 나라에서 그대로 허락하여 주어서 백성들의 뜻에 따르는 것은 예전에 착한 것을 권하는 큰 방법이다.

【解說】 후한 구순(寇恂)이 영천태수(潁川太守)로 있을 때에 불러서 집금오(執金吾)로 삼았다. 광무제(光武帝)를 따라 영천을 지나는데, 백성들이 길을 막고 구순을 1년만 빌려 주기를 원하므로 광무제가 곧 유임하도록 하였다.

고려 왕해(王諧)가 진주부사(晉州副使)가 되었는데, 아전은 위엄을 두려워하고 백성은 덕을 사모하였다. 동도유수(東都留守)로 전임되자, 진주 백성이 눈물을 흘리며 유임하기를 원하여 드디어 조정에 지성으로 빌기를,

"우리 왕군(王君)을 1년 더 유임해 주소서."

하니, 이에 그 자리로 돌려 보내었다.

광해군 때 사람 강수곤(姜秀崑)이 고창현감(高敞縣監)이 되었는데, 어떤 일로 견책당하여 파면되었다. 고을 부로들이 길을 막고 감사에게 유임시켜 주기를 빌고, 민간에서 앞을 다투어 군량을 내어 그 벌을 속(贖)[1]하려 하였다. 그러나 되지 않자 모두 눈물을 흘리며 친척을 잃은 것처럼 하였다.

【註釋】 ＊奔赴(분부) : 급히 달려감.

借留(차류) : 그 사람을 빌려서 더 머무르게 함.

1) 贖(속) : 돈이나 물건을 내고 형을 면하게 함.

【字義】 赴 : 달려갈 부　闕 : 대궐 궐　借 : 빌릴 차
許 : 허락할 허　順 : 따를 순　柄 : 자루 병, 권한 병

聲名所達(성명소달)에 或隣郡乞借(혹인군걸차)하고 或二邑相爭(혹이읍상쟁)이면 此(차) 賢牧之光價也(현목지광가야)니라.

【解釋】 명성이 드날려서 이웃 고을에서 와 주기를 청하거나, 두 고을이 서로 와 주기를 다투면 이는 어진 수령의 좋은 평가이다.

【解說】 송의 두연(杜衍)이 건주지사(乾州知事)가 되었는데, 1년이 못 되어 안무사가 그의 치적을 살피어 그에게 봉상지부(鳳翔知府)의 서리로 삼았다. 두 고을 백성들이 경계 위에서 다투되, 한편에서는 '이분은 우리 태수인데 너희가 왜 빼앗는가.' 하고, 한편에서는 '이제는 우리 태수이니 너희가 무슨 관계가 있는가.' 하였다.

조선 현종 때 사람 이정악(李挺岳)이 서산군수(瑞山郡守)로 있을 때에 현종이 해마다 온천(溫泉)에 거둥하면서 비록 비용을 생략하라는 분부가 있기는 하였으나, 여러 고을의 노역과 비용은 그래도 적지 않았다. 그가 처리를 적당하게 하여, 아전과 백성들이 왕의 행차가 가까이 온 것을 알지 못하였다. 조정에서 그를 파주목사(坡州牧使)로 제수하자, 서산 사람들이 어머니를 잃은 것처럼 여겼고, 심지어 서로 이끌고 와서 이렇게 억울함을 하소하였다.

"어찌하여 여기서 빼앗아다가 저곳에다 줍니까?"

【註釋】 *聲名(성명) : 명성(名聲). | *光價(광가) : 빛나는 좋은 평가.

【字義】 聲 : 소리 성　　達 : 이를 달　　隣 : 이웃 린
爭 : 다툴 쟁　　賢 : 어질 현　　價 : 값 가

或久任以相安(혹구임이상안)하고 或旣老而勉留(혹기로이면류)하여 唯民是循(유민시순)하여 不爲法拘(불위법구)도 治世之事也(치세지사야)니라.

【解釋】 오래 재임하여 서로 편안하게 되었거나 이미 늙었는데도 애써 유임시켜서 오직 백성의 뜻에 따르고 법에 구애되지 않는 것은 태평세대의 일이다.

【解說】 명의 유강(劉綱)이 영주지주(寧州知州)가 되어 재임한 지 34년이었다. 백성이 유임하기를 청할 때마다 인종(仁宗)이 술을

하사하니 사람들이 영광으로 여기었다.

명의 사성조(史誠祖)가 문상지현(汶上知縣)이 되었는데, 정치를 청렴하고 공평하며 너그럽고 간편하게 하였다. 영락(永樂) 7년에 성조(成祖)가 북쪽 지방으로 순행하여 어사를 보내어 지방 수령의 어질고 어질지 못함을 조사하게 하였는데, 어사가 돌아와서,

"사성조의 치적이 제일입니다."

하였다. 성조는 조서를 내려 위로하고 특별히 제령지주(濟寧知州)로 승진시키고 문상현의 일을 그대로 보게 하였다. 그리고 아울러 궁내의 술 한 통과 좋은 옷 한 벌과 돈 1천 관을 주었다.

그 뒤에 여러 번 관직을 옮기게 되었으나, 그때마다 백성들이 유임을 청하여 29년 동안을 지냈다. 마침내 임소에서 죽으니 백성들이 슬피 울었으며, 성 남쪽에 장사하고 명절마다 제사를 지내었다.

【註釋】 ***久任**(구임) : 오랫동안 재임함.
***勉留**(면류) : 억지로 유임시킴.
***法拘**(법구) : 법에 구애받음.
***治世**(치세) : 잘 다스려진 세상.

【字義】 **或** : 혹시 혹　**久** : 오래 구　**勉** : 힘쓸 면
循 : 따를 순　**拘** : 구애될 구

> 因民愛慕(인민애모)하고 以其聲績(이기성적)으로 得再莅斯邦(득재이사방)도 亦史冊之光也(역사책지광야)니라.

【解釋】 백성이 사랑하고 사모하기 때문이거나 그 치적의 명성으로 다시 그 고을에 부임하게 되는 것 역시 역사책에 빛나게 된다.

【解說】 한(漢)의 황패(黃霸)가 영천태수(潁川太守)가 되었는데, 수레의 양산이 특별히 한 발이나 되게 높은 것을 주어서, 덕이 있는 사람임을 나타나게 하였다. 황패가 겉으로는 너그럽고 안으로는 밝아서, 아전과 백성의 마음을 얻으매 호구(戶口)가 해마다 증가되어 치적이 천하의 제일이 되었다. 불러서 경조윤(京兆尹)을 시

켰는데, 조금 뒤에 어떤 일로 죄를 받아 폄직(貶職)되었다. 다시 영천태수가 되었는데 전후 8년 동안에 군내가 크게 다스려졌다.

명의 사곤(謝袞)이 청전지현(青田知縣)이 되었는데, 9년 동안에 고과(考課)가 제일이어서 옮기게 되었다. 고을 백성들이 서로 이끌고 상관에게 호소하여 재임하기를 청하니, 상관이 조정에 아뢰었다. 황제가 아름답게 여기어 곧 처주지부(處州知府)로 승진시켜 예전 고을을 다스리게 하였다. 그러자 치적이 더욱 나타나서 호랑이가 도망하고, 황충이 죽는 기적이 나타났다. 어떤 백성이 시장에서 소를 팔아 그 소를 잡으려는데, 그 소가 달아나서 사곤의 앞에 와서 머리를 숙이고 하소함이 있는 것 같았다. 이에 봉급을 떼어서 소값을 물어주고 그 소를 주인에게 돌려 보냈다.

고려 최척경(崔陟卿)이 탐라령(耽羅令)이 되어서 이로운 일을 일으키고 폐단을 고치니, 백성들이 모두 편안하게 여기었다. 돌아가게 되자, 탐라 사람이 난을 일으켰다. 전라안찰사가 급보로 아뢰기를,

"탐라 사람들이 반란을 일으키면서, '만일 최척경을 얻어 영(令)으로 삼으면 군사를 풀겠다'고 합니다."

하였다. 왕이 재상에게 이르기를,

"이와 같이 훌륭한 사람이 있는데 어찌 쓰지 않겠는가."

하고 불러서 비단을 상으로 하사하고 곧 탐라령을 제수하였다. 탐라 사람들이 최척경이 온다는 말을 듣고는 날랜 배를 갖추어 영접하여 경내에 들어오게 되니 모두 창을 던지고 늘어서서 절하며,

"공께서 오셨으니 우리들이 다시 살았습니다."

하고 전처럼 편안히 살았다.

고려 이백겸(李伯謙)이 일찍이 제주목사(濟州牧使)로 있을 적에 훌륭한 정사가 있었다. 충숙왕 때에 제주의 도적 괴수 사용(使用)·김성(金成)의 무리가 흉악한 무리를 불러모아 성주(星主)와 왕자(王子)를 내쫓고 반란을 일으켰다. 나라에서 토벌하고자 하나 적합한 사람을 구하기가 어려웠다. 적의 무리들이 말하기를,

"만약 이백겸 송영(宋英)이 와서 무마한다면 우리가 어찌 배반하겠는가."

하였다. 이에 이백겸과 송영을 보내어 무마하였더니 얼마 안 되어 적이 평정되었다.

고려 채정(蔡靖)이 경주 장서기(慶州掌書記)가 되었다. 그 뒤에 경주 사람들이 영주(永州) 사람과 함께 난을 일으켰다. 조정에서 안무사를 보내기를 의논하였으나 적합한 사람이 없었다. 경주 사람들이 채정을 사모하여 마지않는다는 말을 듣고는 채정을 유수부사(留守副使)로 제수하였다. 채정이 말 한 필을 타고 임지에 갔다. 경주 사람들이 그가 온다는 말을 듣고 불안하여 모반하던 자가 모두 안정되었다.

【註釋】 ***愛慕**(애모) : 사랑하고 사모함.
***聲績**(성적) : 잘 다스린다는 명성.
***再莅**(재리) : 다시 부임함.
1) **星主**(성주) : 제주도의 추장.

【字義】 **慕** : 사모할 모 **績** : 치적 적 **莅** : 나아갈 리
邦 : 나라 방

기조상이귀자 유유인민불사 혹기복이
其遣喪而歸者가 猶有因民不舍어든 或起復而
환임 혹상필이부제
還任하고 或喪畢而復除니라.

【解釋】 어버이의 상(喪)을 당해서 돌아간 자를 백성들이 놓지 않으려 하면 기복(起復)하여 다시 임명시키기도 하고, 상사를 마친 뒤에 다시 제수하기도 한다.

【解說】 명의 항충(項忠)이 섬서안찰사(陝西按察使)가 되었는데, 마침 흉년이 들었다. 항충이 조정에 아뢰고서 회답을 기다리지 않고, 곧 창고를 열어서 진휼(賑恤)하였으므로 백성들이 은혜에 감동되었다. 계모(繼母)의 상사를 당했다는 말을 듣고 백성들이 대궐에 나아가 유임하기를 간청하므로 조서를 내려 상제의 신분으로서 임소에 돌아가게 하였다.

이듬해에 불러서 대리경(大理卿)을 삼으니, 섬서 사람들이 다시 대궐에 와서 유임해 주기를 간청하므로 천자가 허락하였다. 군사와

백성들이 항충이 다시 오는 것을 기뻐하여 향을 피우고 영접하였다.

성옹(盛顒)이 속록지현(束鹿知縣)이 되자 호족(豪族)들이 그가 수령으로 온다는 말을 듣고 서로 경계하기를,

"이 사람은 일찍이 석총병(石總兵)을 탄핵한 사람이니, 그 사람을 범할 수 없다."

하였다. 얼마 안 되어 어머니 상사를 당하여 가는데, 백성들이 유임하게 하려 해도 되지 않았다. 복(服)이 끝나기를 기다려서 서로 이끌고 대궐에 나아가 성옹을 재임시켜 주기를 청하였다.

명의 창선(暢宣)이 태안지현(泰安知縣)이 되었다가 어머니 상을 당하여 가자, 백성들이 호소하였다. 인종(仁宗)이,

"복이 끝나거든 다시 임명하라."

하였는데 인종이 승하한 뒤에 복을 마쳤으므로 이부(吏部)에서 청하자, 선종(宣宗)이 말하기를,

"백성이 희망하고 감사가 말하니 본디 좇아야 하는데, 하물며 선제(先帝)의 명이 계신 것이겠는가."

하고, 드디어 그 청대로 하였다.

명의 유백길(劉伯吉)이 탕산지현(碭山知縣)이 되었다가 친상을 만나 벼슬을 그만두고 갔다. 복을 벗자, 탕산 백성들이 대궐 아래를 지키며 재임하여 주기를 청하였다. 이부에서 아뢰기를,

"새 수령이 탕산에 있은 지가 2년이나 되었습니다."

하니, 황제가 말하기를,

"새 수령이 예전 수령보다 나으면 백성들이 다시 생각하지 않을 터인데, 이제 오래 되었어도 생각하니 새 수령보다 나은 것을 알 수 있다."

하고 마침내 바꾸었다.

【註釋】 ***遭喪**(조상) : 상(喪)을 당함.

***起復**(기복) : 상중에 벼슬에 나오게 하는 일.

【字義】 **遭** : 만날 조 **猶** : 오히려 유 **舍** : 버릴 사
復 : 다시 복, 다시 부

음여리모 陰與吏謀하여 유동간민 誘動奸民하여 사지예궐이걸류자 使之詣闕而乞留者는 기군망상 欺君罔上이니 궐죄심대 厥罪甚大니라.

【解釋】 몰래 아전과 함께 모의하여 간사한 백성을 꾀어 움직여서 대궐에 나아가서 유임하기를 빌게 하는 것은, 임금을 속이고 윗사람을 속이는 것이니 그 죄가 매우 크다.

【解說】 명의 유적(劉迪)이 임기가 차자, 양을 잡고 술을 준비하여 노인들을 초대하여 유임해 주기를 청하도록 하였다. 백성들이 대궐에 나아가 아뢰어 청하였는데, 일이 발각되자, 선종(宣宗)이 노하여 유적을 법관에게 회부하였디.

명의 왕취(王聚)가 한중동지(漢中同知)가 되었는데, 역시 잔치를 베풀고 속리(屬吏)에게 아뢰게 하여 지부(知府)로 삼도록 요구하였는데 그 일이 조정에 알려지자, 선종(宣宗)이 노하여 속리까지 죄를 주었다.

【註釋】 ***誘動**(유동) : 꾀어 움직이게 함.
***詣闕**(예궐) : 대궐에 나아감.
***欺君罔上**(기군망상) : 임금과 윗사람을 속임.

【字義】 **陰** : 그늘 **음** **誘** : 꾈 **유** **奸** : 간사할 **간**
詣 : 나갈 **예** **欺** : 속일 **기** **罔** : 속일 **망** **甚** : 매우 **심**

제4조 용서를 빌어줌〔乞宥〕

문법소좌 文法所坐에 여민애지 黎民哀之하여 상솔유천 相率籲天하며 기유기 冀宥其 죄자 罪者는 전고지선속야 前古之善俗也니라.

【解釋】 법에 좌죄(坐罪)된 것을 백성들이 불쌍히 여겨 서로 이끌고 임금에게 호소하여 죄를 용서해 주기를 바라는 것은 옛날

의 좋은 풍속이다.

【解說】 진(晋)의 왕온(王蘊)이 오군태수(吳郡太守)로 있을 때 고을에 흉년이 들자 창고를 열어 진휼(賑恤)하였다. 조정에서 법을 어겼다 하여 죄를 주어 벼슬을 파면하니, 선비와 백성들이 대궐에 나아가 억울함을 호소하자, 특별히 진릉태수(晋陵太守)로 좌천만 시켰다.

여언성(余彦誠)이 안륙지주(安陸知州)로 있을 적에 조세 받아들이는 기한을 어겼다 하여 체포당하게 되었다. 그러자 부로(父老)들이 대궐에 꿇어엎드려 유임시켜 주기를 빌었다. 태조가 잔치를 베풀고 상을 주어 다시 부임하게 하였는데, 이때 부로들도 잔치에 참여하였다.

명(明)의 정민(鄭敏)이 제동지현(齊東知縣)이 되었는데, 일찍이 죄를 지어 체포당하였다. 고을 백성 수천 명이 궐하에 지켜 서서 용서하기를 청하였다. 황제가 잔치를 베풀어 위로한 다음, 벼슬을 다시 주고, 돈과 옷을 주었다. 몇 해가 지난 뒤에 임기가 차서 조정에 들어가니 그 지방 백성들이 다시 서울로 달려가서 재임해 주기를 빌자, 황제가 그 청을 들어 주었다.

명의 이상(李湘)이 동평지주(東平知州)로 있을 때였다. 성조(成祖)가 만년에 자주 북방을 정벌하여, 산동(山東)의 장리(長吏)로 하여금 백성을 감독하여 군량을 실어 나르게 하였는데, 길이 멀어서 죽고 도망한 자가 많았으나, 동평 사람만은 생업을 잃은 자가 없었다. 간악한 사람이, 백성의 재물을 가혹하게 거두었다고 이상을 무함하여 고발하였다. 고을 백성 1천3백 명이 어사 등에게 호소하여 힘써 그 억울한 것을 밝히고, 늙은이 70명은 다시 대궐에 달려가 엎드려 간악한 사람의 모함임을 밝혔으며, 또 늙은이 90명은 이상을 따라가서 원통함을 하소하였다. 그래서 형조(刑曹)에 내려 사실을 조사해서 이상의 벼슬을 다시 주고 간악한 사람을 처벌하였다.

범희정(范希正)이 조현지현(曹縣知縣)이 되었다. 간사한 아전이 뇌물을 받은 일이 있었는데, 범희정이 그 죄를 조사하여 형틀에 매어 서울로 보내었다. 아전이 도리어 범희정의 다른 일을 모함하여 죄를 받아 잡히게 되었다. 고을 백성 8백여 명이 서울에 와서 밝히기를,

"범희정은 청렴하고 능력이 있는데, 억울하게 간사한 아전의 무고를 당하였습니다."

하였다. 시랑(侍郎) 허확(許廓)이 공사로 조현을 지나가게 되자, 조현의 늙은이 2백여 명이 길을 막고 이마를 조아리며 울면서 말하기를,

"조정에서 우리 어진 수령을 빼앗았습니다."

하여 그 일을 아울러 아뢰니, 황제가 범희정을 석방하여 조현으로 돌아가게 하였다.

【註釋】 ＊文法(문법)：법조문(法條文).
＊黎民(여민)：백성.
＊相率籲天(상솔유천)：서로 이끌고 대궐에 가서 하소연함.

【字義】 黎：백성 려　率：이끌 솔　籲：호소할 유
冀：바랄 기　宥：용서할 유　俗：풍속 속

제 5 조 사후의 애도〔隱卒〕

在官身沒 而清芬益烈하며 吏民哀悼하며 攀輪號挑하여 旣久而不能忘者는 賢牧之有終也니라.

【解釋】 관직에 있으면서 죽어 맑은 덕행이 더욱 빛나, 아전과 백성이 슬퍼하여 상여를 붙잡고 부르짖으며 울고, 오래 되어도 잊지 못하는 것은 어진 수령의 유종(有終)의 미(美)이다.

【解說】 한(漢)의 한연수(韓延壽)가 좌풍익(左馮翊)이 되어 은혜와 신의가 두루 흡족하였다. 뒤에 어떤 일로 죄를 받아 죽음을 당하게 되었다. 아전과 백성 수천 명이 따라와 전송하면서 늙은이와 젊은

이가 수레를 붙들고 앞을 다투어 술과 안주를 올렸다.

한연수가 차마 거절하지 못하고 주는 사람마다 받아 마셨는데 술을 마신 것을 따져보니 한 섬이 넘었다. 아전을 시켜 전송하는 사람들에게 사례하기를,

"아전과 백성이 멀리까지 와서 수고하니 죽어도 한이 없다."

하니 백성들이 눈물을 흘리지 않는 이가 없었다.

명의 모길(毛吉)이 광동부사(廣東副使)가 되어 도적의 난리에 적을 죽이고 싸우다가 죽었다. 처음에 모길이 군사를 출동할 때에 관아의 은(銀) 천 냥을 내 주어 군량에 충당하게 하였는데, 서문(徐文)이란 사람이 관리를 맡아서 반을 써버렸다. 서문은 모길이 죽어 돌아갈 수 없는 것을 불쌍히 여겨, 남은 은을 몰래 그 종에게 주어서 상구(喪具)를 마련하게 하였다. 이날 밤에 종의 아내가 갑자기 관아 마루에 나와서 자리를 차지하고 앉았는데, 행동거지가 모길의 모양과 같았다. 그 종의 아내가 좌우를 돌아보며 말하기를,

"하 헌장(夏憲長)을 오게 하라."

하므로 온 집안이 깜짝 놀랐다. 조금 뒤에 하 헌장이 이르니, 이에 일어나서 읍하며 말하기를,

"모길이 나라의 은혜를 받았는데, 불행히 적에게 죽었으니, 진실로 여한이 없다. 다만 서문이 쓰다 남은 관청의 은을 이미 내 집에 주었으니, 내가 지하에서 더럽힘을 당하게 되었다. 빨리 관으로 돌려 보내어 나를 더럽히지 말라."

하고, 말을 마치고는 갑자기 땅에 쓰러졌다가 조금 뒤에 깨어났다.

조선 때 사람 곽은(郭垠)이 담양부사(潭陽府使)가 되어 부역과 조세를 가볍게 하여 정치하는 것이 맑고 인자하였다. 갑자기 관에서 죽으니 사람들이 다 비통하여 술과 고기를 먹지 않고 서로 조상하였으며, 상여가 떠나는 날에 거리에 곡성이 서로 잇달았다. 선비와 백성들이 서로 의논하여 해마다 제삿날이 돌아오면 쌀을 모아 재(齋)를 올려서 명복을 빌었다. 가승(家乘)에 또 이렇게 말하였다.

"어물 장사가 그 지경에 들어가지 않으며 말하기를, '담양 백성들이 반드시 먹지 않을 것이다.' 하였다."

곽공(郭公)의 상(喪)이 돌아가려 할 때에 집기를 모두 돌려 주었는데, 낡은 상자 한 개가 잘 보이지 않는 곳에 남아 있었다. 부인이 보고 깜짝 놀라며 말하였다.

"이 물건이 어찌 여기에 있는가. 빨리 돌려보내어 우리 남편의 맑은 덕을 더럽히지 마시오."

조선 선조 때 사람 노대하(盧大河)가 고부군수(古阜郡守)로 있다가 관에서 죽었다. 염(斂)하려고 군에서 부의로 수의(襚衣)를 만들어 왔는데 비단을 썼다. 정읍현감 박충생(朴忠生)이 와서 염하는 것을 보고 허락하지 않으면서 이렇게 말했다.

"공이 평생에 사치한 것을 예로 삼지 않았다."

【註釋】 ***淸芬**(청분) : 맑은 향기. 훌륭한 덕(德).
***哀悼**(애도) : 슬피 추모함.
***攀輀號挑**(반이호도) : 상여를 붙잡고 통곡함.

【字義】 **沒** : 죽을 **몰** **芬** : 향기 **분** **烈** : 거셀 **렬**
悼 : 슬퍼할 **도** **攀** : 오를 **반** **輀** : 상여 **이**
忘 : 잊을 **망**

침질기병 의즉천거 불가고종우정당
寢疾旣病이면 宜卽遷居하여 不可考終于政堂하여
이위인염오
以爲人厭惡니라.

【解釋】 오래 병으로 누워 위독해지면 곧 거처를 옮겨야 할 것이요, 정당(政堂)에서 운명하여 다른 사람들이 싫어하게 해서는 안 된다.

【解說】 정당이란 공당(公堂)이다. 불행하여 정당에서 운명한다면 곧 뒷사람이 싫어하여 요사한 말이 여러 가지로 일어난다. 수령된 이가 오래 병으로 누워 있게 되거든 스스로 병의 증세를 헤아려 보아서, 만일 깊은 근심이 있으면 곧 책방(冊房)에 옮겨 거처해야 하고 굳이 정당에 누워 있는 것을 덕으로 삼아서는 안 된다.

조선 광해군 때 사람 이위국(李緯國)이 상원군수(祥原郡守)로 있을 적 일이었다. 군의 공청에 귀신의 빌미가 있어서 전후에 수령으로 온 자가 많이 죽었으므로 오래 비워 두고 거처하지 않았다. 공이 부임하여서는 곧 수리하게 하여 거처하였다. 이날 밤에 그가 타고 다니던 말이 까닭없이 갑자기 죽었다. 공이 태연히 아무렇게도 여기지 않았는데, 끝내 일이 없었다.

뒤에 이천부사(利川府使)가 되었는데, 전임 부사가 잇따라 부의 공청에서 죽은 이가 셋이나 되었다. 부의 사람들이 그들을 위하여 좌석을 만들고 자리를 펴서 그 귀신을 정당에서 제사지냈다. 후임 부사가 오면 그곳을 피하고 백성의 집에 기거하였는데, 이와 같이 여러 부사를 거쳤다. 이위국이 아전에게 말하기를,

"신관이 오면 구관은 가야 하는 것이다. 귀신인들 어찌 인간의 일과 다르겠는가?"

하고 곧 신의 자리를 옮기고 거처하였다.

【註釋】 *寢疾(침질) : 오래 병으로 앓음.
*考終(고종) : 임종(臨終)함.
*厭惡(염오) : 싫어하고 미워함.

【字義】 寢 : 누울 침, 잘 침 遷 : 옮길 천 居 : 살 거
厭 : 싫어할 염 惡 : 미워할 오, 사나울 악

상수지미 기유공사 민부지전 하필재 수 유령가의
喪需之米는 旣有公賜니 民賻之錢을 何必再受리오. 遺令可矣니라.

【解釋】 상에 소용되는 쌀을 이미 나라에서 주는 것이 있으니, 백성의 부의(賻儀) 돈을 어찌 두 번 받을 수 있겠는가. 유언으로 못하도록 명령하는 것이 옳다.

【解說】 《속대전(續大典)》〈호전조(戶典條)〉에는 다음과 같이 규정하고 있다.

"수령은 자신이 죽거나 상사를 만난 자는 상수미(喪需米)를 차등 있게 준다."

"관찰사 및 수령이 임지에서 상사를 당하면 호남·영남 지방은

40석이고, 호서 지방은 30석, 자신이 죽으면 호남·영남은 40석이고, 호서는 35석이며, 해서 지방은 친상이나 자신의 상이거나 35석이다. 아내의 상에는 모두 자신의 상에 비하여 반이다."

《상구보찬(喪具補纂)》에는 이렇게 적었다.

"천리길에 관을 운반하자면 그 일이 지극히 어려우니, 관을 만드는 데는 좁고 작고 가볍고 얇게 해야 한다. 관을 좁고 작게 하려면 먼저 염(斂)하는 일부터 잡된 솜과 잡된 옷을 쓰지 말고, 될 수 있는 대로 딴딴하고 작게 하는 것이 좋다. 광중(壙中)의 이치를 아는 사람은 이 관을 그대로 장사지내는 것이 좋다. 일을 요량하지 못하고 보기만 좋게 하기에 치중하면, 산밑에 이르러서 무겁고 크면 부딪쳐서 손상되기가 쉽고 땀을 흘리고 헐떡이게 되니, 상여 메는 군정들이 싫어한다. 성인(聖人)이 상례를 제정한 것은 사람으로 하여금 싫어하지 않게 하기 위함이니, 상을 당한 사람은 이 뜻을 알아야 한다."

【註釋】 ＊喪需(상수) : 초상을 치르는 데 드는 비용과 물자.
＊公賜(공사) : 공적으로 내려 줌.
＊民賻(민부) : 백성들의 부의(賻儀).
＊遺令(유령) : 유언(遺言).

【字義】 喪 : 초상 상　需 : 비용 수　賜 : 내려줄 사
賻 : 부의 부　遺 : 남길 유

치성기굉 治聲旣轟하여 상유이문 常有異聞이면 위인소송 爲人所誦이니라.

【解釋】 잘 다스렸다는 명성이 널리 퍼져 항상 특이한 소문이 있으면 사람들이 칭송하게 된다.

【解說】 왕업(王業)의 자(字)는 자향(子香)인데, 형주자사(荊州刺史)가 되어 덕스러운 정사가 있었다. 지강(支江)에서 죽으니, 흰 호랑이 세 마리가 머리를 숙이고 꼬리를 끌며 밤을 새워 그 상을 호위하였다. 상여가 떠나서 고을 지경을 넘으니, 갑자기 보이지 않았다.

【註釋】 ＊治聲(치성)：잘 다스린다는 명성. | ＊異聞(이문)：특이한 소문.

【字義】 轟：큰소리 굉　異：다를 이　聞：소문 문
誦：외울 송

제6조 사랑을 남김〔遺愛〕

기몰이사 묘이사지 즉기유애 가지의
旣沒而思하여 廟而祠之 則其遺愛를 可知矣니라.

【解釋】 죽은 뒤에 사모하여 사당을 세워 제사지내 주면, 그 유애(遺愛)가 남아 있음을 알 수 있는 것이다.

【解說】 한(漢) 주읍(朱邑)이 젊었을 때에 동향(桐鄕)의 아전이 되었는데, 청렴하고 공평하여 가혹하지 않고 사람을 때리거나 욕을 보인 적이 없었으며, 늙은이와 고아·과부를 찾아보고 위로하니, 아전과 백성들이 사랑하고 공경하였는데, 차차 승진하여 대사농(大司農)에 이르렀다. 병이 들어 죽게 될 적에 그 아들에게 부탁하기를,

"내가 전에 동향의 아전으로 있었으므로 동향 백성들이 나를 사랑하니, 반드시 나를 동향에 장사지내라. 후세 자손이 동향 백성보다 못할 것이다."

하였다. 죽게 되자, 동향 서쪽에 장사지냈는데, 백성들이 과연 무덤을 만들고 사당을 세워 명절이면 끊임없이 제사를 지내 주었다.

당의 유종원(柳宗元)이 유주자사(柳州刺史)로 있을 때의 일이다. 정치와 교화가 크게 행하여져서, 밀린 조세(租稅)가 없고 떠돌고 도망했던 백성들이 사방에서 돌아와서, 부락에 새로 지은 집이 있고 건널목에는 새로 만든 배가 있었다. 유종원이 한번은 술을 마시며 말하기를,

"내가 세상에 버림받아 여기에 붙여 있기 때문에 너희들과 지

내게 된 것이다. 명년에 내가 죽을 것이니 3년 뒤에 사당을 세워 나를 제사지내라."

하더니, 그 때가 되자 죽었다. 3년 초가을에 유종원이 그날 밤에 부장에게 현몽하여 말하기를,

"나를 나지(羅池)에 사관(舍館)하게 하라."

하여 드디어 사당을 세워 제사지냈다.

김희(金熙)가 남원부사(南原府使)가 되어 백성 보기를 자식 같이 하고, 송사 결단하기를 물 흐르는 것같이 하여, 관에 있은 지 몇 해 동안에 한 고을이 조용하였다. 얼마 안 되어 병으로 관에서 죽었는데, 고을 사람들이 제삿날을 당하면 변함없이 제사 지냈다.

【註釋】 *廟而祠之(묘이사지) : 사당을 세워 제사를 지냄. | *遺愛(유애) : 사랑을 남김.

【字義】 廟 : 사당 묘　　祀 : 제사 사　　知 : 알 지

生而祠之(생이사지)는 非禮也(비례야)니 愚民爲之(우민위지)하여 相沿而爲(상연이위) 俗也(속야)니라.

【解釋】 살아서 제사지내는 일은 예가 아닌데, 어리석은 백성들이 행하여 서로 따라서 풍속이 되었다.

【解說】 당(唐)의 적인걸(狄仁傑)이 위주자사(魏州刺史)가 되었는데, 백성들이 그를 위하여 생사당을 세웠다. 뒤에 그의 아들 경휘(景暉)가 위주에서 벼슬하면서 탐욕하여 사나운 짓을 하자, 백성들이 괴롭게 여겨 아버지의 생사당을 헐어버렸다.

조선 인조 때 상국(相國) 이원익(李元翼)이 평안관찰사(平安觀察使)가 되어 청렴하고 인자하여 은혜스런 정사가 많으니, 백성들이 그를 위하여 생사당을 세웠다. 이만원(李萬元)도 평양에 생사당이 있는데, 초상(肖像)이 지금까지 있다.

《설초산담(雪樵山談)》에는 이렇게 말하였다.

"생사당의 폐단이 해마다 늘고 달마다 더하여, 영당(影堂)의 향화(香火)는 잇달아 있으되 죽은 뒤에 사당을 세운다는 말을 지금은 오히려 듣지 못한다. 이는 대개 아첨하는 것이 풍속이 되어서, 무릇 귀한 신하로 명망이 무거워서 앞길이 유망한 자에게는 반드시 그의 생전에 아첨을 하여 그 보수를 받으려고 하기 때문에 교활한 아전과 간사한 백성들이 서로 결탁하여 돌아가는 수레가 대기도 전에 사당이 벌써 세워지니, 이런데도 금하지 않는다면 쓸데 없는 사당을 다 불태우지 못할 것이다. 수령이 살아 있으니 들어서 알지 못할 리가 없건마는, 속으로 기뻐하고 헐어 버릴 것을 생각하지 않으니 옳은 일인가."

【註釋】 ＊**生而祠之**(생이사지) : 살아 있는 사람의 사당을 세워 제사지냄.

＊**相沿**(상연) : 서로 아어받아 서 함.

【字義】 **愚** : 어리석을 우　　**沿** : 따를 연, 바닷가 연

刻石頌德(각석송덕)하여 以示悠遠(이시유원)은 即所謂善政碑也(즉소위선정비야)니
內省不愧(내성불괴)가 斯爲難矣(사위난의)니라.

【解釋】 돌에 새겨 덕을 칭송하여 영원토록 보도록 하는 것이 이른바 선정비(善政碑)인데, 마음으로 반성하여 부끄럽지 않기가 어렵다.

【解說】 선정비에 거짓과 진짜가 서로 섞이는 것은 이미 위(魏)나라·진(晋)나라 때로부터 이런 폐단이 있었으므로 금령(禁令)이 준엄하여 백성들이 함부로 세우지 못하였다.

정조(正祖) 때에 이 법령을 거듭 엄하게 하여, 30년 후에 세운 비석은 모두 쪼아 없애 버리게 하였다. 지금은 이 금법이 또한 해이해져서 수령이 겨우 떠나가자 비석 세울 돈을 거두어 백성의 힘이 거듭 피곤하게 되니 어찌 슬픈 일이 아닌가. 수령이 돌아온 뒤에 만일 비를 세운다는 말을 듣거든, 마땅히 선대 정조의 옛 교

서(敎書)를 들어서 준엄하게 경계하고 단속하면 사모하기는 하여도 감히 비를 세우지는 못할 것이다.

조선 인조 때 사람 석담(石潭) 이윤우(李潤雨)가 경성판관(鏡城判官)이 되었는데, 경성은 수천 리 밖 외진 변방으로 옛 석막(石幕)의 터였다. 그 풍속이 오랑캐와 섞이어 더욱 다스리기가 어려웠다. 공이 정성껏 다스리고 죄를 지어도 용서하였다. 돌아간 뒤에 그 고을 사람들이 철비(鐵碑)를 만들어서 사모하여 마지않았다.

조선 현종 때 사람 정언황(丁彦璜)이 안동부사(安東府使)로 있다가, 병으로 벼슬을 내놓고 돌아가니, 선비와 백성들이 유임해 주기를 청하였으나 되지 않았다. 비석을 세워 사모하고, 문안하고 물건을 보내옴이 수십 년 동안 끊이지 않았다. 공이 죽었다는 소식을 듣고 부의를 하고 또 제수(祭需)를 보내기를 3년 동안이나 하였다.

조선 영조 때 사람 유정원(柳正源)이 통천군수(通川郡守)가 되어 은혜스런 정사가 많았다. 부교리에 임명되자, 공이 한 필 말로 왕의 부름에 응하여 나아갔다. 백성이 늙은이나 어린이나 말머리를 막고 부르짖어 울며 혹은 길 가운데에 누워서 일어나지 않으니, 공이 위로하여 타이르고 떠나왔다. 뒤에 고을 사람들이 동비(銅碑)를 만들어서 그 덕을 칭송하였다.

【註釋】 ***刻石**(각석) : 돌에 새김. 즉 비석.
***頌德**(송덕) : 덕을 기림.
***善政碑**(선정비) : 훌륭한 정사를 한 사람을 기리기 위해 세운 비석.
***內省**(내성) : 마음 속으로 반성함.

【字義】 **刻** : 새길 **각** **悠** : 멀 **유** **碑** : 비석 **비**
愧 : 부끄러울 **괴** **難** : 어려울 **난**

> 목비송혜 유송유첨 수즉거지 즉행엄
> 木碑頌惠는 有誦有諂하니 隨卽去之하고 卽行嚴
> 금 무저호치욕의
> 禁하여 毋低乎恥辱矣니라.

【解釋】 목비(木碑)를 세워 덕정(德政)을 칭송하는 것은 찬양하는 것도 있고 아첨하는 것도 있으니, 세우는 대로 곧바로 없애고 엄금하여 치욕에 이르지 않아야 한다.

【解說】 한 가지 정사가 조금 까다로우면 비방이 무더기로 일어나고, 한 가지 명령이 조금 편리하면 목비(木碑)가 여기저기에 서니, 이것이 좋지 않은 백성이라는 것이다. 목비는 수령이 마땅히 금하여야 할 것이니, 비록 만민이 모두 기뻐하더라도 반드시 원망을 품은 자가 한 사람은 있어서 오늘 새 비가 깨끗하다가 명일에 지나면서 더럽히는 자가 있다.

조선 헌종 때 판서(判書) 이상황(李相璜)이 충청도 암행어사가 되었을 때였다. 새벽에 괴산군(槐山郡)으로 가서, 고을 5리쯤 못미쳤는데 아직도 컴컴하였다. 이상황이 보니, 멀리 미나리밭 가운데에 한 백성이 소매에서 나무 조각을 꺼내어 진흙 속에 거꾸로 꽂았다가 조금 뒤에 또 길 옆에 세우고, 또 앞으로 수십 보를 가더니 또 소매에서 나무 조각을 꺼내어 진흙칠을 하며 세우는데, 이렇게 하기를 다섯 번이나 하는 것이었다. 어사가 묻기를,

"그것이 무엇인가?"

하니, 그 사람이 대답하기를,

"이것이 선정비라는 것인데, 나그네는 알지 못하오?"

하였다. 어사가 말하기를,

"왜 진흙칠을 해서 세우시오?"

하니, 그 사람이 대답하기를,

"암행어사가 사방으로 돌아다니므로 이방이 나를 불러 이 비 열 개를 주고 나를 시켜 동쪽 길에 다섯 개를 세우고, 서쪽 길에 다섯 개를 세우라고 하였는데, 눈먼 어사가 진짜로 선정을 하여 비를 세운 것으로 알까 염려하여 진흙칠을 하여 세우는 것이오."

하였다. 어사가 그 길로 군에 들어가서 일을 조사하여 먼저 선정비의 일을 따져 봉고파직(封庫罷職)시켰다.

【註釋】 *木碑(목비) : 나무에 새긴 비.

*頌惠(송혜) : 은혜를 기림.

【字義】 **惠**：은혜 **혜** **誦**：외울 **송** **諂**：아첨할 **첨**
隨：따를 **수** **禁**：금할 **금** **低**：이를 **저**
恥：부끄러울 **치**

기거이사 수목유위인애석자 감당지유 旣去而思하여 樹木猶爲人愛惜者는 甘棠之遺 야 也니라.

【解釋】 이미 떠나간 뒤에도 사모하여 그가 노닐던 곳의 나무까지도 사람들이 아끼게 되는 것은 감당(甘棠)의 유풍(遺風)이다.

【解說】 송(宋)의 신중보(辛仲甫)가 팽주지주(彭州知州)가 되어 길가에 버들을 심었는데, 보궐류(補闕柳)라고 이름하였다. 이순(李順)의 난리에 백성들이 이렇게 말하였다.

"보궐류를 다치지 말라."

당의 이석(李錫)이 우성령(虞城令)이 되었는데, 관사에 버드나무 세 그루가 있어, 공이 왕래하며 쉬었다. 뒷사람이 버들을 베지 않고 감당(甘棠)에 견주었다.

구준(寇準)이 파동지현(巴東知縣)이 되어 훌륭한 정사가 많았다. 잣나무 두 그루를 손수 고을 뜰에 심었는데, 지금까지 백성들이 감당에 견주어 내공백(萊公柏)이라고 한다.

남일(南佚)이 칠원현감(漆原縣監)이 되어 유애(遺愛)가 있었다. 지금까지 사람들이 그가 심은 나무를 가리켜 '남정자(南亭子)'라고 한다.

【註釋】 ***爲人愛惜**(위인애석)：사람들의 사랑과 아낌을 받음.
***甘棠**(감당)：감당은 팥배나무로, 옛날 주(周)의 소공(召公)이 남쪽 지방에 가서 이 나무 밑에서 송사를 처리하였는데, 백성들이 그를 생각하여 떠난 뒤에도 잘 보전했다 함.

【字義】 **樹**：나무 **수** **惜**：아낄 **석** **甘**：달 **감**
棠：해당 **당**

애지불훤 愛之不諼하여 원취후성 爰取侯姓하여 이명기자자 以名其子者는 소위 所謂 민정 民情을 대가견야 大可見也라.

【解釋】 사랑해서 잊지 못하여 수령의 성(姓)을 따서 그 아들의 이름을 짓는 것은 이른바 민정(民情)은 크게 볼 수 있다는 것이다.

【解說】 강조(江祚)가 안남태수(安南太守)가 되었는데, 백성들이 그 덕을 사모하여 아들의 이름을 강이라 지었다.

삼국 오(吳)의 맹종(孟宗)이 예장태수(豫章太守)가 되었는데, 사람들이 그 은혜를 사모하여 아들을 낳으면 이름을 맹(孟)이라 지었다.

당(唐)의 양성(陽城)이 도주자사(道州刺史)가 되어 백성 다스리기를 집 다스리듯 하고, 임금께 아뢰어 나라에 난쟁이 바치는 것을 그만두게 하니, 고을 사람들이 고맙게 여겨 아들의 이름을 양(陽)이라 지었다.

당의 한유(韓愈)가 양산령(陽山令)이 되었는데, 백성들이 아들을 낳으면 한(韓)으로 자(字)를 지은 자가 많았다.

【註釋】 *不諼(불훤) : 잊지 못함. | *侯姓(후성) : 수령의 성씨.

【字義】 諼 : 잊을 훤 爰 : 이에 원 侯 : 수령 후
姓 : 성 성

기거지구 旣去之久에 재과자방 再過茲邦이면 유려환영 遺黎歡迎하여 호단만 壺簞滿 전 前도 역복어유광 亦僕御有光이니라.

【解釋】 떠난 지 오랜 후에 다시 그 고을을 지날 때, 백성들이 반갑게 맞아서 마실 것과 도시락 밥이 앞에 가득하면 말몰이꾼도 빛이 난다.

【解說】 당의 위경준(韋景駿)이 비향현령(肥鄉縣令)이 되어 훌륭한

정사가 있었다. 뒤에 조주장사(趙州長史)로 옮겨 비향현을 지나는데, 백성과 아전들이 몹시 기뻐하여 다투어 와서 잔치를 열고 전송하여 여러 날을 묵었다. 나의 겨우 열 살 정도인 어린이 몇 명도 그 속에 들어 있었다. 유경준이 말하기를,

"내가 북쪽으로 간 것을 따져 보면 그때에 너희들은 나지도 않았으니 이미 옛 은혜가 없는데, 어째서 이렇게 다정하게 하느냐?"

하니, 모두 대답하기를,

"요즘 어른들이 전하는 말을 들으니, '고을 안의 공청(公廳)·학당(學堂)·관사(館舍)·제방(堤防)·교량(橋梁)이 모두 명공(明公)의 유적(遺蹟)이라 하기에, 옛날 사람인가 보다 여겼는데, 뜻밖에 뵙게 되니, 우리들 자신도 모르게 반갑고 그리움이 평상시보다 배나 더해집니다."

하였다.

유정원(柳正源)이 통천군수(通川郡守)가 되어 은혜스러운 정사가 많았다. 갈려 간 두어 해 만에 감시(監試)를 보이기 위해서 회양(淮陽)에 이르렀다. 통천 백성 50여 명이 수백 리를 멀리 여기지 않고, 서로 거느리고 와서 뵙고 눈물을 흘리는 자까지 있었다.

【字義】 再 : 다시 재　黎 : 백성 려　歡 : 기쁠 환
迎 : 맞이할 영　壺 : 술병 호　簞 : 도시락 단
滿 : 가득할 만　僕 : 종 복　御 : 말몰이꾼 어

여인지송　구이불이　기위정　가지이 輿人之誦이 久而不已면 其爲政을 可知已니라.

【解釋】 많은 사람들의 칭송하는 것이 오래도록 그치지 않으면 그가 행한 정사를 알 수 있다.

【解說】 당(唐)의 이현(李峴)이 경조윤(京兆尹)이 되어 크게 치적(治績)을 나타내었는데, 양국충(楊國忠)이 자기에게 붙지 않는 것을 미워하여 장사태수로 내보내었다. 그때에 수도에 쌀이 귀하자, 백성들이 노래하기를,

"쌀과 조가 흔하게 하려면 이현을 다시 오게 할 수밖에"
라고 하였다.

고려(高麗) 하윤원(河允源)이 원주목사가 되었는데, 인자한 정사가 있었다. 만기가 되어 소환되니, 치악산(雉岳山)의 중 운감이 시를 지어 부쳐 왔다.

아이가 어머니 옆에 있을 때에는 兒嬉在母側 / 은혜와 사랑을 알지 못하지만 恩愛尙未知 / 어미가 가면 아이가 울부짖는 것은 母去兒啼號 / 춥고 배고픔이 닥쳐와서 그러네 無乃逼寒飢

【字義】 輿 : 여론 여 誦 : 외울 송 久 : 오래 구
已 : 그칠 이

居無赫譽(거무혁예)하고 去而後思(거이후사)는 其唯不伐而陰善乎(기유불벌이음선호)인저.

【解釋】 있을 때에는 빛나는 명예가 없었으나, 떠난 뒤에 사모하는 것은 공(功)을 자랑하지 않고 남모르게 착한 일을 한 때문이 아니겠는가?

【解說】 한(漢)의 하무(何武)가 여러 번 군수가 되었는데, 있을 적에는 혁혁한 이름이 없고 간 뒤에야 항상 사모하게 되었다.

진(晋)나라 사안(謝安)이 오회태수가 되었는데, 관에 있을 적에는 당시의 명예가 없고, 간 뒤에 사람들이 사모하였다.

【註釋】 *赫譽(혁예) : 빛나는 명예.
*不伐(불벌) : 자랑하지 않음.
*陰善(음선) : 남모를 선행.

【字義】 赫 : 빛날 혁 譽 : 명예 예 伐 : 자랑할 벌
善 : 착할 선

仁人所適(인인소적)에 從者如市(종자여시)하고 歸而有隨(귀이유수)면 德之驗也(덕지험야)니라.

【解釋】 어진 사람이 가는 곳에 따르는 자가 저자처럼 많고, 돌아와도 따름이 있는 것은 덕이 있었다는 징험이다.

【解說】《오대사(五代史)》에 이렇게 되어 있다.

"오월(吳越) 때 현(儇)이 영가수(永嘉守)가 되어 정치의 교화가 두루 미치니 백성들이 사랑하였다. 다른 고을로 옮기게 되자, 온(溫) 땅 사람이 집을 거느리고 따르는 자가 있어서 그를 수사호(隨使戶)[1]라 하였다."

【註釋】 *從者(종자) : 따르는 사람. | 1) 隨使戶(수사호) : 호구를 따르게 한 수령이란 뜻.

【字義】 仁 : 어질 인　適 : 갈 적　從 : 따를 종　驗 : 징험 험

若夫毁譽之眞(약부훼예지진)과 善惡之判(선악지판)은 必待君子之言(필대군자지언)하여 以爲公案(이위공안)이니라.

【解釋】 훼방과 칭찬이 참인가, 선과 악의 판단은 반드시 군자의 말을 기다려서 공안(公案)으로 삼아야 할 것이다.

【解說】 원결(元結)이 〈도주자사청벽기(道州刺史廳壁記)〉를 지었는데 다음과 같다.

"천하가 태평하면 사방 천 리 안의 일체의 백성들을 자사가 살릴 수도 있고 죽일 수도 있으며, 기쁘게 할 수도 있고 슬프게 할 수도 있으며, 천하에 전쟁이 일어나면 민생을 보호하고, 환란을 제거하는 것이 자사에게 달려 있는 것이다.

무릇 자사가 만약 문무(文武)의 재주와 도량이 없거나, 청렴하지도 못하고 아랫사람에게 엄숙하지도 못하거나, 밝지도 은혜스럽지도 공평하지도 정직하지도 못하면, 한 고을의 생령이 모두 그 해를 입을 것이다."

【註釋】 *毁譽(훼예) : 헐뜯는 것과 칭찬하는 일.

*公案(공안) : 공공적인 의론.

【字義】 毁 : 헐뜯을 훼　譽 : 기릴 예　眞 : 참 진
判 : 가를 판　待 : 기다릴 대　案 : 서류 안

한국 남북 문학 100선

東洋古典百選 · 18

牧民心書

著　者：丁　若　鏞
譯解者：趙　洙　翼
發行者：南　　　溶
發行所：一信書籍出版社

주소：121-110
서울 마포구 신수동 177-3
등록：1969. 9. 12. NO. 10-70
전화：영업부 / 703-3001~6
편집부 / 703-3007~8
F A X / 703-3009

ISBN 89-366-0568-2

값 14,000원